# 長河沃野

## 魏坚北方考古文选·史前卷

魏坚 著

科学出版社
北京

## 内 容 简 介

本书是作者从事内蒙古中南部史前考古学文化研究的论文自选集。全书以综合研究为前导，以考古学文化的年代早晚为序，讨论了该区域新石器时代至早期青铜时代的白泥窑文化—庙子沟文化—阿善文化—永兴店文化—朱开沟文化连续发展的系列文化面貌和特征，并对各阶段考古学文化的聚落规模、社会组织和生业形态进行了一定程度的探讨，同时对岱海地区存在的石虎山类型和老虎山文化的源流及与周边考古学文化的关系，做了较为深入的分析和研究。本书还对北方地区发现的岩画，以及农牧交融和畜牧业起源的理论问题做了积极的探索。

本书可供历史、考古、文物、博物馆专业的师生、研究人员和文博爱好者阅读、参考。

**图书在版编目（CIP）数据**

长河沃野：魏坚北方考古文选. 史前卷 / 魏坚著. —北京：科学出版社，2020.11

ISBN 978-7-03-066786-1

Ⅰ.①长… Ⅱ.①魏… Ⅲ.①石器时代考古－北方地区－文集 Ⅳ.①K871.104-53

中国版本图书馆CIP数据核字（2020）第220984号

责任编辑：张亚娜　周　赒 / 责任校对：邹慧卿
责任印制：肖　兴 / 书籍设计：北京美光设计制版有限公司

科学出版社 出版
北京东黄城根北街16号
邮政编码：100717
http://www.sciencep.com

北京华联印刷有限公司 印刷

科学出版社发行　各地新华书店经销

*

2020年11月第　一　版　开本：787×1092　1/16
2020年11月第一次印刷　印张：23 1/2
字数：557 000

**定价：268.00 元**

（如有印装质量问题，我社负责调换）

# 自　　序

在学界朋友和同仁的多次督促下，利用庚子年因疫情居家半年的时间，终于完成了《魏坚北方考古文选》三卷本的编选工作。

白驹过隙，岁月更迭。回想起来，自1978年进入吉林大学考古专业学习，我投身考古学门下已有42年。

1974年8月，我从呼和浩特第一中学高中毕业，随着当年上山下乡的洪流，以“厂社挂钩”的形式来到了母亲所在单位挂钩的土默特左旗兵州亥公社瓜房子大队插队落户，成为了一名知识青年。一年四季“战天斗地学大寨”，甚至于在冬季还要冒着严寒，每日凌晨出工深翻土地的“三出勤”的劳作和一周七个晚上政治夜校的学习，并没有让我厌倦和颓废，反倒锻炼了筋骨和毅力，激发了我想干一番事业的信念。从知青组长到知青标兵，从生产大队的村干部到人民公社的乡干部，正当我以“扎根农村干革命，争取奋斗六十年”的誓言准备在农村干一辈子的时候，随着十年“文革”的结束，“科学的春天”到来了。1978年，我在家人和中学老师的劝说下，参加了高考。高考前填报志愿的时候，我在允许填报的五所高校的十个专业中，几乎全部填报了考古和历史，因为我执着地认为只有这个研究方向才是真正的学问。

1978年10月，我结束了四年多的知青生活，踏上了东北的黑土地，进入了吉林大学历史系考古专业学习。吉林大学特有的气质就是朴实无华，注重实践，这种氛围润物无声地影响着每一个学生的日常学习及生活的各个方面。吉大考古的特色就是重视田野，我们大学本科四年的学习中，有三个学期是在田野度过的。考古学文化、区系类型、青铜器、古文字、西伯利亚考古……吉大的考古就是在两位朴实无华的老师——张忠培先生和林沄先生的带领下发展起来的。进入吉大学习考古，可以说是我人生中最重要的选择。

记得1982年临近大学毕业时，张忠培先生几次找我谈话，并在毕业实习的河北蔚县三关考古工地专门与我约谈，希望我能考虑留在吉大任教。但在当时，一则我离家多年，很想回到父母身边；一则我从事俄语教学和翻译工作的三舅陈弘法先生翻译了很多俄罗斯考古资料发表在内蒙古文物工作队的《文物参考资料》上，我有幸翻阅之余也较早地认识了内蒙古的考古前辈李逸友等先生，他们都建议我回到天地广阔的内蒙古开始我的考古生涯。由于我婉拒了张忠培先生的好意，并被先生说我“不够意思”，心里总有歉疚。时隔两年后的1984年8月，在苏秉琦先生倡导、内蒙古考古学会主办的“内蒙古西部原始文化座谈会”上，我展示了1983年在准格尔煤田考古调查所获资料，并初步排出了该区域的考古学文化年代序列。张先生对此颇为满意，对我说：“看起来你选择回来是做对了呀！”这段纠葛才算释然。

目前看来，我的考古生涯大致可以粗略地划分为三个阶段。第一个阶段是1982年至1992年前后；第二个阶段是1992年前后至2004年；第三个阶段是2004年至2020年前后。

第一阶段　1982年7月，我大学毕业回到呼和浩特放下行李，就在田广金、郭素新两位老师的指派下去了凉城县的老虎山遗址，带领当时文物干部培训班的学员完成遗址发掘的收尾工作。这批学员后来成为内蒙古西部地区文物系统的领导干部和学术带头人。

自1982年至1992年前后的10余年间，我主要在内蒙古中南部的南流黄河两岸和黄旗海、岱海地区从事先秦时期原始文化的考古发掘与研究工作。

1982年10月主持发掘凉城县饮牛沟春秋战国时期墓地；1983年4～9月间先后三次组织实施准格尔煤田黑岱沟露天矿区的考古调查，5～7月间两次主持发掘凉城县崞县窑子春秋战国时期墓地；1984年6月随张郁先生进行了阴山以北地区北魏时期城址的调查；1985年3～7月参加国家文物局兖州田野考古领队培训班的学习，10～11月主持第一次发掘察右前旗庙子沟遗址；1986年5～7月在准格尔旗二里半遗址主持内蒙古文物普查领队培训班的实习培训，并主持发掘二里半古城梁遗址，7～10月主持第二次发掘庙子沟遗址；1987年5～9月主持第三次发掘庙子沟遗址并进行了黄旗海南岸丘陵地带的考古调查，9～10月主持发掘准格尔旗二里半二道梁遗址和第一次发掘寨子塔遗址；1988年5～6月主持第一次发掘察右前旗大坝沟遗址Ⅰ区，7～9月主持第二次发掘准格尔旗寨子塔遗址；1989年5～8月主持准格尔煤田丰（镇）—准（格尔）铁路沿线遗址点的复查，并主持发掘准格尔旗周家壕遗址，9～12月参加了国家文物局在北京大学举办的“中国考古学理论高级研讨班”的学习；1990年4～10月，丰（镇）—准（格尔）铁路沿线的考古发掘全面铺开，在调集各盟市文物干部参与发掘的前提下，主持准格尔旗白草塔、南壕、永兴店、高家坪、小庙和清水河县后城嘴、庄窝坪等遗址的考古发掘；1991年主持发掘准格尔旗小沙湾、官地和丰镇市八号地遗址；1992年主持发掘大坝沟遗址Ⅱ区和第二次发掘大坝沟遗址Ⅰ区。此后，为配合准格尔煤田的建设项目，1993年主持发掘准格尔旗鲁家坡和阳湾遗址；1994年主持发掘丰镇市北黄土沟遗址。

我在这一段疲于奔命的考古发掘和资料整理中，研究的重点主要集中在内蒙古中南部新石器时代至早期青铜时代遗址文化面貌特征辨识、考古学文化命名和编年体系的逐步建立上。这个阶段，由于大量田野工作和资料整理的需要，在国家文物局和内蒙古文化厅领导的支持下，我在内蒙古中南部察右前旗的庙子沟遗址和准格尔旗的二里半遗址，分别建立了野外工作站，以支撑冬春季节对发掘资料的整理工作。

在对一大批最新考古发掘资料尽快整理研究的基础上，先后发表的主要成果有：《内蒙古西部地区原始文化的编年及相关问题》（《文物》1985年第5期）、《凉城崞县窑子墓地》（《考古学报》1989年第1期）、《内蒙古察右前旗庙子沟遗址考古纪略》（《文物》1989年第12期）、《庙子沟文化聚落形态及诸相关问题研究》（《二十一世纪的中国考古学——庆祝佟柱臣先生八十五华诞学术文集》，文物出版社，2006年）、《试论庙子沟文化》（《青果集——吉林大学考古专业成立二十周年论文集》，知识出版社，1993年）、与曹建恩合著《庙子沟文化筒形罐及相关问题》（《青果集——吉林大学考古专业成立二十周年论文集》，知识出版社，1993年）、与崔璇合著《内蒙古中南部原始文化的发现与研究》（《内蒙古文物考古文集》第一辑，1994年）、《试论阿善文化》（《青果集——吉林大学考古系建系十周年纪念文集》，知识出版社，1998年）、与曹建恩合著《内蒙古中南部新石器时代石城址初步研究》（《文物》1999年第2期）、《试论永兴店文化》（《文物》2000年第9期）、《庙子沟与大坝沟——新石器时代遗址发掘报告》（中国大百科全书出版社，2003年）等。至此，内蒙古中南部新石器时代至早期青铜时代的考古学文化序列的框架基本建立起来。

进入20世纪90年代以来，随着农牧交融区域和阴山以北草原地带考古工作的逐步展开，我们更加感觉到了地处北疆、地域辽阔的内蒙古地区考古工作的复杂性、多样性和草原地带考古工作的薄弱性。我和当时担任文物处长的苏俊先生多次商讨后，提出了考古工作两个重心转移的基本思路，即：将阴山以南农业区域考古工作的重心转移到北方草原地带来；将史前考古研究的重心转移到历史时期北方民族考古，特别是蒙元时期上来。但沉浸在既往研究课题中的同事们似乎一时很难抽出身来，于是，作为当时内蒙古文物考古研究所分管业务的副所长，只能由我来率先垂范了。

第二阶段　1992年前后至2004年的10余年间，我除了加紧前十年考古发掘资料的整理外，考古发掘和研究的重心逐渐转向了以元上都和居延遗址为中心的草原大漠，而这些区域艰苦的环境和考古工作的难度都是难以想象的。由于地理环境和气候的差异，位于草原地带的元上都的发掘工作多集中在5～9月的春夏之际，而地处荒漠戈壁的居延遗址的考古工作则只能在秋后的9月下旬之后进行。

自1992年以处理正蓝旗羊群庙发生的盗墓事件为起因，我开始了长达13年的主持正蓝旗元上都遗址考古调查、测绘、发掘、文物保护和前期申遗的工作。这项工作大约可以分为三个时段。

第一，资料准备（1992～1994年）。主要做了元上都遗址的调查、测绘和城区周围祭祀遗址和墓葬的调查、清理工作。其中，1992年羊群庙元代祭祀遗址的发掘与确认和1993年对整个城址的测绘，让我们认识到了羊群庙祭祀遗址与元上都的密切关系和元上都作为13～14世纪国际大都会的重要性。

第二，发掘清理（1995～2000年）。首先对元上都宫城主要建筑基址、皇城角台、外城城门、南关部分遗址和城区周围被盗墓葬进行了发掘清理，获得了大批最新的考古资料。在此基础上，又完成了对元上都遗址城区及其周围地区祭祀遗址和墓地的考古发掘和航空遥感勘测，基本搞清了元上都遗址的整体布局和与周边遗存的关系。

第三，保护与整理（2001～2004年）。在申遗工作进行过程中，保护性清理和修复了350余米皇城东墙，部分清理和修复了皇城南门瓮城，调查了城内主要建筑，特别是基本确定了著名的失剌斡耳朵大型宫帐的位置所在，并在发掘资料的整理过程中，深刻理解了这座“拥抱着巨大文明的废墟”的价值所在。

由于居延大遗址保护规划的需要，我主持了从1998年至2004年额济纳旗居延遗址的考古调查、测绘和发掘工作。地处巴丹吉林沙漠边缘的居延地区，年平均降雨量不足40毫米，而年蒸发量却高达4000毫米，到处是枯死的胡杨和矗立的红柳沙包，在干透了的土地上的考古工作异常艰难。然而，在当地文化文物部门的支持配合下，七年的居延考古工作取得了重要的收获。

第一，在绿城子遗址的调查和发掘，清理出了房址、灰坑和墓葬等遗存，从出土的陶器和小件青铜器可以确认，这一处椭圆形城址应当属于青铜时代四坝文化晚期的遗存。

第二，通过对居延地区汉代城址和烽燧障塞的考古调查与发掘，基本搞清楚了这些城址、烽燧的分布规律及相互关系。发掘的5座烽燧出土了500余枚汉简，其年代从西汉晚期至东汉早期，为深入研究有关汉代边关行政设置、军事调动、规章制度、边关生活、生态环境和居民生业，探讨当时的汉匈关系提供了第一手资料。

第三，确认了绿城之南和城东两处共150余座夯土高台建筑遗迹的性质。在分别对绿城南和东部2座夯土高台遗迹进行发掘后认识到，这些夯土高台是墓上建筑，根据墓室结构和出土的陶灶判断，这类墓葬当为魏晋时期的砖室墓。

第四，唐代曾在居延筑大同城，对居延地区两重城垣的唐代宁寇军城址及周边相关唐代遗存予以确认。

第五，对西夏黑水城—元代亦集乃路城址规制和建筑遗存有了新认识，并调查获得了一批西夏时期村落和农田遗存资料，西夏红庙遗址考古发掘出土的佛像和壁画等取得了重要收获。

黑城文书和居延汉简的发现已逾百年，从外国探险队的一次次盗掠，到中国学者有计划的考古调查与发掘；从对文书与汉简的关注，到全面了解居延地区历史文化遗存，由于我们考古工作的深入，居延这部封存于戈壁荒漠之中的厚重史书，正在逐渐揭开其神秘的面纱。

这一阶段，除承担上述两项重要项目外，还发掘了一批两汉、鲜卑、北魏和金元时期墓葬。

主持发掘的汉代墓葬主要有：早在1989年曾配合基建项目发掘乌海市新地汉墓12座；1992～1993年，为配合在乌兰布和沙漠“开发第二个河套”的基本建设项目，发掘磴口县纳林套海、包尔套勒盖、沙金套海、补隆淖等四处汉代墓群，清理墓葬132座；1993年5月发掘准格尔旗鲁家坡汉墓1座，7～8月发掘包头市召湾汉墓8座；1995年9月发掘察右前旗呼和乌素汉墓11座，同时清理呼和浩特市郊区八拜汉墓3座。

主持发掘清理的鲜卑和北魏墓葬主要有：1994年10月清理准格尔旗二里半北魏墓葬1座；1995年9月清理察右前旗呼和乌素北魏墓葬1座；1995～1996年发掘察右中旗七郎山北魏墓葬20座；1998年9月发掘商都县东大井鲜卑墓葬18座；1999年8月调查清理二连盐池鲜卑墓葬1座。

主持发掘清理的金元时期墓葬主要有：1992年10月抢救清理正蓝旗羊群庙元代墓葬4座；1995年4～5月抢救清理四子王旗净州路城卜子古城两区金元时期墓葬32座，6月清理乌审旗三岔河古城河两岸元代墓葬9座，8月主持发掘正蓝旗一棵树元代墓地Ⅰ区墓葬8座、Ⅱ区墓葬11座；1996年7月发掘清理正蓝旗一棵树元代墓地Ⅱ区墓葬4座；1996年10月抢救清理达茂旗木胡尔索卜尔嘎古城金元墓葬10座；1998年8月清理正蓝旗卧牛石元代墓葬5座，清理正蓝旗一棵树元代墓地Ⅱ区墓葬3座；1998～2000年主持发掘多伦县砧子山西区元代墓葬102座；2000年6～7月抢救清理正镶白旗伊松敖包元代墓葬9座；2000年7月抢救清理正镶白旗三面井元代墓葬10座、镶黄旗乌兰沟元代墓葬2座、博克敖包山元代墓葬1座，8月清理锡林浩特市贝力克元代墓葬1座。

此外，在2000～2001年，主持发掘了锡林郭勒盟东乌珠穆沁旗的金斯太旧石器时代洞穴遗址，在丰富的地层堆积中，采集了大量的石器和动物骨骼遗存，获得了距今4.6万年至1.2万年四个阶段的$^{14}C$年代数据。

这一阶段，随着在草原大漠地带考古工作的展开，我们在正蓝旗的元上都遗址和额济纳旗的居延遗址又分别建立了野外工作站。因此可以说，这是我田野工作最为繁忙的一个时期，一年中几乎有三百天的时间是在考古调查、发掘和在工作站整理资料中度过的。

为了尽快发表这一阶段的学术成果，我们首先将配合准格尔煤田和丰（镇）—准（格尔）铁路基本建设所获考古发掘资料，集中收录在了两部文集之中，同时主要抓紧了大型考古发掘报告和专项研究成果的整理和出版。主编的文集有：与李逸友先生主编《内蒙古文物考古文集》第一辑（中国大百科全书出版社，1994年）、主编《内蒙古文物考古文集》第二辑（中国大百科全书出版社，1997年）。出版的大型考古报告和主要论著有：《内蒙古清水河县山跳峁墓地》（《文物》1997年第1期）、《内蒙古中南部汉代墓葬》（中国大百科全书出版社，1998年）、《二里半遗址发掘报告》（《考古学集刊》第11集，中国大百科全书出版社，1997年）、《元上都城址东南砧子山西区墓葬发掘简报》（《文物》2001年第9期）、《内蒙古地区鲜卑墓葬的发现与研究》（科学出版社，2004

年）、《元上都——拥抱着巨大文明的废墟》（《吉林大学社会科学学报》2005年第6期）、《元上都城址的考古学研究》（《蒙古史研究》第八辑，内蒙古大学出版社，2005年）、《额济纳汉简》（广西师范大学出版社，2005年）、《居延汉代烽燧的调查发掘及其功能初探》（《额济纳汉简释文校本》，文物出版社，2007年）、《元上都》（中国大百科全书出版社，2008年）、《羊群庙出土石雕像的族属与渊源》（《蒙古学问题与争论》第四期，国际蒙古文化研究协会，2008年）、《居延考古与额济纳汉简》（《新疆文物》汉唐西域考古—尼雅、丹丹乌里克国际学术研讨会专刊，2009年第3～4期）、《内蒙古金斯太洞穴遗址发掘简报》（《人类学报》2010年第1期）等。

总之，在内蒙古文物考古研究所从事考古工作的22年，是我经手发掘项目最多、内涵最为庞杂、考古发掘任务量最大、出版学术专著和相关研究成果相对较多的一段岁月。此外，由于客观机遇，从20世纪80年代中期开始，我经常代表内蒙古文物考古研究所出席国内的许多学术和业务工作会议，有幸较早地结识了国内最早从事考古学研究的前辈学者，并得到了苏秉琦、佟柱臣、徐苹芳、俞伟超、严文明、李伯谦等先生的教诲，受益匪浅。因此，我经常自我解嘲地说自己“出道较早，进步不大”。那些年内蒙古经常举办关于考古和文物的培训班，我作为主要业务人员，几乎参加了所有的培训和授课，因此和内蒙古各盟市旗县从事文博工作的专业人员一直保持着良好的关系。这些经历为我此后的学术研究和教学工作奠定了良好的基础。

第三阶段　2004年，经当时担任中国人民大学人文学院副院长兼历史系主任的成崇德教授和院长陈桦教授的多次盛情相邀，中国人民大学以“高级人才引进”的方式，于2004年6月将我作为学术带头人调入学校，筹建中国人民大学博物馆，并在历史学院创立“考古学及博物馆学”专业。2004年秋冬季节，为了给中国人民大学博物馆筹措展品，我和成崇德教授等连续四次出行，在北方地区征集文物约5500件（套）；2005年1月，中国人民大学北方民族考古研究所成立，由我担任所长；同年，考古学及博物馆学专业开始招收博士、硕士研究生；2006年，启动了历史专业本科生和考古专业研究生的田野考古实习；2007年，中国人民大学博物馆“北国春秋”展览开幕，正式宣告了中国人民大学博物馆的建成，由我担任副馆长；2010年，获准设立考古学博士后科研流动站，开始招收博士后研究人员；2011年7月考古学获教育部博士一级学科学位授予权，同年9月设置“文物与博物馆专业硕士”学位授予点并开始招生；2012年，中国人民大学考古学科成为中国考古学会团体会员；2013年1月，获得国家文物局颁发的“中华人民共和国考古发掘资质证书”；同年，经教育部批准，设置考古学本科专业并开始招生并正式成立中国人民大学考古文博系，我担任首任系主任。至此，中国人民大学考古学科形成了完备的本、硕、博学科培养体系。

高校考古学科的发展，离不开田野实习。我从2006年开始，在当时的历史系主任李小树和副主任刘后滨的支持下，倡导和组织实施历史专业本科生和考古专业研究生的田野考古实习。2006～2008年，得到了河北省文物局谢飞副局长和河北省文物研究所曹凯所长的鼎力相助，有四届学生在保定和邯郸进行了考古实习。2009～2011年，在北京市文物研究所宋大川所长的支持下，于北京市范围内进行了三届学生的考古实习。为了规范本科生的考古实习，我们开始尝试建立长久性的考古实习基地，在辽宁省文物考古研究所的通力配合下，我们于2012～2013年，在朝阳市的金宝岭遗址安排了两届学生的考古实习。至此，在其他老师和合作单位的配合下，我连续八年带领九个年级的本科生和研究生进行了田野考古实习，初步建立起了中国人民大学田野考古实习的基本规范。2014年，在国家文物局的支持下，我们在辽宁喀左县建立了“中国人民大学历史学院考古文博系田野考古实习基地”。五年后的2019年，我们根据需要又将实习基地移到了山西大同的吉家庄。

学科建设中最重要的支撑是人才引进和团队建设。自2004年始，在历史学院陈桦、孙家洲、黄兴涛三任院长的积极支持下，先后加入人大考古团队的师资有：2004年6月，郑州大学博士毕业从事秦汉考古并专门研究匈奴考古的马利清；2006年8月，北京大学博士毕业专攻夏商周考古的张明东；2008年8月，中国人民大学博士毕业研究长城地带汉魏考古的王晓琨；2010年8月，吉林大学博士毕业专攻体质人类学的张林虎；2011年8月，北京大学博士毕业研究城市与宋元考古的刘未；2011年9月，几经周折将专门从事东北地区新石器至青铜时代考古的辽宁省文物考古研究所副所长吕学明研究员调入；2012年8月，北京大学博士毕业专门从事两周考古的曹斌；2012年9月，聘任日本京都大学博士毕业专门从事历史时期城市考古和遥感考古的森谷一树；2013年初，由北京师范大学调入从事汉唐和北朝考古的李梅田副教授；2013年9月，从中国人民大学博士后出站专门从事西域和楼兰考古的陈晓露留校；2014年9月，聘任美国匹兹堡大学博士毕业专门从事区域性考古学调查研究的丁山（James Williams）；2015年8月，从中国人民大学博士后出站专门从事旧石器时代考古和动物遗存研究的仪明洁留校；2015年11月，由吉林大学调入专门从事旧石器时代考古和考古学理论研究的陈胜前教授；2018年8月，聘任英国伦敦大学和中国人民大学联合培养的专门从事汉学与东亚艺术史研究的比利时籍博士魏离雅（Lia WEI）；2018年3月，由北京联合大学调入专门从事新石器时代考古和早期中国研究的韩建业教授；2020年9月，由中国社会科学院考古研究所调入专门从事城市考古与古建研究的王子奇博士；2020年11月，调入从北京师范大学博士后出站专门从事北方民族考古和遥感考古的任冠。此外，为了加强博士生培养的规模，自2011年起，校聘北京市文物研究所所长宋大川研究员为教授、兼职博导；自2018年起，校聘北京联合大学陈悦新教授为兼职博导。

这个师资团队，覆盖不同年龄层次和专业方向，形成了合理的人才梯次和科研布局。因此在成立考古文博系之初就结合学术力量的实际，设立了北方民族考古、先秦考古、汉唐宋元考古、文博科技四个教研室，这一安排当时就得到了吉林大学林沄先生的赞扬。

在学术研究上，考古文博系不仅在北方民族考古研究方面学术力量集中、优势突出，有着令人瞩目的成就，同时在史前考古学文化、早期中国研究和考古学理论探索，以及汉唐考古和西域研究方面都有着突出的成果。本系教师曾先后承担国家社科基金各级别项目、北京市社科联和教育部项目等多项重大科研课题，取得了一系列重要的学术成果。基础研究之外，多年来本系师生主动参与南水北调、西部开发和多省区的配合基建考古项目和诸多遗址的考古发掘资料整理工作等，先后与北京、河北、湖北、上海、浙江、重庆、内蒙古、辽宁、新疆和江西等省区的兄弟单位合作，实际主持和参与的田野考古发掘和资料整理工作近60项，并在这些地区建立了“中国人民大学考古与文博实习基地”。获得考古发掘团体领队资格后，又从国家文物局申请到辽宁、河北、新疆、山西等地区的多项田野考古主动发掘项目。近些年，通过学术访问、合作研究、举办学术会议和讲座等方式，与俄罗斯、蒙古、美国、瑞士、比利时、日本、韩国等国和中国台湾、香港等地的研究机构建立了广泛的学术联系，同时开展了与蒙古、俄罗斯等国家研究机构和相关高校的境外考古发掘、调查项目。

经过十六年的发展，中国人民大学考古学科在师资建设、人才培养、学术研究、对外交流等方面已形成了自身的教学特色和研究专长。2014年，我被遴选为国务院学位委员会考古学科评议组成员，2019年被新成立的中国历史研究院遴选为学术咨询委员会委员。截至目前，我培养毕业的博士研究生有23人、硕士研究生80人。我要求我的研究生不止要经过严格的学术训练和田野实践，具有良好的学术素养，更要有高尚的道德修为和人文情怀。这些年他们在各自工作岗位上的表现和反馈回来的信息，让我感到满意和宽慰。

十六年来，在学校和学院的重视与支持下，仰仗考古学界和国内各高校同仁的鼎力相助，中国人民大学考古学科作为中国考古学界一支重要的新生力量，取得了相应的成绩，得到了学界同行的认可，具备了可持续发展的潜力。为此，根据全国高校考古学科的不同特色，我们确立了“立足北方，重视西域，挺进中原，发展长江流域”的教学与科研的基本定位，在此基础上，每个老师都可以根据自己的专业特长，在教学与科研方面取得相应的成果。

在考古教学与科研中，我依据以往的研究基础，主要以北方地区史前考古和北方民族考古为自己的学科研究方向。这些年来，在地方文物部门的支持下，我带领中国人民大学从事北方民族考古研究的师生，九次深入阴山南北地区进行考古调查，同时对该区域各级博物馆的重要遗址藏品做了专门研究，内容涉及新石器至青铜时代考古学资料、历史时期北方民族各阶段重要文物、战国秦汉塞防、汉代塞外列城、北魏六镇与长城、金陵与畿上塞围、西夏长城、金元古城、明代九边等；近几年由于在新疆北疆主动性考古工作的展开，我们进行了阿勒泰东喀腊希力克别特墓地和博尔塔拉泉水沟遗址的发掘、伊犁霍城县惠远新、老古城的调查钻探和清代伊犁九城调查、昌吉玛纳斯唐代古城调查和唐代北庭守捉城址调查、奇台唐朝墩和吐虎玛克古城主动性考古发掘与钻探等。

这一阶段的主要的成果有：《河套汉代边塞遗存的考古学研究》（《汉代文明国际学术研讨会论文集》，北京燕山出版社，2009年）、《青铜时代阴山岩画断代刍议》［《河套文化论文集》（四），内蒙古人民出版社，2009年］、《金陵与畿上塞围——左云北魏遗存初识》（《边疆考古研究》第9辑，科学出版社，2010年）、《阴山沧桑——乌拉特后旗历史文化遗存调查报告》（内蒙古人民出版社，2010年）、《蒙古高原石雕人像源流初探——兼论羊群庙石雕人像的性质与归属》（《文物》2011年第8期）、《居延汉代烽燧的初步研究》（《机张南山烽燧国际学术会议论文集》，韩国城郭学会，2012年）、《元上都的调查与建筑遗存的考古学研究》（《韩国文化财研究期刊》2012年第3期）、《秦汉九原—五原郡治的考古学观察》（《中国历史地理论丛》2012年第4期）、《阴山汪古与景教遗存的考古学观察》（《边疆考古研究》第14辑，科学出版社，2013年）、《额济纳汉简所见居延边塞交易与币值初探》（《庆祝张忠培先生八十岁论文集》，科学出版社，2014年）、《汪古部“按打堡子”及诸城址考辨》（《边疆考古研究》第15辑，科学出版社，2014年）、《集宁路城址布局的考古学研究》（《东北亚古代聚落与城市考古国际学术研讨会论文集》，科学出版社，2014年）、《蒙古早期遗存的考古学观察》（《中国人民大学复印报刊资料·历史学》2015年第1期全文转载）、《中国北方畜牧业起源新探——以朱开沟遗址为中心》（《早期丝绸之路暨早期秦文化国际学术研讨会论文集》，文物出版社，2014年）、《庙子沟遗址聚落形态与废弃原因再探讨》（《无限悠悠远古情——佟柱臣先生纪念文集》，科学出版社，2014年）、《元上都建筑遗存的考古学观察》（《王宫城——古代东亚都城与益山》，韩国国立扶余文化财研究所，2014年）、《北魏六镇城址的调查与初步研究》（《庆贺徐光冀先生八十华诞论文集》，科学出版社，2015年）、《庙子沟文化与马家窑文化比较研究》（《边疆考古研究》第18辑，科学出版社，2015年）、《楼兰LE古城建置考》（《文物》2016年第4期）、《京畿雄关：明万全右卫军事防御体系研究》（科学出版社，2016年）、《岩画的区域类型与年代学的考古学探索——以阴山、桌子山岩画为中心》（《俄罗斯、蒙古和中国毗邻地区古代社会文化的演变及其影响：中亚与中国北部地区岩画联合科考与论坛》，АдмонПринт出版公司，2017年）、《试论石虎山类型》（《边疆考古研究》第24辑，科学出版社，2018年）、《牛川古城与北魏六镇布列关系辨析》［《新果集（二）——庆祝林沄先生八十华诞论文集》，科学出版社，2018年］、《阴山以北的金元时期城址》［《内蒙古社会科学》（汉文版）2019年第1期］、《试论白泥窑文化》（《考古学报》2019年第1期）、《北魏长城考辨》（《文物》2019年第7期）、《试论老虎山文化》（《边疆考古研究》第26辑，科学出版社，2019年）、《北魏六镇军政地位的考古学观察》［《河北师范大学学报》（哲学社会科学版）2020年第4期］、《居延汉塞的考古学研究》（《彰化师范大学文学院学报》总

21期，2020年）、《唐朝墩古城浴场遗址的发现与初步研究》（《西域研究》2020年第2期）、《阴山汪古景教图像的初步研究》（《故宫博物院院刊》2020年第8期）、《公元前三千纪马家窑文化东向传播的考古学观察》（《考古》2020年第8期）、《试论朱开沟文化》（《考古学报》2020年第4期）、《中国北方农牧交融与畜牧业起源发展进程的思考》（《西域研究》2020年第4期）。

为筹建中国人民大学博物馆，编辑出版了《北国春秋——中国人民大学博物馆馆藏文物陈列图录》（中国人民大学出版社，2009年）。根据学科发展的需要，这一阶段组织召开了几届国际学术研讨会，已经出版的论文集有：与朱泓主编《中国・乌珠穆沁边疆考古国际学术研讨会论文集》（科学出版社，2014年）、与吕学明主编《东北亚古代聚落与城市考古国际学术研讨会论文集》（科学出版社，2014年）。以“中国人民大学考古文博学术系列丛书”的形式，将本系老师的学术专著和优秀的博士毕业论文逐步予以出版，自2016年以来，已经出版5部。为了促进北方民族考古研究的进展，我们采取以书代刊的形式，创刊《北方民族考古》，目前已出版了10辑。这些学术刊物和学术成果，在国内外学术界产生了积极的影响。

中国的二十四史，基本都是华夏正统秉持下的产物，即便是少数民族建立的政权，史书的编撰者也以中原人士为主。整个历史时期，由于边疆地区和少数民族的记载比较匮乏，所以经常被加上一些想象的成分，甚至篡改和诋毁。无有边疆，何以中国。中国的历史就是边疆民族不断融入和发展的历史，特别是由于北方民族的不断南下和交融，才使中国由原来的华夏逐渐形成了现在的中华，造就了今天的多元一体格局。有感于此，我有本即将付梓的书《碰撞与融合——蒙古高原文明探源》，探讨的就是北方民族不断南下，在与中原文化的交融中，逐渐形成今天中华民族共同体的历史进程。

正因为如此，我来人大工作之后，就特别注意招收有志于做北方民族考古研究的研究生，特别是少数民族学生。我希望考古学的研究能够探知古老的文明，能够纠正历史的谬误和补充缺憾，用考古学的视角，正确解读中国传统文化，传承和发扬中国优秀的文化基因，开创中国气派考古学的美好未来。

写下以上文字，也许并非我的初衷，但对四十多年考古发掘研究与教学生涯的回顾，也难免让我写成一篇流水账和备忘录。事已至此，权当为序。

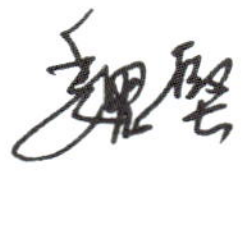

2020年11月10日

于人民大学人文楼

# 目　录

# CONTENTS

# 内蒙古西部地区原始文化的编年及相关问题

摘　要：内蒙古西部地区包括黄河两岸的包头市、准格尔旗、伊金霍洛旗、清水河县和凉城县等，这里地处长城沿线，东连冀北，西接陇东，南与山西、陕西两省临界，这一地区在考古学文化面貌上呈现出颇为复杂的多样性。目前发现的早期遗存，年代基本相当于仰韶、龙山和夏商三个大的发展阶段。1984年8月，内蒙古自治区考古学会邀请部分专家、学者举行了内蒙古西部地区原始文化座谈会。与会学者就内蒙古西部地区原始文化的产生、发展序列，以及不同时期与周围地区考古学文化的关系进行了讨论，认为以阿善、白泥窑子、海生不浪、老虎山和朱开沟为代表的遗存可以分为九个大的发展阶段，年代上涵盖了仰韶早中期、仰韶晚期、龙山和夏商阶段。苏秉琦先生特别指出，张家口地区是一个各种文化交汇的三岔口，以此为界，内蒙古西部地区同陕、晋、冀北部地区，应属同一个大的文化区。

关键词：内蒙古西部　原始文化　编年　发展序列　三岔口

近几年来，内蒙古西部地区的考古发掘和研究工作，取得了可喜的进展，发现了许多重要的原始文化遗存；发掘了仰韶至龙山时期的包头市阿善遗址，仰韶至夏商时期的清水河县白泥窑子遗址，龙山时期的凉城县老虎山遗址、准格尔旗二里半遗址，龙山至夏商时期的伊金霍洛旗朱开沟遗址、准格尔旗大口遗址；试掘了准格尔旗张家圪旦和大庙圪旦遗址。先后获得了许多有价值的实物资料，为探讨这一地区从新石器时代至青铜时代的考古学文化编年问题，提供了必要的条件。

1984年8月，内蒙古自治区考古学会邀请部分专家、学者举行了内蒙古西部地区原始文化座谈会。与会同志观摩了有关遗址出土的陶器、青铜器及其他遗物标本，并实地考察了老虎山、朱开沟等遗址，就内蒙古西部地区原始文化的产生、发展序列，以及不同时期与周围地区考古学文化的关系问题，进行了讨论。

座谈会所涉及的内蒙古西部地区的范围，包括黄河两岸的包头市、准格尔旗、伊金霍洛旗、清水河县和凉城县等。这里地处长城沿线，东连冀北，西接陇东，南与山西、陕西两省临界。由于与邻近地区长期的相互影响，这一地区在考古学文化面貌上呈现出颇为复杂的多样性。目前发现的早期遗存，年代基本相当于仰韶、龙山和夏商三个大的发展阶段。

与会同志将阿善和白泥窑子遗址出土的仰韶时期陶器标本，以及张家圪旦遗址出土的一组共存器物进行了分析和排比，初步确定了各期遗存的文化面貌和相对年代。认为：

阿善一期陶器中的小口壶、施有宽彩带的钵、浅腹窄缘的彩陶盆和弦纹夹砂罐等，在文化面貌上与后冈一期文化较为接近，时代约当半坡类型时期，这是目前在内蒙古西部地区发现的新石器时代最早阶段的遗存。

以白泥窑子遗址中F1为代表的白泥窑子第一类遗存，从陶器中小口尖底瓶、圜底钵和夹砂罐的形制看，表现了典型的半坡类型向庙底沟类型过渡的特征，这在我国目前的发现中尚不多见，时代晚于阿善一期，为第二阶段。

白泥窑子第二类遗存，与前一阶段相比有着较大的差别，彩陶中常见红、黑彩两色相间，并有发达的内彩，陶器上出现了篮纹。这类遗存过去只在清水河、托克托有所发现，曾名之为仰韶文化海生不浪类型，但对其具体的文化内涵不甚清楚。张家圪旦遗址出土的一组陶器，使人们对这类遗存的文化面貌有了初步认识，即这类遗存应是一种有独特地方特征的文化类型，其中的篮纹喇叭口尖底瓶、小口鼓腹双耳彩陶罐和饰有两个鸡冠耳的线纹夹砂罐等器形，反映了仰韶晚期阶段的器物特征，属这一地区的第三阶段。而白泥窑子陶器中的双唇向单唇过渡的尖底瓶口沿和曲腹盆，以及大量类似庙底沟类型的彩陶片等一类遗存，则应早于张家圪旦遗存，接近第二阶段。与张家屹旦遗存较为近似的阿善二期陶器中，红彩居多，黑彩很少，复彩罕见，典型器物是折腹钵和小口双耳瓮，时代略晚于张家圪旦出土物。

白泥窑子第三类遗存，是一种处于承上启下阶段的具有浓厚地方风格的遗存，其最富于特征的是篮纹特别发达的小口鼓肩大型泥质陶瓮，带有明显的仰韶向龙山时期过渡的特征。阿善三期早段与此大体相似，同属这一地区的第四阶段。

内蒙古西部地区第三阶段以前的遗存，基本上与陕、晋、冀地区同时代文化类型无大差别，表现出较大的一致性。此后有一阶段发现材料较少。自第三阶段起，以河套地区为中心，逐渐表现出自身的文化特征。在陶器器形和彩绘花纹中，虽仍可看出来自周围地区的某些文化因素的影响，但整体文化面貌却显示了较强的地区性。对此，有的同志认为，这一地区的原始文化应有自身的起源和发展过程，在今后的工作中，很可能会发现早于半坡时期的文化遗存；也有的同志认为，早期阶段的一致性，可能是由于农耕部落由南而北的迁徙造成的，而晚期阶段的差异，则可能是南迁而来的居民发展了自己的文化特点，或是当地土著居民产生了自己的文化特点。

老虎山遗址位于凉城县蛮汗山南麓的山前台地上，总面积约10万平方米。1982年以来曾进行过两次发掘，揭露面积近2000平方米，清理了30余座半地穴式房屋。在遗址周围发现了同阿善遗址相似的石围墙建筑，这是我国目前发现的最早建筑围墙之一，对其构筑方式和确切年代，尚需做进一步的工作来确定。在遗址西侧的石围墙外，还发现了近6000平方米的窑址区。根据遗址出土陶器中的釜形斝和小口鼓肩罐等器形，与会同志认为，老虎山遗址应晚于白泥窑子第三类遗存，在文化面貌上显示了某种承继关系，遗址年代约当龙山时代早期或还要偏早一点，属这一地区文化发展序列上的第五阶段。

准格尔旗黑岱沟的二里半和大庙圪旦遗址中以胖袋足鋬手陶鬲为代表的遗存，被认为应是同河北、山西龙山时期遗存大体近似的一类文化遗存，在文化面貌上显示出某些共同性。这类遗存晚于老虎山遗址的年代，属这一地区的第六阶段。

朱开沟遗址位于鄂尔多斯高原南缘的平坦坡地上，南北长500、东西宽1000米。自1977年至1984年夏，共发掘四次，揭露面积已达2500多平方米，计清理房屋65座、灰坑166个、墓葬188座、陶窑4座。参加发掘的同志将这处遗存大体分为5期，据$^{14}C$测定，第一期距今4450±70年，第五期距今3420±70年（未经树轮校正），整个遗址延续1000年左右。与会同志反复研究了朱开沟出土的大量陶器、青铜器、卜骨及石制生产工具，认为朱开沟各期遗物的基本组合很有规律，主要器物的发展一脉相承，变化规律也是清楚的。从文化内涵和器物特征分析，虽然墓葬中的单把鬲、单把罐和双耳小罐等陶器器形具有泾渭河地区及齐家文化的某些因素，但是，这里的单把鬲领部较高，袋足瘦，方格纹特别发达，尤其是遗址中出土的器物领口部饰一周附加堆纹的风格，反映了特殊的地域特点。因此，其主要因素是自成体系连续发展的。朱开沟遗存的一、二、三期联系比较紧密，从第三期开始产生许多新的因素，如大型的男女合葬墓的出现，表明经济和社会形态的变化，特别是在第四、五期中，胖袋足“蛇纹鬲”大量流行，青铜短剑、铜刀、铜戈与早商铜器伴出，构成强烈的地方特征，为探索鄂尔多斯青铜器的起源问题提供了线索，即鄂尔多斯青铜文化很可能就产生于鄂尔多斯地区。朱开沟遗址的编年，基本可分为三段，一期遗存为一段，属这一地区的第七阶段，与三里桥文化年代相当，为龙山时代晚期，有的同志认为应晚到二里头文化阶段；二、三期遗存为二段，属这一地区的第八阶段，可进入夏纪年范围之内，有的同志认为应相当于二里岗下层文化阶段；四、五期为三段，属这一地区的第九段，最晚可到殷墟一期。与会同志一致认为，朱开沟遗址的发现是重要的，它为探讨内蒙古西部地区新石器时代晚期至青铜时代早期的文化面貌和发展序列问题，提供了科学的依据。因此，把朱开沟遗址作为一个新的文化类型提出，对于今后的研究工作是有益的，也是必需的。至于大口遗址各期的相对年代，根据三足瓮的发展序列看，其上限约相当于朱开沟一段，有些因素可能稍早；下限则早于朱开沟三段。

在座谈会中，苏秉琦先生指出，张家口地区是一个各种文化交汇的三岔口，以此为界，内蒙古西部地区同陕、晋、冀北部地区，应属同一个大的文化区。他认为，内蒙古西部地区的考古学文化由南而北如“人”字形分为两个支系，一个是以包头阿善遗址为中心的河套地区，一个是以朱开沟、老虎山为中心的河东河西地区，在时间上跨越了距今六千年、五千年和四千年前后三个大的发展阶段。前一阶段这一地区具有共同的文化因素，接近中原仰韶文化；中段开始，逐渐形成自己的特点，并以呼和浩特、包头之间为界分为两种类型；第三阶段，文化面貌与周围地区表现出更大的差异，如果这一阶段在内蒙古东部地区可以赤峰附近的夏家店下层文化为代表，那么，西部地区则可以朱开沟文化为代表。

（原载《文物》1985年第5期）

## THE CHRONOLOGY AND DISTRIBUTION OF PRIMITIVE CULTURES IN WESTERN INNER MONGOLIA

Wei Jian

**Abstract:** Western Inner Mongolia includes Baotou City, Jungar Banner, Ejin Horo Banner, Qingshuihe County and Liangcheng County on both sides of the Yellow River. It is located along the Great Wall, with northern Hebei in the east, Longdong in the west, and Shanxi and Shaanxi provinces in the south. The area shows a rather complex diversity in terms of archaeological cultures. The early remains discovered until now correspond to the three major development stages of Yangshao culture, Longshan culture and the Xia and Shang dynasties. In August 1984, the Inner Mongolia Archaeological Society invited a group of experts and scholars to hold a forum on primitive cultures in Western Inner Mongolia. The scholars attending the meeting discussed the emergence and development sequence of primitive cultures in Western Inner Mongolia, as well as the relationship between different periods and the archaeological cultures of the surrounding areas. The remains found in Ashan, Bainiyaozi, Haishengbulang, Laohushan and Zhukaigou can be divided into nine major development stages, covering the early and middle stages of Yangshao, late Yangshao, Longshan cultures and the Xia and Shang dynasties. Mr. Su Bingqi pointed out that Zhangjiakou is located at the intersection of various cultures, and if taken as a boundary, one could place Western Inner Mongolia and the northern regions of Shaanxi, Shanxi and Hebei provinces together in one large cultural area.

**Keywords:** Western Inner Mongolia; Primitive Culture; Chronology; Development Sequence; Cultural Intersection

# 内蒙古中南部原始文化的发现与研究

摘　要：内蒙古中南部是华北地区远古人类活动的重要区域之一，从20世纪20年代开始就有原始文化的发现。随着田野调查的深入和考古发掘的推进，该地区已经发现了以大窑文化和萨拉乌苏文化为代表的旧石器时代遗存，以白泥窑文化、庙子沟文化、阿善文化、老虎山文化和永兴店文化为代表的新石器时代遗存，以及以大口二期和朱开沟文化为代表的青铜时代遗存。经过多年的研究，这些文化遗存的面貌、特征、渊源及其与邻近地区文化的相互关系已经比较清晰。按照区系类型学说的相关理论，以内蒙古中南部地区为中心地带的原始文化遗存，呈现出在周边文化因素影响下一脉相承的发展关系，形成了本地区既有传承关系又有性质区别的完整考古学文化序列。

关键词：内蒙古中南部　原始文化　考古学文化　编年序列

内蒙古中南部地区原始文化的发现与研究，起始于20世纪20年代初在鄂尔多斯高原萨拉乌苏河沿岸的科学考察与发掘①。至40年代，这一地区新石器时代考古工作也已展开，裴文中先生曾有专文加以论述②。中华人民共和国成立以后，我国学者对鄂尔多斯高原及黄河两岸的旧石器地点和新石器时代遗址，做了大量的调查工作。50年代调查发现了白泥窑子等遗址，并试掘了转龙藏遗址③。60年代调查发现了岔河口、海生不浪等遗址④。70年代以来，在调查的基础上，发掘了大口⑤、朱开沟⑥、二里半⑦等遗址，以及大窑旧石器时

---

① 贾兰坡：《河套人》，龙门联合书局，1951年。

② 裴文中：《河套之史前文化》，《中国史前时期之研究》，商务印书馆，1918年，第87～107页。

③ 内蒙古文物工作队：《内蒙古文物资料选集》，文物出版社，1963年，第23、40、45、52页。

④ 内蒙古历史研究所：《内蒙古中南部黄河沿岸新石器时代遗址调查》，《考古》1965年第10期。

⑤ 吉发习、马耀圻：《内蒙古准格尔旗大口遗址的调查与试掘》，《考古》1979年第1期。

⑥ 内蒙古文物考古研究所：《内蒙古朱开沟遗址》，《考古学报》1988年第3期。

⑦ 内蒙古文物考古研究所：《准格尔旗二里半遗址第一次发掘简报》，《内蒙古文物考古文集》（第一辑），中国大百科全书出版社，1994年，第246～260页。

代遗址[①]。进入80年代，田野考古工作取得了长足的进展，先后发掘了阿善[②]、老虎山[③]、白泥窑子[④]、寨子塔[⑤]、西园[⑥]、庙子沟[⑦]、大坝沟[⑧]、园子沟[⑨]等几处较为重要的遗址，同时调查了张家圪旦、大庙圪旦[⑩]等一批遗址。近些年来，由于准格尔煤田和丰（镇）—准（格尔）铁路等大型基建工程的建设，在配合基建的考古工作中，又发掘了周家壕[⑪]、白草塔[⑫]、南壕[⑬]、寨子上[⑭]、小沙湾[⑮]、永兴店[⑯]、后城嘴、官地[⑰]、王墓山、狐子山[⑱]、阳湾、鲁家坡[⑲]等10余处仰韶早期至夏商阶段的遗址。在岱海周围还调查试掘了红台坡、东滩[⑳]、西白玉、面坡、板城[㉑]等处遗址。

随着田野考古工作的逐步深入，这一地区的原始文化研究也取得了相应的进展。许多学者对各个不同发展阶段上诸考古学文化遗存的面貌、特征，渐次予以归纳研究，并对各自的渊源，以及和邻近地区文化的相互影响关系，进行了有益的探讨，不断有新的观点

① 内蒙古博物馆、内蒙古文物工作队：《呼和浩特市东郊旧石器时代石器制造场发掘报告》，《文物》1977年第5期。

② 内蒙古社会科学院蒙古史研究所、包头市文物管理所：《内蒙古包头市阿善遗址发掘简报》，《考古》1984年第2期。

③ 田广金：《凉城县老虎山遗址1982—1983年发掘简报》，《内蒙古文物考古》总4期，1986年。

④ 崔璿、斯琴：《内蒙古清水河白泥窑子C、J点发掘简报》，《考古》1988年第2期；崔璿：《内蒙古清水河白泥窑子L点发掘简报》，《考古》1988年第2期。

⑤ 魏坚：《准格尔旗寨子塔、二里半考古主要收获》，《内蒙古中南部原始文化研究文集》，海洋出版社，1991年，第161～164页。

⑥ 西园遗址发掘组：《内蒙古包头市西园新石器时代遗址发掘简报》，《考古》1990年第4期。

⑦ 内蒙古文物考古研究所：《内蒙古察右前旗庙子沟遗址考古纪略》，《文物》1989年第12期。

⑧ 魏坚：《庙子沟与大坝沟有关问题试析》，《内蒙古中南部原始文化研究文集》，海洋出版社，1991年，第113～118页。

⑨ 田广金：《内蒙古中南部龙山时代文化遗存研究》，《内蒙古中南部原始文化研究文集》，海洋出版社，1991年，第140～160页。

⑩ 内蒙古文物考古研究所、伊克昭盟文物工作站：《内蒙古准格尔煤田黑岱沟矿区文物普查述要》，《考古》1991年第1期。

⑪ 内蒙古文物考古研究所：《准格尔旗周家壕遗址仰韶晚期遗存》，《内蒙古文物考古文集》（第一辑），中国大百科全书出版社，1994年，第167～173页。

⑫ 内蒙古文物考古研究所：《准格尔旗白草塔遗址》，《内蒙古文物考古文集》（第一辑），中国大百科全书出版社，1994年，第183～204页。

⑬ 内蒙古文物考古研究所：《准格尔旗南壕遗址》，《内蒙古文物考古文集》（第一辑），中国大百科全书出版社，1994年，第204～224页。

⑭ 内蒙古文物考古研究所：《准格尔旗寨子上遗址发掘简报》，《内蒙古文物考古文集》（第一辑），中国大百科全书出版社，1994年，第174～182页。

⑮ 内蒙古文物考古研究所：《准格尔旗小沙湾遗址及石棺墓》，《内蒙古文物考古文集》（第一辑），中国大百科全书出版社，1994年，第225～234页。

⑯ 内蒙古文物考古研究所：《准格尔旗永兴店遗址》，《内蒙古文物考古文集》（第一辑），中国大百科全书出版社，1994年，第235～245页。

⑰ 内蒙古文物考古研究所1990年丰准铁路遗址发掘资料。

⑱ 田广金：《内蒙古岱海地区仰韶时代文化遗址的调查》，《内蒙古中南部原始文化研究文集》，海洋出版社，1991年，第31～54页。

⑲ 内蒙古文物考古研究所1993年准格尔旗发掘资料。

⑳ 田广金：《内蒙古岱海地区仰韶时代文化遗址的调查》，《内蒙古中南部原始文化研究文集》，海洋出版社，1991年，第31～54页。

㉑ 田广金：《内蒙古中南部龙山时代文化遗存研究》，《内蒙古中南部原始文化研究文集》，海洋出版社，1991年，第140～160页。

和论述面世，促使这一地区考古学文化的研究，向着更高的层次和更广阔的领域发展。但是，由于工作进展的不平衡性及对原始资料的掌握和认识上的差异，造成了对这一地区同一类文化遗存产生不同看法，对同一考古学文化采用多种称谓，以及将不同类型的文化遗存划归同一文化的复杂局面，以致阻碍和影响了我们对这一地区原始文化的深入探讨。为了较为客观地建立内蒙古中南部地区原始文化的时空框架，本文试图运用区系类型学说的方法，博采前人研究的成果，结合近年来的新发掘资料，对这一地区原始文化的研究，做一次新的尝试，并提出考古学文化命名的问题，以期抛砖引玉，就正于方家。

## 一、旧石器时代遗存

内蒙古中南部是华北地区远古人类活动的重要区域之一。在这里，发现了著名的河套人化石及3处旧石器遗址、数十个旧石器地点。时代上包括旧石器时代早、中、晚三个时期。

### （一）大窑文化与大窑遗址

1973年在呼和浩特东郊大窑村和前乃莫板村附近发现的两处旧石器时代石器制造场，都地处大青山前丘陵地带。大窑石器制造场的面积达200万平方米。1976年在这两处遗址的两个地点分别进行了发掘，于马兰黄土底部角砾层中发现大批石制品。其中石片1200多件、石核14件、石器394件，系用锤击法直接打成。石器大都只有初步加工，很少使用痕迹，多为半成品和废品，反映出石器制造场的特点。器类有刮削器、砍斫器、尖状器、手斧、石锤、石球等。以刮削器最多，砍斫器居次，其中龟背形刮削器最为典型。

这两个地点都是马兰黄土中夹着黑垆土，孢粉组合均以草本植物居多，发现的哺乳动物化石有普氏羚羊和两种鹿类，表明当时气候比较干燥，处于草原和草甸灌木环境。“从全部文化遗物分析，当时人类过着以狩猎为主、采集为辅的原始生活。”石器器形和加工方法，均“同丁村和鹅毛口关系密切”，属于大型石器类型，年代晚于丁村，早于鹅毛口，填补了其间的时代缺环。而其龟背形刮削器不仅数量多，且有规律性和独有的特征，因而被定名为大窑文化[①]。

1983年在大窑南山四道沟又发现了大窑遗址的典型地层剖面：第1层为表土层，形成于全新世；第2层为马兰黄土层，内含石制品，形成于晚更新世晚期；第3层为淡红色土层，内含啮齿类动物化石和石制品，形成于晚更新世早期；第4层为离石黄土层，内含马和肿骨鹿化石及石制品，形成于中更新世，此层底部发现旧石器时代早期石器制造场。大窑旧石

① 内蒙古博物馆、内蒙古文物工作队：《呼和浩特市东郊旧石器时代石器制造场发掘报告》，《文物》1977年第5期。

器“基本上属于匼河—丁村大型石器系统”[①]。

关于大窑早期旧石器的年代，一说距今50万年左右[②]，一说为35万年以前[③]，一说可早到70万年前[④]。诸说虽然相差甚远，但都不出中更新世的年代范围。

此外，在南流黄河两岸的调查中，还发现约50个打制石器地点，调查者认为是晚期旧石器遗存[⑤]，有人则认为是新石器时代遗存[⑥]。

### （二）河套人与萨拉乌苏文化

鄂尔多斯高原萨拉乌苏河沿岸的科学考察始于1922年，次年进行了发掘。发现包括45个种的古脊椎动物化石和一批旧石器时代文化遗物，以及被称为“河套人”的几件失去原生地层的人类化石。1949年后，我国学者对萨拉乌苏河一带的地层堆积、动物化石、古人类化石和石制品等文化遗存，做了多次的综合考察和分析研究，将原先的“河套文化”分别定名为萨拉乌苏文化和水洞沟文化，认定它们都属于旧石器时代晚期，并确认河套人创造的文化是萨拉乌苏文化。

迄今为止，已经发现的河套人化石共计23件，其中6件是1970～1980年间发现于萨拉乌苏组下部地层。萨拉乌苏文化遗存包括炭屑、人工打碎的动物骨头和石制品。现已发现的500多件石制品中，经过加工的石器占很大比例，器类有刮削器、钻具、尖状器、雕刻器。其中以刮削器最多，型式也较复杂。最显著的文化特征是，石器非常细小，大多长2～3、宽1厘米，重1～2克，全系锤击法制成。有的学者将其归为以小型石器为特征的“周口店第Ⅰ地点——峙峪系”[⑦]。

据放射性和铀系法断代，河套人和萨拉乌苏文化的年代，为距今5万～3.5万年。河套人的体质特征已接近现代人，但仍保留一些比较原始的特征，属于人类进化中的晚期智人。河套人以狩猎和采集为生。当时自然环境的基本特征是“河湖广布，年平均温度在4～7℃之间，年降水量在300～500毫米之间，呈现出一片森林草原、灌丛及沼泽草原相交织的景观”[⑧]。

---

① 汪宇平：《呼和浩特市大窑村南山四道沟东区旧石器时代石器制造场1983年发掘报告》，《史前研究》1987年第2期。

② 汪宇平：《大窑村南山四道沟西区1983年发掘报告》，《内蒙古文物考古》总4期，1986年。

③ 内蒙古文物考古研究所：《内蒙古文物考古工作的新进展》，《文物考古工作十年》，文物出版社，1990年，第47页；田广金：《内蒙古石器时代——青铜时代考古发现和研究》，《内蒙古文物考古》总6、7期，1992年。

④《呼市东郊发现70万年前动物化石》，《内蒙古日报》（汉文版）1993年6月16日。

⑤ 张森水：《内蒙古中南部和山西西北部新发现的旧石器》，《古脊椎动物与古人类》1959年第1期。

⑥ 洲傑：《内蒙古中南部考古调查》，《考古》1962年第2期；汪宇平：《关于内蒙古中南部旧石器文化问题》，《考古》1962年第11期。

⑦ 贾兰坡、盖培、尤玉柱：《山西峙峪旧石器时代遗址发掘报告》，《考古学报》1972年第1期；贾兰坡、卫奇：《阳高许家窑旧石器时代文化遗址》，《考古学报》1976年第2期。

⑧ 田广金、史培军：《内蒙古中南部原始文化的环境考古研究》，《内蒙古中南部原始文化研究文集》，海洋出版社，1991年，第119～132页。

## 二、新石器时代遗存

内蒙古中南部的新石器时代遗存丰富多彩，具有独特的文化面貌和自身传统，同时与自治区境外的黄河流域及海河水系同时期遗存有着极为密切的关系，与东、西部长城地带及北方草原地区亦互有影响。这些新石器时代遗存包括：出自全新世地层中的无陶细石器遗存；处于仰韶时代早、中期以白泥窑子遗址为代表的遗存；相当于仰韶时代晚期的以庙子沟遗址为代表的遗存；大致相当于西王村Ⅲ期至庙底沟二期阶段的、以阿善三期为代表的遗存；相当于龙山时代早、中期的以老虎山遗址和永兴店遗址为代表的遗存；相当于龙山时代晚期的客省庄文化系统的遗存。

### （一）无陶细石器遗存

1976年发掘大窑南山二道沟时，在沟的下段，距沟口约80米处、深约0.5米的全新世地层中，发现大量小型石片、石屑和6件石制品。石制品中有刮削器、尖状器和锥状石核，均具有典型细石器的特征。制造这些石器所用的原料，都是从山梁上的原生岩层中开采出来的燧石。此类遗存“属于新石器时代”①。在中南部邻境地区，无陶细石器遗存，也见于阴山以北察右中旗大义发泉遗址②和贺兰山西麓巴彦浩特遗址③。此类遗存目前尚没有发现典型遗址，其文化面貌不甚清楚，年代上可能要早于仰韶阶段遗存。

### （二）白泥窑文化遗存

内蒙古中南部仰韶时代早、中期遗存的发现，在20世纪80年代以前，均系地面调查所获；自80年代以来，陆续获得几批发掘资料。

据调查所知，内蒙古中南部仰韶时代早、中期遗存的分布范围，北起大青山，南至晋、陕交界处，西南达鄂尔多斯西南部的鄂托克前旗，东北逾阴山至商都县和苏尼特右旗，地域十分广阔。这个范围的中心部位在包头、呼和浩特、准格尔旗、清水河县境内，也即河套内外的东北一角。

近年来发掘到的这类遗存有阿善一期④、西园一期⑤、白泥窑子遗址第一种遗存⑥、红

---

① 内蒙古博物馆、内蒙古文物工作队：《呼和浩特市东郊旧石器时代石器制造场发掘报告》，《文物》1977年第5期。

② 内蒙古自治区博物馆、文物工作队：《察右中旗大义发泉村细石器文化遗址调查和试掘》，《考古》1975年第1期。

③ 李壮伟：《内蒙古巴彦浩特的细石器》，《考古》1993年第4期。

④ 内蒙古社会科学院蒙古史研究所、包头市文物管理所：《内蒙古包头市阿善遗址发掘简报》，《考古》1984年第2期。

⑤ 西园遗址发掘组：《内蒙古包头市西园新石器时代遗址发掘简报》，《考古》1990年第4期。

⑥ 崔璿、斯琴：《内蒙古清水河白泥窑子C、J点发掘简报》，《考古》1988年第2期。

台坡下、王墓山下[①]、后城嘴、官地、鲁家坡早期和阳湾遗存[②]等。这类遗存的文化层都叠压在生土之上，有层位关系的阿善、西园、白泥窑子、官地、鲁家坡等遗址内，又被仰韶晚期遗存所叠压。白泥窑子遗址中期第二段测得一个$^{14}C$年代，为距今5430±90年[③]，校正年代应为公元前4130年。

这类遗存的居住址均选择在大河及其支流的岸旁高地、山前开阔地带和沟掌上的缓坡部位，往往与现代河湖水面高差达百米左右。遗址所在地一般有较厚的黄土堆积，近旁常有充沛的水源，坐西北朝东南，背风向阳，十分有利于生产和生活。房子多是方形和近方形（或有梯形）半地穴式，居住面抹泥并经烧烤成硬面，前墙正中有凸出的门道，室内灶址正对着门，居住面上留有柱洞，面积一般20平方米左右，也有较大者如白泥窑子BKF1为56平方米，阳湾F12达100余平方米。发现的早期墓地设在居住址附近，用石板砌成棺椁埋葬死者。以单人葬为主，并见双人或多人合葬。一般为一次葬，也见二次葬，仰身直肢，多无随葬品。

生产工具常见磨制石器、打制石器和细石器共存，并有骨器与陶质工具。石镞全是细石器工艺制作，不见仰韶文化习见的磨制石镞和磨制骨镞。刮削器也多属细石器。装饰品有石环、陶环和蚌制饰件。

日用陶器均系手制，以泥质红陶和夹砂红陶为主，并见褐陶和灰陶逐渐增多的趋势，中期后段出现以细砂做掺和料的薄胎砂质陶。纹饰早期有弦纹、线纹、彩绘、附加堆纹、连点刺纹，器底或有席纹，器表或有凸饰；中期弦纹减少，线纹增多，出现绳纹，彩绘发达，并见附加堆纹和镂孔。彩陶均为单彩，以黑彩为主，早期少见红彩，中期少见褐彩。常见器形早期有小口折唇鼓肩平底双耳壶、大口凸饰尖底罐、宽带纹彩钵、素面圆底钵、敞口窄沿浅腹盆、叠唇口弦纹（或并绳纹、绳纹）罐，少见“红顶钵”，邻境地带东部并见鼎，西部并见杯形口尖底瓶（图1）。中期早段有小口折唇鼓肩尖底瓶、素面或宽带黑彩圜底钵、敞沿鼓腹夹砂罐、喇叭口盆、鼓状底座火种炉（图2）；中期中段有双唇小口尖底瓶、卷沿曲腹或折沿浅腹花草纹彩陶盆、叠唇浅腹盆、折沿或卷沿夹砂罐、平底或圜底钵、鼓状底座或哑铃状火种炉、镂孔器座等（图3）；中期晚段有单唇小口尖底瓶、大口凸饰尖底瓶、夹砂线纹罐、砂质薄胎卷沿细绳纹罐、卷沿曲腹彩陶盆、覆钵状底座火种炉等（图4）。

这是内蒙古中南部目前所知最早的定居农耕文化。在这一区域至今尚未发现早于白泥窑子一类遗存、并含有陶器的新石器时代文化，而已发现的仰韶时代早、中期遗存，又与

① 田广金：《内蒙古中南部仰韶时代文化遗存研究》，《内蒙古中南部原始文化研究文集》，海洋出版社，1991年，第55～85页。

② 内蒙古文物考古研究所发掘资料。后城嘴遗址在清水河县，余三处遗址均在准格尔旗。

③ 北京大学考古系碳十四实验室：《碳十四年代测定报告（八）》，《文物》1989年第11期。

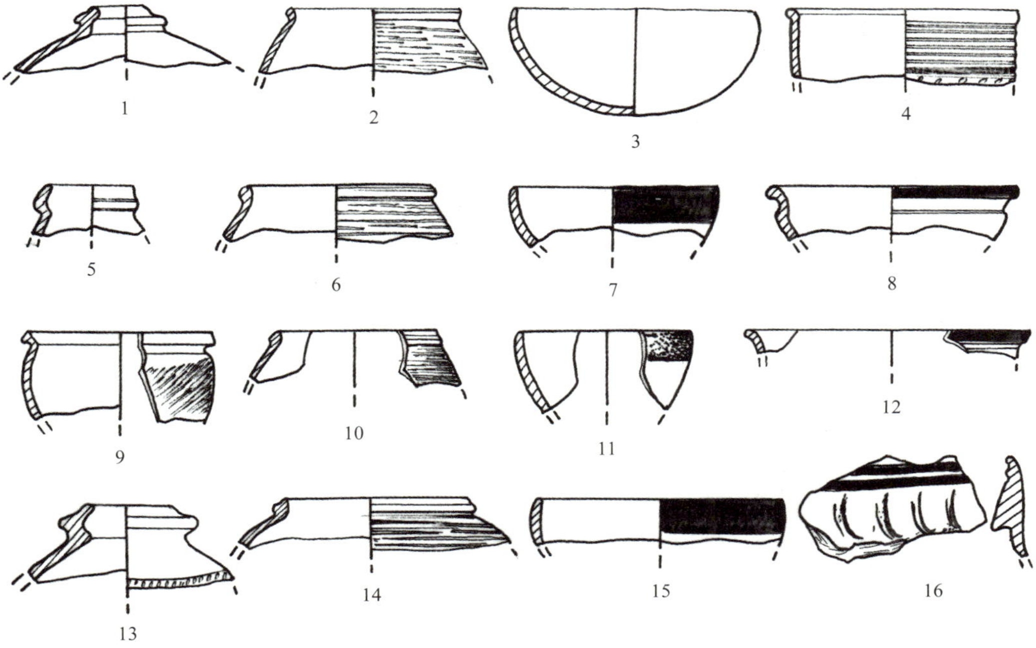

图1　白泥窑文化早期陶器

1、5、13. 壶；2、6、9、10、14. 夹砂罐；3、7、11、15. 钵；4、16. 尖底罐；8、12. 盆（1～4. 白泥窑子出土；5～8. 阿善出土；9～12. 西园出土；13～16. 窑子梁出土）

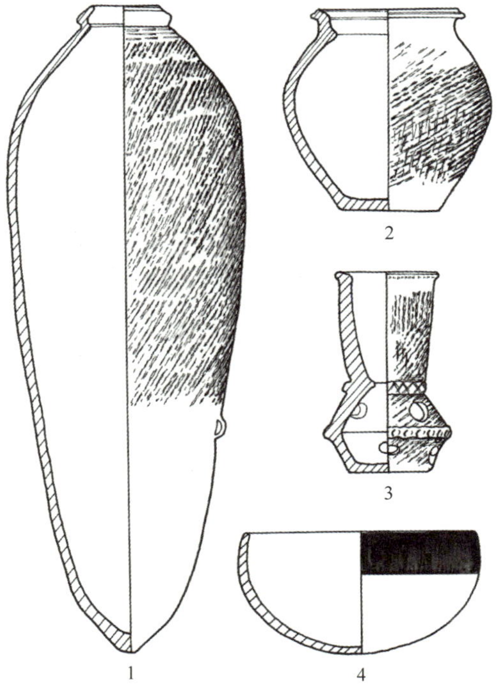

图2　白泥窑文化中期一段陶器

1. 小口尖底瓶；2. 夹砂罐；3. 火种炉；4. 钵（均白泥窑子C点出土）

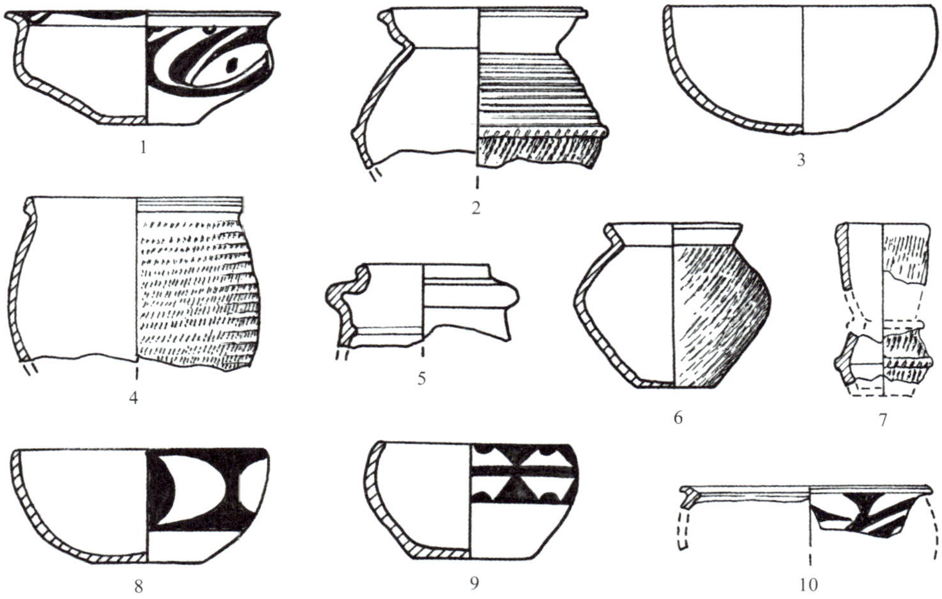


图3　白泥窑文化中期二段陶器

1、10. 盆；2、4、6. 夹砂罐；3、8、9. 钵；5. 小口尖底瓶；7. 火种炉
（均白泥窑子T点出土）

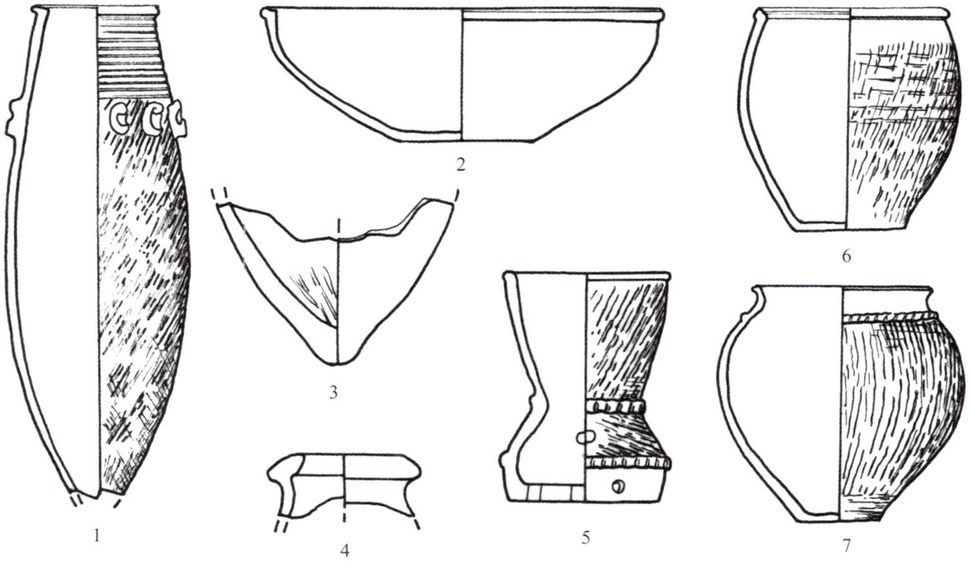


图4　白泥窑文化中期三段陶器

1. 大口尖底瓶；2. 盆；3、4. 小口尖底瓶；5. 火种炉；6. 夹砂罐；7. 砂质罐
（均白泥窑子A点出土）

后冈一期、半坡和庙底沟文化有着许多相似之处。有些学者因此认为，这里的白泥窑子一类遗存是仰韶文化由南向北的延伸①。我们认为，在内蒙古中南部仰韶时代早、中期遗存的形成中，中心地带自身特征明显，并有独特的传承关系。除了已经述及的石板墓、细石器以外，单就陶器而言，不像后冈一期文化以红彩为主，并几乎不见鼎，也未发现小口细长颈壶、肩耳壶、锥刺纹盆和球体罐；也不见半坡文化的鱼纹盆、杯形口尖底瓶、葫芦壶和蒜头壶，以及刻符等；更没有庙底沟文化的釜、灶等器形。白泥窑子一类遗存的小口折唇鼓肩平底双耳壶、火种炉、砂质薄胎卷沿鼓腹小平底细绳纹罐等，也不见于以上诸文化之中。这一地区的瓶壶类，从仰韶时代早期的小口折唇壶，到中期的小口尖底瓶、再到晚期的小口双耳壶（罐），有着明显的传承发展关系；而其砂质薄胎细绳纹陶，对其后直至夏商阶段遗存均有深远影响。因此，我们建议将这类具有明显文化特征，并有自身发展脉络，区别于邻境地区考古学文化的，属于仰韶早、中期阶段的白泥窑子一类遗存，命名为白泥窑文化。

### （三）庙子沟文化遗存

很长一段时间以来，人们把属仰韶时代晚期的文化遗存，当成当地的仰韶文化②，20世纪60～70年代，一些学者注意到了此类遗存与仰韶文化的区别③，并称之为“海生不浪类型”④，80年代初，发掘阿善遗址后，又称“阿善二期文化”⑤，随后，或提出“海生不浪文化”的命名建议⑥，或称其为“海生不浪文化”⑦，同时，又以发掘面积大、遗存丰富、内涵单纯的庙子沟遗址的代表性遗存为依据，提出命名为庙子沟文化⑧。

庙子沟一类遗存在内蒙古中南部的分布范围，西南自窟野河上源的鄂尔多斯腹地，东北至永定河水系的洋河上源。发现遗址点的盟（市）旗（县）包括伊克昭盟的伊金霍洛旗、准格尔旗、东胜市、达拉特旗，包头市与呼和浩特市，乌兰察布盟的清水河县、和林格尔县、凉城县、察右前旗、兴和县、商都县和丰镇市等。含有这类遗存的遗址总数，除

① 张忠培、乔梁：《后冈一期文化研究》，《考古学报》1992年第3期；严文明：《内蒙古中南部原始文化的有关问题》，《内蒙古中南部原始文化研究文集》，海洋出版社，1991年，第3～12页。

② 李逸友：《清水河县和郡王旗等地发现的新石器时代文化遗址》，《文物参考资料》1957年第4期；汪宇平：《内蒙古清水河县白泥窑子村的新石器时代遗址》，《文物》1961年第9期；《清水河县台子梁的仰韶文化遗址》，《文物》1961年第9期；洲傑：《内蒙古中南部考古调查》，《考古》1962年第2期。

③ 内蒙古历史研究所：《内蒙古中南部黄河沿岸新石器时代遗址调查》，《考古》1965年第10期；吉发习：《内蒙古托克托县新石器时代遗址调查》，《考古》1978年第6期。

④ 苏秉琦：《内蒙古考古与内蒙古历史》，1963年11月29日在内蒙古大学的学术报告。

⑤ 内蒙古社会科学院蒙古史研究所、包头市文物管理所：《内蒙古包头市阿善遗址发掘简报》，《考古》1984年第2期。

⑥ 崔璇：《“海生不浪文化”述论》，《内蒙古社会科学》1990年第5期。

⑦ 张忠培、关强：《“河套地区”新石器时代遗存的研究》，《江汉考古》1990年第1期。

⑧ 魏坚：《试论庙子沟文化》，《青果集——吉林大学考古专业成立二十周年考古论文集》，知识出版社，1993年，第85～100页。

了已经综述过的34处以外[①]，近年陆续公布并发表了器物的又有15处，即达拉特旗的奎银生沟、瓦窑，准格尔旗的周家壕、白草塔、南壕、寨子上[②]、嘎尔迪圪旦、柴敖包、西敖包梁、头道壕、阴阳沙梁、棋盘堰[③]，凉城县红台坡上、东滩、王墓山上[④]。

此类遗存的年代，在同其他文化遗存有层位关系的阿善、西园、白泥窑子、官地、鲁家坡、白草塔等遗址，均晚于白泥窑文化遗存，又早于阿善三期遗存。其年代跨度为公元前3700～前3000年，上限年代不会超过公元前3800年[⑤]。

这类文化遗存对居住址的选择，与当地的白泥窑文化相同。在白泥窑子和大坝沟遗址还发现一条环绕居住址的壕沟。房子均半地穴式，多为方形或长方形，也见梯形，居住面用泥抹，大多经烧烤。室内多设双灶，圆形坑灶在前，方形地面灶在后。门设在前墙中央，多为凸出的斜坡或台阶式门道。房子附近的窖穴有圆形、方形、椭圆形，都是竖穴，有的在室内设袋形窖穴。

生产工具也是磨制石器、打制石器、细石器共存，并有骨、角器和陶制工具。石器有斧、铲、刀、锛、凿、石钻、球、磨盘、磨棒、砍砸器、盘状器、纺轮、磨石、台体状凹形器。细石器有刮削器、尖状器、镞，以及石核、石叶、石片等。陶质工具为大量的铲、刀和少许纺轮。骨器的锥、针、镞、匕、嵌石刃刀、嵌石刃剑、槽形尖状器和亚形器等。典型器具，断面呈椭圆形的窄首宽刃石斧、双孔或两侧缺口刀、梯形小石锛、月牙形磨棒、椭圆形凹体磨盘、台体状凹形器、嵌石刃骨刀和骨制亚形器等。

庙子沟一类遗存的生活用品有日用陶器器皿和簪、项链、陶环、石环、玉佩、蚌螺类串饰等装饰品。陶器分泥质、夹砂、砂质三类，以泥质为主，均系手制。陶色繁杂，有褐、灰、红、黄、黑、白诸色。泥质陶器表多素面磨光或施篮纹；夹砂陶主体纹饰以绳纹为主，有的并见方格纹与线纹，配合主体纹饰的有附加堆纹、划纹、压印纹、连点纹。彩陶较为发达，彩色有红、褐、黑、紫、赭诸色，纹样有方格网纹、鳞纹、涡纹、曲线纹、垂弧纹、直线纹、三角纹、锯齿纹、椭圆点、草叶纹等，常见内彩和复彩。器耳发达，多环状。器类有侈沿鼓腹罐、大口平唇罐、筒形罐、小口双耳壶（罐）、喇叭口尖底瓶、侈

---

① 崔璇：《“海生不浪文化”述论》，《内蒙古社会科学》1990年第5期。

② 内蒙古文物考古研究所：《准格尔旗周家壕遗址仰韶晚期遗存》，《内蒙古文物考古文集》（第一辑），中国大百科全书出版社，1994年，第167～173页；内蒙古文物考古研究所：《准格尔旗白草塔遗址》，《内蒙古文物考古文集》（第一辑），中国大百科全书出版社，1994年，第183～204页；内蒙古文物考古研究所：《准格尔旗南壕遗址》，《内蒙古文物考古文集》（第一辑），中国大百科全书出版社，1994年，第204～224页；内蒙古文物考古研究所：《准格尔旗寨子上遗址发掘简报》，《内蒙古文物考古文集》（第一辑），中国大百科全书出版社，1994年，第174～182页。

③ 王志浩、杨泽蒙：《鄂尔多斯地区仰韶时代遗存及其编年与谱系初探》，《内蒙古中南部原始文化研究文集》，海洋出版社，1991年，第86～112页。

④ 田广金：《内蒙古中南部仰韶时代文化遗存研究》，《内蒙古中南部原始文化研究文集》，海洋出版社，1991年，第55～85页。

⑤ 崔璇：《“海生不浪文化”述论》，《内蒙古社会科学》1990年第5期；田广金：《内蒙古中南部仰韶时代文化遗存研究》，《内蒙古中南部原始文化研究文集》，海洋出版社，1991年，第55～85页。

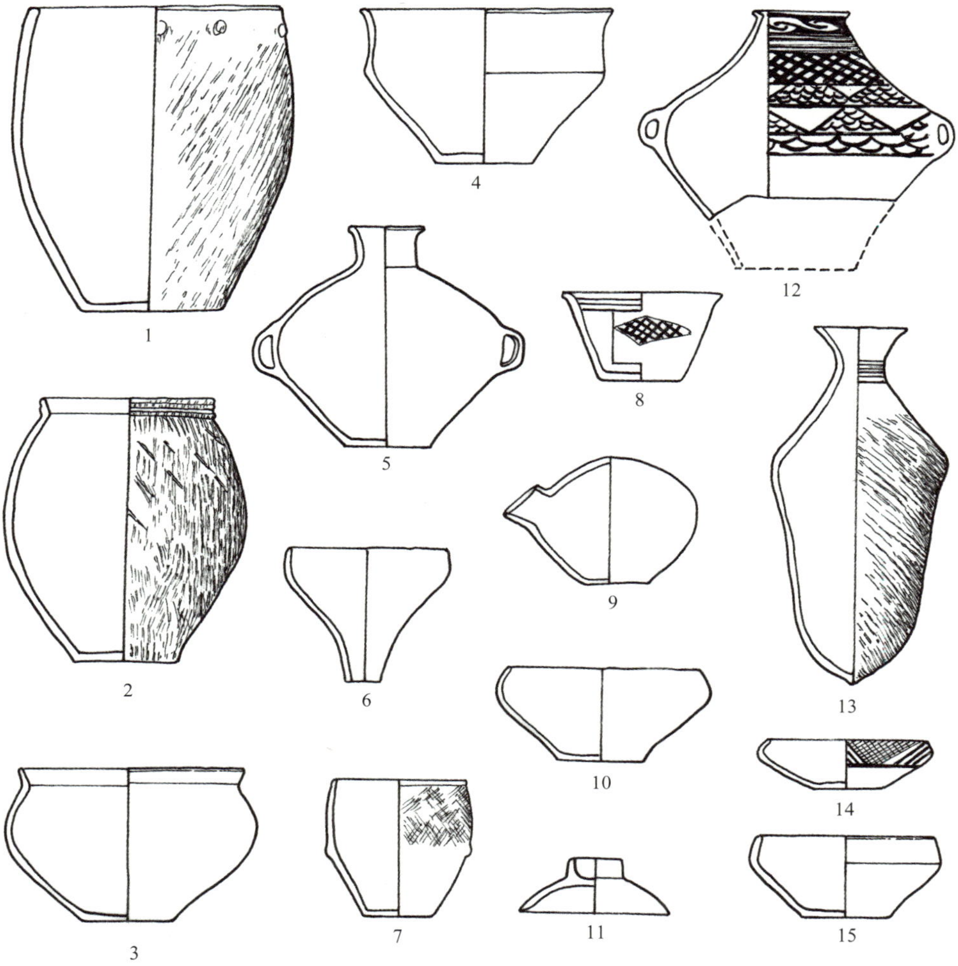


图5　庙子沟文化陶器

1. 大口平唇罐；2. 侈沿鼓腹罐；3. 侈沿曲腹盆；4. 敞口折腹盆；5. 小口双耳壶；6. 漏斗；7. 筒形罐；8. 敞口盆；9. 偏口壶；10、14. 敛口曲腹钵；11. 器盖；12. 小口双耳罐；13. 喇叭口尖底瓶；15. 敛口折腹钵
（1、13. 张家圪旦出土；2、12. 白泥窑子出土；3~6、9~11、15. 庙子沟出土；7、14. 西园出土；8. 海生不浪出土）

沿曲腹盆、敞口折腹盆、曲腹钵、折腹钵、漏斗、器盖、小杯、偏口壶等（图5）。其中，筒形罐自东而西递减，至鄂尔多斯腹地少见，喇叭口尖底瓶自西向东渐少，到岱海、黄旗海两湖地带不见。

这类遗存未发现墓地，在庙子沟遗址发现有利用居住址内的窖穴、灶炕和居住面埋葬死者的现象。房子附近的长方形坑内有多人合葬、双人合葬和单人葬。多人合葬中有儿童与成人合葬的现象。房内的圆形窖穴内发现的均为单人葬，许多未成年个体多被埋在室内的灶坑里或居住面上。死者头向不定，多侧身屈肢葬。随葬品多者10余件，有的仅以几块陶片盖身，儿童和女性有的佩带环饰和蚌螺类制作的装饰品。此类墓葬多属非正常埋葬。

庙子沟一类遗存的经济类型是以原始锄耕农业为主。饲养的家畜有猪、狗、羊、牛。捕猎的野生动物有鹿、狍、獐、虎、野山羊、羚羊、牛，以及鱼、龟、鸟类等。

此类遗存是内蒙古中南部地区在白泥窑文化的基础之上，吸收了庙底沟、红山等文化的因素，在仰韶晚期逐步形成的考古学文化，具有明显的地域特征，从而完全有别于周边地区同时期的考古学文化类型。对此许多学者已多有论及。庙子沟遗址在同类遗存中发掘面积较大，文化内涵单纯，出土的遗迹和遗物均较丰富，因而颇具代表性，故将此类遗存命名为庙子沟文化是较为适宜的。在庙子沟文化分布范围内，据地域性差异，又可分为庙子沟、海生不浪、阿善二期三个小的区域类型，并均可进行分期，因已有专文论述①，此处不再详叙。

### （四）阿善文化遗存

20世纪40～50年代，曾将此类遗存定为“细石器文化”②；60～70年代，或称之为“龙山文化”③，或谓“龙山文化早期类型”④，或称“石佛塔类型”⑤；80年代初发掘阿善遗址后，又称“阿善三期文化”⑥，随后，有提出定名为“阿善文化”的建议⑦，或称之为“阿善文化”⑧，并有专文论述了阿善文化⑨。目前，也有人将阿善三期早段遗存划归“海生不浪文化阿善类型”，而将阿善三期晚段遗存作为“老虎山文化”的组成部分⑩。

阿善三期一类遗存在内蒙古中南部的分布区域，北起阴山，南迄河曲，西至鄂尔多斯腹地，东至南流黄河以东，范围较庙子沟文化缩小。早期的中心地带似在河套东北部，晚

---

① 魏坚：《试论庙子沟文化》，《青果集——吉林大学考古专业成立二十周年考古论文集》，知识出版社，1993年，第85～100页。

② 裴文中：《河套之史前文化》，《中国史前时期之研究》，商务印书馆，1948年，第87～106页；李逸友：《清水河县和郡王旗等地发现的新石器时代文化遗址》，《文物参考资料》1957年第4期；汪宇平：《内蒙古清水河县白泥窑子村的新石器时代遗址》，《文物》1961年第9期；《清水河县台子梁的仰韶文化遗址》，《文物》1961年第9期。

③ 洲傑：《内蒙古中南部考古调查》，《考古》1962年第2期；内蒙古历史研究所：《内蒙古中南部黄河沿岸新石器时代遗址调查》，《考古》1965年第10期。

④ 吉发习：《准格尔旗东部新石器时代文化遗址调查》，《鄂尔多斯文物考古文集》，伊克昭盟文物工作站，1981年，第42～43页。

⑤ 崔璇：《内蒙古中南部石佛塔等遗址调查》，《内蒙古文物考古》创刊号，1981年。

⑥ 内蒙古社会科学院蒙古史研究所、包头市文物管理所：《内蒙古包头市阿善遗址发掘简报》，《考古》1984年第2期。

⑦ 崔璇、斯琴：《内蒙古中南部新石器至青铜时代文化初探》，《中国考古学会第四次年会论文集（1983）》，文物出版社，1985年，第173～184页。

⑧ 张忠培、关强：《“河套地区”新石器时代遗存的研究》，《江汉考古》1990年第1期。

⑨ 崔璇：《阿善文化述论》，《中国考古学会第八次年会论文（1991）》，文物出版社，1996年，第35～49页。

⑩ 田广金：《近十年来我区重大考古发现及科研成果》，《内蒙古文化》1990年第4期；田广金：《内蒙古长城地带石城聚落址及相关诸问题》，《纪念城子崖遗址发掘60周年国际学术讨论会文集》，齐鲁书社，1993年，第119～135页；田广金：《内蒙古石器时代—青铜时代考古发现和研究》，《内蒙古文物考古》总6、7期，1992年。

期则退居到河套北部的大青山南麓。发现遗址点的盟（市）旗（县）包括包头市和呼和浩特市，伊克昭盟准格尔旗、达拉特旗、伊金霍洛旗，乌兰察布盟清水河县、和林格尔县。除了已经综述过的遗址以外①，近年又发掘了准格尔旗小沙湾②、官地③、寨子塔④、白草塔⑤等遗址。据已经发表的器物，准格尔旗油房、倒庆坝、大树湾、烂窑圪嘴等遗址⑥也系此类遗存。岱海与黄旗海两湖地带，迄今尚未发现此类遗存。

阿善三期一类遗存的年代，在大青山前的阿善与西园两遗址，均晚于庙子沟文化遗存，又早于年代相当于三里桥龙山文化的西园四期遗存；在黄河两岸的白泥窑子和白草塔遗址，也晚于当地庙子沟文化，而又早于龙山阶段遗存；在鄂尔多斯腹地朱开沟等遗址，此类遗存也是处于庙子沟文化与龙山阶段文化遗存之间。据此推测这一类遗存的年代约在公元前3000～前2500年之间。阿善遗址测得阿善三期早段偏晚阶段的三个年代数据，为公元前2875～前2755年⑦。白泥窑子遗址的此类遗存年代数据也为公元前2885～前2500年⑧。

早期的房子多为半地穴式，也有沟槽木骨泥墙的地面建筑。平面多梯形或长方形，进深多大于间宽。居住面泥抹并经烧烤呈硬面。门设在前墙正中，有凸出的斜坡门道。室内灶址对着门，多单灶，以方形地面灶居多。有的房内还设壁龛。房子附近有圆形或方形窖穴。生产工具分大型石器、细石器、陶制品和骨角器。大型石器以磨制为主，有斧、刀、铲、锛、凿、砍伐器、盘状器、敲砸器、凹形器、刮削器、钻刻器、镞、刀刃等。陶制品主要是用陶片改制的刀、铲及直接烧制的凹形器和纺轮。骨角器有锥、刀柄、铲、凿、矛、鱼钩、亚形器等。其他日用品与装饰品有骨质的针、针筒、匕、簪、板，以及石环、陶环、坠式云母片等。陶器器皿均系手制，分泥质、砂质、夹砂三类。以泥质陶为主，灰色陶居多。主体纹饰为篮纹，也见少量方格纹和变色彩绘纹。配合主体纹饰的有附加堆纹、压印纹、划纹、连点纹。器形有瓮、罐、盆、钵、瓶、壶、杯、盘、豆、器盖和器座等（图6）。

偏晚阶段的居住址周围普遍出现石筑围墙，即原始城堡。城堡面积一般1万平方米左

---

① 崔璇：《阿善文化述论》，《中国考古学会第八次年会论文（1991）》，文物出版社，1996年，第35～49页。

② 内蒙古文物考古研究所：《准格尔旗小沙湾遗址及石棺墓》，《内蒙古文物考古文集》（第一辑），中国大百科全书出版社，1994年，第225～234页。

③ 内蒙古文物考古研究所1990年丰准铁路遗址发掘资料。

④ 魏坚：《准格尔旗寨子塔、二里半考古主要收获》，《内蒙古中南部原始文化研究文集》，海洋出版社，1991年，第161～164页。

⑤ 魏坚：《准格尔旗白草塔新石器时代遗址》，《中国考古学年鉴·1991》，文物出版社，1992年，第144页；内蒙古文物考古研究所：《准格尔旗白草塔遗》，《内蒙古文物考古文集》（第一辑），中国大百科全书出版社，1994年，第183～204页。

⑥ 王志浩、杨泽蒙：《鄂尔多斯地区仰韶时代遗存及其编年与谱系初探》，《内蒙古中南部原始文化研究文集》，海洋出版社，1991年，第86～112页。

⑦ 崔璇：《阿善文化述论》，《中国考古学会第八次年会论文（1991）》，文物出版社，1996年，第35～49页。

⑧ 中国社会科学院考古研究所实验室：《放射性碳素测定年代报告（二〇）》，《考古》1993年第7期。

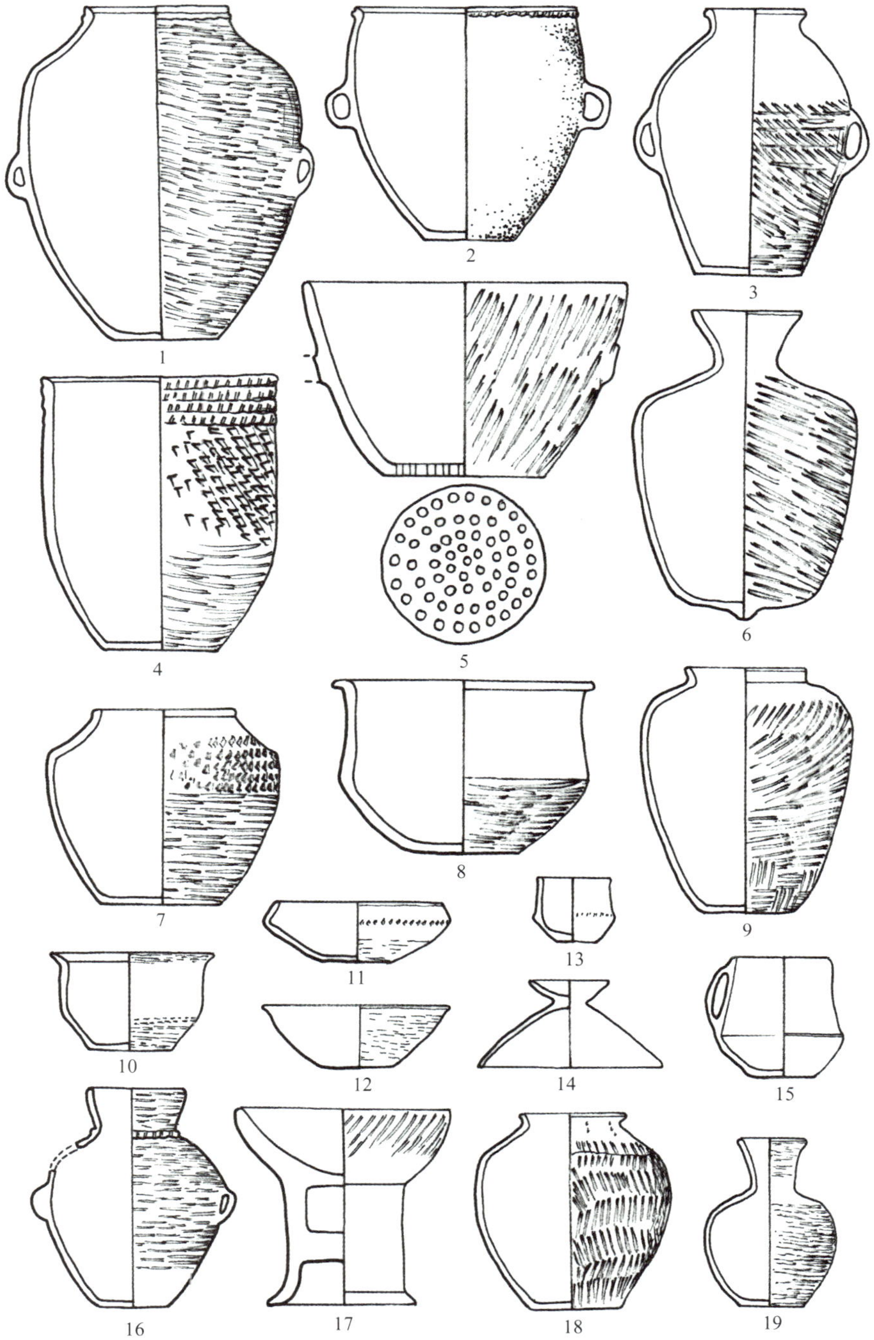


图6　阿善文化陶器

1、9. 小口瓮；2. 大口双耳罐；3. 平底瓶；4. 大口罐；5. 甑；6. 尖底瓶；7、18. 鼓腹罐；8、10. 侈沿盆；11. 敛口钵；12. 敞口盆；13. 小杯；14. 器盖；15. 单耳罐；16. 双耳壶；17. 粗柄豆；19. 长颈壶
（1~3、10~16、18、19. 阿善出土；4~9、17. 小沙湾出土）

右，大的有2万多平方米，小的仅数千平方米。城堡内的地面石建筑大多为房子，也有被认为是祭坛和“大房子”之类的大型公共设施。大型基址均建在险要部位，有的面积竟达300多平方米。晚期的房子多为单间，亦见个别双间。面积大的50～60平方米，小的10余平方米。房门亦在前墙正中，有台阶出入。房内依墙设柱础石，居住面泥抹或垫土，单灶靠近门。房子附近设方形竖穴窖。生产工具所用石料截取齐直，大型磨石和磨制石器增多，石器精良而规整。石斧截面多呈矩形，有扁体磨光单孔石铲和直接烧制的陶网坠。除延续早期已有的骨柄石刃刀以外，也见骨柄石刃短剑。骨勺、牙饰和蚌饰也是早期未见的。针筒和石刃刀的骨柄上刻划出纹饰或符号。陶器仍系手制，烧制火候增高，色泽纯正，质地坚硬，器表磨光的增多。仍以篮纹为主。尖底瓶逐渐被平底瓶取代，彩绘陶不见，新出现豆，未见鼎、釜灶和三袋足器。

此类遗存仍以原始锄耕农业为主，并有家畜饲养业和渔猎、采集业，晚期似已出现私有制和阶级。

以阿善三期为代表的一类遗存，是由当地庙子沟文化直接发展而来，文化特征与周围同时期考古学文化类型完全不同。这类文化遗存延续发展近500年，与中原仰韶向龙山过渡阶段的文化遗存比，发展时间较长，更具备质的稳定性，因而是内蒙古中南部继庙子沟文化之后发展起来的一种新的独立的考古学文化类型。鉴于阿善三期遗存具有广泛的代表性，我们同意将此类遗存命名为阿善文化。但同属该文化的大青山南麓的阿善三期遗存同黄河西岸的小沙湾一类遗存，存在着一定的差异。

### （五）老虎山文化遗存

1982年发掘的老虎山第一、二期遗存，被视为“早期龙山文化另一新的类型”①。1986年又调查发现了狐子山、大坡、板城、园子沟等含老虎山文化遗存的几处遗址，并在园子沟发现窑洞式房子②。以后见于报道的还有西白玉、面坡、合同窑、圪臭沟遗址③，近年来所使用的“老虎山文化”名称，内涵不尽相同：其一包括了老虎山等岱海之滨诸遗址的同类遗存和包头地区阿善文化晚期遗存；④其二包括了老虎山等同类遗存，以及白泥窑子、大口、大庙圪旦、铁孟沟、朱开沟等龙山时代诸遗存⑤；其三仅限于岱海之滨的老虎

① 田广金：《凉城县老虎山遗址1982—1983年发掘简报》，《内蒙古文物考古》总4期，1986年。

② 乌盟文物站凉城文物普查队：《内蒙古凉城县岱海周围古遗址调查》，《考古》1989年第2期。

③ 田广金：《内蒙古中南部龙山时代文化遗存研究》，《内蒙古中南部原始文化研究文集》，海洋出版社，1991年，第140～160页。

④ 田广金：《近十年来我区重大考古发现及科研成果》，《内蒙古文化》1990年第4期；田广金：《内蒙古长城地带石城聚落址及相关诸问题》，《纪念城子崖遗址发掘60周年国际学术讨论会文集》，齐鲁书社，1993年，第119～135页；田广金：《内蒙古石器时代—青铜时代考古发现和研究》，《内蒙古文物考古》总6、7期，1992年。

⑤ 田广金：《内蒙古中南部龙山时代文化遗存研究》，《内蒙古中南部原始文化研究文集》，海洋出版社，1991年，第140～160页。

山等遗址的同类遗存[①]。本文所指老虎山文化，即后一类见于岱海地带的文化遗存。

老虎山文化的居住址均分布在岱海西、北山前坡地上。老虎山、西白玉、板城、大庙坡等遗址，周围均有石城环绕；老虎山和西白玉高处较平坦的部位，都有“石墙突出一块”；板城北部的山梁上，有一排5个等距离的“石头方堆”；园子沟南的山梁上，有23个河卵石堆排成一排。老虎山的石墙之外发现有成片窑址，居住址内仅见个别窑址；而园子沟的窑址则全在居住址内，或建在房子附近，与房子相连。居住址内的层口台地上，往往每隔一段距离便有2～3座房子建在一起，或有两座房子共用一个活动面的现象。窖穴建在活动面上。房子有窑洞式和半地穴式两类，平面为方形或“凸”字形。居住面与墙壁普遍使用白灰面。

老虎山文化的生产工具有石器和骨器。石器分磨制、打制、琢制，以及压制的细石器，器形有斧、刀、锛、镞、矛形器、刮削器等。骨器有锥、针、凿。装饰品有石环和牙饰，并见陶塑艺术品。

老虎山文化的日用陶器分夹砂与泥质两类，有的还夹蚌壳或云母粉。以褐陶为主，灰陶居次，并见少量黑陶。篮纹占半数以上，并有绳纹、附加堆纹，极少方格纹，素面陶亦占很大比例。器形有单把釜形斝、斝式鬲和盆形甗、盆形甑、筒形罐、圆肩夹砂罐、素面双耳夹砂红陶罐、双鋬敛口瓮、矮领小口篮纹罐、篮纹大口尊、折腹钵、斜腹盆、单双耳罐、浅盘镂孔座豆等（图7）。

关于老虎山文化的年代，老虎山遗址有两个$^{14}$C校正年代数据，为公元前2873～前2502年和公元前2301～前2044年[②]。这比我们已知的阿善文化要滞后一个大的阶段，而较以鋬手鬲为代表的遗存稍早。这一文化亦以原始锄耕农业为主，从窑洞式房子的统一规划看，似乎已有专业的施工者；从成片的集中窑址看，专业的手工制陶者可能已经产生。

老虎山文化与庙子沟文化中的庙子沟类型应有渊源关系，但其间仍有缺环；其与由庙子沟文化阿善二期类型发展而来的阿善文化存在着较大的差异。老虎山文化以单把釜形斝、斝式鬲、斜腹盆形甑和双耳红陶罐等为主要特征，故与完全不见三足器的阿善文化，以及南流黄河两岸以胖袋足鋬手鬲为特征的龙山阶段遗存，应分属不同的考古学文化。因此，我们赞同将岱海周围以老虎山、园子沟为代表的一类遗存，命名为老虎山文化。

### （六）永兴店文化遗存

1973年发掘准格尔旗大口遗址后，依其第5、6层所含遗存，名之为大口一期文化[③]；

① 崔璇：《阿善文化述论》，《中国考古学会第八次年会论文集（1991）》，文物出版社，1996年，第35～49页。

② 田广金：《凉城县老虎山遗址1982—1983年发掘简报》，《内蒙古文物考古》总4期，1986年；中国社会科学院考古研究所：《中国考古学中碳十四年代数据集（1965—1991）》，文物出版社，1992年，第59页。

③ 吉发习、马耀圻：《内蒙古准格尔旗大口遗址的调查与试掘》，《考古》1979年第1期。

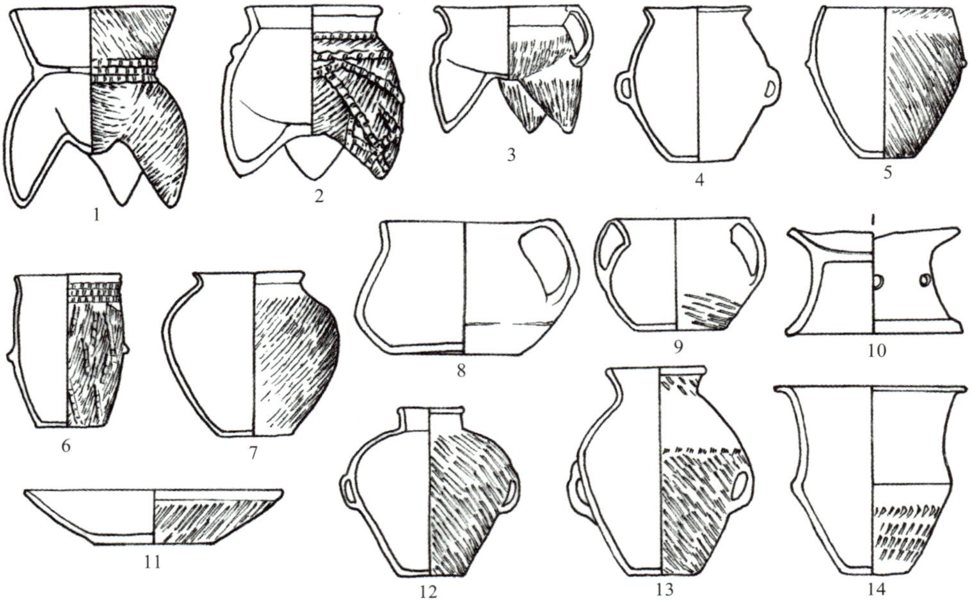


图7 老虎山文化陶器

1. 盆形甗；2. 斝式鬲；3. 釜形斝；4. 双耳红陶罐；5. 敛口瓮；6. 筒形罐；7. 夹砂罐；8. 单耳罐；9. 双耳罐；10. 粗柄豆；11. 浅腹盆；12、13. 小口篮纹罐；14. 大口尊
（1、9、10、13. 西白玉出土；2、5~8、12. 老虎山出土；3. 板城出土；4、11、14. 园子沟出土）

而在此前调查发现的同类遗存，或归入“龙山文化”①，或称“龙山晚期类型”②、“房塔沟类型”③。20世纪80年代以来，或仍沿用大口一期文化的名称④，或将大口一期的同类遗存包括在老虎山文化之中⑤，也有将此类遗存与忻州游邀、太谷白燕、汾阳杏花村、蔚县筛子绫罗和三关均归入同一类考古学文化之中⑥。近年来，正式发掘了准格尔旗永兴店⑦、

① 内蒙古历史研究所：《内蒙古中南部黄河沿岸新石器时代遗址调查》，《考古》1965年第10期；洲傑：《内蒙古中南部考古调查》，《考古》1962年第2期。

② 吉发习：《准格尔旗东部新石器时代文化遗址调查》，《鄂尔多斯文物考古文集》，伊克昭盟文物工作站，1981年，第42~43页。

③ 崔璇：《内蒙古中南部石佛塔等遗址调查》，《内蒙古文物考古》创刊号，1981年。

④ 崔璇、斯琴：《内蒙古中南部新石器至青铜时代文化初探》，《中国考古学会第四次年会论文集（1983）》，文物出版社，1985年，第173~184页。

⑤ 田广金：《内蒙古中南部龙山时代文化遗存研究》，《内蒙古中南部原始文化研究文集》，海洋出版社，1991年，第140~160页。

⑥ 杨杰：《晋陕冀北部及内蒙古中南部龙山时代考古学文化初探》，《内蒙古中南部原始文化研究文集》，海洋出版社，1991年，第165~184页。

⑦ 内蒙古文物考古研究所：《准格尔旗永兴店遗址》，《内蒙古文物考古文集》（第一辑），中国大百科全书出版社，1994年，第235~245页。

白草塔[①]、寨子上[②]等遗址，其中以永兴店遗址内涵单纯，遗存丰富，在同类遗存中最具代表性。

含有永兴店一类遗存的遗址还有大口[③]、白泥窑子[④]、大庙圪旦[⑤]、铁孟沟[⑥]、朱开沟[⑦]、寨子塔[⑧]、二里半[⑨]、房塔沟、白家塔[⑩]、田家石畔、大沙湾[⑪]、后城嘴[⑫]、串刀、西麻青、寨子上[⑬]、马路塔[⑭]等。这些遗址的分布范围，东自南流黄河西岸的清水河县和准格尔旗，西至鄂尔多斯腹地的伊金霍洛旗。

永兴店一类遗存的层位，在白泥窑子L点和K点，均叠压在早期阿善文化地层之上；在大口遗址，被相当夏代的大口二期文化层叠压；在寨子塔和二里半遗址，均叠压在阿善文化层之上，又被夏商文化层所叠压。因此，该类遗存应晚于阿善文化，而早于夏阶段遗存。二里半遗址该类遗存早期偏晚的一个$^{14}C$数据为距今4300年（经树轮较正）[⑮]。据此推测，这类遗存的年代应在公元前2500～2200年之间，约当龙山早、中期阶段。

永兴店一类遗存的房子，在永兴店和白草塔、二里半等遗址，为半地穴式，前后连间，有白灰面或胶泥硬面，有的房子亦可能为窑洞式。圆形地面铺石板灶。在白泥窑子遗址，则平面呈方形或梯形，房内贴着四壁设有柱洞，近门处有方形灶坑。均在前墙正中设凸出的门道。在朱开沟等遗址发现的房子，墙体是用石片建造的，石墙的建筑方法是，用石片竖斜着砌一层，再于其上平压几层，如此相互叠砌。方形或圆形的竖穴或袋形建在房

---

① 内蒙古文物考古研究所：《准格尔旗白草塔遗址》，《内蒙古文物考古文集》（第一辑），中国大百科全书出版社，1994年，第183～204页。

② 内蒙古文物考古研究所：《准格尔旗寨子上遗址发掘简报》，《内蒙古文物考古文集》（第一辑），中国大百科全书出版社，1994年，第174～182页。

③ 吉发习、马耀圻：《内蒙古准格尔旗大口遗址的调查与试掘》，《考古》1979年第1期。

④ 崔璿：《内蒙古清水河白泥窑子L点发掘简报》，《考古》1988年第2期。

⑤ 内蒙古文物考古研究所、伊克昭盟文物工作站：《内蒙古准格尔煤田黑岱沟矿区文物普查述要》，《考古》1991年第1期。

⑥ 魏坚：《准格尔旗铁孟沟出土陶器及相关问题》，《内蒙古中南部原始文化研究文集》，海洋出版社，1991年，第133～139页。

⑦ 田广金：《内蒙古伊金霍洛旗朱开沟遗址Ⅶ区考古纪略》，《考古》1988年第6期；崔璿、斯琴：《朱开沟Ⅶ区遗存讨论》，《考古》1992年第9期。

⑧ 魏坚：《准格尔旗寨子塔、二里半考古主要收获》，《内蒙古中南部原始文化研究文集》，海洋出版社，1991年，第161～164页。

⑨ 内蒙古文物考古研究所：《准格尔旗二里半遗址第一次发掘简报》，《内蒙古文物考古文集》（第一辑），中国大百科全书出版社，1994年，第246～260页。

⑩ 崔璇：《内蒙古中南部石佛塔等遗址调查》，《内蒙古文物考古》创刊号，1981年。

⑪ 崔璇、斯琴：《内蒙古中南部新石器至青铜时代文化初探》，《中国考古学会第四次年会论文集（1983）》，文物出版社，1985年，第173～184页。

⑫ 内蒙古文物考古研究所1990年丰准铁路遗址发掘资料。

⑬ 崔树华：《内蒙古中南部三处古遗址调查》，《考古》1992年第7期；内蒙古文物考古研究所：《准格尔旗寨子上遗址发掘简报》，《内蒙古文物考古文集》（第一辑），中国大百科全书出版社，1994年，第174～182页。

⑭ 胡晓农：《清水河县大沙湾马路塔遗址调查简报》，《乌兰察布文物》1989年第3期。

⑮ 魏坚：《准格尔旗寨子塔、二里半考古主要收获》，《内蒙古中南部原始文化研究文集》，海洋出版社，1991年，第161～164页。

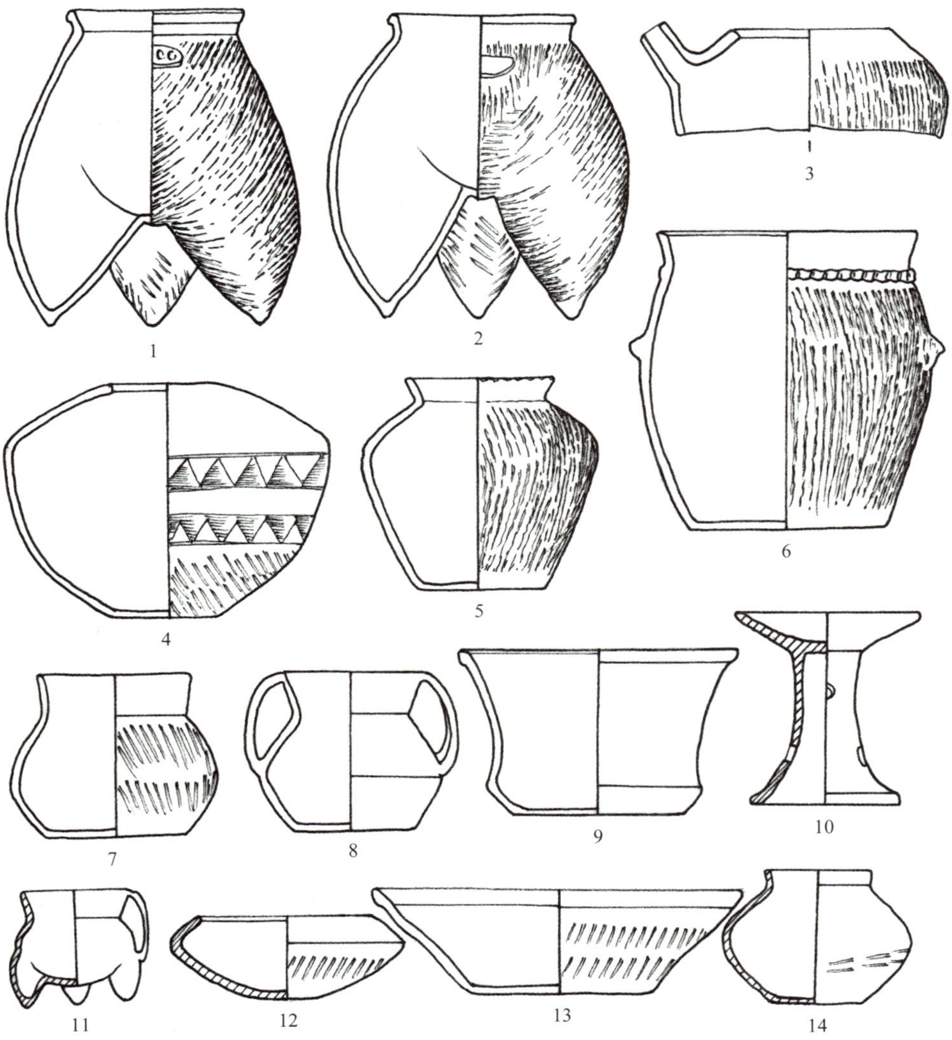


图8　永兴店文化早段陶器

1、2. 錾手鬲；3. 盉；4. 敛口瓮；5. 鼓腹罐；6. 侈沿罐；7. 小杯；8. 双耳罐；
9. 大口尊；10. 浅盘豆；11. 单把斝；12. 敛口钵；13. 敞腹盆；14. 垂腹罐
（均永兴店出土）

子附近。在二里半遗址还发现了成组的窑床呈“非”字形的陶窑。

生产工具有大型石器、细石器、骨器和陶制品。大型石器多为磨制，其次是琢制，打制的较少。器形有厚体宽刃斧、长方形或半月形单孔刀、宽体单孔铲，以及锛、凿、杵、球、纺轮、砍砸器、磨石、磨盘、磨棒等。细石器有刮削器、钻刻器、镞及石核、石片等。陶制品有铲、刀、纺轮等。另外，在清水河串刀遗址和准格尔寨子上遗址，都发现集

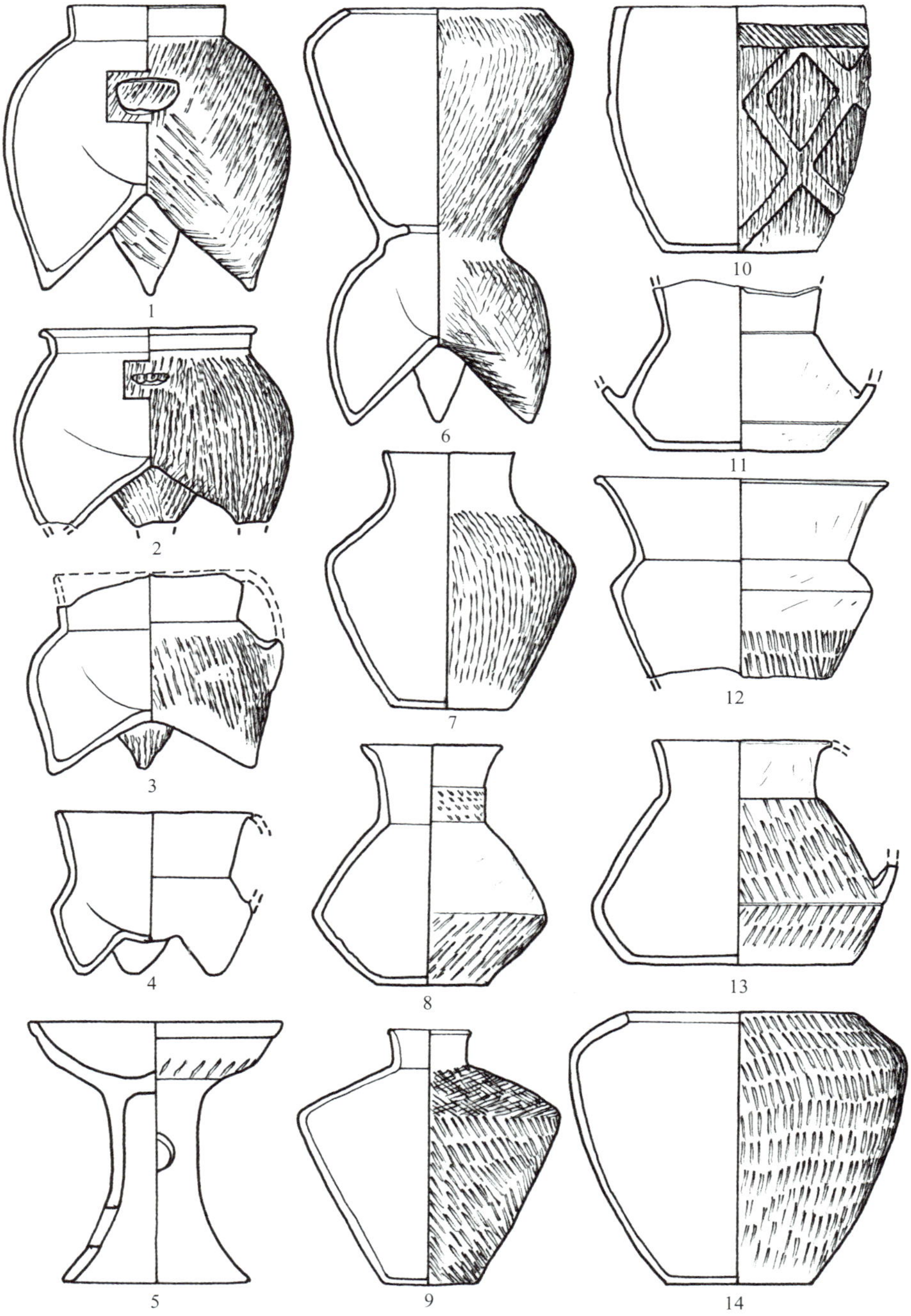


图9　永兴店文化晚段陶器

1、2. 鋬手鬲；3. 单把鬲；4. 单把鬲；5. 浅盘豆；6. 折口甗；7. 鼓腹罐；8. 垂腹壶；
9. 小口篮纹罐；10. 平口罐；11. 双耳罐；12. 大口尊；13. 单耳罐；14. 敛口瓮
（均白草塔出土）

中生产石环的情况，形式多样，制作精美。表明手工业生产的相对集中和专业化生产的出现。此外，在属永兴店晚期遗存的二里半遗址M1，出有一件铜环，当是这一地区发现的年代最早的铜器。

永兴店遗存的日用陶器，以泥质灰陶与夹砂灰陶为主，并有少量泥质黑陶、泥质红褐陶和极少量的砂质灰陶。主体纹饰为绳纹和篮纹，并有压印纹、划纹、附加堆纹、戳印纹、镂孔等配合施用。亦见少量彩陶，均红彩。篮纹多施于制作盛器的泥质陶，绳纹多施于制作炊具与瓮类的夹砂陶，磨光多见于豆、斝、器座、器盖及一些器物的口沿部分，划纹、压印、纹多施于磨光器物和一些器物的磨光部位。器类有斝、鬲、甗、盉、瓮、罐、盆、钵、豆、尊、壶、杯、器盖、器座等。典型器物为鋬手鬲、带腰隔的甗、单把斝、敛口广肩瓮、大口弧腹瓮、高领折肩壶（罐）、大口尊、高足镂孔浅盘豆、花边口夹砂罐、凸棱口沿斜腹盆等。此类遗存可分为以永兴店遗址为代表的较早阶段（图8）以及以白草塔和二里半部分遗存为代表的较晚阶段（图9）。

永兴店一类遗存同阿善文化有着较深的渊源关系，同时受到了来自晋中和冀北同时期文化的强烈影响。该类遗存同岱海地区的老虎山文化应分属不同的发展谱系。过去，对这一类遗存并未有过统一明确的称谓，而较早发表的大口一期文化，不仅遗迹不清，陶器残破，且将生产工具等又归并到大口二期中叙述，很难反映这类遗存的文化面貌和特征，故不宜采用此名称，而应以遗迹现象清楚、出土遗物丰富、文化内涵又较单纯的永兴店遗址为代表，命名此类遗存为永兴店文化。

### （七）客省庄文化系统遗存

目前已发现三处此类遗存。一处是伊金霍洛旗朱开沟遗址以单耳鬲和双耳罐为特征的一批墓葬资料[①]；一处是包头市西园遗址第四期遗存[②]；一处是伊金霍洛旗白音敖包墓地[③]。目前发表器物的仅有朱开沟和西园四期遗存。

朱开沟1～4段以单耳鬲和双耳罐为特征的遗存，目前仅见于朱开沟和白音敖包墓地。朱开沟墓葬所出陶器在朱开沟居住址中几乎不见。这批陶器的器类有单耳鬲、单耳罐、双耳罐、双大耳罐、高领罐（壶）、深腹盆、单耳碗、豆、篮、尊、盉、壶等（图10-1～图10-5、图10-7～图10-11），特征是，鬲为高领，单耳，领部光素，领以下大多饰方格纹；单耳罐与双大耳罐器表均经磨光；高领罐为大口，折侈领，粗颈，斜肩下折，收腹，小平底，肩有纹饰而腹部光素。

---

① 内蒙古文物考古研究所：《内蒙古朱开沟遗址》，《考古学报》1988年第3期；崔璿：《朱开沟遗址陶器试析》，《考古》1991年第4期。

② 内蒙古社会科学院历史所等：《内蒙古包头市西园遗址1985年的发掘》，待刊。

③ 吉平等：《伊金霍洛旗白音敖包龙山时期墓葬》，《中国考古学年鉴·1990》，文物出版社，1991年，第179页。

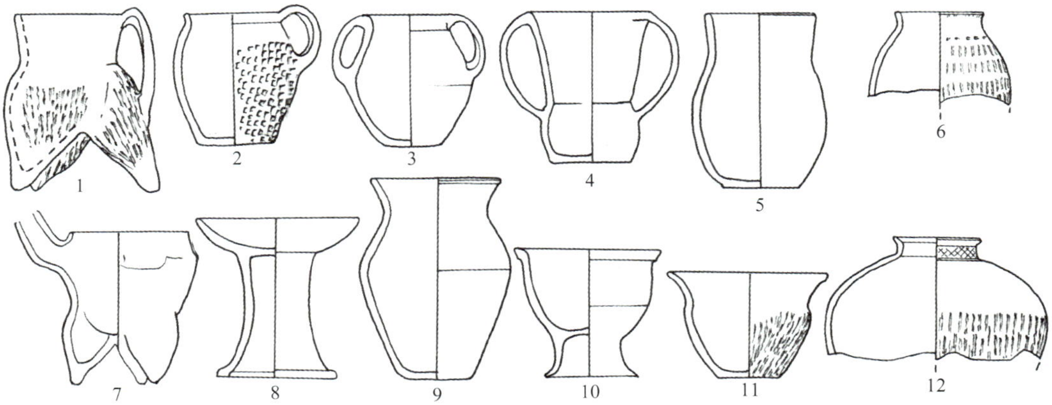


图10 客省庄文化系统陶器

1. 单耳鬲；2. 单耳罐；3. 双耳罐；4. 双大耳罐；5. 高领罐；6. 鼓腹罐；
7. 盉；8. 豆；9. 大口尊；10. 簋；11. 深腹盆；12. 小口广肩瓮
（1～5、7～11. 朱开沟出土；6、12. 西园出土）

西园四期遗存，发现的窖穴为长方形覆斗状。陶器为夹砂红陶、砂质红陶和泥质灰褐陶。器表除了素面磨光以外，纹饰多为竖直线条状篮纹，并有绳纹、划纹、指甲切纹。可辨器种有小口高领广肩瓮、小口鼓腹罐（图10-6、图10-12）。

这类陶质以夹砂、砂质红陶和泥质灰褐陶为主，以高领单把鬲、双大耳罐、高领鼓腹罐和长流盉为主要特征的遗存，在内蒙古中南部的前期遗存中不见其踪迹，特别是与处于同一地域的永兴店文化无承继关系。类似的器形见于三里桥龙山文化①，特别是见于陕西的大辛村②、姜寨③、康家④和双庵⑤等遗址的客省庄文化遗存。就其陶色来看，更接近于客省庄文化的双庵类型⑥。因此，此类遗存当是客省庄文化系统北上河套地区的遗存，年代应属龙山晚期阶段。

## 三、青铜时代遗存

内蒙古中南部青铜时代诸遗存，是中国夏、商、周时期北方地区青铜文化的一个组成部分。就目前发现的遗存看，它们应分属大口二期文化和朱开沟文化两个系统。

① 中国科学院考古研究所：《庙底沟与三里桥》，科学出版社，1959年，图六四-7。
② 雍城考古队：《陕西凤翔县大辛村遗址发掘简报》，《考古与文物》1985年第1期，图八-6～图八-9。
③ 西安半坡博物馆、临潼县文物馆：《临潼姜寨遗址第四至十一次发掘纪要》，《考古与文物》1980年第3期，图二十-6。
④ 陕西省考古研究所康家考古队：《陕西临潼康家遗址发掘简报》，《考古与文物》1988年第5、6期，图六-13、图六-16。
⑤ 西安半坡博物馆：《陕西岐山双庵新石器时代遗址》，《考古学集刊》（3），中国社会科学出版社，1983年，图九-3。
⑥ 巩启明：《陕西新石器时代考古工作与研究》，《考古与文物》1988年第5、6期。

### （一）大口二期文化遗存

大口遗址是1962年调查发现的，1973年开始发掘①，通过对大口遗址的发掘，识别出该遗址包含着两类不同性质的考古学文化，遂分别称为“大口第一期文化”与“大口第二期文化”。这类遗存被定名为“大口二期文化”的前后，还曾被归入“光社文化”②，或归入“前套龙山文化”③，或包括在“朱开沟文化”之中④，或包括在“李家崖文化”之中⑤。大口二期文化的分布范围，包括内蒙古鄂尔多斯东南部及沿南流黄河两岸的陕北、晋西北和晋中吕梁山区，地域并不广阔。发现大口二期文化的遗址点及其层位，在大口遗址为第3、4层；在朱开沟遗址属居住址第三段以前的遗存；在陕西神木石峁遗址为以M2为代表的遗存；在山西汾阳峪道河遗址为W2和W3为代表的遗存⑥。

大口二期文化的年代，在大口遗址，晚于属永兴店文化的大口一期遗存；在朱开沟遗址，主要是朱开沟一、二段，早于早商时期遗存；在石峁遗址，晚于石峁龙山文化。据此，大口二期文化的年代，当在夏的纪年之内。标志着这一文化所处年代的典型器物是三足瓮的出现，同时出现的还有圜底圈足深腹罐、折口甗、领部增高并有了实足根的鋬手鬲。

大口二期文化的居住址均选择在河沟附近高地。房子或建于高出地面的台基之上，或为半地穴式，居住面及墙壁多系白灰面建筑，房内有一个圆形灶，地面有柱洞，门设在前墙正中，有凸出的门道。居住址内发现较多瓮棺葬，用三足瓮、折肩罐、大口尊、深腹罐、甗、鬲等实用器作为葬具埋葬儿童。

大口二期文化的石器有大型石器和细石器。大型石器有磨制、打制、琢制，以磨制为主。器类有斧、铲、锛、刀、凿、镰、盘状器、臼形器、磨石等。斧体厚重，截面呈圆角矩形，也见打制的亚腰形斧。铲为窄首宽刃，多通体磨光。刀为长方形，有的两侧带缺口，均磨制且穿孔。镰为弧背直刃。细石器的器类有刮削器、尖刻器、镞、矛形器、石刃等。骨器有铲、凿、刀、锥、镞、笄、匕、针等。镞的截面有圆形、三棱形、四棱形。陶质工具的陶垫系横向穿孔。铜器仅有见于朱开沟第三段的铜针。

---

① 吉发习、马耀圻：《内蒙古准格尔旗大口遗址的调查与试掘》，《考古》1979年第1期。

② 邹衡：《关于夏商时期北方地区诸邻境文化的初步探讨》，《夏商周考古学论文集》，文物出版社，1980年，第253～293页。

③ 高天麟：《黄河前套及其以南部分地区的龙山文化遗存试析》，《史前研究》1986年第3～4期。

④ 内蒙古文物考古研究所：《内蒙古朱开沟遗址》，《考古学报》1988年第3期。

⑤ 吕智荣：《试论李家崖文化的几个问题》，《考古与文物》1989年第4期。

⑥ 吉发习、马耀圻：《内蒙古准格尔旗大口遗址的调查与试掘》，《考古》1979年第1期；魏坚：《准格尔旗寨子塔、二里半考古主要收获》，《内蒙古中南部原始文化研究文集》，海洋出版社，1991年，第161～164页；西安半坡博物馆：《陕西神木石峁遗址调查试掘简报》，《史前研究》1983年第2期；山西省考古研究所：《山西汾阳县峪道河遗址调查》，《考古》1983年第11期。

大口二期文化的陶器器皿以泥质灰陶最多，夹砂灰陶次之，还有泥质褐陶、夹砂褐陶和少量泥质黑陶。器表约三分之一为素面磨光；主体纹饰是竖直或斜向的篮纹与大多较粗的绳纹，两者共约占三分之一；也有少量方格纹；伴随主体纹饰的有条状附加堆纹、划纹、锥刺纹等。器物一般形体较大，器壁厚重，烧制火候高，质地坚硬。大型器物上普遍附贴鋬手。常见器类有鬲、甗、斝、尊、罐、盆、碗、盘、豆、盉、甑、杯等。鬲、甗类发达，夹砂罐衰退，少见甑，不见鼎与鬶；盛行折口、折肩器，流行在袋足器足尖填塞泥块以增高足根的作风。典型器物的特征是：三足瓮或袋足中空，或有实心足根；折口甗均有腰隔，腰以上有鋬手一对；鋬手鬲高侈领，有实足根；瓮形斝折口或直口，圜底，鸟头状足或有实足根；大口尊呈喇叭口；深腹罐平底或圜底圈足；折肩罐折领斜侈（图11）。

大口二期文化的主要渊源是永兴店文化，它与同时期汾河流域的文化关系密切，两地互有影响；而与其北部河套地区以棱纹鬲为特征的朱开沟文化南北并存，两者有着不同风格的器物群。

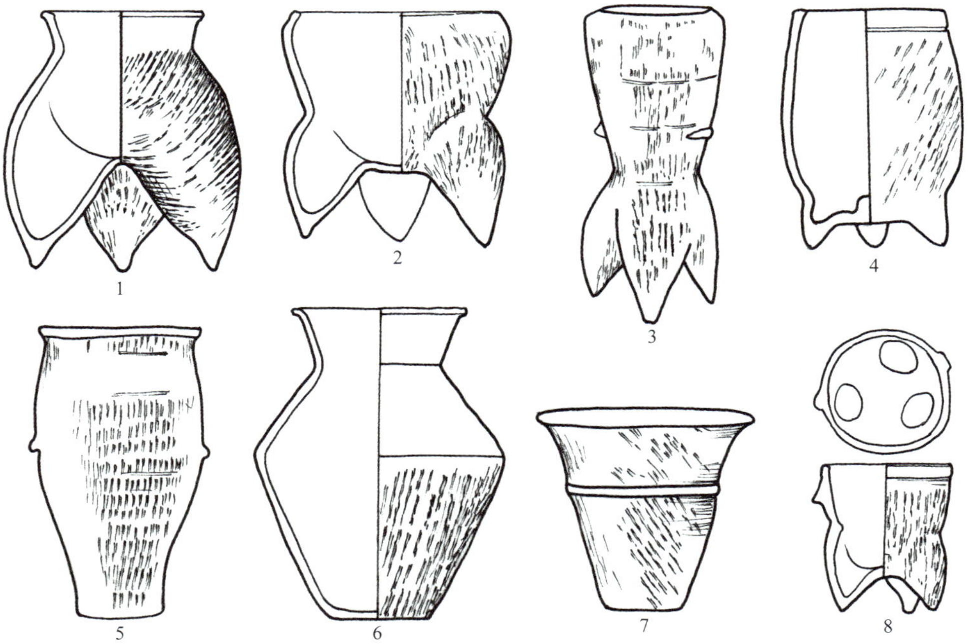

图11　大口二期文化陶器

1. 鬲；2. 斝；3. 甗；4. 三足瓮；5. 深腹罐；6. 高领罐；7. 敞口罐；8. 斝
（1、2、4、6. 朱开沟出土；3、5、7. 大口出土；8. 石峁出土）

大口二期文化的去向，当发展为朱开沟、张家塔、陈家梁、张家梁等遗址所见商、周时期以“花边鬲”和三足瓮为特征的遗存[①]，同类遗存还见于陕西绥德薛家渠[②]、清涧李家崖[③]和山西柳林高红[④]诸遗址。

### （二）朱开沟文化遗存

20世纪60年代初，内蒙古中南部黄河沿岸的调查中，于准格尔旗沙峁圪旦和清水河县白泥窑子等遗址，采集到这类文化遗物[⑤]，限于当时的认识，未能将这类遗存辨别出来。70年代后期，发掘了朱开沟遗址，并在其他遗址内见有此类遗存单独分布，遂引起注意。80年代初，发掘白泥窑子遗址时，见这类遗存有其自身遗迹单元，便以最初见到这类遗存的遗址，提出“沙峁圪旦型遗存”一名[⑥]。本文所指朱开沟文化，是以近年有研究者就朱开沟遗址陶器分类，将以棱纹鬲、绳纹三足瓮、盆形甗、侈沿盆、带钮罐为特征的朱开沟丙组器群命名的朱开沟文化[⑦]，以区别于内容庞杂的包括朱开沟遗址各组器群在内的“朱开沟文化”[⑧]。

朱开沟文化的分布地域，北起阴山南北，南至窟野河水系，西自鄂尔多斯腹地，东至洋河流域[⑨]，影响所及，北至贝加尔湖至鄂嫩河一带，南及渭河流域，西到河西走廊，东达辽河流域[⑩]，地域十分辽阔。

朱开沟文化的层位及年代，在朱开沟遗址是F2037、F5002、W2004、W4001、QH79、H1055、M1064、M2006等单位[⑪]，都当朱开沟遗址第三段以后，应晚于该遗址的大口二期文化，早于或相当于二里岗期（上层）；在白泥窑子遗址是BAF3、BAH4、BDH12等单

① 崔璿：《河套地区东周以前含袋足器诸器群及相关问题》，《中国考古学会第七次年会论文集（1989）》，文物出版社，1992年，第280～293页。

② 北京大学考古系商周考古实习组、陕西省考古研究所商周研究室：《陕西绥德薛家渠遗址的试掘》，《文物》1988年第6期。

③ 张映文、吕智荣：《陕西清涧县李家崖古城址发掘简报》，《考古与文物》1988年第1期。

④ 晋中考古队：《山西娄烦、离石、柳林三县考古调查》，《文物》1989年第4期。

⑤ 内蒙古历史研究所：《内蒙古中南部黄河沿岸新石器时代遗址调查》，《考古》1965年第10期，图七-2、图七-5；内蒙古历史研究所：《内蒙古清水河县白泥窑子遗址复查》，《考古》1966年第3期，图七-5、图八-3、图八-18、图八-23、图八-25～26、图八-30。

⑥ 崔璿、斯琴：《内蒙古中南部新石器至青铜时代文化初探》，《中国考古学会第四次年会论文集（1983）》，文物出版社，1985年，第173～184页。

⑦ 崔璿、斯琴：《朱开沟Ⅶ区遗存讨论》，《考古》1992年第9期。

⑧ 田广金：《内蒙古伊金霍洛旗朱开沟遗址Ⅶ区考古纪略》，《考古》1988年第6期。

⑨ 崔璿：《河套地区东周以前含袋足器诸器群及相关问题》，《中国考古学会第七次年会论文集（1989）》，文物出版社，1992年，第280～293页。

⑩ 俞伟超等：《内蒙古西部地区原始文化座谈会发言辑录》，《内蒙古文物考古》总4期，1986年；刘观民：《试析夏家店下层文化的陶鬲》，《中国考古学研究——夏鼐先生考古五十年纪念论文集》，文物出版社，1986年，第94～100页；李水城：《中国北方地带的蛇纹器研究》，《文物》1992年第1期。

⑪ 田广金：《内蒙古伊金霍洛旗朱开沟遗址Ⅶ区考古纪略》，《考古》1988年第6期。

位[①]，均晚于该遗址的永兴店文化；在杨厂沟遗址是F1～F3和H11[②]，按岱海周围的文化序列[③]，晚于当地的老虎山文化；在李大人庄是以H2为代表的遗存，晚于该遗址的夏家店下层文化[④]，在寨子塔和二里半的二道梁区为其第Ⅵ、Ⅶ期遗存[⑤]；在南壕为其晚期遗存[⑥]。综观这些遗址内朱开沟文化的年代，约当夏至早商时期。

朱开沟文化的居住址，也选择在河沟、湖泊附近的台地上。房子既有半地穴式和地面建筑之分，也有连间或单间之别。朱开沟F2004为单间，方形半地穴建筑；F5002为单间，方形地面建筑。居住面抹泥或垫土，灶址或为浅坑或为就地炊爨。白泥窑子BAF3为横“吕”字形双间，半地穴式，内室有地面灶，地面泥抹，外室有斜坡门道，内外室之间有甬道相通。房子附近的窖穴多为圆形筒状，也有方形筒状或椭圆形筒状。

墓葬见于朱开沟遗址，M2006为竖穴土坑墓，单人仰身直肢葬，头向西北，随葬的蚌壳串珠置于头部和右臂处，带钮罐置于足部下方；M1064随葬砂质薄胎棱纹陶鬲。居住址内并见以棱纹鬲、敞口盆、盆形甗、带钮罐、盆形甑、三足瓮等实用陶器作葬具的瓮棺葬，以埋葬幼童。

朱开沟文化的大型石器以磨制为主，也有打制或琢制。发现的器类有斧、铲、锛、刀、镰、杵、磨盘、磨棒、砍伐器、盘状器等。细石器有钻头、刮削器、石刃。陶制工具有纺轮和陶垫。骨器有铲、镞、锥、笄、匕、针筒和饰件等。典型器物是截面呈椭圆形的窄首宽刃石斧、长条形舌状刃单孔石铲、半月形石镰、梯形侧弯刃单孔石刀、蘑菇状陶垫等。朱开沟第五段还出镞、戈、刀、短剑等青铜兵器和铜鍪，以及铸造铜器的范。朱开沟文化的日用陶器器皿以砂质红褐陶和泥质细褐陶为主，并有泥质灰陶与砂质灰陶。有的砂质红褐陶的陶胎与内表呈淡红色，而外表有一层深灰色或黑色的皮。炊具为砂质陶，陶胎薄而匀称；盛器为泥质陶，器体较厚。器表除部分器物口沿素面外，大多通体有纹饰。器物普遍施浅而细密的绳纹；个别小型器物施竖篮纹。伴随绳纹的纹饰，有直、折或呈波状的棱纹，坑点、圆圈或楔形的压印纹，以及窄条指切附加堆纹、绳切纹、铆钉纹、划纹和器钮等。器钮有舌状、窄条状、椭圆状、圆锥状。器类有棱纹鬲、三足瓮、侈口盆形及罐形甗、带钮罐、鼓腹罐、侈沿盆、小口瓮、方杯、瓶、簋、尊、豆等（图12）。

典型陶器的特征是，棱纹鬲为砂质薄胎红褐陶，矮侈领，多袋足中空，无实心足根，

---

① 崔璇：《白泥窑子考古纪要》，《内蒙古文物考古》总4期，1986年。

② 内蒙古文物考古研究所、北京大学考古系：《凉城县杨厂沟遗址清理简报》，《内蒙古文物考古》总5期，1991年。

③ 乌盟文物站凉城文物普查队：《内蒙古凉城县岱海周围古遗址调查》，《考古》1989年第2期。

④ 张家口市文物事业管理所、宣化县文化馆：《河北宣化李大人庄遗址试掘报告》，《考古》1990年第5期。

⑤ 魏坚：《准格尔旗寨子塔、二里半考古主要收获》，《内蒙古中南部原始文化研究文集》，海洋出版社，1991年，第161～164页。

⑥ 内蒙古文物考古研究所：《准格尔旗南壕遗址》，《内蒙古文物考古文集》（第一辑），中国大百科全书出版社，1994年，第204～224页。

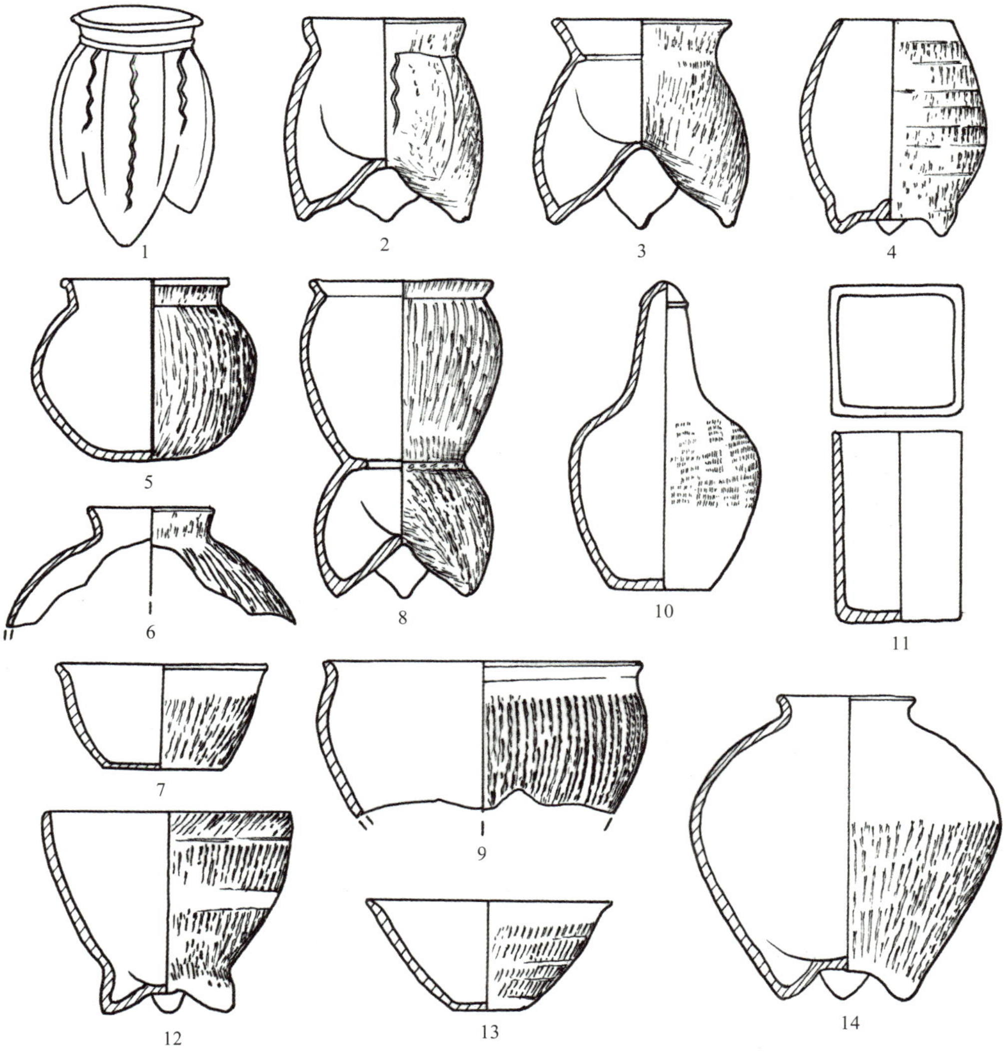


图12　朱开沟文化陶器

1、2. 棱纹鬲；3. 盆形甗；4. 敛口三足瓮；5. 带钮罐；6. 鼓腹罐；7、13. 敞腹盆；
8. 罐形甗；9. 侈沿盆；10. 壶；11. 方杯；12. 三足盆；14. 罐形三足瓮
（1. 准格尔东部出土，2~7. 朱开沟出土；8~14. 南壕出土）

通体施细密的竖绳纹，绳纹之上又附贴棱纹，口沿多施绳切纹，颈部多施窄条指切附加堆纹，唇沿多施椭圆状钮；三足瓮多泥质红褐陶，器体一般小于大口二期文化的同类器，器壁较薄，敛口，弧腹，圈底，乳状足，器表施细密的竖绳纹，有的加施几周横划纹，口部大多有一段磨光；敞口盆形甗有腰隔，腰部有附加堆纹一周，通体细绳纹；带钮罐多砂质红褐陶，折侈领，鼓腹，平底或凹底，口沿贴窄条状钮，通体竖绳纹；鼓腹罐多为泥质红褐陶，卷侈沿，鼓腹，多自口沿下施竖绳纹；侈沿盆多泥质红褐陶，口沿折侈或卷侈，平底，口沿下通体竖绳纹或口沿光素。

朱开沟文化在内蒙古中南部盛行于夏至早商，延续到晚商以至两周。晚商至西周时期的棱纹鬲和三足瓮见于准格尔旗沙峁圪旦、柳青塔、吕家坡、龙不湾等遗址，其特点仍以褐陶为主，灰陶较前增多；鬲和甗的足，多呈圆柱状或扁平柱状实心根；鬲口有锥状或椭圆状钮，或有三个折角耳，或有新月形鋬手；鬲体附贴的棱纹仅见直棱纹和波状棱纹，而不见以往习见的竖行折棱纹①。

盛行于夏商时期的朱开沟文化，是定居的农耕文化，其遗存多有发现。自晚商以后，发现的朱开沟文化遗存渐趋减少，或许反映了由定居农耕向畜牧经济的转变。

## 四、余论

内蒙古中南部的原始文化，其中心地带的主要遗存，是在不断受到周边文化因素影响的情况下，一脉相承发展起来的。在发展过程中，形成了既有传承关系，又有性质区别的完整的考古学文化序列。主要认识有以下几点：

1、大窑文化和河套人及萨拉乌苏文化，基本代表了内蒙古中南部旧石器时代文化的全过程，并分属两个不同的石器制造工艺系统。

2、白泥窑文化是继无陶细石器文化遗存之后，先后接受了后冈一期、半坡和庙底沟文化因素的基础上，在内蒙古中南部逐步形成和发展起来的，目前已知最早的新石器时代文化，时代属仰韶早、中期阶段。这一文化还可细分为几个不同类型和相互联系的几个发展阶段。

3、属仰韶晚期阶段的庙子沟文化，是在白泥窑文化之后，吸收邻境地区文化影响形成的具有浓厚地域特征的地方性文化。该文化分为三个小的区域类型和几个发展阶段。

4、阿善文化是直接继承了庙子沟文化发展而来的。这是一支仰韶晚期之后、分布于南流黄河两岸的具有独立特征的区域性考古学文化。该文化晚期大量石城聚落的出现，可能反映了社会形态的剧烈变化。

5、龙山阶段在岱海周围形成的老虎山文化，年代上限同阿善文化晚期应有交叉现象。而在南流黄河两岸产生的永兴店文化，则是阿善文化的直接后继者。这一阶段晚期，客省庄文化系统遗存进入了该地区。

---

① 崔璿：《河套地区东周以前含袋足器诸器群及相关问题》，《中国考古学会第七次年会论文集（1989）》，文物出版社，1992年，第280～294页。

6、大口二期文化和朱开沟文化是内蒙古中南部两支南北共存的青铜文化。其中，大口二期文化主要源于永兴店文化，同时与汾河流域的文化关系密切，年代约当夏阶段；朱开沟文化的源头，目前尚不清楚，但该文化的分布已远远超出内蒙古中南部的范围，其年代亦可由夏而至商周。

［本文与崔璇合著，原载《内蒙古文物考古文集》（第一辑），1994年］

## THE DISCOVERY AND STUDY OF PRIMITIVE CULTURE IN CENTRAL AND SOUTHERN INNER MONGOLIA

Wei Jian　Cui Xuan

**Abstract:** Central and Southern Inner Mongolia are among the core areas with traces of ancient human activities in Northern China, with primitive cultures known since the 1920s. With the deepening of field survey and the advances made in archaeological excavations, Paleolithic remains represented by the Dayao and Sjara-Osso-Gol cultures have been found in this area. Neolithic remains represented by the Bainiyao, Miaozigou, Ashan, Laohushan and Yongxingdian cultures were found, as well as Bronze Age remains represented by the Dakou Ⅱ and Zhukaigou cultures. After years of research, the main characteristics of these remains, their provenance and their relationship with cultures from neighboring areas have been clarified. Based on their distribution and typology, the remains found in Central and Southern Inner Mongolia show a continuous development in relationship with surrounding cultural factors in the region, forming a complete archaeological cultural sequence, showing both inherited qualities and particularities.

**Keywords:** Central and Southern Inner Mongolia; Primitive Culture; Archaeological Culture; Chronological Sequence

# 试论白泥窑文化*

摘　要：内蒙古中南部仰韶早中期遗存从20世纪50年代开始就有发现，随着田野调查的深入和考古发掘的推进，我们发现此类遗存广泛分布在以南流黄河两岸为中心，东至蛮汉山南的凉城县岱海周边，东北逾阴山丘陵至商都县和苏尼特右旗，西达鄂尔多斯高原的杭锦旗东缘，南接晋、陕北部地区。此类遗存在各遗址中有明显的共性因素，且表现出一定的区域性差异。此前，对于该类文化曾有“阿善一期文化”、“白泥窑子第一种文化”、“岔河口文化”和“白泥窑文化”等的称呼，但并未形成统一的文化命名。该类遗存由于分布地域和文化特征上的差异，我们将其由西向东划分为鲁家坡、白泥窑和王墓山坡下三个区域类型，并在各区域年代分期的基础上，整体划分为顺序发展的三期，其年代跨度为距今7000年至5800年左右。据此，我们在分析典型遗址和主要陶器组合的基础上，将此类考古学文化遗存命名为“白泥窑文化”。白泥窑文化是继承了来自中原仰韶时期北上的半坡、后冈一期和庙底沟文化主要因素发展起来的一支新的考古学文化，在其形成与发展过程中，逐步形成了自身鲜明的特征和独特的发展脉络；通过陶器器形的发展和演变规律，我们还可以确定，在内蒙古中南部地区，该文化的直接后继者为仰韶晚期阶段的庙子沟文化，两种文化区域类型在分布地域上大致相同。从出土的生产工具来看，白泥窑文化的经济类型以锄耕农业为主，兼营狩猎、渔猎和采集。白泥窑文化的聚落周边有环壕围绕，表明该阶段可能存在着部落人群间的资源争夺，聚落形态继续向着更高阶段发展。

关键词：内蒙古中南部　白泥窑文化　仰韶早中期

* 本文得到国家社科基金重点项目“中国北方游牧与农耕民族交融的考古学研究”（项目批准号：14AKG002）资助。

## 一、发现与研究

内蒙古自治区中南部仰韶时代遗存的调查和研究始于20世纪50年代。当时的田野调查尽管规模较小，但也发现了部分有价值的一手材料。从六七十年代开始对黄河沿岸的新石器时代遗址进行了大规模系统性调查，材料进一步丰富、积累。80年代之后，在以往考古工作的基础上，陆续开始正式的田野发掘，获得了几批重要资料。90年代以来，随着发掘工作的进一步开展和研究的不断深入以及新技术的运用，使得该阶段遗存的文化面貌更加清晰地呈现出来。

20世纪50年代，内蒙古自治区文物工作者始对内蒙古中南部地区开展考古调查，李逸友等在清水河和郡王旗的棋子峁、田家石畔、常家河、尔吉奈曼沟等新石器时代遗址采集到大量细石器以及黑彩带红陶钵残片等，并认为这些遗存属“仰韶文化和细石器文化相混合的文化”[①]。随后，汪宇平等在清水河的白泥窑子村发现了一处规模较大的新石器时代遗址，采集了大量石器、宽带纹彩陶大碗、尖底瓶等器物残片和大量的彩陶片，同时在清水河台子梁也发现了与白泥窑子风格相同的陶片[②]。内蒙古自治区文物工作组还曾在二连浩特南发现过仰韶时期遗存[③]。尽管这一阶段的发现较为零散，所得遗存全貌也不甚清晰，但仍然引起了文物工作者的重视。在上述地点均采集到较为相似的典型遗物，表明在内蒙古中南部地区仰韶文化早中期阶段存在着一类属性基本相同的遗存。

20世纪六七十年代，本地区大规模区域性系统调查被提上日程。第一次调查从清水河的下城湾开始，沿着黄河东岸向北进行系统性调查，发现十几处仰韶时代遗址，采集到黑宽带纹彩陶钵、罐、盆等器物残片以及打制、磨制石器等[④]。第二次调查在南流黄河东岸北起托克托城关一带，南至清水河下城湾；西岸北起准格尔旗的敖包湾，南至与晋陕交界的元峁圪旦。此次调查在老牛湾、柳青塔、岔河口、白泥窑子等遗址采集到包括红陶黑彩带的钵、盆、夹砂罐、小口瓶等在内的器物残片，后来又单独对白泥窑子遗址进行了复查。通过系列调查，确定此类文化彩陶“既有仰韶文化的作风，又有仰韶文化所不能包括的独特风格”[⑤]。也有学者称其为仰韶文化的岔河口类型[⑥]。

随着田野调查范围的扩大和深入，呼和浩特东郊的二十家子村、准格尔旗窑子梁、壕

① 李逸友：《清水河县和郡王旗等地发现的新石器时代文化遗址》，《文物参考资料》1957年第4期。

② 汪宇平：《内蒙古清水河县白泥窑子村的新石器时代遗址》、《清水河县台子梁的仰韶文化遗址》，《文物》1961年第9期。

③ 内蒙古文物工作组：《几年来的内蒙古文物工作》，《文物参考资料》1957年第4期。

④ 洲傑：《内蒙古中南部考古调查》，《考古》1962年第2期。

⑤ 内蒙古历史研究所：《内蒙古中南部黄河沿岸新石器时代遗址调查》，《考古》1965年第10期；内蒙古历史研究所：《内蒙古清水河县白泥窑子遗址复查》，《考古》1966年第3期。

⑥ 内蒙古社会科学院蒙古史研究所、包头市文物管理所：《内蒙古包头市阿善遗址发掘简报》，《考古》1984年第2期。

赖梁、苏尼特右旗吉日嘎郎图、包头阿善①等地均发现属于此类文化遗存的钵、盆、罐、瓶等器物的残片。

通过以上考古工作，考古学界基本了解了此类遗存的文化面貌，即陶器以红色夹砂陶和泥质陶为主，陶器器表多施黑彩，主要器物组合为夹砂罐、小口瓶、钵和盆，其中带黑宽彩带的红陶钵为最具特色的文化遗物，该类文化遗存与半坡、庙底沟文化之间存在着某种联系，但又具有自身特征。这一认识虽较粗浅，却为此后对此类遗存的进一步甄别提供了依据，也为系统研究奠定了基础。

20世纪八九十年代以来，为进一步揭示和厘清此类遗存的文化内涵，针对性的考古发掘工作逐渐在本地区开展起来，陆续发掘了阿善②、白泥窑子A、C、D、J、K、L地点③、西园遗址西台地④、架子圪旦⑤、后城嘴、庄窝坪、章毛勿素、官地、鲁家坡⑥、阳湾⑦、石虎山⑧、岔河口⑨等遗址，获得了大量实物资料。

与此同时，文物普查工作和配合基建而开展的文物调查工作也为此类遗存的发现提供了契机。文物工作者在鄂尔多斯地区的文物普查工作中发现了一批仰韶文化早中期的遗存，这些遗存包括准格尔旗坟堰、脑包梁、沙圪梁、圪针堰圪旦、午长号窑、贺家圪旦、赛不拉、西梁敖包、敖包圪梁、张牛圪旦、房塔沟、嘎尔迪圪旦、王家圪旦、棋盘堰、头

---

① 汪宇平：《呼和浩特东郊二十家子村的新石器文化遗址》，《考古》1963年第1期；斯琴：《准格尔旗窑子梁仰韶文化遗址》，《内蒙古文物考古》创刊号，1981年；崔璇：《内蒙古中南部石佛塔等遗址调查》，《内蒙古文物考古》创刊号，1981年；纳古善夫：《内蒙古苏尼特右旗吉日嘎郎图新石器时代遗存》，《考古》1982年第1期；内蒙古社会科学院蒙古史研究所、包头市文物管理所：《内蒙古包头市阿善遗址发掘简报》，《考古》1984年第2期。

② 内蒙古社会科学院蒙古史研究所、包头市文物管理所：《内蒙古包头市阿善遗址发掘简报》，《考古》1984年第2期。

③ 崔璿、斯琴：《内蒙古清水河白泥窑子C、J点发掘简报》，《考古》1988年第2期；崔璿：《内蒙古清水河白泥窑子L点发掘简报》，《考古》1988年第2期；内蒙古社会科学院历史研究所考古研究室：《清水河县白泥窑子遗址K点发掘报告》，《内蒙古文物考古文集》（第二辑），中国大百科全书出版社，1997年，第179～190页；内蒙古社会科学院历史研究所考古研究室：《清水河县白泥窑子D点发掘报告》，《内蒙古文物考古文集》（第二辑），中国大百科全书出版社，1997年，第211～237页；内蒙古社会科学院历史研究所考古研究室：《清水河县白泥窑子遗址A点发掘报告》，《内蒙古文物考古文集》（第二辑），中国大百科全书出版社，1997年，第191～210页。

④ 西园遗址发掘组：《内蒙古包头市西园新石器时代遗址发掘简报》，《考古》1990年第4期。

⑤ 伊克昭盟文物工作站：《伊金霍洛旗架子圪旦遗址发掘简报》，《内蒙古文物考古》总11期，1994年。

⑥ 内蒙古文物考古研究所、清水河县文物管理所：《清水河县后城嘴遗址》，《内蒙古文物考古文集》（第二辑），中国大百科全书出版社，1997年，第151～164页；乌兰察布博物馆、清水河县文物管理所：《清水河县庄窝坪遗址发掘简报》，《内蒙古文物考古文集》（第二辑），中国大百科全书出版社，1997年，第165～178页；内蒙古文物考古研究所、乌兰察布博物馆、商都县文物管理所：《商都县章毛勿素遗址》，《内蒙古文物考古文集》（第二辑），中国大百科全书出版社，1997年，第137～150页；内蒙古文物考古研究所：《准格尔旗官地遗址》，《内蒙古文物考古文集》（第二辑），中国大百科全书出版社，1997年，第85～119页；内蒙古文物考古研究所：《准格尔旗鲁家坡遗址》，《内蒙古文物考古文集》（第二辑），中国大百科全书出版社，1997年，第120～136页。

⑦ 内蒙古自治区文物考古研究所：《内蒙古准格尔旗阳湾遗址发掘简报》，《考古与文物》2016年第2期。

⑧ 内蒙古文物考古研究所、日本京都中国考古学研究会：《石虎山遗址发掘报告》，《岱海考古（二）——中日岱海地区考察研究报告集》，科学出版社，2001年，第18～145页。

⑨ 内蒙古文物考古研究所：《清水河县岔河口新石器时代遗址调查》，《内蒙古文物考古》总29期，2003年。

道壕、贺家沙背、伊金霍洛旗闫家坡、杭锦旗四十里梁、东胜市台什等遗址[1]。

此外，文物工作者在南流黄河西岸的准格尔旗黑岱沟露天矿区[2]，以及包头东郊、土默特右旗和固阳[3]、凉城岱海周围[4]、乌海地区[5]和达拉特旗[6]等地的考古调查中也发现了一些短沿方唇夹砂罐、黑彩宽带纹红陶钵和小口尖底瓶等属于仰韶文化早中期阶段的文化遗存。

随着阿善遗址和白泥窑子遗址的发掘，此类遗存又被称作阿善一期文化[7]，或者白泥窑子第一种文化[8]。随后，崔璿等又提出了岔河口文化的命名[9]。20世纪90年代初，严文明指出："关于内蒙古中南部仰韶文化的前期遗存，……有必要划分出一个新的类型。只是因为至今还没有一处经过较大面积发掘的遗址，难以选择一个合适的名称。"[10]后来，魏坚等首次提出了白泥窑文化的命名[11]，这一命名被其后发表的白泥窑子遗址几处地点的发掘报告所采用[12]。准格尔旗鲁家坡发掘报告也认为，以鲁家坡为代表的仰韶文化早中期阶段遗存"属于广泛分布于内蒙古中南部的白泥窑子文化早期类型"[13]。

进入21世纪，考古发掘和田野调查工作仍在持续，托克托南沟畔遗址第1、第2地点[14]、白泥窑子遗址E、F点[15]、岔河口遗址的环壕[16]均发现重唇口尖底瓶、彩陶钵、折沿罐

---

① 王志浩、杨泽蒙：《鄂尔多斯地区仰韶时代遗存及其编年与谱系初探》，《内蒙古中南部原始文化研究文集》，海洋出版社，1991年，第86～112页。

② 内蒙古文物考古研究所、伊克昭盟文物工作站：《内蒙古准格尔煤田黑岱沟矿区文物普查述要》，《考古》1990年第1期。

③ 包头市文物管理所：《内蒙古大青山西段新石器时代遗址》，《考古》1986年第6期。

④ 乌盟文物站凉城文物普查队：《内蒙古凉城县岱海周围古遗址调查》，《考古》1989年第2期；田广金：《内蒙古岱海地区仰韶时代文化遗址的调查》，《内蒙古中南部原始文化研究文集》，海洋出版社，1991年，第31～54页；内蒙古文物考古研究所、北京大学中国考古学研究中心"聚落演变与早期文明"课题组：《岱海考古（三）——仰韶文化遗址发掘报告集》，科学出版社，2003年，第1～8页。

⑤ 梁振华：《桌子山岩画》，文物出版社，1998年，第6页。

⑥ 内蒙古考古研究所、达拉特旗文物管理所：《达拉特旗草原村遗址调查》，《内蒙古文物考古文集》（第三辑），科学出版社，2004年，第16～24页。

⑦ 内蒙古社会科学院蒙古史研究所、包头市文物管理所：《内蒙古包头市阿善遗址发掘简报》，《考古》1984年第2期。

⑧ 崔璿、斯琴：《内蒙古清水河白泥窑子C、J点发掘简报》，《考古》1988年第2期。

⑨ 崔璿、斯琴：《内蒙古中南部新石器至青铜时代文化初探》，《中国考古学会第四次年会论文集（1983）》，文物出版社，1985年，第173～184页。

⑩ 严文明：《内蒙古中南部原始文化的有关问题》，《内蒙古中南部原始文化研究文集》，海洋出版社，1991年，第5～6页。

⑪ 魏坚、崔璇：《内蒙古中南部原始文化的发现与研究》，《内蒙古文物考古文集》（第一辑），中国大百科全书出版社，1994年，第125～143页。

⑫ 内蒙古社会科学院历史研究所考古研究室：《清水河县白泥窑子遗址K点发掘报告》、《清水河县白泥窑子遗址A点发掘报告》，《内蒙古文物考古文集》（第二辑），中国大百科全书出版社，1997年，第179～201页。

⑬ 内蒙古文物考古研究所：《准格尔旗鲁家坡遗址》，《内蒙古文物考古文集》（第二辑），中国大百科全书出版社，1997年，第120～136页。

⑭ 内蒙古考古研究所、托克托县博物馆：《托克托县耿庆沟上游支流西沟与南沟畔遗址的调查与发掘》，《内蒙古文物考古文集》（第三辑），科学出版社，2004年，第25～50页。

⑮ 内蒙古文物考古研究所：《清水河县白泥窑遗址E点和F点调查简报》，《草原文物》2013年第2期。

⑯ 内蒙古自治区文物考古研究所：《2016年内蒙古自治区文物考古研究所考古发现综述》，《草原文物》2017年第1期。

和敛口瓮等仰韶文化早中期阶段遗存。2004～2005年进行的浑河下游区域性考古调查中，也发现许多仰韶文化早中期阶段遗址[①]。

凉城王墓山坡下遗址的发掘报告指出，该遗址与白泥窑子遗址属同一种文化类型，从遗址的完整性和出土遗物的丰富程度来看，其比白泥窑子遗址更具代表性，因此将此类遗存称为王墓山坡下类型也有称王墓山下类型[②]。此外还有将本阶段遗存称为仰韶文化石虎山类型、鲁家坡类型和白泥窑类型的意见[③]。

从此类遗存整体面貌和文化内涵可以看出，其分布区域以南流黄河两岸为中心，东至蛮汉山南的凉城岱海地区，东北逾阴山丘陵至商都和苏尼特右旗，西达鄂尔多斯高原西部的乌海，南接晋陕北部，地域较为广阔。这个区域的中心在准格尔旗、清水河县、凉城县和呼和浩特市、包头市范围之内。

## 二、区域类型与分期

内蒙古中南部仰韶文化早中期阶段的遗存之中，岱海地区的石虎山遗址和红台坡下遗址值得注意。20世纪80年代末发掘的红台坡下遗址，所出素面磨光陶器多于带纹饰的陶器，且少量的纹饰也以绳纹为主，器形以釜（罐）多见，釜口有舌状鋬耳，其次是红顶钵，还有少量的鼎[④]。显然，该类遗存的文化面貌同后冈一期文化较为相似。20世纪90年代中期发掘的石虎山遗址所出土的陶器几乎都是素面或磨光陶，极个别饰细绳纹、弦纹和施红彩，个别细泥红陶钵口沿有红彩带，器形以三足器、圜底器和平底器为主，器类以釜、鼎、罐的数量最多，其次为红顶钵及其他钵、盆类，以及小口溜肩壶、小口广肩壶等，还有少量的瓮、豆、勺、器盖等[⑤]。这些情况表明，石虎山遗址体现的文化面貌，比红台坡下遗址更接近后冈一期文化，并有着鲜明的区域特色。

上述两处遗址的陶器纹饰、器形与组合，与前文中提到的纹饰以绳纹、线纹、弦纹为主，彩陶以黑彩为主且花纹较多，器形以钵、罐、壶、盆、瓮为代表的考古学文化遗存存在较大差异。故此可以认为，以石虎山和红台坡下遗存为代表的仰韶早中期阶段遗存与前

---

① 党郁：《内蒙古中南部先秦两汉时期人地关系的考古学观察——以浑河下游区域性考古调查资料出发》，《考古与文物》2014年第4期。

② 田广金：《论内蒙古中南部史前考古》，《考古学报》1997年第2期；内蒙古文物考古研究所、北京大学中国考古学研究中心“聚落演变与早期文明”课题组：《岱海考古（三）——仰韶文化遗址发掘报告集》，科学出版社，2003年，第243～247页。

③ 韩建业：《中国西北地区先秦时期的自然环境与文化发展》，文物出版社，2008年，第57～71页。

④ 内蒙古文物考古研究所、北京大学中国考古学研究中心“聚落演变与早期文明”课题组：《红台坡下遗址》，《岱海考古（三）——仰韶文化遗址发掘报告集》，科学出版社，2003年，第166～171页。

⑤ 内蒙古文物考古研究所、日本京都中国考古学研究会：《石虎山遗址发掘报告》，《岱海考古（二）——中日岱海地区考察研究报告集》，科学出版社，2001年，第18～145页。

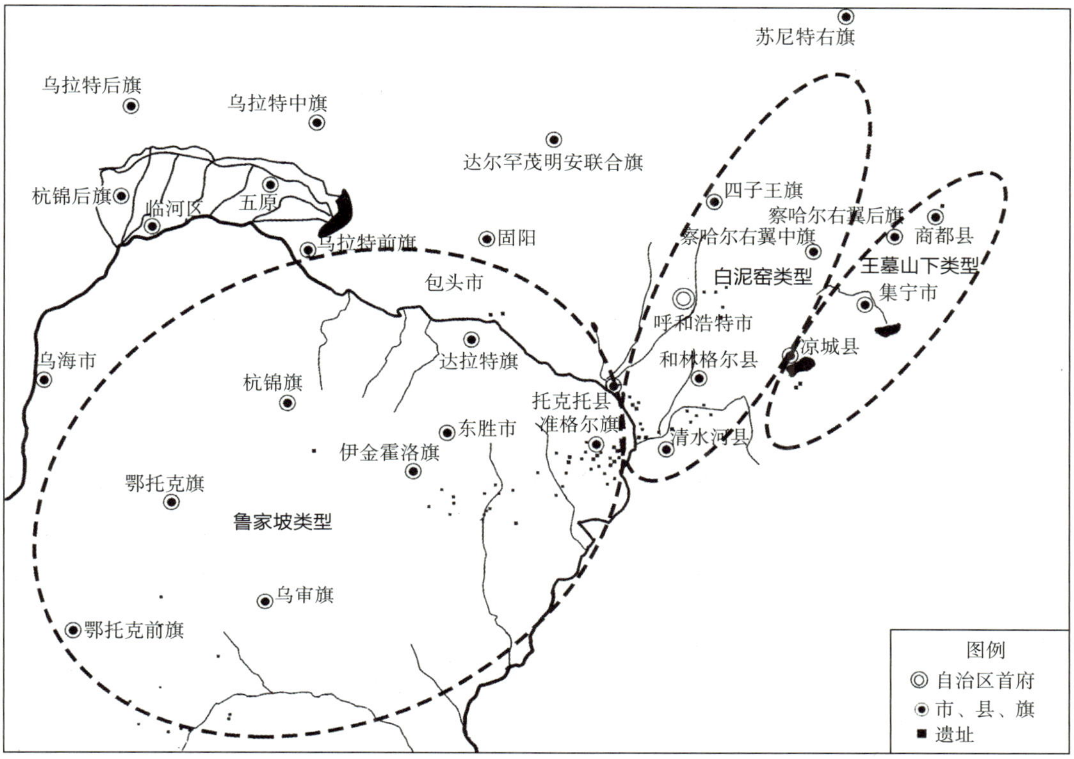


图1　白泥窑文化区域分布示意图

文所述内蒙古中南部仰韶早中期阶段主要遗存文化面貌差异较大，应属不同谱系的考古学文化类型，对此我们将另文讨论。

对内蒙古中南部仰韶早中期文化的认识特别是对白泥窑子一类遗存的发现与认识，是随着田野调查和发掘的开展而不断深入的。此类遗存虽在各遗址中有明显的共性因素，且表现出一定的区域性差异，但并未形成统一的文化命名，也无专文对其进行详细讨论，致使对该类遗存的文化面貌和地域性差异，一直缺乏较为清晰的认识。我们根据各遗存的分布地域，以及各个地域的文化差异，将内蒙古中南部仰韶早中期阶段遗存由西向东划分为鲁家坡、白泥窑和王墓山下三个区域类型（图1），并对以白泥窑子第一种文化、鲁家坡第一和二期遗存及王墓山坡下遗存等为代表的考古学文化遗存进行分析，确定各类型的分期，在此基础上讨论白泥窑文化的分期与年代，探讨其渊源与流向。

## （一）鲁家坡类型

主要分布于内蒙古鄂尔多斯高原和包头市大青山南麓，这里是黄土低山丘陵区和大青山山前台地，坡高沟深，地势北高南低，遗址多被深沟切割，遭自然侵蚀比较严重。目前经过发掘的遗址主要有包头阿善①、西园②，准格尔旗官地③、鲁家坡④、阳湾⑤。经过调查的遗址比较多，分布亦较广泛，主要有准格尔旗窑子梁⑥、壕赖沟⑦、坟堰、脑包梁、沙圪梁、圪针堰圪旦、午长号窑、贺家圪旦、赛不拉、西梁敖包、敖包圪梁、张牛圪旦、房塔沟、嘎尔迪圪旦、王家圪旦、棋盘堰、头道壕、贺家沙背，达拉特旗槐树湾、奎银生沟、哈什拉西、石哈拉、瓦窑、草原村⑧，鄂托克前旗巴音察汗、南沙畔、糜地梁，乌审旗瓦则梁⑨，伊金霍洛旗架子圪旦⑩、闫家坡，杭锦旗四十里梁，东胜市台什⑪，乌海市海勃湾⑫等遗址。

1. 文化面貌

目前所见房址均为半地穴式，平面呈长方形、方形或略近梯形，间宽大于进深，居住面坚硬、平整，均以草拌泥抹平并经过烧烤，居住面上一般有柱洞。灶多为长方形或椭圆形，位于室内靠近门道处。门道为窄长条形，阳湾早期遗存的房址灶与门道直接相通，有的房址灶为圆形，且增加通风口与门道相连。灰坑多为椭圆形、圆形和不规则形，其中平底灰坑可能为窖穴，圜底灰坑或为取土坑。在坟堰遗址西50米处，发现一处墓地，约有二十座墓葬，用石板竖砌长方形墓圹并铺底及盖顶，一般长2、宽1.5米，以单人葬为主，少量双人和多人合葬，仰身直肢，头向东，多无随葬品，仅在两座二次葬墓中出土两件黑彩带圜底红陶钵。

出土遗物以陶器为大宗，石器骨器相对较少。陶器主要有夹砂陶和泥质陶两类，少量夹有云母。夹砂陶质地疏松，以红褐、灰褐为主。泥质陶纯净，质地坚硬，陶色以红色为主，也有少量为灰色、灰褐色。彩陶均为黑、红单彩，以黑彩为主，图案简单。夹砂陶纹饰常见有绳纹和弦

---

① 内蒙古社会科学院蒙古史研究所、包头市文物管理所：《内蒙古包头市阿善遗址发掘简报》，《考古》1984年第2期。
② 西园遗址发掘组：《内蒙古包头市西园新石器时代遗址发掘简报》，《考古》1990年第4期。
③ 内蒙古文物考古研究所：《准格尔旗官地遗址》，《内蒙古文物考古文集》（第二辑），中国大百科全出版社，1997年，第85～119页。
④ 内蒙古文物考古研究所：《准格尔旗鲁家坡遗址》，《内蒙古文物考古文集》（第二辑），中国大百科全书出版社，1997年，第120～136页。
⑤ 内蒙古自治区文物考古研究所：《内蒙古准格尔旗阳湾遗址发掘简报》，《考古与文物》2016年第2期。
⑥ 斯琴：《准格尔旗窑子梁仰韶文化遗址》，《内蒙古文物考古》创刊号，1981年。
⑦ 崔璇：《内蒙古中南部石佛塔等遗址调查》，《内蒙古文物考古》创刊号，1981年。
⑧ 内蒙古考古研究所、达拉特旗文物管理所：《达拉特旗草原村遗址调查》，《内蒙古文物考古文集》（第三辑），科学出版社，2004年，第16～24页。
⑨ 王志浩、杨泽蒙：《鄂尔多斯地区仰韶时代遗存及其编年与谱系初探》，《内蒙古中南部原始文化研究文集》，海洋出版社，1991年，第86～112页。
⑩ 伊克昭盟文物工作站：《伊金霍洛旗架子圪旦遗址发掘简报》，《内蒙古文物考古》总11期，1994年。
⑪ 王志浩、杨泽蒙：《鄂尔多斯地区仰韶时代遗存及其编年与谱系初探》，《内蒙古中南部原始文化研究文集》，海洋出版社，1991年，第86～112页。
⑫ 梁振华：《桌子山岩画》，文物出版社，1998年，第6页。

纹，泥质陶多为素面，另外还有绳纹和凹弦纹组成的复合纹饰和附加堆纹以及少量的指甲纹，部分钵的口沿外见红彩或黑彩的宽带纹或窄带纹，还偶有黑彩的平行斜线纹、弧线菱形纹和变形鱼纹等。陶器均为手制，采用泥条盘筑法。器类以平底为主，亦见部分圜底或尖底器，且有极少因叠烧而产生的红顶钵。在阳湾遗址还发现个别鼎足。具有特征的陶器为宽沿夹砂罐、短沿夹砂罐、折口壶、折腹或曲腹钵、深腹和浅腹盆、尖底瓶和火种炉等。生产工具主要为石器，多为磨制，器类主要有磨盘、磨棒、刀、斧、铲、凿、锤、锄、钻、砺石等，此外还有少量陶纺轮、陶刀等工具以及骨铲、骨匕等骨器。

2. 分期

本类遗存中仅鲁家坡遗址可以依据地层划分早晚。据鲁家坡发掘报告，第一期遗存包括第2层以及其下开口的F5、F6和H11等遗迹，第二期遗存包括第1层下开口的F1、F2和F9。第一期房址皆半地穴式，平面呈圆角长方形、方形或略近梯形。居住面多为草拌泥抹成，并经烧烤，部分房址居住面有柱洞，灶一般为长方形或椭圆形坑灶，位于室内略近门道处，不与门道相连。长斜坡门道，门址多南向。灰坑平面有圆形、椭圆形、不规则几种，多为直壁平底的窖穴。陶器主要有短沿夹砂罐、折口壶、敛口钵、深腹盆、尖底罐、小口罐等。第二期房址均为半地穴式，平面呈圆角方形或长方形，居住面抹草拌泥，并烧烤成硬面，部分房址有柱洞。灶均为圆形坑灶，设有通风口与门道相连。长斜坡门道，门址多南向。灰坑平面呈圆形，直壁平底。陶器主要有宽沿夹砂罐、小口尖底瓶、火种炉、敛口钵、深腹盆、缸等①。

官地遗址尽管没有发现明确的地层关系，发掘报告根据类型学研究将其划分为仰韶早中期阶段的两期遗存。第一期房址破坏较严重，半地穴式，平面长方形，间宽大于进深，居住面为白色黏土垫就，居住面上无柱洞，灶址平面圆角方形，门道遭破坏。灰坑平面多呈椭圆形、圆形、不规则形，多为圜底，平底较少。陶器主要有短沿夹砂罐、折口壶、敛口钵、深腹盆、甑、碗等。第二期房址均半地穴式，平面多呈长方形或梯形，居住面抹草拌泥，并经烧烤，居住面多有柱洞。坑灶呈圆形或椭圆形，与门道相连。长斜坡门道，部分房址门道铺有石板，门址多南向。陶器主要有宽沿夹砂罐、短沿夹砂罐、小口尖底瓶、宽带纹黑彩红陶钵、盆、瓮、釜、小杯等②。

阳湾遗址坏较严重，也无明确的地层可依，发掘报告根据类型学研究将其分为属于仰韶早中期阶段的两期遗存。第一期房址皆半地穴式，平面呈方形、长方形或梯形，居住面

① 内蒙古文物考古研究所：《准格尔旗鲁家坡遗址》，《内蒙古文物考古文集》（第二辑），中国大百科全书出版社，1997年，第120～136页。

② 内蒙古文物考古研究所：《准格尔旗官地遗址》，《内蒙古文物考古文集》（第二辑），中国大百科全书出版社，1997年，第85～119页。

皆是经过烧烤的草拌泥硬面，居住面一般有柱洞，个别室外也有柱洞。坑灶平面呈圆角方形、长方形或瓢形，有灶坎且与门道直接相连。长斜坡门道，门址多南向。灰坑多呈圆形或椭圆形，平面呈梯形者少见，多为圜底，平底较少。此期遗址外围还发现有围沟。陶器主要有宽沿夹砂罐、短沿夹砂罐、折口壶、敛口钵、红顶钵、折口尖底瓶、泥质罐、盆、敛口瓮等。第二期仅发现两座房址，半地穴式，平面长方形，间宽略大于进深，居住面抹草拌泥，并经过烧烤，有柱洞。灶平面为长方形，有灶坎，与门道直接相连。长斜坡门道，门址多南向。未发现灰坑。陶器主要有火种罐、深腹钵、杯等①。

阿善一期与西园一期堆积属于仰韶文化早中期的遗存，但没有发现遗迹现象，仅在地层中出有折口壶、方唇宽沿夹砂罐、宽带纹黑彩红陶钵、敞口窄沿折腹钵、敞口浅腹盆和红顶钵等遗物残片。

综上可知，鲁家坡一期、官地一期与阳湾一期的房址结构基本相同。鲁家坡一期的陶器唇面有凹槽，并且沿下饰凹弦纹和绳纹的短沿方唇夹砂罐、宽带纹黑彩红陶钵和折唇小口壶等，器形与官地一期、阳湾一期、阿善一期和西园一期遗存同类器形制相同。在鄂尔多斯地区其他早期遗存中，尽管短沿方唇夹砂罐器形稍异，但唇部特征与前述几处遗存完全相同。因此，鲁家坡一期、官地一期、阳湾一期、阿善一期、西园一期以及鄂尔多斯地区其他同类早期遗存的年代应该相当。

鲁家坡二期房址形制与前期相比差别不大，仅灶的形态发生变化，平面以圆形或椭圆形为主，且增加通风口与门道相连。官地二期和阳湾二期房址也均发生相同变化。鲁家坡二期的大型短沿夹砂罐显著减少，小型宽沿夹砂罐增多，新出现小口尖底瓶、火种炉等器形。官地二期、阳湾二期以及鄂尔多斯地区其他同类遗存也有相同的变化。因此，鲁家坡二期、官地二期、阳湾二期和鄂尔多斯地区同类遗存年代应该相同。

依据鲁家坡遗址的地层关系，结合出土遗物的比对，我们将鲁家坡类型分为顺序发展的两期。鲁家坡类型第一期以鲁家坡一期为代表，主要包括鲁家坡一期、官地一期、阳湾一期、阿善一期、西园一期和鄂尔多斯地区窑子梁、坟堰、脑包梁、沙圪梁、圪针堰圪旦、午长号窑、贺家圪旦、赛不拉、西梁敖包、敖包圪梁、张牛圪旦、槐树湾、奎银生沟、巴音察汗、南沙畔、闫家坡、四十里梁和草原村等遗址的早期遗存。典型器物为宽沿夹砂罐、短沿夹砂罐、折口壶、敛口钵、深腹盆等。鲁家坡类型第二期以鲁家坡二期为代表，主要包括鲁家坡二期、官地二期、阳湾二期和鄂尔多斯地区壕赖梁、房塔沟、嘎尔迪圪旦、王家圪旦、棋盘堰、头道壕、贺家沙背、架子圪旦、哈什拉西、石哈拉、瓦窑、糜地梁、瓦则梁、台什和海勃湾遗址等属于本期的遗存。典型器物为宽沿夹砂罐、短沿夹砂罐、折口壶、敛口钵、深腹盆、尖底瓶和火种炉等。

---

① 内蒙古自治区文物考古研究所：《内蒙古准格尔旗阳湾遗址发掘简报》，《考古与文物》2016年第2期。

3. 陶器演变

鲁家坡类型两期主要陶器有较为明显的变化。

宽沿夹砂罐　第一期为斜沿，沿部略内弧，圆唇略厚，唇面有凹槽，溜肩，鼓腹，器身上半部饰弦纹（图2-1）。第二期沿部内弧，厚圆唇，腹部以绳纹为主，个别饰弦纹（图2-6）。

短沿夹砂罐　第一期为口部甚敛，沿微外折，方唇，略溜肩，鼓腹，小平底，器身肩部饰弦纹，腹部饰绳纹（图2-2）。第二期为敛口，圆唇，鼓肩偏上，通体饰细绳纹（图2-7）。

折口壶　第一期为小口折唇，丰肩，鼓腹，素面（图2-3）。第二期口部略大，圆肩，下腹部有双耳（图2-8）。

敛口钵　第一期为敛口较甚，尖圆唇，鼓肩，下腹斜收（图2-4）。第二期口稍敛，圆唇，鼓腹，口部饰一周黑彩宽带纹（图2-9）。

深腹盆　第一期为敛口，小卷沿，圆唇，鼓腹，上腹饰凹弦纹，下腹素面（图2-5）。第二期口略敛，窄折沿，圆唇，弧鼓腹，沿面施一周黑彩，上腹有弧线圆点黑彩纹（图2-10）。

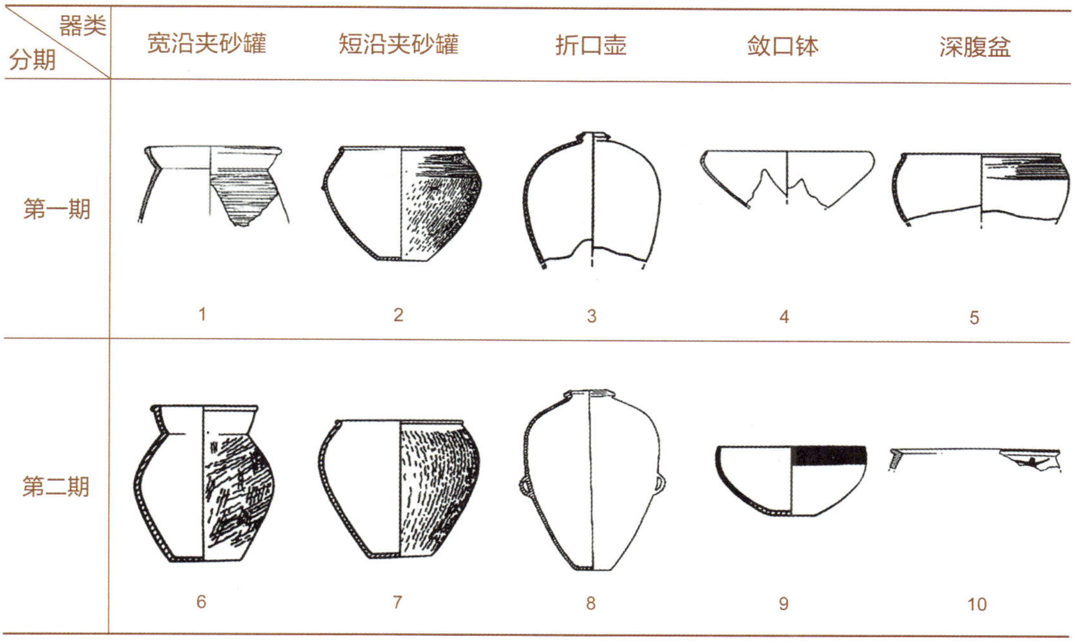


图2　鲁家坡类型陶器

1. 午长号窑83ZDW：1；2. 鲁家坡一期F5：2；3. 鲁家坡一期F4：1；4. 阳湾一期F9：11；5. 鲁家坡一期H19：4；6. 鲁家坡二期F9：3；7. 官地二期F13：1；8. 贺家沙背88ZYH：1；9. 鲁家坡二期F9：4；10. 南沙畔88QEN：2

## （二）白泥窑类型

此类遗存多集中于清水河、浑河、大黑河及其支流沿岸的台地上，东北方向经呼和浩特进入苏尼特右旗境内。黄河东岸一带由于长年水土流失，导致沟壑纵横，遗址破坏较为严重；呼和浩特以北地区由于气候干燥，常年风沙侵蚀，遗址保存较差。此类遗存经过发掘的有清水河县白泥窑子遗址①、岔河口遗址②、后城嘴遗址③和庄窝坪遗址④等。20世纪50年代在锡林郭勒盟二连浩特市南⑤、70年代末在苏尼特右旗考古调查时⑥，发现有该类型的文化遗存。21世纪初在托克托县耿庆沟南沟畔第1、第2地点也发现同类型的遗存⑦。

### 1. 文化面貌

经过发掘的此类遗存，房址为半地穴式，平面呈长方形、方形或略近梯形，有穴壁残存，并与居住面相连，居住面经烧烤十分坚硬，居住面上有柱洞。室内有的设有双灶，前灶位于室内前部，与门道相连，后灶位于室内中部靠前，为地面灶。有的为单灶，与门道相连或者为单独的地面灶。在白泥窑子J点还发现五座室外灶，均建在生土之上，有圆形、椭圆形、长方形三种，皆用石板砌作灶壁，多设有灶门。灰坑平面多为圆形、方形和不规则形，多为筒状坑，底部平整，应为窖穴。

出土遗物中以陶器为主，有泥质陶和夹砂陶两类，泥质陶略多于夹砂陶，且以红陶为主，褐陶很少，灰陶极少。陶器均为手制。纹饰以线纹为主，还有绳纹、弦纹、附加堆纹。彩陶以黑彩为主，不见红彩，花纹主要有宽带纹和以窄条、半月、圆点、钩叶、直线三角、弧线三角纹，以及少量网状、对角方块纹组成的带状花纹，黑彩宽带纹只见于直口钵的口沿，其他纹样多施于器物的口沿或腹部。主要器形有瓶、罐、钵、盆、火种炉等，岔河口遗址还采集到鼎足。代表器形有宽沿夹砂罐、小口尖底瓶、火种炉、敛口钵和深腹盆等。石器主要包括磨盘、磨棒、磨石、斧、刀、杵、砍伐器、敲砸器、尖状器和刮削器等，还发现骨器、陶制工具和蚌制饰件。

---

① 崔璿、斯琴：《内蒙古清水河白泥窑子C、J点发掘简报》，《考古》1988年第2期。

② 内蒙古历史研究所：《内蒙古中南部黄河沿岸新石器时代遗址调查》，《考古》1965年第10期；内蒙古文物考古研究所：《清水河县岔河口新石器时代遗址调查》，《内蒙古文物考古》总29期，2003年。

③ 内蒙古文物考古研究所、清水河县文物管理所：《清水河县后城嘴遗址》，《内蒙古文物考古文集》（第二辑），中国大百科全书出版社，1997年，第151～164页。

④ 乌兰察布博物馆、清水河县文物管理所：《清水河县庄窝坪遗址发掘简报》，《内蒙古文物考古文集》（第二辑），中国大百科全书出版社，1997年，第165～178页。

⑤ 内蒙古文物工作组：《几年来的内蒙古文物工作》，《文物参考资料》1957年第4期。

⑥ 纳古善夫：《内蒙古苏尼特右旗吉日嘎郎图新石器时代遗存》，《考古》1982年第1期。

⑦ 内蒙古自治区文物考古研究所、托克托县博物馆：《托克托县耿庆沟上游支流西沟与南沟沟畔遗址的调查与发掘》，《内蒙古文物考古文集》（第三辑），科学出版社，2004年，第25～50页。

2. 分期

白泥窑子遗址从二十世纪八十年代开始经过多次多个地点的发掘，见于报告或简报的有A、C、D、E、F、J、K、L几处遗址。据发掘报告，以上几处遗址点中，仅A点的F2组与F4组遗存的房址分别打破T1②组的地层。故白泥窑子遗址各地点遗存的年代早晚主要依据房址和出土的陶器进行分期。

从遗迹来看，白泥窑子遗址各点的房址均为半地穴式，穴壁与居住面相连，居住面大部分经过烧烤，十分坚硬，前穴壁正中开门，长斜坡门道，门址南向者居多。K点BKF1组平面呈长方形，间宽大于进深，居住面设有两个灶，灶周围有四个对称的柱洞，南部柱洞之间有方形地面灶，地面灶前方有长方形坑灶，坑灶正对门道并以一排石头与门道相连，此组遗存中没有发现灰坑。C点BCF1组房子平面呈梯形，进深略大于间宽，四壁均外弧，居住面有两个圆锥状柱洞，灶坑圆形筒状，位于靠近门道处，长斜坡门道，此组遗存中也没有发现灰坑。J点BJF1组房址平面近方形，四壁均外弧，居住面有四个对称小柱洞以及靠近后壁的一个大柱洞，灶坑呈瓢形，用石料围砌灶壁，以石板与门道相隔，门道铺立石板，有的柱洞垫填碎石，此外，还有用石料垒砌的室外灶，该组遗存发现灰坑11个，其中10座为窖穴，均为圆形筒状。A点BAF2组房址平面呈长方形，间宽大于进深，居住面有的有柱洞，圆形或者椭圆形的灶坑正对门道，不与门道相连，此组遗存中有灰坑4个，为椭圆形和圆形，皆呈筒状，应为窖穴。A点BAF4组房址平面长方形，间宽大于进深，居住面上有柱洞，圆角方形坑灶设有灶坎，灶坑以石板与门道相隔，门道室内部分两侧竖有石板，此组没有发现灰坑。A点T1②组无房址，灰坑呈方形或椭圆形筒状。

BKF1组出土最多的器物为短沿夹砂罐，其方唇唇面有凹槽的现象与姜寨一期的同类器相似①，带凸饰的泥质弦纹大口罐上部残片也与半坡早期的同类器类似②。故BKF1组的年代接近半坡早期，应是白泥窑子遗址中最早的遗存。

BCF1组和BJF1组出土的陶器组合与东庄村③的陶器组合较为接近。BCF1组出土的矮杯口双唇尖底瓶、侈沿夹砂罐、敛口钵等器形与东庄村的同类器相似。BJF1出土的宽沿夹砂罐、双唇小口尖底瓶、深腹盆、泥质小罐等器形也接近东庄村的同类器。从东庄村出土的小口尖底瓶分析，其口部形态特征明显介于BCF1组和BJF1组小口尖底瓶之间。由此可知，东庄村出土器物所代表的年代，应处于BCF1组与BJF1组之间，虽BCF1组可能略早于BJF1组，但三者年代应十分接近。

---

① 西安半坡博物馆、陕西省考古研究所、临潼县博物馆：《姜寨：新石器时代遗址发掘报告》，文物出版社，1988年，第130页。

② 中国科学院考古研究所、半坡博物馆：《西安半坡》，文物出版社，1963年，第126页。

③ 中国科学院考古研究所山西工作队：《山西芮城东庄村和西王村遗址的发掘》，《考古学报》1973年第1期。

BAT1②组出土陶器器形主要有双唇小口尖底瓶、宽沿夹砂罐、鼓状底座火种炉、宽带黑彩或素面磨光的钵、深腹盆等，这类遗存的文化特征与BCF1组和BJF1组的面貌基本相似，因而应属同一时期。

BAF2组陶器器形主要有单唇小口尖底瓶、侈沿夹砂罐、覆钵状底座火种炉、深腹盆和器盖；BAF4陶器器形主要有宽沿夹砂罐、尖底瓶、深腹盆、直口深腹钵。尽管BAF2组与BAF4组之间没有直接的层位关系，但均打破BA②层，再比较两组的遗迹及出土器物，虽然可以看出BAF4组略晚于BAF2组，但仍应属于同一阶段遗存。

综上所述，白泥窑子遗址可以分为有早晚发展关系的几个时期的遗存。其中，BKF1组的年代接近半坡早期，应属第一期遗存。BCF1组、BJF1组和BAT1②组出土的器物尽管有一些差别，但总体文化面貌相似，应归为第二期遗存。BAF2组和BAF4组出土器物组合及器形、纹饰与彩绘总体上基本相似，可以归为第三期遗存。

此类遗存中的岔河口遗址，据1997年发掘后发表的报告对陶器的分期，属于仰韶早中期阶段的遗存包括三类房址和第一、二期陶器，以及遗址周围的环壕。属于第一期的房址仅发现圜底的浅灶坑，由于破坏严重，具体形制不清。陶器主要有小口尖底瓶、短沿夹砂罐、宽带纹黑彩红陶钵和泥质红陶壶等，还采集到鼎足。属于第二期的房址为半地穴式，平面间宽略大于进深，居住面有烧烤和垫细白土两种，居住面上有柱洞。灶坑有椭圆形浅土坑灶、圆形桶状坑灶和石板砌筑灶，灶后有火种坑，灶前有通风口与门道相连，长斜坡门道，门址多南向。陶器主要有宽沿夹砂罐、小口尖底瓶、火种炉、折腹钵、深腹盆和红陶瓮等[①]。

庄窝坪遗址经过1990年和2006年两次发掘，尽管发掘地点不同，但出土的第一期遗存均为仰韶早中期阶段遗存，且总体面貌相似。房址均为半地穴式，平面为圆角长方形，进深略大于间宽，居住面草拌泥并经烧烤，部分房址有柱洞，且有房址设前后双灶，前灶为圆形坑灶，有通风口与门道相连，后灶为椭圆形地面灶。长斜坡门道，门址多南向。灰坑较多，平面为圆形、椭圆形、方形和不规则形等，且有直壁、斜壁等不同形状。陶器主要有宽沿夹砂罐、双唇小口尖底瓶、火种炉、敛口钵、宽带纹黑彩红陶钵、深腹盆、碗等[②]。

后城嘴遗址属于仰韶早中期阶段的遗存为第一阶段遗存。房址为半地穴式，平面略呈方形，居住面抹草拌泥，一般有柱洞，坑灶平面为圆形、圆角方形或方形，有通风口与门道相连，长斜坡门道，门址南向。未发现灰坑。陶器主要有宽沿夹砂罐、双唇小口尖底

---

① 内蒙古历史研究所：《内蒙古中南部黄河沿岸新石器时代遗址调查》，《考古》1965年第10期；内蒙古文物考古研究所：《清水河县岔河口新石器时代遗址调查》，《内蒙古文物考古》总29期，2003年。

② 乌兰察布博物馆、清水河县文物管理所：《清水河县庄窝坪遗址发掘简报》，《内蒙古文物考古文集》（第二辑），中国大百科全书出版社，1997年，第165～178页；内蒙古文物考古研究所：《2006年清水河县庄窝坪遗址发掘简报》，《内蒙古文物考古》总36期，2007年。

瓶、火种炉、敛口钵、宽带纹黑彩红陶钵、折腹盆、敞口盆、敛口瓮、杯等[1]。

托克托耿庆沟南沟畔第1地点无遗迹现象，采集到可辨器形的宽带纹黑彩红陶钵、红顶钵、绳纹夹砂陶罐等。第2地点房址为半地穴式，平面为圆角长方形，进深略大于间宽，居住面经过烧烤加工成硬面，圆角长方形地面灶，与门道相对，地面灶与门道均位于居住面西南角。出土陶器主要有双唇小口尖底瓶、宽带纹黑彩红陶钵、敛口瓮和叠唇罐等[2]。

综合以上分析，白泥窑子第一期房址平面呈长方形，间宽大于进深，居住面多设有两个灶，灶周围有四个对称的柱洞，有长斜坡门道。岔河口一期的房址尽管破坏较严重，形制不清，但出土的小口尖底瓶、唇面有凹槽的方唇短沿夹砂罐、宽带纹黑彩红陶钵与白泥窑子第一期的同类陶器一致。因此，岔河口一期与白泥窑子第一期的年代相同。

白泥窑子第二期房址平面呈方形或梯形，四壁均外弧，居住面有柱洞，灶坑圆形筒状或瓢形，有的还用石块围砌灶壁，灶位于靠近门道处，长斜坡门道，有的房址门道铺立石板。庄窝坪一期、后城嘴一期和托克托南沟畔第1、2地点的房址与其相似，并且庄窝坪一期、后城嘴一期和托克托南沟畔第1、2地点出土的宽沿夹砂罐、双唇小口尖底瓶、火种炉、宽带纹红陶钵和敛口瓮等器物与白泥窑子第二期的同类器极为相似。

白泥窑子第三期房址平面长方形，间宽大于进深，居住面上有柱洞，坑灶平面为圆角方形，不与门道相连或以石板与门道相隔，长斜坡门道，有的房址门道室内部分两侧竖有石板。岔河口二期房址与其形制相似。岔河口二期出土的单唇小口尖底瓶、覆钵状底座火种炉与白泥窑子第三期同类器相同。因此，岔河口二期与白泥窑子第三期属同一阶段。

综上所述，依据白泥窑子遗址不同地点房址的形制和陶器演变，将此类遗存分为顺序发展的三期。白泥窑类型第一期主要包括BKF1组和岔河口一期为代表的遗存，主要器物为尖底瓶、敛口钵和深腹盆。白泥窑类型第二期主要包括BCF1组、BJF1组、BAT1②组、庄窝坪一期、后城嘴一期和托克托南沟畔第1、2地点为代表的遗存，典型器物为宽沿夹砂罐、双唇小口尖底瓶、火种炉、敛口钵和深腹盆。白泥窑类型第三期主要包括BAF2组、BAF4组、岔河口二期，主要器物为宽沿夹砂罐、单唇小口尖底瓶、覆钵状火种炉、敛口钵、深腹盆和圈足器。

### 3. 陶器演变

白泥窑类型三期主要器物也有较为明显的变化。

宽沿夹砂罐　第一期未发现实物。第二期斜沿，沿略内弧，唇外凸，唇面有槽，上下

① 内蒙古文物考古研究所、清水河县文物管理所：《清水河县后城嘴遗址》，《内蒙古文物考古文集》（第二辑），中国大百科全书出版社，1997年，第151～164页。

② 内蒙古考古研究所、托克托县博物馆：《托克托县耿庆沟上游支流西沟与南沟畔遗址的调查与发掘》，《内蒙古文物考古文集》（第三辑），科学出版社，2004年，第25～31页。

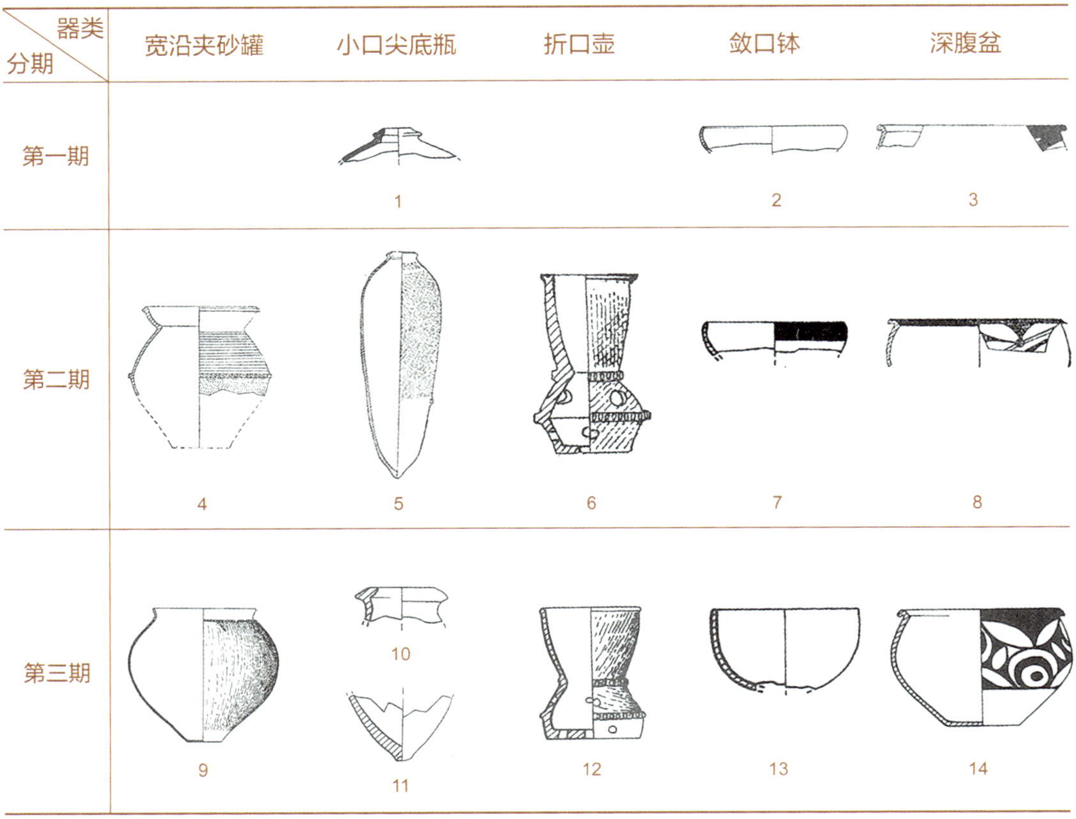


图3 白泥窑类型陶器

1. BKT1②：1；2. BKF1：2；3. Q采：23；4. BJT19②：32；5. BCF1：1；6. BCF1：3；7. BAT13②：1；8. BJT28②：57；9. BAF1：2；10. BAF1：4；11. BAH3：6；12. BAF2：8；13. BAF4：15；14. BAF2：2

腹之间明显软折，上腹施细弦纹，下腹施斜线纹，上下腹之间常有一周条状指压附加堆纹（图3-4）。第三期斜沿外侈，圆唇，鼓腹下收，腹部饰绳纹（图3-9）。

小口尖底瓶　第一期小口，双唇，鼓肩，肩以上素面磨光（图3-1）。第二期矮杯口，双唇，最大腹径偏上，近底部有一小单耳，肩至单耳部多施横线纹（图3-5）。第三期束颈，单唇，颈部以上素面，下半部常素面（图3-10、图3-11）。

火种炉　第一期暂未发现实物。第二期器形上体呈杯状，直口平唇，直腹斜收，下体呈鼓状，上下体之间和下体中部各施一周条状指压附加堆纹，鼓的上下腹均有镂孔，上下体均施斜线纹（图3-6）。第三期上体口部微敞，下体似覆钵状，上下体多施斜线纹（图3-12）。

敛口钵　第一期敛口，圆唇，鼓肩，弧腹斜收，素面磨光（图3-2）。第二期敛口，圆唇，鼓腹，平底。第三期直口微敛，尖圆唇，深腹，素面磨光（图3-13）。

深腹盆　第一期折沿稍卷，圆唇，颈肩夹角极小，弧腹，素面磨光，唇与沿面及上腹部施黑彩（图3-3）。第二期卷沿略垂，圆唇，沿内有折角，上腹外弧，唇与沿面施黑彩，上腹施圆点与弧线三角组成的带状纹（图3-8）。第三期卷沿下垂，尖圆唇，鼓腹，下腹斜收，小平底，唇与沿面施黑彩，上腹施黑色彩纹与红色底纹组成的带状花纹一周（图3-14）。

### （三）王墓山下类型

此类遗存主要分布在内蒙古中南部凉城的岱海南岸地区和东部的商都一带，经过发掘的主要遗址有凉城王墓山坡下遗址、狐子山遗址①和商都章毛勿素遗址②。岱海地区遗址所在的山前地带，地势东高西低，由于长期风蚀和水流冲刷，遗址地表破坏比较严重。章毛勿素遗址则地处严重风蚀和沙化的农牧交错带，遗址水土流失严重。

#### 1. 文化面貌

王墓山坡下和狐子山遗址仰韶早中期遗存房址均为半地穴式，平面多为近圆角方形，在保存完好的半地穴式墙壁上部周边留有台面，其上发现有柱洞，居住面抹草拌泥，经过烧烤呈黑色或黑褐色的硬面，大部分居住面上都有柱洞，一般近门道处有圆形或圆角方形的坑灶，且多有通风口与门道相连，坑灶后壁有火种坑，长条形门道朝西或者西南方坡下。灰坑在室内外均有分布，绝大部分为圆形或椭圆形，多直壁平底。章毛勿素的房址破坏严重，大致为长方形，圆形地面灶，未发现门道。

陶器主要分为夹砂陶和泥质陶，陶色以红色或红褐色为大宗，灰色次之，个别为橙色，陶器基本为手制，除了小型器物为捏制外，多为泥条盘筑法所制，大型器物用泥片套接而成，多数器物口部经慢轮修整。陶器有纹饰者居多，少量素面或磨光。纹饰以绳纹为主，其次为弦纹、附加堆纹和浅窝纹，其余为指甲纹、乳钉纹、戳印纹和刻划纹。彩陶以黑彩为主，主要在钵口外沿饰以黑彩带，或以黑彩留出花瓣形空白，或绘三角形和斜线组成的图案，还有网格纹、变体鱼纹和钩叶纹等。器形主要以平底器为主，还有部分圜底器和尖底器，主要是钵、罐、瓮、盆、尖底瓶、火种炉和器盖等。在章毛勿素遗址未见尖底瓶和火种炉。石器以生产工具为主，大部分琢磨兼制，还有部分细石器，主要有磨盘、磨棒、刀、斧、凿、臼、砺石、镞、刮削器和石叶等。有少量骨角器，除一件骨刀之外，其余均为骨锥，还发现少量猪、鹿等动物的骨骼和牙齿。

#### 2. 分期

王墓山坡下遗址的遗迹布局清楚，出土遗物丰富且揭露较完整，遗址各房址以及灰坑

---

① 内蒙古文物考古研究所、北京大学中国考古学研究中心“聚落演变与早期文明”课题组：《狐子山遗址》，《岱海考古（三）——仰韶文化遗址发掘报告集》，科学出版社，2003年，第230～234页。

② 内蒙古文物考古研究所、乌兰察布博物馆、商都县文物管理所：《商都县章毛勿素遗址》，《内蒙古文物考古文集》（第二辑），中国大百科全书出版社，1997年，第137～150页。

的层位关系比较清楚，发掘报告根据遗址遗迹间的叠压打破关系，特别是典型陶器的组合与变化，将遗址的文化内涵分为三段。

第一段房址均为半地穴式，平面为圆角方形，居住面抹草拌泥，居住面上有柱洞，有的在居住面边缘和穴壁台面上也设有柱洞，灶坑为圆形或圆角方形，灶周壁均用石块垒砌，灶坑均与门道相连，门道为长斜坡状，门址西南向。灰坑平面略呈椭圆形，直壁平底。主要器物组合为宽沿夹砂罐、小口尖底瓶、火种炉、敛口钵、宽带纹黑彩红陶钵、泥质红陶盆、大口罐、敛口瓮、器盖和尖底缸等。

第二段房址也均为半地穴式，平面为圆角方形，常见居住面四角和穴壁台面设有柱洞，灶平面呈圆形、椭圆形或者圆角方形，灶周壁抹草拌泥并在灶口砌出灶坎，灶坑与门道直接相通，门道长斜坡状，门址多西南向。灰坑平面呈圆形或椭圆形，直壁平底，多为窖穴。主要陶器组合为宽沿夹砂罐、小口尖底瓶、火种炉、敛口钵、黑彩红陶钵、泥质红陶盆、大口罐、敛口瓮、小口瓮、杯和器盖等。

第三段房址亦为半地穴式，平面为圆角方形，居住面中央有柱洞，常见穴壁台面上设有柱洞，灶平面呈圆形、椭圆形或者圆角方形，灶周壁抹草拌泥并在灶口砌出灶坎，灶坑与门道直接相通，门道长斜坡状，门址多西南向，在ⅡF3室内右后侧拐角处有人骨一具，仰身直肢，头向东北。灰坑平面呈椭圆形，直壁平底，应为窖穴。主要器物组合为宽沿夹砂罐、小口尖底瓶、火种炉、黑彩或红彩的红陶钵和器盖等[①]。

王墓山坡下遗址从遗迹来看，三段房址的形制比较一致，主要差别是在房址内灶的构筑方式上，第一段的灶多为石块砌筑，第二、三段则多用草拌泥抹壁并在灶口抹出灶坎。从陶器来看，第一、二段陶器形制和彩陶变化细微，但也略有差别，如第一段彩陶钵都为圜底，第二段开始出现平底钵。在第二、三段之间器物形制和彩陶的变化较大，如第三段火种炉底座腹部明显下垂，彩陶花纹样式增多，并新出现红彩。根据上述三段遗存的发展演变关系，我们可以看出，王墓山坡下第一段与第二段联系较为紧密，可以视为同一期遗存，但存在早晚差别。第三段陶器变化较为明显，可以看作是另一期遗存。因此，我们将王墓山坡下遗址第一、二、三段遗存分为连续发展的王墓山坡下第一期遗存和王墓山坡下第二期遗存，王墓山坡下第一期遗存分为早、晚两段。

狐子山遗址共发现十四座房址，发掘了其中五座。在清理的F4房址内，灶坑以石块垒砌灶壁的方式十分接近王墓山坡下第一期房址的形态，且F4出土宽沿夹砂罐、宽带纹黑彩红陶钵与王墓山坡下第一期早段同类器相同，故F4及房址内出土陶器属于王墓山坡下第一期早段。在清理的F3房址内，灶壁抹草拌泥并有灶坎的形态与王墓山坡下第一期晚段房址

① 内蒙古文物考古研究所、北京大学中国考古学研究中心"聚落演变与早期文明"课题组：《王墓山坡下遗址》，《岱海考古（三）——仰韶文化遗址发掘报告集》，科学出版社，2003年，第11～149页。

灶的形制相同，且F3出土火种炉下部的形态与王墓山坡下第一期晚段的ⅠF11出土的同类器极为相似；F1出土的敛口瓮与王墓山坡下第一期晚段同类器相同，故F3、F1属于王墓山坡下第一期晚段。F2和F5房址遭破坏严重，但从出土的侈沿夹砂罐和带鳞形纹的小口彩陶罐的形态与花纹来看，可判断其年代属于庙子沟文化时期①，故不在本文讨论范围之内。

章毛勿素遗址属于仰韶早中期阶段的遗存共分为三期。第一期以第3层为代表，未发现房址和灰坑，陶器主要有敛口瓮、筒形夹砂罐、敞口盆等，器形与王墓山坡下类型第一期晚段同类器相似，故年代应属于王墓山下类型第一期晚段。第二期以房址破坏较严重，清理的F1开口于第2层下，平面呈不规则长方形，居住面以灰土垫就，未经烧烤，有一圆形地面灶，不见门道痕迹，陶器有宽沿夹砂罐、折沿彩陶盆和红顶钵等。第三期以第2层为代表，也未发现房址和灰坑，陶器主要有宽沿夹砂罐、侈沿夹砂罐、宽带纹黑彩红陶钵和直口钵等②。章毛勿素第二期F1和第三期的第2层出土的宽沿夹砂罐、敛口钵和直口钵等与王墓山下类型第二期出土的同类器形无论器形还是纹饰都极为相似，故在年代上应属于王墓山下类型第二期。

综上，我们将王墓山下类型划分为顺序发展的两期，其中第一期可分早、晚两段。王墓山下类型第一期早段包括王墓山坡下第一期早段和狐子山F4为代表的遗存，主要器物组合是宽沿夹砂罐、小口尖底瓶、火种炉、圜底钵和盆。王墓山下类型第一期晚段包括王墓山坡下第一期晚段、狐子山F3和章毛勿素第一期为代表的遗存，器物组合无太大变化，新增加了平底钵。王墓山下类型第二期为王墓山坡下第二期和章毛勿素第二、三期，主要器物组合与前期相比无大变化，但主要器形和彩陶样式产生了较多变化，并出现红彩。

### 3. 陶器演变

王墓山下类型两期主要器物的变化表现在以下几个方面。

宽沿夹砂罐　第一期早段斜沿外撇，沿面较长，略内弧，方唇，内外凸出呈铁轨状，折腹，上腹部施弦纹，中腹箍附加堆纹一周，下腹施细绳纹（图4-1）。第一期晚段沿面内弧略甚，唇内外略凸，鼓腹，上腹饰弦纹，中腹箍附加堆纹一周，下腹拍印绳纹（图4-6）。第二期斜沿变短，沿内弧，圆唇，鼓腹，腹部饰绳纹（图4-11）。

小口尖底瓶　第一期早段小口，双唇，口部内外壁抹光，溜肩，颈下饰线纹（图4-2）。第一期晚段小口，双唇靠近，鼓肩长腹，颈部饰旋纹，上腹饰交错线纹（图4-7）。第二期仅见器物下腹部标本，内外壁均见刮擦痕迹（图4-12）。

---

① 魏坚：《试论庙子沟文化》，《青果集——吉林大学考古专业成立二十周年考古论文集》，知识出版社，1993年，第85～100页。

② 内蒙古文物考古研究所、乌兰察布博物馆、商都县文物管理所：《商都县章毛勿素遗址》，《内蒙古文物考古文集》（第二辑），中国大百科全书出版社，1997年，第137～150页。

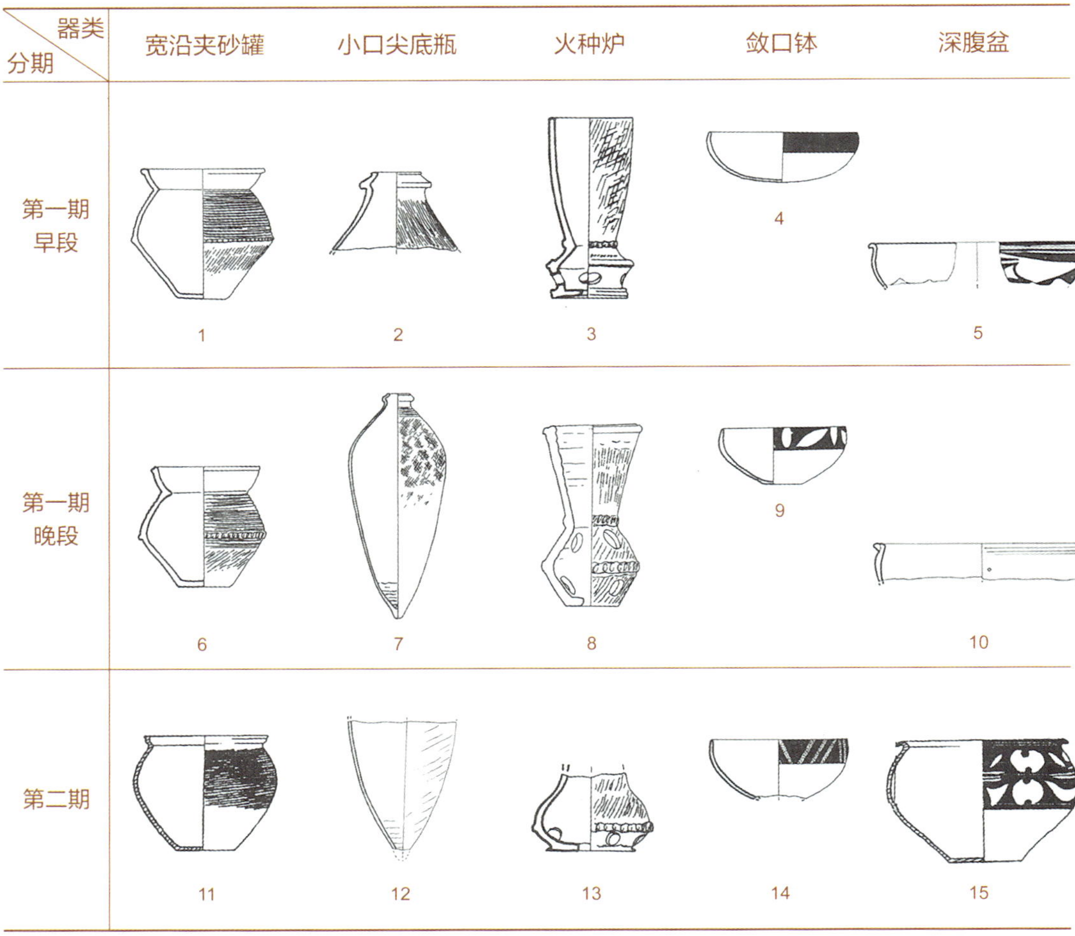


图4　王墓山下类型陶器

1～10、12～14. 王墓山坡下ⅠF8：6、ⅠF17：6、ⅠF1：17、ⅠF3：5、ⅠH1：8、ⅠF12：37、ⅠF5：19、ⅠF5：6、ⅠF12：13、ⅠF20：2、ⅠH32：4、ⅠH32：5、ⅡF2：1；11、15. 章毛勿素F1：1、F1：4

火种炉　第一期早段方唇，直口，长腹束腰，下半部鼓状，折腹较甚，底部有凸棱，下部多镂孔，上下各施一周附加堆纹，下有一周戳印纹（图4-3）。第一期晚段方唇，直口微敞，下半部鼓状，弧腹，多有镂空，整体外饰绳纹（图4-8）。第二期标本仅剩底部，形态如覆钵状（图4-13）。

敛口钵　第一期早段敛口，圆唇，弧腹，圜底，口沿饰一周黑彩宽带纹（图4-4）。第一期晚段敛口，尖唇，鼓腹，平底，口沿下饰一周由弧边三角组成的黑彩带（图4-9）。第二期直口微敛，尖圆唇，弧腹较深，平底，口沿外饰一周黑彩宽带纹，并在其上涂红色斜线纹（图4-14）。

深腹盆　第一期早段口微敛，卷沿，圆唇，圆弧腹，沿和外壁饰有弧边三角形和弧线组成的黑彩带（图4-5）。第一期晚段敛口，折沿，尖唇，弧腹，素面压光（图4-10）。第二期敛口，卷沿下垂，尖圆唇，鼓腹，下腹内曲，小平底，唇与沿面施黑彩，上腹施圆点和勾连三角组成的带状纹（图4-15）。

### （四）小结

白泥窑文化三个区域类型的陶器分期，尽管发掘材料有限，但就目前的资料，仍可以基本反映内蒙古中南部地区仰韶早中期遗存的考古学文化面貌。

鲁家坡类型第一期以宽沿夹砂罐、短沿夹砂罐、折口壶、敛口钵、深腹盆为主要器物组合，并体现出仰韶时期较早的文化特征。第二期在继承前期基本组合的基础之上，又增加了小口尖底瓶和火种炉等新的文化因素。

白泥窑类型第一期短沿夹砂罐BKF1：5的方唇上饰有一至二周凹槽的特点与鲁家坡类型第一期F5：2同类器口部特征相同，但BKF1：5上腹所饰斜线纹应晚于鲁家坡类型第一期F5：2上腹所饰弦纹，且白泥窑类型第一期出现的小口尖底瓶T1②：1，明显早于鲁家坡类型第二期F9：8的小口尖底瓶的口部形态。因此，白泥窑类型第一期出现的年代应略晚于鲁家坡类型第一期，而早于鲁家坡类型第二期。

王墓山下类型第一期早、晚段的陶器都以宽沿夹砂罐、小口尖底瓶、火种炉、敛口钵、深腹盆为基本组合，而且两段陶器的基本形态和纹饰都较为相似。从宽沿夹砂罐的形态来看，王墓山下类型第一期早段ⅠF8：6、第一期晚段ⅠF12：37与白泥窑类型第二期BJT19②：32、鲁家坡类型第二期官地遗址F16：1均较一致，而且彩陶花纹在该阶段的样式也都极为丰富，流行宽带纹黑彩和黑彩窄条、半月、圆点、枝叶、花瓣、直线三角、弧线三角纹，以及少量变形的鱼纹等组成的带状花纹，表现出强烈的同时段特征。因此，王墓山下类型第一期早、晚段和白泥窑类型第二期及鲁家坡类型第二期年代相当。

白泥窑类型第三期的火种炉BAF2：8与王墓山下类型第二期火种炉ⅠH32：5的下部呈覆钵状的形态大致相同，白泥窑类型第三期深腹盆BAF2：2与王墓山下类型第二期章毛勿素F1：4同类器形态基本相同。因此，白泥窑类型第三期与王墓山下类型第二期年代应属同一时期。

从白泥窑文化的鲁家坡类型、白泥窑类型和王墓山下类型各自分期与三者之间年代对应关系的判定来看，鲁家坡类型出现年代最早，但未发现第三期遗存。王墓山下类型遗存丰富，但出现的年代较晚，缺乏该文化的第一期遗存。白泥窑类型考古工作开展年代较早，发掘和调查的遗址较多，尽管目前发现的第一期遗存出现的时间略晚于鲁家坡类型，但陶器组合更具代表性，且三期发展序列完整，器物演变更为明显。

据此，我们可以白泥窑类型的分期为标尺，将白泥窑文化划分为顺序发展的三期。Ⅰ期包括白泥窑类型第一期和鲁家坡类型第一期；Ⅱ期包括白泥窑类型第二期、鲁家坡类型第二期和

表1 白泥窑文化及各类型分期对照表

| 类型<br>分期 | 白泥窑类型 | 鲁家坡类型 | 王墓山下类型 |
| --- | --- | --- | --- |
| Ⅰ期 | <br>白泥窑类型第一期 | 鲁家坡类型第一期 | |
| Ⅱ期 | 白泥窑类型第二期 | 鲁家坡类型第二期 | 王墓山下类型第一期<br>（早、晚段） |
| Ⅲ期 | 白泥窑类型第三期 | | 王墓山下类型第二期 |

王墓山下类型第一期早、晚段；Ⅲ期包括白泥窑类型第三期和王墓山下类型第二期（表1）。

白泥窑文化虽然据地域分布和文化特征的差异，可以划分为三种区域类型，但在总体文化面貌上存在着较大的共性。表现在遗迹上，房址大多建在原生土上，为半地穴式，居住面多抹草拌泥并烧烤成硬面，居住面多有柱洞，灶址多位于房内靠近门道处，长斜坡式门道，门道多南向。在出土遗物上，生活用具和生产工具的组合基本相同。主要陶器组合有宽沿夹砂罐、短沿夹砂罐、小口尖底瓶、火种炉、敛口钵和深腹盆等，且所占的比重较大。生产工具中较多的有石斧、石刀、石凿、石磨盘、磨棒、石臼等磨制石器，还有石镞、石叶等细石器，以及一定数量的骨器和蚌器等，可知此时的经济类型以原始的锄耕农业为主，兼有狩猎、捕捞和采集。岔河口和阳湾的聚落周边建有环壕，表明该阶段或已出现部落间的争夺，聚落形态已经向更高阶段发展。

综上，白泥窑文化三期典型器物的主要变化如下。宽沿夹砂罐Ⅰ期斜折沿，沿略内弧，器身上半部多饰弦纹；Ⅱ期折沿略直，沿内弧，折腹或鼓腹，上腹多施弦纹，也见线纹，下腹多施斜线纹或绳纹，上下腹之间多有一周附加堆纹；Ⅲ期折沿短直，沿内弧，鼓腹，腹部饰线纹或绳纹。小口尖底瓶Ⅰ期小口，双唇分离；Ⅱ期小口，双唇略近；Ⅲ期变为单唇。火种炉Ⅰ期未见实物；Ⅱ期器形下部呈鼓状且多有镂孔；Ⅲ期器形下部变为覆钵状，多镂孔。敛口钵Ⅰ期敛口，鼓肩；Ⅱ期敛口，鼓腹；Ⅲ期直口微敛，弧腹较深。深腹盆Ⅰ期小卷沿，弧腹，上腹多施弦纹，下腹素面磨光；Ⅱ期卷沿略垂，沿内或有折角，鼓腹，唇、沿面和上腹多施黑彩带状纹；Ⅲ期卷沿下垂，弧腹。

属于仰韶早中期阶段的白泥窑文化的绝对年代，目前有2个$^{14}$C数据。白泥窑类型在"白泥窑子遗址中期第二段测得一个$^{14}$C年代，为距今5430±90年，校正年代应为公元前4130年。"[①]王墓山下类型"有王墓山坡下遗址的1个$^{14}$C数据BP5090±170（木炭，编号

① 北京大学考古系碳十四实验室：《碳十四测定报告》，《文物》1989年第11期；魏坚、崔璇：《内蒙古中南部原始文化的发现与研究》，《内蒙古文物考古文集》（第一辑），中国大百科全书出版社，1994年，第127页。

WⅪF7）。树轮校正后约为5710±200年，估计该期年代大致应为公元前4200～前3600年”[1]白泥窑子遗址中期第二段属白泥窑类型第二期偏晚阶段；王墓山坡下遗址ⅠF7属于王墓山下类型第一期晚段，也即白泥窑文化Ⅱ期偏晚阶段。根据以上两个数据，可以认为白泥窑文化Ⅱ期的年代应大概在距今6400～6100年区间。结合周边已知考古学文化的绝对年代，我们推测白泥窑文化Ⅰ期的年代应该在距今6400年以前，或接近距今7000年。白泥窑文化Ⅲ期的年代则应该在距今6100～5800年区间，其晚期阶段应与广泛分布于内蒙古中南部地区仰韶晚期阶段的庙子沟文化衔接。

## 三、文化源流

白泥窑文化是内蒙古中南部目前所知仰韶时代最早的农耕文化之一，且与半坡文化、后冈一期文化及庙底沟文化有着许多相似之处，20世纪90年代初，就有学者认为此类文化遗存为仰韶文化由南向北的拓展与延伸[2]。

在白泥窑文化三期遗存发展的不同阶段，受到了来自中原地区不同阶段和不同考古学文化的强烈影响。白泥窑文化Ⅰ期遗存中的方唇短沿夹砂罐、深腹盆、敛口瓮等均可在北首岭[3]、元君庙[4]、姜寨[5]等遗址的早期遗存中找到相似的器形，特别是半坡文化所特有的宽带纹黑彩或者素面的圜底钵在这里大量流行，由此成为内蒙古中南部地区的主体文化因素。与此同时，以红顶钵和锥状鼎足为特征的后冈一期文化因素也对本地区以阳湾和岔河口遗址为代表的早期阶段遗存产生了一定的影响，在岱海地区甚至还产生了以石虎山、红台坡下遗址为代表的以后冈一期文化因素为主的仰韶早期遗存。可见，来自晋陕、沿黄河溯游而上的半坡文化与由晋冀北部的通道西进而来的后冈一期文化在这里曾产生传播与碰撞，为这一地区文化的发展奠定了基础。

白泥窑文化Ⅱ期，以白泥窑子BCF1和BJF1为代表的遗存中，带绳纹的夹砂罐、双唇小口尖底瓶和彩陶钵的形态与山西芮城东庄村遗存的同类器相似[6]，均属于从半坡文化向庙底沟文化过渡的类型。在岱海地区，王墓山下类型遗存的面貌与山西翼城北橄二、三期遗

---

① 内蒙古文物考古研究所、北京大学中国考古学研究中心“聚落演变与早期文明”课题组：《岱海考古（三）——仰韶文化遗址发掘报告集》，科学出版社，2003年，第243页。

② 严文明：《内蒙古中南部原始文化的有关问题》，《内蒙古中南部原始文化研究文集》，海洋出版社，1991年，第4页；张忠培、乔梁：《后冈一期文化研究》，《考古学报》1992年第4期。

③ 中国社会科学院考古研究所：《宝鸡北首岭》，文物出版社，1983年，第31～46页。

④ 北京大学历史系考古教研室：《元君庙仰韶墓地》，文物出版社，1983年，第29～40页。

⑤ 西安半坡博物馆、陕西省考古研究所、临潼县博物馆：《姜寨：新石器时代遗址发掘报告》，文物出版社，1988年，第105～137页。

⑥ 中国科学院考古研究所山西工作队：《山西芮城东庄村和西王村遗址的发掘》，《考古学报》1973年第1期。

存面貌基本一致，应是晋南北橄一类遗存所代表的庙底沟文化北上拓展的结果[①]，而北橄遗存为庙底沟文化最早的遗存[②]。可见在这一阶段，庙底沟文化因素明显增强，而由东而来的后冈一期文化因素的影响已经接近尾声，并为庙底沟文化所取代。

白泥窑文化Ⅲ期是本地区考古学文化特征稳定发展的成熟阶段，单唇小口尖底瓶、覆钵状火种炉和卷沿深腹彩陶盆已形成鲜明地域特色，章毛勿素遗址F1反映的文化面貌，体现了该阶段庙底沟文化因素的持续影响。同时周边地区不同考古学文化因素的影响也在逐渐增强，章毛勿素遗址出土的筒形罐和“之”字纹的陶片，表明了该区域与内蒙古东南部红山文化的交流关系。

综上所述，在白泥窑文化的形成过程中，早期阶段带有浓厚的中原仰韶时期不同阶段的考古学文化特色，但在其发展过程中，也逐步形成了自身的文化特征和独特的发展脉络。白泥窑文化中几乎不见后冈一期文化的小口细长颈壶、肩耳壶、锥刺纹盆和球体罐，也不见半坡文化的葫芦壶和蒜头壶，更没有庙底沟文化的釜、灶等器形。此外，白泥窑文化的小口折唇双耳壶和火种炉等均不见于半坡、后冈一期和庙底沟文化。白泥窑文化的瓶、壶类，从Ⅰ期的小口折唇壶，到Ⅱ期的双唇小口尖底瓶，再到Ⅲ期的单唇小口尖底瓶，有着明显的传承关系；Ⅱ期才开始出现的火种炉，从下部鼓状的形态，发展到Ⅲ期下体呈覆钵状的形态，也有着自身的发展脉络。

白泥窑文化的流向，在内蒙古中南部地区直接发展为仰韶晚期的庙子沟文化。就目前的考古发现来看，庙子沟文化的三个区域类型与白泥窑文化的三个区域类型的分布大致吻合，但略有不同。在南流黄河两岸和鄂尔多斯高原东部地区，发展成为庙子沟文化的海生不浪类型；在岱海和黄旗海地区，发展成为庙子沟文化的庙子沟类型；在黄河北岸的大青山南麓地区，发展成为庙子沟文化的阿善二期类型。庙子沟文化的陶器在承袭白泥窑文化Ⅲ期宽沿夹砂罐、单唇小口尖底瓶、敛口钵、折沿彩陶曲腹盆等文化因素的基础上，演变发展产生了以小口双耳罐、侈沿夹砂罐、喇叭口尖底瓶、敛口深腹钵、曲腹盆和筒形罐为组合的陶器群，从而形成了一支新的考古学文化类型。

## 四、结语

通过对分布在内蒙古中南部仰韶早中期阶段的白泥窑文化一类遗存的初步分析研究，我们可以得出如下认识。

第一，白泥窑文化是继承了来自中原仰韶时期北上的半坡、后冈一期和庙底沟文化主

① 内蒙古文物考古研究所、北京大学中国考古学研究中心“聚落演变与早期文明”课题组：《岱海考古（三）——仰韶文化遗址发掘报告集》，科学出版社，2003年，第244～245页。

② 宋建民、薛新民：《北橄遗存分析——兼论庙底沟文化的渊源》，《考古与文物》2002年第5期。

要因素发展起来的一支新的考古学文化。在其形成与发展过程中，先后受到来自中原和东北地区考古学文化的影响，并有着一定的联系。

第二，白泥窑文化由于分布地域和文化面貌上的差异，由西向东可以划分为鲁家坡、白泥窑和王墓山下三个文化类型，并可以划分为顺序发展的三期，其年代跨度为距今7000年至5800年。

第三，白泥窑文化的经济类型以锄耕农业为主，根据分布地域的不同，表现为兼营狩猎、渔猎和采集的生业模式。

第四，白泥窑文化的聚落周边见有环壕围绕，表明该阶段可能存在着部落人群间的资源争夺，聚落形态继续向着更高阶段发展。

第五，在内蒙古中南部地区，仰韶早中期阶段的白泥窑文化的直接后继者为仰韶晚期阶段的庙子沟文化。

（本文与冯宝合著，原载《考古学报》2019年第1期）

# ON THE BAINIYAO CULTURE

Wei Jian Feng Bao

**Abstract:** Since the 1950s, remains dating from the early and middle periods of the Yangshao culture have been discovered in Central and Southern Inner Mongolia. With the improvement of field survey and advancements in archaeological excavations, we have found that these remains are widely distributed in a region that has the southward-flowing section of the Yellow River as its epicenter. The region extends eastwards to Lake Dai in Liangcheng County, which is south of Manhan Mountain; towards the northeast across the Yinshan mountains to Shangdu county and Sonid Right Banner; westwards to the eastern edge of Hanggin County Banner on the Ordos Plateau; and southwards to northern Shanxi and Shaanxi provinces. The remains in these sites have obvious common factors, but they also show regional differences. Previously, they were called "Ashan culture Phase Ⅰ", "Bainiyao culture Type 1", "Chahekou culture" and "Bainiyao culture", but they were not reunited under one name. According to differences in cultural characteristics and distribution areas, we divided these remains into three regional types from west to east -Lujiapo, Bainiyao, and lower Wangmushan-, with three phases dated from 7000 to 5800 BP. Based on the analysis of typical sites and major pottery assemblages, we grouped these remains under the name "Bainiyao culture". Bainiyao culture is a new archaeological culture that developed from the cultures of of Banpo, Hougang Phase Ⅰ and Miaodigou when they expanded from the Central Plains to the north. The Bainiyao culture gradually formed distinctive features and a unique developmental sequence. Through the evolution of pottery types, we can also confirm that in Central and Southern Inner Mongolia, its direct successor was Miaozigou culture in the late Yangshao Age, with slightly different distribution areas. Judging from unearthed production tools, the economic type of Bainiyao culture was dominated by hoe agriculture, with hunting, fishing, and gathering as supplements. The settlements were usually surrounded by moats, indicating that there might have been resource competition among the tribes, and the settlement pattern continued to develop toward a further stage.

**Keywords**: Central and Southern Inner Mongolia; Bainiyao Culture; Early and Middle Periods of Yangshao Culture

# 试论石虎山类型*

摘　要：内蒙古中南部仰韶早中期阶段遗存的发现，始于20世纪50年代。半个多世纪以来，随着田野调查与发掘工作的深入，我们逐渐认识到在内蒙古中南部仰韶早中期遗存中存在两种不同文化类型的遗存，一种为“白泥窑文化”，另一种文化类型我们暂且称为“石虎山类型”。石虎山类型文化遗存是继承了来自中原的后冈一期文化主要因素发展起来的一支新的考古学文化类型，在其形成与发展过程中，先后受到来自中原、冀北和东北地区考古学文化的影响。我们可将其划分为顺序发展的两期，年代在距今6500年之前。石虎山类型文化遗存的经济类型以锄耕农业为主，兼有狩猎、渔猎和采集，可能也出现了家畜饲养。石虎山类型第二期的围沟，表明该阶段部落间可能已出现资源掠夺的情况，聚落形态发展到新的阶段。在内蒙古中南部地区，石虎山类型文化遗存调查与发掘较少，对其发展流向的认识还不十分清晰，目前其在个别器类上体现出的与庙子沟文化的关联，还需在今后的考古工作中通过弥补文化发展序列上的缺环来得到充实。

关键词：内蒙古中南部　石虎山类型　仰韶早中期　庙子沟文化

内蒙古中南部仰韶早中期遗存的发现与研究，滥觞于20世纪50年代。半个多世纪以来，随着田野调查和发掘工作的持续开展，动、植物和环境考古手段的运用，考古学文化研究的不断进步，我们对仰韶早中期遗存的认识渐趋深入。在对内蒙古中南部仰韶早中期遗存的研究中，我们发现了两类不同文化面貌的遗存：一类为主要分布于南流黄河两岸、大青山南麓和岱海地区，以白泥窑子遗址为代表的“白泥窑文化”遗存，其北界可越过集宁山地，到达商都县和苏尼特右旗[①]；另一类遗存发现较少，目前主要分布在岱海南岸地

* 本文得到国家社科基金重点项目“中国北方游牧与农耕民族交融的考古学研究”（项目批准号：14AKG002）资助。

① 魏坚、冯宝：《试论白泥窑文化》，《考古学报》2019年第1期，待刊。

区，以石虎山Ⅰ、石虎山Ⅱ和红台坡下遗址为代表。关于“白泥窑文化”一类遗存的研究已有专文讨论，在此不再赘述。本文拟就目前在岱海地区发现的此类仰韶早期阶段遗存进行深入分析，以厘清该类遗存的整体文化面貌，进而探讨其年代分期和渊源关系。

## 一、考古发现与研究

1986年8~11月，乌兰察布盟文物工作站凉城文物普查队对岱海周围进行了重点考古调查，共发现新石器时代和青铜时代的遗址30余处[①]。为了进一步摸清岱海地区原始文化的面貌和分布规律，1986年秋和1987年秋，内蒙古文物考古研究所的田广金等人重点调查了岱海周围仰韶时代和龙山时代的文化遗存，其中发现的红台坡下遗址属于仰韶时代较早阶段[②]。在对红台坡下遗址的清理中发现2座灰坑，采集到部分陶器和少量石器。陶器能分辨器形的有红顶钵、敞口钵、敛口釜、大口带鋬器、深腹罐、卷沿或折沿盆和鼎足，陶器以釜、鼎、罐和钵为主[③]。还发现1座墓圹破坏、骨架扰乱的多人二次葬墓，无随葬品。

1993年，内蒙古文物考古研究所在岱海南岸调查发现了石虎山遗址，同年进行试掘，并于1995年再次进行试掘，所出遗物与红台坡下遗存基本相同。为了进一步弄清该遗址的分布范围以及分布状况，1996年在对遗址进行普遍钻探的基础上，由内蒙古文物考古研究所和日本京都中国考古学研究会联合开展的“岱海地区文明起源和发展”考古学研究项目组，重点对石虎山遗址的石虎山Ⅰ和石虎山Ⅱ两个地点进行了发掘，在这两个地点中，共发现了房址20座，灰坑35座，墓葬和祭祀坑各1座，在石虎山Ⅰ还发现了长约95米的围沟。出土陶器以夹砂陶为主，主要有釜、鼎、罐、红顶钵和壶等器形[④]。这些发现使我们对此类仰韶早中期阶段考古学文化遗存的整体面貌和特征有了进一步的认识。

1986年对岱海地区仰韶时代遗存调查试掘后，田广金将红台坡下遗址与王墓山、狐子山和东滩等几处遗址的资料划分为三期五段，并称之为“岱海地区以小口双耳鼓腹罐系列和砂质薄胎大口深腹罐系列为代表的仰韶时代遗存”，认为此类遗存与鄂尔多斯地区和包头地区仰韶时代遗存的文化面貌之间均存在地域性差异[⑤]。田广金尽管注意到了内蒙古中南部仰韶时期考古学文化类型地域之间存在的差异，但并未区分出岱海地区包含不同陶器

① 乌盟文物站凉城文物普查队：《内蒙古凉城县岱海周围古遗址调查》，《考古》1989年第2期。

② 田广金：《内蒙古岱海地区仰韶时代文化遗址的调查》，《内蒙古中南部原始文化研究文集》，海洋出版社，1991年，第31~54页。

③ 内蒙古文物考古研究所、北京大学中国考古学研究中心“聚落演变与早期文明”课题组：《红台坡下遗址》，《岱海考古（三）——仰韶文化遗址发掘报告集》，科学出版社，2003年，第166~171页。

④ 内蒙古文物考古研究所、日本京都中国考古学研究会：《石虎山遗址发掘报告》，《岱海考古（二）——中日岱海地区考察研究报告集》，科学出版社，2001年，第18~145页。

⑤ 田广金：《内蒙古岱海地区仰韶时代文化遗址的调查》，《内蒙古中南部原始文化研究文集》，海洋出版社，1991年，第31~54页。

组合的考古学文化类型。在1989年“内蒙古中南部原始文化研讨会”上，严文明认为红台坡下遗存兼具后冈类型和半坡类型的特征，同时也有自身特点①；杨虎认为该类文化遗存可能属于仰韶早期的带舌形鋬陶罐的文化，属性和源流均不清楚②。1992年在《内蒙古石器时代—青铜时代考古发现和研究》一文中，田广金认为红台坡下遗存主要以后冈一期文化因素为主，并称其为“红台坡下类型”③，将其与其他考古学文化区域类型相区别。

20世纪90年代以来，由于石虎山遗址Ⅰ、Ⅱ两处地点的发掘，使我们对此类分布于岱海南岸，以舌状纽圜底釜、侈口圜底鼎和红顶钵为代表的、文化面貌类似于后冈一期的仰韶早中期考古学文化类型有了新的认识。2001年由田广金、秋山进午主编的《岱海考古（二）——中日岱海地区考察研究报告集》中认为，石虎山遗址Ⅰ、Ⅱ地点为代表的遗存特征鲜明，难以归属于现已划分出的任何一种地方性变体，因此可命名为“石虎山类型”④。2003年，由内蒙古文物考古研究所、北京大学中国考古学研究中心“聚落演变与早期文明”课题组编著出版的《岱海考古（三）——仰韶文化遗址发掘报告集》中，将该阶段遗存称为“岱海地区仰韶一期”遗存，并将其“归入后冈类型”⑤。韩建业在同年出版的《中国北方地区新石器时代文化研究》中也表明了这一观点⑥，在2008年出版的《中国西北地区先秦时期的自然环境与文化发展》一书中，他又认为此类遗存与后冈类型有区别，将此类遗存称作“仰韶文化石虎山类型”⑦。

综上可知，早年的研究由于受到材料的限制，对该文化类型的面貌认识不甚清楚，凉城岱海南岸石虎山两处遗址的发掘，使我们丰富了对此类考古学文化遗存的认识。目前看来，在内蒙古中南部地区，此类遗存与主要受到半坡、庙底沟文化影响发展起来的，以宽沿夹砂罐、小口尖底瓶、火种炉、敛口钵和深腹盆为典型陶器组合的“白泥窑文化”区别较为明显，应是一种新的考古学文化类型。这一类特色鲜明，内涵一致，又有别于邻近地区考古学文化的遗存，对于研究岱海地区，乃至整个内蒙古中南部仰韶时代早中期阶段考古学文化的面貌具有十分重要的价值。但就目前的发现而言，此类文化遗存的总体数量和考古学文化内涵还达不到命名为一种考古学文化的程度，因此，我们同意暂且将此类文化遗存单独称为“石虎山类型”，也期望在将来的考古发掘中能有新的发现来丰富和充实这一考古学文化类型。

---

① 严文明：《内蒙古中南部原始文化的有关问题》，《内蒙古中南部原始文化研究文集》，海洋出版社，1991年，第3～12页。

② 杨虎：《关于内蒙古中南部新石器时代考古学文化的几个问题》，《内蒙古中南部原始文化研究文集》，海洋出版社，1991年，第25～28页。

③ 田广金：《内蒙古石器时代—青铜时代考古发现和研究》，《内蒙古文物考古》总6、7期，1992年。

④ 内蒙古文物考古研究所、日本京都中国考古学研究会：《石虎山遗址发掘报告》，《岱海考古（二）——中日岱海地区考察研究报告集》，科学出版社，2001年，第18～145页。

⑤ 内蒙古文物考古研究所、北京大学中国考古学研究中心“聚落演变与早期文明”课题组：《岱海考古（三）——仰韶文化遗址发掘报告集》，科学出版社，2003年，第244页。

⑥ 韩建业：《中国北方地区新石器时代文化研究》，文物出版社，2003年，第84页。

⑦ 韩建业：《中国西北地区先秦时期的自然环境与文化发展》，文物出版社，2008年，第57页。

## 二、文化面貌与分期

关于石虎山类型文化遗存，目前发现的石虎山Ⅰ、石虎山Ⅱ和红台坡下三处遗址，主要分布在岱海以南海拔约1300米左右的山丘坡地上，地势相对较高，坡度较大，由于常年雨水冲刷导致水土流失，遗址破坏较为严重（图1）。

### 1. 文化面貌

石虎山类型遗存房址分布较为集中，多分布在山丘坡地之上，沿等高线排列，均为半地穴式，平面呈方形或长方形，个别菱形，绝大多数为单间，个别为双套间，居住面多用灰白色泥土铺垫而成，较坚硬平整，居住面上以及靠近四壁处多有柱洞，少数柱洞周围抹泥或者底部铺垫石块，灶平面多呈圆形、椭圆形或瓢形，均为单灶，分为地面灶和坑灶两类，坑灶周壁及底部抹泥或铺石板，灶址多位于靠近门道处，坑灶多与门道直接相通，或在与坑灶相对应处设风道，门道多为长条形斜坡式，绝大多数位于前壁中部，个别略偏于一侧，门址多东南或南向。还发现部分面积仅2～3平方米的建筑遗迹，亦有门道，四周密

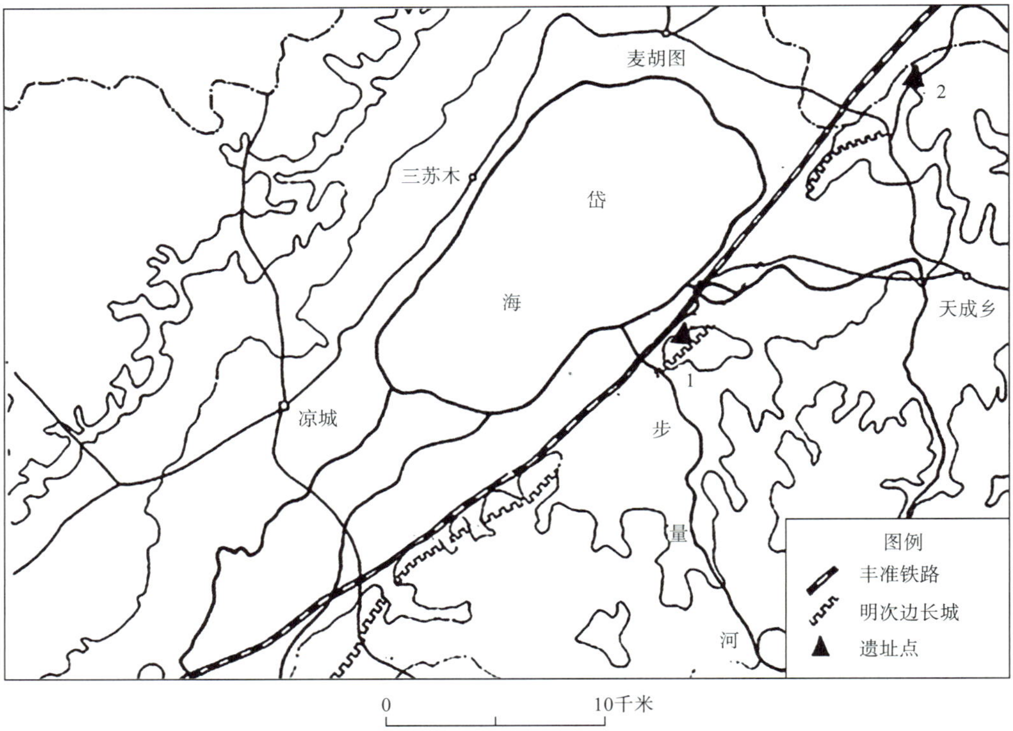


图1　石虎山类型遗存分布示意图

1. 石虎山遗址；2. 红台坡下遗址

布柱洞，但无灶。在石虎山Ⅰ外围还发现了环绕遗址的围沟。

墓葬共发现2座，红台坡下的1座破坏严重，又无随葬品，性质不明；在石虎山Ⅱ的1座为竖穴土坑，平面呈长方形，头向东北，仰身直肢葬，无葬具及随葬品，骨骼保存较差，无法辨别年龄及性别。

灰坑平面绝大多数为不规则形或略呈椭圆形，底部多为锅底状，形制不规整；少数平面呈圆角方形或椭圆形，直壁平底，形制较规整，可能为窖穴。灰坑内的堆积夹杂着红烧土块、石粒、动物骨骼及陶片、石器、骨器、蚌器等，多数灰坑包含物较少。在石虎山Ⅰ发现的祭祀坑，在坑底发现4具完整的狗骨架以及马鹿、狍子的头骨和红烧土块等，可能与某种宗教活动有关。

陶器绝大多数为生活用具，少数为生产工具。质地以夹砂陶为主，泥质陶次之，还分别掺有石英、云母和蚌粉。其中夹砂陶以褐陶为主，泥质陶以红陶为主。陶器多素面磨光，带纹饰的陶器多以绳纹为主，个别饰有细绳纹和旋纹，另有少量的指甲纹、划纹、楔点纹及彩陶，红顶钵和红顶盆占一定比例，也见细泥红陶钵口部饰以红彩带。陶器均为手制，多采用泥条盘筑法，部分器物的口部经慢轮修整。陶器形制较规整，烧制火候较高，陶色均匀，以三足器、圜底器和平底器为主。器类主要有釜、鼎、罐、钵、盆、壶，还有少量的瓮、碗、勺、器盖等。还有少量陶片改制的陶铲和陶刀。

石器主要是生产工具，还有少量的装饰品等。石器多通体磨制，少数打、磨兼制或剥制，器形多数较规整。生产工具中以石铲的数量最多，绝大多数为残块，许多石铲的刃部有严重的磨蚀痕迹，其次为石磨盘和石磨棒，此外，还发现了少量石刀、石斧、石锛和石球等。

骨角蚌器主要为生产工具和生活用具，另有少量装饰品，数量较多，器形规整，种类齐全，多数只是局部加工，少数通体磨制，制作精致，还发现少量的复合工具，器类主要有骨锥、骨刀、骨铲、骨凿、骨匕、骨钥、骨鱼钩、骨镞、骨针、骨簪及蚌刀、蚌饰等。

此外，在石虎山Ⅰ的围沟中发现大量的动物骨骼，其中仅哺乳动物就有18种，以鹿科动物为主。重要的是发现了大量的水牛和猪的骨骼，并有较多植物果实的遗骸。

### 2. 分期

石虎山遗址Ⅰ、Ⅱ两个地点在耕土层下都有文化层堆积，但两个地点的第2层均为近代修整梯田时形成的扰土层。石虎山Ⅰ的遗迹单位均为第1、2层下开口，打破第3层或直接打破生土，但是打破第3层的遗迹单位出土陶器与第3层陶器并无差异；两组存在打破关系的遗迹单位为H4 → H1 → F3 → F2和H2 → F3，从各遗迹出土陶器比较来看，彼此也无差别；环绕遗址的围沟内堆积虽可分层，但出土陶器仍难以分出早晚，这表明石虎山Ⅰ各遗存大致应为同一时期。石虎山Ⅱ的第3、4层分布不均匀，清理的遗迹单位虽然分别开口于第1、2、3层下，个别打破第4层，存在H2 → F1的打破关系，但对比第3、4层及各遗迹间

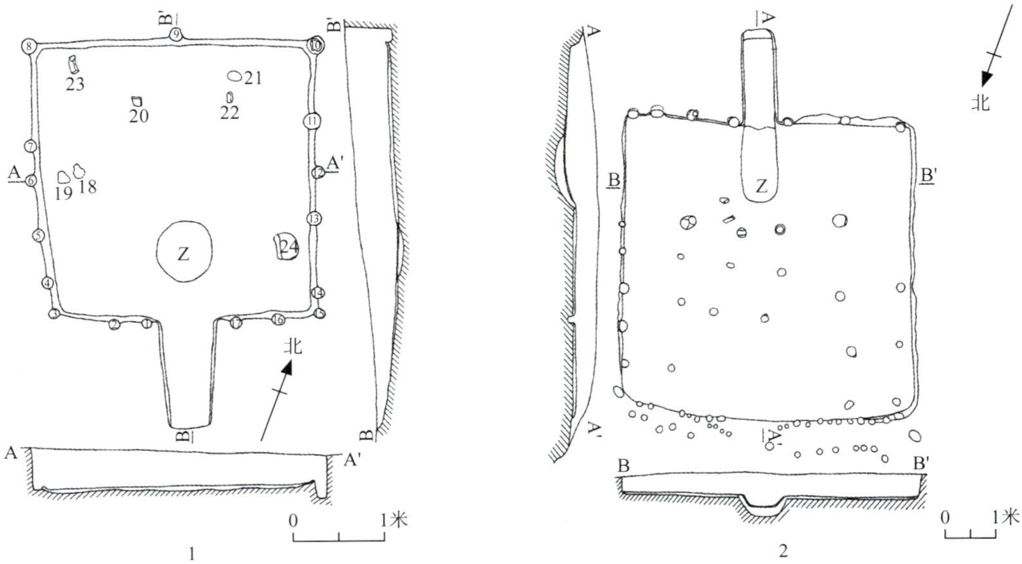

图2 石虎山遗址Ⅰ、Ⅱ地点房址平、剖面图

1. SⅡF12；2. SⅠF4

出土的陶器来看，同样不好区分彼此之间的早晚关系，因此，石虎山Ⅱ各遗存也应属于同一时期。

红台坡下遗址，由于水土流失，文化层堆积破坏严重，所发现的遗迹单位仅剩底部，出土遗物较少且多为残片，自身也不存在分期的可能。

石虎山遗址Ⅰ、Ⅱ两个地点，从房址来看，均为半地穴式，有灶和长斜坡门道，但石虎山Ⅱ的房址更加规整，均为圆角方形，居住面多为地面灶，四壁下柱洞分布密集（图2-1）；石虎山Ⅰ的房址形制不甚规整，存在不规则形，除地面灶外还出现了坑灶，有的房址内无柱洞（图2-2）。从出土陶器来看，两地点陶器基本组合均为釜、鼎、罐、钵、盆和壶等，但石虎山Ⅱ夹砂陶器中的釜、鼎、罐几乎都为素面磨光，壶类中小口溜肩壶较多；而石虎山Ⅰ的夹砂陶器中的釜、鼎、罐等基本都饰有细绳纹，壶类中小口溜肩壶消失，新出现了小口长颈蒜头壶和肩耳壶。由此可知，石虎山遗址Ⅰ、Ⅱ两个地点应为同一文化类型的不同发展阶段。

石虎山两地点陶器中夹有大量石英、云母和蚌粉的特点，与镇江营第二期遗存[①]和北福地第二期遗存[②]极为相似。但从具体器物形态来看，石虎山Ⅱ的釜SⅡH3：4侈口折沿，深

① 北京市文物研究所：《镇江营与塔照——拒马河流域先秦考古文化的类型与谱系》，中国大百科全书出版社，1999年，第105～107页。

② 拒马河考古队：《河北易县涞水古遗址试掘报告》，《考古学报》1988年第4期。

腹，素面磨光的特征与后冈一期同类器TA1③：2基本相同[①]，可能也受到了北福地第二期侈口圜底釜的影响；石虎山Ⅱ的鼎SⅡF1：1与后冈一期TD4④：1和TC1（6B）：40的形制较为相似，都为侈口弧腹圜底，鼎足多呈柱状，近根部有手指按窝，并有纵向浅刻槽[②]；石虎山Ⅱ的红顶钵SⅡF9：2与后冈一期同类器H3：1相同[③]；石虎山Ⅱ的深腹盆SⅡF13：1与后冈一期H9③：33口部相似，均为尖圆唇，唇外尖凸，且器表磨光[④]。石虎山Ⅱ发现小口广肩壶SⅡH16：3不见于后冈一期文化，但在镇江营遗存中多有发现（图3）。

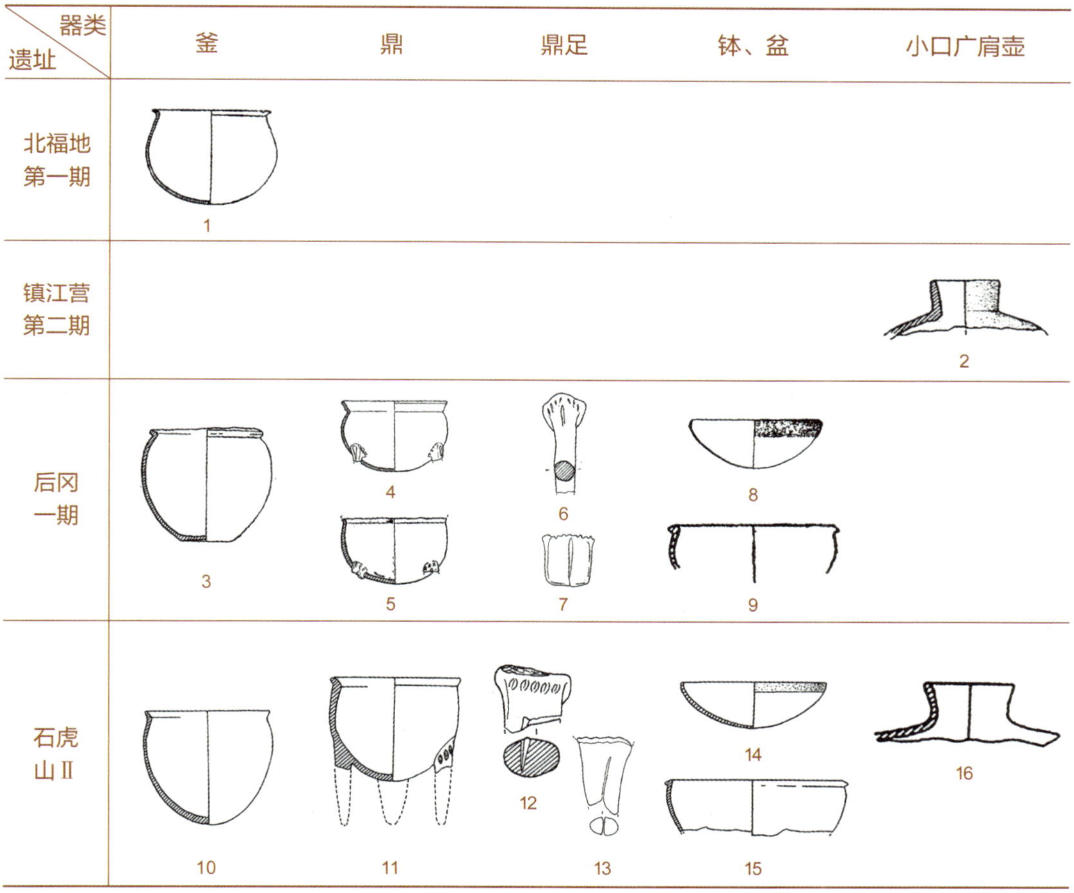


图3　石虎山Ⅱ地点与相关遗址主要陶器类比、演变图

1. H16：2；2. F2HJ1390：1；3. H3：l；4. TD4④：1；5. TC1(6B)：40；6. H9⑧：13；7. TC5⑥：9；8. TA1③：2；9. H9③：33；10. SⅡH3：4；11. SⅡF1：1；12. SⅡF6：07；13. SⅡF13：03；14. SⅡF9：2；15. SⅡF13：1；16. SⅡH16：3

① 中国社会科学院考古研究所安阳工作队：《安阳后冈新石器时代遗址的发掘》，《考古》1982年第6期。
② 中国社会科学院考古研究所安阳工作队：《安阳后冈新石器时代遗址的发掘》，《考古》1982年第6期。
③ 中国科学院考古研究所安阳工作队：《1972年春安阳后冈发掘简报》，《考古》1972年第5期。
④ 中国社会科学院考古研究所安阳工作队：《安阳后冈新石器时代遗址的发掘》，《考古》1982年第6期。

镇江营第二期遗存和北福地第二期遗存的年代基本相当，均略早于后冈一期文化。从上述主要陶器的比较中，我们可以认为石虎山Ⅱ遗存的文化面貌同后冈一期文化有着更为密切的关系。因此，石虎山Ⅱ遗存也同样晚于镇江营和北福地第二期遗存，但也明显受到此类遗存文化因素的影响。所以，我们可以推测石虎山Ⅱ遗存是在后冈一期文化的影响下发展起来的考古学文化类型，在其形成过程中，接受了来自冀北的镇江营和北福地一类遗存的影响。

通过上述分析，我们明确了石虎山类型遗存应该晚于镇江营和北福地一类遗存，而与后冈一期文化年代接近。其中，石虎山Ⅱ以素面磨光为主的陶器特征，更接近于后冈一期文化，石虎山Ⅰ的釜、鼎、罐、钵和盆等器形与石虎山Ⅱ的整体风格相同，仍然以后冈一期文化因素为主，但夹砂釜、鼎、罐等基本都饰有绳纹，这显然是在原有的主体文化基础上受到半坡文化类型影响产生的新特征。我们可以推测，沿着黄河谷地北上的半坡文化到达岱海地区后，与石虎山类型的器物相结合，产生了石虎山Ⅰ类遗存。因此石虎山Ⅰ类遗存要晚于石虎山Ⅱ类遗存。

红台坡下遗址中，发掘的遗迹单位仅有H6和H7，从这两个灰坑出土的陶器残片来看，可辨器形以釜、罐、钵和盆为主和多饰有细绳纹的特征，与石虎山Ⅰ类遗存极为相似，因此，红台坡下H6和H7应与石虎山Ⅰ类遗存属于同一时期。

综上所述，我们将石虎山类型遗存划分为属于仰韶早中期阶段的两期，即以石虎山Ⅱ类遗存为代表的第一期和以石虎山Ⅰ类遗存、红台坡下H6和H7为代表的第二期。

石虎山类型两期遗存联系较为紧密，但主要陶器仍存在着发展与变化。

舌状鋬耳釜：第一期口微敛，方唇，鼓腹偏上，器表磨光，唇外侧饰舌状鋬纽。第二期敛口，方圆唇，鼓腹居中，通体饰竖向细绳纹，唇外侧设舌状鋬纽。

侈口鼎：第一期侈口，斜折沿，圆唇，上腹略直，下腹斜收，圜底，鼎足截面呈椭圆形，近根部有手指按窝。第二期侈口，短折沿，圆唇，鼓腹，腹部饰竖向细绳纹，沿外侧抹光。

红顶钵：第一期直口微敞，尖圆唇，浅腹，圜底。第二期敞口，圆唇，深腹，圜底。

深腹盆：第一期直口微敛，尖圆唇，鼓肩，腹斜收，器表磨光。第二期敛口，厚圆唇，口部剖面略呈铁轨状，鼓腹，器表磨光。

小口广肩壶：第一期小口，圆唇，斜直领微弧，广肩。第二期小口，圆唇，矮直领，广肩（图4）。

据《石虎山遗址发掘报告》[①]，石虎山遗址两个地点隔着洼地东西相距300米，分别位

① 内蒙古文物考古研究所、日本京都中国考古学研究会：《石虎山遗址发掘报告》，《岱海考古（二）——中日岱海地区考察研究报告集》，科学出版社，2001年，第18～145页。

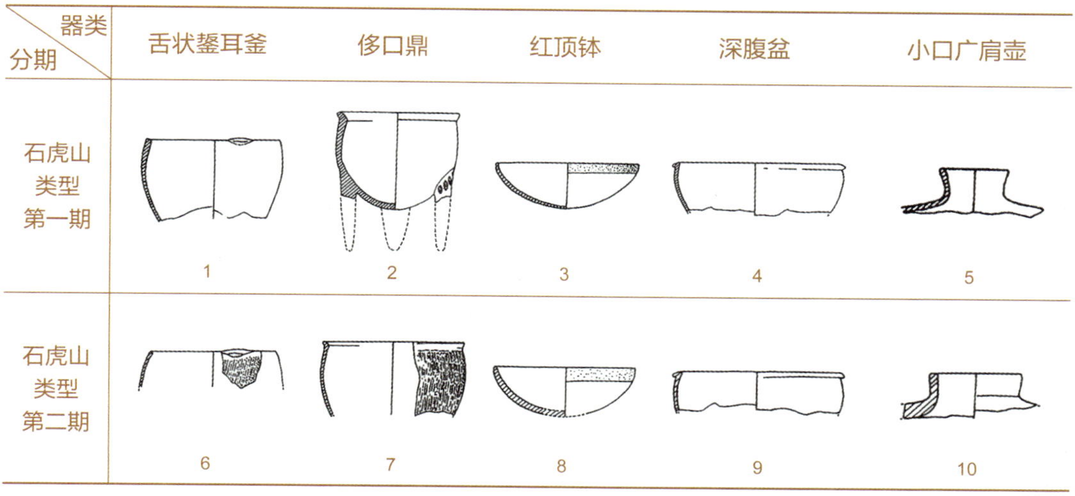


图4　石虎山类型两期主要陶器变化图

1. SⅡH3：7；2. SⅡF1：1；3. SⅡF9：2；4. TSⅡF13：1；5. SⅡH16：3；6. SⅠF6：030；7. SⅠF6：036；8. SⅠF3：2；9. SⅠH13：29；10. SⅠH13：43

于两个土坡东南侧，其中，石虎山Ⅰ地点周边建有宽约3米的围沟，两处遗址的陶器又存在着明显差别，同样也表明了两处遗址存在着年代早晚关系。两期石器生产工具变化不大，均为磨盘和磨棒等，但在第二期新出现了骨器和蚌器。在石虎山Ⅰ地点围沟内出现大量的动物骨骼与植物果实遗骸，这表明石虎山类型遗存的经济形态以农业为主，兼有狩猎、渔猎和采集。在第二期围沟内，出土了大量的水牛和猪的骨骼，目前水牛是否为家养暂无定论，但猪的饲养可能已经出现。

石虎山Ⅰ地点的围沟内出土了较多的植物果实遗骸，其中“对树种标本进行放射性$^{14}$C年代测定，其校正$^{14}$C年代为距今5670±60年，即公元前4490年”[①]，由此推断石虎山类型第二期年代应该在距今6500年左右。以此推论，石虎山类型第一期年代早于第二期，应与后冈一期文化相当，现有属于后冈一期文化早期72H5的$^{14}$C测年数据校正年代为距今6340±200年[②]，其绝对年代上限早于距今6500年，故此，我们可以将石虎山类型第一期年代确定在距今6600年左右。

## 三、石虎山类型的源流

石虎山类型文化遗存是内蒙古中南部地区有别于“白泥窑文化”，具有稳定自身文化

① 内蒙古文物考古研究所、日本京都中国考古学研究会：《石虎山遗址发掘报告》，《岱海考古（二）——中日岱海地区考察研究报告集》，科学出版社，2001年，第145页。

② 张忠培、乔梁：《后冈一期文化研究》，《考古学报》1992年第3期。

因素的仰韶早中期阶段的考古学文化类型。从石虎山类型第一期遗存来看，夹砂素面磨光陶占据较大比例，带纹饰者极少；出土鼎和红顶钵的数量较多，并在钵等器物的口部外侧饰以红彩；以釜、鼎、罐、钵、盆为主要器物组合等，均表现出明显的后冈一期文化因素特征，因此可以说，后冈一期文化因素在岱海地区石虎山类型文化遗存中居于绝对主导地位。此外，石虎山类型遗存在夹砂陶中有意识地掺杂云母、石英等做法，以及存在侈口圜底釜和小口广肩壶等器形，应该是受到了冀北地区年代较早的镇江营和北福地等遗存的影响。综上可知，来自中原、沿太行山东麓北上到岱海地区的后冈一期文化与来自冀北、沿桑干河西进的镇江营和北福地二期遗存在这里相互作用，为石虎山类型文化遗存的发展奠定了基础。

石虎山类型遗存第二期带绳纹的舌状鋬耳釜、侈口鼎和侈口罐，以及红顶钵、深腹盆和小口广肩壶等，很明显是由石虎山类型第一期遗存一脉相承发展而来的。第二期遗存最具特征的是在夹砂陶上大量出现细绳纹和小口长颈蒜头壶等这些典型的半坡文化因素。可见，溯黄河北上的半坡文化，在南流黄河两岸形成“白泥窑文化”的同时，继续向东影响到了岱海地区的石虎山类型晚期遗存。此外，石虎山类型第二期遗存聚落围沟的出现，也许正好说明了这一阶段半坡文化人群与岱海地区本阶段居民产生的联系。同时，本期发现的筒形罐也表明该区域与东北地区考古学文化较早的交流。

石虎山类型文化遗存在形成和发展过程中，尽管受到了来自中原及周边地区考古学文化的影响，但也逐渐形成了具有自身特征和内涵的文化面貌。它以夹砂陶为主、多釜的特征与后冈一期文化多有区别，也不见后冈一期文化中流行的弦纹罐，更不见镇江营和北福地第二期遗存的大量陶支脚，同时，石虎山类型第一期较多的小口溜肩壶也不见于上述几个文化类型。因此，岱海地区的石虎山类型文化遗存应是区别于周边考古学文化遗存的新的文化类型。

由于目前考古调查和发掘资料的局限，在年代发展序列上，我们暂未发现石虎山类型的直接继承者。但在石虎山类型中较为常见的小口溜肩壶的口、肩部形态与庙子沟文化中典型的小口双耳罐极为接近，石虎山类型第二期中的筒形罐在庙子沟文化中也有发现。由此我们可以推测，石虎山类型与庙子沟文化之间也许存在着某些渊源关系，但在年代序列上两者之间仍有较大缺环。

## 四、结语

通过以上对石虎山类型文化遗存的初步分析，我们可以得出以下结论：

1、石虎山类型文化遗存是内蒙古中南部地区继承了后冈一期主要文化因素，具有自身稳定特征的，完全有别于同时期“白泥窑文化”的一支新的考古学文化类型。在其形成与发展过程中，先后受到来自中原、冀北和东北地区考古学文化的影响。

2、石虎山类型文化遗存目前的调查发掘较少，目前发现的遗存年代跨度较短，根据文化面貌上的差异，可划分为顺序发展的两期，第一期的年代与后冈一期文化基本相当，为距今6600年左右或更早；第二期的年代接近距今6500年。

3、石虎山类型文化遗存的经济类型以锄耕农业为主，兼有狩猎、渔猎和采集，遗址围沟内较多猪骨骼的发现，说明此时可能已经出现了家畜饲养。对诸多水牛遗骸的研究，是今后需要重点关注的问题。

4、石虎山类型文化遗存第二期的围沟，可能表明该阶段部落间出现了资源掠夺的情况，聚落形态发展到新的阶段。祭祀坑的发现，则证明该阶段本地区居民开始产生宗教信仰，精神生活逐渐丰富。

5、在内蒙古中南部地区，石虎山类型文化遗存发掘和研究较少，对其发展流向的认识还不十分清晰。目前在个别器类上体现出的其与庙子沟文化的关联，还需在今后的考古工作中，通过弥补文化发展序列上的缺环来得到充实。

［本文与冯宝合著，原载《边疆考古研究》（第24辑），科学出版社，2018年］

# ON THE SHIHUSHAN TYPE

Wei Jian Feng Bao

**Abstract:** The early and middle stages of Yangshao culture in Central and Southern Inner Mongolia were discovered in the 1950s. At these stages, Yangshao culture contains two types: "Bainiyao culture" and the "Shihushan type". The Shihushan type inherited its main characteristics from Hougang Phase Ⅰ in the Central Plains. During its development, the Shihushan type was simultaneously influenced by several cultures from the Central Plains, Northern Hebei province and the northeastern regions. Its development can be divided into two phases, starting 6500 years ago. Agriculture by ploughing was the dominant economic subsistence, combined with hunting, fishing and gathering, as well as some livestock breeding. The ditch of the second phase of the Shihushan type indicates that plundering of resources between tribes may have appeared at this stage, with new developments in the settlement pattern. Few surveys and excavations of Shihushan type remains were led in Central and Southern Inner Mongolia, we therefore lack information about its subsequent evolution. Its relationship with Miaozigou culture, visible on a number of artifacts, still needs to be clarified by future archaeological work, through the completion of the developmental sequence of the Shihushan type.

**Keywords:** Central and Southern Inner Mongolia; Shihushan Type; Early and Middle Stage of Yangshao Culture; Miaozigou Culture

# 庙子沟与大坝沟有关问题试析

摘　要：庙子沟与大坝沟遗址是内蒙古中南部黄旗海南岸丘陵地带发现的仰韶晚期阶段代表性遗址。两处遗址均位于南北向深沟西侧的台地上，具有半地穴式房址和成套的生产工具和生活用具，具有大致相同的文化面貌，属于同一考古学文化。据庙子沟遗址较多房址和窖穴内遗留的人骨和完整的生产和生活器物，判断聚落是在突发的瘟疫状态下废弃的。从遗址布局和出土物分析，庙子沟遗址的社会组织已经处于以家族和家庭为单位的父权制阶段，人骨资料反映的庙子沟遗址先民的种族类型是以东亚蒙古人种为主，兼具北亚蒙古人种的某些体质特征。庙子沟与大坝沟遗址虽然文化面貌一致，但房址和陶器方面的差别说明了二者应该是同一考古学文化的不同发展阶段。庙子沟与大坝沟一类遗存，反映的是一种既具有明显自身文化特征又接受诸多外来文化影响的独具特色的区域文化类型。两处遗址所代表的文化类型虽然处于红山文化区、马家窑文化区和仰韶文化区交汇的三岔路口，但文化面貌却与这三个大文化圈都有着较大的差别，反映了庙子沟文化是一支具有鲜明文化特征的独立的考古学文化。

关键词：内蒙古中南部　庙子沟　大坝沟　聚落废弃　三岔路口　庙子沟文化

庙子沟与大坝沟遗址，均位于乌兰察布盟察右前旗境内的环绕黄旗海南岸的丘陵台地上。在这一地带，有10余条南北向的深沟，沟内多有泉水，北上注入黄旗海。遗址一般坐落在沟西侧的高台地上。目前，在庙子沟和大坝沟两沟范围内，共发现这一类型遗址五处。

庙子沟遗址所在山坡西高东低，呈漫坡状，面积近三万平方米。经1985～1987年连续三年的发掘和初步整理，揭露面积已达一万多平方米，共清理出房址50余座，窖穴灰坑130余座，各类墓葬40余座；出土各种陶器约700件，其他石刀、石斧、石铲、石凿、石磨盘、石磨棒、石纺轮、石璧、石环、石球，以及骨剑、骨刀、骨匕、骨锥、骨簪和蚌螺类装饰品千余件。庙子沟房址均依等高线方向次序排列。房子皆半地穴式，一般间宽大于进深，门道东向略偏北。室中心近门处设坑灶。在房子四角或房址周围，多建有圆形或长方形窖穴，灰坑亦在房址附近。整个遗址基本保存完整，房子布局清楚，遗迹间未见有叠压打破关系。出土的石器以窄首宽刃石斧、长方形双孔石刀和梯形小石锛最具特征。陶器以绳纹和磨光为主，器形以小口双耳罐、折沿夹砂罐和盆钵类最为常见[①]。

大坝沟遗址在庙子沟遗址西约8千米的土贵乌拉乡沟口村南，西北距察右前旗约4千米。遗址东侧是一条宽约150米的深沟，名大坝沟，与遗址高差70余米。遗址面积26000平方米，文化层厚约0.5米左右。1988年5～6月，在此发掘700平方米。清理出房址11座，灰坑、窖穴27个，灰沟一条。大坝沟房址也为成排分布，皆半地穴式，一般为方形或进深大于间宽的长方形。门道均东向或东南向，室内为浅黄色硬土面，近门略偏南处设坑灶，柱洞分布在灶坑周围及门道两侧。在房址内及周围有圆形或方形窖穴和灰坑，一般多为筒形，少量袋状。灰沟位于发掘区的南侧，东西向，深、宽各约2米，呈斜坡状，可能为遗址的防护沟或排水沟。遗迹间发现有叠压打破关系。遗址出土的复原陶器约60余件，其余有石器、骨器等100余件。陶器以夹砂和泥质的红褐陶数量最多，其次为泥质红陶和灰陶。夹砂陶多施绳纹和附加堆纹，泥质陶多素面或磨光。皆为手制。器形有筒形、折沿鼓腹和平唇敛口三类夹砂罐，以及小口双耳罐、敛口鼓腹和直口折腹钵等，出有少量的彩陶片，图案多为网格、三角和平行曲线组成几何形花纹，颜色以黑彩为主，次为紫彩和红彩，一般几种颜色并施；石器有石斧、石刀、磨盘、磨棒和镞类；骨器主要是骨锥和骨簪。此外还出土了数量较多的动物骨骼。

以下就这两处遗址反映的几个问题，不揣冒昧，谈些粗浅的认识。

## 一、关于庙子沟遗址废弃原因

庙子沟遗址是目前内蒙古中南部地区发掘面积最大，遗迹保存最完整，出土遗物最为丰富的遗址。大部分的遗物是出在房子居住面上和房子内外的窖穴内的。如若不是一种突然的变故，迫使当时的居民们迅速撤离，并且来不及带走全部或大部分生产和生活用具，就不可能出现现在的发掘现场情况。那么，这是一种什么样的突然变故呢？对于当时的居民们来讲，能够使一个聚落毁灭的原因大约有水灾、火灾、地震、火山爆发、部落战争和瘟疫等等。首先，在遗址发掘过程中，在遗迹单位内并未见有淤泥土，而且庙子沟遗址所处海拔为1370余米的高山坡上，因此水灾的可能性是不存在的；其次，在所有遗迹单位中，除发现个别烧骨外，几乎未见有任何木炭，因此火灾的原因也可排除。至于地震或火山爆发的原因，目前看来也难以找到明显的证据。那么是部落战争造成的废弃吗？我们在

---

① 内蒙古文物考古研究所：《内蒙古察右前旗庙子沟遗址考古纪略》，《文物》1989年第12期。

鉴定的78例人骨材料中，也未见有明显的砍杀痕迹，虽然有的尸骨有挪位和缺损的现象，但在相应的骨骼上，我们也未发现有战争致死的证据。而在这些遗迹单位内，我们却发现了大量的鼠洞，甚至于拖入鼠洞内的骨骼，以及经常可以见到的鼠类的骨骼。因此，个别骨骼的缺损、挪位应是鼠类扰动所致。现在剩下的可能性就只有瘟疫了。我们认为，庙子沟遗址的废弃很有可能是瘟疫造成的。据北京师范大学从事环境文化学方面研究的史培军同志认为，在黄旗海地区，6000年前的降雨量大约是700毫米以上，现在则不足350毫米。在距今6000年以后，这里逐步趋向干旱寒冷。一般来说，温暖湿润的环境更适合于农业的发展和人类的生活。我们估计庙子沟遗址的年代，应在距今5500～5000年间。情况表明，人类文明的毁灭或终止，除了人类自身战争等方面的原因外，主要是由于自然界外力的影响造成的，在原始社会阶段更应当如此。但由于自然环境的变化造成的文明毁灭，应当是较长时间的持续过程。文明发展的鼎盛阶段比环境的最佳时期实际上应当滞后一个周期，诚如所言，则黄旗海地区的庙子沟文明，恰恰是在气候环境逐步恶化的过程中，发展到其鼎盛期的。随后，很可能是由于干旱或别的什么原因而造成的瘟疫，最终导致其毁灭。同时，也正因为可能是瘟疫，其死亡才应有一个过程。庙子沟遗址没有发现公共墓地。目前发现的43座墓葬及遗有人骨的房址，看来并非专门用来埋葬的场所，而可能是利用了房周围和房址内的窖穴，这从布局上一望而知。可以做这样的推测：当瘟疫开始流行并有人死亡时，可以较为从容地利用房址周围的长方形窖穴埋葬，如M7、M25等，人骨尚有一定的排列次序。随后，当从容的埋葬成为不可能时，便是胡乱的将人扔进长方形大形窖穴内，如M4、M9～10和M29等。有许多墓是母子或大人和小孩的合葬，如M10、M25、M29、M38和M40等，这除了某些宗教习俗上的原因外，也当与当时的情况急迫有关。再以后，也许是已经没有人能够从事埋葬活动时，有许多人就只能就地葬在房内的窖穴或居住面上了，如F10的M16～17，F8的M15等，有的小孩是单独侧身屈肢团在灶炕内的，如F8、 F35和F43等。这当中，有一些出土遗物较少的房子中的居民，也许是逃离了，因此其有可能将自己的物品带走。此外，庙子沟的遗迹单位内，未发现有粮食的碳化物，这除了保存情况不好外，也可能表明了当时的干旱歉收并进而造成瘟疫的情形。

## 二、庙子沟遗址的社会性质

庙子沟遗址的房屋依等高线成排均匀分布，门道皆东向。没有发现处于母系氏族制度发展阶段的如半坡、姜寨那样的有公共活动中心，房子门道朝着中心方向的、以部落氏族为单位的建筑形式。庙子沟遗址的房子排与排之间的距离一般5～10米左右，而房子与房子左右之间的距离却相对要近一些。房子开间一般在15平方米左右，最大的F10也仅约20平方米。因此，这样的房屋布局和面积，很难看出有作为公共活动中心或场所的迹象。庙子沟遗址共清理出房址50余座，灰坑130余座，那些均匀分布于房址周围及房址内的灰坑，多半应当是从属于房址的窖穴。这样，每座房子拥有的窖穴平均应当是2.5个；若连那些作为墓葬坑的40余座窖穴并计在内，每座房子占有的窖穴就接近3.5座，若从房子的主人存放粮食用具和杂物的要求来讲，这应当说是比较合适的。在几乎每座房址内，我们都发现了成套的生产工具和生活用具。比如F15内，共出土了107件器物。其中，除在居住面上出土了磨盘、磨棒、石斧、石刀、石纺轮和各种陶器外，在房子内的H21中又单独出土了7件石器，在H22中出土了6件陶器，再如F19、F22等单位亦是如此；在F25内的H36中，沿圆形坑底四周，共摆放了18件陶器和3件磨石。此外，在有人骨的单位内，常发现有成年男女与小孩合葬或同处一室的现象。种种迹象表明，庙子沟的居民们，已经以一座房子或一二座房子及周围的窖穴灰坑组成一个生活和生产单位，并各自拥有了一套生产和生活用具。而这种情形只能是在家庭的发展将要挣脱氏族的纽带时的产物。因此可以说，在远离黄河流域的内蒙古高原地区，大约远在五千年以前，就已跨入了偶婚制氏族家庭阶段。

## 三、庙子沟遗址人骨材料反映的问题

庙子沟发现的人骨材料共有70多个个体。经吉林大学考古学系朱泓同志鉴定结果显示，从体质类型上来考察，庙子沟居民的种族类型是以东亚蒙古人种特征为主，但在某些重要的体质特征上，又显示出明显的北亚蒙古人种的因素。这与关中地区仰韶文化各组人骨材料，如半坡、华县、宝鸡、横阵、姜寨有所不同，后者中含有比较明显的南亚蒙古人种因素。目前国内学术界一般认为，仰韶文化居民的南亚类型特征，应是受生态环境的影响而由旧石器时代晚期人类（如山顶洞人）那里承袭下来的。根据是仰韶时期北中国的气候较现在湿暖，而与山顶洞人时代相似。庙子沟居民缺少上述南亚类型特征。但是，我们考察该地区当时的生态条件时，发现其与半坡类型及关中地区所处的环境差别不大，故而这一地区与关中地区人种上的差别，就有可能是在此之前形成的。也就是说，这两个地区的居民在蒙古人种这一主干上分支的时间，有可能还要早一些。起码在庙子沟时期，这种种族类型上的差别已经明显地形成了。反映在考古学文化面貌上，庙子沟遗存明显地如此有别于周边邻近地区考古学文化类型，这与不同的历史文化传统和风俗习惯的相互交融是有直接关系的。而种族类型和地理环境上长时间的差别，则又是逐步造成文化面貌差别的很重要的因素。再进一步说，这种差别很可能也是在一定条件下经济生活手段发生变化的重要因素之一。目前，在内蒙古中南部地区的考古学材料中可以证明，农业向畜牧业的转化，主要是由于气候环境变得干燥、寒冷，降雨量减少造成的。但是，这种转化绝不可能是在任何地区突然之间完成的，仍然要受到历史文化传统和风俗习惯等内在因素的影响。也就是说，在其原本属于自身的内在文化因素中，就应当是存在着某些有可能从事畜牧业的因素。庙子沟遗存这一人们共同体，主要是从事农业生产的。但发现的大量的动物骨骼也说明当时的居民除从事一部分狩猎业外，还存在着一定量的家庭饲养业。只有存在这样一种经济类型因素，才有可能在环境发生变化，不适于进行农耕时，转而从事畜牧业（如南、北匈奴最终分别内迁同化与西进到多瑙河就有人的种族类型和文化传统上的差别的因素）。还有一个有趣的现象，即庙子沟居民在体质特征上目前最接近的材料，只有时代属东周时期的该地区毛庆沟东西向墓葬人骨材料（北方游牧部族墓葬）[1]，二者之间是否可能存在种族遗传关系，尚待今后考察。但是，我们在庙子沟遗址中，发现了剑尖出脊，两侧嵌石刃（柄首有孔可接长柄）的骨柄石刃短剑和曲刃的骨柄石刃刀。其形态与这一地区商周时代的鄂尔多斯式青铜短剑和铜刀，有着惊人的相似之处，却是不容置疑的事实。总之，创造出庙子沟这一独具特色文化类型的人们共同体，其体质特征上的特殊性，是在考察其文化面貌时不容忽视的依据。因此说明庙子沟遗存是一种延续时间较长，自身文化特征十分突出的，接受了诸多外来因素的影响而发展起来的区域文化类型。

## 四、庙子沟与大坝沟遗存间的差异比较及分期

庙子沟与大坝沟遗址的发掘资料表明，二者在文化面貌上有着较大的一致性，应属同一类型考古学文化。但是，其差别还是很明显的，主要表现在：

1、庙子沟房址多为间宽大于进深的长方形，灶坑位于房址正中近门处，有的灶坑周围有加高的围坎，不见壁灶；大坝沟房址却多方形或进深大于间宽的长方形，灶坑位于近门处，但却偏向南侧，灶坑边不见围坎，在墙角处有设圆形坑状壁灶。

2、庙子沟房址居住面与四壁均为草拌泥抹成；大坝沟房址却不见草拌泥，而是以料礓石面与胶泥搅拌碾压而成，表面呈黄白色，十分光滑坚硬，如白灰面一般。

3、庙子沟房址周围多长方形、口部略大于底部的大型窖穴，一般较深（1～1.7米）；大坝沟房址却多圆形灰坑，有的成对分布，一般较浅，呈直壁筒状（深多不足1米）。

4、庙子沟陶器褐陶数量约占一半，多小口双耳罐，且器胎较薄；大坝沟的褐陶数量超过50%以上，大于庙子沟，以筒形夹砂罐最多见，小口双耳罐量较少，且器胎一般较厚，中腹圆鼓上下出棱呈圈状。庙子沟折沿夹砂罐一般为斜折沿，尖圆唇，上腹施2～4个泥钉，中腹圆鼓，下腹斜收微鼓；大坝沟同类器则分为两种：一种出于②层下遗迹单位，为斜折沿，尖圆唇，腹中部微折，下腹斜收内曲，小底如筒状，中腹饰两鸡冠耳，腹饰交错绳纹或划纹；一种出于②层，多方唇，折沿不明显，腹圆鼓。

5、庙子沟彩陶以红、紫彩为多，大坝沟却以黑彩占大多数。此外，大坝沟的石器和骨

① 潘其风：《毛庆沟墓葬人骨的研究》，《鄂尔多斯式青铜器》，文物出版社，1986年，第316～341页。

器制造工艺也远远逊色于庙子沟。

上述两处遗址在这样很小一个范围内表现出的差异，应当反映了它们在年代上的差别。在大坝沟的打破关系中，见有开口于②层下的间宽大于进深的F1打破进深较大的F6。F1有后灶和方形袋状窖穴，这种形式多见于庙子沟主要遗存。由此可知，庙子沟的主要遗存，都可能晚于大坝沟②层下的主要遗存，而早于大坝沟的②层。大坝沟遗存则可分为早晚两期。再结合器物类型学的比较，可将庙子沟遗存中接近大坝沟早期者区分为第二期二段；接近大坝沟晚期者分为第二期三段。如此，则可将两处遗址分为三期四段：大坝沟②层下主要遗存为一期一段，庙子沟主要遗存为二期二段、三段，大坝沟②层为三期四段。庙子沟和大坝沟两处遗址反映的文化面貌和陶器分期，基本上代表了庙子沟文化类型的文化特征和年代范围。

## 五、庙子沟文化类型与邻境文化类型的关系

庙子沟类型文化遗存，大致上位于阴山山脉东端以南与燕山山脉西端的交接处，其南有吕梁山地相阻，基本是以集宁、丰镇山地丘陵和黄旗海、岱海盆地为中心。北大约可达察右后旗和商都、化德，东到兴和县与张家口地区相接，西至呼和浩特以东的大黑河上游地区，南达丰镇、凉城，同晋北为邻。这一区域同我们已知的以包头阿善二期为代表的文化类型分布的大青山山前地带，以及南流黄河两岸海生不浪类型遗存分布的河曲地带，应属同一考古学文化中的不同区域类型。有关这三个区域类型的划分和各自的文化特征，以及在整体文化面貌上的诸多一致性，已有文章论及[①]，此不赘述。

内蒙古中南部地区仰韶晚期阶段形成的三个小的区域类型，从所处的地理位置上看，恰恰是在东北地区的红山文化区，陇东地区的马家窑文化区，以及晋、陕北部的仰韶文化区，三个大文化圈相交汇的三叉路口。因此，在文化面貌上各自多少表现出一些邻境地区考古学文化的因素，但这并不影响其作为一个独立的考古学文化而存在。这种以小口双耳罐、侈沿夹砂罐、筒形罐、折腹钵和窄首窄刃石斧、长方形穿孔石刀、单孔石铲、梯形小石锛、大型石磨盘磨棒等器形为主要特征的文化遗存，北与阴山以北的细石器文化遗存明显不同；西隔荒漠草原，陇东马家窑文化因素的影响较弱；东北部可能受到红山文化的一些影响，但与以大口筒形罐和“之”字纹为主要特征的红山文化诸遗存，仍存在根本性差别；东部与张北相邻，南部与晋、陕为界，但与大致属同一时期的大司空类型及半坡四期文化面貌相异。因此，这种在仰韶晚期阶段，存在于内蒙古中南部，文化面貌区别于周边邻境地区考古学文化，延续一定时间的，具有自身鲜明文化特征的遗存，应属一种独立的

① 内蒙古文物考古研究所：《内蒙古察右前旗庙子沟遗址考古纪略》，《文物》1989年第12期。

新的考古学文化。

关于这一考古学文化的命名，有的同志直接称之为“海生不浪文化”[1]，有的同志则建议以三个小的区域类型名称中的一个命名[2]。夏鼐先生认为：“文化的名称如何命名，似乎可以采用最通行的办法，便是以第一次发现的典型遗迹（不论是墓地或民住遗址）的小地名为名。”[3]近年，张忠培先生又对此做了进一步的阐述。他说：“所谓典型遗存，是指同类遗存中最具代表性的遗存。”“作为考古学文化依以命名的典型遗存，不能以这里讲的典型的涵义所指明的条件为依据，还应考虑其是否具备以下三方面标准：（一）古代居民的活动是否具有一定的规模以及遗存的保存情况是否较好；（二）遗存在年代及地域上是否具有质的相对稳定性，而不是那些过渡性遗存；（三）考古工作是否有一定的质量及规模。”[4]据以上论述，我们感到，海生不浪作为最初分辨出这类遗存的遗址，虽然具备了“第一次”，但材料仅为调查所得的采集品，遗址至今未经发掘，作为“最具代表性的遗存”是难以成立的。阿善遗址虽经正式发掘，并以“阿善二期文化”遗存，首次揭示出此类遗存的内涵，但无论从遗址的保存情况，还是田野工作的规模，以及出土遗物丰富程度和反映的年代跨度上，都不足以令人信服地作为这一类遗存的典型代表。庙子沟遗址是近年来内蒙古中南部地区发掘规模最大，遗址保存最完整，遗迹现象清楚，出土遗物最为丰富的遗址，该遗址文化内涵单纯，遗物组合固定，陶器早晚演变规律有迹可循，特别是在该遗址周围发现了一大批同类型的聚落址，更加说明了以庙子沟为代表的这一类遗存，的确在年代及地域上均具有质的相对稳定性。庙子沟类型中最具特征的小口双耳罐、侈沿夹砂罐、筒形罐、直口夹砂罐和折腹钵等，在大青山南麓的阿善类型和鄂尔多斯东部的海生不浪类型当中，也是最常见的组合。因此，我们认为将内蒙古中南部地区，仰韶晚期阶段以庙子沟遗存为代表的一类遗存，命名为“庙子沟文化”。这将有助于内蒙古中南部原始文化的进一步研究，并对我国北方地区长城地带考古学文化的深入探讨起到积极的推动作用。

（原载《内蒙古中南部原始文化研究文集》，海洋出版社，1991年）

① 崔璇、斯琴：《内蒙古中南部新石器至青铜时代文化初探》，《中国考古学会第四次年会论文集（1983）》，文物出版社，1985年，第175页。

② 崔璇：《“海生不浪文化”述论》，《内蒙古社会科学》1990年第5期。

③ 夏鼐：《关于考古学上文化的定名问题》，《考古》1959年第4期。

④ 张忠培：《研究考古学文化需要探索的几个问题》，《文物与考古论集》，文物出版社，1986年，第177页。

# ANALYSIS OF THE MIAOZIGOU AND DABAGOU SITES AND RELATED ISSUES

Wei Jian

**Abstract:** Miaozigou and Dabagou are representative sites of the late Yangshao stage found in the hilly south bank of Huangqihai Lake in Central and Southern Inner Mongolia. The two sites are located on the platform to the west of the north-south oriented trench, with semi-undergound structures and complete sets of production tools and living utensils. They have roughly the same characteristics, and seem to belong to the same archaeological culture. The human bones and artifacts left in many houses and pits at the Miaozigou site led to the deduction that the settlement was abandoned due to a sudden plague. From the analysis of the site layout and unearthed objects, the social organization of Miaozigou site corresponded to the patriarchal stage, with families as basic units. The ethnic types of the inhabitants at Miaozigou as reflected by human bone data correspond mainly to Eastern Asiatic Mongoloids, with some physical characteristics of the Northern Asiatic Mongoloids. Although the cultural features of the Miaozigou and Dabagou sites are similar, differences in architectural structures and pottery indicate that they could be distinct developmental stages of the same archaeological culture. Miaozigou and Dabagou reflect a unique type of regional culture that has its own cultural specificity, while also integrating the influence of many foreign cultures. Although the two sites form a cultural hub at the intersection of the Hongshan, Majiayao and Yangshao cultures, they also reflect the unique characteristics of Miaozigou culture as an independent archaeological culture.

**Keywords:** Central and Southern Inner Mongolia; Miaozigou Site; Dabagou Site; Abandoned Settlement; Cultural Hub; Miaozigou Culture

# 试论庙子沟文化

摘　要：内蒙古中南部地区仰韶晚期阶段遗存，在既往发现的基础上，自20世纪80年代以来，随着田野调查的深入和考古发掘的推进，其分布范围和文化面貌日渐清晰。广泛分布在以南流黄河两岸为中心，北起阴山南麓、南抵晋陕、东接张北、西迄鄂尔多斯高原地区的此类遗存，虽然在各遗址中具有明显的共性因素，但也存在着一定的区域性差异。我们根据分布地域和文化特征上的差异，将这类遗存划分为庙子沟、海生不浪和阿善二期三个区域类型，并在各区域类型年代分期的基础上，根据对典型遗址和主要陶器组合的分析，将此类考古学文化遗存命名为庙子沟文化。其年代跨度为距今5800～5000年左右。庙子沟文化是在继承了来自中原仰韶时期北上的庙底沟文化因素基础上，同时吸收红山文化和马家窑文化因素发展起来的一支新的考古学文化，在其发展过程中，逐步形成了自身鲜明的文化特征和发展脉络。庙子沟文化的经济类型以农业为主，兼营狩猎、渔猎和采集。通过陶器器形的发展和演变规律分析，在内蒙古中南部地区的黄河两岸，该文化直接发展为阿善三期文化；在黄旗海和岱海地区可能与老虎山文化有着渊源关系，但中间仍有缺环。

关键词：内蒙古中南部　仰韶晚期　三种类型　庙子沟文化　渊源关系

## 一、绪言

近年来，随着以呼和浩特平原为中心，北起阴山南麓、南抵晋陕、东接张北、西迄鄂尔多斯高原的内蒙古中南部田野考古工作的深入展开，我们对这一地域范围内的新石器时代考古学文化遗存的认识，也取得了突破性的进展。特别是进入20世纪80年代以来，在以往田野

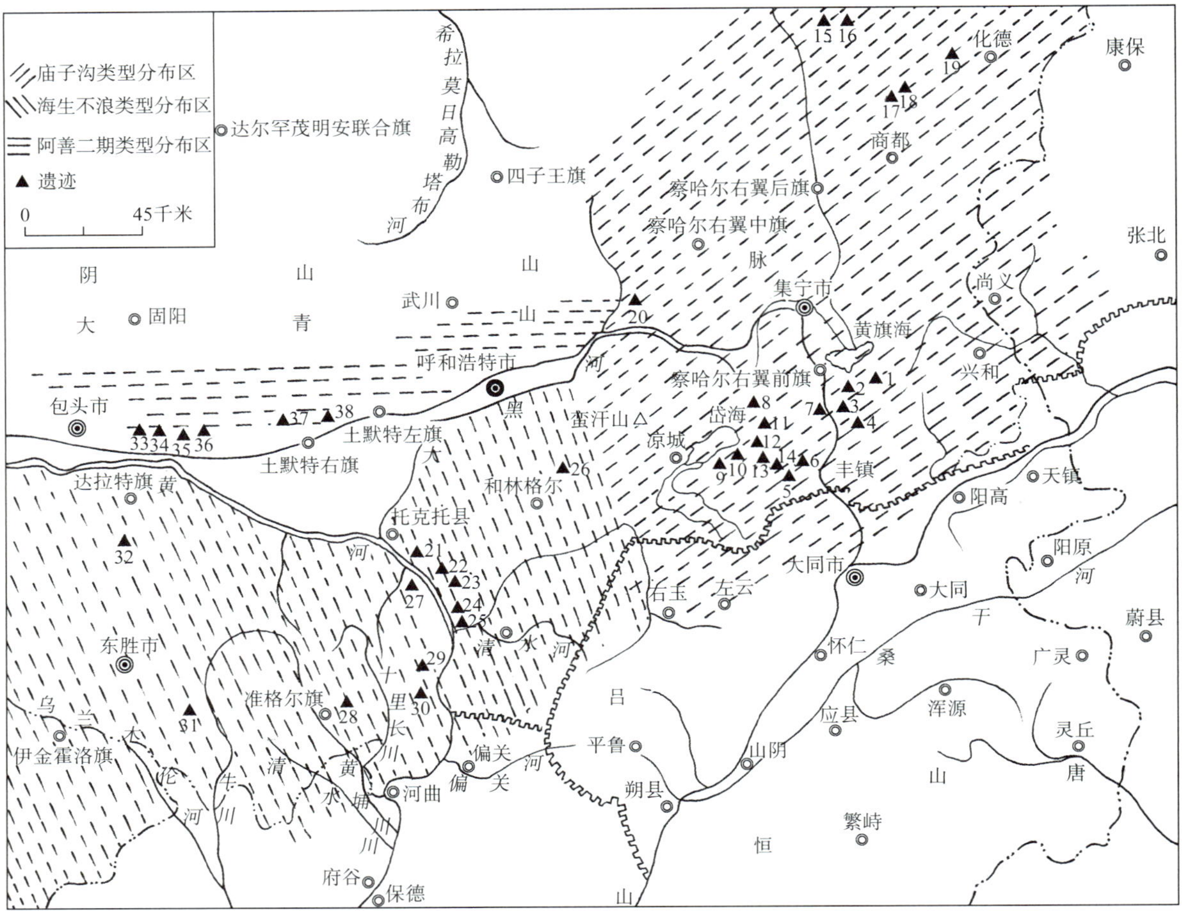


图1 内蒙古中南部仰韶晚期三种文化类型遗址分布示意图

1. 庙子沟；2. 大坝沟；3. 大西沟；4. 许武家；5. 后河湾；6. 23号地；7. 闫家沟；8. 绿化村；9. 狐子山；10. 王墓山；11. 黄土坡；12. 黄土西坡；13. 大坡；14. 平顶山；15. 章毛勿素；16. 风旋卜子；17. 狼窝沟；18. 棒槌梁；19. 德善；20. 大窑南山；21. 海生不浪；22. 贼池；23. 章盖营；24. 白泥窑子；25. 台子梁；26.中二十家子；27. 石口子；28. 吕家坡；29. 张家圪旦；30. 二里半；31. 朱开沟Ⅶ区；32. 瓦窑；33、34. 阿善；35、36. 西园；37. 威俊；38. 纳太

调查和认识的基础上，对包头市阿善①和西园遗址②、清水河县白泥窑子遗址③、察右前旗庙子沟④和大坝沟遗址⑤的大规模正式发掘，在伊金霍洛旗朱开沟遗址Ⅶ区⑥、准格尔旗张家圪

① 内蒙古社会科学院蒙古史研究所、包头市文物管理所：《内蒙古包头市阿善遗址发掘简报》，《考古》1984年第2期。
② 西园遗址发掘组：《内蒙古包头市西园新石器时代遗址发掘简报》，《考古》1990年第4期。
③ 崔璿、斯琴：《内蒙古清水河白泥窑子C、J点发掘简报》，《考古》1988年第2期；崔璿：《内蒙古清水河白泥窑子L点发掘简报》，《考古》1988年第2期。
④ 内蒙古文物考古研究所：《内蒙古察右前旗庙子沟遗址考古纪略》，《文物》1989年第12期。
⑤ 1988年春，内蒙古文物考古研究所对庙子沟遗址西约8千米的大坝沟遗址进行了发掘，揭露面积700余平方米，资料待刊。
⑥ 田广金：《内蒙古伊金霍洛旗朱开沟遗址Ⅶ区考古纪略》，《考古》1988年第6期。

旦遗址[①]，以及在大青山山前台地[②]和岱海周围[③]等地所做的发掘和调查试掘工作，使我们对内蒙古中南部仰韶晚期阶段表现出浓厚地方色彩的考古学文化面貌，有了更加系统的认识，从而依据分布范围和文化特征，划分出庙子沟、海生不浪和阿善二期三个相关的文化类型[④]（图1）。本文拟就上述诸遗址的发掘研究成果，结合有关调查材料，对内蒙古中南部仰韶晚期阶段三种文化类型各自的特征因素，做进一步地分析归纳和分期，并基于这三种类型的共同性因素，以及这一地域与周边地区考古学文化的明显差异，提出“庙子沟文化”的命名和分期问题，就教于学界前辈与同行，以促进该地区原始文化研究工作的深入进行。

## 二、内蒙古中南部三种文化类型的特征与分期

### （一）庙子沟类型

目前发现的遗址有察右前旗庙子沟[⑤]、大坝沟[⑥]、大西沟、许武家[⑦]，丰镇县后河湾、23号地、阎家沟、绿化村[⑧]，凉城县狐子山、王墓山、黄土坡、黄土西坡、大坡、平顶山[⑨]，商都县章毛勿素、风旋卜子、狼窝沟、棒槌梁，化德县德善[⑩]，呼和浩特东郊大窑南山[⑪]等20余处。已经正式发掘的有庙子沟和大坝沟。这一类型遗址，大致分布于阴山山脉东端与燕山山脉西端的交接处，其南有吕梁山地相阻。基本是以集宁、丰镇山地丘陵和黄旗海、岱海盆地为中心，北大约可达察右中旗、后旗和商都、化德县，东至兴和县与张家口地区相接，西达呼和浩特东境的大黑河上游地区，南到丰镇、凉城县同晋北为邻。

#### 1. 文化特征

从经大规模发掘的察右前旗庙子沟和大坝沟，以及调查的凉城县大坡、王墓山、东滩等遗址的材料来看，这一类型遗址均分布在近水的丘陵沟畔背风坡地上，庙子沟遗址发现房址50余座，大坝沟试掘发现11座，两处房址均依坡势成排分布，门向东，面向沟畔。房子为长方形半地穴式，开间较小。门道略窄，为斜坡式和阶梯式两种。居住面以草拌泥或

---

① 内蒙古文物考古研究所、伊克昭盟文物工作站：《内蒙古准格尔煤田黑岱沟矿区文物普查述要》，《考古》1990年第1期。
② 包头市文物管理所：《内蒙古大青山西段新石器时代遗址》，《考古》1986年第6期。
③ 乌盟文物站凉城文物普查队：《内蒙古凉城县岱海周围古遗址调查》，《考古》1989年第2期。
④ 内蒙古文物考古研究所：《内蒙古察右前旗庙子沟遗址考古纪略》，《文物》1989年第12期。
⑤ 内蒙古文物考古研究所：《内蒙古察右前旗庙子沟遗址考古纪略》，《文物》1989年第12期。
⑥ 1988年春，内蒙古文物考古研究所对庙子沟遗址西约8千米的大坝沟遗址进行了发掘，揭露面积700余平方米，资料待刊。
⑦ 内蒙古文物考古研究所1988年春调查资料。
⑧ 乌盟文物站丰镇县文物普查资料，待刊。
⑨ 乌盟文物站凉城文物普查队：《内蒙古凉城县岱海周围古遗址调查》，《考古》1989年第2期。
⑩ 内蒙古文物考古研究所1990年发掘和调查资料，待刊。
⑪ 蒙古博物馆大窑保管所新石器时代文物陈列。

料礓石掺胶泥土碾压而成，不经烧烤。灶坑圆形。柱洞分布于门道两侧和室内缘边处，有的柱洞内填以碎石和陶片，房址内外均建窖穴。房址周围多为长方形和圆形，口部略大于底部的大型窖穴；室内窖穴一般较小，多方形或圆形，袋状。大坝沟遗址南侧还发现一条深、宽各约2米的防护沟。生产工具十分发达，主要为石器，还有部分骨角器。大量磨制精美的窄首窄刃和窄首宽刃石斧、长方形穿孔石刀、单孔宽弧刃石铲、梯形小石锛、椭圆形石磨盘、月牙形石磨棒、槽形骨锥状器和骨柄石刃刀、剑等，均具自身特色。陶器以夹砂和泥质陶为主，砂质陶较少。红褐陶量约占一半，器表陶色不均，其次为灰陶和红陶。纹饰以绳纹和素面磨光占绝大多数，另有少量附加堆纹、戳印纹和极个别方格纹、篮纹。彩陶量一般较少，有红彩、黑彩、紫彩等，常见两色兼用的复彩。彩绘纹样简单，主要为三角、网格、鳞纹、平行曲线组成的几何形连续图案。陶器均为手制。具有特征性的陶器为小口双耳罐、侈沿夹砂罐、薄胎筒形罐、平口夹砂罐、折腹或曲腹钵、曲腹盆、偏口壶和漏斗等。

2. 分期

大坝沟主要遗存均开口于②层下，遗迹间有打破关系。庙子沟揭露面积一万多平方米，遗迹间虽未见叠压打破关系，但从类型学的角度，仍可区分出遗存的早晚。若将大坝沟的主要遗存与庙子沟主要遗存做一比较，就不难找出这一类型遗存在文化面貌一致的基础上彼此间的明显差别来。庙子沟与大坝沟均以长方形房子为主，少量方形。但庙子沟房子多为间宽大于进深的横长方形，灶坑位于正中近门处，有的灶坑周围有加高的围坎，并加设后灶；大坝沟房子却多进深大于间宽的竖长方形，灶坑位于近门处偏南，灶边不见围坎，有的墙角处设圆形浅坑状壁灶。庙子沟房子居住面与四壁均抹草拌泥；大坝沟房子居住面却是以料礓石与胶泥土搅拌碾压而成，表面十分光滑坚硬。庙子沟房子周围多长方形，口部略大于底部的大型窖穴；大坝沟房子外则多圆形窖穴，有的成对分布，呈直壁筒状。庙子沟主要遗存中褐陶数量约占近一半，多小口双耳罐，器胎较薄；筒形罐较少，多敛口；侈沿夹砂罐口略小，腹部圆鼓，上腹多施贴塑小泥条或泥钉；直口夹砂罐口部略直微敛。大坝沟主要遗存褐陶量超过一半以上，以敞口筒形罐最多见；小口双耳罐量较少，②层下者中腹圆鼓，呈凸圈状，②层者则一般器胎较厚，溜肩不显；侈沿夹砂罐出自②层下单位者，多口部略大，中腹微折，饰两鸡冠耳，上腹施交错绳纹，下腹素面，出自②层者侈口竖斜沿，方唇，腹部圆鼓，施齐整竖绳纹；平口夹砂罐②层口为微敞，②层者敛口较甚。庙子沟彩陶以红彩、紫彩为多，大坝沟却以黑彩数量略多。同时，大坝沟的石器和骨器的制作工艺也不如庙子沟的精美。

庙子沟类型上述两处代表性遗存在很小范围内表现出的差异，反映的应当是时间早晚的差别。

首先，大坝沟②层下开口的主要遗存，都有可能早于大坝沟②层。

其次，在大坝沟②层下开口的单位中，见有横长方形、建有后灶的F1（类于庙子沟主要遗存），打破竖长方形的F6（大坝沟主要遗存）。

再次，同在大坝沟②层下单位中，有属庙子沟主要遗存的长方形的H5、H11、H17，分别打破属大坝沟主要遗存的圆形的H3、H12和竖长方形的F4。

如此，我们可将大坝沟②层下各遗存，庙子沟各遗存，以及以大坝沟②层为代表的遗存分为顺序发展的三期：大坝沟②层下主要遗存为第Ⅰ期；庙子沟主要遗存和大坝沟②层下部分遗存为第Ⅱ期；大坝沟②层和庙子沟部分遗存为第Ⅲ期。

三期主要陶器的变化为：

（1）小口双耳罐　Ⅰ期小口斜折沿，溜肩较甚，中腹圆鼓呈凸圈状（图2-1）；Ⅱ期小口竖斜折沿，溜肩鼓腹（图2-6）；Ⅲ期小口微折略直沿，圆鼓腹，器胎略厚重（图2-11）。

（2）侈沿夹砂罐　Ⅰ期斜折沿较宽，尖唇，中腹微折，有两横长鸡冠耳，上腹施疏朗交错绳纹，下腹内曲素面（图2-3）；Ⅱ期竖斜折沿，圆唇，中腹圆鼓，下腹斜收略内曲，至中腹下遍施交错绳纹，流行贴塑泥条和泥钉（图2-8）；Ⅲ期多卷沿略直，斜方唇，腹部浑圆，遍体施紧密细绳纹（图2-13）。

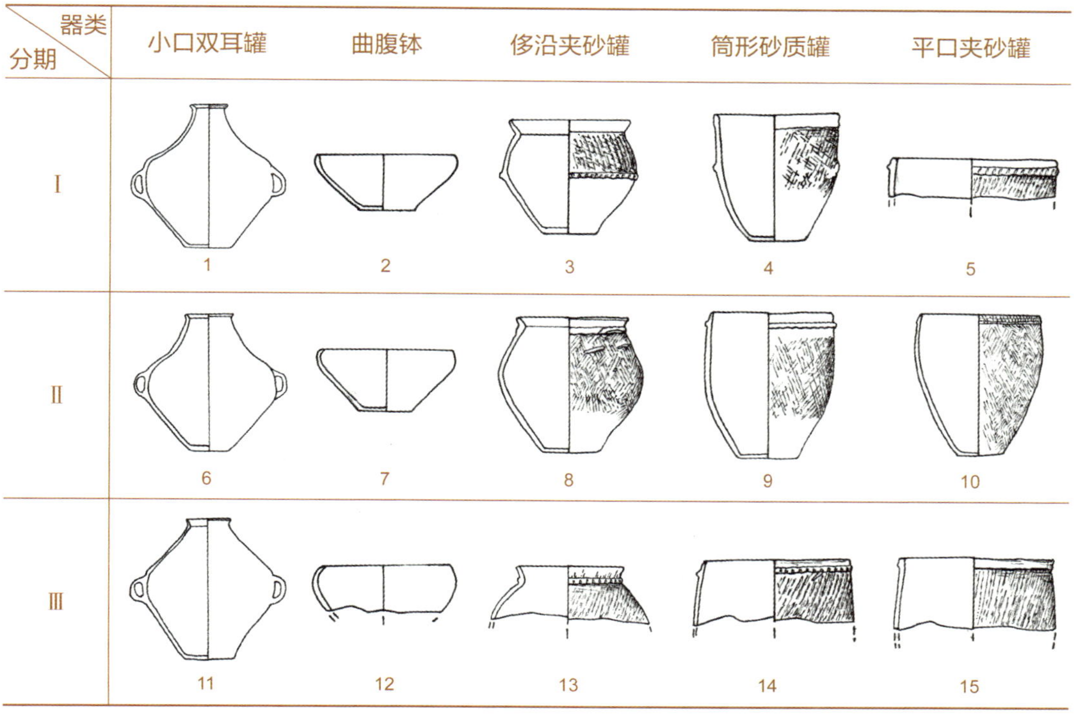


图2　庙子沟类型陶器分期图

1. F9：1；2. H25：1；3. F9：4；4. H16：9；5. H4：5；6. H5：4；7. H5：3；8. H81：4；9. H58：2；10. H5：2；11. H98：13；12. T2①：12；13. T3①：3；14. T3②：10；15. H98：28
（1～5、12～14. 大坝沟出土；6～11、15. 庙子沟出土）

（3）筒形砂质罐 Ⅰ期大口略直，泥条与口部贴抹成一体，上腹有两横长鸡冠耳，中腹以上施交错绳纹，下腹素面（图2-4）；Ⅱ期口部微敛，贴塑泥条，至中腹下施浅密交错绳纹（图2-9）；Ⅲ期敛口较甚，贴塑泥条偏上，交错绳纹施至口部（图2-14）。

（4）平口夹砂罐 Ⅰ期直口微侈，唇外侧贴塑泥条偏下，施竖绳纹（图2-5）；Ⅱ期口部微敛，唇外侧数周泥条贴近口部，通体施交错绳纹（图2-10）；Ⅲ期敛口较甚，泥条贴至口部，通体施细密竖绳（图2-15）。

（5）曲腹钵 Ⅰ期直口微敛，尖唇，腹微曲，素面磨光（图2-2）；Ⅱ期敛口，圆唇，鼓肩曲腹，素面（图2-7）；Ⅲ期敛口，圆唇，中鼓腹，素面（图2-12）。

## （二）海生不浪类型

发现的遗址主要有托克托县海生不浪、碱池、章盖营，清水河县白泥窑子、台子梁，和林格尔县中二十家子，准格尔旗石口子、吕家坡[①]、张家圪旦[②]、二里半[③]，伊金霍洛旗朱开沟Ⅶ区[④]，达拉特旗瓦窑[⑤]等。经发掘并发表材料的遗址有白泥窑子[⑥]、朱开沟Ⅶ区和瓦窑遗址，其余海生不浪[⑦]、张家圪旦等处均有调查材料发表。这一类型遗址主要分布于南流黄河两岸和属黄河水系的浑河、清水河及其支流，以及鄂尔多斯高原东部的沟谷阶地之上。地域范围，北达呼和浩特平原以南的大黑河下游区，南到清水河、准格尔与晋陕交界，东至和林格尔，西大约可抵达拉特、东胜和伊金霍洛一线。

### 1. 文化特征

海生不浪类型的房子发现较少，见于报道的有白泥窑子遗址L点、朱开沟Ⅶ区和瓦窑遗址。白泥窑子房子平面呈方形，朱开沟Ⅶ区F7004平面为横长方形，均为斜坡式门道，门向随地形略有变化，但基本南向。居住面用白沙泥抹成，略经烧烤，坚硬平整。室中心设两灶，前为圆形坑灶，后为椭圆形地面坎灶。白泥窑子L点房址柱洞一般环灶四周而建，洞底和四周填以石块和硬泥。朱开沟F7004房址内建有一圆角方形窖穴。灰坑多为方形和椭圆形，皆筒状，个别设有阶梯。在白泥窑子L点居住址南侧发现防护沟一条，宽约1米、深约0.6～0.8米。生产工具有大型石器、细石器、骨角器和陶制品。磨制石器占半数，存

① 崔璇、斯琴：《内蒙古中南部新石器至青铜时代文化初探》，《中国考古学会第四次年会论文集（1983）》，文物出版社，1985年，第173～184页。
② 内蒙古文物考古研究所、伊克昭盟文物工作站：《内蒙古准格尔煤田黑岱沟矿区文物普查述要》，《考古》1990年第1期。
③ 内蒙古文物考古研究所发掘资料，待刊。
④ 田广金：《内蒙古伊金霍洛旗朱开沟遗址Ⅶ区考古纪略》，《考古》1988年第6期。
⑤ 汪宇平：《内蒙古伊盟达拉特旗瓦窑村的新石器时代遗址》，《考古》1963年第1期。
⑥ 崔璿、斯琴：《内蒙古清水河白泥窑子C、J点发掘简报》，《考古》1988年第2期；崔璿：《内蒙古清水河白泥窑子L点发掘简报》，《考古》1988年第2期。
⑦ 吉发习：《内蒙古托克托县新石器时代遗址调查》，《考古》1978年第6期。

在一定量的打制和琢制石器。其中，亚腰形石斧、弧边长方形单孔石刀、扁体打制石铲、陶片改制的长条形铲和两侧缺口刀，以及磨制的角锥和骨锥等，均具特点。陶器以泥质灰陶和夹砂褐陶为主，其次泥质红陶、橙黄陶、黑陶和褐陶，有少量砂质陶。陶器多素面磨光，其次为绳纹、篮纹、附加堆纹和少量戳印纹、方格纹。彩陶多见深浅不一的褐色或赭色，少量红色和黑色。复彩和内彩较为普遍。纹样多变，有单线、复线、椭圆点、三角、垂弧、锯齿等组成繁缛的花纹图案。陶器均手制，罐类口沿多经轮修。代表性器形有喇叭口尖底瓶、小口双耳罐、侈沿夹砂罐、平口夹砂罐和敛口钵。

2. 分期

海生不浪类型仅白泥窑子和朱开沟Ⅶ区存在层位关系。据《内蒙古清水河白泥窑子L点发掘简报》①和《白泥窑子考古纪要》②，白泥窑子L点发现的属这一类型的遗迹有房子3座（BLF1、F3、F5），灰坑6座（BLH1、H5、H6、H11、H13、H16）和防护沟一条（BLG1）。发表了遗物的单位有F1、F5、F13、G1和各探方第④层。简报提供的地层关系为：

H13开口于第③层下，打破第④层；F5从T4南壁剖面图分析，应是开口于第④层下，打破生土；从G1“开口于第④层，打破第⑤层”，位于F5门外不远来看，亦应为第④层下开口，并与F5可能属同时建筑；F1虽叠压于第③层下，但其直接打破生土，且出土的侈沿夹砂罐（BLF1：05）形态与F5同类器相似，故年代也应与F5相当。据此，我们将白泥窑子L点上述各单位，分为以F5、G1及第④层为代表的早期组和以F13为代表的晚期组。

张家圪旦遗址H1出土的一组陶器③中，平口夹砂罐的敛口程度介于白泥窑子早期组BLT2④：24与晚期组BLH13：01之间；小口双耳彩陶罐的沿部不若BLG1：17的近乎平折，溜肩程度也不若后者为甚；敛口钵的形态也显然要晚于BLT7④：12。故此，张家圪旦H1的年代应居于白泥窑子早、晚期组之间。

朱开沟Ⅶ区海生不浪类型遗存中，H7014出土的尖底瓶，尖部稍锐，故可将其归入白泥窑子L点早期组；F7004的喇叭口尖底瓶，广肩较长，尖底圆钝，形态较张家圪旦H1同类器为晚，同出的平口夹砂罐亦敛口较甚，可归入白泥窑子L点晚期组。

基于此，我们将海生不浪类型分为顺序发展的三期。第Ⅰ期以白泥窑子L点早期组和朱开沟Ⅶ区H7014为代表；第Ⅱ期以张家圪旦H1为代表；第Ⅲ期以白泥窑子L点H13和朱开沟F7004为代表。

---

① 崔璿、斯琴：《内蒙古清水河白泥窑子C、J点发掘简报》，《考古》1988年第2期；崔璿：《内蒙古清水河白泥窑子L点发掘简报》，《考古》1988年第2期。

② 崔璿：《白泥窑子考古纪要》，《内蒙古文物考古》总4期，1986年。

③ 内蒙古文物考古研究所、伊克昭盟文物工作站：《内蒙古准格尔煤田黑岱沟矿区文物普查述要》，《考古》1990年第1期。

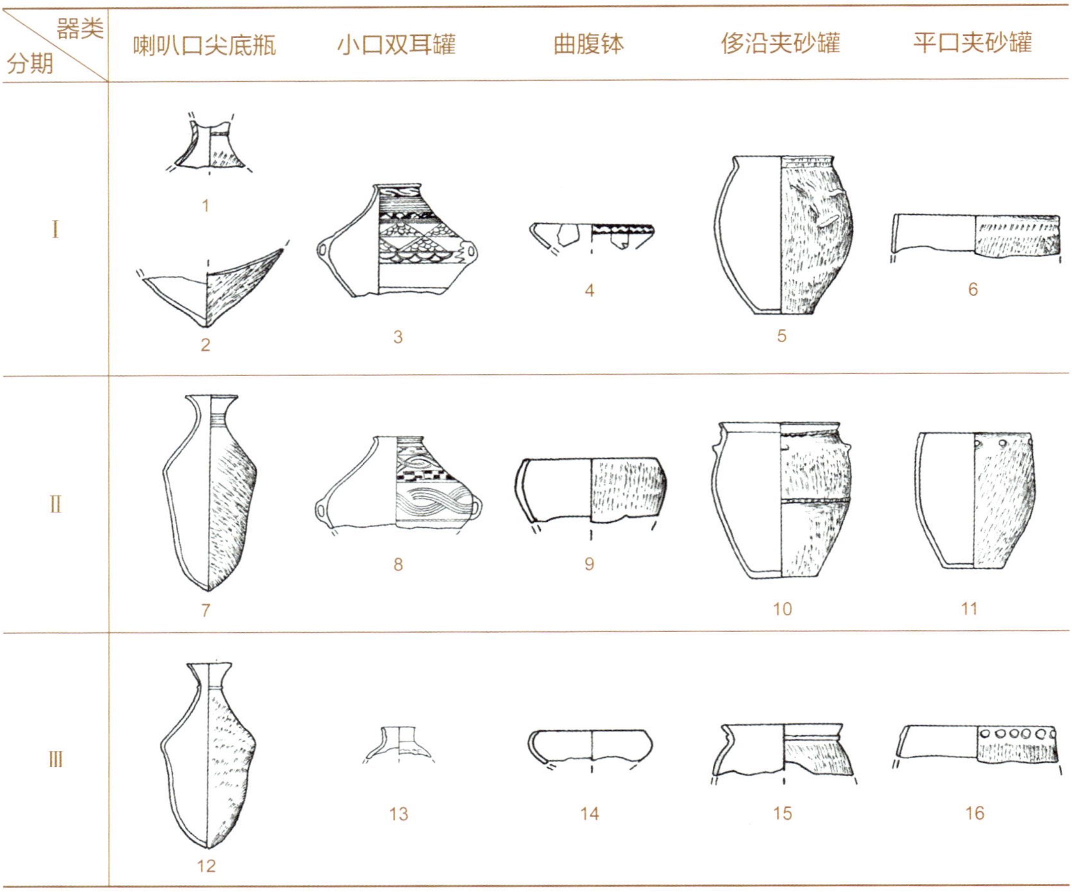


图3　海生不浪类型陶器分期图

1. BLT④：18；2. H7014：7；3. BLG1：17；4. BLT④：12；5. BLF5：40；6. BLT④：24；7. H1：3；8. H1：6；9. H1：17；10. H1：4；11. H1：9；12. F7004：20；13. H7015：4；14. BLH13：11；15. F7004：19；16. BLH13：01

（1、3~6、14、16. 白泥窑子L点出土；2、12、13、15. 朱开沟四区出土；7~11. 张家圪旦出土）

三期的主要陶器变化为：

（1）喇叭口尖底瓶　Ⅰ期为长颈溜肩，瓶底斜直而尖锐（图3-1、图3-2）；Ⅱ期大敞口，鼓肩亚腰，底部圆钝，形体瘦长（图3-7）；Ⅲ期小敞口，长溜肩凸起，底尖圆钝，形体矮胖（图3-12）。

（2）小口双耳罐　Ⅰ期侈口尖唇，近平折沿，溜肩凸腹（图3-3）；Ⅱ期侈口圆唇，斜卷沿，溜肩鼓腹（图3-8）；Ⅲ期侈口近直，鼓肩（图3-13）。

（3）侈沿夹砂罐　Ⅰ期侈口折沿，鼓腹，下腹内曲，通体细绳纹（图3-5）；Ⅱ期侈口折沿，腹最大径上移，通体绳纹（图3-10）；Ⅲ期侈口卷沿，鼓肩，通体绳纹（图3-15）。

（4）平口夹砂罐　Ⅰ期直口平唇，附加泥条偏下（图3-6）；Ⅱ期微敛口，腹略鼓，贴塑泥饼（图3-11）；Ⅲ期敛口较甚，鼓腹，贴塑泥饼近口部（图3-16）。

（5）曲腹钵　Ⅰ期敛口鼓肩，下腹斜收，浅腹（图3-4）；Ⅱ期敛口，鼓肩下移，深腹（图3-9）；Ⅲ期敛口，圆鼓腹（图3-14）。

### （三）阿善二期类型

目前发现的遗址主要有包头市阿善东、西台地①，西园东、西台地②和土右旗威俊、纳太③等。阿善和西园遗址经正式发掘，并有发掘材料报道，其余也有调查简报发表。这一类型遗址，就现有田野工作情况来看，主要分布于河套以北的大青山南麓的山前高台地上，台地与隔川相望的黄河水面高差约60～90米。地域上大致包括了呼和浩特周围至包头左近的一段东西狭长地带。

#### 1. 文化特征

在阿善二期遗存中，房子均系圆角方形或长方形浅地穴式，西园遗址同类遗存中，还见有前宽后窄的梯形等形式。门向略偏西南或正南向，门道斜坡状或台阶式。室中心近门处设圆形坑灶，坑灶后又多设长方形坎灶。居住面以白砂泥或褐色泥土抹成，有的经烧烤，坚硬平整。柱洞环以室内四周。窖穴建于房址附近，多为圆角方形或长方形竖穴直壁坑，个别呈袋状。灰坑大小悬殊，壁与底都不甚平整。生产工具分为大型石器、细石器、陶制品和骨角器。其中大型石器占工具总量的一半以上。工具中磨制的窄首宽刃和长条形弧刃石斧、打制的石铲和陶片改制的陶铲、两侧凹口的打制石刀和陶刀、椭圆形台体状凹形石器、圆柱体和薄体半月形磨棒、三角形石镞和用肢骨磨制的骨锥等，均具此种类型特色。陶器以泥质陶为最多，夹砂陶次之，砂质陶较少。其中褐陶约占近一半，灰陶量亦较多，还有少量红陶、橙黄陶、白陶和黑陶。陶器以素面为主，其次为绳纹和篮纹，余为少量的附加堆纹、线纹、弦纹和连点刺纹等。彩陶量较少，以红彩居多，褐彩较少，黑彩少见，复彩亦不多用。彩陶纹样为简单的几何形。典型器类为大量的泥质折腹和曲腹钵，以及小口双耳罐、侈沿夹砂罐和平口夹砂罐等。

#### 2. 分期

据《内蒙古包头市西园新石器时代遗址发掘简报》④提供的地层剖面图，西园遗址共

① 内蒙古社会科学院蒙古史研究所、包头市文物管理所：《内蒙古包头市阿善遗址发掘简报》，《考古》1984年第2期；包头市文物管理所：《内蒙古大青山西段新石器时代遗址》，《考古》1986年第6期。

② 西园遗址发掘组：《内蒙古包头市西园新石器时代遗址发掘简报》，《考古》1990年第4期；包头市文物管理所：《内蒙古大青山西段新石器时代遗址》，《考古》1986年第6期。

③ 包头市文物管理所：《内蒙古大青山西段新石器时代遗址》，《考古》1986年第6期。

④ 西园遗址发掘组：《内蒙古包头市西园新石器时代遗址发掘简报》，《考古》1990年第4期。

有5个地层。其中第①层为近代耕土层，第②层简报认为是冲积扰土层，第⑤层为半坡至庙底沟阶段堆积，为第一期一段。第③、④层属阿善二期类型堆积，简报分为两期四段，即二期二、三段和三期四、五段。仔细分析简报所列有关遗迹单位的层位关系，并对照比较各单位发表的部分陶器后可知：简报第五段F1、F5、F9、F23、H5、H81和第四段F16出土的方唇直壁缸、砂质卷沿罐、篮纹弧腹钵、敛口深折腹钵和篮纹罐口，均同阿善三期早段面貌相当，不应包括在阿善二期类型范围之内，而应晚于第③层或与第②层年代相当。第三段F4曲腹钵直口，浅腹；侈沿罐折沿，鼓腹，形态均较早，与第二段的F26、H36可归一组，为F4组。F31折腹钵腹部出现凹弦纹，侈沿罐侈口卷沿，与第二段F35、第三段H92器物形态相近，而略晚于F4组，划归为F31组。第三段H44折腹钵折棱明显，同第四段F8同类器十分接近，明显晚于F31组，与第四段H40同归于F8组。

从《内蒙古包头市阿善遗址发掘简报》发表的地层剖面图[①]分析，属阿善二期类型的阿善二期遗存，除第④层堆积外，还应包括④层下开口的房子、窖穴和③层下部分遗存。阿善二期F2的小口双耳罐，T20④层的敛口曲腹钵，T9④层的平口罐，整体形态均晚于西园F4组，而同F31组面貌相当，可并入F31组。阿善二期H121所出侈沿夹砂罐，以及在西园遗址调查中发现的小口双耳罐和深曲腹钵口片，形态上晚于西园F31组，故将其一并归入西园F8组。

据上述分析比较，我们将阿善二期类型划分为以西园F4、F26、H36为代表的F4组，为第Ⅰ期；以西园F31、F35、H92和阿善F2、第④层为代表的F31组，为第Ⅱ期；以西园F8、H40、H44和阿善H121为代表的F8组，为第Ⅲ期。

三期的主要陶器变化为：

（1）折腹钵　Ⅰ期微敛口，上腹外弧，下腹内曲（图4-1）；Ⅱ期敛口，折腹处有凹槽一道，上下腹均外弧（图4-5）；Ⅲ期敛口较甚，折腹凹槽较深，上腹斜直或内曲，下腹凸起外弧（图4-10）。

（2）曲腹钵　Ⅰ期直口，浅腹（图4-2）；Ⅱ期微敛口，鼓肩，深腹（图4-6）；Ⅲ期敛口，深鼓腹（图4-11）。

（3）小口双耳罐　Ⅰ期侈口斜折沿，溜肩较甚，鼓腹（图4-3）；Ⅱ期侈口卷沿，溜肩鼓腹（图4-7）；Ⅲ期小直口微侈，鼓腹（图4-12）。

（4）侈沿夹砂罐　Ⅰ期斜折沿，尖圆唇，中腹微鼓，饰泥条一周，上腹或饰小泥条，通体横斜篮纹（图4-4）；Ⅱ期侈口卷沿，圆鼓腹，通体施细密绳纹（图4-8）；Ⅲ期侈口，长卷沿，鼓肩，通体斜绳纹（图4-13）。

（5）平口夹砂罐　Ⅰ期暂无典型标本。Ⅱ期直口微敛，平唇（图4-9）；Ⅲ期敛口，斜平唇，鼓腹（图4-14）。

---

① 内蒙古社会科学院蒙古史研究所、包头市文物管理所：《内蒙古包头市阿善遗址发掘简报》，《考古》1984年第2期。

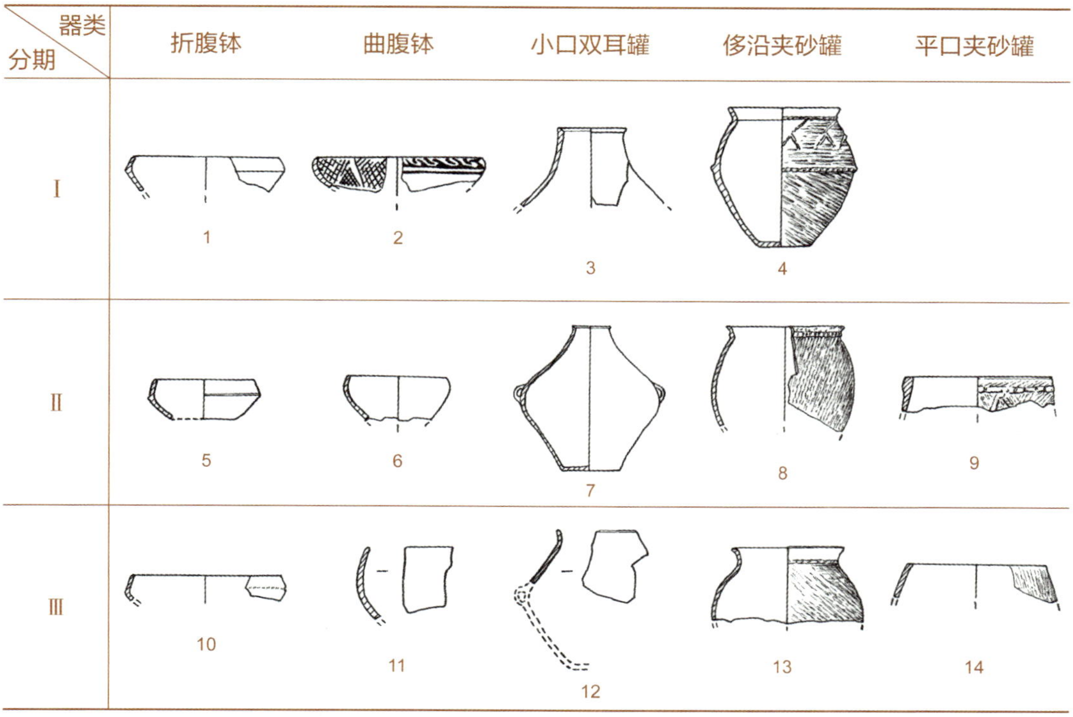


图4　阿善二期类型陶器分期图

1. BXF26：2；2. BXF4：18；3. BXH36：2；4. BXF4：4；5. BAT10④：02；6. BAT20④：04；7. BAⅡF2：01；8. BXF31：6；9. BAT9④：03；10. BXF8：7；11. BX采集；12. BX采集；13. BAH121：03；14. BXT508③：1（1～4、8、10、14. 西园出土；5～7、9、13. 阿善出土；11、12. 西园调查采集）

### （四）小结

上述三种区域类型各自的陶器分期，虽因材料所限，还有待逐步完善，但大致可以反映内蒙古中南部地区仰韶晚期阶段，分布于不同区域内的考古学文化类型之间的相对时空关系。三种类型中，庙子沟类型内涵丰富，材料充实，遗迹现象和陶器演变序列清楚，反映的文化延续时间也较长。海生不浪类型第Ⅰ期的房子多近方形，形态上比庙子沟类型竖长方形房子略晚；白泥窑子遗址L点④层下发现的防护沟，其作用与大坝沟遗址南侧②层下的防护沟应是一致的。大坝沟防护沟所出陶器，略晚于庙子沟类型第Ⅰ期；白泥窑子防护沟所出BLG1：17小口双耳彩陶罐，以及与其同属海生不浪第Ⅰ期的侈沿夹砂罐、平口夹砂罐和曲腹钵的造型，均晚于庙子沟类型第Ⅰ期同类器，而与第Ⅱ期者接近。可见，白泥窑子L点防护沟与大坝沟遗址防护沟在年代上应相当。属海生不浪类型第Ⅲ期的朱开沟F7004，平面为横长方形，室内建有圆角方形窖穴，这种形态与庙子沟遗址主要遗存相当，又F7004：19侈沿夹砂罐，形制同庙子沟类型第Ⅲ期同类器十分相似。故可推断，海生不浪类型的年代上限略晚于庙子沟类型，其第Ⅲ期的年代下限也不会超出庙子沟类型的年代范围。

阿善二期类型材料相对较少。从第Ⅰ期陶器来看，曲腹钵和小口双耳罐的形制，同海生不浪第Ⅰ期者较为一致，而侈沿篮纹夹砂罐的造型，则与张家圪旦H1同类器[①]十分接近。所以，其第Ⅰ期与海生不浪类型第Ⅰ期基本相当，而不会越出海生不浪类型的年代上限。第Ⅲ期曲腹钵与侈沿夹砂罐的形态，同庙子沟和海生不浪类型第Ⅲ期同类器均较一致，当然也不会超出上述两个类型的年代下限范围。

综上，我们将三种区域类型的整体文化分期及其相互的分期对应关系，列成如下简表（表1）。

表1　三种区域类型的整体文化分期及对应关系

<table>
<tr><th>类型<br>分期</th><th>庙子沟类型</th><th>海生不浪类型</th><th>阿善二期类型</th></tr>
<tr><td rowspan="2">一期</td><td rowspan="2">第Ⅰ期</td><td></td><td></td></tr>
<tr><td rowspan="2">第Ⅰ期</td><td rowspan="2">第Ⅰ期</td></tr>
<tr><td rowspan="2">二期</td><td rowspan="2">第Ⅱ期</td></tr>
<tr><td>第Ⅱ期</td><td>第Ⅱ期</td></tr>
<tr><td>三期</td><td>第Ⅲ期</td><td>第Ⅲ期</td><td>第Ⅲ期</td></tr>
</table>

这样，我们把内蒙古中南部仰韶晚期阶段的文化遗存，划分为紧密衔接的三期。第一期，包括庙子沟类型第Ⅰ期，以及稍晚的海生不浪类型和阿善二期类型的第Ⅰ期；第二期，有庙子沟类型第Ⅱ期和稍晚的海生不浪、阿善二期类型的第Ⅱ期；第Ⅲ期，为三种类型的第Ⅲ期。归纳这三期文化遗存的典型遗迹和陶器演变规律为：

房子　由半地穴式的竖长方形，单一圆形坑灶，发展为方形和横长方形，圆形坑灶加围坎，其后加设附灶或地面坎灶，室内建圆形或方形袋状窖穴。

窖穴　由圆形和椭圆形袋状及长方形直壁坑，发展为多方形和椭圆形直壁坑，有的窖穴内修有台阶。

彩陶　由黑彩居多，纹样繁缛，数量略多，发展为红彩、紫彩居多，复彩普遍，纹样简化，数量减少。

小口双耳罐　由斜侈口，溜肩特甚，腹呈凸圈状，下腹内曲，发展为口沿斜直，溜肩不显，圆鼓腹，下腹斜直。

喇叭口尖底瓶　由长颈鼓肩，大敞口，瓶底锐凸，形体瘦长，发展为溜肩亚腰，小敞口，瓶底圆钝，形体矮胖。

折腹钵　由直口微敛，折棱不显，发展为敛口折腹，折棱处出深凹槽。

曲腹钵　由直口微敛，鼓肩浅腹，发展为敛口，深鼓腹。

① 内蒙古文物考古研究所、伊克昭盟文物工作站：《内蒙古准格尔煤田黑岱沟矿区文物普查述要》，《考古》1990年第1期，图四-8。

侈口夹砂罐　由大口斜折沿，中腹出棱，下腹内曲，上腹施交错绳纹，发展为斜直口卷沿，鼓肩弧腹，通体施细密绳纹。

平口夹砂罐　由直口平唇，附加泥条偏下，发展为敛口斜平唇，鼓腹，泥条或泥饼贴于口部。

筒形砂质罐　由直口微敞，泥条偏下，上腹施疏朗交错绳纹，发展为敛口，圆鼓腹，通体施细密绳纹。

关于这三期文化遗存的绝对年代，目前已知阿善二期遗存有三个$^{14}C$测试数据，可供参考，ZK-1182为公元前3760年，ZK-1184为公元前3415年，ZK-1183为公元前3040年[①]。据阿善二期类型的文化分期，后两个数据大致分别相当于阿善二期类型的Ⅱ、Ⅲ期；前一个数据偏早，可能超出阿善遗址二期遗存的年代范围，但与阿善二期类型Ⅰ期应较接近。若然，按照这三种文化类型的考古学年代对应关系，可知其第一期年代应早于距今5500年，第二期年代应在距今5500年左右，第三期的年代也应在距今5000年以上。

## 三、关于考古学文化命名的讨论

仰韶晚期阶段，在内蒙古中南部地区范围内，存在着庙子沟、海生不浪和阿善二期三种区域文化类型。一方面，这三种类型由于分布地域、文化传统和在发展过程中接受外来文化因素影响的不同，在文化特征上，表现出明显的差异；另一方面，若与内蒙古中南部邻境地区的考古学文化相比较，这三种类型在整体上又显示出相互渗透，彼此包融，从而完全有别于周边地区诸考古学文化的特征。因此，深入地分析研究这三种文化类型的个性和共性因素，揭示其内在的联系，对于我们正确理解和探讨这一时空范围内的不同层次上的考古学文化诸方面的问题，都是十分有益的。

### （一）三种文化类型的特征异同

庙子沟、海生不浪和阿善二期三种文化类型的主要差别表现在：庙子沟类型的房子以横、竖长方形居多，门向基本向东，多只有一个圆形坑灶，室内常建袋状窖穴，草拌泥居住面不经烧烤；海生不浪和阿善二期类型的房子却以近方形为主，个别为梯形，门道大致南向，圆形坑灶后加设地面坎灶，室内极少见窖穴，居住面为沙泥土并经烧烤。庙子沟类型有着大量磨制精美的石器，如长方形穿孔石刀、单孔弧刃石铲、梯形小石锛和石纺轮等，不见用陶片改制的工具；海生不浪和阿善二期类型却存在相当数量的打制和琢制石器，有较多的弧边和两侧凹口的石刀，以及用陶片改制的大型刀、铲。庙子沟和阿善二期类型中常见的月牙形石磨

① 中国社会科学院考古研究所实验室：《放射性碳素测定年代报告（一〇）》，《考古》1983年第7期；中国社会科学院考古研究所实验室：《放射性碳素测定年代报告（一一）》，《考古》1984年第7期。

棒、槽形骨锥状器和小肢骨磨制的骨锥，均不见于海生不浪类型。庙子沟和阿善二期类型均以褐陶量最多，依次为灰陶、红陶和橙黄陶，黑陶量极少；海生不浪类型却以泥质灰陶和夹砂褐陶占多数，其次为泥质红陶或橙黄陶，黑陶占5%。庙子沟和海生不浪类型砂质陶量较少，阿善二期类型则砂质陶与夹砂陶量相当。纹饰均以素面磨光和绳纹为主，泥条堆纹发达。海生不浪类型的绳纹一般浅细疏朗，并有一定量的篮纹和少量方格纹；庙子沟类型绳纹却较粗深紧密，交错绳纹普遍，只见有极个别方格纹和篮纹陶片，阿善二期类型则除一定量篮纹外，存在颇具特色的连点刺纹。海生不浪类型的彩陶数量略多，多见褐色或赭色，少红色和黑色，复彩普遍，内彩发达，纹样也繁密多变，除由方格网纹、鳞纹、涡纹、曲线纹、垂幛纹构成的几何形图案外，还有部分平行条纹和花草纹组成的多层次连续图案。庙子沟和阿善二期类型中，彩陶数量相对较少，纹样多为简单的几何形，仅西园遗址见有个别勾连纹彩带。庙子沟类型早期多黑彩，晚期则红彩为主，常见红、黑、紫三彩兼用；阿善二期类型则以红彩居多，黑彩极少，复彩少见。陶器均手制，以泥条盘筑和泥条套接为主，海生不浪和阿善二期类型个别器口经慢轮修整。大量的双耳陶器是庙子沟类型最具特征的器物，同时也是海生不浪和阿善二期类型中常见的器形，但是，尤以庙子沟类型中，不但所占比例大，且见于多种器类。海生不浪类型最具特征性的喇叭口亚腰篮纹尖底瓶，不见于庙子沟类型，在阿善二期类型中也只有零星发现。数量较多并富于变化的折腹和曲腹钵类，是阿善二期类型的代表性器物。此外，庙子沟类型中常见的曲腹盆、偏口壶、漏斗和斜腹碗等，在海生不浪和阿善二期类型中也极为少见。

上举内蒙古中南部仰韶晚期阶段三类遗存间的特征差异，是我们赖以划分为三种区域类型的主要依据。这当中，以小口双耳罐为代表的庙子沟类型与以喇叭口篮纹尖底瓶而具特征的海生不浪类型之间的差别，略大于两者分别同以折腹和曲腹钵类为主要器类的阿善二期类型间的差别。这或许反映了两种类型在发展过程中，可能受到了来自不同方向的考古学文化因素的影响，阿善二期类型则可能是由于在分布地域上，处于另两个类型交流的中间地带，于两者的特征兼而有之，而更具过渡性。

然而，纵观内蒙古中南部，我们也不难看出，这三种类型文化因素的共性是十分突出的。如：遗址都坐落在阶地高坡之上，有些遗址周围建有防护沟。房子按次序排列，门向依地势而基本保持一致，不见中心建筑。房子均为开间较小（12平方米左右）的长方形或方形浅地穴式，圆形坑灶位于近门处，窖穴位于房子周围或室内，房子中见有成套的生产工具和生活用具共出。生产工具以各种形制的石斧、穿孔石刀、石铲、石磨盘磨棒、小石锛、石制或陶制的纺轮等为主。同时，均存在一定量的细石器和动物骨角质刀、锥制品。陶器分属夹砂、泥质和砂质陶三大类，均以褐陶为主，或红褐或灰褐，同一器形的器表和内胎往往色泽不一。纹饰主要为素面和绳纹，有一定量的篮纹、划纹、弦纹和极少的戳印纹、方格纹。绳纹多施于夹砂陶，泥质陶一般素面磨光或施篮纹，砂质陶亦素面或施少量绳纹和篮纹。彩陶较少，彩绘均施于泥质红陶或橙黄陶，一般有陶衣，以红、赭、黑等多种彩色绘出几何形图案，复彩普遍。陶器均手制，形制不甚规整，器胎薄厚不一。大型陶器较多，附加泥条和鋬耳发达。器形中，小口双耳罐、侈沿夹砂罐、平口夹砂罐、折腹和曲腹钵，以及薄胎筒形罐，是三种类型主要的和共有的生活用具。其中，侈沿夹砂罐、筒形罐和少量平口夹砂罐为炊器，小口双耳罐为主要盛器，钵类则为饮食器。在庙子沟和阿善二期类型中，一部分长颈鼓肩的小口双耳罐应是作为水器使用的，海生不浪类型的水器却是以喇叭口篮纹尖底瓶为主。

这三种文化类型，从出土的房子、窖穴、生产工具、生活用具，以及一定量的羊、鹿、牛、猪、狗、马、羚羊、野猪、狍、狐、貉、鼢鼠和鸟类动物骨骼及骨、角器分析，当时的居民很可能是以一、两座房子和周围的窖穴，组成一个生产和生活单元，拥有一整套生产和生活用具，其社会组织大约已经跨入了对偶婚制下的氏族家庭阶段。生产活动以农业经济为主，狩猎、家畜饲养和捕捞业，仍占有相当重要的地位。

综上所言，庙子沟、海生不浪和阿善二期类型各自表现出的特征，反映了由于文化传统不同，并在发展过程中受到不同文化因素的影响，而产生的地域性差异。但三种文化类型在内蒙古中南部仰韶晚期阶段，这一特定时空范围内体现的整体文化面貌上的一致性，以及经济生产手段和社会发展阶段上的共同性，却是显而易见的。这一阶段，可以说是内蒙古中南部地区考古学文化的地域性特点逐步形成并发展的繁盛时期，这种以小口双耳罐、侈沿夹砂罐、平口夹砂罐、折腹和曲腹钵、喇叭口尖底瓶和筒形罐为主要特征的文化遗存，北有阴山相阻，同山北的细石器遗存明显不同；西隔戈壁荒漠，与陇东的马家窑文化联系较少；东北部可能受到了红山文化因素的较强影响，但与以大口筒形罐和“之”字纹为主要特征的红山文化诸遗存，存在根本性的差别；东部与张北相邻，南部和晋陕为界，但与大致属同一时期的大司空类型及半坡Ⅳ期、西王三期文化面貌迥异。因此，这种存在于内蒙古中南部，文化面貌区别于周边邻境地区考古学文化，延续发展一定时间的，具有自身鲜明文化特征的遗存，应属一种独立的考古学文化。

### （二）关于文化的命名

内蒙古中南部新石器时代田野考古工作，于新中国成立以前就已经开始，但当时的工作仅限于地面的调查和采集标本，工作的着眼点又极其广泛庞杂，对此，裴文中先生曾著文专门介绍那一阶段的工作成果[①]。20世纪50年代末，汪宇平先生在清水河县白泥窑子、台子梁等遗址，首先发现了这类属仰韶晚期阶段的遗存[②]。1960年，内蒙古大学历史系考

① 裴文中：《河套之史前文化》，《中国史前时期之研究》，商务印书馆，1948年，第87～106页。

② 汪宇平：《内蒙古清水河县白泥窑子村的新石器时代遗址》、《清水河县台子梁的仰韶文化遗址》，《文物》1961年第9期；内蒙古文物工作队：《内蒙古文物资料选辑》，内蒙古人民出版社，1964年，第49～50页，图二九-3～图二九-10、图三十、图版玖-六七、图版玖-六八。

古教研室，在对清水河县境内黄河沿岸遗址调查中发现的仰韶阶段遗存，绝大部分属仰韶晚期阶段[①]，只不过限于当时的工作，仍把它们作为仰韶文化来认识，自然也未区分出早晚。内蒙古历史研究所在20世纪60年代初，沿黄河两岸进行的另外几次调查，对仰韶时期不同阶段的几种遗存，逐步区分开来，认为"这里的仰韶文化可分为两种，一种以岔河口遗址为代表，另一种以海生不浪东遗址为代表"[②]，并认为白泥窑子遗址的"彩陶既有仰韶文化的作风，又有仰韶文化所不能包括的独特风格"[③]。至70年代后期，有人着重整理了海生不浪、碱池和章盖营子遗址的调查材料，认为这一类遗存"应是属于同一文化类型的新石器时代文化遗存"，又进一步指出，此类遗存"既有别于仰韶文化，又与马家窑文化有所差异，这是仰韶文化在内蒙的继承和发展，而又具有鲜明的地域特点的一种原始文化类型"[④]。至此，明确了以海生不浪遗址为代表的海生不浪类型遗存，是一种属于仰韶晚期阶段的地域性文化类型。但至这一阶段的工作仍基本局限于南流黄河两岸地区。

进入80年代，由于1980年对包头市阿善遗址的发掘，从而在地层学上证实了与这一类文化遗存相类的阿善二期遗存，晚于半坡—庙底沟文化类型，早于阿善三期遗存。有的同志据此称这一类遗存为"海生不浪文化"[⑤]。1982～1984年对白泥窑子遗址的正式发掘[⑥]和1983年在准格尔煤田进行的田野调查[⑦]，以及1984年对朱开沟Ⅶ区遗址发掘后[⑧]，我们对与阿善二期遗存有所区别的海生不浪类型的文化面貌及内涵，有了一个较为全面的认识。特别是1985～1988年对庙子沟和大坝沟遗址的大规模揭露和整理，使我们能够在更为广阔的地域范围内，对内蒙古中南部仰韶晚期阶段的诸考古学文化遗存，进行比较研究，并在此基础上，初步划分出庙子沟、海生不浪和阿善二期三个相关的考古学文化区域类型[⑨]。

随着这一地区田野考古及研究工作的深入进展，恰当地给予仰韶晚期阶段三类文化遗存一个考古学文化名称，已成必要。有的同志提出：或以最初分辨出这类遗存的海生不浪遗址，或以通过发掘首次揭示这类遗存层位的阿善遗址，或以遗址内涵单纯，发掘面积大，遗存丰富的庙子沟遗址中的一个来命名这类文化遗存[⑩]。这一看法是颇有见地的。关于考古学文化如何命名的问题，有关专家学者已多有论述。夏鼐先生认为："文化的名称如何命名，

---

① 洲傑：《内蒙古中南部考古调查》，《考古》1962年第2期。

② 内蒙古历史研究所：《内蒙古中南部黄河沿岸新石器时代遗址调查》，《考古》1965年第10期。

③ 内蒙古历史研究所：《内蒙古清水河县白泥窑子遗址复查》，《考古》1966年第3期。

④ 吉发习：《内蒙古托克托县新石器时代遗址调查》，《考古》1978年第6期。

⑤ 崔璇、斯琴：《内蒙古中南部新石器至青铜时代文化初探》，《中国考古学会第四次年会论文集（1983）》，文物出版社，1985年，第173～184页；崔璇、斯琴：《白泥窑子考古新收获》，《内蒙古社会科学》1984年第1期。

⑥ 崔璿、斯琴：《内蒙古清水河白泥窑子C、J点发掘简报》，《考古》1988年第2期；崔璿：《内蒙古清水河白泥窑子L点发掘简报》，《考古》1988年第2期。

⑦ 内蒙古文物考古研究所、伊克昭盟文物工作站：《内蒙古准格尔煤田黑岱沟矿区文物普查述要》，《考古》1990年第1期。

⑧ 田广金：《内蒙古伊金霍洛旗朱开沟遗址Ⅶ区考古纪略》，《考古》1988年第6期。

⑨ 内蒙古文物考古研究所：《内蒙古察右前旗庙子沟遗址考古纪略》，《文物》1989年第12期。

⑩ 崔璇：《"海生不浪文化"述论》，《内蒙古社会科学》1990年第5期。

似乎可以采用最通行的办法，便是以第一次发现的典型遗迹（不论是墓地或民住遗址）的小地名为名。”[①]近年，张忠培先生对这一观点中“典型”的涵义，又做了进一步的阐述，认为“所谓典型遗存，是指同类遗存中具代表性的遗存”，“作为考古学文化依以命名的典型遗存，不能以这里讲的典型的涵义所指明的条件为依据，还应考虑其是否具备以下三方面标准：（一）古代居民的活动是否具有一定的规模以及遗存的保存情况是否较好；（二）遗存在年代及地域上是否具有质的相对稳定性，而不是那些过渡性遗存；（三）考古工作是否有一定的质量及规模”[②]。根据上述论断，我们感到，海生不浪作为最早发现和认识这类遗存的遗址，在时间上虽然具备了“第一次”，但30多年来，在该遗址获得的仅是调查所得的采集品。而且，真正认识到这类文化遗存的面貌和内涵，是20世纪80年代以来的田野发掘工作。在过去没有对这类遗存进行文化类型多层次划分的情况下，称这类遗存为“以海生不浪为代表”的一类遗存是可行的。但是，时至今日海生不浪遗址从未进行正式发掘，考古工作当然也谈不上“质量及规模”，因此，该遗址作为“最具代表性的遗存”，是难以成立的。阿善遗址经正式考古发掘，并以“阿善二期文化”遗存，首次从地层上确立了该类遗存的考古学年代，揭示了其文化内涵。但是，无论从遗址堆积的保存情况，还是田野发掘工作的规模，以及出土遗物的丰富程度和反映的年代跨度上，都不足以令人信服地作为这一类遗存的典型。庙子沟遗址是20世纪80年代以来，在内蒙古中南部地区发掘规模最大的遗址，揭露面积已达一万余平方米。该遗址内房屋排列有序，各类窖穴分布其间，遗迹现象十分清楚。遗址出土遗物非常丰富，各种生产和生活用具，成套遗留在房址和窖穴内，同时还发现了70多具人骨材料，对于复原当时的社会组织形态和生活情景是极有价值的。该遗址文化内涵单纯，遗存早晚演变规律有迹可循。特别是在黄旗海沿岸地区还发现了一批同类型的聚落群址，庙子沟类型中最具有特征的小口双耳罐、侈沿夹砂罐、薄胎筒形罐、平口夹砂罐和各种盆钵类，在大青山南麓的阿善二期类型和南流黄河两岸的海生不浪类型中，也是最为常见的组合，反映了以庙子沟遗址为代表的这一类遗存，的确在年代及地域上，均有质的稳定性，而非过渡性遗存。因此，我们认为，将内蒙古中南部地区仰韶晚期阶段，以庙子沟、海生不浪和阿善二期为代表的一类遗存，命名为庙子沟文化，是十分恰当的。这将有助于内蒙古中南部原始文化的深入研究，并对我国北方地区考古学文化来龙去脉的探索起到积极作用。

## 四、庙子沟文化源流探索

内蒙古中南部地区，目前发现的年代最早的遗存，当属包头阿善一期遗存[③]，属这一

① 夏鼐：《关于考古学上文化的定名问题》，《考古》1959年第4期。
② 张忠培：《研究考古学文化需要探索的几个问题》，《文物与考古论集》，文物出版社，1986年，第177页。
③ 内蒙古社会科学院蒙古史研究所、包头市文物管理所：《内蒙古包头市阿善遗址发掘简报》，《考古》1984年第2期。

阶段的遗存在商都[①]、和林格尔[②]、凉城岱海周围[③]均有发现。从出土的小口瓶及红彩或黑彩宽带纹直口钵来看，其主流应属后冈一期文化，但宽侈沿彩陶盆和斜方唇弦纹夹砂罐等，表明半坡文化因素也明显存在。就遗存分布情况分析，这时的后冈一期文化，是由冀、晋北部的张家口、丰镇、杀虎口等北上通道，入凉城、和林格尔地区。其后，一支往北沿浅丘陵地带进入商都、察右后旗一带；一支折向西，沿阴山南麓进入河套地区，与溯黄河而上的晋、陕地区的半坡文化碰撞，产生了与后冈一期文化和半坡文化略有差别的，以阿善一期为代表的遗存。

以清水河白泥窑子遗址G点F1为代表的遗存[④]，在清水河的二道河[⑤]和黄河对岸准格尔的官地圪嘴[⑥]、窑子梁[⑦]等地也有发现。这一类遗存中的黑宽彩带红陶钵、绳纹或线纹的夹砂红陶罐、线纹敛口红陶瓮等器物，均属半坡文化因素。小口尖底瓶的形态，特别是夹砂罐口沿，已显示出庙底沟文化的特征，仅在尖底瓶口部保留有后冈一期文化因素。这类遗存同山西芮城东庄村遗存[⑧]相似，属于半坡文化向庙底沟文化过渡性质，年代上可能已进入了庙底沟文化早期阶段。这一阶段，半坡—庙底沟文化因素明显加强，由东而来的后冈一期文化因素影响已近尾声，逐步为庙底沟文化所取代。后冈一期和半坡文化的传播与影响，为庙底沟文化在这一地区的全面发展，奠定了基础。

中原地区考古学文化对内蒙古中南部的影响，到庙底沟文化阶段达到了全盛。目前已知的属庙子沟文化分布的区域内，均有庙底沟文化因素占主导地位的遗存发现。从准格尔旗的房塔沟、棋盘墕、官地圪嘴[⑨]，清水河县白泥窑子[⑩]等遗址，到凉城县狐子山、王墓山[⑪]，商都县章毛勿素[⑫]一带，这一阶段遗存的面貌都不尽一致。在黄河两岸海生不浪和阿善二期类型分布区域内，庙底沟文化遗存表现出较浓厚的原生因素，如重唇口尖底瓶，弧线三角、勾连圆点图案的彩陶盆，铁轨式口沿弦纹夹砂罐等，只是缺乏釜、灶、鼎等器形。在庙子沟类型分布区域较北的商都章毛勿素，出土了一组庙底沟文化陶器。其中，彩

---

① 内蒙古文物考古研究所1990年发掘和调查资料，待刊。

② 乌盟文物站和林格尔县文物普查资料，待刊。

③ 乌盟文物站凉城文物普查队：《内蒙古凉城县岱海周围古遗址调查》，《考古》1989年第2期。

④ 崔璿、斯琴：《内蒙古清水河白泥窑子C、J点发掘简报》，《考古》1988年第2期；崔璿：《内蒙古清水河白泥窑子L点发掘简报》，《考古》1988年第2期。

⑤ 内蒙古文物考古研究所调查资料。

⑥ 内蒙古文物考古研究所、伊克昭盟文物工作站：《内蒙古准格尔煤田黑岱沟矿区文物普查述要》，《考古》1990年第1期；内蒙古文物考古研究所近年调查资料。

⑦ 斯琴：《准格尔旗窑子梁仰韶文化遗址》，《内蒙古文物考古》创刊号，1981年。

⑧ 张忠培：《试论东庄村和西王村遗存的文化性质》，《考古》1979年第1期。

⑨ 内蒙古文物考古研究所、伊克昭盟文物工作站：《内蒙古准格尔煤田黑岱沟矿区文物普查述要》，《考古》1990年第1期。

⑩ 崔璿、斯琴：《内蒙古清水河白泥窑子C、J点发掘简报》，《考古》1988年第2期；崔璿：《内蒙古清水河白泥窑子L点发掘简报》，《考古》1988年第2期。

⑪ 乌盟文物站凉城文物普查队：《内蒙古凉城县岱海周围古遗址调查》，《考古》1989年第2期。

⑫ 内蒙古文物考古研究所1990年发掘和调查资料，待刊。

陶盆为平卷沿圆唇，曲腹不显，两组平行的弧线三角和椭圆点组成的花纹图案，线条略直，显几何形；直口红陶钵为深腹凹底，口外侧呈不规则的“红顶”；夹砂弦纹罐口沿为凹槽状，上腹弦纹较浅，且不甚规整。不见尖底瓶和釜、灶、鼎。同典型庙底沟文化相比，表现出明显的地方变异。

庙子沟文化的喇叭口尖底瓶，显然是由溯黄河北上的庙底沟文化重唇尖底瓶，经单唇，敞口发展来的。敛口曲腹钵、侈沿曲腹盆、侈沿夹砂罐、平口夹砂罐等主要器形，以及主要彩陶花纹图案，同庙底沟文化的直口钵、曲腹彩陶盆、铁轨口夹砂罐、大口瓮等器形和宽带、花草纹彩绘图案的演变发展关系，也是有明显脉络可循的。因此，庙子沟文化应是在庙底沟文化的主导因素基础上，发展起来的区域性考古学文化。在其发展过程中，也吸收了较多的邻境地区文化因素的影响。

首先，庙子沟文化中普遍存在的薄胎砂质筒形罐、直领双耳壶、敞口折腹钵，从黄河西岸到黄旗海以东地区，显示渐趋增多的趋势。在庙子沟类型第Ⅰ期遗存中，筒形罐则为主要的代表性器类。上述三种器形不见于庙底沟文化，而在内蒙古东部西水泉红山文化遗存中却可见到其祖型[①]。同时，庙子沟文化中施交错绳纹的筒形罐和素面侈沿双耳陶盆，在小河沿文化大南沟墓地中均有发现[②]。表明沿燕山北麓及沟谷地带进行的两地之间在文化上的交流和传播关系，是不容忽视的。

其次，海生不浪类型中常见带门斗和前后灶的房子，在马家窑文化中多有发现[③]。特别是海生不浪类型发达的内彩，繁缛的复彩花纹图案，很显然是在庙底沟文化彩陶的基础上，接受了陇东马家窑文化因素的影响和渗透。

还有，庙子沟文化的石镞和石片等细小石器，以及用石叶镶嵌的骨柄石刃刀、剑等复合工具，反映了发达的细石器加工技术，表明北方系统狩猎经济文化因素的存在。

庙子沟文化的发展去向，目前看来大致有两条轨迹。一条是在黄河两岸地区，阿善二期类型直接发展为阿善三期遗存。阿善二期类型中折腹钵演变为敛口深折腹钵，小口双耳罐为高领罐取代，侈沿夹砂罐变得小口圆鼓腹，平口夹砂罐演变为篮纹敛口瓮。海生不浪类型的喇叭口尖底瓶，发展为篮纹高领广肩平底罐。至阿善三期偏晚阶段，这两种类型合而为一，发展为龙山阶段以宽裆尖底胖袋足鋬手鬲和绳纹花边口夹砂罐为代表的文化类型。另一条是在黄旗海、岱海周围地区，庙子沟文化之后有一段缺环。但与相对年代略

---

① 中国社会科学院考古研究所内蒙古工作队：《赤峰西水泉红山文化遗址》，《考古学报》1982年第1期。

② 郭大顺：《大南沟的一种后红山文化类型》，《考古学文化论集》（二），文物出版社，1989年，第64～68页，图七、图一一、图一二-2、图一二-5。

③ 内蒙古文物考古研究所准格尔旗发掘资料，待刊；甘肃省文物工作队、临夏回族自治州文化局、东乡族自治县文化馆：《甘肃东乡林家遗址发掘报告》，《考古学集刊》（4），中国社会科学出版社，1984年，第113～122页。

晚的赤峰地区大南沟小河沿文化遗存①，在许多陶器形态上表现出的共同特征，则应引起我们的注意。岱海地区以老虎山遗址为代表的，属于庙底沟二期至龙山早期阶段的一类遗存②，其炊器为圜底单把釜形斝和双耳红陶夹砂罐，与黄河两岸同时代遗存有较大的差别。这里的釜形斝与晋中汾阳杏花村的同类遗存③有较多一致性，但作为主要炊器的双耳红陶罐却在周围地区找不到源头，这类因素很可能源于庙子沟类型中的中口双耳红陶罐。同时，老虎山遗存中的篮纹夹砂敛口瓮和卷沿花边口罐，也应当是由庙子沟类型的夹砂平口罐和侈沿罐发展来的。因此，岱海地区龙山早期阶段文化遗存，与庙子沟类型当存在着一定的渊源关系。

## 五、结语

通过对内蒙古中南部地区仰韶晚期阶段诸考古学文化遗存主要文化特征的比较分析，初步取得如下认识：

1、庙子沟文化是一种与周边邻境地区诸考古学文化有显著差别，具有独特文化面貌的地域性考古学文化。

2、庙子沟文化由于分布区域，接受外来影响的不同，表现出一定的区域差异，可划分为庙子沟、海生不浪和阿善二期三个相关的区域类型。

3、庙子沟文化以庙子沟类型分期为标尺，依据三个区域类型分期的对应关系，可分为衔接紧密、顺序发展的三期。

4、庙子沟文化的房屋布局和共存遗物表明，其社会形态已跨入偶婚制氏族家庭阶段。生产经济以农业为主，狩猎和饲养业仍占有相当比重。

5、庙子沟文化是在继承了庙底沟文化的主要因素的基础上，接受周围诸考古学文化因素的影响和渗透而发展起来的。其去向有二：在黄河两岸直接发展为阿善三期遗存，及其后以宽裆鬲为代表的龙山阶段遗存；在黄旗海、岱海周围地区，则与以老虎山为代表的龙山早期阶段遗存有一定的承接关系。

（原载《青果集——吉林大学考古专业成立二十周年论文集》，知识出版社，1993年）

① 内蒙古文物考古研究所准格尔旗发掘资料，待刊；郭大顺：《大南沟的一种后红山文化类型》，《考古学文化论集》（二），文物出版社，1989年，第59～77页。

② 田广金：《凉城县老虎山遗址1982—1983年发掘简报》，《内蒙古文物考古》总4期，1986年。

③ 晋中考古队：《山西汾阳孝义两县考古调查和杏花村遗址的发掘》，《文物》1989年第4期，图一一。

# ON MIAOZIGOU CULTURE

Wei Jian

**Abstract:** The distribution and cultural features of remains from the late Yangshao stage in Central and Southern Inner Mongolia have become increasingly clear with the intensification of fieldwork and the promotion of archaeological excavations, led on the basis of previous discoveries made since the 1980s. Such remains are distributed in an area centered on both sides of the southward flowing Yellow River: extending northwards to the Yinshan Mountain's southern rim; southwards to Shanxi and Shaanxi provinces; eastwards to Zhangbei and westwards to the Ordos Plateau. There are obvious common factors across the sites, with some regional differences. According to differences in distribution and cultural characteristics, the archaeological remains can be divided into three regional types: Miaozigou, Haishengbulang and Ashan Ⅱ. Based on the chronological evolution of each regional type, in reference to the analysis of typical sites and main pottery assemblages, the archaeological remains were grouped under the new label of Miaozigou culture. Miaozigou culture, spanning from about 5800 to 5000 years ago, developed by absorbing the Hongshan and Majiayao cultures, and inherited elements from the Miaodigou culture from the Yangshao period of the Central Plains. In the course of its evolution, it has gradually acquired its own distinct cultural characteristics related to its specific context. Miaozigou culture's economy is mainly based on agriculture, combined with hunting, fishing and gathering. Through the analysis of the evolution of pottery types, this culture later developed into Ashan culture on both sides of the Yellow River in Central and Southern Inner Mongolia. It may have a relationship with the earlier Laohushan culture in the Huangqihai Lake and Daihai areas, but the evidence is still insufficient to connect the two.

**Keywords:** Central and Southern Inner Mongolia; Late Yangshao Period; Three Regional Types of Miaozigou Culture; Miaozigou Culture; Origin of Miaozigou Culture

# 试论海生不浪类型

摘　要：内蒙古中南部仰韶晚期阶段原始文化遗存的发现，始于20世纪50年代。随着田野调查与发掘工作的深入，我们已经对该地区仰韶晚期阶段颇具地方特色的原始文化遗存面貌有了比较清晰的认识，将其命名为庙子沟文化，并区分出海生不浪、庙子沟和阿善二期三个相关的区域类型。海生不浪类型文化遗存是在继承本地区前段白泥窑文化主要因素基础上发展起来的一支新的考古学文化类型，在其形成与发展过程中，先后受到来自甘青、晋中和东北地区考古学文化的影响。我们可将其划分为顺序发展的三期，年代在距今5600～5000年之间。海生不浪类型的经济类型以锄耕农业为主，兼有狩猎、捕捞和家畜饲养。遗址周围防护沟和防护墙的出现，表明该阶段已出现部落间资源掠夺的情况，聚落形态发展到新的阶段。

关键词：内蒙古中南部　海生不浪类型　仰韶晚期　庙子沟文化

近年来，随着以呼和浩特平原为中心的内蒙古中南部田野考古工作的不断深入，对这一区域范围内新石器时代考古学文化的认识，特别是对属仰韶晚期阶段的海生不浪类型遗存的研究，也取得了长足的进展。

## 一

大约在20世纪50年代末，汪宇平先生就在清水河县白泥窑子、台子梁等遗址，发现了这类遗存[①]。1960年，内蒙古大学历史系考古教研室在清水河县境内黄河沿岸调查中发现的仰韶时期遗存，绝大部分属仰韶晚期阶段[②]，但当时仍把它们作为仰韶文化来认识，

① 汪宇平：《内蒙古清水河县白泥窑子村的新石器时代遗址》、《清水河台子梁的仰韶文化遗址》，《文物》1961年第9期。
② 洲傑：《内蒙古中南部考古调查》，《考古》1962年第2期。

未将其区分出来。内蒙古历史研究所于20世纪60年代初期，在沿黄河沿岸的另外几次调查中，对仰韶时期不同阶段的几种遗存，逐步区分开来，认为“这里的仰韶文化可分为两种，一种以岔河口遗址为代表，另一种以海生不浪东遗址为代表”①，并认为白泥窑子遗址的“彩陶既有仰韶文化的作风，又有仰韶文化所不能包括的独特风格”②。1963年，苏秉琦先生在内蒙古大学所做学术报告中，称此类遗存为“海生不浪类型”。到70年代后期，有学者重新整理了海生不浪、碱池和章盖营子遗址的调查材料，认为这类遗存“应是属于同一文化类型的新石器时代文化遗存”，并指出，此类遗存“既有别于仰韶文化，又与马家窑文化有所差异，这是仰韶文化在内蒙的继承和发展，而又是具有鲜明的地域特点的一种原始文化类型”③。至此，明确了以海生不浪遗址为代表的海生不浪类型遗存，是一种属仰韶晚期阶段的地域性文化类型。

进入80年代以来，由于1980年对位于大青山南麓的包头市阿善遗址的发掘，从地层上证实了与这类遗存相关的阿善二期遗存，晚于半坡—庙底沟文化类型，而早于阿善三期遗存。有研究者据此称这一类遗存为“海生不浪文化”④。随后，由于1982～1984年对白泥窑子遗址的发掘⑤，1983年在准格尔煤田进行的田野调查⑥和1984年对朱开沟Ⅶ区遗址的发掘⑦，使我们对与阿善二期遗存有所区别的海生不浪类型的文化面貌和内涵，有了一个较为全面的认识。特别是1985～1988年对察右前旗庙子沟和大坝沟遗址的大规模发掘和整理⑧，以及此后在1990年对准格尔煤田和大准铁路所涉有关遗址的发掘，使我们能够在更广阔的地域范围内，对内蒙古中南部仰韶晚期阶段的诸考古学文化遗存进行比较研究，进而对这一类颇具地方特色的原始文化遗存，提出“庙子沟文化”的命名，并初步区分出海生不浪、庙子沟和阿善二期三个相关的区域类型⑨。

## 二

海生不浪类型遗址，据目前的研究主要分布于南流黄河两岸和属黄河水系的浑河、清

---

① 内蒙古历史研究所：《内蒙古中南部黄河沿岸新石器时代遗址调查》，《考古》1965年第10期。

② 内蒙古历史研究所：《内蒙古清水河县白泥窑子遗址复查》，《考古》1966年第3期。

③ 吉发习：《内蒙古托克托县新石器时代遗址调查》，《考古》1978年第6期。

④ 崔璇、斯琴：《内蒙古中南部新石器至青铜时代文化初探》，《中国考古学会第四次年会论文集（1983）》，文物出版社，1985年，第173～184页。

⑤ 崔璿、斯琴：《内蒙古清水河白泥窑子C、J点发掘简报》，《考古》1988年第2期；崔璿：《内蒙古清水河白泥窑子L点发掘简报》，《考古》1988年第2期。

⑥ 内蒙古文物考古研究所、伊克昭盟文物工作站：《内蒙古准格尔煤田黑岱沟矿区文物普查述要》，《考古》1990年第1期。

⑦ 田广金：《内蒙古伊金霍洛旗朱开沟遗址Ⅶ区考古纪略》，《考古》1988年第6期。

⑧ 内蒙古文物考古研究所：《内蒙古察右前旗庙子沟遗扯考古纪略》，《文物》1989年第12期；魏坚：《庙子沟与大坝沟有关问题试析》，《内蒙古中南部原始文化研究文集》，海洋出版社，1991年，第113～118页。

⑨ 魏坚：《试论庙子沟文化》，《青果集——吉林大学考古专业成立二十周年考古论文集》，知识出版社，1993年，第85～100页。

水河及其支流，以及鄂尔多斯高原东部的沟谷阶地之上。所属地域范围，北达呼和浩特平原以南的大黑河下游区，南到清水河、准格尔与晋陕交界，东至和林格尔，西抵达拉特、东胜和伊金霍洛一线。目前发现的遗址主要有托克托县海生不浪、碱池、章盖营①，清水河县白泥窑子②、岔河口③，和林格尔县中二十家子④、榆树沟、郭家阳坡⑤，准格尔旗张家圪旦⑥、二里半⑦、周家壕⑧、寨子上⑨、白草塔⑩、南壕⑪，达拉特旗瓦窑⑫，伊金霍洛旗朱开沟Ⅷ区⑬等。经发掘并有材料发表的有白泥窑子、周家壕、寨子上、白草塔、南壕、瓦窑和朱开沟Ⅷ区。其余海生不浪、张家圪旦等处均有调查材料发表。

海生不浪类型的房址在经发掘的几处遗址中均有发现。一般为方形或横长方形半地穴式，门道以斜坡式为多，也见有石板或硬土台阶式，门向随地形略有变化，但基本为南向。居住面多用白砂泥抹成，有的经烧烤，坚硬平整。室中心或略近门道处设坑灶，常见前圆后方的双灶，有的在圆形坑灶边设灶坎，或以石板在地面围砌后灶。一般在四壁或灶周围分布有柱洞，洞底和周壁填以石块和硬泥。窖穴多为方形和圆形直壁，也有部分长方形和椭圆形直壁坑，个别窖穴内设有阶梯。在白泥窑子L点居住址南侧发现防护沟一条，宽约1米，深0.6～0.8米。白草塔遗址所在的坡下临黄河缓坡处，亦发现建有一条长约240米的石墙，与遗址两侧的断崖相连。在白草塔和南壕遗址分别发现了平面似勺形和长方形的横穴式陶窑。

生产工具有大型石器、细石器、骨角器和陶制品。磨制石器占半数以上，存在一定数量的打制和琢制石器。其中，亚腰形石斧、弧边长方形单孔石刀、扁体打制石铲、陶片改制成的长条形铲及两侧缺口刀，以及石铲、石凿和磨制的角锥和骨锥等，均具自身特征。

---

① 吉发习：《内蒙古托克托县新石器时代遗址调查》，《考古》1978年第6期。

② 崔璇：《白泥窑子考古纪要》，《内蒙古文物考古》总4期，1986 年。

③ 内蒙古历史研究所：《内蒙古中南部黄河沿岸新石器时代遗址调查》，《考古》1965年第10期。

④ 崔璇、斯琴：《内蒙古中南部新石器至青铜时代文化初探》，《中国考古学会第四次年会论文集（1983）》，文物出版社，1985年，第173～184页。

⑤ 李兴盛：《内蒙古和林格尔县浑河沿岸仰韶时代遗址调查》，《北方文物》1993年第3期。

⑥ 内蒙古文物考古研究所、伊克昭盟文物工作站：《内蒙古准格尔煤田黑岱沟矿区文物普查述要》，《考古》1990年第1期。

⑦ 内蒙古文物考古研究所：《准格尔旗二里半遗址第一次发掘简报》，《内蒙古文物考古文集》（第一辑），中国大百科全书出版社，1994年，第246～260页。

⑧ 内蒙古文物考古研究所：《准格尔旗周家壕遗址仰韶晚期遗存》，《内蒙古文物考古文集》（第一辑），中国大百科全书出版社，1994年，第167～173页。

⑨ 内蒙古文物考古研究所：《准格尔旗寨子上遗址发掘简报》，《内蒙古文物考古文集》（第一辑），中国大百科全书出版社，1994年，第174～182页。

⑩ 内蒙古文物考古研究所：《准格尔旗白草塔遗址》，《内蒙古文物考古文集》（第一辑），中国大百科全书出版社，1994 年，第183～204页。

⑪ 内蒙古文物考古研究所：《准格尔旗南壕遗址》，《内蒙古文物考古文集》（第一辑），中国大百科全书出版社，1994年，第205～224页。

⑫ 汪宇平：《内蒙古伊盟达拉特旗瓦窑村的新石器时代遗址》，《考古》1963年第1期。

⑬ 田广金：《内蒙古伊金霍洛旗朱开沟遗址Ⅷ区考古纪略》，《考古》1988年第6期。

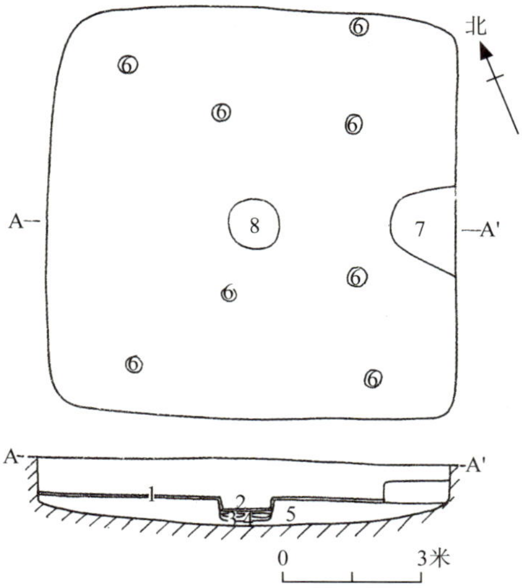


图1　第一期房址（南壕ⅠF22）

1. 粘土居住面；2. 烧结面；3. 石板；4. 红烧土；5. 垫土；6. 柱洞；7. 硬土台级；8. 灶

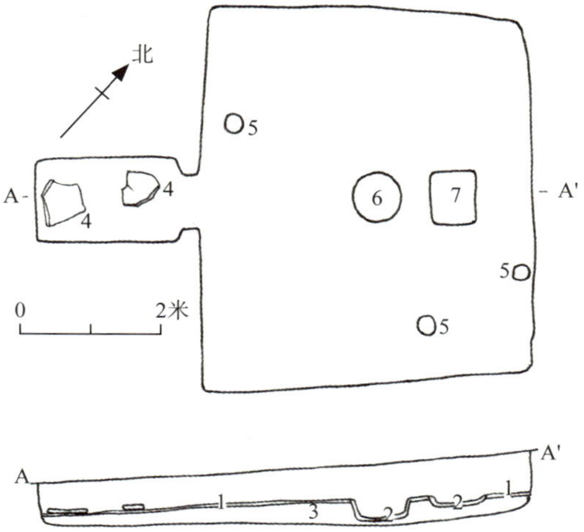


图2　第一期房址（白草塔F21）

1. 粘土居住面；2. 烧结面；3. 垫土；4. 石板；5. 柱洞；6. 前灶；7. 后灶

陶器以泥质灰陶和夹砂褐陶为主，其次为泥质红陶、橙黄陶、黑陶和褐陶，有少量的砂质陶。陶器中素面磨光陶所占比例较大，其次为绳纹、篮纹、附加堆纹和少量戳印纹、方格纹。彩陶仍有一定数量，多见深浅不一的褐色或赭色，有少量红色和黑色。复彩和内彩较为普遍，且纹样多变，有单线、复线、椭圆点、三角、垂孤、锯齿和方格等组成的繁缛的花纹图案。陶器均为手制，以泥条盘筑和泥片套接为主，盆、罐类口沿多经轮修。器耳和鋬手较为发达。代表性的器形有喇叭口尖底瓶、小口双耳罐、侈沿夹砂罐、平口夹砂罐、砂质筒形罐、敛口钵、折腹盆和敞口碗等。

据海生不浪类型诸遗址发掘的地层关系及主要器物的演变规律，这类遗存大致可分为三期。

第一期，房址平面呈方形或略近方形，多为单灶，亦有少数双灶。南壕ⅠF22，呈方形，单坑灶烧结面下铺垫石板，在室内以硬土垫成台级状门道（图1）；白草塔F21，略呈横长方形，双灶，长方形“门斗状”门道（图2）。陶器中，尖底瓶敞口长颈，尖部锐凸；小口双耳罐溜肩过甚，中腹凸鼓；敛口钵大口小底，上口部圆鼓；侈沿罐中鼓腹，小底；平口罐直口微敛，上鼓腹；筒形罐直敞口（图3）。

第二期，房址平面横长方形略多于方形，皆为双灶，后灶多有围坎或以石板围砌。南壕ⅠF11，前灶为圆坑状，后灶略呈长方形，较浅，围坎如箕状，斜坡状短门道（图4）。尖底瓶细颈溜肩，亚腰，底尖略圆钝；小口双耳罐溜肩鼓腹；敛口钵曲腹鼓肩；侈沿罐瘦长，上鼓腹；平口罐敛口，腹微鼓；筒形罐敛口，上腹鼓（图5）。

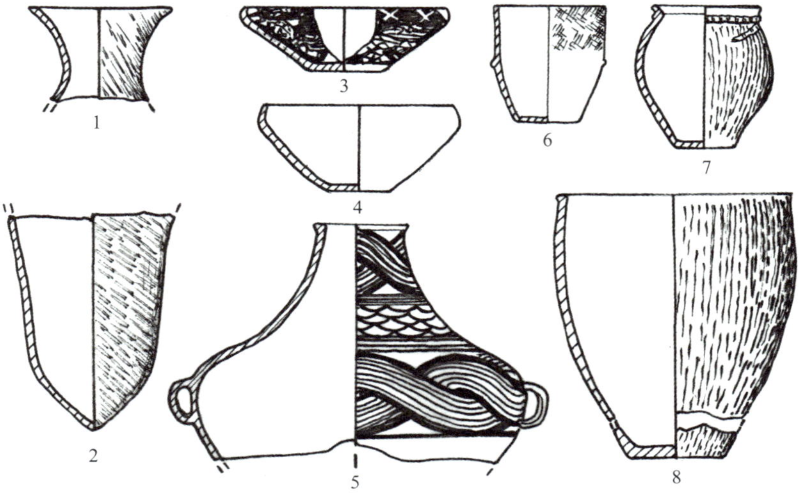

图3 第一期陶器

1. 尖底瓶（ⅠH67:3）；2.（尖底瓶F21:10）；3. 敛口曲腹钵（ⅠF10:1）；
4. 敛口钵（H32:1）；5. 小口双耳罐（ⅠH2:3）；6. 筒形罐（ⅠH23:2）；7. 侈沿罐（F21:3）；
8. 平口罐（ⅠH2:8）（1、3、5、6、8. 南壕出土；2、4、7. 白草塔出土）

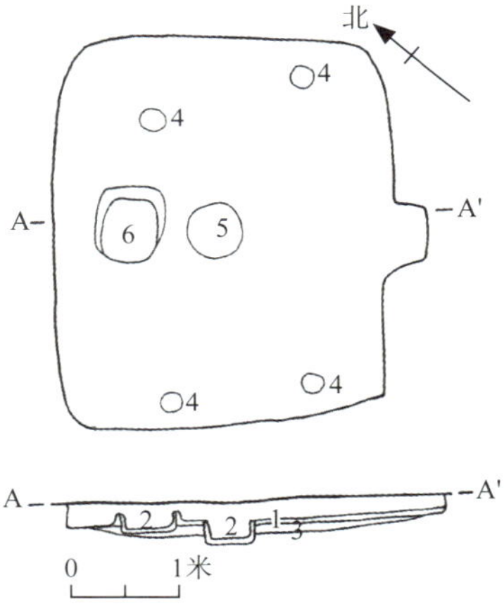


图4 第二期房址（南壕ⅠF11）

1. 粘土居住面；2. 烧结面；3. 垫土；
4. 柱洞；5. 前灶；6. 后灶

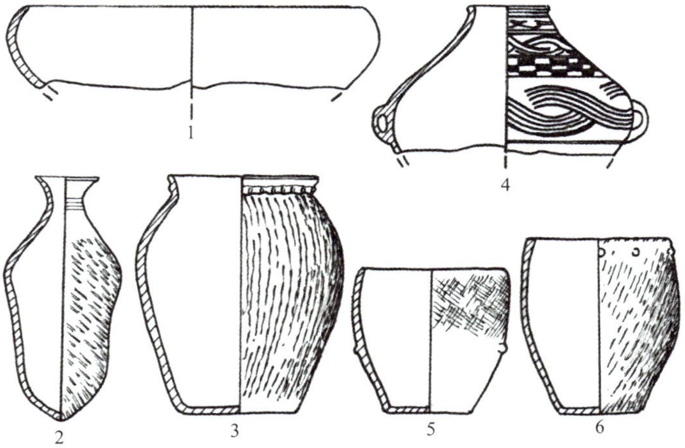

图5 第二期陶器

1. 敛口曲腹钵（ⅠF5:3）；2. 尖底瓶（H1:3）；3. 侈沿罐（ⅠF11:6）；
4. 小口双耳罐（H1:6）；5. 筒形罐（ⅠF11:1）；6. 平口罐（H1:9）
（1、3、5. 南壕出土；2、4、6. 张家圪旦出土）

第三期，房址多为横长方形，双灶仍较流行，并出现多灶及单灶带灶坎者。南壕ⅡF2，圆形坑灶位于室中心，东北侧又有两个圆形地面灶，两者被一长方形坑灶打破。短门道凸出于室外（图6）。尖底瓶长溜肩，肩部凸鼓，底尖圆钝；小口双耳罐溜肩斜直，双耳偏下；敛口钵鼓肩，深曲腹；侈沿罐矮胖，大口，鼓肩；平口罐敛口，中鼓腹；筒形罐敛口，圆鼓腹（图7）。

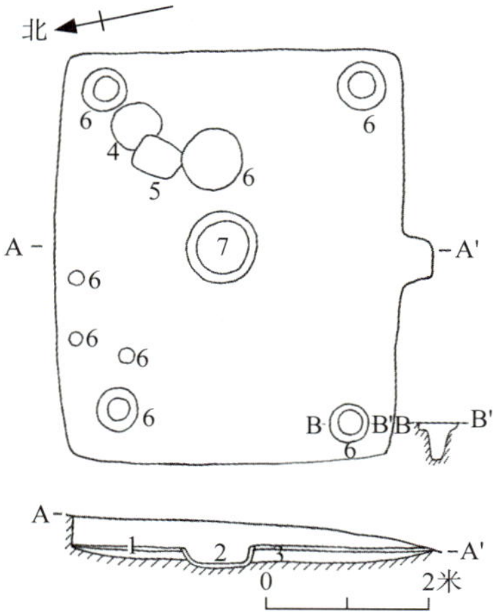


图6　第三期房址（南壕ⅡF2）

1. 粘土居住面；2. 烧结面 3. 垫土；
4. 地面灶；5. 坑灶；6. 柱洞；7. 坑灶

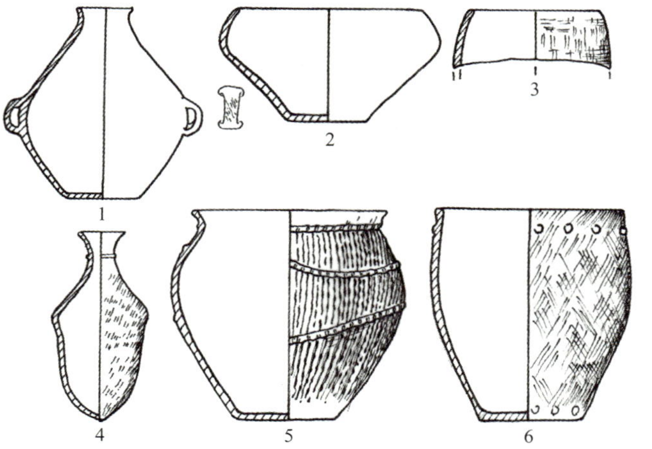


图7　第三期陶器

1. 小口双耳罐（H4:2）；2. 敛口钵（H2:4）；3. 筒形罐（ⅡF2:2）；
4. 尖底瓶（F7004:20）；5. 侈沿罐（ⅡF6:5）；6. 平口罐（H4:3）
（1、2. 寨子上出土；3、5. 南壕出土；4. 朱开沟Ⅶ区出土；6. 周家壕出土）

上述三期遗存，基本涵盖了海生不浪类型发展的全过程。在遗迹方面，房子平面由方形渐变为横长方形。在陶器方面，陶色渐由红褐变灰，彩陶渐次减少。几种主要器类的变化：尖底瓶溜肩加长，底尖渐圆钝；小口双耳罐由溜肩向斜长肩发展；敛口钵由敛口浅腹发展为鼓肩深腹；侈口罐由小口中鼓腹变为大口球腹；平口罐和筒形罐均为由直口逐渐发展为敛口。据阿善二期类型测得三个$^{14}$C年代校正值，海生不浪类型的绝对年代大约在距今5600～5000年间。其相对年代，第一期约当半坡四期早期阶段，第二期相当半坡四期晚期阶段，第三期应与西王村三期年代相近。

## 三

分布于内蒙古中南部南流黄河两岸的海生不浪类型，经历了近700年的发展历程，这是一支在本地区前段考古学文化的基础上，又吸收了周邻地区诸多考古学文化的因素，逐步发展、繁荣起来的地方性考古学文化类型。

海生不浪类型中普遍存在的喇叭口尖底瓶、侈沿罐、平口罐、敛口钵、曲腹盆和由弧线三角组成的彩绘图案，均是对当地白泥窑文化①的直接继承和发展。但是任何文化的

① 魏坚、崔璇：《内蒙古中南部原始文化的发现与研究》，《内蒙古文物考古文集》（第一辑），中国大百科全书出版社，1994年，第127～128页。

发展都不可能是独立和封闭的。这里出现的带门斗的双灶房址，在甘肃林家遗址曾有发现[①]，特别是以涡纹、菱形网格纹绘制的繁缛彩陶图案，表现出同分布于甘青地区的马家窑文化，存在着不可忽视的联系。在这类遗存中多见的筒形罐，当是红山文化因素同庙子沟文化接触，西渐而南下，逐步达到内蒙古中南部黄河两岸的明证。同时，在夹砂罐肩部贴附鸡冠耳的作风，显然是受到了来自晋中地区的以白燕第一地点一期为代表的文化遗存[②]的影响。

从海生不浪类型中出土大量石磨盘、磨棒、石斧、石刀和稳定的定居聚落形态分析，当时的人们是以从事锄耕农业为主要经济来源的。但在遗址中较大量的出土鹿、狍、牛、狐等野生动物和羊、马、猪、狗等家养动物骨骼，以及螺蛳、蚌壳等水生动物遗骸的发现，表明了作为经济生活重要补充的狩猎、饲养和捕捞业的存在。同时，也从另一个侧面证实了当时应属河流、湖泊众多的温湿丘陵草原生态环境。

这类遗存的房址基本都成排向阳分布，不见中心房址。房屋一般都开间较小，每座房址中都有一定的生产工具和生活用具。似乎表明了这时的人类社会组织，已经摆脱母系氏族公社时期以母系大家庭为主体的氏族制度，人们已经以小家庭的形式存在于氏族部落之中，每个家庭已经各自拥有一套属于小家庭的生产和生活用具。私有观念和私有财产的出现，说明这时的社会组织大约已经跨入了对偶婚制下的氏族家庭阶段。特别是在遗址周围防护沟和防护墙的出现，更加充分地表明了部落间为争夺土地，掠夺财产而存在战争的可能性。

绘图：田丽

（本文与计红合著，原载《内蒙古文物考古》总12、13期，1995年）

① 甘肃省文物工作队、临夏回族自治州文化局、东乡族自治县文化馆：《甘肃东乡林家遗址发掘报告》，《考古学集刊》（4），中国社会科学出版社，1984年，第113～122页。

② 晋中考古队：《山西太谷白燕第一地点发掘简报》，《文物》1989年第3期。

# ON THE HAISHENGBULANG TYPE

Wei Jian　Ji Hong

**Abstract:** The discovery of primitive remains dating to the late Yangshao stage in Central and Southern Inner Mongolia began in the 1950s. With the intensification of fieldwork and excavation, clear progress was made in the understanding of primitive remains with local characteristics dating to the late Yangshao stage in this area. The remains were grouped under the new label of Miaozigou culture, and subdivided in three related regional types: Haishengbulang, Miaozigou and Ashan Ⅱ. Haishengbulang inherited the main factors of Bainiyao culture, and its formation was influenced by archaeological cultures from Gansu and Qinghai, Jinzhong and Northeast China. We can divide the Haishengbulang type itself into three periods of sequential development, dating from between 5700 and 5000 years ago. Haishengbulang' s economy is mainly based on hoe farming, in addition to hunting, fishing and livestock raising. The emergence of protective walls and ditches around the site indicates undergoing plundering of inter-tribal resources at this stage, with further developments in the settlement pattern.

**Keywords:** Central and Southern Inner Mongolia; Haishengbulang Type; Late Stage of Yangshao Culture; Miaozigou Culture

# 庙子沟文化聚落形态及诸相关问题研究

摘　要：广泛分布于内蒙古中南部地区的庙子沟文化，是一支属于仰韶晚期阶段具有地域文化特征的考古学文化类型。位于黄旗海南岸的庙子沟和大坝沟两地三处遗址是目前该文化诸遗存中揭露面积最大，遗址保存相对完好，出土遗物较丰富的遗址之一。三处原始聚落遗址的布局和房址内成套生产和生活用具的出土，说明其社会组织可能已经跨入了父权制下以家族和家庭为主体的对偶婚制氏族家庭阶段。出土的大量遗物表明，这类遗存反映的生产活动，应以农业经济为主，狩猎、家畜饲养和捕捞、采集业仍然占有重要的比重。庙子沟遗址中的人骨均出土于房址的居住面和房址内外的窖穴，这一特殊现象反映了庙子沟聚落的废弃可能是源于突然的变故，这种变故应很可能是瘟疫。就地理位置而言，处于仰韶文化区、辽西红山文化区和马家窑文化区交汇三岔路口的庙子沟文化，是在继承北上的庙底沟文化因素基础上，接受了辽西红山文化和东进的马家窑文化因素的影响，而逐渐发展为一支具有鲜明自身特色的新的考古学文化。庙子沟文化其后的发展轨迹有二：位于黄河两岸的一支发展为阿善文化—永兴店文化；位于黄旗海和岱海地区的一支则与其后的老虎山文化有一定的渊源关系。

关键词：内蒙古中南部　庙子沟遗址　大坝沟遗址　聚落形态　社会组织　文化源流

广泛分布于内蒙古中南部地区的庙子沟文化，是一支属于仰韶晚期阶段的具有地域文化特征的考古学文化类型。其中，位于黄旗海南岸的庙子沟和大坝沟两地三处遗址，经过自20世纪80年代中期至90年代初期的大面积发掘和其后的整理研究，全部发掘资料于2003年10月发表①。这两地三处遗址是目前该文化诸遗存中揭露面积最大，遗址保存相对完好，出土遗物又较丰富的遗址之一。本文拟就这两处聚落表现出的社会组织状况、社会经济形态、部落毁灭原因和文化源流等诸方面的问题，进行更为深入的探讨，以就教于方家。

---

① 魏坚：《庙子沟与大坝沟——新石器时代遗址发掘报告》，中国大百科全书出版社，2003年。

## 一、聚落组织结构及社会发展阶段

庙子沟和大坝沟两地三处遗址，均分布于黄旗海南岸丘陵地带南北向深沟的西侧台地上，这类台地一般黄土堆积较厚，坡度较为平缓，因此聚落保存相对完整。聚落内房屋都顺坡势依次排列，分组分布，门道基本向东，背风向阳，每座房屋内都或多或少地出有各类生产和生活用具，在一定程度上反映了聚落内部的组织结构、生产关系和社会发展的基本状况。

庙子沟遗址所处的山坡相对较低，略有坡度，共发现52座房址及大量窖穴。房址从坡底的沟沿部逐步向坡顶分布，但并没有到达坡顶。除有3座房址位于遗址的最北端外，其余遗迹皆分布于遗址的中南部。不包括遗址东侧沟沿已被破坏掉的房屋，遗址内近50座房址，南北依等高线成排分布，由东向西至坡上，大约可以分为10排，未见有打破关系。除极个别几座房址门向正东外，绝大部分房址均依地势门向略偏东北。庙子沟房址一般开间较小，除去4座残破无法计算的房址，两座最大的房址F10和F45也不过20余平方米，不足10平方米的房址有7座，其中，最小的F2仅6.8平方米，其余10～16平方米的20余座，16～20平方米的近10座。房址由坡下向坡上分布渐趋稠密，坡下近沟沿一带，每排房址之间相距约6～10米，而坡上部排与排之间相距约4～6米。在每排房址中，往往每2～3座年代相近的房址分布相对要近一些，距离一般2～3米。大型窖穴分布于房址周围，房址内亦建有较多的小型窖穴，共发现各类窖穴和灰坑139座。

大坝沟遗址Ⅰ区东侧是一条宽深通畅的大沟，与遗址高差近60米，遗址地表较为平坦，发现房址36座。房址亦是坐西朝东，面向沟沿分布，由东向西，在防护沟北大约可以分为4排，沟南则可分为6排，房址之间见有打破关系。门道基本东向，极个别略偏北或偏南。大坝沟Ⅰ区房址普遍较庙子沟者偏大，除残破的9座而外，超过20平方米的有5座，其中ⅠF20和ⅠF17均超过28平方米，不足10平方米的仅2座，其余10～16和16～20平方米的房址，各占一半。房址排与排的间距在2～12米之间，成组的房屋间距为2～10米不等。窖穴在房址周围集中分布，室内窖穴较少，计有窖穴和灰坑110座。

大坝沟遗址Ⅱ区位于Ⅰ区之南，与Ⅰ区隔东西向、宽约300余米的大西沟相望，遗址同样位于高台地之上，地势也较平坦，因发掘面积较小，发现房址9座。房址因地势走向，门道均东南向，由东南向西北房址分为4排。该区房址一般较小，最大的ⅡF7不到17平方米，最小的ⅡF6亦不足8平方米，其余的房址面积均在9～14平方米之间。房址分布比较紧密，排距约在6～10米左右，房屋间距为1～4米不等。窖穴亦集中分布于房址周围，室内窖穴少见，清理窖穴和灰坑19座。

在上述遗址中，那些均匀分布于房址周围的灰坑，大部分是制作规整的各类窖穴，真正意义上的灰坑只是极少数。而且这些窖穴和灰坑应当就是从属于相应的房址的。连同房址内及用作墓坑的窖穴，庙子沟每座房址占有的窖穴和灰坑平均约为3.4座；大坝沟两区房址平均占有的窖穴和灰坑约为2.9座。若除去庙子沟部分埋有人骨的窖穴，两者基本相当。

庙子沟与大坝沟三处遗址，不仅聚落布局有规律可循，而且出土遗物也提供了许多有价值的信息。

三处遗址都出土了大量的陶、石、骨、角、蚌器，可以反映当时社会生活的各个方面。在大多数的房址和窖穴内，都出土了一定数量的生产和生活用具以及装饰品。特别是庙子沟遗址，由于其特殊的废弃原因，从而基本保留了当时生活的原貌，在几乎每座房址内，都发现了成套的生产工具和生活用具及装饰品。如F15内，共出土了113件器物。其中，除在居住面上出有磨盘、磨棒、石斧、石刀、石纺轮和各种陶器外，在房址内窖穴H21中还出有7件石器，在H22中出土了6件陶器。再如F19和F22等单位，F19居住面出陶器13件、石器14件、牙饰件2件，另在窖穴H30中出陶器4件、石器9件、骨锥1件、蚌壳1件；F22居住面出陶器13件、石器5件，在窖穴H32中出有纺轮和鹿角各1件。在F25内的窖穴H36中，沿圆形坑底四周，共摆放了19件陶器和3件磨石。此外，在出有人骨的单位内，常发现有成年男女与小孩合葬或同处一室的现象，如M25就葬有三个成年女性、一个少年和两具幼童的尸骨；M29则葬有两男一女三个成年人和一个少年；F8在室内后角的窖穴内葬有一位青年女性，同时在灶坑里还蜷曲放置两具6～8岁的幼童尸骨。这些同居一室或同葬一穴的人，极有可能是同属一个家族或一个家庭的成员。

从上述对庙子沟与大坝沟两地三处遗址的聚落布局、出土遗物和埋葬习俗的分析，可以得出如下认识：

1、三处遗址中，无论略有坡度的庙子沟遗址，还是地形平坦的大坝沟两处遗址，房址均明显成排分布，门道基本东向。不见处于母系氏族制度发展阶段的如半坡、姜寨那样向心式的，以氏族部落为主体的聚落布局形式。

2、房子开间普遍较小，并且表现出从大坝沟遗址Ⅰ区到庙子沟由早到晚逐渐变小的趋势。没有发现公共活动场所类的中心建筑。

3、同排年代相近的两座或三座房址间的相对距离，往往小于排与排之间的距离。表明相近的两三座房子的主人可能具有更为密切的亲缘关系。

4、庙子沟和大坝沟遗址，每座房址拥有的窖穴和灰坑约在2.9～3.4座之间。若从每座房子的主人单独存放粮食、用具和杂物的要求来讲，应当说是比较适合的。

5、每座房子都拥有整套的生产工具和生活用具，说明这些房子的主人可以单独进行生产和生活，亦或是以相近的两座或三座房子及其周围的窖穴，组成一个生产和生活的单元，从事日常的生产劳动和家居生活。

6、不同年龄和性别的人同处一室或同葬一处的现象，说明了这些成员之间可能有着更为密切的血缘关系。以家族和家庭为主体的氏族社会可能已经出现。

综上所言，庙子沟与大坝沟三处原始聚落遗址所反映的情况表明，地处黄河流域以北的黄旗海地区，在仰韶晚期阶段进入了文化发展的繁荣时期。私有观念和私有财产的存在，以家族和家庭为生产和生活单元的事实，说明处于这一阶段的原始聚落已经脱离了母系氏族社会的束缚，其社会组织可能已经跨入了父权制下的，以家族和家庭为主体的对偶婚制氏族家庭阶段。

## 二、聚落经济形态

庙子沟与大坝沟三处遗址内，房屋布局井然有序，窖穴、灰坑散布其间，聚落延续发展有一定的时间性，表明其属于定居的原始部落遗存。三处遗址均位于黄旗海南岸丘陵的二、三级台地之上，背山面水，视野开阔，是理想的人类栖息地。

这类遗址中，发现了大量的用于农业生产的石斧、石刀、石铲，以及加工粮食用的大型的石磨盘、石磨棒等，陶器中最具代表性的小口双耳罐以及与其配套使用的漏斗的大量出土，并在窖穴中成批储存陶器的现象，似乎反映了农业生产的重要和发达程度。另外，在三处遗址近半数的房址居住面上，均发现了用于捣砸坚果类食物的地臼，表明果类采集也是农业经济的补充手段。

遗址出土的动物骨骼占有一定的比重。首先，在窖穴和灰坑中，经常可以看到大型的马鹿角和原始野牛的头骨，庙子沟遗址的窖穴里还发现了完整的狍子骨架，可见野生动物的狩猎是普遍存在的。陶器中大型的平口夹砂罐可能就是用作烹煮动物的炊器。其次，数量较多的用动物骨和角制作的工具，也反映了动物狩猎经济的普遍存在。再次，是遗存中出有一定数量的石镞和细小石器，许多小石叶是制作骨柄石刃刀和骨柄石刃剑的原料。从动物骨骼鉴定的结果来看，计有黄羊、马鹿、野牛、马、羚羊、熊、野猪、狍子、狐狸、貉、鼢鼠和猪、狗等，还有少量的鸟类骨骼。当然，这当中猪、狗占有一定数量，也不排除家庭饲养业的存在。从这类遗址位于黄旗海南岸这样有利的地理条件来说，渔猎经济也是存在的。遗址中出土了一定数量的以完整的蚌、螺壳制作的项饰和以蚌片磨制的坠饰，在庙子沟房址的窖穴内，还发现了可能是给小孩玩耍的大型蚌壳。

此外，这类遗存的手工业生产制作普遍存在。首先，石器制作工艺具有较高水平。大量的窄首宽刃石斧、直背直刃长方形双孔石刀、梯形宽刃偏锋小石锛、条形直刃偏锋小石凿、圆饼状石纺轮以及各种形制的石环等，都磨制十分精美。其次，陶器的大量使用，以及夹砂、泥质、砂质陶系的分类，特别是花纹精美的彩陶器的制作，反映出了较高的陶器制作水平。在庙子沟和大坝沟遗址，虽因沟沿塌陷和破坏没有发现陶窑，但在遗址的灰坑当中，均出土了经过烧烤的陶窑的窑箅残块。这些发现表明制陶业在人们的日常生活中是不可或缺的生产活动。庙子沟发现的女性人骨的右手腕部常常带有石环和陶环，蚌螺壳类和石管状项饰及穿孔骨片饰也常见于女性，幼童则多在胸前佩带环形玉石佩饰，反映了当时人们的审美情趣。

上述分析仿佛使我们看到：聚落的先民们，在原始村落的坡前台地上开荒耕种，妇女们从沟里取来清澈的泉水制陶、烧饭，孩子们戏耍于聚落的房子之间，男子们则出没于坡上茂密的丛林捕杀野兽，荡舟于黄旗海水面捕捞鱼虾。出土的大量遗物表明，这类遗存反映的人们的生产活动，应以农业经济为主，狩猎、家畜饲养和捕捞、采集业仍然占有重要的比重，工具和陶器制作具有较高的水平。

## 三、庙子沟遗址废弃原因的探讨

庙子沟遗址是目前内蒙古中南部地区发掘面积最大，出土遗物最为丰富，考古学研究亦较深入的遗址之一。遗址内遗迹分布有序，没有叠压打破关系，清除表土后即露出房址和窖穴。在大部分房址居住面上和房址内外的窖穴中，往往出有成套的生产工具和生活器皿以及各类装饰品。有的窖穴内集中放置排列整齐的陶器，如在F25的室内窖穴H36中，就在坑底环壁一周，放置有十几件完整的各类陶器。位于遗址中心的F15房址内，共出土了113件器物，这在目前发现的新石器时代遗址中是极为罕见的。如若不是遇到不可抵御的突然变故，迫使当时的居民迅速逃离，并且来不及带走全部或大部分生产和生活用具，就不可能留下现在发掘现场的情景。那么，这可能是一种什么样的突然变故呢？对于当时的居民们来说，能够使一个聚落毁灭的因素，大约不外乎水灾、火灾、地震、火山爆发、部落战争和饥荒瘟疫等。

黄旗海南岸的地貌类型是基岩低山丘陵，海拔约1500米左右。据环境学的研究，从晚更新世末期开始，这一地区在海拔1360米以下地区开始形成湖泊，一直到全新世中期，该地区一直是湖泊的控制范围。其后，黄旗海逐步发生湖退，到距今约5000年左右退至海拔1300米以下后，就再也没有达到这个高度。庙子沟遗址的海拔高度约在1370～1350米之间，是黄旗海发生湖退以后形成的黄土堆积。在遗址发掘过程中，没有发现水浸后的淤积泥土，也没有任何水灾的痕迹，因此毁于水灾的可能性是不存在的。此外，在所发掘清理的遗迹单位中，除发现个别烧骨外，几乎未见任何木炭，而庙子沟聚落的房址都是半地穴式，上部以木柱搭建屋顶，若遭火灾是不可能没有木炭存留的，故而火灾的原因也可排除。至于地震或火山爆发的可能性，目前看来也难以找到确实的证据。那么，是部落战争造成的废弃吗？我们在对遗址中发现的78例人骨材料的鉴定当中，也未见有明显的砍杀和人为致死的证据。虽然有的尸骨有挪位和缺损的现象，但在相应的遗迹单位内，我们也发现了大量的鼠洞，有的尸骨甚至被拖入鼠洞之中，并且经常可以见到鼠类的骨骼。因此，个别骨骼的缺损、挪位应是鼠类常年扰动所致。

故此，庙子沟聚落的废弃很可能是由于饥荒和瘟疫造成的。据环境学的研究，在黄旗海地区，距今6000年前的降雨量大约是700毫米以上，属温湿气候。现在的黄旗海地区，属于温凉半干旱气候区，年平均降水量为376毫米。也就是说，从距今6000年以后，这里逐步趋向干旱寒冷。一般来说，温暖湿润的环境更适合于农业的发展和人类的生活。许多情况表明，人类文明的毁灭或终止，除了人类自身战争等方面的原因外，主要是自然界的外力影响造成的，在原始社会阶段更是如此。但由于气候环境的变化造成的文明毁灭，应当是一个较长时间的持续过程。所以，文明发展的鼎盛阶段也许会在气候环境开始变坏以后产生。诚如所言，则黄旗海地区的庙子沟文化，恰恰是在环境逐步恶化的起始阶段发展到其鼎盛的。庙子沟聚落逐步发展的时期，应当是环境和气候逐渐变坏和变冷的阶段，随后，很可能是由于干旱或别的什么原因，造成了饥荒和瘟疫的流行，最终导致了聚落的毁灭。

庙子沟遗址没有发现公共墓地。但是，却存在一个十分令人费解的现象，即在遗址部分房址和近四分之一的窖穴、灰坑中，出有78具人骨个体。这些发现人骨的房址居住面和房址内外窖穴，很明显并非专门用来埋葬死者的墓地，而是在不得已的情况下，利用了房址内外的窖穴。房址内部分窖穴和居住面上的人骨，则很可能未曾进行埋葬，这从遗址的发掘现场一望而知。但是，从大坝沟遗址Ⅱ区发现的两座幼童墓葬来分析，当时的人们也可能有把未成年的小孩埋在房址附近的习俗。庙子沟遗址内，就有把未成年的小孩单独埋在室外看似窖穴的墓葬中的情形。而且，有的往往在坑底再挖一个小坑作葬坑。可是，庙子沟遗址中绝大多数的死者，却可能是由于突然到来的变故而致死。也正因为可能是瘟疫的原因，聚落的毁灭才会有一个较为简短的过程。在有些埋葬坑中，人骨的排列较为有序，经常把不同年龄、性别的人一次性地葬在房址外的长方形窖穴中，如M19、M25等；有的埋葬则显得草率而杂乱，常见把尸体方向不一、上下叠压地胡乱弃置在长方形大型窖穴内，如M4、M10和M29等；有的则是母子或成年人和小孩的合葬，如M4、M18、M19和M40等；在许多房址的居住面和室内窖穴中，常见成年人的尸骨随意弃置，儿童的尸骨则经常葬在灶坑内或灶旁的居住面上，如遗址中面积最大的F10，在房子前角的两个袋形穴中，分别葬有一具成年人的尸骨。在F8后角的圆形窖穴中，葬有一具青年女性的尸骨，而在房址中央直径仅60厘米的灶坑内，竟蜷曲放置了两具幼童的尸骨。这种现象在F35和F43等房址中也有发现。此外，在大部分房址中均留有成套的生产和生活用具。可是，在众多的遗迹单位中，竟没有发现任何粮食的碳化物，这除了保存情况不好外，也许表明了当时的饥荒和由此造成的瘟疫的严重程度。

庙子沟遗址大部分尸骨的埋葬位置和埋葬方式，显然不属于正常埋葬。而这种不把死者埋入墓地，并在遗址中留有大量遗物的现象，似乎可以告诉我们庙子沟原始聚落在灾难突然袭来时的毁灭过程。我们可以想像，当瘟疫袭来时，这个曾经充满了生机的原始部落，无暇将死者运往墓地，开始先利用房址周围的大型窖穴，草草地埋葬第一批死者；瘟疫继续肆虐时，有次序的埋葬已经无法进行，许多死者被随意弃置在房屋内外的窖穴当中；而当瘟疫更为猖獗时，埋葬已成为不可能，人们自顾不暇，许多人在房址和房址内的窖穴中就地倒毙，而生者也只能带上部分器具，匆匆逃离家园。这对于远古的先民们来说是悲惨的，而它却给我们留下了许多弥足珍贵的资料，对于我们复原当时的社会生活是十分有益的。

## 四、庙子沟文化源流探索

在内蒙古中南部仰韶晚期阶段形成的庙子沟文化，可以划分为三个小的区域类型。从这一文化三个类型所处的地理位置上看，恰恰是在陕、晋、冀北部的仰韶文化区和辽西地区的红山文化区以及陇东地区的马家窑文化区这三个大文化圈相交汇的三岔路口。因此，在文化面貌上会各自表现出一些邻境地区考古学文化的因素，但这并不影响其作为一个独立的考古学文化而存在。

内蒙古中南部地区，目前发现的年代最早的遗存，当属包头阿善一期遗存[①]，这类遗存的生产活动，应以农业经济为主，狩猎、家畜饲养和捕捞、采集业，仍然占有重要的地位。工具和陶器制作具有较高的水平。属这一阶段的遗存在商都[②]、和林格尔[③]、凉城岱海周围[④]均有发现。从出土的小口瓶及红彩或黑彩宽带纹直口钵来看，其主流应属后冈一期文化。但宽侈沿彩带盆和斜方唇弦纹夹砂罐等，表明半坡文化因素也明显存在。就遗存分布情况分析，这时的后冈一期文化，是由冀、晋北部的张家口、丰镇、杀虎口等北上通道，入凉城、和林格尔地区。其后，一支往北沿浅丘陵地带进入商都、察右后旗一带；一支折向西，沿阴山南麓进入河套地区，与溯黄河而上的晋、陕地区的半坡文化碰撞，产生了与后冈一期文化和半坡文化略有差别的，以阿善一期为代表的遗存。

以清水河白泥窑子遗址C点F1为代表的遗存[⑤]，在清水河的二道河[⑥]、岔河口[⑦]，凉城的

① 内蒙古社会科学院蒙古史研究所、包头市文物管理所：《内蒙古包头市阿善遗址发掘简报》，《考古》1984年第2期。

② 内蒙古文物考古研究所、乌兰察布博物馆、商都县文物管理所：《商都县章毛勿素遗址》，《内蒙古文物考古文集》（第二辑），中国大百科全书出版社，1997年，第137～150页。

③ 乌盟博物馆和林格尔县文物普查资料。

④ 内蒙古文物考古研究所、日本京都中国考古学研究会岱海地区联合考察队：《凉城县王墓山坡上遗址发掘报告》，《内蒙古文物考古文集》（第二辑），中国大百科全书出版社，1997年，第238～270页。

⑤ 崔璿、斯琴：《内蒙古清水河白泥窑子C、J点发掘简报》，《考古》1988年第2期。

⑥ 内蒙古文物考古研究所1990年丰准线调查资料。

⑦ 内蒙古历史研究所：《内蒙古中南部黄河沿岸新石器时代遗址调查》，《考古》1965 年第10期。

石虎山[1]和黄河对岸准格尔的官地[2]、鲁家坡[3]等地也有发现。这一类型中的黑宽彩带红陶钵、绳纹或线纹的夹砂红陶罐、线纹敛口红陶瓮等器物，均属半坡文化因素。小口尖底瓶的形态，特别是夹砂罐口沿已显示出庙底沟文化的特征。在偏东的岱海地区还出有一定量的鼎和红顶钵，其余地区则仅红顶钵和尖底瓶口部保留有后冈一期文化因素。这类遗存同山西芮城东庄村遗存[4]相似，属于半坡文化向庙底沟文化过渡性质，年代上可能已进入了庙底沟文化早期阶段。这一阶段，半坡—庙底沟文化因素明显加强，由东而来的后冈一期文化因素影响已近尾声，逐步为庙底沟文化所取代。后冈一期和半坡文化的传播与影响，为庙底沟文化在这一地区的全面发展奠定了基础。

中原地区考古学文化对内蒙古中南部的影响，到庙底沟文化（也有学者因第一次在西阴村发现此类遗存，而将其命名为西阴文化）阶段达到了全盛。目前已知的属庙子沟文化分布的区域内，均有庙底沟文化因素占主导地位的遗存发现。从准格尔旗的房塔沟、棋盘堰、官地[5]和清水河县白泥窑子[6]等遗址，到凉城县狐子山、王墓山[7]，商都县章毛勿素[8]一带，这一阶段遗存的面貌都不尽一致。在黄河两岸海生不浪和阿善二期类型分布区域内，庙底沟文化遗存表现出较浓厚的原生因素，如重唇口尖底瓶，弧线三角和勾连圆点图案的彩陶盆，铁轨式口沿弦纹夹砂罐等，只是缺乏釜、灶、鼎等器形。在庙子沟类型分布区域较北的商都县章毛勿素，出土的一组庙底沟文化陶器中，彩陶盆为平卷沿圆唇，曲腹不显，两组平行的弧线三角和椭圆点组成的花纹图案，线条略直，不甚流畅；直口红陶钵为深腹凹底，口外侧呈不规则的“红顶”；夹砂弦纹罐口沿为凹槽状，上腹弦纹较浅，且不甚规整。不见尖底瓶和釜、灶、鼎。同典型庙底沟文化相比，表现出明显的地方变异。

庙子沟文化的喇叭口尖底瓶，显然是由溯黄河北上的庙底沟文化重唇尖底瓶，经单唇，

① 内蒙古文物考古研究所、日本京都中国考古学研究会岱海地区考察队：《石虎山遗址发掘报告》，《岱海考古（二）——中日岱海地区考察研究报告集》，科学出版社，2001年，第18～145页。

② 内蒙古文物考古研究所：《准格尔旗官地遗址》，《内蒙古文物考古文集》（第二辑），中国大百科全书出版社，1997年，第85～119页。

③ 内蒙古文物考古研究所：《准格尔旗鲁家坡遗址》，《内蒙古文物考古文集》（第二辑），中国大百科全书出版社，1997年，第120～136页。

④ 张忠培：《试论东庄村和西王村遗存的文化性质》，《考古》1979年第1期。

⑤ 内蒙古文物考古研究所、伊克昭盟文物工作站：《内蒙古准格尔煤田黑岱沟矿区文物普查述要》，《考古》1990年第1期。

⑥ 崔璿、斯琴：《内蒙古清水河白泥窑子C、J点发掘简报》，《考古》1988年第2期；崔璿：《内蒙古清水河白泥窑子L点发掘简报》，《考古》1988年第2期；内蒙古社会科学院历史研究所考古研究室：《清水河县白泥窑子遗址K点发掘报告》，《内蒙古文物考古文集》（第二辑），中国大百科全书出版社，1997年，第179～190页；内蒙古社会科学院历史研究所考古研究室：《清水河县白泥窑子遗址D点发掘报告》，《内蒙古文物考古文集》（第二辑），中国大百科全书出版社，1997年，第211～237页。

⑦ 乌盟文物站凉城文物普查队：《内蒙古凉城县岱海周围古遗址调查》，《考古》1989年第2期；内蒙古文物考古研究所、日本京都中国考古学研究会岱海地区联合考察队：《凉城县王墓山坡上遗址发掘报告》，《内蒙古文物考古文集》（第二辑），中国大百科全书出版社，1997年，第238～270页。

⑧ 内蒙古文物考古研究所、乌兰察布博物馆、商都县文物管理所：《商都县章毛勿素遗址》，《内蒙古文物考古文集》（第二辑），中国大百科全书出版社，1997年，第137～150页。

到敞口发展而来的。敛口曲腹钵、侈沿曲腹盆、侈沿夹砂罐、平口夹砂罐等主要器形及主要彩陶花纹图案，同庙底沟文化的直口钵、曲腹彩陶盆、铁轨口夹砂罐、大口瓮等器形和宽带、花草纹彩绘图案的演变发展关系，也是有明显脉络可寻的。因此，庙子沟文化应是在庙底沟文化的主导因素基础上发展起来的区域性考古学文化。但是，在其发展过程中，也吸收了较多的邻境地区文化因素的影响。首先，庙子沟文化中普遍存在的薄胎砂质筒形罐、小口直领双耳壶、敞口折腹钵，从黄河西岸到黄旗海以东地区，显示渐趋增多的趋势。在庙子沟类型第一期遗存中，筒形罐则为主要的代表性器类。上述三种器形不见于庙底沟文化，而在内蒙古东部西水泉红山文化遗存①中却可见到其祖型。同时，庙子沟文化中施交错绳纹的筒形罐和素面侈沿双耳陶盆，在小河沿文化大南沟墓地②中均有发现。就筒形罐而言，第一，从相对年代关系来说，庙子沟文化早期筒形罐出现的时间要晚于红山文化中期，前者应是由后者发展而来；第二，庙子沟文化筒形罐中腹贴附鸡冠耳和纽耳的作风不见于红山文化和小河沿文化，而红山文化无耳和小河沿文化饰桥状耳的作风又与庙子沟文化有所不同，这反映了同一种器物在不同时空范围内产生的特征性差异；第三，庙子沟文化中期筒形罐与红山文化晚期者形态较为接近，但前者饰交错绳纹，后者饰“之”字纹，由此可见，庙子沟文化在接受红山文化筒形罐的同时，摒弃了“之”字纹而装饰了具有自身特点的交错绳纹；第四，小河沿文化早期筒形罐与庙子沟文化晚期同类器，在纹饰及器形上都非常接近。小河沿文化筒形罐是红山文化筒形罐的直接继承者，但其所饰的交错绳纹表明，在其产生发展的过程中，曾受到庙子沟文化强有力的影响。此外，在红山文化、庙子沟文化、小河沿文化中常见的敞口折腹钵，以西水泉遗址发现的H4：2年代较早，约属红山文化的中期以前。因此，红山文化的折腹钵不仅在其晚期被小河沿文化所继承，而且在庙子沟文化早期阶段就已传播至内蒙古中南部。而小河沿文化中的敛口曲腹钵、侈沿曲腹盆等器形，在庙子沟文化中均属较晚形态，可见小河沿文化这两类器形是在庙子沟文化的影响下产生的。

小河沿文化是在继承红山文化主导因素的基础之上，接受了来自庙子沟文化和更东端的大汶口晚期文化的影响而形成的。正因为其文化构成的多元性，所以它与红山文化晚期遗存表现出诸多的差异。学术界对小河沿文化与红山文化晚期遗存的关系问题，有两种不同的看法。一种认为，小河沿文化是红山文化晚期遗存的直接继承者，并提出了“后红山文化”的命名建议③；另一种认为，小河沿文化可能出现于辽西地区新石器时代第三阶段，与红山文化晚期并行，二者还可能形成相互争夺的局面④。根据上述对红山、庙子沟、小河沿三种文化的分析，红山文化晚期与庙子沟文化早中期联系较多，二者曾有过相互交流、并行发展

① 中国社会科学院考古研究所内蒙古工作队：《赤峰西水泉红山文化遗址》，《考古学报》1982年第1期。
② 郭大顺：《大南沟的一种后红山文化类型》，《考古学文化论集》（二），文物出版社，1989年，第59～77页。
③ 郭大顺：《大南沟的一种后红山文化类型》，《考古学文化论集》（二），文物出版社，1989年，第75～77页。
④ 朱延平：《辽西区新石器时代考古学文化纵横》，《内蒙古东部区考古学文化研究文集》，海洋出版社，1991年，第12页。

的阶段，而小河沿文化早期与庙子沟文化晚期关系密切，曾接受了诸多庙子沟文化的影响。这一比较结果似乎支持了前一种意见。但是，参考牛河梁Z1的$^{14}$C数据，经树轮较正为距今5000±130年，说明红山文化晚期的年代下限可晚至距今5000年左右①，与庙子沟文化晚期年代相当。而小河沿文化的年代上限，从与庙子沟文化晚期遗存的比较来看，也有可能突破距今5000年。因此，小河沿文化可能在红山文化晚期即已出现，与红山文化晚期有着并行发展的阶段。从这种年代意义上讲，后一种意见就显得很有见地。总之，内蒙古中南部的偏东北区域是连接黄河流域和辽河流域的中间地带，是“两河流域”原始文化交流的必然途径。红山、庙子沟、小河沿三种文化之间文化因素的相互存在，表明沿燕山北麓及沟谷地带进行的两地之间在文化上的交流和传播关系，是不容忽视的。

其次，海生不浪类型中常见的带有门斗并有前后坑灶的房子，在马家窑文化中多有发现。在准格尔旗白草塔遗址发现的方形、加宽门道形成长方形门斗的房址，就同甘肃东乡林家遗址②的马家窑文化房址别无二致。特别是海生不浪类型陶器发达的内彩，小口双耳罐和侈沿曲腹盆器表繁缛的复彩花纹图案，很显然是在庙底沟文化彩陶的基础上，接受了陇东同时期马家窑文化因素的影响和渗透。

再有，在庙子沟文化中发现了一定量的石叶、石镞、石片和刮削器等细小石器以及用石叶镶嵌的骨柄石刃刀、骨柄石刃剑等复合工具。这种发达的细石器工艺加工技术，反映了北方传统的细石器文化因素对庙子沟文化的影响，同时表明了这一区域性文化中狩猎经济文化因素的普遍存在。庙子沟文化的发展去向，目前看来大致有两条轨迹。一条是在黄河两岸地区，阿善二期和海生不浪类型直接发展为以阿善三期③和小沙湾类型④为代表的阿善文化。阿善二期类型中折腹钵演变为敛口深折腹钵，小口双耳罐为高领罐取代，侈沿夹砂罐变得小口圆鼓腹，平口夹砂罐演变为篮纹敛口瓮。海生不浪类型的喇叭口尖底瓶，经小沙湾类型的喇叭口鼓肩篮纹圆纽状尖底瓶，发展为篮纹高领广肩平底罐。至阿善文化偏晚阶段，这两种类型合而为一，发展为龙山阶段以宽档尖底胖袋足鋬手鬲和绳纹花边口夹砂罐为代表的永兴店文化⑤。一条是在黄旗海、岱海周围地区，庙子沟文化之后有一段缺环，但与相对年代略晚的辽西地区大南沟小河沿文化遗存，在许多陶器形态上表现出的

---

① 辽宁省文物考古研究所：《辽宁牛河梁红山文化“女神庙”与积石冢群发掘简报》，《文物》1986年第8期。

② 甘肃省文物工作队、临夏回族自治州文化局、东乡族自治县文化馆：《甘肃东乡林家遗址发掘报告》，《考古学集刊》（4），中国社会科学出版社，1984年，第113～122页。

③ 魏坚：《试论阿善文化》，《青果集——吉林大学考古系十周年纪念文集》，知识出版社，1998年，第27～34页；内蒙古社会科学院蒙古史研究所、包头市文物管理所：《内蒙古包头市阿善遗址发掘简报》，《考古》1984年第2期。

④ 内蒙古文物考古研究所：《准格尔旗小沙湾遗址及石棺墓地》，《内蒙古文物考古文集》（第一辑），中国大百科全书出版社，1994年，第225～234页；内蒙古社会科学院蒙古史研究所、包头市文物管理所：《内蒙古包头市阿善遗址发掘简报》，《考古》1984年第2期。

⑤ 魏坚：《试论永兴店文化》，《文物》2000年第9期；内蒙古文物考古研究所：《准格尔旗永兴店遗址》，《内蒙古文物考古文集》（第一辑），中国大百科全书出版社，1994年，第235～245页。

共同特征，则应引起我们的注意。岱海地区以老虎山、园子沟等遗址[①]为代表的老虎山文化，其炊器为圜底单把釜形斝和双耳红陶夹砂罐，与黄河两岸同时代遗存有较大的差别。这里的釜形斝与晋中汾阳杏花村的同类遗存[②]有较多的一致性，但作为主要炊器的双耳红陶夹砂罐却在周围地区找不到源头，这类因素很可能源于庙子沟遗址中F18：1和M2：8的双耳红陶罐。同时老虎山文化中的篮纹夹砂敛口瓮和卷沿夹砂罐，也应当是由庙子沟类型的平口夹砂罐和侈沿夹砂罐发展来的。因此，岱海地区的老虎山文化遗存，与庙子沟类型当存在着一定的渊源关系。

## 五、结语

通过对庙子沟与大坝沟两地三处遗址的发掘和初步研究，结合对内蒙古中南部诸考古学文化类型，以及周边邻境地区考古学文化与该类遗存相互关系的比较分析，可以取得如下认识。

1、在黄旗海南岸地区所进行的，对庙子沟与大坝沟两地三处较为完整的聚落遗址的大面积揭露，是内蒙古中南部仰韶晚期阶段考古学文化研究的重要成果之一。

2、庙子沟文化是一种产生和分布于内蒙古中南部地区，与周边邻近地区诸考古学文化有显著差别，具有独特文化面貌的地域性考古学文化。

3、庙子沟文化由于分布地域，接受外来影响的不同，表现出一定的区域差异，可划分为庙子沟、海生不浪和阿善二期三个相关的区域类型。

4、庙子沟文化以庙子沟类型分期为标尺，依据三个区域类型分期的对应关系，可分为衔接紧密、顺序发展的早、中、晚三期。

5、庙子沟文化的房屋布局及共存遗物表明，其社会形态已跨入偶婚制氏族家庭阶段。生产经济以农业为主，狩猎和饲养业仍占有相当比重。

6、庙子沟文化是在继承了庙底沟文化的主要因素的基础上，接受周围诸考古学文化因素的影响和渗透而发展起来的。其去向有二：在黄河两岸直接发展为阿善文化，及其后以宽裆鬲为代表的永兴店文化；在黄旗海、岱海周围地区，则与其后以釜形斝和红陶双耳罐为代表的老虎山文化有一定的发展关系。

（原载《二十一世纪的中国考古学——庆祝佟柱臣先生八十五华诞学术文集》，
文物出版社，2006年）

① 内蒙古文物考古研究所：《岱海考古（一）——老虎山文化遗址发掘报告集》，科学出版社，2000年。
② 晋中考古队：《山西汾阳孝义两县考古调查和杏花村遗址的发掘》，《文物》1989年第4期。

# RESEARCH ON THE SETTLEMENT IN MIAOZIGOU AND RELATED ISSUES

Wei Jian

**Abstract:** Miaozigou culture dates from the late Yangshao stage, with marked regional characteristics widely distributed in Central and Southern Inner Mongolia. The Miaozigou and Dabagou sites, which are located on the south bank of Huangqihai Lake, have the largest excavated area with rich finds and are relatively well-preserved. The layout of the three main primitive settlements and the unearthed complete sets of production and living appliances indicate that the social organization at these sites probably entered the patriarchal stage of dual marriage system based on the clan and family units. A large number of unearthed items show that production was dominated by agriculture, with hunting, livestock breeding, fishing and gathering still playing an important role. Human bones found at the Miaozigou site were unearthed from the living surface of the site, and from pits located inside and outside the architectural structures. This peculiar situation suggests that the abandonment of the Miaozigou settlement possibly resulted from a sudden event, likely a plague. In terms of geographical location, Miaozigou culture stands at the intersection of the Yangshao, Hongshan and Majiayao cultural areas. As a result, Miaozigou culture inherited the cultural factors of Miaodigou culture in the north, Hongshan culture in Western Liaoning and Majiayao culture in the east. Miaozigou then gradually developed into an archaeological culture with its own characteristics, following two distinct development tracks: the type located on both sides of the Yellow River has developed into Ashan-Yongxingdian culture, while the type located in Huangqihai Lake and the Daihai area is related to later the Laohushan culture.

**Keywords:** Central and Southern Inner Mongolia; Miaozigou Site; Dabagou Site; Settlement Form; Social Organization; Cultural Origin

# 失落的文明

## ——庙子沟原始文化聚落探源

摘　要：庙子沟遗址，位于黄旗海南岸丘陵地带南北向深沟的西侧台地上，是目前内蒙古中南部地区发掘面积最大、出土遗物最为丰富、考古学研究亦较深入的仰韶晚期遗址。庙子沟遗址遗存十分丰富，保存相对完整，聚落布局和埋葬习俗表明了以家族和家庭为生产和生活单元的现象，反映出私有观念和私有财产的存在，说明庙子沟遗址的社会组织已经进入了父系氏族家庭阶段。出土遗物中虽然有大量的农业生产工具和生活用陶器等，但也存在一定数量的动物骨骼和细石器以及加工坚果的地臼等，这反映了庙子沟遗址先民的经济形态是以农业为主，辅以狩猎和采集，并有水平较高的手工业制作。遗址中大量人骨均出土于房址居住面和房址内外窖穴的现象，证明了庙子沟聚落的废弃可能是源于饥荒和瘟疫之类的突然变故。

关键词：庙子沟遗址　原始聚落　经济形态　毁灭原因

苍茫险峻的阴山山脉，以其雄浑的气势，横亘在内蒙古高原的中部。在其南侧阴山脚下的内蒙古中南部地区，丘陵起伏，河流曲折，湖泊星罗棋布，分布着众多的原始文化聚落遗址。黄旗海南岸的丘陵地带就是这些远古文明孕育、发展的一个重要区域。

内蒙古自治区乌兰察布盟中南部地区的察哈尔右翼前旗，就位于黄旗海盆地之中，地理坐标为东经112°49′～113°40′，北纬40°41′～41°43′。盆地内海拔约为1230～1400米，周围环抱的低山丘陵和熔岩台地海拔1400～1700米左右。

庙子沟遗址，位于察右前旗乌拉哈乌拉乡庙子沟村南的山坡上，西北距旗政府所在地土贵乌拉镇12.5千米，北距黄旗海约7千米。遗址位于一条南北向山沟的西坡上，山坡东侧的河沟宽约70米，深近 10米，名庙子沟。庙子沟遗址，分为村南三级台地上的Ⅰ区和村北二、三级台地过渡地带的Ⅱ区。其中，Ⅱ区面积约20万平方米，未经发掘。庙子沟遗址Ⅰ区面积约3万平方米，经1985～1987年三次发掘，发掘面积约10500平方米。共发现房址52

座，灰坑（窖穴）139座，墓葬42座。出土完整和可复原陶器664件，石器518件，骨、角、蚌器81件，还获得大量的陶片标本和动物骨骼标本等[1]。

## 一、聚落组织结构及社会发展阶段

庙子沟遗址，分布于黄旗海南岸丘陵地带南北向深沟的西侧台地上，这类台地一般黄土堆积较厚，坡度较为平缓，因此聚落保存相对完整。聚落内房屋都顺坡势依次排列，分组分布，门道基本向东，背风向阳，每座房屋内都或多或少地出有各类生产和生活用具，从一定程度上反映了聚落内部的组织结构、生产关系和社会发展的基本状况。

庙子沟遗址所处的山坡相对较低，略有坡度，共发现52座房址及大量窖穴。房址从坡底的沟沿部逐步向坡顶分布。除有3座房址位于遗址的最北端外，其余遗迹皆分布于遗址的中南部。不包括遗址东侧沟沿已被破坏掉的房屋，遗址内近50座房址，南北依等高线成排分布，由东向西至坡上，大约可以分为10排，未见有打破关系。除极个别几座房址门向正东外，绝大部分房址均依地势门向略偏东北。庙子沟房址一般开间较小，除去4座残破无法计算的房址，两座最大的房址F10和F45也不过20余平方米，不足10平方米的房址有7座，其中，最小的F2仅6.8平方米，其余10～16平方米的20余座，16～20平方米的近10座。房址由坡下向坡上分布渐趋稠密，坡下近沟沿一带，每排房址之间相距约6～10米，而坡上部排与排之间相距约4～6米。在每排房址中，往往每2～3座年代相近的房址分布相对要近一些，距离一般2～3米。大型窖穴分布于房址周围，房址内亦建有较多的小型窖穴，共发现各类窖穴和灰坑139座。

庙子沟遗址不仅聚落布局有规律可循，而且出土遗物也提供了许多有价值的信息。

庙子沟遗址，由于其特殊的废弃原因，从而基本保留了当时生活的原貌，在几乎每座房址内，都发现了成套的生产工具和生活用具及其装饰品。如F15内，共出土了113件器物；F19居住面及窖穴内共出陶、石、骨、角、蚌器47件；F22居住面和窖穴出陶、石、鹿角器等计20件；在F25内的窖穴H36中，沿圆形坑底四周，共摆放了19件陶器和3件磨石。此外，在出有人骨的单位内，常发现有成年男女与小孩合葬或同处一室的现象，如M25就葬有三个成年女性、一个少年和两具幼童的尸骨；M29则葬有两男一女三个成年人和一个少年；F8在室内后角的窖穴内葬有一位青年女性，同时在灶坑里还团曲放置两具6～8岁的幼童尸骨。这些同居一室或同葬一穴的人，极有可能是同属一个家族或一个家庭的成员。

从上述对庙子沟遗址的聚落布局、出土遗物和埋葬习俗的分析，可以得出如下认识：

1、遗址中，房址均明显成排分布，门道基本东向。不见处于母系氏族制度发展阶段的如半坡、姜寨那样向心式的，以氏族部落为主体的聚落布局形式。

① 魏坚：《庙子沟与大坝沟——新石器时代遗址发掘报告》，中国大百科全书出版社，2003年。

2、房子开间普遍较小，并且表现出由早到晚逐渐变小的趋势。没有发现公共活动场所式的中心建筑。

3、同排年代相近的两座或三座房址间的相对距离，往往小于排与排之间的距离，每座房址拥有的窖穴和灰坑约在3.4～2.9座之间。表明相近的两三座房子的主人可能具有更为密切的亲缘关系。

4、每座房子都拥有整套的生产工具和生活用具，说明这些房子的主人可以单独进行生产和生活，抑或是以相近的二或三座房子及其周围的窖穴，组成一个生产和生活的单元，从事日常的生产劳动和家居生活。

5、不同年龄和性别的人同处一室或同葬一处的现象，说明了这些成员之间可能有着更为密切的血缘关系。以家族和家庭为主体的氏族社会可能已经出现。

综上所言，庙子沟原始聚落遗址所反映的情况表明，地处黄河流域以北的黄旗海地区，在仰韶晚期阶段进入了文化发展的繁荣时期。私有观念和私有财产的存在，以家族和家庭为生产和生活单元的事实，说明处于这一阶段的原始聚落已经脱离了母系氏族社会的束缚，其社会组织可能已经跨入了父权制下的以家族和家庭为主体的对偶婚制氏族家庭阶段。这也表明了阴山脚下的黄旗海地区，早在距今约五千年之际，就同中原文化一道，开始跨入了中华文明的门槛。

## 二、聚落经济形态

庙子沟遗址内，房屋布局井然有序，窖穴、灰坑散布其间，聚落延续发展有一定的时间性，表明其属于定居的原始部落遗存。遗址位于黄旗海南岸丘陵的二、三级台地之上，背山面水，视野开阔，是理想的人类栖息地。

遗址中，发现了大量的用于农业生产的石斧、石刀、石铲，以及加工粮食用的大型的石磨盘、石磨棒等，陶器中最具代表性的小口双耳罐以及与其配套使用的漏斗的大量出土，并在窖穴中发现成批储存陶器的现象，似乎反映了农业生产的重要和发达程度。另外，在近半数的房址居住面上，均发现了用于捣砸坚果类食物的地臼，表明果类采集也是农业经济的补充手段。

遗址出土的动物骨骼占有一定的比重。首先，在窖穴和灰坑中，经常可以看到大型的马鹿角和原始野牛的头骨，遗址的窖穴里还发现了完整的狍子骨架，可见野生动物的狩猎是普遍存在的。陶器中大型的平口夹砂罐可能就是用作烹煮动物的炊器。其次，数量较多的用动物骨和角制作的工具，也反映了动物狩猎经济的普遍存在。再次，是遗存中出有一定数量的石镞和细小石器，许多小石叶是制作骨柄石刃刀和骨柄石刃剑的原料。从动物骨骼鉴定的结果来看，计有黄羊、马鹿、野牛、马、羚羊、熊、野猪、狍子、狐狸、貉、鼢鼠、猪和狗等，还有少量的鸟类骨骼。当然，这当中猪、狗占有一定数量，也不排除家庭饲养业的存在。从这类遗址位于黄旗海南岸这样有利的地理条件来说，渔猎经济也是存在的。遗址中出土了一定数量的以完整的蚌、螺壳制作的项饰和以蚌片磨制的坠饰，在房址的窖穴内，还发现了可能是给小孩玩耍的大型蚌壳。

此外，这类遗存的手工业生产制作普遍存在。首先，石器制作工艺具有较高水平。大量的窄首宽刃石斧、直背直刃长方形双孔石刀、梯形宽刃偏锋小石锛、条形直刃偏锋小石凿、圆饼状石纺轮以及各种形制的石环等，都磨制十分精美。其次，陶器的大量使用，以及夹砂、泥质、砂质陶系的分类，特别是花纹精美的彩陶器的制作，反映出了较高的陶器制作水平。在庙子沟遗址，虽因沟沿塌陷和破坏没有发现陶窑，但在遗址的灰坑当中，均出土了经过烧烤的陶窑的窑箅残块。表明制陶业在人们的日常生活中是不可或缺的生产活动。庙子沟发现的女性人骨的右手腕部常常带有石环和陶环，蚌螺壳类和石管状项饰及穿孔骨片饰也常见于女性，幼童则多在胸前佩带环形玉石佩饰，反映了当时人们的审美情趣。

上述分析仿佛使我们看到：聚落的先民们，在原始村落的坡前台地上开荒耕种，妇女们从沟里取来清澈的泉水制陶、烧饭，孩子们戏耍于聚落的房子之间，男子们则出没于坡上茂密的丛林捕杀野兽，荡舟于黄旗海水面捕捞鱼虾。出土的大量遗物表明，这类遗存的生产活动，应以农业经济为主，狩猎、家畜饲养和捕捞、采集业，仍然占有重要的比重。工具和陶器制作具有较高的水平。

## 三、庙子沟遗址废弃原因的探讨

庙子沟遗址是目前内蒙古中南部地区发掘面积最大，出土遗物最为丰富，考古学研究亦较深入的遗址之一。

庙子沟遗址没有发现公共墓地。但是，却存在一个十分令人费解的现象，即在遗址部分房址和近四分之一的窖穴、灰坑中，出有78具人骨个体。这些发现人骨的房址居住面和房址内外窖穴，很明显并非专门用来埋葬死者的墓地，而是在不得已的情况下，利用了房址内外的窖穴。房址内部分窖穴和居住面上的人骨，则很可能未曾进行埋葬，这从遗址的发掘现场一望而知。但是，从大坝沟遗址Ⅱ区发现的两座幼童墓葬来分析，当时的人们也可能有把未成年的小孩埋在房址附近的习俗。庙子沟遗址内，就有把未成年的小孩单独埋在室外看似窖穴的墓葬中的情形。而且，有的往往在坑底再挖一个小坑作葬坑。可是，庙子沟遗址中绝大多数的死者，却可能是由于突然到来的变故才造成了死亡。

如若不是遇到不可抵御的突然变故，迫使当时的居民迅速逃离，并且来不及带走全部或大部分生产和生活用具，就不可能留下现在发掘现场的情景。那么，这可能是一种什么样的突然变故呢？对于当时的居民们来说，能够使一个聚落毁灭的因素，大约不外乎水灾、火灾、地震、火山爆发、部落战争和饥荒瘟疫等等。

黄旗海南岸的地貌类型是基岩低山丘陵，海拔约1500米左右。据环境学的研究，从晚更新世末期开始，这一地区在海拔1360米以下地区开始形成湖泊，一直到全新世中期，该地区一直是湖泊的控制范围。其后，黄旗海逐步发生湖退，到约5000年左右退至海拔1300米以下后，就再也没有达到这个高度。庙子沟遗址的海拔高度约在1370～1350米之间，是黄旗海发生湖退以后形成的黄土堆积。在遗址发掘过程中，没有发现水浸后的淤积泥土，也没有任何水灾的痕迹，因此毁于水灾的可能性是不存在的。此外，在所发掘清理的遗迹单位中，除发现个别烧骨外，几乎未见有任何木炭，而庙子沟聚落的房址都是半地穴式，上部以木柱搭建屋顶，若遭火灾是不可能没有木炭存留的，故而火灾的原因也可排除。至于地震或火山爆发的原因，目前看来也难以找到确实的证据。那么，是部落战争造成的废弃吗？我们在对遗址中发现的78例人骨材料的鉴定当中，也未见有明显的砍杀和人为致死的证据。虽然有的尸骨有挪位和缺损的现象，但在相应的遗迹单位内，我们也发现了大量的鼠洞，有的尸骨甚至被拖入鼠洞之中，并且经常可以见到鼠类的骨骼。因此，个别骨骼的缺损、挪位应是鼠类常年扰动所致。

故此，庙子沟聚落的废弃很可能是由于饥荒和瘟疫造成的。

据环境学的研究，在黄旗海地区，距今6000年前的降雨量大约是700毫米以上，属温湿气候。现在的黄旗海地区，属于温凉半干旱偏润气候区，年平均降水量为376毫米。也就是说，从距今6000年以后，这里逐步趋向干旱寒冷。一般来说，温暖湿润的环境更适合于农业的发展和人类的生活。许多情况表明，人类文明的毁灭或终止，除了人类自身战争等方面的原因外，主要是自然界的外力影响造成的，在原始社会阶段更应如此。但由于气候环境的变化造成的文明毁灭，应当是一个较长时间的持续过程。所以，文明发展的鼎盛阶段也许会在气候环境开始变坏以后产生。诚如所言，则黄旗海地区的庙子沟文化，恰恰是在环境逐步恶化的起始阶段发展到其鼎盛的。庙子沟聚落逐步发展的时期，应当是环境和气候逐渐变坏和变冷的阶段，随后，很可能是由于干旱或别的什么原因，造成了饥荒和瘟疫的流行，最终导致了聚落的毁灭。

也正因为可能是瘟疫的原因，聚落的毁灭才会有一个较为简短的过程。在有些埋葬坑中，人骨的排列较为有序，经常把不同年龄、性别的人一次性地葬在房址外的长方形窖穴中，如M19、M25等；有的埋葬则显得草率而杂乱，常见把人骨方向不一，上下叠压的胡乱弃置在长方形大型窖穴内，如M4、M10和M29等；有的则是母子或成年人和小孩的合葬，如M4、M18、M19和M40等；有许多房址的居住面和室内窖穴中，常见成年人的尸骨随意弃置，儿童的尸骨则经常葬在灶坑内或灶旁的居住面上，如遗址中面积最大的F10，在房子前角的两个袋形穴中，分别葬有一具成年人的尸骨。在F8后角的圆形窖穴中，葬有一具青年女性的尸骨，而在房址中央直径仅60厘米的灶坑内，竟团曲放置了两具幼童的尸骨。这种现象在F35和F43等房址中也有发现。此外，在大部分房址中均留有成套的生产和生活用具。可是，在众多的遗迹单位中，竟没有发现任何粮食的碳化物，这除了保存情况不好外，也可能表明了当时的饥荒和由此造成的瘟疫的程度。

这对于远古的先民们来说是悲惨的，而它却因此给我们留下了如此弥足珍贵的资料，这对于我们复原当时的社会生活是十分有益的。

［原载《华学》（第九、十辑），上海古籍出版社，2008年］

## A LOST CIVILIZATION: EXPORING THE ORIGINS OF PRIMITIVE SETTLEMENTS IN MIAOZIGOU

Wei Jian

**Abstract:** The site of Miaozigou, located on the western platform of the north-south deep trench in the hilly south bank of the Huangqihai Lake, belongs to the late Yangshao culture. Miaozigou has the largest excavated area, the largest number of unearthed remains and the most in-depth archaeological research in Central and Southern Inner Mongolia. The remains from Miaozigou are very rich and relatively well-preserved. The settlement layout and burial customs show that the clan and the household were basic production units, with varying degrees of privacy and a notion of private property. The social organization at Miaozigou corresponded to the stage of patrilineal clan family. Although agricultural production tools and domestic pottery were found in large numbers among the unearthed relics, animal bones and fine stone tools, as well as ground mortar for processing nuts, were also present. These findings suggests that the subsistence economy of Miaozigou site was mainly based on agriculture, supplemented by hunting and gathering, with a high level of handicraft production. The large number of human bones unearthed on the living floor of the domestic structures and in pits inside and outside the houses, suggests that the abandonment of the Miaozigou settlement was due to a sudden event such as famine or plague.

**Keywords:** Miaozigou Site; Primitive Settlement; Subsistence Economy; Abandoned Settlement

# 庙子沟遗址聚落形态与废弃原因再探讨

摘　要：庙子沟文化所属遗存分为早、中、晚三期，其中庙子沟遗址出土遗存分属该文化的中期和晚期阶段，两期遗存应当是连续发展的，其年代范围应在距今5300～5000年阶段。庙子沟遗址发现的70多具人骨几乎全部出土于房址的居住面和房址内外的窖穴，从该遗址排列有序的聚落布局、大部分房址原状保留日常生产生活用品，以及不同年龄和性别的人同葬一处的现象来看，庙子沟聚落的废弃应该与突然到来的瘟疫有关。目前发现的青海喇家遗址和内蒙古哈民忙哈遗址等也属典型的灾难性遗址。喇家遗址的发掘和研究表明，这处距今4000年左近的史前聚落，是在突如其来的地震发生时突遭毁灭的，随后又在洪水期被洪水和泥土完全掩埋，其反映的是自然灾害造成的情景；哈民忙哈遗址的灾难现场却和庙子沟遗址一样，不但保留了遗址的生产和生活原貌，还留下了大量经过专门埋葬和集中迁移的尸骸。庙子沟和哈民忙哈遗址分别处于内蒙古的中、东部地区，庙子沟遗址东北距哈民忙哈遗址约1000千米，二者年代相当，聚落布局、房址形制十分一致，在文化面貌上又都与红山文化晚期遗存有着一定的联系。从聚落灾难现场情况推测，二者也有可能因同一次或同一类瘟疫而招致了毁灭。

关键词：庙子沟遗址　原始聚落文明　聚落形态　灾难性遗址

## 一、前言

庙子沟遗址，位于内蒙古乌兰察布市察右前旗乌拉哈乌拉乡庙子沟村南，西北距旗政府所在地土贵乌拉镇12.5千米，北距黄旗海约7千米。遗址地处黄旗海盆地南缘，地理坐标为东经112°49′～113°40′，北纬40°41′～41°43′。盆地内海拔1230～1400米，周围环抱的低山丘陵和熔岩台地海拔1400～1700米。遗址坐落在一条南北向山沟的西坡上，河沟宽约70米，沟边断崖高度约10米。

遗址分为村南三级台地上的Ⅰ区和村北二、三级台地过渡地带的Ⅱ区。其中，Ⅱ区面积约20万平方米，未经发掘。庙子沟遗址Ⅰ区面积约3万平方米，经1985～1987年三次发掘，发掘面积约10500平方米，发现52座成排分布的房址和181座在房址内外分布的窖穴，在房址和窖穴中出有78具人骨。遗址还出土了大批完整和可复原的陶器、石器、骨角器和蚌器，以及大量的动物骨骼标本等①。这是内蒙古中南部至20世纪末发掘的面积最大、保存最完整、出土遗物最为丰富、考古学研究亦较深入的遗址之一，属全国重点文物保护单位。因为其极具特征的考古学文化内涵，连同该区域一批具有同样文化面貌的遗存，被命名为“庙子沟文化”②。本文讨论所涉“庙子沟遗址”，均是指经过发掘的庙子沟遗址Ⅰ区遗存。

本文拟在此前研究的基础上，对庙子沟遗址的聚落形态和社会组织结构，以及遗址毁灭的原因再做深入探讨。

## 二、遗址聚落形态研究

庙子沟遗址所分布的黄旗海南岸丘陵台地，黄土堆积较厚，坡度较为平缓，因此也为遗址的保存提供了基础条件。庙子沟遗址聚落内的房屋基本沿着高差1米的等高线顺坡势呈西北—东南向成排分布，从被部分破坏的沟沿到坡顶，大致可分为10排，每排横向排列4～7座房址，未见有打破关系。除位于遗址最北端的3座房址门向正东外，绝大部分房址均依地势坐西朝东，门向略偏东北，背风向阳。

庙子沟文化所属遗存分为早、中、晚三期，其中庙子沟遗址出土遗存分属该文化的中期和晚期阶段，年代范围应在距今5300～5000年，而庙子沟遗址两期遗存应当是连续发展的，其年代跨度应不是很大。在庙子沟发掘清理的52座房址中，根据房址形制和出土陶器的年代判定，属于中期的房址有15座，属于晚期的房址有35座，其余2座房址因过分残破且无遗物出土，暂未做分期③。属于中期阶段的15座房址亦均匀地分布于遗址的各个部位，反映在聚落布局上，并不存在不同阶段房址相对集中分布的状况。

庙子沟遗址的房址由沟沿向坡上分布渐趋密集，坡下近沟沿处，每排房址之间相距约6～10米，而坡上排与排之间缩短至4～6米。在每排房址中，往往每2～3座年代相近的房址分布相对要近一些，距离一般2～3米。房址内多建有小型直筒状或袋形窖穴，大型的长方形直壁窖穴则分布于房址周围。庙子沟房址一般开间较小，除去4座残破无法计算面积的房

① 魏坚：《庙子沟与大坝沟——新石器时代遗址发掘报告》，中国大百科全书出版社，2003年。

② 魏坚：《试论庙子沟文化》，《青果集——吉林大学考古专业成立二十周年考古论文集》，知识出版社，1993年，第85页。

③ 魏坚：《庙子沟与大坝沟——新石器时代遗址发掘报告》，中国大百科全书出版社，2003年，第545～549页，附表。

址，两座最大的房址F10和F45也不过20余平方米，而不足10平方米的房址有7座，其中，最小的F2仅6.8平方米，其余10～16平方米的20余座，16～20平方米的近10座。房址居住面积较小的现象，反映的应当是每个居住单元的人口相对较少的情况。

庙子沟遗址两期遗存中，属于庙子沟文化中期的15座房址均没有发现人骨，且出土遗物较少，其中F30和F34无任何生产和生活用品出土，出土遗物相对多一些的F4和F25部分陶器出自房址内的窖穴之中。属于庙子沟文化晚期的35座房址中，出有人骨的房址有17座，占晚期房址的近一半。其中有9座室内窖穴中埋有人骨，连同房址周边埋葬有人骨的33座长方形窖穴，晚期房址内外共计有42个遗迹单位埋葬有人骨。这批房址中除F43和F46未见有遗物出土外，其他房址都在居住面和窖穴内出有数量较多的生产和生活用品。

庙子沟遗址不仅聚落布局排列有序，而且大部分房址都原状保留了日常的各类生产和生活用品。这些现象从一定程度上可以反映聚落内部的组织结构、生产关系和社会发展的基本状况，为我们今天的研究提供了许多有价值的信息。

由于庙子沟遗址晚期的绝大部分房址和窖穴基本保留了当时生活的原貌，在许多房址内，都发现了成套的生产工具、生活用具和装饰品。如位于遗址中心部位的F15及其附属的H21和H22窖穴内，共出土了113件器物，同时还发现了3具人骨，在灶坑内外是成年女性和儿童的尸骨，南侧壁下是17～18岁女性尸骨；F19居住面及窖穴内共出陶、石、骨、角、蚌器44件，同时在南侧壁下发现1具成年女性尸骨；F10居住面和2个袋形窖穴共出土39件器物，同时在2个窖穴中各葬有1具成年男性尸骨；F20居住面和3个窖穴中共出土32件器物，同时在灶坑北侧居住面发现20岁左右女性尸骨1具，填土中出有成年男性头骨一个；F8居住面和窖穴中共出土18件器物，同时在灶坑内团曲放置两具6岁左右和8～9岁的儿童尸骨，房址后角的筒状窖穴内，还葬有1具18～19岁的女性尸骨；F17居住面和窖穴内共出土10件器物，同时在灶坑及周围发现30岁和14～15岁女性尸骨各1具；F22居住面和窖穴出各类器物20件。因此可以推断，庙子沟遗址是在聚落发展的晚期阶段突然废弃的。如此，才使中期阶段的房址及窖穴中鲜有遗物出土，而晚期阶段的大部分房址和窖穴却出土了大量的遗物。

上述房址中，常见不同性别、年龄的成年人与儿童同葬一室的现象。此外，在房址周围出有人骨的大型窖穴内，也发现有成年人与小孩合葬一处的现象，如M25就葬有3个成年女性、1个少年和2个幼童；M29则葬有2男1女3个成年和1个少年；M4是25～30岁成年男女2人与1～2岁幼童的合葬；M19葬有2个成年女性和1个儿童；M13为17～18岁女性与4～5岁幼童的合葬；M33则是25岁左右的男性和15～16岁女性的合葬。这些同居一室或同葬一穴的人，极有可能是同属一个家族或是一个家庭的成员。

从对庙子沟遗址的聚落布局、出土遗物和埋葬情况的综合分析，可以得出如下认识：

1、聚落房址明显成排分布，门道基本东向；遗址虽可分为两期，但遗迹间未发现打破关系，表明该遗址的房屋等建筑是在持续发展的一段时间内逐步完成的。

2、遗址房子开间普遍较小，分布错落有致，不见母系氏族制度发达阶段如半坡、姜寨那样向心式结构、以部落为主体的中心大房址的聚落形态，表明社会组织形态或许已经进入更小的氏族和家庭发展阶段。

3、每座房子及其所属的内外窖穴，基本都拥有成套的生产工具和生活用具，说明这些房子的主人可以独立地进行社会生产和日常生活，抑或是相近的2～3座房子的主人组成一个生产和生活的单元，从事日常的生产劳动和家居生活。

4、房址间的相对距离较近、不同年龄和性别的人同处一室或同葬一处的现象，说明了这些房址和成员之间可能有着更为密切的血缘和亲缘关系，反映出的很可能是更为稳定的父系氏族家庭形态。

综上所言，庙子沟原始聚落遗址所反映的情况表明，地处黄河流域以北的黄旗海地区，在仰韶中晚期阶段，逐步进入了文化发展的繁荣时期，在庙子沟遗址以北100多千米的商都县章毛勿素发现的庙底沟文化阶段房址就是有力的证明①。庙子沟聚落房址和窖穴的大批出土遗物表明，该阶段人们的私有观念和私有财产已经普遍存在，以家族和家庭为生产和生活单元的社会组织形态的出现，说明处于这一阶段的原始聚落已经脱离了母系氏族社会的束缚，其社会组织应该已经进入了父权制时代。庙子沟聚落的资料告诉我们，早在距今约5000年之际，阴山脚下的黄旗海地区就同中原文化一道，开始跨入文明的门槛。

## 三、遗址废弃原因再探讨

在对庙子沟遗址周边地区所做的调查中，除在遗址以西8千米处的黄旗海南岸发现了大坝沟等4处遗址②之外，始终没有发现该类遗存的相关墓地。在庙子沟遗址南部清理的M22，是整个遗址中唯一可以被认定的正常埋葬的墓葬。与房址周围常见的大型长方形窖穴不同，该墓面积较小，平面呈长方形，长1.8、宽0.7、深1.06米。墓中葬一25～30岁女性，仰身直肢，在头部上方出骨簪1件，在头部和胸部周围，出有1件玉璧、12件石管饰，脚下出有1件穿孔珍珠。从墓葬形制、葬式到随葬的装饰品，均可证该埋葬为专设的墓葬。除此而外，该遗址晚期房址和窖穴、灰坑中出土的77具人骨个体，均非正常埋葬。“这些发现人骨的房址居住面和房址内外窖穴，很明显并非专门用来埋葬死者的墓地，而是在不得已的情况下，利用了房址内外的窖穴。房址内部分窖穴和居住面上的人骨，则很可能未

① 内蒙古文物考古研究所、乌兰察布博物馆、商都县文物管理所：《商都县章毛勿素遗址》，《内蒙古文物考古文集》（第二辑），中国大百科全书出版社，1997年，第137～150页。

② 魏坚：《庙子沟与大坝沟——新石器时代遗址发掘报告》，中国大百科全书出版社，2003 年。

曾进行埋葬，这从遗址的发掘现场一望而知。”[①]特别是那些房址周围的长方形窖穴，除形体较大，口部明显大于底部，不类墓葬外，显然是属于房屋的附属建筑。

关于庙子沟遗址废弃的原因，除在发掘报告中论及外，笔者曾在几篇文章中有过探讨，认为该遗址是在两期遗存的晚期阶段突遭废弃的，且遗址的废弃有个动态的短暂过程；废弃的原因与水灾、火灾、地震及部落战争等均无关系，而极有可能是逐渐蔓延的瘟疫造成的[②]。

近年来，在我国北方地区又陆续发现了青海喇家[③]、内蒙古哈民忙哈[④]等几处集中遗留有大量人骨的遗址，据发掘者和相关研究者的初步认定，这些遗址存在着大量突然毁灭的证据。为此，我们就喇家和哈民忙哈遗址遗留的相关迹象，进一步对这类遗址毁灭的原因做一探讨，这对于我们进一步分析和认识庙子沟遗址突然废弃的原因，应该有所裨益。

（一）喇家遗址

遗址位于青海省民和县南部的黄河岸边，遗址面积约20万平方米，1999～2001年连续进行了3次考古发掘。目前公布的资料已经发现近20座窑洞式房址、约30座灰坑、2座墓葬和宽大的聚落围沟，出土了丰富的陶器、石器、骨器及数量较多的玉器。发掘者认为“喇家遗址是一个以典型齐家文化内涵为主的大遗址”[⑤]，年代在距今4000年前后。喇家遗址重要的发现有：

1、在遗址的房址中发现了众多“因灾难死亡的人类骨骸”。在Ⅱ区的F3发现了一对母子；F4内则有14具遗骸；在Ⅳ区的F7有4具遗骸；F10有2具遗骸。对F10的地层关系研究显示出，室内死亡的人是因为突发的房屋坍塌而被砸和挤压，人骨的非正常姿势和存在骨折的情况，都说明了灾难是突然来临的。发掘者在遗址内找到了多处地裂缝、塌陷和折皱起伏等地震遗迹，同时发现了强烈的山洪带来的沉积物。“地层关系表明，遗址区内先遭地震，后有洪水，洪水形成的地层叠压在地震遗迹和地震塌毁的黄土堆积物之上”，“地震对喇家遗址造成了灾难性的打击，而洪水又给它以毁灭性的冲击”[⑥]。直接证据表明了遗址毁灭的原因。

---

① 魏坚：《庙子沟文化聚落形态及诸相关问题研究》，《二十一世纪的中国考古学——庆祝佟柱臣先生八十五华诞学术文集》，文物出版社，2006年，第280页。

② 魏坚：《庙子沟文化聚落形态及诸相关问题研究》，《二十一世纪的中国考古学——庆祝佟柱臣先生八十五华诞学术文集》，文物出版社，2006年，第280～289页；魏坚：《失落的文明——庙子沟原始文化聚落探源》，《华学》（第九、十辑），上海古籍出版社，2008年，第602～605页。

③ 中国社会科学院考古研究所、青海省文物考古研究所：《青海民和喇家史前遗址的发掘》，《考古》2002年第7期。

④ 内蒙古文物考古研究所、科左中旗文物管理所：《内蒙古科左中旗哈民忙哈新石器时代遗址2010年发掘简报》，《考古》2012年第3期；内蒙古文物考古研究所、吉林大学边疆考古研究中心：《内蒙古科左中旗哈民忙哈新石器时代遗址2011年的发掘》，《考古》2012年第7期。

⑤ 中国社会科学院考古研究所、青海省文物考古研究所：《青海民和喇家史前遗址的发掘》，《考古》2002年第7期。

⑥ 中国社会科学院考古研究所、青海省文物考古研究所：《青海民和喇家史前遗址的发掘》，《考古》2002年第7期。

2、在遗址Ⅲ区和Ⅴ区“还清理了两座零散墓葬，但迄今为止还没有探查到喇家遗址中墓地的分布位置”①。在遗址中存在零散墓葬而未见公共墓地的状况与庙子沟遗址相同。

3、遗址Ⅱ区和Ⅳ区所在的东北台地和遗址Ⅴ区所在的东南台地当为一个整体，已经清理的房址因门道方向的不同，明显分为呈横向排列、门道大致向北的F1、F3、F4、F7、F10一排和呈纵向排列、门道大致向西的F13、F14、F15、F17一排。表明遗址内房址的布局同庙子沟遗址一样，也是有规律可循的。

环境地理学方面的学者在分析喇家遗址毁灭的原因后指出，位于黄河中上游的青海官亭盆地，在距今3650～2750年前后的齐家文化晚期至辛店文化早期阶段，曾遭遇地震和洪水等大规模群发性灾害事件，根据不同灾害记录分布的层位及相互关系，“判断地震发生在先，它造成了喇家遗址地面的破坏和房屋的倒塌；山洪和大河洪水发生在地震之后，其中山洪暴发是主河洪水来临的前奏，随之而来的黄河大洪水则彻底摧毁了整个遗址”②。

### （二）哈民忙哈遗址

遗址位于内蒙古科左中旗舍伯吐镇东南20千米处的西辽河北岸，地属大兴安岭东南边缘、松辽平原西端的科尔沁草原腹地，遗址面积18万平方米，2010～2013年连续4年进行了考古发掘和遗址保护工作。就目前公布的2010和2011年的发掘资料统计，清理“凸”字形半地穴式房址43座、灰坑38座、墓葬6座，在遗址周边发现了平面呈椭圆形的聚落环壕。出土了陶器、石器、骨角器和蚌器等遗物数百件。该遗存文化面貌与红山文化晚期阶段接近，年代在距今5500～5000年。发掘者将其视为一种新的考古学文化，命名为“哈民忙哈文化”③。分析哈民忙哈遗址2010和2011年公布的发掘资料及相关报道，该处遗址的主要收获有：

1、遗址具有完整的布局，外围挖有围沟，房址坐西北、朝东南成排分布，2010～2011年发掘的B点已经发现不少于10排房址。房址平面呈“凸”字形半地穴式，灶坑位于房址中正对门道处。灰坑（窖穴）面积普遍较小，以圆形和椭圆形为主，多分布在房址周围。房址居住面上发现较多的生产和生活用具。从聚落布局到房址形制及出土遗物的情况都与庙子沟遗址极为相似。

2、遗址内发现的6座墓葬，埋葬都比较浅。其中M1因盗掘破坏，尸骨残破；M2、M4、M5三座墓葬为略显椭圆形的不规则小型墓坑，均为叠肢葬；M6为圆形墓坑，是成年男女与幼儿的3人合葬；M3则是F11居住面上的“居室葬”。这些墓葬多没有随葬品。从上

---

① 中国社会科学院考古研究所、青海省文物考古研究所：《青海民和喇家史前遗址的发掘》，《考古》2002年第7期。

② 夏正楷、杨晓燕、叶茂林：《青海喇家遗址史前灾难事件》，《科学通报》2003年第11期。

③ 内蒙古文物考古研究所、科左中旗文物管理所：《内蒙古科左中旗哈民忙哈新石器时代遗址2010年发掘简报》，《考古》2012年第3期。

述情况判断，这些分布在遗址中的所谓“叠肢葬”或“折肢葬”，以及3人合葬，可能均非正常埋葬，或许就是在紧急状态下利用了房址周围的小型窖穴作为墓坑，M3的人骨位于F11居住面上，更非正常埋葬。这些现象与庙子沟遗址的状况更是大同小异。

3、该遗址最重要的现象，是发现在一些房址内集中堆放了大量的尸骨。2011年发掘的3座“凸”字形半地穴式房址：F32内有13例，F37不低于22例，F40内有97例之多。这些人骨呈现出胡乱丢弃、相互叠压、越近门道处越多的现象。从统计来看，这些人骨不分性别，各个年龄段的都有。可见，“这种特殊的死亡现象并不是针对某一性别或年龄段的群体，而是面向这个社会群体的所有成员”①。此外，在F32和F37中，都发现了火烧的痕迹，有的梁柱就叠压在人骨之上。这一现象显然表明了，这些房屋是专门用来集中堆放死者的，而且有可能对房屋专门进行了焚烧。

以上情况表明，哈民忙哈遗址是一处距今5500～5000年的原始聚落，其所处年代、遗址布局、生业形态、社会组织状况都与庙子沟遗址有着诸多共同之处，特别是大量遗骸的发现，很可能反映了其突遭毁灭的状况。据体质人类学的研究，“在对哈民组人骨的鉴定过程中，并没有在骨骼上发现明显的创伤，亦没有出现明显的疾病导致的骨骼异常，因此无法在人骨上找到这批人群死亡的直接证据”②。

依据分析，我们似乎可以做这样的推断：在遥远的史前时期，人们对自己栖息地的废弃无非源于两种原因，一种是自然因素，如地震、洪水、火灾和瘟疫等；另一种是人为因素，如战争和迁徙等。两种结果都是将原来的聚落损毁、掩埋和丢弃。

青海喇家遗址的发掘和研究表明，这处距今4000年左近的史前聚落，是在突如其来的地震发生时突遭毁灭的，随后在800余年的洪水期又被洪水和泥土完全掩埋了，其反映的是自然灾害造成的情景。

内蒙古哈民忙哈遗址的灾难现场却和庙子沟遗址一样，不但保留了遗址的生产和生活原貌，还留下了大量经过专门埋葬和集中迁移的尸骸。就哈民忙哈遗址目前所知的总体布局看，编了墓号的6座墓葬，有5座显系利用了房址周围的窖穴做了临时埋葬，另一座（M3）则本来就是遗留在房址居住面上未经埋葬的死者。在F40、F37和F32集中堆放的超过132具人骨，很明显是专门由别处移来集中堆放的。因此，这3座房址中死亡的人，抑或反映的是整个原始聚落很可能毁于一场突如其来的灾难。从目前的遗址发掘现场绝不见地震、洪水等自然灾害的迹象，尸骨又未见有人为创伤的迹象观察，这应该是一场瘟疫造成的。

哈民忙哈遗址的实例，如同庙子沟遗址的毁灭一样，给我们描绘了一幅几乎完全相同的图景：在距今约5000年前的温湿环境下，一个原本生机勃勃的聚落，人们进行着日常的

---

① 周亚威、朱永刚、吉平：《内蒙古哈民忙哈遗址人骨鉴定报告》，《边疆考古研究》（第12辑），科学出版社，2012年。

② 周亚威、朱永刚、吉平：《内蒙古哈民忙哈遗址人骨鉴定报告》，《边疆考古研究》（第12辑），科学出版社，2012年。该文中将2011年发掘清理的M4、M5、M6误写为M3、M4、M5。

农业生产，并以狩猎和捕捞作为获取生活资料的补充。一场突如其来的瘟疫降临到了这两个原始聚落，瘟疫使一些人开始死去，生者将其就近有秩序地埋葬在聚落房屋之间的窖穴中。随着瘟疫的蔓延和加重，更多的人倒下了。庙子沟的先民们便将死者杂乱葬于房屋间的大型窖穴内，后来则任其就地倒毙，留在了房屋内的窖穴和居住面上，余者逃生后，这个聚落便废弃了。哈民忙哈的人们却是把大批的死者，集中堆放于几座房屋之中，甚至点火焚烧房屋以驱除疫情，这或许也是这处聚落最后的归宿。

## 四、结语

喇家遗址和哈民忙哈遗址均属典型的灾难性遗址，它们同庙子沟遗址一样，都是人类社会跨入文明门槛前的重要遗存。这些遗存展示的史实对于远古人类来说是悲惨的，但遗址内生产、生活场景近乎完整的保留，却给我们的研究提供了弥足珍贵的史前资料。

综上所言，我们可以得出如下几点认识：

1、随着诸多史前灾难性遗址的被发现，考古学聚落形态的研究应该更多地关注该类遗存。这些灾难性遗址展示的文化内涵，为我们探讨原始时期人类社会的组织结构、经济生活和社会文化面貌开辟了新的研究方向。

2、庙子沟和哈民忙哈遗址的发掘，为我们展示了北方地区史前以农耕为主要生业的部落先民的生活情景。对于这类因瘟疫而毁灭的聚落和保留的大量人骨材料，应采取多角度、多学科的交叉研究，将是今后考古学科研究的新课题。

3、庙子沟和哈民忙哈遗址分别处于内蒙古的中、东部地区，庙子沟遗址东北距哈民忙哈遗址约1000千米，二者年代相当，聚落布局、房址形制十分一致，在文化面貌上又都与红山文化晚期遗存有着一定的联系[①]。从聚落灾难现场情况推测，二者或因同一次或同一类瘟疫而招致毁灭也未可知。

4、内蒙古长城地带及辽西地区，是史前时期考古学文化形成和发展的重要地区之一，加强和重视这一区域的考古学文化研究，探讨其与相邻区域考古学文化之间的相互联系，为中华文明形成的多元性不平衡论增添了新的有力证明。

附记：1987年9月，佟柱臣先生在内蒙古自治区文化厅和考古所相关人员的陪同下，来到了乌兰察布黄旗海岸边的庙子沟遗址。时近中秋，天气渐凉，佟先生兴致勃勃地考察了遗址发掘现场，又进到标本库房观摩出土遗物，并对出土的大

---

① 魏坚、曹建恩：《庙子沟文化筒形罐及相关问题》，《青果集——吉林大学考古专业成立二十周年考古论文集》，知识出版社，1993年，第101～109页。

批石刀产生了浓厚的兴趣，当先生提出需要画一些标本，并且亲自在笔记本上认真摹画时，我不禁为先生的治学精神所感动，马上找来绘图人员抓紧时间为先生连夜绘制。考察期间，先生多次叮嘱我要注意遗迹间的相互关系和器物的组合，要有大的视野，注意文化间的传播和相互影响。两天的盘桓，佟先生作为中国考古学界令人敬仰的前辈，对我一个初出茅庐的晚辈给予的谆谆教诲，让我终身受益。先生考古学文化多元性和不平衡论的思想令人高山仰止；先生平易近人、谦和宽厚、诲人不倦的为人更是有口皆碑。庙子沟遗址留下了佟柱臣先生的足迹，庙子沟遗址也是我考古生涯的真正起点。

（原载《无限悠悠远古情——佟柱臣先生纪念文集》，科学出版社，2014年）

# RE-DISCUSSING THE SETTLEMENT AND THE REASONS BEHIND THE ABANDONMENT OF THE MIAOZIGOU SITE

Wei Jian

**Abstract:** Remains from Miaozigou culture can be divided into an early, middle and late stage. The items unearthed from the Miaozigou site belong to the middle and late stages of the culture, two periods which show a continuous development between 5300 and 5000 years ago. More than 70 human bones were found at the Miaozigou site, all of them unearthed from the living surface of the site, and from pits inside and outside of the architectural structures. From the orderly settlement layout and the preserved daily necessities, as well as from the fact that people of different ages and genders were found buried together, the abandonment of the Miaozigou settlement seems to be related to a sudden plague. At present, the Lajia site in Qinghai and the Hamin Mangha site in Inner Mongolia also present the typical characteristics of a catastrophe. The excavation and study of the Lajia site show that nearly 4000 years ago, the prehistoric settlement was destroyed by a sudden earthquake, and completely buried by floods and soil during the flood period. The Hamin Mangha site resembles the Miaozigou site: it does not only retain its original appearance and traces of life and on-going production activities, but it also shows a large number of human remains processed in a peculiar way and collectively relocated to a central burial location. The Miaozigou and Hamin Mangha sites are respectively located in Central and Eastern Inner Mongolia. Miaozigou is located about 1000 kilometers northeast from Hamin Mangha. The two sites date from the same period, with comparable settlement layout and house shape. They both have some cultural features in common with the late Hongshan culture. From the disaster scene found in both settlements, it is speculated that they were both destroyed by the same kind of plague.

**Keywords:** Miaozigou Site; Primitive Settlement; Settlement Form; Disaster Archaeology

# 庙子沟文化筒形罐及相关问题

摘　要：内蒙古中南部庙子沟文化各区域中均发现一定数量的筒形罐，成为庙子沟文化陶器群中最具特征性的器物之一。庙子沟文化三个区域类型筒形罐虽然具有明显的共性因素，但因分布地域的不同也表现出装饰风格和数量上的差异。因其绝不见于前行文化遗存，所以要寻找其渊源，就不能不着眼于分布在辽西地区的含筒形罐的诸考古学文化。通过器形演变和年代分析表明，庙子沟文化的筒形罐是由红山文化晚期的筒形罐发展而来，并形成了自身的特色，然后再影响到了小河沿文化的筒形罐。由筒形罐表现出来的三种考古学文化之间的承接和借鉴关系，还存在于其他陶器的器形和纹饰上。这反映了庙子沟文化在形成和发展过程中受到了红山文化的影响，而其后又在文化因素上刺激了小河沿文化的形成。这一现象充分说明了内蒙古中南部地区作为连接黄河流域和辽河流域的中间地带，其在两地考古学文化双向交流中的桥梁作用。

关键词：庙子沟文化　筒形罐　红山文化　小河沿文化　双向交流

20世纪80年代以来，由于在内蒙古中南部大规模考古调查和田野发掘的开展，我们对以庙子沟遗址[①]为代表的一类遗存的认识也不断得到深入。筒形罐作为庙子沟文化[②]陶器群中富有特征性的器物，是构成其独特文化面貌的较为稳定的文化因素之一。由于筒形罐在该文化中的重要地位，近年来已引起诸多学者的注意，并多有文章论及[③]，但都未形成系统的认识。本文试图从分析筒形罐的特征、年代及演变规律入手，来探讨庙子沟文化与红山文化、小河沿文化之间的关系。

① 内蒙古文物考古研究所：《内蒙古察右前旗庙子沟遗址考古纪略》，《文物》1989年第12期。

② 魏坚：《庙子沟与大坝沟有关问题试析》，《内蒙古中南部原始文化研究文集》，海洋出版社，1991年，第113～118页。

③ 杨虎：《关于内蒙古中南部新石器时代考古学文化的几个问题》，《内蒙古中南部原始文化研究文集》，海洋出版社，1991年，第25～28页。

## 一

庙子沟文化分布在内蒙古中南部，根据目前的研究成果，在这广大的区域内，又可划分出三个地方类型[①]，即分布于岱海、黄旗海周围以及丰镇丘陵地带的庙子沟类型，以南流黄河为中心的海生不浪类型和分布于包头地区的阿善二期类型。上述三个区域类型当中，均发现了一定数量的筒形罐。这类筒形罐总的特征为：皆为细夹砂陶，胎壁较薄，质地坚硬，陶色多呈黑褐或黄褐色，采用泥条圈筑法制成。形制较为单一，大口，小底，腹壁或直或略外弧，上腹多饰绳纹，个别有饰划纹者，下腹磨光，中腹贴附对称的鸡冠耳或钮耳。根据其器表残留的烟炱痕，推断其大多做炊器使用。

为更清楚地反映筒形罐的分布及演变递进规律，下面以文化类型的区域划分来分别介绍。其中，因阿善二期类型发表的资料有限，故与海生不浪一并叙述。

### 1. 庙子沟类型

经正式发掘并发现筒形罐的有凉城县红台坡上、东滩、王墓山上遗址[②]和察右前旗大坝沟[③]、庙子沟遗址。据其形态变化可分四式。

Ⅰ式：红台坡上F2：2，尖唇，口微敞，斜弧腹。上腹饰细密的交错绳纹，口部及下腹磨光（图1-1）。

Ⅱ式：东滩F2：3，尖唇，直口，直腹微折。口下饰一周附加堆纹，上腹饰交错绳纹，下腹磨光，中腹贴附对称的二鸡冠耳（图1-2）。

Ⅲ式：庙子沟H58：2[④]，圈唇，直口微敛，腹稍鼓。口下饰一周附加堆纹，上腹饰交错绳纹，下腹磨光（图1-3）。

Ⅳ式：东滩H1：9，尖唇，敛口，鼓腹。腹饰较为疏朗的交错绳纹（图1-4）。

### 2. 海生不浪、阿善二期类型

经正式发掘并发现筒形罐的有清水河县白泥窑子遗址[⑤]，准格尔旗南壕、白草塔、寨子上遗址[⑥]和包头市阿善[⑦]、西园[⑧]遗址。据其形态变化可分三式。

---

① 内蒙古文物考古研究所：《内蒙古察右前旗庙子沟遗址考古纪略》，《文物》1989年第12期。

② 田广金：《内蒙古岱海地区仰韶时代文化遗址的调查》，《内蒙古中南部原始文化研究文集》，海洋出版社，1991年，第31～54页。

③ 内蒙古文物考古研究所1988年发掘材料，待刊。

④ 魏坚：《试论庙子沟文化》，《青果集——吉林大学考古专业成立二十周年考古论文集》，知识出版社，1993年，第85～100页，图二-9。

⑤ 崔璿：《内蒙古清水河县白泥窑子L点发掘简报》，《考古》1988年第2期。

⑥ 内蒙古文物考古研究所1990年发掘资料，特刊。

⑦ 内蒙古社会科学院蒙古史研究所、包头市文物管理所：《内蒙古包头市阿善遗址发掘简报》，《考古》1984年第2期。

⑧ 西园遗址发掘组：《内蒙古包头市西园新石器时代遗址发掘简报》，《考古》1990年第4期。

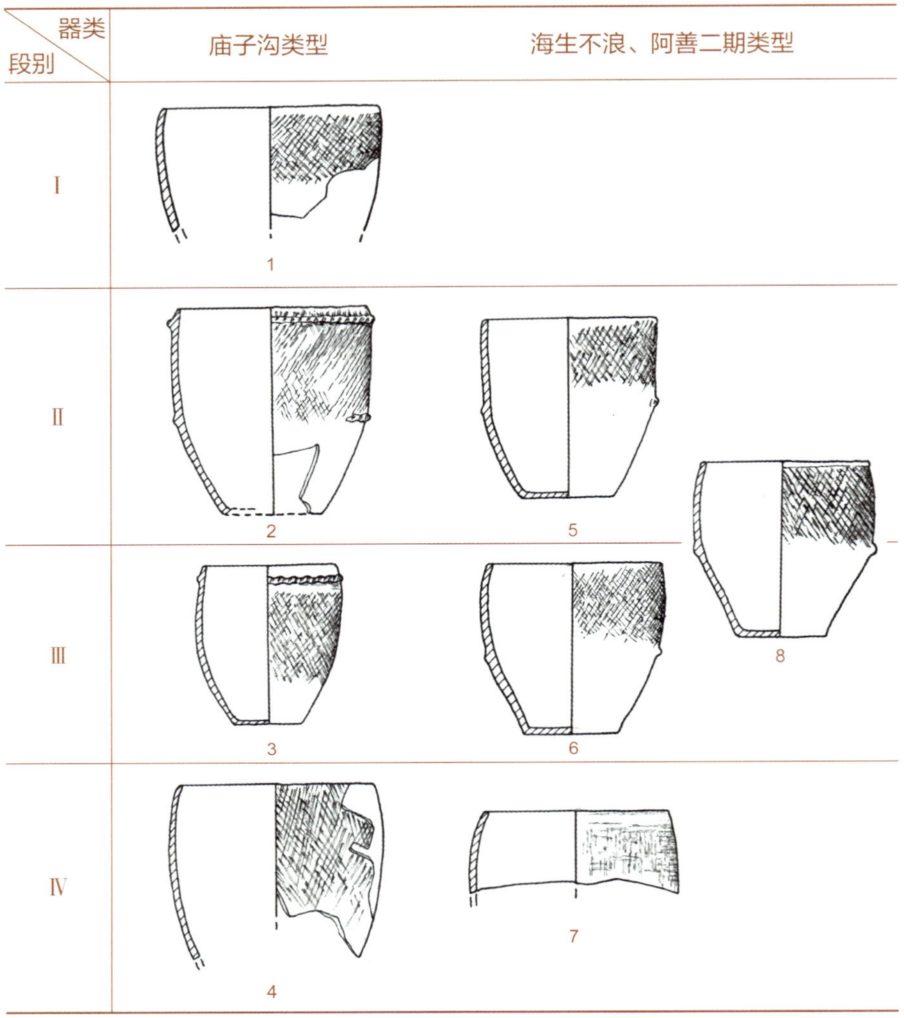


图1
庙子沟文化筒形罐
1. 红台坡上F2：2；
2. 东滩F2：3；
3. 庙子沟H58：2；
4. 东滩H1：9；
5. 南壕ⅠH23：2；
6. 南壕ⅠF11：1；
7. 南壕ⅡF2：2；
8. 西园F26：10

Ⅰ式：南壕ⅠH23：2，尖圆唇，直口，斜直腹。口下及下腹磨光，上腹饰细密的交错绳纹，中腹有二对称的钮耳（图1-5）。

Ⅱ式：西园F26：10，圆唇略外凸，敛口，腹微鼓。上腹饰交错绳纹，下腹磨光，中腹有二对称的鸡冠耳（图1-8）。南壕ⅠF11：1，尖圆唇，微敛口，腹略鼓。上腹饰交错绳纹，下腹磨光，中腹贴附二对称的钮耳（图1-6）。

Ⅲ式：南壕ⅡF2：2，尖圆唇，敛口，鼓腹。器表饰浅疏的交错绳纹（图1-7）。

从器形上分析，与红台坡上F2：2相近者，仅见于同类型的大坝沟H16：9[1]；东滩

① 魏坚：《试论庙子沟文化》，《青果集——吉林大学考古专业成立二十周年考古论文集》，知识出版社，1993年，第85～100页，图二-4。

F2：3与南壕ⅠH23：2基本相同；庙子沟H58：2与南壕ⅠF11：1、西园F26：10相似；东滩H1：9与南壕ⅡF2：2大致相近。据上述筒形罐的相互对应及早晚关系，可将其分成四段：Ⅰ段以红台坡上F2：2为代表，Ⅱ段以东滩 F2：3、南壕ⅠH23：2为代表，Ⅲ段以庙子沟H58：2、南壕ⅠF11：1为代表，Ⅳ段以东滩H1：9、南壕ⅡF2：2为代表。Ⅰ段相当于庙子沟文化早期，Ⅱ、Ⅲ段可作为庙子沟文化中期，Ⅳ段属庙子沟文化晚期。它们由早及晚的变化规律为：口部由微敞变为敛口，腹部由弧直腹变为鼓腹，所饰交错绳纹由细密向疏朗发展，晚期出现较多竖绳纹。

庙子沟文化可供参考的经树轮校正的$^{14}$C数据有六个，其中西园遗址和阿善遗址[1]各三个，西园H7为距今5815 ± 74年，H10为距今5795 ± 74年，H51为距今5340 ± 92年；阿善T7④为距今5710 ± 74年，T9④为距今4990 ± 159年，ⅡH5为距今5365 ± 92年。故庙子沟文化早期的年代可达距今5800年左近，中期在5400年左右，晚期可至距今5000年前。筒形罐自庙子沟文化早期开始出现，至阿善三期早段[2]消失，流行的时间跨度约800年左右。

将三个地方类型的筒形罐进行比较，庙子沟类型多见口沿下饰附加泥条者，而这种装饰风格基本不见于海生不浪类型和阿善二期类型。从筒形罐在陶器群中所占的比重来看，早期数量仅次于小口双耳罐和侈沿夹砂罐，位居第三，此后，数量逐渐减少，至晚期已居于陶器群之末位。而且庙子沟类型的筒形罐要明显多于海生不浪类型和阿善二期类型，这表明筒形罐有着自东北向西南、由早及晚次第减少的趋势。

## 二

筒形罐虽广见于庙子沟文化，但在内蒙古中南部却可以说是一株无本之木，因其绝不见于前行文化遗存，显然应是外来的文化因素，所以要寻找其渊源，就不能不着眼于分布在辽西地区的含筒形罐的诸考古学文化。这一地区的考古学文比，均以形制多样的筒形罐为主要的文化内涵，其谱系关系也相当复杂。无论是分布于渤海北岸至西拉木伦河之间的赵宝沟文化，或是主要分布于西拉木伦河、老哈河、大小凌河流域的红山文化，还是以西拉木伦河以北为中心的富河文化，以及目前发现仅限于洵河流域的上宅文化，其年代上限均早于庙子沟文化，下限又皆可晚至半坡四期文化阶段，因此庙子沟文化就可能继承上述考古学文化的某些因素并与其并行发展，这样，庙子沟文化的筒形罐来源于上述任何一个考古学文化都是极有可能的。

① 田广金：《内蒙古中南部仰韶时代文化遗存研究》，《内蒙古中南部原始文化研究文集》，海洋出版社，1991年，第79页。

② 内蒙古社会科学院蒙古史研究所、包头市文物管理所：《内蒙古包头市阿善遗址发掘简报》，《考古》1984年第2期。

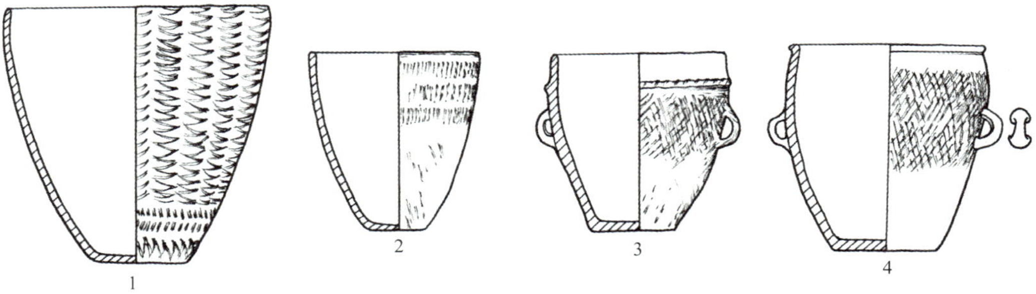


图2 红山文化、小河沿文化筒形罐
1. 西水泉F13：10；2. 牛河梁H1：1；3. 大南沟M71：4；4. 老鹞富梁M6：2

根据目前在内蒙古商都、化德县一带的普查材料，在商都县旋风卜子Ⅱ号遗址[①]已采集到典型的“之”字纹陶片。这些陶片无论陶质还是所饰纹饰，皆与红山文化同类陶片极为相似，这足可证明，红山文化影响的西南界已达商都、化德县一带，因此，它与内蒙古中南部土著文化发生直接联系也就是必然的。另外，庙子沟文化的筒形罐，与红山文化中期大口、小底、腹壁外弧的同类器也存在明显的承继关系，下文将细述。故庙子沟文化筒形罐当来源于红山文化。小河沿文化分布区域与红山文化相若，在年代上也晚于红山文化，这类遗存中所含筒形罐，从器形到纹饰与庙子沟文化同类器都非常相似，可见，它与庙子沟文化的关系更为密切。将上述两个文化具有阶段性的筒形罐进行排比分析，将有助于搞清庙子沟文化与红山文化、小河沿文化筒形罐之间的复杂关系。现按其形态变化可分为四式。

Ⅰ式：赤峰西水泉F13：10[②]，尖圆唇，敞口，弧直腹。通体饰横“之”字形篦点纹（图2-1）。

Ⅱ式：凌源牛河梁H1：1[③]，口微敞，斜直腹。口下饰附加堆纹一周，上腹饰横排之字纹，下腹磨光（图2-2）。

Ⅲ式：赤峰大南沟M71：4[④]，直口微敛，弧腹。口下及下腹磨光，上腹饰附加泥条及交错绳纹，中腹有对称的桥状耳（图2-3）。

Ⅳ式：赤峰老鹞富梁M6：2[⑤]，尖唇，敛口，鼓腹。口部及下腹磨光，中腹饰交错绳纹，并有对称的桥状耳（图2-4）。

上述筒形罐总的变化趋势为：口部由敞口变为敛口，腹部由弧直腹变为鼓腹，纹饰由“之”字纹变为交错绳纹，与庙子沟文比筒形罐的变化规律基本一致。

① 富占军：《商都县古遗址调查》，《乌兰察布盟文物》1989年第3期，图三–9、图三–10。
② 中国社会科学院考古研究所内蒙古工作队：《赤峰西水泉红山文化遗址》，《考古学报》1982年第2期，图八–3。
③ 辽宁省文物考古研究所：《辽宁牛河梁红山文化“女神庙”与积石冢群发掘简报》，《文物》1986年第8期，图二三–1。
④ 郭大顺：《大南沟的一种后红山文化类型》，《考古学文化论集》（二），文物出版社，1989年，第68页，图一二–2。
⑤ 郭大顺：《大南沟的一种后红山文化类型》，《考古学文化论集》（二），文物出版社，1989年，第68页，图一二–5。

这四式筒形罐可代表红山文化、小河沿文化的四个发展阶段，Ⅰ、Ⅱ式筒形罐相当于红山文化中、晚期，Ⅲ、Ⅳ式筒形罐分别相当于小河沿文化早晚两个阶段，其年代当在距今6000～5000年以晚。它们与庙子沟文化筒形罐的年代早晚关系可归纳为下表。

<table>
<tr><th rowspan="2">红山文化、小河沿文化</th><th colspan="2">庙子沟文化</th></tr>
<tr><th>庙子沟类型</th><th>海生不浪、阿善二期类型</th></tr>
<tr><td>Ⅰ</td><td></td><td></td></tr>
<tr><td rowspan="2">Ⅱ</td><td>Ⅰ</td><td></td></tr>
<tr><td>Ⅱ　Ⅲ</td><td>Ⅰ　Ⅱ</td></tr>
<tr><td>Ⅲ</td><td>Ⅳ</td><td>Ⅲ</td></tr>
<tr><td>Ⅳ</td><td></td><td></td></tr>
</table>

通过对庙子沟文化与红山文化、小河沿文化筒形罐的对比分析，可发现如下事实：

1、庙子沟文化早期筒形罐出现的时间要晚于红山文化中期，西水泉F13：10与红台坡上F2：2筒形罐存在明显的承继关系，后者应是由前者发展而来。

2、庙子沟文化筒形罐中腹贴附鸡冠耳和钮耳的作风不见于红山文化和小河沿文化，而红山文化无耳及小河沿文化饰桥状耳的作风又与庙子沟文化所不同，这反映了同一种器物在不同时空范围内产生的特征性差异。

3、庙子沟文化Ⅱ段筒形罐与红山文化晚期筒形罐如牛河梁H1：1形态较为接近，但前者饰交错绳纹，后者饰“之”字纹，两种纹饰显然应分属不同的谱系。交错绳纹是庙子沟文化早期遗存的代表性纹饰，常饰于各种夹砂陶器之上[1]，这在内蒙古中南部相当庙底沟阶段的文化遗存中也很常见[2]，因此可以认为，庙子沟文化在接受红山文化筒形罐的同时，摒弃了“之”字纹，却装饰上具有自身特点的交错绳纹，进而以这种独特的风格稳定地发展下去。

4、小河沿文化早期筒形罐与庙子沟文化晚期同类器，在纹饰及器形上都非常接近。小河沿文化的筒形罐是红山文化筒形罐的直接承继者，但其所饰的交错绳纹表明，在其产生发展的过程中，曾受到了庙子沟文化强有力的影响。

## 三

庙子沟文化与红山文化，小河沿文化在筒形罐上反映出的相互承接和借鉴的关系，提示我们还可以从其他器类和纹样上，来探索三者间的源流关系。

---

① 田广金：《内蒙古岱海地区仰韶时代文化遗址的调查》，《内蒙古中南部原始文化研究文集》，海洋出版社，1991年，第40页，图七-3、图七-20。

② 内蒙古文物考古研究所1990年在准格尔旗的发掘资料，待刊。

1、直领双耳壶　红山文化早期便已出现，庙子沟文化和小河沿文化常见的较为矮胖的直领壶，如赤峰南台地F4：2①和庙子沟M30：3②，应是西水泉H2：21③这种瘦高的直领壶发展而来的晚期形式。庙子沟H5：11偏口壶④及赤峰石棚山出土的鸟形壶⑤，都应是由直领壶衍化出来的独特形态（图3-1～图3-5）。

2、敞口折腹钵　在红山文化、庙子沟文化、小河沿文化中均很常见。西水泉遗址发现的H4：2折腹钵⑥，直口，深腹，平底。上腹所饰黑彩长三角纹，表明其属红山文化中期或更早，在年代上要早于庙子沟H31：6⑦和老鹞富梁M4：1⑧折腹钵，三者在器形上也存在明显的承继关系。因此，红山文化的折腹钵不仅在其晚期被小河沿文化所继承，而且在庙子沟文化的较早阶段就已传播至内蒙古中南部（图3-6～图3-8）。

3、敛口曲腹钵　在庙子沟文化各阶段中都占相当比重，它由早及晚的变化趋势为敛口愈来愈甚，庙子沟M15：2⑨和大南沟M27：6⑩敛口较甚的曲腹钵，应是此类器发展的晚期形态，而小河沿文化的敛口曲腹钵当是受庙子沟文化的影响而产生的（图3-9、图3-10）。

4、侈沿曲腹盆　多见于庙子沟文化和小河沿文化。它出现于庙子沟文化早期，是由本地区相当庙底沟阶段的卷沿曲腹盆发展而来。庙子沟H5：10⑪，反映在年代上要早于南台地H16：2⑫侈沿曲腹盆，故小河沿文化中的此类器应取材于庙子沟文化（图3-11、图3-12）。

5、侈沿鼓腹罐　在庙子沟文化中晚期及小河沿文化中均很习见，如庙子沟F20：18⑬和石棚山出土的鼓腹罐⑭，此类器是受庙子沟文化侈沿夹砂罐的影响而产生的。小河沿文化的侈沿鼓腹罐，在前行文化中无迹可寻，故也应来源于庙子沟文化（图3-13、图3-14）。

---

① 辽宁省博物馆、昭乌达盟文物工作站、敖汉旗文化馆：《辽宁敖汉旗小河沿三种原始文化的发现》，《文物》1977年第12期，图二九-3。

② 内蒙古文物考古研究所：《内蒙古察右前旗庙子沟遗址考古纪略》，《文物》1989年第12期，图九-4。

③ 中国社会科学院考古研究所内蒙古工作队：《赤峰西水泉红山文化遗址》，《考古学报》1982年第2期，图一〇-1。

④ 内蒙古文物考古研究所：《内蒙古察右前旗庙子沟遗址考古纪略》，《文物》1989年第12期，图一二-7。

⑤ 李恭笃、高美璇：《试论小河沿文化》，《中国考古学会第二次年会论文集（1980）》，文物出版社，1982年，第148页，图四-2。

⑥ 中国社会科学院考古研究所内蒙古工作队：《赤峰西水泉红山文化遗址》，《考古学报》1982年第2期，图七-9。

⑦ 内蒙古文物考古研究所：《内蒙古察右前旗庙子沟遗址考古纪略》，《文物》1989年第12期，图一二-6。

⑧ 郭大顺：《大南沟的一种后红山文化类型》，《考古学文化论集》（二），文物出版社，1989年，第64页，图六-5。

⑨ 内蒙古文物考古研究所：《内蒙古察右前旗庙子沟遗址考古纪略》，《文物》1989年第12期，图一二-2。

⑩ 郭大顺：《大南沟的一种后红山文化类型》，《考古学文化论集》（二），文物出版社，1989年，第62页，图三-1。

⑪ 内蒙古文物考古研究所：《内蒙古察右前旗庙子沟遗址考古纪略》，《文物》1989年第12期，图一二-4。

⑫ 辽宁省博物馆、昭乌达盟文物工作站、敖汉旗文化馆：《辽宁敖汉旗小河沿三种原始文化的发现》，《文物》1977年第12期，图二九-1。

⑬ 内蒙古文物考古研究所：《内蒙古察右前旗庙子沟遗址考古纪略》，《文物》1989年第12期，图九-5。

⑭ 李恭笃、高美璇：《试论小河沿文化》，《中国考古学会第二次年会论文集（1980）》，文物出版社，1982年，第148页，图四-3。

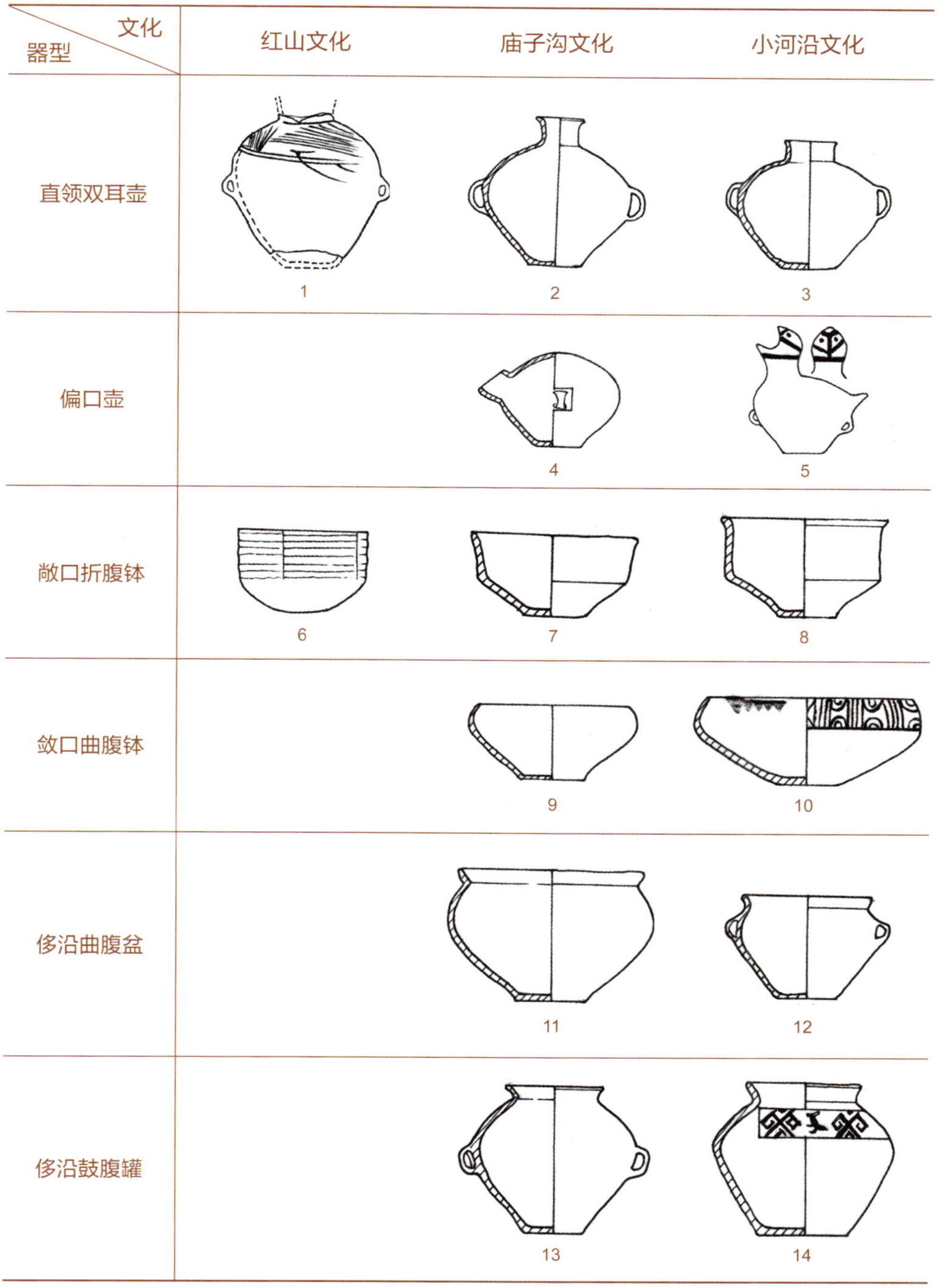


图3　红山文化、庙子沟文化、小河沿文化同类器物比较图

1. 西水泉H2：21；2. 庙子沟M30：3；3. 南台地F42；4. 庙子沟H5：11；5. 石棚山出土；6. 西水泉H4：2；7. 庙子沟H31：6；8. 老鹞富梁M4：1；9. 庙子沟M15：2；10. 大南沟M27：6；11. 庙子沟H6：10；12. 南台地H16：2；13. 庙子沟F20：18；14. 石棚山出土

除上述器形外，在彩陶图案及装饰风格上，庙子沟文化与红山文化晚期及小河沿文化之间的相互影响和渗透，也是十分引人注目的。

首先，庙子沟文化，红山文化晚期及小河沿文化都流行复彩及内彩装饰，均以简练的几何形花纹为主要特征。

其次，红山文化晚期出现的错叠三角[①]、网格[②]、棋盘格[③]、三角勾连纹[④]（图4-1、图4-3、图4-5、图4-7），是庙子沟文化中较早的具有代表性的彩绘图案[⑤]（图4-2、图4-4、图4-6、图4-8），这些图案在红山文化晚期诸多遗址中出现，显然是受庙子沟文化影响的结果。而庙子沟文化中多见的相叠菱格纹、“人”字纹[⑥]（图4-10、图4-12）和鱼鳞纹等，当取材于红山文化[⑦]（图4-9、图4-11）。小河沿文化流行的垂三角纹和大量的交错绳纹，应来源于庙子沟文化。

## 四

上文对庙子沟文化和红山文化、小河沿文化多种因素来龙去脉的探讨，是我们研究庙子沟文化和小河沿文化的形成过程，以及与红山文化三者间关系的基础。

庙子沟文化是分布于内蒙古中南部、相当于半坡四期文化阶段的一种区域性特点鲜明的考古学文化，在所划分的三个地方类型当中，以庙子沟类型出现的年代最早，文化内涵也最为丰富，表现出的文化特征也较为突出，以此类遗存为代表的庙子沟文化，已经表现出了与中原仰韶晚期诸考古学文化的相对疏远关系。因此，可以说庙子沟文化是在继承本地区庙底沟阶段晚期遗存的主要因素的基础之上，融合了诸多周边考古学文化因素而形成的。其中的庙子沟类型，受到了较强的红山文化因素的影响。

分布于岱海、黄旗海周围以及丰镇丘陵地带的庙底沟阶段晚期遗存，一旦吸收了红山文化的筒形罐、直领双耳壶、敞口折腹钵以及其他的文化因素，创造出小口、凹肩、鼓腹的双耳罐后，便迅速地向西南传播至包头及南流黄河沿岸地带。这两个区域的庙底沟阶段晚期遗存，因所处的特殊的地理位置和环境，已开始异化，但仍同中原地区保持着密切

---

① 李恭笃：《辽宁凌源县三官甸子城子山遗址试掘报告》，《考古》1986年第6期，图九-2。

② 方殿春、刘葆华：《辽宁阜新县胡头沟红山文化玉器墓的发现》，《文物》1984年第6期，图四-5。

③ 李恭笃：《辽宁凌源县三官甸子城子山遗址试掘报告》，《考古》1986年第6期，图九-8。

④ 李恭笃：《辽宁凌源县三官甸子城子山遗址试掘报告》，《考古》1986年第6期，图九-9。

⑤ 吉发习：《内蒙古托克托县新石器时代遗址调查》，《考古》1978年第6期，图二-1、图二-3、图二-7；内蒙古文物考古研究所1990年发掘资料，特刊。

⑥ 内蒙古文物考古研究所：《内蒙古察右前旗庙子沟遗址考古纪略》，《文物》1989年第12期，图一二-1；包头市文物管理处：《内蒙古大青山西段新石器时代遗址》，《考古》1989年第9期，图一二-13。

⑦ 中国社会科学院考古研究所内蒙古工作队：《赤峰西水泉红山文化遗址》，《考古学报》1982年第2期，图一〇-3；李恭笃：《辽宁凌源县三官甸子城子山遗址试掘报告》，《考古》1986年第6期，图九-3。

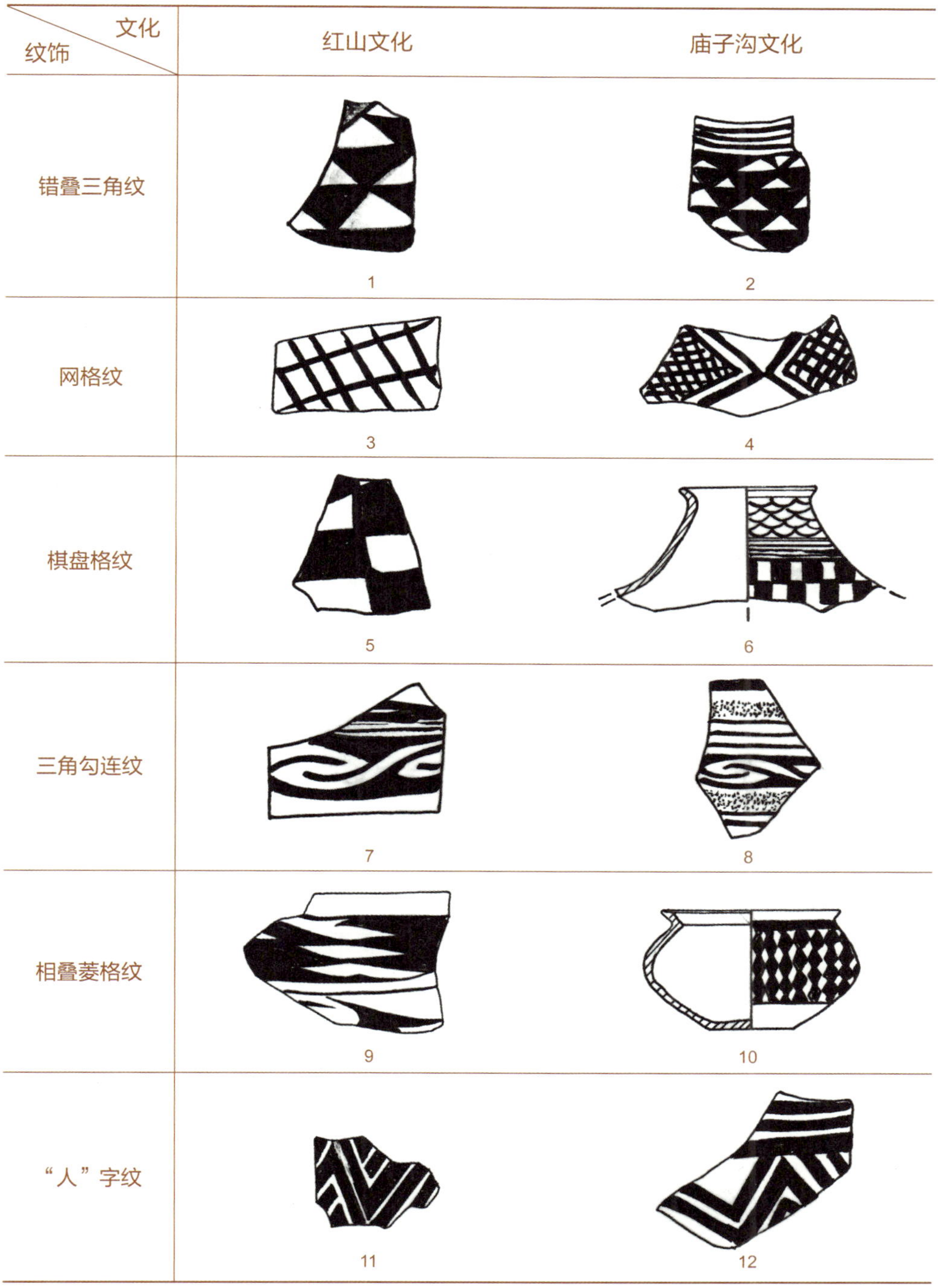


图4　红山文化、庙子沟文化彩陶图案比较图

1. 城子山T3②：2；2. 海生不浪遗址采；3. 胡头沟遗址出土；4. 海生不浪遗址采；5. 城子山T4②：24；6. 南壕F5；7. 城子山T4②：25；8. 海生不浪遗址采；9. 西水泉T53①：20；10. 庙子沟H91：4；11. 城子山T1③：23；12. 黑麻板遗址采

的联系，当其受到来自中原及东北方的影响后，便出现了侈沿夹砂罐、薄胎筒形罐两种炊器和直领双耳壶、喇叭口尖底瓶两种水器共存的有趣现象。这种现象以及筒形罐、直领双耳壶、小口双耳罐愈往西南愈见减少，喇叭口尖底瓶只见于黄河沿岸及以南地区的分布规律，就是这种文化因素传播的真实反映。

以筒形罐为代表的红山文化因素在内蒙古中南部的广泛传播，使本地区庙底沟阶段晚期遗存的文化内涵产生了质的变化，当这种文化传播的浪潮一旦趋于和缓，文化因素的取舍过程一经结束，庙子沟文化便以独立的姿态诞生了。同时，内蒙古中南部仰韶晚期阶段的三种区域类型的格局也大致确定。因此，庙底沟阶段文化遗存的逐步衰退，而红山文化的随之南下西渐，应是庙子沟文化的直接成因。

刚刚诞生的庙子沟文化，以侈沿夹砂罐、筒形罐、小口双耳罐、直领双耳壶或喇叭口尖底瓶，以及各种盆钵类为主的陶器群，以繁缛多变的几何形彩陶图案表现出了其独特的文化面貌。它不仅以稳定的文化内涵有别于相邻地区的同期考古学文化，而且以其旺盛的生命力，对相邻地区的考古学文化产生了强烈影响，特别是其给予红山文化晚期遗存的巨大反作用，不仅为红山文化晚期遗存增添了新内容，而且也刺激了小河沿文化的形成。

小河沿文化是在继承红山文化主导因素的基础之上，接受了来自庙子沟文化和大汶口文化的影响而形成的。正因为其文化构成的多元性，所以它与红山文化晚期遗存就表现出了诸多的差异。目前，学术界对小河沿文化与红山文化晚期遗存的关系问题，有两种不同的看法。一种意见认为，小河沿文化是红山文化晚期遗存的直接继承者，并提出了“后红山文化”的命名建议①；另一种意见认为，小河沿文化可能出现于辽西地区新石器时代第三阶段，与红山文化晚期并行，二者还可能形成相互争夺的局面②。根据笔者对庙子沟文化与红山文化、小河沿文化的比较研究，红山文化晚期与庙子沟文化早中期联系较多，二者曾有过相互交流、并行发展的阶段，而小河沿文化早期与庙子沟文化晚期关系密切，曾接受了诸多庙子沟文化的影响，这种对应比较的结果似乎支持了第一种意见。但是参考牛河梁Z1的$^{14}$C数据，经树轮校正为距今5000±130年③，说明红山文化晚期的年代下限可晚至距今5000年左右，与庙子沟文化晚期年代相当，而小河沿文化的年代上限，从和庙子沟文化晚期遗存的比较来看，也有可能突破距今5000年。因此，小河沿文化可能在红山文化晚期即已出现，与红山文化晚期有着并行发展的阶段，从这种年代意义上讲，第二种意见就显得很有见地。但是，要最终解决二者的关系问题，还是应在更深入的田野考古的基础之上，对红山文化晚期遗存及小河沿文化早期遗存，进行年代范围上的科学界定和细致的分

① 郭大顺：《大南沟的一种后红山文化类型》，《考古学文化论集》（二），文物出版社，1989年，第59～77页。

② 朱延平：《辽西区新石器时代考古学文化纵横》，《内蒙古东部区考古学文化研究文集》，海洋出版社，1991年，第9～14页。

③ 辽宁省文物考古研究所：《辽宁牛河梁红山文化“女神庙”与积石冢群发掘简报》，《文物》1986年第8期。

期工作，才是得出正确答案的唯一途径。

内蒙古中南部及辽西地区是连结黄河流域和辽河流域的中间地带，是“两地”原始文化交流的必然途径。早已有学者注意到由岱海、黄旗海丘陵地带北上，经燕山北麓或沟谷地带，进入西拉木伦河流域的文化传播路线①，这种认识是卓有见识的。在这条路线上，每一次文化传播的浪潮，都为“两个地区”的考古学文化增添了新内容。在仰韶阶段早中期，这条文化传播路线基本上是单向的，只见内蒙古中南部相当后冈一期、庙底沟阶段的文化遗存北上东渐，而不见辽西地区诸考古学文化因素蕴于内蒙古中南部同期考古学文化之中。至仰韶阶段晚期，庙子沟文化与红山文化、小河沿文化的复杂关系表明，在这条路线上，终于以双向文化交流的方式开始影响两地的考古学文化的发展进程。

（本文与曹建恩合著，原载《青果集——吉林大学考古专业成立二十周年论文集》，知识出版社，1993年）

① 魏坚：《试论庙子沟文化》，《青果集——吉林大学考古专业成立二十周年考古论文集》，知识出版社，1993年，第85～100页；崔璇：《新石器时代至商周之际河套地区与燕山南北的文化联系》，《内蒙古东部区考古学文化研究文集》，海洋出版社，1991年，第33～40页。

# CYLINDRICAL POTS FROM MIAOZIGOU CULTURE AND RELATED ISSUES

Wei Jian Cao Jian'en

**Abstract:** A certain number of cylindrical pots were found in various Miaozigou culture sites in Central and Southern Inner Mongolia, and they have become one of the most characteristic pottery item associated with Miaozigou culture. Although the three regional types of cylindrical pots belonging to Miaozigou culture show obvious common factors, they also show differences in decoration style and quantity. The cylindrical pots are never found in remains from later cultures, and in order to investigate their origin, one should focus on the west of Liaoning Province. The typological evolution and chronological analysis show that cylindrical pots from Miaozigou culture developed from cylindrical pots found in the late period of Hongshan culture, to then form their own characteristics, and later lead to the cylindrical pots from Xiaoheyan culture. The relationship between the three archaeological cultures shown by the cylindrical pots is confirmed by similarities in the shape and decoration of other pottery types. Miaozigou culture was influenced by Hongshan culture in the process of its formation and development, and it then stimulated the formation of Xiaoheyan culture. This fully illustrates how Central and Southern Inner Mongolia, as a middle zone connecting the Yellow River basin and the Liao River basin, played a bridging role in the two-way exchange between archaeological cultures.

**Keywords:** Miaozigou Culture; Cylindrical Pot; Hongshan Culture; Xiaoheyan Culture; Cultural Exchange

# 庙子沟文化与马家窑文化比较研究*

摘　要：内蒙古中南部地区的庙子沟文化与甘青地区的马家窑文化均属仰韶晚期阶段文化，二者产生与发展的时间大致相同，表现出的考古学文化面貌也有诸多相似之处。本文就庙子沟文化和马家窑文化的考古学特征做一比较研究。庙子沟文化和马家窑文化来源一致，均是在继承了中原庙底沟文化主体因素的基础上发展起来的地域性考古学文化，并且二者在发展过程中发生过直接或间接的文化交流。因此，这两种文化在考古学面貌上表现出了相似的特征：二者的房址、陶器以及彩陶纹饰均含有相同的因素，二者的经济形态与社会发展阶段也几乎相同。庙子沟文化和马家窑文化虽然根源相同，但由于分布地域的不同和接受周边文化影响的不同，彼此之间还是存在着较大的差异，因而分属两只不同的考古学文化。

关键词：庙子沟文化　马家窑文化　文化来源　比较研究

内蒙古中南部黄河两岸地区及黄旗海、岱海地区的考古工作由来已久，自20世纪80年代起，这一地区的田野调查与发掘工作取得了丰硕的成果，对于这一地区仰韶晚期阶段考古学文化面貌的认识也取得了突破性的进展。庙子沟文化作为本地区仰韶晚期阶段的考古学文化，在距今5700～5000年这一阶段产生、发展，并且分为了三种地方类型，即庙子沟类型、阿善二期类型和海生不浪类型[①]。在黄河上游的甘青地区，大致在距今5500～4500年，马家窑文化广泛分布，并且显示出强盛的态势。虽然庙子沟文化与马家窑文化的分布地域不同，但二者产生与发展的时间大致相同，而且所表现出的文化面貌有诸多相似之处（图1）。

---

* 本文系国家社科基金重点项目“中国北方游牧与农耕民族交融的考古学研究”（项目批准号：14AKG002）资助成果。

① 魏坚：《试论庙子沟文化》，《青果集——吉林大学考古专业成立二十周年考古论文集》，知识出版社，1993年，第85～100页。

图1 庙子沟文化与马家窑文化分布示意图

从文化来源上看，庙子沟文化和马家窑文化来源一致，均与中原地区的庙底沟文化有着紧密的继承关系。在距今约6500年左右的庙底沟文化发展的繁盛阶段，庙底沟文化不断地由中原腹地向周边区域进行迁徙和扩张。处于黄河大回折的内蒙古中南部地区和黄河上游的甘青地区，在距今6000～5000年左右，在继承庙底沟文化基础之上，逐渐形成了不同的地方类型，即庙子沟文化和马家窑文化。另一方面，这两种文化处于黄河大回折地区北流黄河的东西两岸，二者在发展过程中发生过文化交流。因此，这两种文化在考古学文化面貌上表现出了相似的特征。

本文拟就庙子沟文化和马家窑文化的考古学特征做一比较研究，并对二者的文化来源等问题进行探讨。

## 一、庙子沟文化的分布与特征

庙子沟文化主要分布于以呼和浩特平原为中心，北起阴山南麓，南抵晋陕，东接张北，西迄鄂尔多斯高原的内蒙古中南部地区。遗址大多坐落在阶地高坡之上，房址成排分布，门向一致。房子均为开间较小的长方形或方形半地穴式建筑，屋内有灶坑，窖穴在房

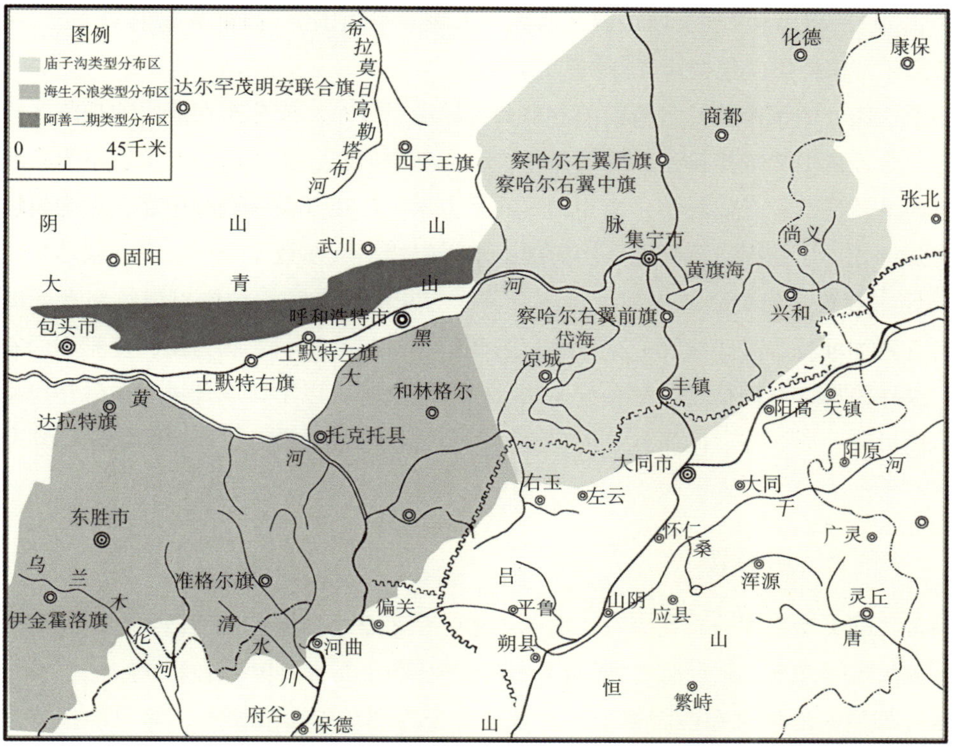


图2　庙子沟文化分布示意图

子周围或室内。陶器以夹砂或泥质褐陶为主，纹饰多素面和绳纹。彩陶较少，彩绘均施于泥质红陶或橙黄陶，多红彩和黑彩，复彩普遍，纹饰多为各类几何形纹饰。典型器物有小口双耳罐、夹砂侈口罐、平口罐、筒形罐和各种盆钵类。遗址内还出土大量石制生产工具、骨角器及动物骨骼。庙子沟文化阶段，生产活动应当以农业经济为主，以狩猎、饲养业为辅，居民应当以家庭或家族组成一个生产、生活单元，社会组织可能已经为偶婚制氏族家庭阶段。依据分布范围和文化特征，庙子沟文化可以划分为庙子沟、阿善二期和海生不浪三个相关的区域文化类型（图2）。

## （一）庙子沟类型

庙子沟类型以黄旗海、岱海为中心，分布于内蒙古中南部地区的东北部。目前发现的这一类型的遗址有察右前旗庙子沟、大坝沟①、大西沟、许武家②，丰镇市黄土沟③，凉城

① 魏坚：《庙子沟与大坝沟新石器时代遗址发掘报告》，中国大百科全书出版社，2003年。

② 内蒙古文物考古研究所1988年春调查资料。

③ 内蒙古文物考古研究所、丰镇市文物管理所：《丰镇市北黄土沟遗址发掘简报》，《内蒙古文物考古文集》（第二辑），中国大百科全书出版社，1997年，第271～279页。

县狐子山[①]、王墓山[②]、黄土坡、黄土西坡、大坡、平顶山[③]，商都县章毛勿素[④]、风旋卜子、狼窝沟、棒槌梁，化德县德善[⑤]等20余处。

庙子沟类型的聚落遗址多倚山前台地和大河沿岸分布，或分布在近水的丘陵沟畔背风坡地上，房址依坡势成排排列，分组分布，门道基本向东，背风向阳。房址多为横或竖长方形半地穴式建筑，开间较小，面积10～20平方米。门道开在一侧的中部，多为斜坡状，少数为阶梯式。居住面以草拌泥碾压而成，不经烧烤。大多数房子中心设一圆形灶坑，个别为双灶。陶器多为夹砂或泥质红褐陶，其次为灰陶和红陶。纹饰以绳纹和素面磨光居多，另有附加堆纹、戳印纹和方格纹等。彩陶较少，以红彩、黑彩为主，复彩和内彩较为普遍，纹样简单，有网格纹、三角纹、鳞纹、几何纹等。以小口双耳罐、夹砂侈口罐、平口罐、筒形罐、曲腹钵、曲腹盆、偏口壶及漏斗为代表性器物。另有大量磨制石器及骨、角器。

### （二）阿善二期类型

阿善二期类型主要分布在大青山山前台地，位于整个内蒙古中南部地区的北部。主要遗址有包头市阿善东、西台地[⑥]，西园东、西台地[⑦]和土右旗威俊、纳太[⑧]等。

这一类型的房址仅在西园遗址有发现。房子为圆角方形或梯形，面积约10平方米，门道朝南，为斜坡状或台阶式。居住面为白砂泥抹成。室内中央设一圆形灶坑，其后又设一长方形坎灶。陶器以泥质或夹砂褐陶为主，有少量灰陶和红陶。纹饰多为素面。彩陶较少，以红彩居多，不见复彩。代表性器物有小口双耳罐、折腹钵、曲腹钵、夹砂侈口罐、平口罐及喇叭口尖底瓶。石器以大型打制石器为主，另有细石器、骨、角器等。

### （三）海生不浪类型

海生不浪类型主要分布在整个内蒙古中南部地区西南部的黄河两岸。主要遗址有托克

---

① 内蒙古文物考古研究所：《狐子山遗址》，《岱海考古（三）——仰韶文化遗址发掘报告集》，科学出版社，2003年，第230～235页。

② 内蒙古文物考古研究所、日本京都中国考古学研究会岱海地区联合考察队：《凉城县王墓山坡上遗址发掘报告》，《内蒙古文物考古文集》（第二辑），中国大百科全书出版社，1997年，第238～270页。

③ 乌盟文物站凉城文物普查队：《内蒙古凉城县岱海周围古遗址调查》，《考古》1989年第2期。

④ 内蒙古文物考古研究所、乌兰察布博物馆、商都县文物管理研究所：《商都县章毛勿素遗址》，《内蒙古文物考古文集》（第二辑），中国大百科全书出版社，1997年，第137～150页。

⑤ 内蒙古文物考古研究所1990年发掘和调查资料。

⑥ 内蒙古社会科学院蒙古史研究所、包头市文物管理所：《内蒙古包头市阿善遗址发掘简报》，《考古》1984年第2期；包头市文物管理所：《内蒙古大青山西段新石器时代遗址》，《考古》1986年第6期。

⑦ 西园遗址发掘组：《内蒙古包头市西园新石器时代遗址发掘简报》，《考古》1990年第4期；包头市文物管理所：《内蒙古大青山西段新石器时代遗址》，《考古》1986年第6期。

⑧ 包头市文物管理所：《内蒙古大青山西段新石器时代遗址》，《考古》1986年第6期。

托县海生不浪、碱池、章盖营[1]，清水河县白泥窑子、台子梁[2]，和林格尔县中二十家子，准格尔旗石口子、吕家坡[3]、张家圪旦[4]、二里半[5]、周家壕[6]、南壕[7]、白草塔[8]、寨子上[9]、官地[10]、鲁家坡[11]，伊金霍洛旗朱开沟Ⅶ区[12]，达拉特旗瓦窑[13]等。

海生不浪类型的房址多为方形或长方形，面积约15平方米，门道向南，斜坡式门道，常见有带门斗式门道。居住面为白砂泥抹成，经过烧烤。几乎都为双连灶。陶器以泥质灰陶和夹砂褐陶为主，其次为泥质红陶、黑陶和橙黄陶。陶器多为素面磨光，其次为绳纹、篮纹、附加堆纹等。彩陶多见深浅不一的褐色或赭色，少量红色和黑色，复彩和内彩较为普遍。纹样多变，有单线、复线、椭圆点、涡纹、菱形网格纹、三角、垂弧、锯齿等组成的繁缛的花纹图案。代表性器物有喇叭口尖底瓶、小口双耳罐、夹砂侈口罐、平口罐、筒形罐及敛口钵。另有大型磨制石器、细石器及骨、角器等。

### （四）小结

庙子沟、海生不浪和阿善二期三种文化类型的主要差异表现在：庙子沟类型的房子以长方形居多，门向基本向东，室内多只有一个圆形灶坑，室内常建袋形窖穴；而海生不浪类型和阿善二期类型的房子以方形为主，门向多朝南，大多为双灶，室内极少见窖穴；海生不浪类型房址的最大特征是带门斗式门道，门斗为长方形，有的还在门道处铺垫石板，室内一般设有双连灶，其他两个类型并不见这种带门斗的房子。庙子沟类型和阿善二期类型以褐陶为主，海生不浪类型以泥质灰陶为主。庙子沟类型中常见的小口双耳罐在其他两

---

① 吉发习：《内蒙古托克托县新石器时代遗址》，《考古》1978年第6期。
② 汪宇平：《内蒙古清水河县白泥窑子村的新石器时代遗址》，《清水河县台子梁的仰韶文化遗址》，《文物》1961年第9期。
③ 崔璇、斯琴：《内蒙古中南部新石器至青铜时代文化初探》，《中国考古学会第四次年会论文集（1983）》，文物出版社，1985年，第173～184页。
④ 内蒙古文物考古研究所、伊克昭盟文物工作站：《内蒙古准格尔旗煤田黑岱沟矿区文物普查述要》，《考古》1990年第1期。
⑤ 内蒙古文物考古研究所：《内蒙古准格尔旗二里半遗址第二次发掘报告》，《考古学集刊》（11），中国大百科全书出版社，1997年，第84～129页。
⑥ 内蒙古文物考古研究所：《准格尔旗周家壕遗址仰韶晚期遗存》，《内蒙古文物考古文集》（第一辑），中国大百科全书出版社，1994年，第167～173页。
⑦ 内蒙古文物考古研究所：《准格尔旗南壕遗址》，《内蒙古文物考古文集》（第一辑），中国大百科全书出版社，1994年，第205～224页。
⑧ 内蒙古文物考古研究所：《准格尔旗白草塔遗址》，《内蒙古文物考古文集》（第一辑），中国大百科全书出版社，1994年，第183～204页。
⑨ 内蒙古文物考古研究所：《准格尔旗寨子上遗址发掘简报》，《内蒙古文物考古文集》（第一辑），中国大百科全书出版社，1994年，第174～182页。
⑩ 内蒙古文物考古研究所：《准格尔旗官地遗址》，《内蒙古文物考古文集》（第二辑），中国大百科全书出版社，1997年，第85～119页。
⑪ 内蒙古文物考古研究所：《准格尔旗鲁家坡遗址》，《内蒙古文物考古文集》（第二辑），中国大百科全书出版社，1997年，第120～136页。
⑫ 田广金：《内蒙古伊金霍洛旗朱开沟遗址Ⅶ区考古记略》，《考古》1988年第6期。
⑬ 汪宇平：《内蒙古伊盟达拉特旗瓦窑村的新石器时代遗址》，《考古》1963年第1期。

种类型中所占比重不大，曲腹盆、偏口壶、漏斗和斜腹碗等在其他两种类型中也极为少见；阿善二期类型常见折腹和曲腹钵；海生不浪类型最具特征的喇叭口尖底瓶不见于庙子沟类型，在阿善二期类型中仅有少量发现。

根据陶器类型，可将这三种类型各自分为三期，并且依次对应。因此，从时间上看，庙子沟文化的三种类型是并列存在和发展的。$^{14}$C数据表明，庙子沟文化第一期年代应早于距今5500年，第二期年代应距今5500年左右，第三期年代也应在距今5000年以上①。

## 二、马家窑文化的分布与特征

马家窑文化主要分布在甘肃中南部地区，以陇西黄土高原为中心，东起渭河上游，西至河西走廊和青海东北部，北至宁夏南部，南抵四川北部。一般认为马家窑文化可分为石岭下类型、马家窑类型、半山类型和马厂类型。与庙子沟文化分三种类型在不同的地域空间并列分期发展不同，马家窑文化则表现为几种类型在时间上连续发展的特点。其中马家窑文化中的石岭下类型、马家窑类型与庙子沟文化无论在时间、地域，还是文化面貌方面都更具有可比性。

石岭下类型是早于马家窑类型的一类遗存。石岭下类型陶器以泥质红陶和橙黄陶为主，主要器形有敛口钵、折腹盆、卷沿盆、侈口细颈瓶、小口平底瓶、直颈彩陶壶、侈口罐、侈口尖底瓶等。彩陶多呈橙黄色或砖红色，主要为黑彩，另有红、白彩，纹饰有波浪纹、锯齿纹、弧线三角和圆点纹、绞索纹、涡纹、动物纹等。石岭下类型的敛口钵、折腹盆、侈口尖底瓶等器形在马家窑类型中有所发展，彩陶纹饰也与马家窑类型有传承关系。据$^{14}$C测定，石岭下类型的绝对年代约在距今5800年左右②。

马家窑类型的主要遗址有东乡林家③，永登蒋家坪、静宁威戎镇④，临洮马家窑、瓦家坪⑤，兰州曹家咀⑥、王保保城⑦、西坡坬⑧、雁儿湾、华林坪、白道沟湾⑨以及青海乐都脑

① 魏坚：《试论庙子沟文化》，《青果集——吉林大学考古专业成立二十周年考古论文集》，知识出版社，1993年，第85～100页。

② 谢端琚：《论石岭下类型的文化性质》，《文物》1981年第4期。

③ 甘肃省文物工作队、临夏回族自治州文化局、东乡族自治县文化馆：《甘肃东乡林家遗址发掘报告》，《考古学集刊》（4），中国社会科学出版社，1984年，第111～161页。

④ 甘肃省博物馆连城考古发掘队、北京大学历史系考古专业连城考古发掘队：《从马家窑类型驳瓦西里耶夫的“中国文化西来说”》，《文物》1976年第3期。

⑤ 甘肃省文物管理委员会：《甘肃临洮、临夏两县考古调查简报》，《考古通讯》1958年第9期。

⑥ 甘肃省博物馆：《兰州曹家咀遗址的试掘》，《考古》1973年第9期。

⑦ 甘肃省博物馆文物工作队：《兰州马家窑和马厂类型墓葬清理简报》，《文物》1975年第6期。

⑧ 甘肃省博物馆：《甘肃兰州西坡㠓遗址发掘简报》，《考古》1960年第9期。

⑨ 甘肃省文物管理委员会：《兰州新石器时代的文化遗存》，《考古学报》1957年第1期。

庄①、民和核桃庄②、大通上孙家寨③以及宁夏海原曹洼④等。马家窑类型的房址主要发现于林家和蒋家坪遗址。林家遗址共发掘房址27座，保存较为完整，分为上、中、下三层。下层房址和中层房址均为半地穴式建筑，多为方形，中层F18为长方形，面积约15～25平方米，朝向西或北，均为带门斗式门道，居住面多以草拌泥敷抹。下层房址室内地面中央为双连灶，一般为一大一小两个圆形灶坑，中层房址均为单灶。上层房址多为方形，面积约10～15平方米，朝向西或北，带门斗式门道。室内一般为两个圆形坎灶。马家窑类型的墓葬为长方形竖穴土坑墓，单人仰身直肢葬，还有二次葬、石棺葬、瓮棺葬和火葬等，随葬品多为彩陶，流行公共墓地。马家窑类型的陶器以泥质红陶为主，其次为泥质灰陶。纹饰有绳纹、附加堆纹、刻划纹、篮纹等。彩陶多以橙黄色为底色，用黑色和红色彩绘，内彩普遍。彩陶纹饰有旋涡纹、几何纹、动物纹以及舞蹈纹等。代表性器形有侈口长颈双耳彩陶壶、敛口小平底彩陶钵、曲腹彩陶钵、彩陶盆、小口长颈瓶、彩陶壶及小口双耳罐等。经$^{14}$C测定，马家窑类型的绝对年代大致在距今5000～4600年⑤。

马家窑类型继而发展为半山类型。半山类型继承了马家窑类型的一些特征，如石器、陶器的制法等。主要不同表现在彩陶方面：首先，彩陶的数量增加；其次，彩陶的纹饰有了新的变化，常以红、黑两种线条组成螺旋纹、菱形纹、圆圈纹、同心圆纹以及涡形纹等。半山类型的代表性器物有小口高颈双耳壶、单耳大口罐、短颈双耳瓮等。

## 三、庙子沟文化与马家窑文化比较研究

### （一）庙子沟文化与马家窑文化来源探究

从文化来源上看，庙子沟文化和马家窑文化与中原地区的庙底沟文化均有着紧密的继承关系。

在准格尔旗房塔沟、官地、清水河县白泥窑子、凉城县狐子山、王墓山以及商都县章毛勿素等遗址，均发现了庙底沟文化遗存（图3）。白泥窑子遗址和章毛勿素遗址出土的陶器与山西翼城北橄遗址出土的庙底沟文化遗物十分相似（图4）。在黄河两岸的海生不浪类型和阿善二期类型的分布区域内，庙底沟文化因素显得更加原始，如重唇口小口尖底瓶、弧线三角和勾连圆点图案的彩陶盆以及铁轨式口沿弦纹夹砂罐等。在庙子沟类型分布区域内，较北的章毛勿素遗址出土的陶器组合及彩陶纹饰，则表现出同典型的庙底沟文化有所

① 青海省文物考古队：《青海乐都县脑庄发现马家窑类型墓》，《考古》1981年第6期。
② 青海省考古队：《青海民和核桃庄马家窑类型第一号墓葬》，《文物》1979年第9期。
③ 青海省文物管理处考古队：《青海大通县上孙家寨出土的舞蹈纹彩陶盆》，《文物》1978年第3期。
④ 北京大学考古实习队、固原县博物馆：《宁夏海原曹洼遗址发掘简报》，《考古》1990年第3期。
⑤ 谢端琚：《甘青地区史前考古》，文物出版社，2002年，第251～252页。

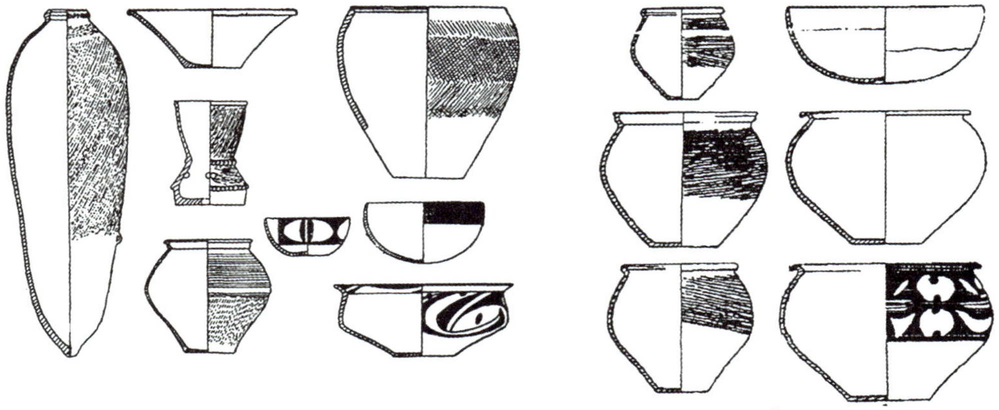

1　　　　　　　　　　2

图3　内蒙古中南部地区庙底沟文化陶器

1. 白泥窑子遗址出土；2. 章毛勿素F1出土

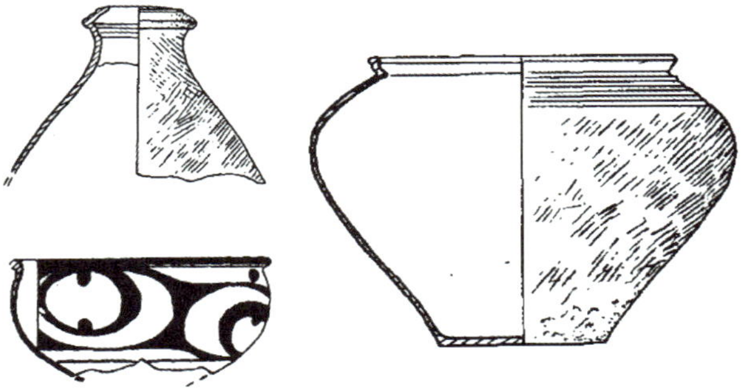

图4　翼城北橄遗址出土陶器①

不同的地方差异，比如彩陶盆为卷沿圆唇、曲腹不明显，弧线三角纹饰线条不甚流畅，不见尖底瓶、釜、灶、鼎等。庙子沟文化中的喇叭口尖底瓶、敛口曲腹钵、侈沿曲腹盆、侈沿夹砂罐、平口夹砂罐等器形，同庙底沟文化的小口尖底瓶、直口钵、曲腹彩陶盆、铁轨式口沿夹砂罐、大口瓮等存在发展演变关系；庙子沟文化彩陶纹饰常见的弧线纹、绞索纹等也源自庙底沟文化。这说明在庙子沟文化产生之前，内蒙古中南部地区受到过庙底沟文化的影响，并且进而产生发展成为庙子沟文化。因此，庙子沟文化应是在庙底沟文化的主导因素基础上发展起来的区域性考古学文化。从地理位置上看，庙子沟文化处于东北地区的红山文化区、陇东地区的马家窑文化区以及晋、陕北部的仰韶文化区三个大文化区相交汇的三岔路口，同时受到多种文化的影响，吸收了周边地区多种文化因素，再经过地方变异，最终形成地方特色，在考古学文化面貌上表现出独特性。

① 山西省考古研究所：《山西翼城北橄遗址发掘报告》，《文物季刊》1993年第4期。

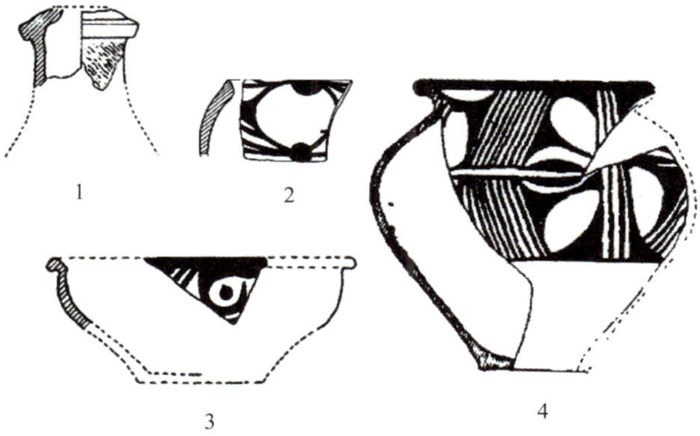


图5　甘青地区庙底沟文化陶器

1. 师赵村T133④：145；
2. 师赵村T115④：105；
3. 师赵村T115④：49；
4. 青海阳洼坡遗址出土

与庙子沟文化情况类似，马家窑文化也是在继承庙底沟文化基础之上，融入地方特色，逐渐产生发展起来的地方性考古学文化。从地层关系来看，瓦家坪[①]、寺坪[②]等遗址清楚地表明马家窑文化层叠压在庙底沟文化层之上。庙底沟文化广泛分布于甘肃东部洮河流域，主要遗址有秦安大地湾[③]、天水师赵村、西山坪[④]、临夏马家窑等，在青海民和[⑤]也有发现（图5）。马家窑文化马家窑类型的尖底瓶、彩陶曲腹钵、夹砂侈口罐等器形承袭自庙底沟文化，常见彩陶纹饰也包含很多庙底沟文化因素，例如弧线三角和圆点纹、圆形纹、鸟纹等。1962年发现的武山石岭下遗址填补了庙底沟文化与马家窑文化之间的缺环——典型的马家窑类型地层之下，还存在一层文化面貌与庙底沟文化更相似的文化遗存，即石岭下类型[⑥]（图6）。在临洮马家窑和天水罗家沟[⑦]遗址也同样发现了石岭下类型地层居于下层庙底沟文化和上层马家窑类型地层之间。这证明了在甘青地区，庙底沟文化通过石岭下类型发展为马家窑类型的因袭关系。石岭下类型的陶器处于庙底沟文化向马家窑类型发展的过渡阶段，例如侈口尖底瓶、敛口钵等，一方面继承了庙底沟文化小口尖底瓶、直口钵等器形的特征，另一方面继而演变成了马家窑类型的喇叭口尖底瓶、曲腹钵等。彩陶纹饰也同时具有庙底沟文化和马家窑类型的特征，波浪纹、弧线三角和圆点纹、动物纹等均是庙底沟文化和马家窑类型都具有的纹饰。基于地层学和类型学的证据，可以得出结论：在甘青地区，庙底沟文化经石岭下类型发展成为马家窑类型。

① 甘肃省文物管理委员会：《甘肃临洮、临夏两县考古调查简报》，《考古通讯》1958年第9期。

② 甘肃省文物管理委员会：《甘肃渭河上游渭源、陇西、武山三县考古调查》，《考古通讯》1958年第7期。

③ 甘肃省文物考古研究所：《秦安大地湾——新石器时代遗址发掘报告》，文物出版社，2000年。

④ 中国社会科学院考古研究所：《师赵村与西山坪》，中国大百科全书出版社，1999年。

⑤ 青海省文物考古队：《青海民和阳洼坡遗址试掘简报》，《考古》1984年第1期。

⑥ 谢端琚：《论石岭下类型的文化性质》，《文物》1981年第4期。

⑦ 谢端琚：《甘青地区史前考古》，文物出版社，2002年，第63页。

图6 石岭下类型陶器[1]

在距今6000～5000年阶段，内蒙古中南部和甘青地区这两个边远地区的文化还不甚发达，而中原地区此时正处于庙底沟文化繁盛阶段，庙底沟文化不断地由中原腹地向周边区域进行迁徙和扩张，沿着黄河逆流而上，处于黄河大回折的内蒙古中南部地区和黄河上游的甘青地区，在庙底沟文化的基础上，逐渐形成了不同的地方类型，即庙子沟文化和马家窑文化。尽管这两种文化都属于移民文化，但根源相同，因此在考古学文化面貌上表现出诸多相似之处。另外，庙子沟文化与马家窑文化中，带门斗和双连灶的房址以及小口双耳罐这些文化因素在庙底沟文化中并不曾出现，说明这两种文化自身还存在着文化交流与迁徙的现象。

① 谢端琚：《甘青地区史前考古》，文物出版社，2002年，第69页，图六。

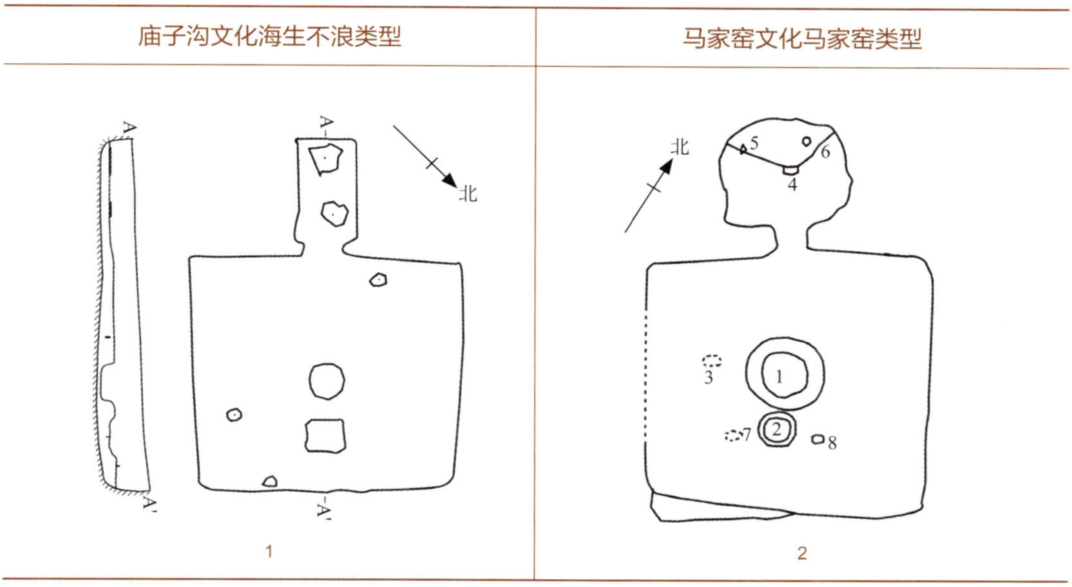


图7　庙子沟文化与马家窑文化房址比较
1. 白草塔遗址F21；2. 林家遗址F9

## （二）庙子沟文化与马家窑文化对比研究

庙子沟文化，特别是庙子沟文化的海生不浪类型，同马家窑文化中的石岭下类型、马家窑类型，有诸多相似之处。

首先，庙子沟文化与马家窑文化普遍存在着开间较小的半地穴式双连灶房址（图7）。在海生不浪类型的白草塔遗址中，房址多为平面呈方形的半地穴式建筑，面积约20平方米。门道向东南或南，有水平式、台阶式、斜坡式和带长方形门斗几种。门斗为长方形，有的还在门道处铺垫石板。流行双连灶，前灶一般为圆形坑灶，位于房址中部；后灶一般为长方形地面灶，个别灶周围设坎或围石板。庙子沟类型的大坝沟遗址和王墓山遗址中的房址也流行前圆后方或者均为圆形的双连灶。而在甘肃东乡林家遗址中，带门斗门道和双连灶的房子正是其显著特征。林家遗址房址平面多呈正方形，面积约20平方米。门斗为正方形，朝向西北。室内多设双连灶，前后灶均为圆形。无论是带门斗的门道，还是室内双连灶，在庙子沟文化和马家窑文化马家窑类型中均十分流行。这种现象在同时期其他地区并不常见。

从出土遗物类型上来看，庙子沟文化和马家窑文化亦有很多相似之处（图8）。庙子沟文化与马家窑文化都有非常典型的小口双耳罐，并且各自之前的文化阶段均不见此类器物，仅在这一时期有所发现。庙子沟文化中，此类罐的双耳在腹部最大径处，而马家窑类型的双耳则靠下。此外，庙子沟文化中常见的陶壶、曲腹钵、夹砂侈口罐等器类均见于马

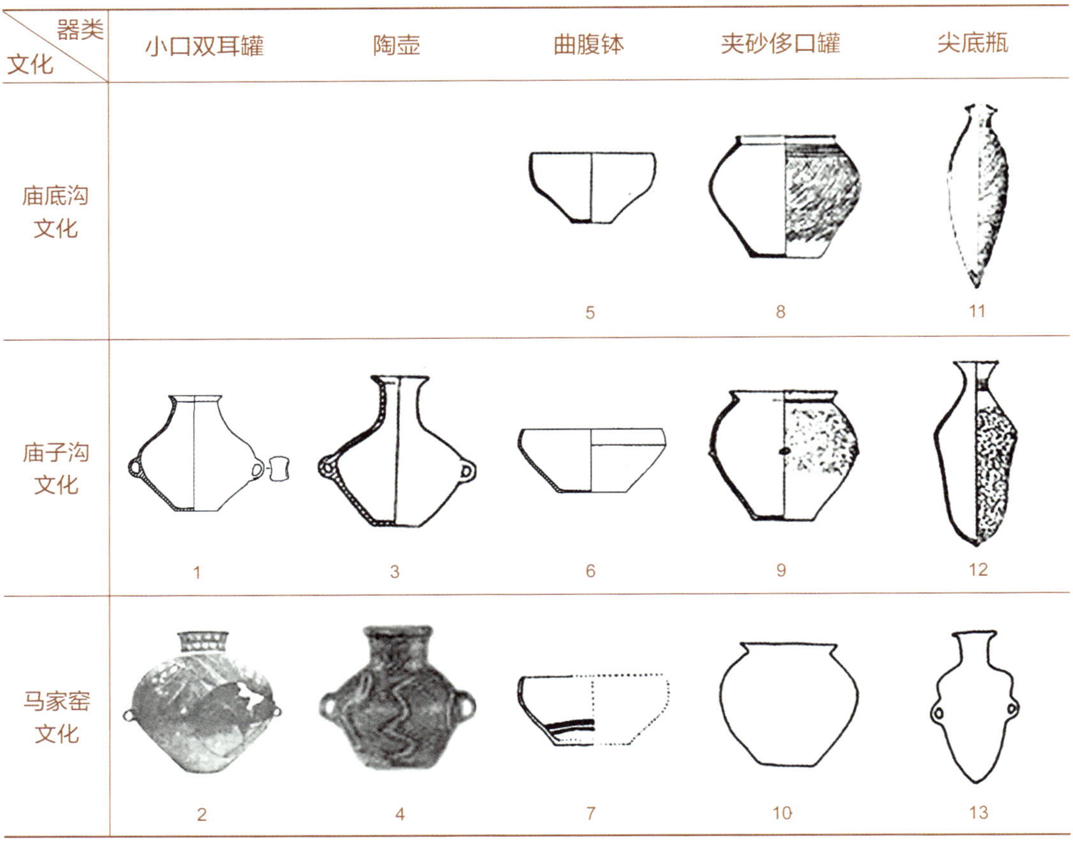


图8　庙子沟文化、马家窑文化与庙底沟文化陶器对比

1. 庙子沟QMF4：1；2. 兰州白道沟坪；3. 丰镇黄土沟F1：2；4. 兰州西坡坬遗址出土；5. 庙底沟H79：64；6. 庙子沟QMM15：7；7. 林家T46④：3；8. 庙底沟H1：92；9. 庙子沟QMM15：15；10. 林家遗址出土①；11. 庙底沟T203：43；12. 张家圪旦H1：3；13. 陇西吕家坪遗址出土②

家窑文化，并且形态几乎别无二致。庙子沟文化和马家窑文化还存在着数量不小的喇叭口尖底瓶。这两种文化均继承了庙底沟文化尖底瓶的特征，并且演变为喇叭口尖底瓶。

从彩陶纹饰来看，马家窑类型的陶器多以橙黄色为底色，装饰黑彩和红彩，内彩十分常见。纹饰也多变，有波浪纹、旋涡纹、几何纹、动物纹以及舞蹈纹等。而与之相比，庙子沟文化的彩陶较朴素，以海生不浪类型为代表，彩陶多见深浅不一的褐色或赭色，少量红色和黑色，内彩和复彩较为普遍。纹样有单线、复线、涡纹、网格纹、三角、垂弧、锯齿等。海生不浪类型彩陶和马家窑类型彩陶均继承了庙底沟文化彩陶的弧边三角与圆点纹，庙底沟文化的黑白方格纹、绞索纹等也常见于海生不浪类型和马家窑类型彩陶（图9）。

① 段小强：《马家窑文化》，文物出版社，2011年，第54页，图九-5。
② 段小强：《马家窑文化》，文物出版社，2011年，第49页，图五-5。

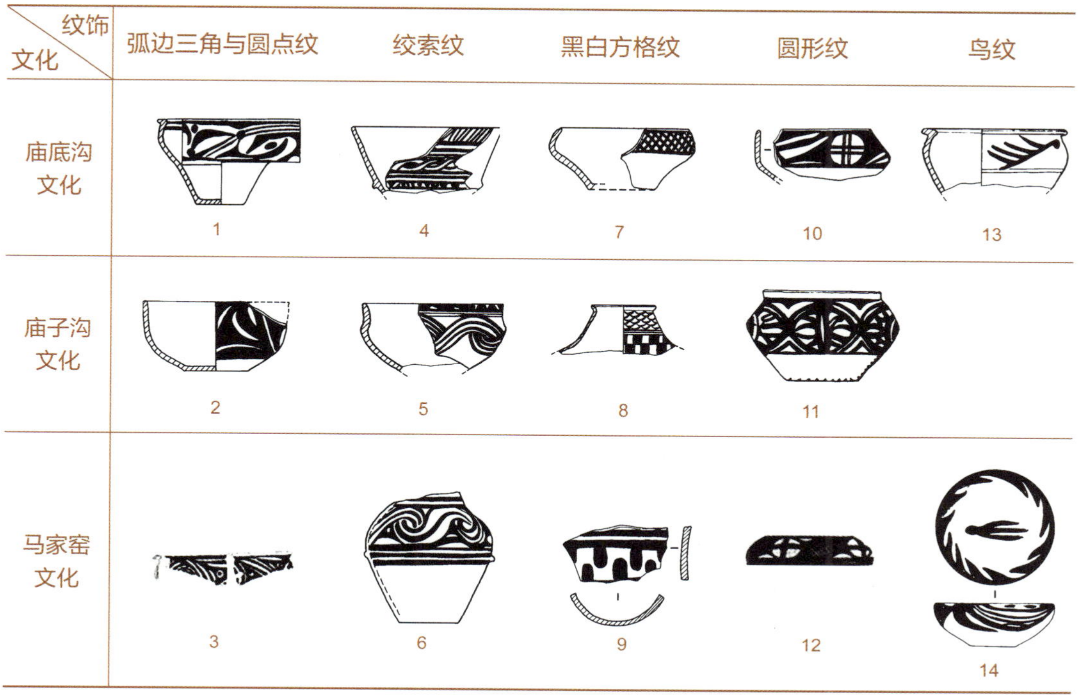


图9　庙子沟文化、马家窑文化与庙底沟文化彩陶纹饰对比

1. 华县泉护村遗址出土①；2. 狐子山采集C：6②；3. 林家遗址H86；4. 庙底沟A7bT301：25③；5. 朱开沟Ⅶ区F7004：16；6. 林家F24：1；7. 杏花村采集011④；8. 周家壕F5：2；9. 甘肃渭源遗址出土⑤；10. 夏县西阴村遗址出土；11. 白草塔F21：1；12. 民和核桃庄遗址出土；13. 华县泉护村遗址出土；14. 王保保城L.B.M1：2

从经济形态和社会性质来看，庙子沟文化与马家窑文化均表现出繁荣的农耕经济形态。庙子沟文化遗址出土了大量石制农业工具，说明了当时农业已比较发达；庙子沟文化遗址的房子开间普遍较小，分布错落有致，不见母系氏族制度发达阶段如半坡、姜寨那样向心式结构、以部落为主体的中心大房址的聚落形态，表明社会组织形态或许已经进入更小的氏族和家庭发展阶段；每座房子基本都拥有成套的生产工具和生活用具，房址间的相对距离较近，不同年龄和性别的人同处一室或同葬一处的现象，说明了这些房址和成员之间可能有着更为密切的血缘和亲缘关系，反映出的很可能是更为稳定的父系氏族家庭形态。马家窑类型阶段也出现了大量农业工具，表明当时农耕经济有了一定的发展；林家遗

① 王仁湘：《庙底沟文化彩陶艺术原理讨论》，《考古学集刊》（18），科学出版社，2010年，第39页，图11。

② 内蒙古文物考古研究所：《狐子山遗址》，《岱海考古（三）——仰韶文化遗址发掘报告集》，科学出版社，2003年，第231页，图一九九。

③ 中国科学院考古研究所：《庙底沟与三里桥——黄河水库考古报告之二》，科学出版社，1959年，第30页，图一八。

④ 张小虎：《庙底沟期仰韶文化遗存的分期与分区研究》，西北大学硕士学位论文，2001年，第34页，图二二-24。

⑤ 甘肃省文物馆管理委员会：《甘肃渭河上游渭源、陇西、武山三县考古调查》，《考古通讯》1958年第7期。

址和蒋家坪遗址房址多为开间较小的单间，各自独立分散布局，门向也不一致，适合于一个家庭居住，表明家庭成为社会生活单位，社会组织形态已经进入家庭发展阶段；晚期房址则基本布满整个居址区，形成一处大而密集的聚落遗址，居民可能以氏族或部落为单位聚集在一起；多人合葬墓说明死者之间有着密切的血缘关系，也反映出父系氏族家庭形态；墓葬随葬精美的彩陶说明当时社会生产力的极大进步和私有观念的盛行。

庙子沟文化和马家窑文化虽然根源相同，但由于分布地域的不同和接受周边文化影响的不同，彼此之间还是存在着较大的差异。庙子沟文化的陶器以夹砂或泥质褐陶为主，代表性器物为小口双耳罐、侈口罐、平口罐、筒形罐等罐类以及各种盆钵类；而马家窑类型的陶器则以泥质红陶为主，代表性器形为双耳长颈陶壶、双耳短颈瓶、罐类以及各种盆钵类。庙子沟文化与马家窑文化的墓葬有较大差异。目前还未发现庙子沟文化墓地，墓葬发现较多的是庙子沟类型的庙子沟与大坝沟遗址。这两处遗址发现的人骨大多位于居址内或附近，均非正常埋葬，大多是利用房址内外的窖穴来埋葬死者。章毛勿素M1为椭圆形竖穴土坑墓，长径约1.66、短径约1.4、深约1.5米。共有4具人骨，均为侧身屈肢。随葬有石制工具、石镞、骨器、玛瑙等。而马家窑类型已经发现有公共墓地。青海宗日遗址发现马家窑类型的墓地[①]，共有墓葬222座，墓向一致，朝向西北。墓葬平面多呈长方形或圆角长方形，少数为圆形，可以分为竖穴直壁土坑墓、带二层台土坑墓和侧室墓三类。葬式基本为仰身直肢葬，以单人葬为主，也有双人葬和多人葬。此外还有石棺墓、瓮棺墓和火葬墓等。随葬品丰富，有彩陶、石器、骨器等。可见马家窑类型墓葬形制多样，而庙子沟文化墓葬比较单一。

## 四、结语

通过对庙子沟文化和马家窑文化的对比研究可以得到以下结论。

第一，庙子沟文化和马家窑文化具有相似之处，房址、陶器以及彩陶纹饰均含有相同的因素。二者的经济形态与社会发展阶段也几乎相同，都发展到相当繁荣的阶段。

第二，庙子沟文化和马家窑文化作为两支地域性考古学文化，均是在继承了庙底沟文化主体因素的基础上发展起来的，并且这两支文化的居民曾经有过直接或间接的文化交流。因此二者在考古学文化面貌上会显示出诸多的相同因素。

第三，中华早期文明的形成与发展，应当源于距今5500～5000年阶段的庙子沟文化和马家窑文化时期，而庙底沟文化的繁荣和扩张则是早期文明孕育的催化剂。庙子沟文化和马家窑文化阶段，由于人口的增殖，聚落更加密集；生产的发展，使物资积累增多；具有自身文

① 青海省文物管理处：《青海同德县宗日遗址发掘简报》，《考古》1998年第5期。

化特征的各地域文化的逐步形成，使早期文明的发展真正走到了“满天星斗”的阶段。

第四，庙子沟文化和马家窑文化虽然根源相同，但由于分布地域的不同和接受周边文化影响的不同，彼此之间还是存在着较大的差异，因而分属两支不同的考古学文化。

［本文与常璐合著，原载《边疆考古研究》（第18辑），科学出版社，2015年］

## A COMPARATIVE STUDY OF THE MIAOZIGOU AND MAJIAYAO CULTURES

Wei Jian　Chang Lu

**Abstract**: Miaozigou culture from Central and Southern Inner Mongolia, and Majiayao culture from Gansu and Qinghai provinces, both belong to the late stage of Yangshao culture. They underwent a comparable development process and their productions share many similarities. This paper leads a comparative study on the archaeological features of the two cultures. Before they became two distinct regional archaeological cultures, the Miaozigou and Majiayao cultures shared a same cultural origin, inherited from the Miaodigou culture in the Central Plains. In addition, both of them had direct or indirect cultural exchanges in their process of development. Shared archaeological characteristics between the two cultures include: architectural structures, pottery shapes and painted patterns, economic and social organization. However, because of the differences due to geographical distribution and the impact of surrounding cultures, they can be considered as two distinct archaeological cultures.

**Keywords:** Miaozigou Culture; Majiayao Culture; Cultural Origin; Comparative Study

# 公元前三千纪马家窑文化东向传播的考古学观察*

摘　要：马家窑文化在公元前三千纪的甘青地区兴起并蓬勃发展。在向外传播的过程中，马家窑文化与内蒙古中南部的庙子沟文化有过直接的文化交流。这两种考古学文化在陶器器形、彩陶纹饰、房址以及聚落形态等方面具有相似之处。与庙子沟文化遗存相关的马家窑文化一期的文化元素，还包括双耳壶、长颈瓶、侈口彩陶罐以及带门斗式门道和双灶的房址等。同样，庙子沟文化的彩陶纹饰也受到了马家窑文化的影响。到了庙子沟文化晚期，其典型器物小口双耳罐传到了甘青地区，并发展成为马家窑文化及之后的半山文化的典型器物——双耳壶。而宁夏地区作为两种文化传播交流的必经之地，其陶器形态显示出过渡地带的特色。

关键词：马家窑文化　公元前三千纪　东向传播　庙子沟文化

公元前三千纪的甘青地区，马家窑文化在此产生和发展，并显示出向周边扩张的强盛态势。马家窑文化主要分布在甘肃中南部地区，东达渭河上游，西至河西走廊和青海东北部，南临四川北部，北接宁夏南部。本文以马家窑文化的石岭下类型和马家窑类型作为研究对象，进行分期断代，并就陶器器形、彩陶纹饰以及遗迹特征等文化内涵的来源与交流现象做一分析，阐释马家窑文化在公元前三千纪期间东向传播的动态路径与原因。

## 一、马家窑文化的发现与研究

马家窑文化的发现与研究从一开始就与中国考古学的诞生与发展密切相关。自安特生在临洮发现“甘肃仰韶文化”并提出六期说，至夏鼐证明了齐家文化晚于马家窑遗址的马家窑文化，中国学者开始逐步取得中国考古学的话语权，中国史前考古学进入了一个全新

* 本文为国家社科基金重点项目“中国北方游牧与农耕民族交融的考古学研究”（项目批准号：14AKG002）资助成果。

的阶段。马家窑文化分布于中西文化交流的要道之上，固而成为学界关注的热点。马家窑文化的考古发现可以分为三个阶段。

第一阶段为1949年以前。1923～1924年，安特生在甘肃、青海一带进行考古调查，首次发现了临洮马家窑遗址，他将其称为“甘肃仰韶文化”，并随后提出了“中国文化西来说”[1]；20世纪40年代，夏鼐在兰州地区进行调查，发现了青岗岔等遗址[2]，裴文中也在临洮一带进行过考古调查，发现20余处遗址[3]；1948年，裴文中、贾兰坡等在河西走廊、湟水流域做了大量调查。以上调查与研究为这一地区史前文化积累了珍贵的资料[4]。

第二阶段为20世纪50年代至60年代。这一时期的考古普查和试掘工作取得了很多成果。50年代后期，刘家峡水库区调查，发现马家窑文化遗址47处[5]；渭河及其支流流域考古调查，发现马家窑文化遗址62处[6]。此外还在洮河流域、西汉水流域、湟水流域以及盐锅峡等水库区进行考古调查。至60年代，甘肃省博物馆公布了157处马家窑文化遗址[7]。随后，在武山县首次发现石岭下类型遗存[8]。这一阶段的主要收获是弄清了仰韶文化、马家窑文化以及齐家文化的相对年代，并且首次提出了石岭下类型[9]。

第三阶段为20世纪70年代以后。开展了更多的发掘工作。在甘肃东乡林家[10]、宁夏海原曹洼[11]、青海民和阳洼坡[12]、核桃庄[13]、同德宗日[14]、大通上孙家寨[15]等地发掘了大量马家窑文化遗址。1978～1995年，在秦安大地湾遗址进行了全面的发掘[16]。1981～1990年在天水师赵村和西山坪进行了大规模的发掘[17]。至今，在甘肃地区仍在进行马家窑文化遗址的

---

① 〔瑞典〕安特生著，乐森璕译：《甘肃考古记》（地质专报甲种第五号），农商部地质调查所，1925年。

② 夏鼐、吴良才：《兰州附近的史前遗存》，《中国考古学报》（第五册），中国科学院，1951年，第63～100页。

③ 裴文中：《甘肃史前考古报告》，《裴文中史前考古学论文集》，文物出版社，1987年，第208～255页。

④ 裴文中：《中国西北甘肃走廊和青海地区的考古调查》，《裴文中史前考古学论文集》，文物出版社，1987年，第256～273页。

⑤ 安志敏：《甘肃远古文化及其有关的几个问题》，《考古通讯》1956年第6期。

⑥ 甘肃省文物管理委员会：《渭水上游天水、甘谷两县考古调查简报》，《考古通讯》1958年第5期；《甘肃渭河上游渭源、陇西、武山三县考古调查》，《考古通讯》1958年第7期；《甘肃省渭河支流南河、榜沙河、漳河考古调查》，《考古通讯》1959年第7期。

⑦ 甘肃省博物馆：《甘肃古文化遗存》，《考古学报》1960年第2期。

⑧ 谢端琚：《论石岭下类型的文化性质》，《文物》1981年第4期。

⑨ 甘肃省博物馆、北京大学历史系考古专业连城考古发掘队：《从马家窑类型驳瓦西里耶夫的“中国文化西来说”》，《文物》1976年第3期。

⑩ 甘肃省文物工作队、临夏回族自治州文化局、东乡族自治县文化馆：《甘肃东乡林家遗址发掘报告》，《考古学集刊》（4），中国社会科学出版社，1984年，第111～161页。

⑪ 北京大学考古实习队、固原县博物馆：《宁夏海原曹洼遗址发掘简报》，《考古》1990年第3期。

⑫ 青海省文物考古队：《青海民和阳洼坡遗址试掘简报》，《考古》1984年第1期。

⑬ 青海省考古队：《青海民和核桃庄马家窑类型第一号墓葬》，《文物》1979年第9期。

⑭ 青海省文物管理处：《青海同德县宗日遗址发掘简报》，《考古》1998年第5期。

⑮ 青海省文物管理处考古队：《青海大通县上孙家寨出土的舞蹈纹彩陶盆》，《文物》1978年第3期。

⑯ 甘肃省文物考古研究所：《秦安大地湾——新石器时代遗址发掘报告》，文物出版社，2006年。

⑰ 中国社会科学院考古研究所：《师赵村与西山坪》，中国大百科全书出版社，1999年。

发掘。这一阶段的收获是通过对几处遗址大面积的发掘，马家窑文化的居址及墓葬形态更为清晰地展现出来。

## 二、马家窑文化分期

对马家窑分化的分期研究，是阐释其与周边文化动态交流的基础。根据典型单位组合关系、陶器器形、彩陶纹饰特征、房址形态以及其他遗存特征，可以将马家窑文化分为四期（图1～图3）。

第一期遗存有石岭下遗址、灰地儿遗址、吕家坪遗址、傅家门H1、大地湾遗址、师赵村第3层部分遗存、西坡坬H9及第3层遗存、隆德凤岭遗址等。

本期泥质红陶最为多见，夹砂红陶、泥质灰陶和夹砂灰陶数量也较多。纹饰有绳纹、弦纹、划纹，夹砂陶器多饰附加堆纹。主要器形有尖底瓶、平底瓶、小口双耳罐、壶、曲腹钵、曲腹盆、甑、侈口罐、直口罐及盂和瓮等。尖底瓶为小喇叭口；平底瓶口沿还带有重唇口的特征；小口双耳罐为侈口、高领；壶有长颈喇叭口和矮领喇叭口两种；曲腹钵一般为敛口；曲腹盆一般为宽折沿，腹部圆鼓，下腹内收；侈口罐一般为小束颈；直口罐多为夹砂陶，口部微侈。彩陶多呈橙黄色或砖红色，主要为黑彩，另有红、白彩，整体比较浅淡，一般在近器身底部处留有空白。纹饰有条带纹、弧线圆点纹、圆圈纹、波浪纹、旋涡纹、圆形“十”字纹、黑白格纹、网格纹、鸟纹和动物纹等。本期纹饰比较写实，注重细部描绘。

本期房址形态较简单，半地穴式，门道朝西或朝南，平面为圆形或长方形，面积较小，一般10平方米左右，地面中央为圆形单灶，墙壁和居住面一般都经过火烤。墓葬多为长方形竖穴土坑墓，随葬少量彩陶、石器、骨器等。窑址均为横穴窑。

第二期遗存主要有傅家门第3层、师赵村第3层部分遗存、林家F19及第5、6层遗存、西坡坬H10及第4层遗存、塔儿湾F101、马缨子梁遗址、阳洼坡遗址等。

本期陶器以泥质红陶最多，但泥质灰陶比重呈上升趋势。主要器形有尖底瓶、平底瓶、壶、曲腹钵、曲腹盆、甑、侈口罐及直口罐等。尖底瓶为喇叭口，双耳位置偏上；平底瓶为直口，细长颈；壶有长颈喇叭口和矮领喇叭口两种，长颈壶多带双耳；曲腹钵一般为敛口；曲腹盆一般为宽折沿，肩部圆鼓，下腹斜收；甑为卷沿，盆形；侈口罐口沿较第一期更加外敞；直口罐多为直口，鼓肩。绳纹、划纹、弦纹及附加堆纹依然较为多见。彩陶发达，色彩浓重，线条较粗，纹饰繁缛，器身遍体布满彩绘，除黑彩外，还有紫红彩与朱红彩，也有少数是黑红两彩相间兼施的。纹饰有条带纹、弧线圆点纹、圆圈纹、波浪纹、圆形“十”字纹、黑白格纹、网格纹、鸟纹和动物纹等。本期纹饰多变，逐渐脱离第一期写实的风格，变得更具艺术感。

本期房址均为半地穴式建筑，平面多为方形，面积在15平方米左右，出现带门斗式门道和双连灶。墓葬多为长方形竖穴土坑墓，单人仰身直肢葬，随葬品多为彩陶、石器，葬俗比较简朴。陶窑为横穴窑。

第三期遗存主要有师赵村第2层、西山坪第4层部分遗存、林家F4及第4层遗存、西坡坬H3及H11、雁儿湾H1、曹家咀遗址、页河子遗址等。

本期陶器最多见泥质红陶，泥质灰陶和夹砂红陶数量也很多，还出现很多夹砂白陶。主要器形有尖底瓶、平底瓶、壶、曲腹钵、曲腹盆、甑、侈口罐及直口罐等。尖底瓶底部尖锐；平底瓶为侈口，长颈；壶一般为喇叭口，长颈，鼓肩，无双耳；曲腹钵一般为直口，下腹内曲，有双錾；曲腹盆一般为宽折沿，腹部圆鼓并加深；甑为直口，直壁；侈口罐为小束颈，腹部较鼓；直口罐中腹略鼓，双耳位于最大腹径处。彩陶纹饰种类较少，线条均匀细密，活泼流畅，富于变化，内彩发达；纹饰有条带纹、弧线圆点纹、波浪纹、黑白格纹、鸟纹等。本期动植物纹、花卉纹变得图案化，多见几何形花纹。

本期房址多为竖长方形半地穴式，面积约15～25平方米，多带门斗式门道，一般为圆形坎灶。窖穴多为大口直壁圆形。本期西坡坬遗址窑址平面为长方形，与白道沟坪马厂文化窑址相似①。

第四期遗存主要有林家F21及第3层、王保保城M1、五坝山M1、照壁滩遗址、曹洼遗址、核桃庄M1、脑庄M1、上孙家寨遗址、宗日遗址等。

本期泥质陶与夹砂陶并重，陶质一般较粗。陶色多橙黄或橙红。陶器器形已经接近半山文化，例如半山文化的代表性器物小口高领双耳壶、单耳大口罐、短颈双耳瓮等，在本期已能体现出一些初期的特征。主要器形有平底瓶、小口双耳罐、壶、曲腹钵、曲腹盆、甑、侈口罐及直口罐等，本期已不见尖底瓶，新出现了Ⅱ式小口双耳罐。平底瓶为侈口，长颈，鼓肩，器身变矮；小口双耳罐颈部较长，鼓腹，双耳位置偏下；壶一般为侈口，长颈，鼓腹，无双耳；曲腹钵一般为直口，鼓腹；曲腹盆一般为侈口宽沿，腹部较浅；甑为侈口，曲腹；侈口罐为束颈，鼓腹，新出现一种侈口折腹罐，器身较矮；直口罐多为直口，鼓肩，直腹。彩陶数量增加，纹饰又变得多样，并且注重整体性构图，常以红、黑两种线条组成条带、螺旋、菱形、同心圆等几何形纹饰，并且常见黑色大圆点；纹饰有条带纹、弧线圆点纹、圆圈纹、波浪纹、圆形“十”字纹、网格纹和鸟纹等。本期纹饰格式化、几何化的趋势明显，接近半山文化的彩陶纹饰。

本期发现的房址数量多，除常见的圆形、方形或长方形外，新出现了“吕”字形房址，即连间、隔间建筑，半地穴式，连间屋和主室均为长方形，前后相连，主室内还隔有小间，面积约30平方米，主室中央有一圆形平底灶。圆形或椭圆形窖穴。墓葬新出现正方

① 甘肃省文物管理委员会：《兰州新石器时代的文化遗存》，《考古学报》1957年第1期。

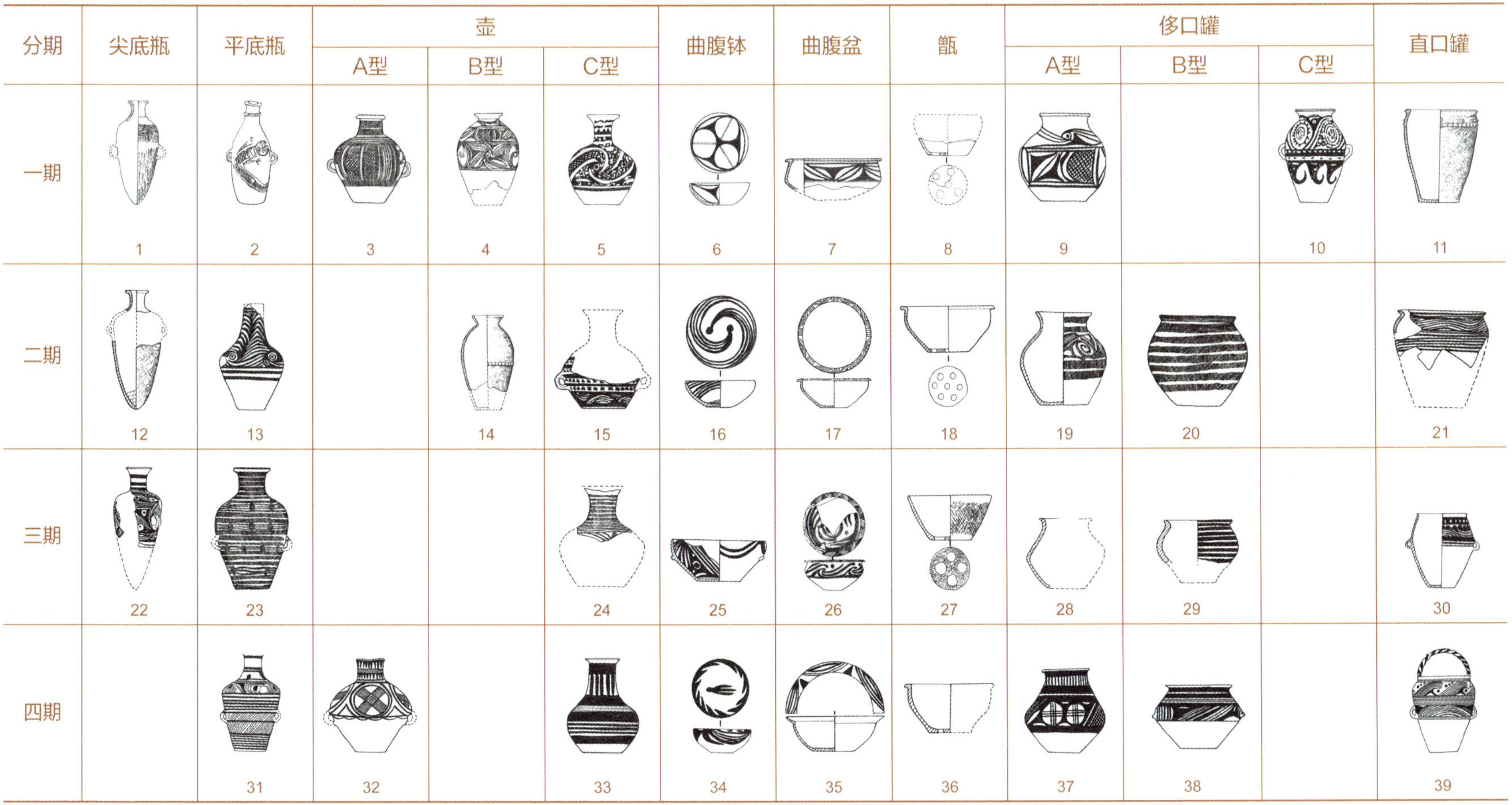


图1　马家窑文化陶器分期

1. 大地湾H836：6；2. 甘谷王家坪遗址出土；3. 兰州柳沟遗址出土；4. 傅家门H2：22；5.天水张沟遗址出土；6. 傅家门T37③：31；7. 大地湾T320②：16；8. 师赵村T113③：134；9. 罗家沟遗址出土；10. 蒋家坪遗址出土；11. 傅家门H2：31；12. 师赵村T115③：41；13. 林家F19：11；14. 傅家门T28③：1；15. 师赵村T129③：7；16. 傅家门T36③：28；17. 师赵村T213③：100；18. 傅家门T1③：20；19. 林家F24：6；20. 师赵村T245③：1；21. 师赵村T213③：103；22. 师赵村T101①：39；23. 师赵村采：08；24. 师赵村T205②：41；25. 雁儿湾H1：64；26. 曹家咀遗址出土；27. 师赵村T208②：18；28. 林家T18④：2；29. 西山坪T11④：7；30. 林家F4：1；31. 林家F21：5；32. 宗日M170：1；33. 五坝山遗址采集；34. 王保保城M1：2；35. 林家F16：25；36. 林家F21：1；37. 五坝山M1：1；38. 脑庄M1：3；39. 林家F16：7

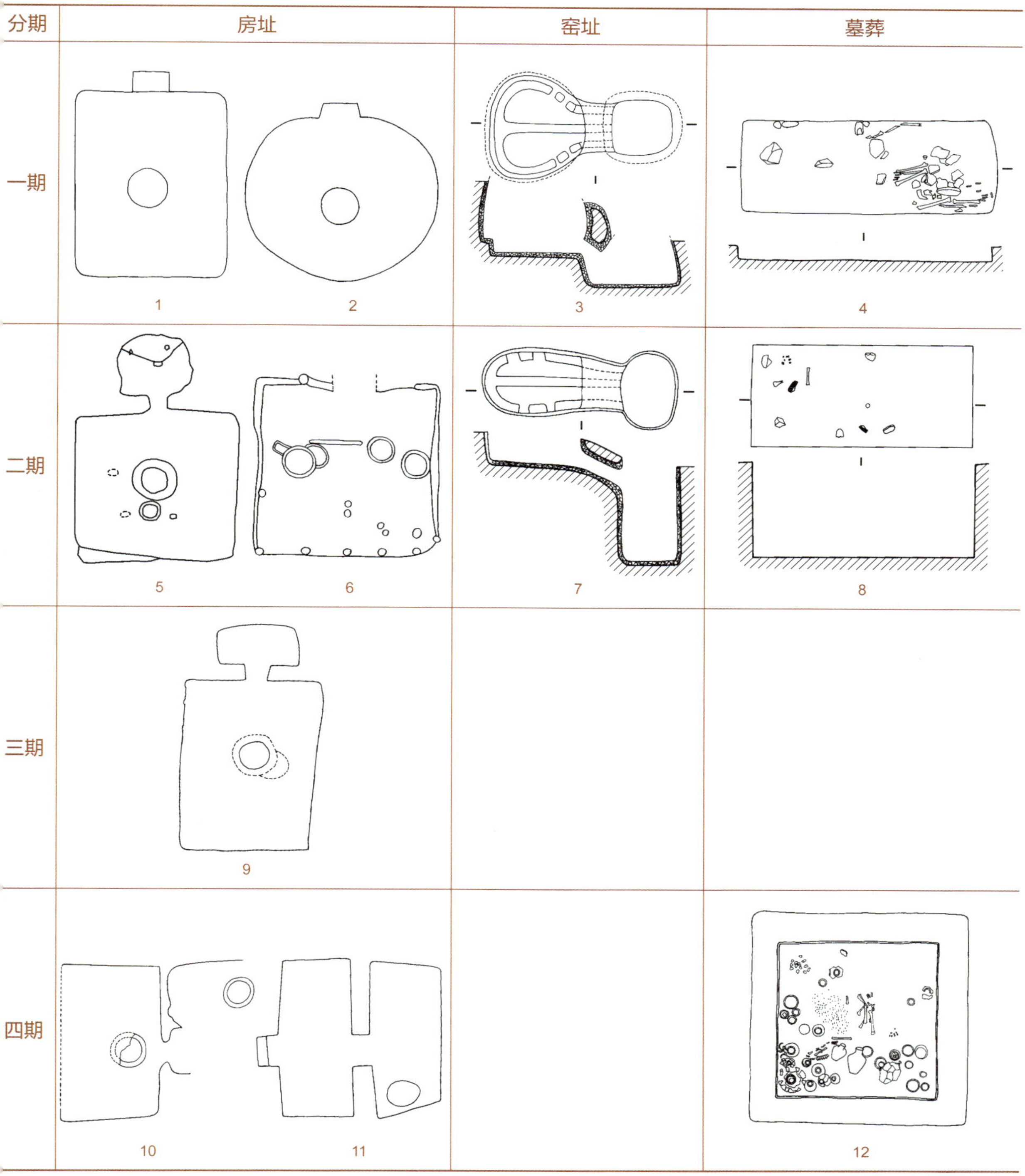


图2　马家窑文化典型遗迹分期

1. 傅家门F11；2. 师赵村F28；3. 师赵村Y2；4. 师赵村M4；5. 林家F9；6. 阳洼坡F3；7. 师赵村Y3；8. 傅家门M1；9. 林家F18；10. 林家F16；11. 师赵村F29；12. 核桃庄M1

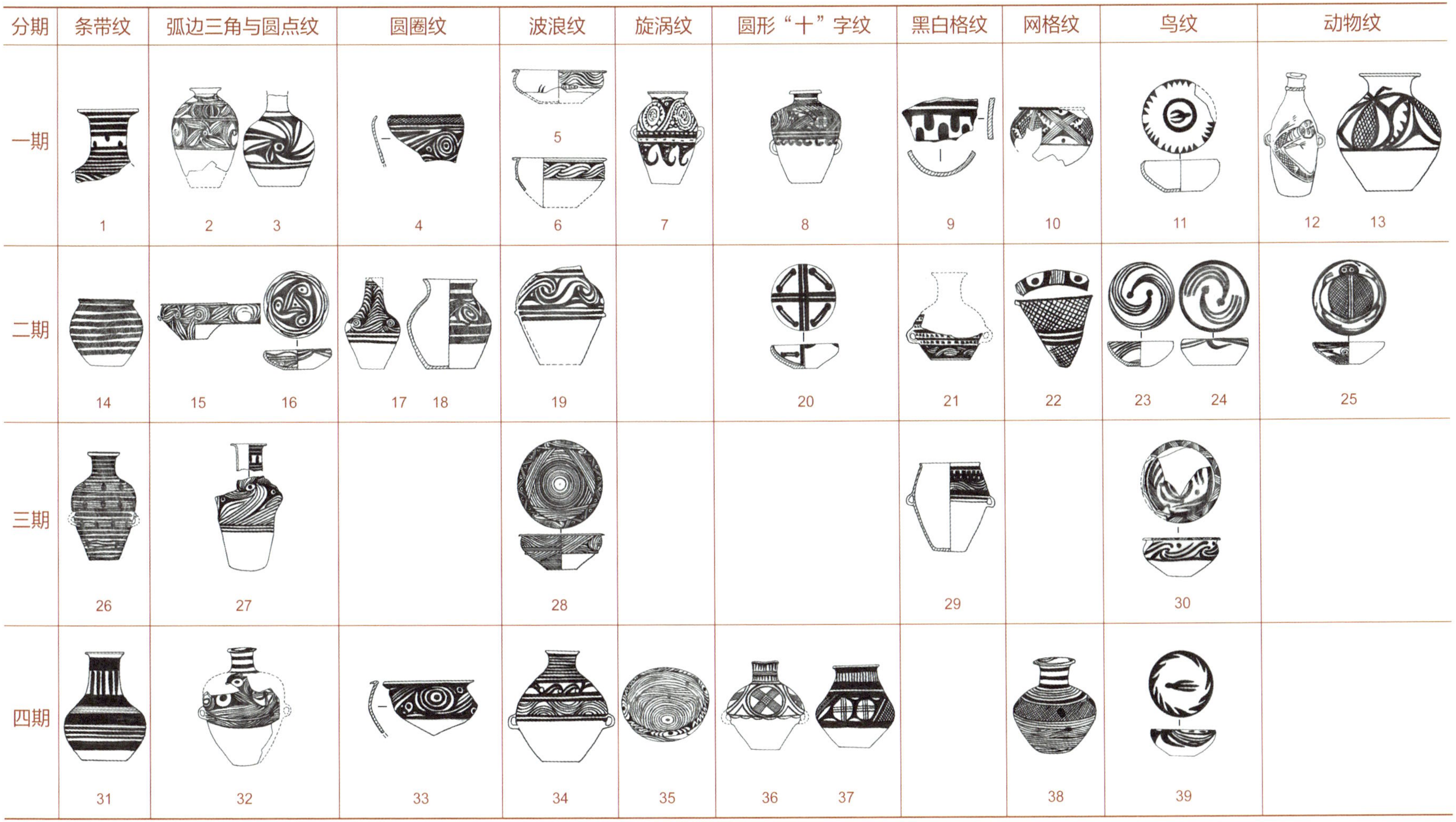


图3　马家窑文化彩陶纹饰分期

1. 大地湾T808②：26；2. 傅家门H2：22；3. 甘谷王家坪遗址出土；4. 西坡坬T13③；5. 西坡坬T13：12；6. 大地湾T703②：46；7. 蒋家坪遗址出土；8. 杜家台M1；9. 渭源遗址出土；10. 阳洼坡遗址出土；11. 蒋家坪遗址出土；12. 甘谷王家坪遗址出土；13. 大地湾QDⅤ：2；14. 师赵村T245③：1；15. 塔儿湾F101：4；16. 傅家门T35③：15；17. 林家F19：11；18. 林家F24：6；19. 林家F24：1；20. 傅家门T9③：36；21. 师赵村T129③：7；22. 林家T35⑥；23. 傅家门T36③：28；24. 西坡坬T7②；25. 师赵村T244③：16；26. 师赵村采：08；27. 雁儿湾H1：64；28. 雁儿湾H1：36；29. 林家F4：1；30. 曹家咀遗址出土；31. 五坝山采集；32. 王保保城M1：6；33. 林家T46④；34. 曹洼遗址出土；35. 核桃庄M1；36. 宗日M170：1；37. 五坝山M1：1；38. 王保保城M1：5；39. 王保保城M1：2

形或圆角方形竖穴土坑墓，出现木质葬具，随葬品明显增加，有彩陶、石器、绿松石饰品等。陶窑为圆形窑室。

由以上分期可见，马家窑文化由早至晚发展规律为：主要陶器器类由尖底瓶、重唇口平底瓶、长颈壶等演变为喇叭口尖底瓶、喇叭口平底瓶、小口双耳罐、曲腹盆等，第一期器形接近庙底沟文化陶器，第四期器形接近半山文化陶器；彩陶由流行弧线圆点纹、旋涡纹及较写实的鸟纹、动物纹等，发展为流行条带纹、圆圈纹、波浪纹、圆形“十”字纹及网格纹等几何图案纹饰；房址由设圆形单灶、形态较为简单的圆形、长方形半地穴式房址，发展为带门斗式门道、设双连灶的方形房址，最后一期出现“吕”字形房址。马家窑文化没有明确的分区，甘肃东部、中部地区与甘肃西部、青海地区略有差异。马家窑文化以甘肃东部及中部为中心，从第一期起便随着人群的迁徙传播至河西、青海、宁夏以及川西北等地区，因此陶器器形及彩陶纹饰方面显示出不同。

## 三、马家窑文化的东向传播

马家窑文化从第一期开始，即显示出向外传播的态势，其陶器器类、器形，以及彩陶纹饰、遗迹形态，与周边同时期的考古学文化，尤其是内蒙古中南部的庙子沟文化有着密切的联系。庙子沟文化分布在以呼和浩特平原为中心，北起阴山南麓、南抵晋陕、东接张北、西迄鄂尔多斯高原的地域范围内，包括黄河大回折的东北部分、岱海—黄旗海地区以及大青山南麓地区。庙子沟文化是在庙底沟文化的主导因素基础上发展起来的区域性考古学文化。庙子沟文化可划分为三个区域文化类型，即庙子沟类型、海生不浪类型及阿善二期类型。依据主要器物小口双耳罐、小口双耳壶、尖底瓶、曲腹钵及侈口夹砂罐的器形演变，彩陶纹饰的发展规律以及遗迹形态的演变，可将庙子沟文化分为前后相续的三期①。

根据$^{14}$C测年数据，庙子沟文化第一期与马家窑文化第一期时代相当，绝对年代为距今5800年左右；马家窑文化第二、三期绝对年代没有清晰的界限，第二期年代应与庙子沟文化第二期相当，为距今5300年左右；马家窑文化第三期可能在距今5000年以上，比庙子沟文化第三期稍早；而马家窑文化第四期则比庙子沟文化第三期稍晚，绝对年代为距今5000～4500年之间（表1、表2）。

从陶器器形来看，庙子沟文化第一、二期的双耳壶与马家窑文化第一期A型以及第二期C型双耳壶器形相似（图4）。另外，庙子沟文化自始至终都流行小口双耳罐，形态类似马家窑文化A型双耳壶，而后者至马家窑文化第四期才开始大量流行，并延续至马家窑文化之后的半山文化，成为半山文化的典型器物。从地理空间来看，庙子沟文化海生不浪

---

① 魏坚：《试论庙子沟文化》，《青果集——吉林大学考古专业成立二十周年考古论文集》，知识出版社，1993，第85～100页。

表1 马家窑文化$^{14}C$测年数据表[①]

| 实验室编号 | 标本单位 | $^{14}C$年代（BP） | 树轮校正年代（BC） |
|---|---|---|---|
| ZK-0186 | 灰地儿遗址 | 5140±160 | 3980～3640 |
| BK-79024 | 大地湾H201：20 | 5140±90 | 3947～3697 |
| ZK-1224 | 师赵村T104④ | 4740±80 | 3502～3147 |
| ZK-2775 | 傅家门T25H1 | 4635±83 | 3552～3036 |
| ZK-2679 | 傅家门T28H2 | 4504±92 | 3264～2912 |
| ZK-0523 | 林家F20 | 4675±80 | 3369～3098 |
| ZK-0108 | 曹家咀遗址 | 4525±100 | 3308～2910 |
| BK-75020 | 蒋家坪T12④ | 4500±100 | 3265～2910 |
| ZK-2261 | 西山坪T37H13 | 4455±100 | 3091～2788 |
| ZK-1223 | 师赵村T109③ | 4420±80 | 3028～2786 |
| ZK-0521 | 林家H19 | 4360±85 | 2920～2700 |
| ZK-0522 | 林家F21：6 | 4230±95 | 2882～2504 |
| BK-77013 | 上孙家寨M375 | 4450±90 | 3037～2788 |
|  | 宗日M192 | 5070±210 |  |
|  | 宗日M157 | 5040±120 |  |

表2 庙子沟文化$^{14}C$测年数据表[②]

| 实验室编号 | 标本单位 | $^{14}C$年代（BP） | 树轮校正年代（BC） |
|---|---|---|---|
|  | 西园H7 | 5815±74 |  |
|  | 西园H10 | 5795±74 |  |
| ZK-1183 | 阿善T7④ | 5710±74 | 3760 |
|  | 西园H51 | 5340±92 |  |
| ZK-1184 | 阿善H5 | 5365±92 | 3415 |
| ZK-1182 | 阿善T9④ | 4990±159 | 3040 |

① 谢端琚：《甘青地区史前文化碳-14年代一览表》，《甘青地区史前考古》附录，文物出版社，2002年，第248～258页；中国社会科学院考古研究所：《中国考古学中碳十四年代数据集（1965—1991）》，文物出版社，1992年，第274～284页；陈洪海、格桑本、李国林：《试论宗日遗址的文化性质》，《考古》1998年第5期。

② 田广金：《内蒙古中南部仰韶时代文化遗存研究》，《内蒙古中南部原始文化研究文集》，海洋出版社，1991年，第79页。

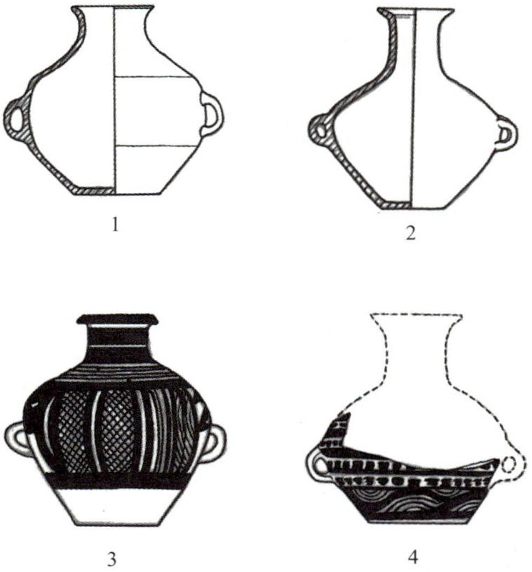

图4　庙子沟文化和马家窑文化的陶双耳壶

1. 大坝沟QDⅠH74：1[①]；2. 丰镇黄土沟F1：2[②]；3. 兰州柳沟遗址出土[③]；4. 师赵村T129③：7[④]

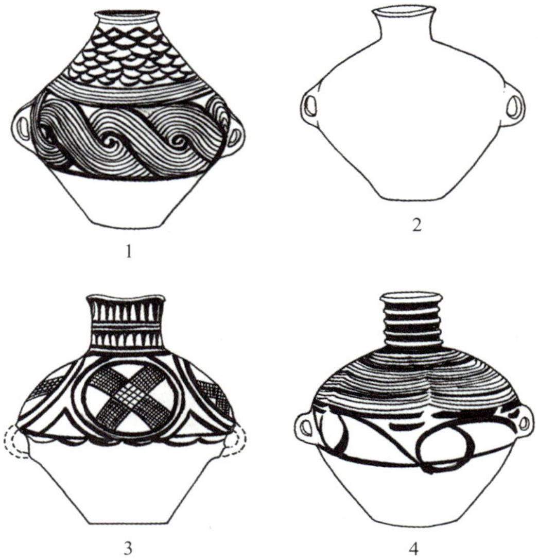

图5　庙子沟文化、马家窑文化和半山文的陶化小口双耳罐、双耳壶

1、2. 庙子沟遗址出土[⑤]；3. 宗日M170:1[⑥]；4. 边家林遗址出土[⑦]

类型分布在鄂尔多斯高原南流黄河两岸，邻近宁夏海原地区，与马家窑文化分布区的东北边缘接近，因此在陶器器形上表现出更多的过渡性。海生不浪类型有一定数量的小口双耳罐，口沿外侈，束颈，较之庙子沟类型小口双耳罐在形态上更接近马家窑文化双耳壶。而同时期其他地区则不见或少见小口双耳罐和小口双耳壶（图5）。此外，庙子沟文化与马家窑文化均存在着数量不少的喇叭口尖底瓶，庙子沟文化海生不浪类型第一期的尖底瓶与马家窑文化第一期尖底瓶形态相似。庙子沟文化的侈口彩陶罐、曲腹盆等器类也见于马家窑文化（图6）。

从彩陶纹饰来看，庙子沟文化流行绞索纹，常与网格纹或黑白格纹组合构图，饰于小

① 魏坚：《庙子沟与大坝沟——新石器时代遗址发掘报告》，中国大百科全书出版社，2003年，第319页，图四三六-3。

② 内蒙古文物考古研究所、丰镇市文物管理所：《丰镇市北黄土沟遗址发掘简报》，《内蒙古文物考古文集》（第二辑），中国大百科全书出版社，1997年，第275页，图五-13。

③ 甘肃省博物馆：《甘肃彩陶》，文物出版社，1979年，第63页，图版48。

④ 中国社会科学院考古研究所：《师赵村与西山坪》，中国大百科全书出版社，1999年，第115页，图82-4。

⑤ 魏坚：《庙子沟与大坝沟——新石器时代遗址发掘报告》，中国大百科全书出版社，2003年，彩版贰伍-2、彩版贰伍-4。

⑥ 青海省文物管理处：《青海同德县宗日遗址发掘简报》，《考古》1998年第5期。

⑦ Ling-yu Hung. Pottery Production, Mortuary Practice, and Social Complexity in the Majiayao Culture, NW China (ca.5300-4000BP). Dissertation to the Graduate School of Arts and Sciences of Washington University Washington University, 2011, p.284, Figure3.6,12.

图6　庙子沟文化和马家窑文化的陶侈口罐、曲腹盆

1、2. 庙子沟遗址出土[1]；3. 林家F24：6[2]；4. 榆中麻家寺M1[3]

口双耳罐口部、颈部及上腹部，显示出独特而浓厚的本土因素。马家窑文化第一期的波浪纹与庙子沟文化第一期流行的绞索纹十分相似，但是自第二期变得更加写实，线条细密，波幅变长，如同真实的波浪。庙子沟文化第一期即出现的圆形“十”字纹，在马家窑文化第一期也十分流行，二者应是有相互影响的关系。黑白格纹在两种文化中均比较常见，并且处于整体构图的一部分，为了填补空白而饰。此外，二者在早期均流行庙底沟文化最常见的弧线圆点纹，二者均包含的黑白格纹、绞索纹和圆形“十”字纹，在庙底沟文化中也能找到踪迹（图7）。总体来说，庙子沟文化和马家窑文化各期彩陶纹饰不甚相同，有各自独特的风格，然而从二者的早期起便存在一些共同的因素，说明庙子沟文化和马家窑文化

① 魏坚：《庙子沟与大坝沟——新石器时代遗址发掘报告》，中国大百科全书出版社，2003年，彩版贰伍-1、贰柒-5。

② Ling-yu Hung. Pottery Production, Mortuary Practice, and Social Complexity in the Majiayao Culture, NW Chin a (ca.5300-4000BP). Dissertation to the Graduate School of Arts and Sciences of Washington University Washington University, 2011, p.255, Figure2.6,3.

③ Ling-yu Hung. Pottery Production, Mortuary Practice, and Social Complexity in the Majiayao Culture, NW China (ca.5300-4000BP). Dissertation to the Graduate School of Arts and Sciences of Washington University Washington University, 2011, p.258, Figure3.6,12.

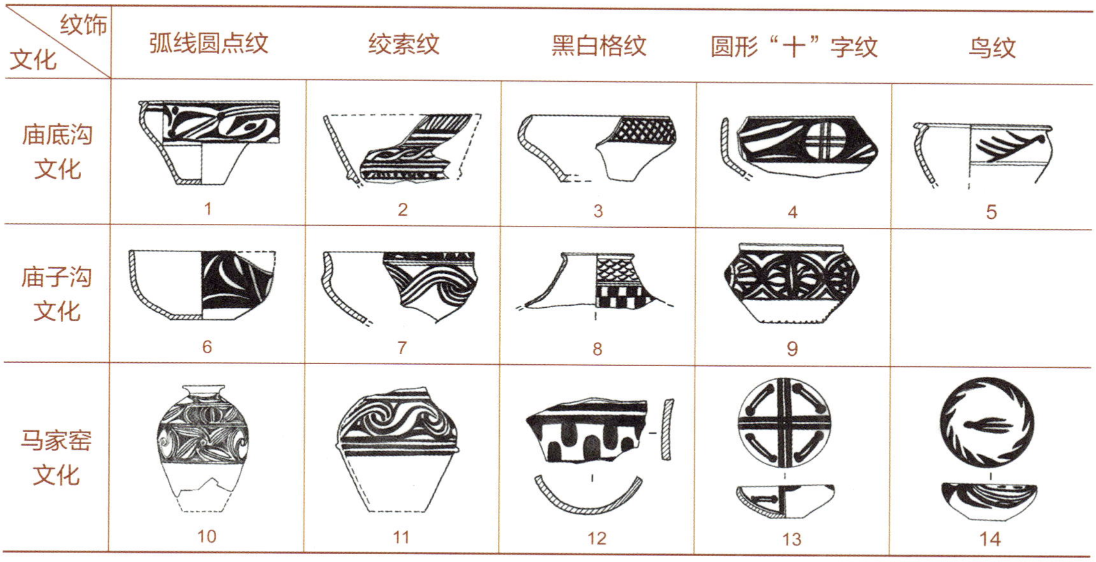


图7　庙底沟文化与庙子沟文化、马家窑文化彩陶纹饰对比

1. 华县泉护村遗址出土①；2. 庙底沟A7bT301：25②；3. 杏花村采集011③；4.夏县西阴村遗址出土④；5. 华县泉护村遗址出土；6. 狐子山C:6⑤；7. 朱开沟Ⅶ区F7004：16⑥；8. 周家壕F5：2⑦；9. 白草塔F21：1⑧；10. 傅家门H2：22；11. 林家F24：1；12. 渭源遗址出土；13. 傅家门T9③：3；14. 王保保城M1：2

可能存在着陶器的交换或交流。

从房址形态来看，庙子沟文化与马家窑文化普遍存在着开间较小的半地穴式房址，带门斗式门道和双连灶是二者共有的特征。马家窑文化第一期房址形态十分简单，均为半地穴式建筑，平面为圆形或方形，室内设圆形单灶。第二期开始，以林家遗址为例，带门斗式门道和双连灶的房子开始成为其最为显著的特征。林家遗址多正方形房址，面积约20平方米。门斗为正方形，朝向西北。室内多设双连灶，前后灶均为圆形（图8-1）。到了第四期，除常见的圆形、方形或长方形外，林家遗址和师赵村遗址均新出现了较为复杂的“吕”字形房址。庙子沟文化海生不浪类型第一期即出现带门斗式门道、双灶的房址。以

① 王仁湘：《庙底沟文化彩陶艺术原理讨论》，《考古学集刊》（18），科学出版社，2010年，第39页，图11。
② 中国科学院考古研究所：《庙底沟与三里桥——黄河水库考古报告之二》，科学出版社，1959年，第30页，图一八。
③ 张小虎：《庙底沟期仰韶文化遗存的分期与分区研究》，西北大学硕士学位论文，2001年，第34页，图二二-24。
④ 王仁湘：《庙底沟文化彩陶艺术原理讨论》，《考古学集刊》（18），科学出版社，2010年，第27页，图2。
⑤ 内蒙古文物考古研究所：《狐子山遗址》，《岱海考古（三）——仰韶文化遗址发掘报告集》，科学出版社，2003年，第231页，图一九九。
⑥ 田广金：《内蒙古伊金霍洛旗朱开沟遗址Ⅶ区考古纪略》，《考古》1988年第6期，图四-5。
⑦ 内蒙古文物考古研究所：《准格尔旗周家壕遗址仰韶晚期遗存》，《内蒙古文物考古文集》（第一辑），中国大百科全书出版社，1994年，第170页，图六-4。
⑧ 内蒙古文物考古研究所：《准格尔旗白草塔遗址》，《内蒙古文物考古文集》（第一辑），中国大百科全书出版社，1994年，第193页，图一三-1。

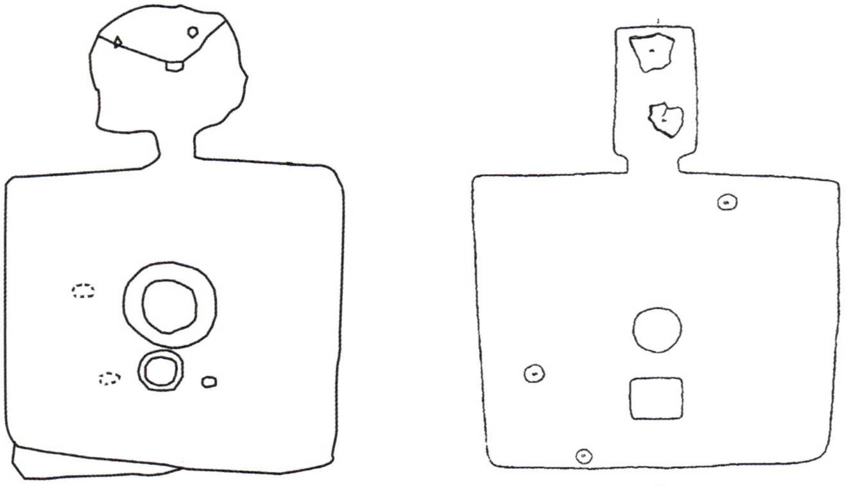


图8 马家窑文化与庙子沟文化房址对比
1. 林家F9；2. 白草塔F21

白草塔遗址为例，房址为半地穴式建筑，平面呈方形，面积约20平方米。门道大多朝向东南或南，流行带门斗式门道，门斗为长方形，有的还在门道处铺垫石板。大部分室内地面设两个灶，前灶一般为圆形的坑灶，位于地面中央；后灶一般为长方形地面灶，个别灶周围设坎或围石板（图8-2）。第二期开始大量出现了双连灶房址，即前后两个圆形的坎灶相连。第三期房址基本保持了双灶的特征，依然为方形、单间建筑。

无论是带门斗的门道，还是室内双连灶，在庙子沟文化和马家窑文化中均十分流行，而这种现象在同时期其他地区并不常见。庙子沟文化尤其是海生不浪类型从第一期即显示出成熟的房址形态，到了第二、三期基本保持该形态；再之后的阿善三期文化出现了更先进的带石墙房址。而马家窑文化房址有一个明显的由简单到复杂的发展过程，第一期房址十分简单，第二期出现带门斗式门道和双连灶的特征，第四期新出现的“吕”字形房址不见于庙子沟文化遗址和同时期其他地区。半山文化基本没有发现居住址。大地湾F901属于大地湾四期晚段，绝对年代为距今5000年左右[①]。该房址为多间复合式地面建筑，面积在200平方米以上，室内为台式灶，居住面为以轻骨料、砂石、料礓石粉混合而成的类似水泥的地面。大地湾F901的文化属性还有待确定，但是在甘肃地区仰韶晚期阶段出现这样的居址，无疑说明该地区已经出现极为成熟的房屋建筑技术和高度发达的社会发展程度。

① 郎树德：《甘肃秦安大地湾901号房址发掘简报》，《文物》1986年第2期。

从文化来源看，马家窑文化和庙子沟文化均来自庙底沟文化，二者均是在继承庙底沟文化基础之上，融入地方特色，逐渐产生发展起来的地方性考古学文化。从地层关系来看，瓦家坪、寺坪[①]等遗址清楚地表明马家窑文化层叠压在庙底沟文化层之上。马家窑文化的尖底瓶、彩陶曲腹钵、夹砂侈口罐等器形承袭自庙底沟文化，常见彩陶纹饰也包含很多庙底沟文化因素，例如弧线三角和圆点纹、圆形纹、鸟纹等。阳洼坡遗址第一期的重唇口尖底瓶、敛口钵、折腹盆、侈口尖底瓶等器形属于典型的庙底沟文化陶器，并且在第二期中有所发展，两期彩陶纹饰也有传承关系[②]。1962年发现的武山石岭下遗址填补了庙底沟文化与马家窑文化之间的缺环——典型的马家窑文化地层之下，还存在一层文化面貌与庙底沟文化更相似的文化遗存，即石岭下类型[③]。在甘肃临洮、天水和青海民和等地也同样发现了石岭下类型地层居于下层庙底沟文化和上层马家窑文化地层之间[④]。这证明了在甘青地区，庙底沟文化通过石岭下类型发展为马家窑文化的因袭关系。

在内蒙古中南部地区，准格尔旗房塔沟、棋盘堰[⑤]、官地[⑥]，凉城狐子山[⑦]、王墓山坡上[⑧]，清水河白泥窑子J、L、K、D点[⑨]，商都章毛勿素[⑩]等遗址，均发现了庙底沟文化遗存。庙子沟文化中的喇叭口尖底瓶、敛口曲腹钵、侈沿曲腹盆、侈沿夹砂罐、平口夹砂罐等陶器器形，同庙底沟文化的小口尖底瓶、直口钵、曲腹彩陶盆、铁轨式口沿夹砂罐、大口瓮等存在发展演变关系；庙子沟文化彩陶纹饰常见的弧线圆点纹也源自庙底沟文化。这说明在庙子沟文化产生之前，内蒙古中南部地区受到过庙底沟文化的影响，并且进而发展成为庙子沟文化。

马家窑文化与庙子沟文化来源相同，因此在考古学文化面貌上必然表现出诸多相似之

---

① 甘肃省文物管理委员会：《甘肃渭河上游渭源、陇西、武山三县考古调查》，《考古通讯》1958年第7期。

② 青海省文物考古队：《青海民和阳洼坡遗址试掘简报》，《考古》1984年第1期。

③ 谢端琚：《论石岭下类型的文化性质》，《文物》1981年第4期。

④ 甘肃省博物馆连城考古发掘队、北京大学历史系考古专业连城考古发掘队：《从马家窑类型驳瓦西里耶夫的“中国文化西来说”》，《文物》1976年第3期。

⑤ 内蒙古文物考古研究所、伊克昭盟文物工作站：《内蒙古准格尔煤田黑岱沟矿区文物普查述要》，《考古》1990年第1期。

⑥ 内蒙古文物考古研究所：《准格尔旗官地遗址》，《内蒙古文物考古文集》（第二辑），中国大百科全书出版社，1997年，第85～119页。

⑦ 内蒙古文物考古研究所：《狐子山遗址》，《岱海考古（三）——仰韶文化遗址发掘报告集》，科学出版社，2003年，第230～235页。

⑧ 内蒙古文物考古研究所、日本京都中国考古学研究会岱海地区联合考察队：《凉城县王墓山坡上遗址发掘报告》，《内蒙古文物考古文集》（第二辑），中国大百科全书出版社，1997年，第238～270页。

⑨ 崔璿、斯琴：《内蒙古清水河白泥窑子C、J点发掘简报》，《考古》1988年第2期；崔璿：《内蒙古清水河白泥窑子L点发掘简报》，《考古》1988年第2期；内蒙古社会科学院历史研究所考古研究室：《清水河县白泥窑子遗址K点发掘报告》，《内蒙古文物考古文集》（第二辑），中国大百科全书出版社，1997年，第179～190页；内蒙古社会科学院历史研究所考古研究室：《清水河县白泥窑子遗址D点发掘报告》，《内蒙古文物考古文集》（第二辑），中国大百科全书出版社，1997年，第211～237页。

⑩ 内蒙古文物考古研究所、乌兰察布博物馆、商都县文物管理研究所：《商都县章毛勿素遗址》，《内蒙古文物考古文集》（第二辑），中国大百科全书出版社，1997年，第137～150页。

处。然而除此之外，还有一部分仅在这两种文化中出现的文化因素，则是由于二者之间存在过人群迁徙和文化交流而形成的（图9）。庙子沟文化和马家窑文化在第一、二期即存在交流。庙子沟文化第一期双耳壶与马家窑文化第一、二期器形相似，但马家窑文化双耳壶的彩陶装饰更加成熟，纹饰繁复而整齐，庙子沟文化双耳壶则十分朴素，并未施彩。庙子沟文化侈口彩陶罐等器类也见于马家窑文化。庙子沟文化第一期出现的圆形“十”字纹和折线几何纹也与马家窑文化相似。庙子沟文化从第二期起，彩陶纹饰发达，内彩和复彩较为普遍。海生不浪类型的白草塔F21为带门斗式门道和双灶的房址，与马家窑文化第二期林家遗址大量出现的此类房址形态一致。因此可以看出，马家窑文化在第一期就开始影响庙子沟文化，将双耳壶等陶器器形、彩陶装饰与烧制技术以及带门斗式门道和双灶的房屋建筑技术带到了内蒙古中南部，并且直接传到了较远的庙子沟类型分布区——岱海—黄旗海地区。这种传播也可以看出地域的差异，如离甘肃较近的黄河两岸海生不浪类型、阿善类型，泥质陶从第一期起明显多于庙子沟类型，带门斗式门道和双灶的房址也仅见于白草塔遗址。而在宁夏地区的马家窑文化第一、二期也发现有长颈壶、侈口彩陶罐。

到了马家窑文化第四期时，又呈现出受到庙子沟文化影响的态势。庙子沟文化自始至终都流行的小口双耳罐，形态类似马家窑文化A型双耳壶，而后者至马家窑文化第四期才开始大量流行，并延续至马家窑文化之后的半山文化，成为半山文化的典型器物。庙子沟文化早期即流行的曲腹盆，与马家窑文化第四期出现的B型侈口彩陶罐形态相似。从地理空间来看，海生不浪类型分布在鄂尔多斯高原南流黄河两岸，邻近宁夏海原地区，与马家窑文化分布区的东北边缘接近，因此在陶器器形上表现出更多的过渡性。海生不浪类型有一定数量的小口双耳罐，口沿外侈，束颈，较之庙子沟类型小口双耳罐在形态上更接近马家窑文化双耳壶。庙子沟文化第三期时，可能有一部分人经过宁夏地区迁徙至兰州地区，因此马家窑文化第四期出现庙子沟文化典型陶器，并且在半山文化时期成为主要器形。宁夏地区马家窑文化第四期遗址也发现有双耳壶和B型Ⅲ式侈口彩陶罐；双耳壶形态也处于庙子沟类型小口双耳罐、双耳壶与马家窑文化双耳壶之间的过渡阶段。

庙子沟文化与马家窑文化产生交流的原因可以从两方面来推测。首先是气候环境因素。在距今7000～5500年间，中国北方地区气候处于稳定的暖湿期[①]。内蒙古中南部地区处于黄土高原北部边缘，北与半干旱草原区相接，由于气候适宜，在中原文化影响下，农耕文化逐渐发展。陇东地区属于半湿润半干旱气候区，更加适宜农业发展。而到了距今5500～3000年间，气候出现波动，趋于湿冷。在接近距今5000年阶段的庙子沟文化第三期，农耕文化开始衰落，一部分人留在这一地区，增加狩猎与养畜业的比重以补农业生产之不足。还有一部分人群开始南迁，或许在南迁的过程中，将小口双耳罐、曲腹盆等陶器

① 韩建业：《中国西北地区先秦时期的自然环境与文化发展》，文物出版社，2008年，第25页。

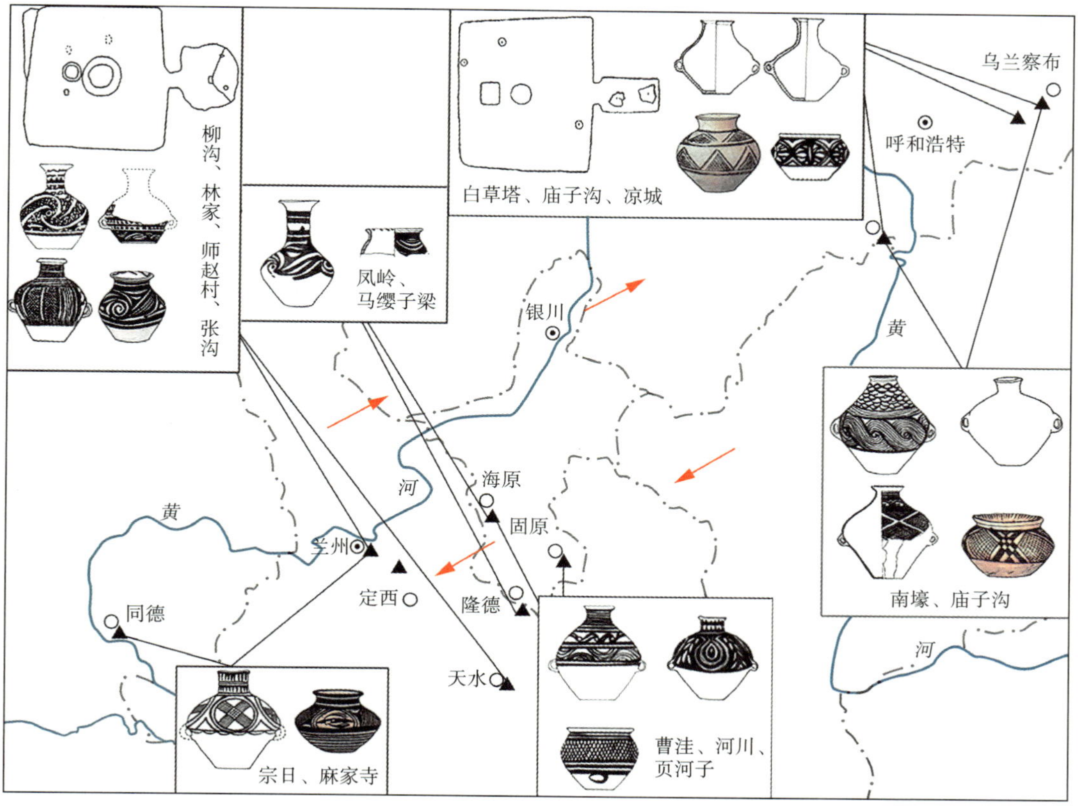


图9　庙子沟文化和马家窑文化交流路线图

类型经宁夏带到了甘肃东部，融入马家窑文化。而此时的甘肃东部和中部，虽然也经历了气候变冷，但是由于纬度较低，气候状况较之于内蒙古中南部不至于让人们放弃原有居住地而迁徙，为了抵御寒冷，人们改变了经济结构，并且开始建造更抗寒御风的“吕”字形房屋，在师赵村第四期和林家遗址的发现均是如此。

另一方面，马家窑文化在第一期就显示出强盛的输出态势，将彩陶、房屋构筑方式传播到了内蒙古中南部。根据有些学者的研究，由于复杂的社会状况和经济互动，马家窑文化彩陶作为葬礼“必需品”需求量极大，因此出现很多核心生产区，由核心生产区大量生产彩陶，再输出至周边地区[①]。或许因为马家窑文化的这种彩陶生产机制，彩陶作为一种产品逐渐从甘肃中部和东部核心区传播至宁夏地区，为了寻求更多的消费者，进一步传播至内蒙古中南部地区。

① Ling-yu Hung. Pottery Production, Mortuary Practice, and Social Complexity in the Majiayao Culture, NW China (ca.5300-4000BP). Dissertation to the Graduate School of Arts and Sciences of Washington University Washington, 2011.

## 四、结语

通过以上的梳理与分析，我们可以初步得出以下几点认识。

第一，马家窑文化据发展演变规律，可以划分为连续发展的四期，其文化面貌在甘肃东部、中部地区与甘肃西部、青海地区存在地域性差异。

第二，马家窑文化以甘肃东部和中部为中心，从第一期起便随着人群的迁徙传播至河西、青海、宁夏以及川西北等地区，因此陶器器形及彩陶纹饰方面显示出诸多差异。

第三，马家窑文化在公元前三千纪阶段的甘青地区产生并强盛发展。在马家窑文化向外传播的过程中有一条重要的路线，即沿着黄河向东北方向与内蒙古中南部的庙子沟文化有过直接的文化交流。

第四，马家窑文化和庙子沟文化在聚落形态等方面具有相似之处。马家窑文化第一期带门斗式门道的房址即传播到了内蒙古中南部偏西的海生不浪类型分布地区，马家窑文化典型的双灶特点也存在于庙子沟文化同类房址。

第五，马家窑文化和庙子沟文化在陶器类型、彩陶纹饰等方面存在较多相似性。马家窑文化第一期的双耳壶、长颈瓶、侈口彩陶罐以及彩陶纹饰，影响了庙子沟文化的同类器物。庙子沟文化晚期阶段的典型器物小口双耳罐又传播到了甘青地区，并发展成为马家窑文化晚期及之后的半山文化的典型器物——双耳壶。

第六，宁夏地区作为马家窑文化和庙子沟文化传播交流的必经之地，其陶器群显示出明显的过渡地带特色。

附记：文中墨线图由郝晓菲绘制，谨致谢忱！

（本文与常璐合著，原载《考古》2020年第8期）

# ARCHAEOLOGICAL OBSERVATION OF THE EASTWARD DIFFUSION OF MAJIAYAO CULTURE IN THE $3^{RD}$ CENTURY BC

Wei Jian Chang Lu

**Abstract:** The Majiayao culture emerged and flourished in the Gansu-Qinghai region during the 3rd millennium BC. Direct cultural interaction ensued between the Miaozigou culture in central-southern Inner Mongolia and the Majiayao culture when the latter expanded into surrounding areas. Both archaeological cultures share similarities in pottery typology, painted pottery patterns, as well as in dwelling and settlement patterns. Cultural elements of the Majiayao Culture Phase Ⅰ, such as double-handled ewers, long-necked bottles, painted jars with flared mouths, dwellings with protruding entrances and double hearths, were also found in association with Miaozigou cultural remains. Similarly, Miaozigou culture painted pottery patterns were also infl uenced by the Majiayao culture. During the late Miaozigou culture period, double-handled jars with small mouths, pottery typical of the Miaozigou culture, were transmitted into the Gansu-Qinghai region, later evolving into double-handled jars typical of the successor of the Majiayao culture—the Banshan culture. Transitional characteristics represented by pottery typology in the Ningxia region suggests that this double-handled jar is indicative of cultural transmission and exchange between central-southern Inner Mongolia and Gansu-Qinghai.

**Keywords:** Majiayao Culture; 3rd Millennium BC; Eastward Dispersion; Miaozigou Culture

# 试论阿善文化

摘　要：阿善文化是以20世纪80年代初在内蒙古包头市发掘的阿善遗址中的第三期文化为代表的遗存命名的一种新的考古学文化，其在内蒙古中南部的分布区域，北起阴山山脉的大青山南麓，南抵河曲，西达鄂尔多斯腹地，东至南流黄河以东的晋西北地区，其范围已较庙子沟文化缩小。根据分布地域和文化特征上的差异，我们将这类遗存划分为阿善和寨子塔两个区域类型，并在各区域年代分期的基础上，整体划分为顺序发展的三期，其年代跨度为距今5000～4500年左右。阿善文化是由本地区的庙子沟文化直接发展而来的一支新的考古学文化，在其形成与发展过程中，逐步形成了自身鲜明的特征和独特的发展脉络。通过陶器的发展和演变规律，我们还可以确定，在内蒙古中南部地区，该文化的直接后继者为龙山时期的永兴店文化。阿善文化的经济类型以原始锄耕农业为主，兼有渔猎、采集和家畜饲养。阿善文化晚期大量出现的石筑城堡，则表明该遗存已经产生私有制和阶级。

关键词：内蒙古中南部　阿善文化　区域类型　文化源流　永兴店文化

## 一、绪言

阿善文化是以20世纪80年代初在内蒙古包头市发掘的阿善遗址中的第三期文化为代表的遗存命名的一种新的考古学文化。20世纪四五十年代，曾称此类遗存为细石器文化[①]；

① 裴文中：《河套之史前文化》，《中国史前时期之研究》，商务印书馆，1948年，第99页；李逸友：《清水河县和郡王旗等地发现的新石器时代文化遗址》，《文物参考资料》1957年第4期；汪宇平：《内蒙古清水河县白泥窑子村的新石器时代遗址》，《文物》1961年第9期。

六七十年代，又称之为龙山文化[①]或龙山文化早期类型[②]，也有人将其区分为石佛塔类型[③]；80年代初正式发掘阿善遗址后，据地层关系又称其为阿善三期文化[④]，随后有学者提出定名为阿善文化的建议[⑤]；90年代初，诸多学者称此类遗存为阿善文化，并有专文论述[⑥]。目前，也有人将阿善三期早段遗存划归海生不浪文化阿善类型，把阿善三期晚段遗存作为老虎山文化的组成部分[⑦]。

阿善文化一类遗存在内蒙古中南部的分布区域，北起阴山山脉的大青山南麓，南抵河曲，西达鄂尔多斯腹地，东至南流黄河以东的晋西北地区，其范围已较庙子沟文化缩小；行政区划上大致包括包头市和呼和浩特市的山前地带及伊克昭盟的东部地区。目前调查发现的遗址主要有：准格尔旗石佛塔、柳青、荒地窑子[⑧]、油房、倒庆坝、大树湾、烂窑圪嘴[⑨]，包头市的莎木佳、黑麻板、纳太、威俊[⑩]等。经发掘的遗址有：包头市阿善[⑪]、西园[⑫]，准格尔旗的寨子塔[⑬]、小沙湾[⑭]、白草塔[⑮]、寨子上[⑯]、官地[⑰]，伊金霍洛旗朱开沟Ⅶ区[⑱]，清水河县

① 洲傑：《内蒙古中南部考古调查》，《考古》1962年第2期；内蒙古历史研究所：《内蒙古中南部黄河沿岸新石器时代遗址调查》，《考古》1965年第10期。

② 吉发习：《准格尔旗东部新石器时代文化遗址调查》，《鄂尔多斯文物考古文集》，伊克昭盟文物工作站，1981年，第33～44页。

③ 崔璇：《内蒙古中南部石佛塔等遗址调查》，《内蒙古文物考古》创刊号，1981年。

④ 内蒙古社会科学院蒙古史研究所、包头市文物管理所：《内蒙古包头市阿善遗址发掘简报》，《考古》1984年第2期。

⑤ 崔璇、斯琴：《内蒙古中南部新石器至青铜时代文化初探》，《中国考古学会第四次年会论文集（1983）》，文物出版社，1985年，第173～184页。

⑥ 张忠培、关强：《“河套地区”新石器时代遗存的研究》，《江汉考古》1990年第1期；崔璇《阿善文化述论》，《中国考古学会第八次年会论文集（1991）》，文物出版社，1996年，第35～49页；魏坚、崔璇：《内蒙古中南部原始文化的发现与研究》，《内蒙古文物考古文集》（第一辑），中国大百科全书出版社，1994年，第125～143页。

⑦ 田广金：《近十年来我区重大考古发现及科研成果》，《内蒙古文化》1990年第4期；田广金：《内蒙古长城地带石城聚落址及相关诸问题》，《纪念城子崖遗址发掘60周年国际学术讨论会文集》，齐鲁书社，1993年，第119～135页；田广金：《内蒙古新石器时代——青铜时代考古发现与研究》，《内蒙古文物考古》总6、7期，1992年。

⑧ 崔璇：《内蒙古中南部石佛塔等遗址调查》，《内蒙古文物考古》创刊号，1981年。

⑨ 王志浩、杨泽蒙：《鄂尔多斯地区仰韶时代遗存及其编年与谱系初探》，《内蒙古中南部原始文化研究文集》，海洋出版社，1991年，第90～116页。

⑩ 包头市文物管理处：《内蒙古大青山西段新石器时代遗址》，《考古》1986年第6期。

⑪ 内蒙古社会科学院蒙古史研究所、包头市文物管理所：《内蒙古包头市阿善遗址发掘简报》，《考古》1984年第2期。

⑫ 西园遗址发掘组：《内蒙古包头市西园新石器时代遗址发掘简报》，《考古》1990年第4期。

⑬ 内蒙古文物考古研究所：《准格尔旗寨子塔遗址》，《内蒙古文物考古文集》（第二辑），中国大百科全书出版社，1997年，第280～326页。

⑭ 内蒙古文物考古研究所：《准格尔旗小沙湾遗址石棺基地》，《内蒙古文物考古文集》（第一辑），中国大百科全书出版社，1994年，第225～234页。

⑮ 内蒙古文物考古研究所：《准格尔旗白草塔遗址》，《内蒙古文物考古文集》（第一辑），中国大百科全书出版社，1994年，第183～204页。

⑯ 内蒙古文物考古研究所：《准格尔旗寨子上遗址发掘简报》，《内蒙古文物考古文集》（第一辑），中国大百科全书出版社，1994年，第174～182页。

⑰ 内蒙古文物考古研究所：《准格尔旗官地遗址》，《内蒙古文物考古文集》（第二辑），中国大百科全书出版社，1997年，第85～119页。

⑱ 田广金：《内蒙古伊金霍洛旗朱开沟遗址Ⅶ区考古纪要》，《考古》1988年第6期 。

白泥窑子K点[①]、A点[②]、D点[③]、C点[④]、L点[⑤]及后城嘴[⑥]等遗址。上述部分调查遗址和全部经发掘遗址均有资料报道。

## 二、阿善文化的区域类型特征与年代分期

20世纪80年代以来，由于对包头市、准格尔旗、清水河县等地所进行的一系列较大规模的考古发掘并经初步研究，使我们对内蒙古中南部地区阿善文化遗存的认识渐趋明晰，并根据这些遗存分布地域的不同，及由此表现出的文化特征的差异，逐步区分出以包头市阿善和西园遗址为代表的阿善类型和以准格尔旗寨子塔和小沙湾遗址为代表的寨子塔类型。

### （一）阿善类型

这一类型就目前的发现来看，集中分布于包头至呼和浩特一线的大青山南麓山前台地上，地处包头至呼和浩特之间的一块东西狭长地带。

#### 1. 文化特征

从经过发掘的阿善、西园和调查的莎木佳、黑麻板、纳太、威俊等遗址的资料看，这一类型的遗址均分布在高出山下地面约50～70米、靠近水源的高台地之上。台地一般北部略高，地表平坦，除纳太遗址外，其余遗址均是以东西对峙、中间夹一水沟的两个台地构成，面积约1万～2万平方米。台地上均发现有石砌房屋遗址，在阿善、莎木佳遗址的东、西台地，西园、黑麻板遗址的东台地，均保留有断续的石砌围墙。在阿善、黑麻板和莎木佳均发现了石砌的类似“祭坛”的遗址。房子以长方形半地穴式和方形或长方形地面石砌建筑为主，均为地面灶，门道基本南向，居住面经烧烤或垫压。窖穴多为圆角方形或长方形袋状、直壁或锅底坑。生产工具分为大型石器、细石器、陶制品和骨角器几类。大型石器中打制和打磨兼制的石器占有一定比重，其中两面圆脊的打制石斧、磨制的长条形扁平体石斧、长方形穿孔和两侧缺口石刀、半月形磨棒、大型磨石、凹形器、敲砸器、盘

---

① 内蒙古社会科学院历史研究所考古研究室：《清水河县白泥窑子遗址K点发掘报告》，《内蒙古文物考古文集》（第二辑），中国大百科全书出版社，1997年，第179～190页。

② 内蒙古社会科学院历史研究所考古研究室：《清水河县白泥窑子遗址A点发掘报告》，《内蒙古文物考古文集》（第二辑），中国大百科全书出版社，1997年，第191～210页。

③ 内蒙古社会科学院历史研究所考古研究室：《清水河县白泥窑子遗址D点发掘报告》，《内蒙古文物考古文集》（第二辑），中国大百科全书出版社，1997年，第211～237页。

④ 崔璿、斯琴：《内蒙古清水河县白泥窑子C、J点发掘简报》《考古》1988年第2期。

⑤ 崔璿：《内蒙古清水河县白泥窑子L点发掘简报》，《考古》1988年第2期。

⑥ 内蒙古文物考古研究所、清水河县文物管理所：《清水河县后城嘴遗址》，《内蒙古文物考古文集》（第二辑），中国大百科全书出版社，1997年，第151～164页。

状器等均具特色。细石器数量较多，有刮削器、尖状器、小石叶等。石镞制作精细，有三角形、柳叶形、凹底和平底等多种形式。陶制品主要是陶片改制成的刀、铲和陶制的纺轮和网坠。骨角器有针、针筒、锥、刀、铲、凿、矛、镶石刃的骨柄刀和鱼钩等。陶器为泥质、夹砂、砂质三种。其中泥质陶占绝大多数，以灰陶为主，有少量黑陶和褐陶。纹饰以篮纹为主，连点刺纹、方格纹、附加堆纹较为常见，有少量的压印纹和刻划纹。具有极少的彩绘陶。陶器均为手制。器形以多种形式的钵、碗、盆和高领罐、单耳罐、敛口瓮、器盖为主。

2. 分期与年代

阿善遗址共有五个地层，发掘者将二、三两层的文化遗存称阿善第三期文化，并区分为早、晚两段①。西园遗址亦有五个地层，发掘者将遗存分为三期五段，认为西园三期同“阿善二期遗存的面貌相当”，但也指出，西园三期的晚段，“已接近阿善三期的早段”②。细查简报所列有关遗迹单位的层位关系，并对照各单位发表的部分陶器后，可知简报第五段F1、F5、F9、F23、H5、H81和第四段F16所出方唇直壁缸、砂质鼓腹罐、篮纹弧腹钵、敛口深腹钵和篮纹高领罐口等器物的面貌特征，已完全不属于阿善二期文化的范畴，而同阿善三期早段遗存面貌相当，并且表现出较早的器物形态特征。

据此，我们可以将阿善类型区分为以西园F1、F5、F9、F16、F23、H5和H81为代表的西园F1组，为第Ⅰ期；以阿善③层和部分灰坑为代表的BA③层组，为第Ⅱ期；以阿善②层和部分房址、灰坑为代表的BA②层组，为第Ⅲ期。

三期的主要陶器变化为：

深腹钵　Ⅰ期上腹斜直略内曲，折腹处折棱明显（图1-1）；Ⅱ期上腹略弧，施连点刺纹，上腹部加深，有折棱（图1-6）；Ⅲ期腹部圆弧，折棱不明显（口部有叠唇），器胎略变厚重（图1-11）。

折腹钵　Ⅰ期敛口，上腹略内曲，折腹明显（图1-2）；Ⅱ期略敛口，上腹外弧，腹有折棱（图1-7）；Ⅲ期敛口近直，折腹不明显，上腹施连点刺纹，器胎略变厚（图1-12）。

深腹盆　Ⅰ期敛口短沿，折腹，下腹施横篮纹，小平底（图1-3）；Ⅱ期侈口折沿，上腹略直，上腹和口沿内侧施三角形连点刺纹（图1-8）；Ⅲ期敞口略折，下腹饰横斜篮纹，大平底（图1-13）。

高领罐　标本仅存口部。Ⅰ期敞口较大，外侧施斜篮纹（图1-4）；Ⅱ期若杯形口（图1-9）；Ⅲ期小口微侈，鼓肩，外侧施横篮纹（图1-14）。

---

① 内蒙古社会科学院蒙古史研究所、包头市文物管理所：《内蒙古包头市阿善遗址发掘简报》，《考古》1984年第2期。

② 西园遗址发掘组：《内蒙古包头市西园新石器时代遗址发掘简报》，《考古》1990年第4期。

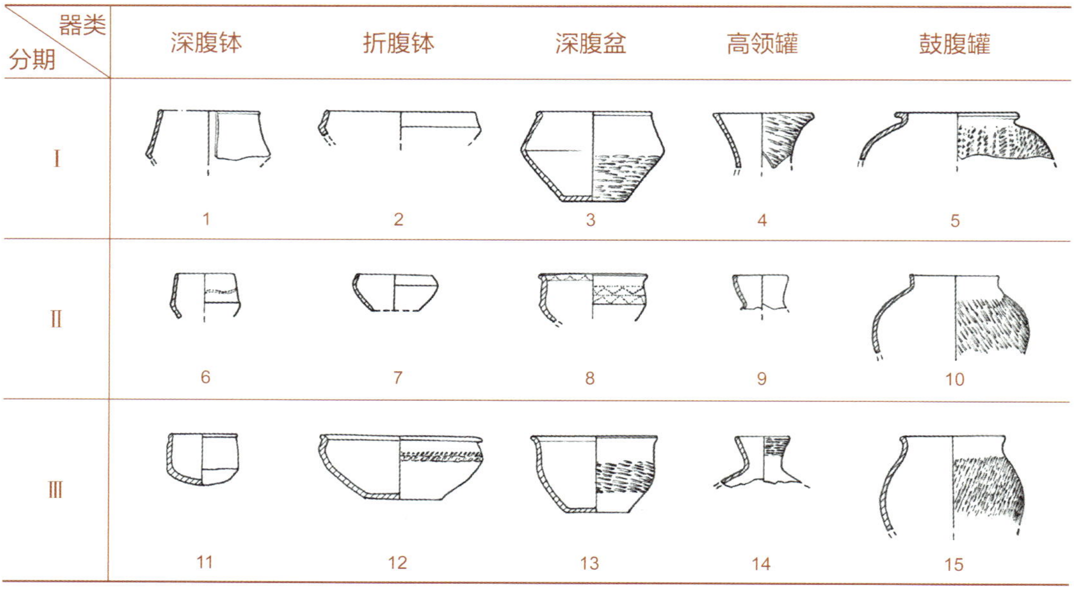


图1 阿善类型陶器分期图

1. H81：5；2. F1：1；3. F9：12；4. F16：1；5. F23：1；6. T9③：02；7. T5③：05；8. T17③：02；9. H8：03；10. H10：05；11. T10A②B：01；12. F1：01；13. H77：01；14. G1②：09；15. T3B2A：06（1～5. 西园出土；6～15. 阿善出土）

鼓腹罐　Ⅰ期小口，沿外卷近平，上腹鼓，器表施竖行连点刺纹（图1-5）；Ⅱ期口略大，卷沿，上鼓腹，腹施斜绳纹（图1-10）；Ⅲ期大口，卷沿，中鼓腹，腹施斜绳纹（图1-15）。

阿善遗址测得阿善三期早段偏晚的三个年代数据，为公元前2875～前2755年。因此，推测阿善类型的年代在距今5000～4500年之间。

## （二）寨子塔类型

主要分布于南流黄河两岸和属黄河水系的浑河、清水河及其支流，以及鄂尔多斯高原东部的沟谷阶地之上，地域范围包括鄂尔多斯东部的准格尔旗、伊金霍洛旗和呼和浩特西南的和林格尔县、清水河县。

从经过发掘的寨子塔、白草塔、寨子上、小沙湾、官地、白泥窑子各点和调查的部分遗址的情况来看，这类遗存一般都居于黄河沿岸或属黄河水系的沟谷高台地的悬崖峭壁之上。遗址两侧或三侧有深沟环绕，无险可据之处则垒砌一道或两道石墙，在环沟的平缓坡处也建有石墙，使遗址内部形成一个封闭的环境。较早阶段的房子多为半地穴式，也有木骨泥墙的地面建筑，平面多长方形，进深大于间宽，门设在前墙正中，有凸出的斜坡式门道，以方形地面灶居多。偏晚阶段出现大量的地面石砌房子，多单间，个别为双间，面积大者50～60平方米，小者约10余平方米，房门在前墙正中，有的设有台阶，居住面多经烧烤或抹泥垫土，门址多东向与南向。窖穴在较早阶段以圆形袋状穴为多，偏晚阶段则以方形直壁穴常见。生产工具制作精良，以磨制石器为主，存在一定数量的打制石器，个别石器打磨兼用，有长方形单孔石刀、梯形和亚腰形石铲、厚体窄首宽刃石斧、条形窄刃石凿、四棱形石磨棒，以及石杵、石球、砍砸器和少量石镞等。有少量玉器。骨制品数量较多，均为磨制，有锥、针、匕、镖、铲等。另有少量的鹿（狍）角器、卜骨和陶环、石环、石璧、骨簪等装饰品。陶器以夹砂和泥质灰陶为主，且两者数量相当，余为少量的夹砂褐陶和泥质红褐陶，砂质陶亦占有一定比重。纹饰以篮纹为主，素面、方格纹次之，附加堆纹发达，绳纹相对略少，有少量绘红、褐彩的彩陶和彩绘陶。陶器均为手制，主要器形有尖底瓶、窄沿罐、侈口罐、敛口和平口瓮、斜腹和深腹盆、曲腹和折腹钵、高足豆和大口尊，以及壶和杯等。

此类遗存中，以寨子塔遗址的地层堆积最为丰富。寨子塔共有四个地层，其中2～4层均为阿善文化堆积。发掘报告据地层和遗迹间的叠压打破关系以及陶器的演变规律，将此类遗存分为以第4层和4层下开口的遗迹单位，以第3层和3层下开口的遗迹单位及以第2层和2层下开口的遗迹单位为代表的顺序发展的三期[①]。其中，第一期Ⅰ式尖底瓶虽较朱开沟Ⅶ区H7008：8尖底瓶[②]底略钝，但较小沙湾所出同类器[③]则要凸出的多，且Ⅰ式碗的造型也同朱开沟Ⅶ区H7008：7一致，故朱开沟Ⅶ区H7008为代表的一组遗存，年代上同于寨子塔第一期。寨子塔Ⅱ式窄沿罐同小沙湾F4：7A型罐相似，AⅠ式和BⅡ式鼓腹罐与朱开沟Ⅵ区H7003：5和H7003：8形态基本一致，故以小沙湾F4和朱开沟H7003为代表的，包括官地、清水河白泥窑子D点、K点一类遗存，同属寨子塔第二期。此外，寨子上、白草塔、后城嘴和白泥窑子C点、L点的阿善文化遗存，器物形态与寨子塔第三期遗存相当。

基此，我们将南流黄河两岸的寨子塔一类遗存，以寨子塔遗址分期为标尺，划分成衔接紧密、连续发展的三期。

三期的主要陶器变化为：

尖底瓶　Ⅰ期喇叭口斜直，束颈、广肩、领外侧施斜篮纹，尖底斜弧、底尖略圆钝、施绳纹（图2-1、图2-2）；Ⅱ期为喇叭口，细颈，广肩圆钝，弧腹，底部近平、底尖凸出（图2-7）；Ⅲ期未发现该类器物。

曲腹钵　Ⅰ期敛口，上弧腹，下腹斜，平底，口沿部施红彩带（图2-3）；Ⅱ期敛口，中鼓腹（图2-8）；Ⅲ期敛口，下弧腹（图2-12）。

---

① 内蒙古文物考古研究所：《准格尔旗寨子塔遗址》，《内蒙古文物考古文集》（第二辑），中国大百科全书出版社，1997年，第280～326页。

② 田广金：《内蒙古伊金霍洛旗朱开沟遗址Ⅶ区考古纪要》，《考古》1988年第6期。

③ 内蒙古文物考古研究所：《准格尔旗小沙湾遗址及石棺墓地》，《内蒙古文物考古文集》（第一辑），中国大百科全书出版社，1994年，第225～234页。

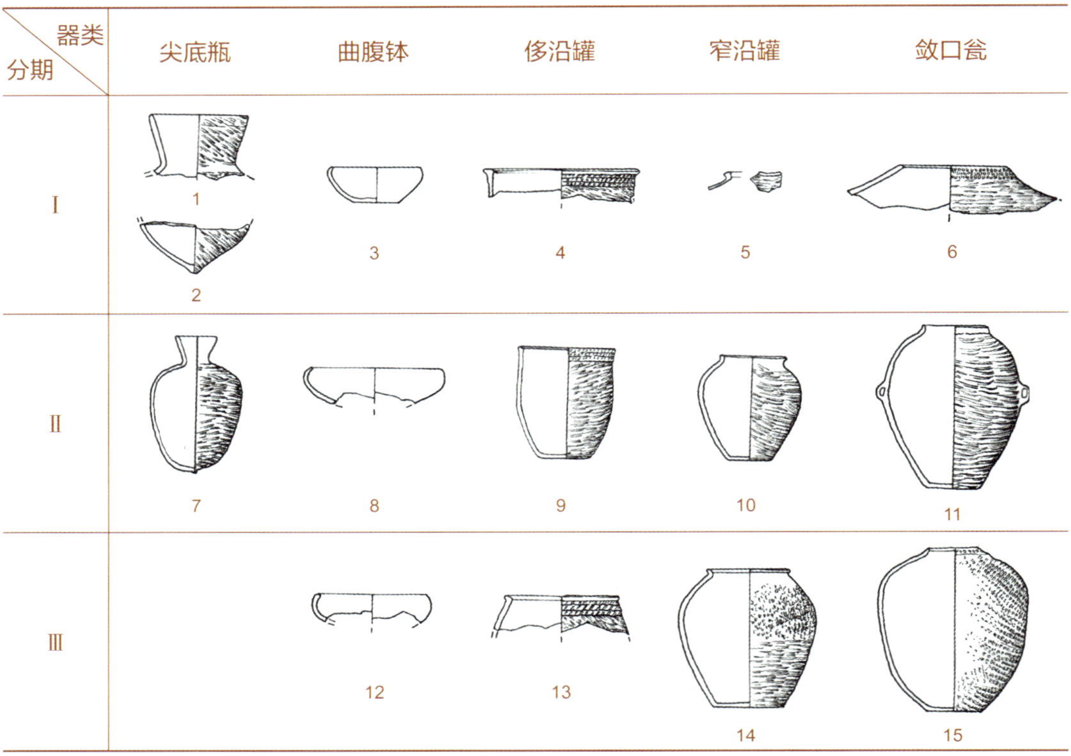


图2 寨子塔类型陶器分期图

1. H121：9；2. H7008：8；3. T3④：1；4. T16④：2；5. T17④：14；6. H101：9；7. F4：8；8. H50：4；9. F4：9；10. F4：10；11. F4：11；12. H12：4；13. T2②：7；14. F15：2；15. H23：2（1、3～6、8、12～15. 寨子塔出土；2. 朱开沟出土；7、9～11. 小沙湾出土）

侈沿罐 Ⅰ期直口微侈，平折沿，沿外施三周附加泥条，其下施斜篮纹（图2-4）；Ⅱ期直口，斜折沿，平底，沿外施三周附加泥条，腹施斜篮纹（图2-9）；Ⅲ期敛口，斜折沿，沿外施三周泥条，下施斜篮纹（图2-13）。

窄沿罐 Ⅰ期窄平沿外卷，溜肩，饰横篮纹（图2-5）；Ⅱ期窄平沿斜直，溜肩，鼓腹，小平底，腹施斜篮纹（图2-10）；Ⅲ期平沿近直，鼓肩弧腹，大平底，上腹施方格纹，下腹施横篮纹（图2-14）。

敛口瓮 Ⅰ期敛口，溜肩，口部施三周附加泥条，下施横篮纹（图2-6）；Ⅱ期直口微敛，鼓腹，小平底，中腹有对称双鋬耳，口部施三周附加泥条，腹施横篮纹（图2-11）；Ⅲ期小口略直，鼓肩，弧腹，小平底，口部有附加泥条一周，腹施方格纹（图2-15）。

寨子塔遗址属第Ⅱ期的H48所出木炭的$^{14}$C测定数据，经树轮校正为距今4770±125年，白泥窑子遗址此类遗存的几个年代数据也为公元前2885～前2500年。据此，寨子塔类型第Ⅰ期的年代应在距今5000年以内；第Ⅱ期的年代约为距今4700年左右；第Ⅲ期的年代当在距今4500年前。

### （三）小结

综上所述，阿善文化两个区域类型陶器分期，虽因发掘材料所限，尚需进一步完善，但目前的资料，仍可基本反映内蒙古中南部地区仰韶阶段遗存至龙山阶段遗存之间的考古学文化面貌。此中分布于大青山南麓高台地上，以石筑围墙、成排的石砌房屋和大型“祭坛”为主要文化内涵，出土大量盆、钵类陶器，而不见尖底瓶的阿善类型，与分布于南流黄河两岸，以在三面环沟的缓坡处依地势构筑石墙，并在通大路处加筑双重石墙为主要文化内涵，出土较多瓮、罐类大型陶器和钝尖尖底瓶的寨子塔类型，在各自三期的发展序列上，是可以相互对应的，也就是说，阿善类型和寨子塔类型三期遗存的发展序列，即是阿善文化顺序发展的三期遗存所包含的年代跨度。

阿善文化两个区域类型的总体文化面貌，与周围同时期考古学文化类型相比，存在着较大的共性因素，如遗址均建立在相对孤立的悬崖高坡之上；早期均为进深大于间宽的半地穴房子，晚期石砌房子大量出现，遗址周围一般均建有石砌围墙，在莎木佳和小沙湾均出现了较大的中心房址；生产工具和生活用具的组合基本相同。这类文化遗存前后发展近500年，与中原仰韶向龙山过渡阶段的文化遗存比，文化特征明显，发展时间较长，更具备质的稳定性，因而是内蒙古中南部地区继庙子沟文化之后发展起来的一种新的独立的考古学文化类型。此类遗存中发现较多磨制石器和石磨盘、磨棒，以及存在一定数量的骨角器、石镞和渔猎工具等，可知其仍以原始锄耕农业为主，并有家畜饲养业和渔猎、采集业，晚期阶段石筑城堡的大量出现，表明私有制和阶级可能已经产生。

## 三、阿善文化的源流

阿善文化两个区域类型在共性因素的基础上，表现出各自文化特征，反映了两个类型由于不同地域文化传统的不同，并在发展过程中受到不同文化因素的影响，因而产生了一定的差异。

阿善文化的分布地域，基本上同仰韶晚期阶段庙子沟文化的阿善二期和海生不浪两个地域类型大致相同。在阿善和西园遗址，属于阿善类型的阿善三期遗存，叠压在阿善二期地层之上，两期遗存有明显的承袭现象。如房子均为圆角方形和长方形，三期的地面灶系由二期的浅坑灶逐步发展而来；窖穴均为圆角方形；生产工具中常见的石斧、石刀、石铲、陶铲、陶刀、磨盘、磨棒等均较类似。陶器的形制种类较少，但两者常见的器形均是钵、盆、瓮、罐，且演变迹象十分清楚，其中折腹、带耳、平底器和连点刺纹的特点更是雷同。此外，从经济生活看，都是以农业为主，饲养业和狩猎、渔猎均占相当比重。在白泥窑子L点和白草塔遗址，属于寨子塔类型的遗存叠压在海生不浪类型的遗存之上。在南流黄河两岸，这两类遗存往往伴生在同一遗址之中，且在文化面貌上表现出早晚承袭的发展关系。这两类遗存的房址亦是由方形或长方形半地穴式，逐步发展成为地面石砌房子，灶由坑灶发展为地面灶；生产工具中的石刀、石斧、石凿、石铲和陶制工具等，表现出一脉相承的演变关系，特别是寨子塔类型的喇叭口尖底瓶、曲腹钵、鼓腹罐、敛口瓮等主要器类，均是由海生不浪类型同类器演变而来。

阿善文化作为庙子沟文化的后继者，目前在岱海和黄旗海地区庙子沟文化的庙子沟类型分布区内没有发现，故可证明，庙子沟文化之后，阿善文化的范围已缩小到内蒙古中南部的偏西一侧，仅在大青山南麓和南流黄河两岸发展为阿善类型和寨子塔类型。而在偏东一侧的庙子沟类型则有可能同分布于岱海地区的以釜形斝和分裆鬲为主要特征的老虎山文化[①]有着渊源关系，但二者之间仍存在着较大的缺环是显而易见的。

阿善文化在经历了连续近500年的繁荣发展之后，在大青山南麓地带，目前没有发现明确的后继者，而在南流黄河两岸则直接由寨子塔类型发展为以白灰面房子、折腹斝和宽裆鬲为主要文化特征的永兴店文化[②]。在寨子塔和白泥窑子L点，均发现永兴店文化遗存叠压在阿善文化遗存之上的地层关系。证明永兴店一类文化遗存晚于阿善文化遗存。两者之间最大的差别在于，阿善文化晚期遗存不见三足器，永兴店文化早期亦不见尖底瓶，表明这两种文化的典型器类在发展过程中，可能并没有发生衔接。而其他如小口篮纹罐、侈口夹砂罐、单耳罐、鼓腹罐、敛口瓮、大口尊、高柄豆、斜腹盆等常见器类，则表现出了明显的承袭关系。因此，广泛分布于南流黄河两岸，范围较寨子塔类型有所扩大的永兴店文化遗存，是由阿善文化直接发展而来的。

准格尔旗官地遗址的第四期文化遗存，是该遗址发掘的主要收获之一。该期文化遗存流行的圆角方形的白灰面房屋及竖穴式陶窑，在内蒙古中南部地区均属最早的发现。该类文化遗存晚于官地遗址属阿善文化的第三期遗存，在目前内蒙古中南部已知的考古学文化中，与其生产工具和陶器特征等文化内涵最为接近的是老虎山文化。二者的夹砂罐、瓮、盆和高领罐等造型均极为相似，因此应处于相同的发展阶段，但因此类遗存尚未出现斝，故其年代应略早于老虎山文化。以此推论，阿善文化寨子塔类型应对老虎山文化遗存有着一定的影响。由此也可以证明，永兴店文化和老虎山文化是继阿善文化之后，在内蒙古中南部地区发展起来的龙山阶段的两支独立的考古学文化，两者各自有着不同的渊源关系和发展去向。

---

① 田广金：《凉城县老虎山遗址1982—1983年发掘简报》，《内蒙古文物考古》总4期，1986年。

② 内蒙古文物考古研究所：《准格尔旗永兴店遗址》，《内蒙古文物考古文集》（第一辑），中国大百科书出版社，1994年，第235～245页。

## 四、结语

通过对分布在内蒙古中南部黄河两岸的阿善文化的初步分析研究，我们可以得出如下几点认识：

1、阿善文化是继承庙子沟文化的主要因素发展起来的一支新的考古学文化，这支文化可分为衔接紧密，顺序发展的三期，其绝对年代为距今5000～4500年，延续发展约500年。

2、阿善文化由于文化传承上的差异，可划分为大青山南麓继承阿善二期类型发展起来的阿善类型和南流黄河两岸承袭海生不浪类型发展起来的寨子塔类型。

3、阿善文化的经济生活以经营锄耕农业为主，同时兼营饲养业和采集，狩猎和渔猎经济占有相当的比重。

4、阿善文化的中晚期阶段，可能由于人口的增殖，土地占有量的减少，部落间的战争和掠夺变得日趋频繁，因而出现大批用于军事防御的石筑城堡。这表明了私有制和阶级的出现，社会形态已进入国家产生的前夜。

5、阿善文化在南流黄河两岸，发展成为以三足器为主要特征的永兴店文化。同时，其较晚阶段的遗存可能与岱海地区的老虎山文化产生过相互间的影响。

（原载《青果集——吉林大学考古系建系十周年纪念文集》，知识出版社，1998年）

# ON ASHAN CULTURE

Wei Jian

**Abstract:** Ashan culture is a new archaeological culture represented by the third stage of the Ashan site excavated in the early 1980s in Baotou City, Inner Mongolia. Its distribution area is located in Central and Southern Inner Mongolia, extending northwards from the southern foot of Daqingshan Mountain, southwards to Hequ, westwards to the hinterland of Ordos, and eastwards to the east of the Yellow River, with a smaller scope than Miaozigou culture. According to differences in distribution and cultural characteristics, Ashan culture is divided into two regional types: Ashan and Zhaizita. Based on chronological stages in each region, the whole culture is divided into three stages of sequential development, covering about 5000 to 4500 years. Ashan culture directly developed from Miaozigou Culture in this region, to then gradually form its own distinct characteristics due to its unique context. Through the evolution of pottery, the direct successor of this culture in Central and Southern Inner Mongolia appears to be the Yongxingdian culture in the Longshan period. The economy of Ashan culture was mainly primitive hoe agriculture, as well as fishing, hunting, gathering and livestock raising. The emergence of a large number of stone fortifications during the late stage of Ashan Culture shows evidence of private ownership and social stratification.

**Keywords:** Central and Southern Inner Mongolia; Ashan Culture; Regional Type; Cultural Origin; Yongxingdian Culture

# 准格尔旗寨子塔、二里半考古主要收获

摘　要：寨子塔与二里半遗址，位于内蒙古自治区伊克昭盟准格尔旗东部鄂尔多斯高原东缘、南流黄河西岸的高台地上，是包含内蒙古中南部地区仰韶晚期至夏商时期遗存的两处重要遗址。1978年和1986～1988年，内蒙古文物考古研究所对这两处遗址各进行了两次一定规模的田野考古工作，主要包括房址、灰坑、灰沟、墓葬，以及石围墙的发掘清理等，出土的一批考古遗存，建立起了该地区考古学文化顺序发展的七期文化序列。认定了寨子塔遗址带有“瓮城”式的石围墙年代在距今4500年前后；二里半古城梁发现的前后连间式房址后间可能与老虎山遗址一样，也是窑洞式的；二里半古城梁遗址M1出土的铜环是目前在内蒙古中南部地区年代最早的铜器。寨子塔和二里半遗址的发掘，为内蒙古中南部地区新石器时代和夏商时期文化面貌的研究提供了丰富的实物资料。

关键词：准格尔旗　寨子塔遗址　二里半遗址　仰韶晚期　龙山时期　夏商时期

寨子塔与二里半遗址位于伊克昭盟准格尔旗东部，鄂尔多斯高原东缘，南流黄河西岸的高台地上。这里千沟万壑，高差很大，地形十分复杂。

寨子塔遗址在哈岱高勒乡东约8千米的黄河岸边的悬崖之上，与黄河水面的高差约70～90米。遗址北高南低，呈斜长方形。东侧为黄河断崖，西侧和南侧为深沟环绕，仅北侧有路可通山梁，遗址四周建有石筑围墙，遗址面积约5万平方米，文化层堆积平均厚约2米。内蒙古文物考古研究所1987年9～10月和1988年7～9月进行了两次发掘。第一次发掘210平方米，清理300平方米；第二次发掘270平方米。共清理出房址28座，灰坑136个，灰沟3条，墓葬25座，瓮棺葬3座，出土器物200余件，获得了仰韶晚期至夏商时期六个阶段的文化遗存。

二里半遗址在哈岱高勒乡北约2.5千米处的二里半村南。东距寨子塔遗址约7千米。二里半遗址分为古城梁和二道梁两区。古城梁的地形情况与寨子塔类似，亦为东、南、西三面环沟，仅北部坡上有路与二里半村相通，遗址由北向南、中部隆起，东、西两侧和南部渐低直至沟沿断崖处，面积约4万平方米，文化层堆积厚0.5～2.5米不等。二道梁在古城梁的西北方向，与古城梁隔沟相望，面积约2万平方米，堆积较薄，约0.5～1.5米，分为几个小片分布。1978年曾对二里半遗址进行过第一次发掘，发掘面积约1500平方米。1986年又进行了第二次发掘，发掘面积为450平方米，清理出房址20余座，灰坑100多个，灰沟5条，墓葬4座，出土器物100余件。除去古城梁上层属于东周时期的遗存外，获得龙山至夏商时期四个阶段的文化遗存。

现将寨子塔和二里半两处遗址的主要收获简介如下。

## 一、地层分期与主要文化特征

寨子塔遗址共有4个地层，除耕土层外，均为原始文化层，其中①层下有夏商遗迹单位开口；二里半遗址古城梁区共有6个地层，其中②、③、④层为东周文化层，⑤、⑥两层为原始文化层；二里半遗址二道梁区有6个地层，②、③层为夏商文化层，④、⑤、⑥层为原始文化层。寨子塔和二里半遗址，据地层和遗迹的层位叠压打破关系，以及遗物内涵，可分为顺序发展的7期。

第Ⅰ期：寨子塔④层和③层下的少量灰坑。出土遗物较少。陶器以红褐陶为主，其次为红陶和灰陶。纹饰主要施细绳纹和横篮纹。典型器物是喇叭口较直的小口尖底瓶口和底尖圆钝、尖部呈粗泥钉状的尖底瓶底，还有平唇、口部微敛的夹砂大口罐和敛口红陶钵等。属仰韶晚期阶段，但比庙子沟或阿善二期要晚，约当西王村Ⅲ期阶段。

第Ⅱ期：寨子塔③层为主，个别②层下单位。房屋为硬土面半地穴式建筑。陶器以泥质灰陶和夹砂灰褐陶为主，少量红陶，纹饰泥质陶多见横篮纹，夹砂陶则以弦纹和绳纹、划纹为主。典型器物是小直口微敞，广肩圆鼓，下腹斜收成小平底的小口篮纹罐，施横斜篮纹，较疏朗（应是Ⅰ期的尖底瓶发展而来）和短折沿近平的夹砂弦纹罐，以及直口微侈，外侧施数条附加堆纹的大口泥质罐。这一期的器形一般较大。属于这一期的H48的$^{14}C$数据（经树轮较正）年代为距今4800年。其年代应与阿善三期早段相当。

第Ⅲ期：以寨子塔②层下的大部分单位和二里半二道梁区的⑥层为主。在寨子塔遗址周围发现的石围墙建筑在此层下开口，并同时出现了石筑的半地穴式房子，房墙的存高约1.2米。陶器以灰陶为主。纹饰泥质陶施仍较疏朗的竖斜篮纹，夹砂陶则绳纹、弦纹、划纹、附加堆纹并施。主要器物有绳纹侈口夹砂罐和大型篮纹鼓肩敛口瓮，口部微侈，外施数条堆纹。第Ⅱ期流行的窄折沿弦纹夹砂罐仍有出土，只是平折沿变为斜折沿，器表除施弦纹外，有的也施细绳纹。发现有零星的釜形斝的折腹及袋足片。这一阶段的泥质陶仍以大型器为主，时代应属阿善三期晚段。

第Ⅳ期：以二里半古城梁区第⑥层和二道梁区第⑤层及⑤层下H10为代表。出现了前后相套的双间硬土面房子。陶器以灰陶为主，出现少量黑皮陶，纹饰以绳纹和较为紧密的篮纹最多见。陶器器类增多，有小口卷沿花边口绳纹夹砂罐、斜腹敞口盆（两鸡冠耳，器形较大）、浅腹盆、小口折肩篮纹罐、灰陶豆等。鼓腹斜唇的敛口瓮数量较多。小口折腹如萝卜状足的釜形斝片明显增加。短折沿弦纹夹砂罐不见。器形普遍较上一期变小。二里半二道梁区H10木炭标本$^{14}C$测定（经树轮较正）距今约4300年。因此，这一期时代属庙底沟二期阶段。

第Ⅴ期：有寨子塔②层、二里半古城梁区第⑤层和M1、二道梁区和第④层。这一期的遗存最为丰富。房子绝大多数为半地穴式白灰面建筑，二道梁区的白灰面房子平面呈“凸”字形，石板地面灶。陶器以饰绳纹的宽裆胖袋足鋬手鬲、竖直花边口、颈沿部磨光的绳纹夹砂罐、篮纹浅腹盆、黑陶浅盘豆、单把罐、宽格的粗绳纹甗，黑陶小斝和平唇敛口瓮为主。绳纹斜弧流畅，陶胎较薄。三分裆鬲已完全取代了夹砂罐和釜形斝成为主要炊器。鬲的口部较直，沿外侧多加厚，口沿上施花边，袋足肥胖，三袋足间有乳突起，鋬手为对称的一对鸡冠耳（一裆对一足）。泥质灰陶的单把小斝在这一期特别流行。第Ⅴ期的时代可能略晚于老虎山一期遗存，当龙山阶段。

第Ⅵ期：二里半二道梁区的③层下的F3，寨子塔①层下的部分遗迹单位。二道梁F3为半地穴式硬土面房子，开间较大，室内缘边数处有柱础石，地面灶。陶器分灰陶和红褐陶两种，纹饰主要是细密整齐的细绳纹。F3陶鬲器形较大，直领微敞，圆唇，高裆，胖袋足，通体施细密绳纹，沿外侧有对称四个小乳丁，同出的三足瓮两件，均三空足较小，集中于瓮底中央，瓮下腹部较大，上部残，通体施细密绳纹。瓮棺葬中还见有高领实足根鬲和盆形甗等。F3鬲的形态同朱开沟三段同类器较为接近，时代应属夏阶段。

第Ⅶ期：二里半二道梁区的②层及寨子塔①层下的部分灰坑、房址和瓮棺葬。在寨子塔发现的房址为方形夯土墙建筑。灰坑多圆形袋状。陶器主要为灰陶，陶质坚硬，纹饰以粗硬竖绳纹和素面磨光为主。鬲主要为领口略外曲，口部饰花边，口沿外侧有四个乳丁的蛇纹鬲，以及翻缘、低裆、实足根和斜方唇、绳纹领等型式。三足瓮主要有两种，一种为侈口，斜方唇，腹壁较直如筒状，底部为三个较直的扁圆锥状足，遍体施竖直粗绳纹；另一种为领口呈平台状，鼓腹，底部为三个相距较远的乳状空足，器表通体磨光。文化面貌同朱开沟五段较为一致，应属早商阶段。

上述七个时期的遗存，从第Ⅰ期到第Ⅴ期，基本上是没有缺环连续发展的。第Ⅴ期和第Ⅵ期之间有较大的缺环，第Ⅵ期至第Ⅶ期间也有一定的缺环。但大致可以这样认为，即这七期是一脉相承发展起来的。缺环的部分在今后的工作中，很可能会得到不断的补充。

## 二、对相关问题的几点认识

### 1. 关于石围墙建筑

在寨子塔遗址的四周，发现了石围墙建筑。因遗址东、西、南三面为绝壁或沟坡，因而，石围墙缘边亦时断时续，保存虽不甚完好，但仍清晰可辨。墙基宽75～95厘米，完好处可看出构筑较为齐整。在遗址的北侧通大路处，建有并行的石围墙两道，间隔10～15米。围墙建在两条土垅之上。土垅基宽3.5～5米，高约1.8～3.5米，两道土垅外侧均为深沟。外墙长142米，内墙长137米，石墙存高有的可达1米。石墙多以片岩逐层叠砌，所用石块大小不等，石块间隙内填以小石块或粘土。外墙寨门建于外墙中部偏西处，宽约4米，门两侧的石墙由现存的基部看，明显地加宽。内墙西段在近西墙处南折一段后，又西折同西墙相接。内墙寨门即建于内墙南折处，西向，宽约2.5米。根据解剖的地层关系可知，墙基下土垅内仅含有第Ⅲ期遗存的陶片，寨子塔第②层即第Ⅴ期遗存叠压石墙及土垅，寨子塔又不见第Ⅳ期遗存，故石墙的时代当早于第Ⅴ期，最晚在第Ⅲ期的偏晚阶段出现。

目前，在内蒙古中南部地区发现的石围墙建筑，已有阿善[①]、黑麻板、莎木佳、纳太、威俊[②]等几处。在最近进行的丰—准铁路沿线文物遗址复查中，我们在清水河县的后城嘴和准格尔旗寨子塔遗址以北约10千米的寨子上又发现了两处有石围墙建筑的遗址。其中寨子上遗址的地理形态与寨子塔完全相似。这种以石筑围墙和石筑房子为基本遗迹特征的聚落遗址群在黄河两岸的出现，绝不是偶然的事件。由上述第Ⅱ期距今4800年，第Ⅳ期距今4300年来推测，其绝对年代应在距今4500年前后。这种现象很可能反映了当时人口密度急剧增加和生产力的高度发展，并由此造成了各部落间相互掠夺和征战的事实。由于社会生产关系的这种激烈变革，才可能形成了仰韶时代以后的龙山阶段高度发展的原始文化。因此，对这类遗址的这种遗迹现象进行深入地探讨，特别是对如寨子塔双层寨墙和若“瓮城”式的寨门构筑方式的研究，对于了解我国早期城市形成的原因和规律，研究我国北方地区原始文明的产生和发展，以及探讨军事战争史都将是大有益处的。

### 2. 关于窑洞式房子

由于园子沟窑洞式前后间房子的发现[③]，使我们对内蒙古中南部距今5000～4000年间的考古学文化的认识，又增加了新的内容。园子沟窑洞式房子的后间为白灰面“凸”字形，前间建筑粗糙，保存一般也不太好，后间的建筑方式基本同于老虎山，出土遗物也颇

---

① 内蒙古社会科学院蒙古史研究所、包头市文物管理所：《内蒙古包头市阿善遗址发掘简报》，《考古》1984年第2期。
② 包头市文物管理所：《内蒙古大青山西段新石器时代遗址》，《考古》1986年第6期。
③ 内蒙古文物考古研究所发掘资料。

相似。由此，我们是否可以这样认为，老虎山遗址[①]中许多的“凸”字形白灰面房子的一部分，也应当是双间房子的后间呢？只是因老虎山遗址坡度太陡，又较向阳，水土流失严重，才造成了目前的保存状况。有趣的是，在我们初步整理二里半古城梁区1978年的发掘资料时，其中也发现有前后相连的双间式房子，而且，房子后间残存的两侧墙，都均匀地向内倾斜。这种房子（后间）很有可能也是窑洞式的。这种从岱海地区到黄河西岸的一致性，恐怕除了文化传播上的原因外，主要还应是二者的生产力水平发展相当，地理环境相似而形成的，而不像是谁发展了谁的问题。从文化面貌上看，属于同一发展阶段的老虎山两期遗存同寨子塔和二里半以折腹釜形斝和宽裆鬲为代表的第Ⅳ、第Ⅴ期遗存很不相同。老虎山缺乏准格尔的小口折腹釜形斝，所用主要炊器也不是绳纹夹砂罐，而是大口双耳素面红陶罐。溯其原因很可能是文化传统的不同，即老虎山遗存同准格尔同时代诸遗存应属不同的考古学文化谱系。老虎山这种地方性双耳器，或许同仰韶晚期阶段这一地区以小口双耳罐为主要特征的庙子沟类型有着某种发展关系。鄂尔多斯地区则与泾渭河流域原始文化有较深的渊源。

### 3. 关于二里半古城梁M1

M1为长方形，土坑竖穴式，葬式为单人仰身直肢葬，随葬品有陶器三件，置于死者足下方。一件直口微侈，口沿部磨光的绳纹红陶夹砂罐；一件素面磨光的红陶单把罐；一件黑陶浅盘小豆。人骨腹、颈间有圆片状骨串饰一百余枚。值得注意的是，在死者的右手腕部戴有一件铜环，环呈棒状圆形，不封口，端口略细，截面径约0.3～0.4厘米。从断裂口观察，铜呈暗红色，不大可能是青铜，而更像红铜。M1出土的三件陶器中，夹砂罐和单把罐的形制，同铁孟沟墓葬[②]的同类器物，几乎完全一致。仅铁孟沟组合中的高领篮纹罐，在这里换成了黑陶豆盘。铁孟沟的时代，因其共存器物特征，同大庙圪旦H1、寨子塔和二里半的第Ⅴ期应属同一时期，而M1共出铜环的时代，就也应当属龙山时期。绝对年代上应当在距今4000年以前。这是目前内蒙古中南部地区发现的时代最早的铜器。

上述遗址的陶器分期和观点看法，仅是近年来工作中的一些粗浅认识，又是在极匆忙的情况下草就而成，定有许多谬误之处，凡有不当，恳请各位先生、师长指正。

（原载《内蒙古中南部原始文化研究文集》，海洋出版社，1991年）

---

① 田广金：《凉城县老虎山遗址1982—1983年发掘简报》，《内蒙古文物考古》总4期，1986年。

② 魏坚：《准格尔旗铁孟沟出土陶器及相关问题》，《内蒙古中南部原始文化研究文集》，海洋出版社，第133～139页。

# MAIN FINDINGS FROM THE ARCHAEOLOGICAL SURVEY IN THE ZHAIZITA AND ERLIBAN SITES, JUNGAR BANNER

Wei Jian

**Abstract:** The Zhaizita and Erliban sites are located on a high platform on the eastern edge of the Ordos Plateau and the west bank of the Yellow River, in Eastern Jungar Banner of the Yike Zhao League, Inner Mongolia. These are two important sites dating from the late stage of Yangshao culture to the Xia and Shang dynasties in Central and Southern Inner Mongolia. In 1978 and 1986-1988, the Inner Mongolia Autonomous Region Institute of Archaeology carried out two large-scale archaeological excavations in each of the two sites, mainly including house sites, ash pits, ash trenches and tombs, as well as a study of the layout of stone wall buildings. A large number of items was unearthed, and seven cultural sequences of sequential development were established for the region. At the site of Zhaizita, the age of the defensive enclosure outside of the city wall, also known as barbican, was estimated to about 4500 years old. In the ancient town of Erliban, the architectural structures with interconnected front and rear spaces resemble the rock-cut spaces in the Laohushan site. Also in Erliban, a bronze ring unearthed in burial M1 stands as the earliest bronze item found in Central and Southern Inner Mongolia to this day. The excavations in Zhaizita and Erliban provided abundant material for the study of the Neolithic period and the Xia and Shang dynasties in Central and Southern Inner Mongolia.

**Keywords:** Jungar Banner; Zhaizita Site; Erliban Site; Late Stage of Yangshao Culture; Longshan Stage; Xia and Shang Dynasties

# 内蒙古中南部新石器时代石城址初步研究

摘　要：在原始聚落演化的较高阶段，城市通常标志着文明的诞生。自20世纪70年代以来，阴山以南以包头、岱海和南流黄河地区为中心的丘陵地区发现了十几座早期城址。本文在归纳这些城址特点的基础上，根据遗址的地层关系和出土陶器，将这些石城址划分为四期，并认为这些城址的时间跨度为距今5000～4300年。与这些城市出现和发展同步的是经济的显著进步和社会结构的剧烈变化。社会经济的发展和部族冲突的加剧导致了具有防御功能的石城的出现。然而，随着气候变冷，该地区的农业经济开始出现衰退，畜牧业经济的出现预示了这些石城最终走向消亡。

关键词：内蒙古中南部　新石器时代晚期　石城址　分期

城是原始聚落发展的较高形式，也是文明产生的重要标志之一。近年来，关于中国文明的起源已成为学术界研究的热点，全国各地发现的早期古城址自然也成为了学术界瞩目的研究对象。20世纪70年代末至80年代初，以包头市阿善遗址①及凉城县老虎山遗址②的发掘为肇端，在内蒙古中南部也发现了新石器时代晚期的石城址。进入90年代，通过大规模考古调查及发掘，这一时期石城址的发现已达十余座。由于这批石城址年代早、地方特点显著，从而引起了研究者广泛的注意，并多有文章论及。本文拟对这些石城址作一综合分析，以期在其特征、分期、社会背景及其他相关问题等方面提出一些看法，以求教于学术界。

## 一、石城址的分布及特征

目前发现的新石器时代石城址主要分布于阴山以南的丘陵地带，其中以包头市、南流黄河两岸及岱海地区的发现最为集中。

① 内蒙古社会科学院蒙古史研究所、包头市文物管理所：《内蒙古包头市阿善遗址发掘简报》，《考古》1984年第2期。
② 田广金：《凉城县老虎山遗址1982—1983年发掘简报》，《内蒙古文物考古》总4期，1986年。

### （一）包头地区

发现的石城址有威俊[①]、阿善、西园、莎木佳、黑麻板[②]等5处，均分布于大青山南麓的坡地上。本地区石城址有以下几个特点。

1、石城址均选择在地势呈北高南低的高台地上，地势较高的悬崖绝壁处，因易于防守则不设城墙。

2、石城址多成组分布。如威俊石城址由三个小石城组成，而阿善、莎木佳石城址由两个小城组成，每个小城的面积为一两万平方米。其中阿善石城址分筑在相距250米的东西两处台地上，东台地石城长260、宽120米，西台地石城长240、宽50～120米，是目前该地区面积最大的石城址[③]。

3、城内布局以石筑房屋为主要的构成单元，城内中心及居高点多分布有大型房屋，而小型房屋则分布于其周围。如莎木佳石城址中部，有面积达200平方米的大房屋，而在威俊第三台地的小石城内，5座大型房屋南北成排坐落在遗址中部居高点上，现存的14座小房屋则分布在大房屋周围地势较低的地方。

4、石城址内外多设有祭坛一类的祭祀设施。从祭坛的形状来看，可分成两类。一类平面呈方形，最为流行，在莎木佳、黑麻板、威俊石城址中均有发现，其中以莎木佳石城址的祭坛构造最为复杂，该祭坛是由3个方形祭坛由低往高，从大到小呈一排相列，其祭祀的内容及规格显然不同于同类祭坛。另一类为圆形祭坛，仅在阿善石城址的南部发现一例。此祭祀遗迹由石围墙及18个圆形祭坛构成。祭坛位于石围墙内部，由大到小从南向北“一”字排列，较大的祭坛位于南部，其余17个小祭坛顺次排开。石围墙平面呈侈口袋状，石围墙与祭坛之间尚存有活动场地。该祭祀遗址规模宏大，地位突出，应是当时的宗教祭祀中心。

### （二）岱海地区

目前发现的石城址有老虎山、西白玉、板城及大庙坡[④]等4处，有以下几个特点。

1、石城址多坐落在三面高，一面低的箕形坡地上。

2、石城址面积较大，除大庙坡石城址面积不详外，余均在2万平方米以上，其中以老虎山石城址面积最大，达13万平方米。

---

① 刘幻真：《包头威俊新石器时代地面建筑遗址》，《史前研究》1990年第5期。

② 包头市文物管理所：《内蒙古大青山西段新石器时代遗址》，《考古》1986年第6期。

③ 田广金：《内蒙古长城地带石城聚落址及相关问题》，《纪念城子崖遗址发掘60周年国际学术讨论会文集》，齐鲁书社，1993年，第125页。

④ 田广金：《内蒙古长城地带石城聚落址及相关问题》，《纪念城子崖遗址发掘60周年国际学术讨论会文集》，齐鲁书社，1993年，第119～135页。

3、城内布局以半地穴式房址为构成单元，一般依据等高线成排成组分布，房址的大小无明显区别。个别石城址内设有小方城，如老虎山、西白玉石城址均存在此类现象，已具备内城的萌芽性质。

4、祭祀遗迹所见不多，仅在板城石城址的附近发现一例。该祭祀遗迹由4个方形石堆组成，平面形状呈“@@”形，中间形成“十”字形通道，通道中心有大石板铺底，石板存留火烧痕迹。

### （三）南流黄河沿岸地区

已发现的石城址有准格尔旗白草塔①、寨子塔②、寨子上③、小沙湾④及清水河县马路塔⑤、后城嘴⑥共6处。另据介绍，在准格尔旗二里半遗址也曾发现有石城遗迹。本地区的石城址有以下几个特点。

1、石城址均选择在大沟深壑与黄河主流的交汇地带，凭借石围墙及绝崖沟壁等天然屏障构成封闭的防御空间。

2、在不易防守地带设城门及较为复杂的防御设施。如在寨子塔石城址北侧设两道平行石围墙，均筑在两条高大土墙基之上，两墙外侧深挖成较宽的壕沟，仅在寨门处留有平坦地面。寨门位于外墙偏西处，呈弧形外凸，两侧筑多道短石墙以加固。在内墙正对寨门处内侧，修砌一道长约40米的石墙，其内填充石块与砂土，在内墙里侧形成平台，可俯瞰外墙寨门。

3、因受地形限制，石城址的面积悬殊较大。如小沙湾石城址面积仅4000平方米，而寨子塔石城址的面积则可达5万平方米。

4、城内布局以半地穴式或地面式石筑房址为构成单元，在制高点未见中心房屋。

5、极少见祭祀遗迹。

从目前的发现来分析，上述三个地区的石城址既存在共性，又存在着许多差异。其共性为主要的防御手段均为筑石围墙，平面形状均不规则；其差异为内部布局各有特点。产生差异的原因有三点：一是自然地形的不同，二是文化传统方面的差别，三是年代上的差异。

---

① 内蒙古文物考古研究所：《准格尔旗白草塔遗址》，《内蒙古文物考古文集》（第一辑），中国大百科全书出版社，1994年，第183～204页。

② 内蒙古文物考古研究所：《准格尔旗寨子塔遗址》，《内蒙古文物考古文集》（第二辑），中国大百科全书出版社，1997年，第280～326页。

③ 内蒙古文物考古研究所：《准格尔旗寨子上遗址发掘简报》，《内蒙古文物考古文集》（第一辑），中国大百科全书出版社，1994年，第174～182页。

④ 内蒙古文物考古研究所：《准格尔旗小沙湾遗址及石棺墓地》，《内蒙古文物考古文集》（第一辑），中国大百科全书出版社，1994年，第225～234页。

⑤ 胡晓农：《清水河县大沙湾马路塔遗址调查简报》，《乌兰察布文物》1989年第3期。

⑥ 内蒙古文物考古研究所、清水河县文物管理所：《清水河县后城嘴遗址》，《内蒙古文物考古文集》（第二辑），中国大百科全书出版社，1997年，第151～164页。

## 二、石城址的分期与年代

虽然学术界对内蒙古中南部石城址的年代已有了相当认识，但因为一些石城址仅经过地面踏查，因此对其年代的认识基础尚不坚实，常常有将这些石城址作为同一时期、以“群”的概念认识的现象。另外，虽然许多石城址经过科学发掘，但因发掘面积有限，也为认识一些石城址的年代带来了一定的困难，因此有必要对其进行更为深入的分析。

在南流黄河沿岸的石城址中，以准格尔旗白草塔石城址的建筑年代最早。该石城址内包含三个阶段的文化遗存，作者根据对石围墙内外文化遗存内涵的分析及对石围墙解剖情况的推断，将该石城址归入第一期文化遗存。该石城址经过大面积铲探及发掘，从清理的城内各期房屋的分布来看，主要为第一期文化遗存的房屋，第二期文化遗存的房屋很少，而第三期文化遗存的房屋已分布在石城的外面，因此该石城址的最早占居者应属第一期文化遗存，所以把该石城址的建筑年代归入第一期，是符合实际情况的。第一期文化遗存的陶器群以侈口夹砂罐、喇叭口尖底瓶、小口双耳罐为主要组合，与海生不浪类型①的典型器物相同，故该石城址的建筑年代大体相当于半坡四期文化阶段。

准格尔旗小沙湾石城址的文化堆积较薄，遗存内涵单纯，因此其年代最易判断。该石城址内出土的陶器，以喇叭口圜底瓶、折肩罐、折腹盆、敛口瓮为基本组合，其中喇叭口圜底瓶最具断代意义，这类瓶在年代上要晚于山西夏县东下冯遗址H230②的尖底瓶，又早于庙底沟二期文化③的平底瓶，故其年代大体处在阿善三期晚段④，约当泉护二期文化阶段，该石城址的年代也应与此相同。

清水河县马路塔石城址虽未经正式发掘，但其城内的采集品较为单纯，与准格尔旗小沙湾石城址内的遗存基本相同，故二者的建筑年代大体相当。

准格尔旗寨子塔遗址经过两次科学发掘，根据发掘报告，可知该城石围墙开口于第2层下，而第2层出土的遗存与准格尔旗小沙湾石城址相同，故该石城址的建筑年代应该不晚于准格尔旗小沙湾石城址。

准格尔旗寨子上石城址经过小面积发掘，通过对石围墙的解剖，发现石围墙开口于第2层下，打破第3层。而第2层出土的陶器有敛口瓮、鬲足、花边口绳纹罐等，这些遗物常见于广泛分布在内蒙古中南部以双鋬鬲为代表的龙山文化遗存。故此，该石城的建筑年代可能要晚于前述四座石城址，且不晚于龙山时代中期。

---

① 吉发习：《内蒙古托克托县新石器时代遗址调查》，《考古》1998年第6期。

② 中国社会科学院考古所、中国历史博物馆、山西省文物工作委员会东下冯考古队：《山西夏县东下冯龙山文化遗址》，《考古学报》1983年第1期。

③ 中国科学院考古研究所：《庙底沟与三里桥》，科学出版社，1959年，第35页。

④ 内蒙古社会科学院蒙古史研究所、包头市文物管理所：《内蒙古包头市阿善遗址发掘简报》，《考古》1984年第2期。

在包头地区诸石城址中，仅阿善石城址经过科学发掘。该城址石围墙开口于第2层下，第2层中出土的代表性器物有喇叭口瓶、敛口瓮、斜腹盆等，这些器种与准格尔旗小沙湾石城址中出土的同型器存在许多共性，因此阿善石城址的建筑年代应不晚于准格尔旗小沙湾石城址。

在包头地区发现的威俊、西园、莎木佳、黑麻板等石城址，虽未经正式发掘，但根据上述石城址中发现的石筑地面式房屋及采集遗存，仍可推断其建筑年代大体与阿善石城址属于同一时期。

在岱海地区的石城址中，凉城县老虎山石城址的发掘情况已见诸报道。发掘者将城内文化遗存分为四个阶段，把石城址归入早期文化阶段。早期文化遗存包含有尖底斝、高领罐、斜腹盆等器，这些器物在内蒙古中南部缺少可资对比的材料，与周邻地区的考古学文化相比较，同庙底沟二期文化的陶器存在着较多的一致性，故可将该石城址的建筑年代归入庙底沟二期文化阶段。

凉城县西白玉、板城石城址虽经正式发掘，但简报尚未发表，根据有关论文中介绍的情况①，参照其分期标准，上述两个石城址的建筑年代，大体同于凉城县老虎山石城址。

凉城县大庙坡石城址仅经地面调查，资料未发表，其年代无从查考认定。

根据上述分析，可将内蒙古中南部石城址分为四期。

第一期，以准格尔旗白草塔石城址为代表，相当于半坡四期文化阶段，年代在距今5000年以前。

第二期，包括包头地区的五处及准格尔旗小沙湾、寨子塔、清水河县马路塔等石城址，建筑年代相当于泉护二期文化阶段，根据有关的$^{14}$C数据，推定其年代当在距今4700年以晚。

第三期，以凉城县老虎山石城址为代表，包括凉城县西白玉、板城等两处石城址，相当于庙底沟二期文化阶段，根据老虎山石城址Y3005及Y3041的$^{14}$C测定数据，其年代在距今4500年左右。

第四期，以准格尔旗寨子上石城址为代表，建筑年代相当于龙山时代中期以前，参照准格尔旗二里半遗址H10的$^{14}$C数据②，其年代当在距今4300年以前。

以上四期石城址的划分，说明内蒙古中南部石城址延续的时间当在距今5000年前后至4300年之间。

---

① 田广金：《内蒙古中南部龙山时代文化遗存研究》，《内蒙古中南部原始文化研究文集》，海洋出版社，1991年，第140～160页。

② 魏坚：《准格尔旗寨子塔、二里半考古主要收获》，《内蒙古中南部原始文化研究文集》，海洋出版社，1994年，第161～164页。

## 三、有关石城的几个问题

### （一）石城产生发展的社会背景

石城在内蒙古中南部新石器时代晚期持续发展、广泛分布，充分说明石城并非偶然产生的文化现象，而应该是当时社会形态逐渐向更高阶段发展的必然产物。从仰韶时代始，一直流行的以环壕为防护体系的聚落，发展到新石器时代晚期以石围墙为防御手段的城，其本身就预示着社会的大变革。石城产生的时期，恰处于古史中的传说时代，也是学术界普遍认同的军事民主制产生及其大发展时期，作为社会发展的重要历史阶段，石城在内蒙古中南部的大量发现，就为研究这一时期的社会状况提供了不可多得的实物资料。因此，对与石城相关的一些文化现象做具体深入的分析，就显得尤为重要。另外，石城作为一种社会发展阶段的重要标志，也给与其相关的文化现象赋予了特殊的社会意义。同时，这些经济、政治、自然环境等方面新出现的文化现象，也引导我们从宏观的角度出发，客观勾勒出当时的社会背景。

#### 1. 石城产生及发展时期，社会经济取得了长足进步

内蒙古中南部自仰韶时代以降，一直从事着农业生产，虽然在考古实践中未发现明确的农作植物标本，但在考古发掘中获得的大量松土用的石锄、刈割工具石刀以及加工粮食用的石磨盘、磨棒等，已足可证明在本地区当时的主要经济活动是粟作农业。进入石城产生及发展时期，经过数百年来的发展，农业生产水平已得到迅速提高。一方面，大量石刀的普遍应用是农业生产的一个重要证据；另一方面，这一时期的遗址密度的显著增加，说明当时的农业生产已发展到可满足大量人口增加需要的程度。这种以农业高度发展为经济基础的社会，又必然会使手工业产生分化并发展到新的高度。

首先，在制陶业方面已发生重大变革，先进的竖穴式陶窑的普遍应用，使横穴式陶窑逐渐销声匿迹。这种新型密封饮窑技术，采用还原焰烧造陶器，不仅使陶器的质量得到改善，同时，生产的数量也达到了前所未有的高度。如在凉城县老虎山石城址外清理的数座陶窑，窑室直径在1.5米以上，这是本地区迄今为止发现的史前最大陶窑，当时生产陶器的能力由此可见一斑。

其次，本地区已出现青铜铸造业。如在准格尔旗二里半遗址M1中发现1件铜环，其截面呈圆形，结合部渐细呈尖状，两端互搭在一起[①]。这种形制的铜环在中国北方属首次发现，显然应是本地区的产品，可见当时本地区的居民已具有制做小型铜器的能力。

① 内蒙古文物考古研究所：《准格尔旗二里半遗址第一次发掘简报》，《内蒙古文物考古文集》（第一辑），中国大百科全书出版社，1994年，第246～260页。

### 2. 石城产生及发展时期，当时的社会结构也发生了明显的变化

首先，当时的社会，已产生了阶层的划分。这一结论，可从对诸石城址布局的分析中得到证据。如在包头市莎木佳石城址中，居中的是面积达200余平方米的大房屋；在包头市威俊石城址，较大的5座石筑房屋位于城内居中位置，而其余的小房屋则分散在其周围；在凉城县老虎山、西白玉石城址，均具有大城中套小方城的布局特点，似乎已处在内外城分隔的萌芽状态。这种城内居住建筑等级的悬殊差别，应该是人群划分出不同阶层的一个重要标志。

其次，大量祭祀遗迹的发现，暗示着一个巫师阶层的存在。在包头市威俊、莎木佳、黑麻板石城址中均发现了方形祭坛，在包头市阿善石城址外发现了以圆形祭坛为主的大型祭祀遗迹，而在凉城县板城石城址外也发现有成组的“㗊”形祭坛，可见当时的祭祀活动已具有一定的规模。而主持这些祭祀活动的巫师可能已形成了一个特殊的阶层。这个阶层利用其可通各种神灵的独特能力与特权，已取得了高于一般部族成员的社会地位。

另外，不正常的埋葬方式表明，当时的社会可能存在着经常性的冲突及对立现象。如在准格尔旗官地遗址中清理的H61坑口呈圆形，直壁平底，坑底放置5具人骨，摆放位置零乱，有的骨架甚至相叠在一起[①]。这种情况虽不多见，但其反映出的社会内容却不容忽视。

### 3. 自然环境的变迁，对当时的社会生活产生了巨大影响

已有的资料证明，在石城产生及发展时期，黄河流域的自然环境，特别是气候发生了显著的变化。近年来有关学者在内蒙古中南部所做的大量环境考古的研究结果，也表明本地区当时的年平均气温已出现明显的下降[②]。这种气候方面的变化，无疑会给本地区的自然环境及当时的居民生活带来深刻的影响。一方面，大范围的降温，使当时居民基本摒弃了防寒性能较差的草木结构的半地穴式房屋，代之营作具有冬暖夏凉优点的窑洞式或地面式石筑房屋。另一方面，这种气候乃至自然环境的变化也可能引起人类的迁移。石城产生及发展时期大量增加的细石器，可能预示着狩猎与畜牧经济的逐步发展。

总之，石城产生及发展时期，当时的社会背景较为复杂。这一时期，农业高度发展、制陶技术改进，冶铜技术悄然兴起，已形成一个更为完备的经济结构。与社会经济的发展相适应，上层建筑领域中出现了阶层的划分，而宗教领域的巫师阶层更是脱颖而出，凌驾于部落成员之上。虽然目前我们还无法得知当时社会的阶层分化到何等地步，也难以了解

---

① 内蒙古文物考古研究所：《准格尔旗官地遗址》，《内蒙古文物考古文集》（第二辑），中国大百科全书出版社，1997年，第85～119页。

② 田广金、史培军：《内蒙古中南部原始文化的环境考古研究》，《内蒙古中南部原始文化研究文集》，海洋出版社，1991年，第119～132页。

以巫师阶层为中心的社会是怎样的一种组织形态，但是，可以确切地说，一种新的社会结构已经产生了。

新的经济及社会结构，一方面明显地刺激了当时社会生产力的发展，促使商业贸易的萌起；另一方面，使生产出来的财富更为集中，从而使大量财富逐渐集中在某些“权贵”手中，使社会财富的分配向私有化迈进，贫富分化已成为当时社会发展的必然趋势。同时，人们社会地位的不平等，也随着私有化的进程而日渐明显，这就为激烈的冲突埋下了种子。更为严重的是，当时自然环境的恶化，促使部族间为争夺生存空间及财富而相互频繁侵扰，更引发了社会各种矛盾的激化。因此，战争频仍，冲突四起，已成为当时社会生活中的主要内容，而纷纷建立石城堡以自保，就成为当时社会的一种必然了。

自然环境的变迁，也促成了石城在距今 3500年左右之后在内蒙古中南部消失。已有的资料表明，朱开沟文化时期，内蒙古中南部的气候已向干冷发展，传统的农业经济在本地区开始退化，而新兴的畜牧业则日渐发达。在考古学文化上最具代表性的反映，是鄂尔多斯青铜器的产生和发展。城是定居农业文化发展到一定阶段的产物，而流动性较强的畜牧业或半农半牧的经济形态，只能使以定居农业为基础的石城文化现象逐渐走向衰落。因此，内蒙古中南部石城最终消亡的根本原因，是由于气候原因造成的农业经济向畜牧业经济的转化。

（二）关于石城址的性质

目前在内蒙古中南部发现的新石器时代晚期的石城址，虽然已内含诸多初期城市的特征，如较为发达的宗教设施、青铜铸造业的出现，以及一些阶层划分的因素，但究其性质，仍然像许多学者所估计的那样，属军事城堡的范畴。这是因为：第一，目前的考古实践中，尚未发现当时已存在一定规模商品交换的信息及物证；第二，诸石城址的规模大都很小，城内居住人口极为有限，以岱海地区面积最大的凉城县老虎山石城址为例，即便以最大限度计，城内人口最多不会突破1000人，这与一般意义城市的人口总量存在着很大的差距。因此，将内蒙古中南部的石城址归入军事城堡的性质，是合乎当时的社会实际的。

虽然这些石城址在性质方面没有太大的差别，但从规模、结构等方面分析，诸石城在当时社会中的地位及作用是不同的。在包头地区，以阿善石城址规模最大，城外有大型宗教祭祀中心，该城应是包头地区的中心城址。在岱海地区，诸石城址中以老虎山石城址的面积最大，其防御措施也较为完备，可作为该地区的中心城址看待。在南流黄河沿岸地区，以准格尔旗寨子塔石城址的地位最为突出，可视为当时较为重要的城堡。

（本文与曹建恩合著，原载《文物》1999年第2期）

# A PRELIMINARY STUDY ON NEOLITHIC STONE FORTIFICATIONS IN CENTRAL AND SOUTHERN INNER MONGOLIA

Wei Jian　Cao Jian'en

**Abstract:** In the later stage of the evolution of primitive settlements, the town usually marks the birth of civilization. Since the 1970s, more than a dozen early town sites have been found south of the Yinshan mountains, in a hilly area centered on Baotou, Lake Dai and the southward-flowing section of the Yellow River. This paper summarizes the characteristics of these sites, builds a stratigraphic relationship between the sites based on unearthed pottery, and divides their evolution in four stages, between 5000 and 4300 years ago. The emergence of these cities was accompanied by remarkable economic progress and drastic changes in social structure, as well as the intensification of tribal conflicts, which called for stone structures for defensive purposes. However, the increasingly cold climate brought about the decline of agriculture, and the emergence of animal husbandry heralded the eventual demise of these stone built cities.

**Keywords:** Central and Southern Inner Mongolia; Late Neolithic Period; Stone City Sites; Periodization

# 试论老虎山文化*

摘　要：老虎山文化是在环岱海地区龙山早中期阶段发展起来的一支新的考古学文化，其与庙子沟文化的庙子沟类型之间存在一定的渊源关系，在发展过程中也间接受到阿善文化寨子塔类型晚期的影响。老虎山文化可以分为三期，第一期年代在距今4600年左右，第二期年代约在距今4500～4400年之间，第三期年代约在距今4300年前。它与永兴店文化为两个不同谱系的考古学文化，与陕北、晋中和冀北地区的考古学文化遗存之间也存在较大的差异。

关键词：老虎山文化　环岱海地区　庙子沟文化　阿善文化　永兴店文化

## 一、引言

内蒙古中南部龙山时代遗存自20世纪50年代便已有发现，但限于当时的零星调查和研究条件，对此类遗存并没有提出明确的概念，仅被笼统的归入细石器文化或新石器时代晚期文化[①]。20世纪60年代初，内蒙古文物工作者开始对内蒙古中南部考古学文化遗存进行系统的调查，在对中原地区仰韶、龙山文化认识的基础上，该地区龙山时代遗存开始被称作“龙山文化”遗存[②]。20世纪70年代至90年代，随着内蒙古中南部地区系统调查的深入开展和科学考古发掘的持续进行，一大批龙山时代的遗存被发现和发掘，这些新发现标志着内蒙古中南部龙山时代考古工作进入了一个崭新阶段。与此同时，相关学者认识到，本地区龙山时代的文化遗存有着自己突出的地域特征，统称“龙山文化”已难以涵盖当时的

---

* 本文得到国家社科基金重点项目“中国北方游牧与农耕民族交融的考古学研究”（项目批准号：14AKG002）资助。

① 内蒙古文物工作组：《几年来的内蒙古文物工作》，《文物参考资料》1957年第4期；内蒙古自治区文物工作队：《1957年以来内蒙古自治区古代文化遗址及墓葬的发现情况简报》，《文物》1961年第9期。

② 洲傑：《内蒙古中南部考古调查》，《考古》1962年第2期；内蒙古历史研究所：《内蒙古中南部黄河沿岸新石器时代遗址调查》，《考古》1965年第10期。

最新考古发现与研究，因此本阶段考古学遗存的命名问题便提上了日程[①]。此后，随着新材料的不断累积，对于内蒙古中南部龙山时代遗存的内涵研究及文化命名渐趋明朗，但仍然存在着进一步辨析的必要。

老虎山文化是在内蒙古中南部原始文化不断被发现和研究的背景下提出的，它以20世纪80年代岱海地区老虎山等遗址的发现为依据，在90年代初由田广金提出了文化命名[②]，这一类遗存是内蒙古中南部龙山时代文化的重要组成部分。老虎山文化的分布范围和内涵从20世纪80年代起便被不断的分析与解读，通过对已有学者研究的梳理，我们可以概括总结为以下三种主要观点：

一是“老虎山文化”包括整个内蒙古中南部、晋中北、陕北和冀西北大部在内的广大地区的龙山遗存。这种观点早期以严文明[③]、杨杰[④]等为代表，当时认为“晋陕冀北部及内蒙古中南部地区的龙山时代考古学文化同属一个系统”，但并未提出文化命名的问题。其后，韩建业在继承这一观点的基础上，进一步提出了用“老虎山文化”来命名这些地区龙山时代遗存的意见[⑤]。二是“老虎山文化”存在于内蒙古中南部这一考古学文化区域之内，内蒙古中南部龙山时代的诸多遗存都可以归入老虎山文化的范围。但在涉及老虎山文化所包含的具体区域遗存时，田广金认为主要包括岱海遗址群、鄂尔多斯东部及黄河两侧、包头地区和鄂尔多斯西南部等三个地区的同时期遗址[⑥]，而孙周勇则认为老虎山文化应包含岱海地区的老虎山遗址等同类遗存与南流黄河两岸地区的永兴店和白草塔遗存[⑦]。三是“老虎山文化”仅限于岱海周边遗址群，与鄂尔多斯及阴山以南的同时期遗存不属同

---

① 吉发习、马耀圻：《内蒙古准格尔旗大口遗址的调查与试掘》，《考古》1979年第4期；崔璇、斯琴：《白泥窑子考古新收获》，《内蒙古社会科学》1984年第1期；田广金：《凉城县老虎山遗址1982—1983年发掘简报》，《内蒙古文物考古》总4期，1986年；崔璿、斯琴：《内蒙古清水河白泥窑子C、J点发掘简报》，《考古》1988年第2期；崔璿：《内蒙古清水河白泥窑子L点发掘简报》，《考古》1988年第2期；内蒙古考古研究所：《内蒙古朱开沟遗址》，《考古学报》1988年第3期；内蒙古文物考古研究所、伊克昭盟文物工作站：《内蒙古准格尔煤田黑岱沟矿区文物普查述要》，《考古》1990年第1期；西园遗址发掘组：《内蒙古包头市西园新石器时代遗址发掘简报》，《考古》1990年第4期；内蒙古文物考古研究所：《准格尔旗二里半遗址第一次发掘简报》，《内蒙古文物考古文集》（第一辑），中国大百科全书出版社，1994年，第246～260页；内蒙古文物考古研究所：《准格尔旗白草塔遗址》，《内蒙古文物考古文集》（第一辑），中国大百科全书出版社，1994年，第183～204页；内蒙古文物考古研究所：《准格尔旗永兴店遗址》，《内蒙古文物考古文集》（第一辑），中国大百科全书出版社，1994年，第235～245页。

② 田广金：《内蒙古中南部龙山时代文化遗存研究》，《内蒙古中南部原始文化研究文集》，海洋出版社，1991年，第140～160页。

③ 严文明：《内蒙古中南部原始文化的有关问题》，《内蒙古中南部原始文化研究文集》，海洋出版社，1991年，第3～12页。

④ 杨杰：《晋陕冀北部及内蒙古中南部龙山时代考古学文化初探》，《内蒙古中南部原始文化研究文集》，海洋出版社，1991年，第176页。

⑤ 韩建业：《中国北方地区新石器时代文化研究》，科学出版社，2003年，第127页；韩建业：《老虎山文化的扩张与对外影响》，《中原文物》2007年第1期。

⑥ 田广金：《内蒙古中南部龙山时代文化遗存研究》，《内蒙古中南部原始文化研究文集》，海洋出版社，1991年，第140～160页；田广金：《内蒙古长城地带不同系统考古学文化的分布区域及相互影响》，《北方考古论文集》，科学出版社，2004年，第111～125页。

⑦ 孙周勇：《河套地区龙山时代考古学文化初步研究》，西北大学硕士学位论文，2002年，第26页。

一文化系统。此观点由魏坚、崔璇提出[①]，近年在有关老虎山文化的最新研究中，吉林大学的刘蓓蓓以陶器为视角的文化分期与性质探讨进一步支持和论证了这一观点[②]。

上述对老虎山文化覆盖范围的三种不同观点，主要是研究者对考古学文化命名的理解不同，以及对遗址典型陶器的研究分析存在差别所致。本文所指的“老虎山文化”即是指存在于岱海周边区域，以老虎山和园子沟诸遗址为代表的遗存。本文拟就目前在岱海地区发现的此类龙山早中期遗存的遗迹和典型陶器为切入点，以厘清该类遗存的整体文化面貌，进而探讨其年代分期、渊源流向，以及与周边文化的关系。

在讨论老虎山文化的面貌与分期前，我们先简要回顾一下老虎山文化各遗址的发掘情况：

1980年春，田广金在岱海周边发现老虎山遗址[③]，并带队于1982年、1983年[④]、1985年和1986年[⑤]对该遗址进行了多次发掘。期间，田广金还根据当地村民提供的线索，又在岱海地区调查了西白玉和面坡遗址，从调查所得材料来看，这两处遗址的文化面貌与老虎山遗址面貌基本相似，应属同一文化遗存，随后在1986～1987年对这两处遗址进行了试掘和清理[⑥]。

1986年在内蒙古文物考古研究所等单位的支持下，乌盟文物站凉城普查队对岱海周围进行了重点考古调查，期间发现了与老虎山遗址文化面貌相似的狐子山、板城、园子沟和大庙坡遗址，并采集到部分石器和陶器，除狐子山遗址外，在其他三处遗址中均发现房址，并对大庙坡遗址两处房址进行了清理[⑦]。此外，在园子沟遗址左近，还调查发现了合同窑、圪臭沟等遗址[⑧]。同年，在内蒙古文物考古研究所郭素新的主持下，开始对园子沟遗址进行较大规模的发掘[⑨]。1987年又在大庙坡遗址清理房址一座，1987年和1997年又对板城遗址进行了两次清理、勘探和试掘[⑩]。

---

① 魏坚、崔璇：《内蒙古中南部原始文化的发现与研究》，《内蒙古文物考古文集》（第一辑），中国大百科全书出版社，1994年，第125～143页。

② 刘蓓蓓：《老虎山文化研究——以陶器为视角的文化分期与性质探讨》，吉林大学硕士学位论文，2016年，第35页。

③ 内蒙古文物考古研究所:《概述》,《岱海考古(一)——老虎山文化遗址发掘报告集》,科学出版社,2000年,第7页。

④ 田广金：《凉城县老虎山遗址1982—1983年发掘简报》，《内蒙古文物考古》总4期，1986年。

⑤ 内蒙古文物考古研究所：《老虎山遗址》，《岱海考古（一）——老虎山文化遗址发掘报告集》，科学出版社，2000年，第199～392页。

⑥ 内蒙古文物考古研究所：《西白玉遗址》，《岱海考古（一）——老虎山文化遗址发掘报告集》，科学出版社，2000年，第393～458页； 内蒙古文物考古研究所：《面坡遗址》，《岱海考古（一）——老虎山文化遗址发掘报告集》，科学出版社，2000年，第459～495页。

⑦ 乌盟文物站凉城文物普查队：《内蒙古凉城县岱海周围古遗址调查》，《考古》1989年第2期。

⑧ 田广金：《内蒙古中南部龙山时代文化遗存研究》，《内蒙古中南部原始文化研究文集》，海洋出版社，1991年，第140～160页。

⑨ 内蒙古文物考古研究所：《园子沟遗址》，《岱海考古（一）——老虎山文化遗址发掘报告集》，科学出版社，2000年，第10～198页。

⑩ 内蒙古文物考古研究所、日本京都中国考古学研究会：《板城遗址勘查与发掘报告》，《岱海考古（二）——中日岱海地区考察研究报告集》，科学出版社，2001年，第206～277页。

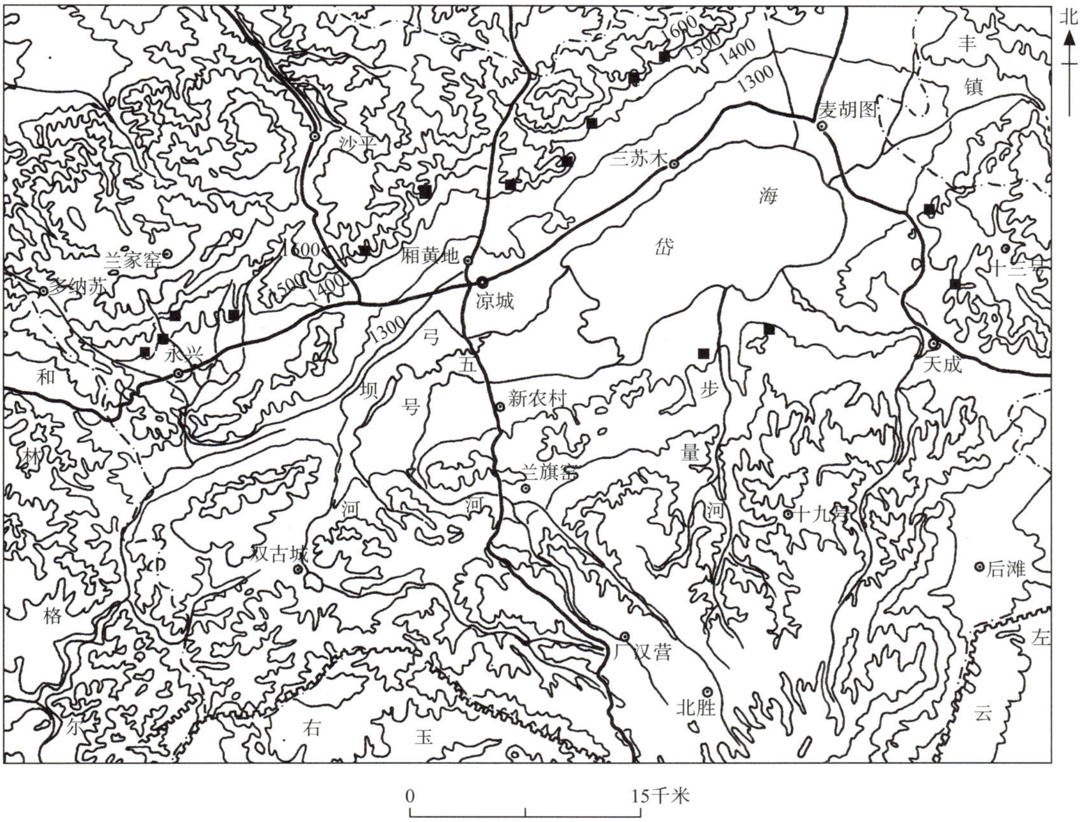


图1　老虎山文化部分遗址分布示意图

（采自韩建业《中国西北地区先秦时期的自然环境与文化发展》，稍有修改）

到21世纪初，在岱海地区发现的老虎山文化遗址达到了20余处。2002年和2004年，由内蒙古文物考古研究所、吉林大学考古学系、凉城县文化局和美国匹兹堡大学人类学系等单位共同组成的岱海中美联合考古队，分别在永兴盆地和岱海盆地进行了小规模的区域性考古调查，发现的老虎山文化遗址达到45处[①]（图1）。

## 二、老虎山文化的文化面貌与分期

老虎山文化目前经过正式发掘的遗址包括：老虎山、园子沟、西白玉、面坡、大庙坡和板城等，其他经过调查和初步判断属于老虎山文化的遗存有窑子坡、杏树贝、白坡

① 岱海中美联合考古队：《2002年、2004年度岱海地区区域性考古调查的初步报告》，《内蒙古文物考古》总33期，2005年。

山、武家坡、黄土坡、砚王沟、界碑沟、狐子山、石虎山、合同窑、圪臭沟等[①]。我们可以通过梳理老虎山文化相关遗存的面貌和对遗存的分期，进一步了解老虎山文化的性质与内涵。

### （一）文化面貌

#### 1. 聚落与房址

通过对考古发掘与调查资料的梳理，我们可知，老虎山文化的遗址分布均集中在岱海以北、以西的蛮汗山背风向阳的山前坡地。就目前的发现而言，老虎山文化各遗址均有延续时间不长但相对稳定的聚落。遗址一般两侧临沟，海拔在1300米以上，最高的遗址能到海拔1600米左右。遗址所在山坡地表由于长期水土流失，遗址表面遭受到一定程度的侵蚀和破坏，尤其以山脊和冲沟处最为严重。

在老虎山、西白玉、板城等聚落遗址的外围，都有石墙围绕。石墙主要沿聚落外围的山脊修建，整体外弧，两道石墙在山顶汇合，石墙的墙基用土筑，其上砌石。石墙一般外侧较平齐，内侧不甚规整。墙体用较平整的自然石块垒砌而成，石缝间垫有碎石块或黄土。由于围墙多沿山脊建造，石墙上石块很容易向山脊外滚落，所以大部地段破坏严重，有些地段已经残失。老虎山遗址的山顶平台上有小方石圈，类似小石城，其内部有石筑房基。板城遗址发现有五个方形石坛，沿东西向山脊方向呈“一”字形排开，五座石坛形制结构基本相同，每个石坛表面主体部分都用石块摆成四个大小相同的方形小室，小室所围成的中心部位有红烧土面。

聚落内大部分保存较好的房址为窑洞式房址，由主室、外间或院落组成，发现有几座房址共用前面同一活动面的情况。大部分能确定平面形状的主室多为“凸”字形，少数为圆角方形和方形，房址墙壁多挖在生土内，除少数房址地面仅垫土或抹草拌泥外，多在草拌泥之上用白灰敷抹地面和墙裙，保存较好房址的墙壁大多向上逐渐内弧至塌落面，少部分房址墙壁竖直，个别房址有柱洞。主室地面皆有火塘，平面圆形或圆角方形，每室各一，一般居中，少数周围有5～10厘米宽的精美黑彩圈，有的火膛不甚规整且垒有石块，主室内几乎无陶器，整洁干净，外间多有一个或数个壁灶，多摆放陶器，门道多向东或东南，少数向南。

#### 2. 灰坑、墓葬与陶窑

老虎山文化遗存内发掘清理的灰坑较少，平面呈圆形、椭圆形、长方形和不规则形。剖面直筒平底状、平底袋状、直筒锅底状、斜直壁井状和斜壁平底状皆有，坑内出土少量

---

① 韩建业：《中国西北地区先秦时期的自然环境与文化发展》，文物出版社，2008年，第180页；田广金：《内蒙古中南部龙山时代文化遗存研究》，《内蒙古中南部原始文化研究文集》，海洋出版社，1991年，第140～160页。

陶器、陶片、石器或兽骨。

老虎山文化遗存墓葬发现数量也较少，多为简陋的竖穴土坑墓，单人葬居多，少数多人合葬，墓主多仰身直肢，肢骨残缺，无随葬品。

老虎山文化遗存中还发现了部分窑址。园子沟遗址的窑址均在居住址内，老虎山的窑址大多在石墙之外，居住址内很少。尽管每个窑址的组成部分不尽相同，但总体上来看主要包括火门、窑膛、火道、窑箅、火眼、工作间、工作面以及附属灰坑。火门方向不定，主体窑室有馒头型、圆角方形和梯形，有的没有明显的火膛，地面多为坚硬平整的烧结面，窑壁多直接挖于生土内。各窑火道条数不一，但平面多为长条形，某些窑址的火道呈“非”字形，窑箅多近圆形或椭圆形，其上多有火孔，工作间多为运送、码放陶坯、装窑以及烧火的场所，窑址堆积内多发现陶器残片。

#### 3. 生产工具

老虎山文化遗存生产工具多为石器和骨器，石器多为磨制或琢磨兼制，个别还有打制或仅为琢制，石器主要器形有斧、刀、凿、铲、球、锛、环、磨盘、磨棒、抹子、矛形器、刀形器和网坠等。骨器多打磨而成，主要有锥、针、凿、匕形器等，此外在老虎山遗址还发现有占卜用的猪肩胛骨，其上灼有圆孔。此外，还有少许磨制的鹿角以及牙饰。

#### 4. 生活用具

老虎山文化遗存中的生活用具多为陶器，主要分为夹砂陶和泥质陶，还有少量夹有蚌壳或者云母，总体以夹砂陶居多，陶色以灰色和褐色为主，还有少量灰或黑皮褐胎，器表有纹饰者多于素面或压光者。纹饰以篮纹最多，其他还有绳纹、压印纹、花边、附加堆纹、刻划纹、镂孔、方格纹、旋纹、指甲纹等，篮纹和绳纹作为主体纹饰一般器物上只有一种，其他纹饰作为装饰性纹饰组合使用。陶器以平底器为主，还有部分圈足器和三足器，主要使用泥条盘筑法，个别小件容器或工具属于手工捏制，斝、盉和甗足多为模制。主要陶器器形为素面夹砂罐、直壁缸、釜形斝、绳纹罐、篮纹罐、高领罐、钵、斜腹盆、大口瓮、豆等，此外还发现有陶铃以及鸟首、人面等小陶塑。

### （二）分期与年代

#### 1. 分期

在老虎山文化诸多遗址中，老虎山遗址和园子沟遗址最具有典型性。两处遗址均经过较大面积的正式发掘，发掘的诸多房址层位关系清楚，并包含有较多完整陶器，这为分期研究提供了充分条件，因此对于老虎山文化的分期，主要以上述两处遗址的出土物展开讨论。

有关老虎山遗址的分期，《老虎山遗址》发掘报告中根据地层关系和遗址内典型器物的共存关系，将遗址分为早、晚两期①；李伊萍和赵李博则从老虎山遗址层位关系与陶器组合的类型演变分析入手，将老虎山遗址分为两期三段②；刘蓓蓓则在赞同此结论的基础上，结合文中未做分析的器物和单位，做了补充③。综合这几种分期结果来看，都是将老虎山遗址分为以各区④层及④层下F6为代表的第1段、以各区③层及③层下F17为代表的第2段和以各区②层及②层下F2为代表的第3段，其中第1段为早期，第2、3段为晚期。我们通过对地层关系、房址的形制变化以及典型器物的演变分析后，基本赞成以上对老虎山遗址的分段与分期结果。

据以上分期，老虎山遗址早期房址平面为圆角长方形，墙壁垂直向上，火膛不甚规整，一般上覆石块。灰坑平面呈圆形、椭圆形或不规则形，有直筒平底状，斜壁袋状、袋状。并未见窑址。陶器以夹砂灰陶为主，篮纹最多，素面和压光陶器次之，绳纹最少。主要陶器组合为素面夹砂罐、直壁缸、绳纹罐、篮纹罐、高领罐、曲腹钵和斜腹盆，还有大口瓮、大口尊、豆等，三足器仅发现残片。

老虎山遗址晚期两段房址平面多为“凸”字形，少数为圆角方形或圆角梯形，前部短小，墙壁向上逐渐内弧。灰坑与早期相比差别不大。发现窑址，火膛规矩整洁。陶器的陶质、陶色和纹饰与前期相比变化不大，陶器除了早期所见之外，多见釜形斝、双耳罐和单耳罐等。

有关园子沟遗址的分期，《园子沟遗址》发掘报告依据出土陶器的型式将地层和遗迹单位分组，进而根据遗迹间的叠压打破关系将遗址分为以Ⅲ区③层下F3042为代表的第1段，以Ⅲ区③层及③层下F3026、Ⅱ区②层下F2020为代表的第2段和以Ⅲ区②层及Ⅱ区②层多数房址为代表的第3段，并将第1、2段合并为早期，第3段为晚期④。刘蓓蓓根据地层关系和陶器的型式分析也将园子沟遗址分为三段，与发掘报告的分段在第1、2段内包含的个别遗迹单位有所区别，并通过与老虎山遗址两期三段的对比，将园子沟分为以第1段为代表的早期和以第2、3段为代表的晚期⑤。

通过对地层关系和典型陶器的演变分析后，我们认为：第1段的高领罐F3042：10和F3042：11整体形态与第2段的F3026：8十分接近；第1段的素面夹砂罐F3044：4与第2段F3029：2同为卷沿、圆腹、带对称拱形耳，形态相似；第1段的釜形斝F3042：8尖圆唇、

---

① 内蒙古文物考古研究所：《老虎山遗址》，《岱海考古（一）——老虎山文化遗址发掘报告集》，科学出版社，2000年，第199～392页。

② 李伊萍、赵李博：《老虎山遗址陶器分期》，《边疆考古研究》（第14辑），科学出版社，2013年。

③ 刘蓓蓓：《老虎山文化研究——以陶器为视角的文化分期与性质探讨》，吉林大学硕士学位论文，2016年，第6～7页。

④ 内蒙古文物考古研究所：《园子沟遗址》，《岱海考古（一）——老虎山文化遗址发掘报告集》，科学出版社，2000年，第178页。

⑤ 刘蓓蓓：《老虎山文化研究——以陶器为视角的文化分期与性质探讨》，吉林大学硕士学位论文，2016年，第13页。

翻缘、足尖内撇，足腹交界处接痕明显的特点与第2段F3029：8极为相似，因此，我们认为园子沟遗址第1段与第2段之间的联系更为密切，实应同属一期。

值得注意的是，目前园子沟遗址分期多依赖于陶器器形的演变，实际上早晚期房址的形制也存在着一定的演变关系。园子沟遗址以F2025和F3038为代表的圆角长方形房址，从地层关系来看均叠压于早期地层之下，但出土陶器极少，从仅可辨认出的器形来看也较为接近老虎山遗址早期。我们可以推测，园子沟遗址可能存在早于第1段遗存而与老虎山遗址第1段遗存年代接近的遗迹单位，但此类遗迹单位极少，文化特征不甚清楚，我们暂且不把这一类遗存放进园子沟遗址的分期内。如此，园子沟遗址可分为以第1、2段为代表的早期和以第3段为代表的晚期。

园子沟遗址早期房址主室平面形制多为“凸”字形，个别为圆角方形，地面抹草拌泥后又抹白灰，火膛圆形，有的饰有黑彩圈。灰坑较少，平面呈圆形，直壁平底。陶器以夹砂灰陶为主，带篮纹的陶器数量最多，素面和压光次之，绳纹较少，器形以素面夹砂罐、釜形斝、绳纹罐、高领罐、篮纹罐、曲腹钵、大口尊和矮领瓮为主。

园子沟遗址晚期房址平面均为“凸”字形，其他部分与早期相比差别不大，灰坑增多，形状多样，窑址也多属于此时，陶器中褐色陶和素面压光的陶器增多，篮纹陶器减少，陶器主要器形与早期相同，还新出现斜腹盆、双耳罐和单耳罐等。

我们将老虎山遗址的分期与园子沟遗址的分期进行对比可以发现，老虎山遗址早期房址平面均为圆角方形或圆角长方形，不见“凸”字形，灶内多铺石板，出土陶器多为平底器，三足器仅发现残片。园子沟遗址早期与老虎山遗址晚期绝大多数房址平面为“凸”字形，多发现陶窑，且出现了釜形斝，足腹交界处接缝明显，此外，从类型学角度看，园子沟早期与老虎山晚期的罐类最大直径更靠近肩部的特征相近，因此，园子沟早期与老虎山晚期年代应当相同。园子沟遗址晚期的釜形斝（F2020：5和F2020：6）器身与三足近乎合为一体，裆部三足之间距离趋近，特征明显晚于早期的釜形斝，且老虎山遗址晚期不见此类器物。因此，我们可以依据老虎山遗址和园子沟遗址的分期，建立起老虎山文化的分期，即老虎山文化可分为顺序发展的三期，第一期包括老虎山遗址早期，第二期包括老虎山遗址晚期和园子沟遗址早期，第三期包括园子沟遗址晚期。

依据老虎山文化遗存的分期标准，结合已发掘的西白玉、大庙坡、面坡和板城遗址的遗存面貌，我们可以将岱海周围地区的老虎山文化进行统一的分期：老虎山文化第一期包括老虎山遗址早期；老虎山文化第二期包括老虎山遗址晚期、园子沟遗址早期、西白玉以④层为代表的早期、大庙坡86F1和86F2为代表的遗存、面坡F6为代表的早期和板城③层为代表的早期；老虎山文化第三期包括园子沟遗址晚期、西白玉以②、③层和F18为代表的晚期、大庙坡87F1、面坡F10为代表的晚期和板城F7为代表的晚期遗存（表1）。

老虎山文化三期主要陶器的变化如下。

表1 老虎山文化主要遗存分期表

| 遗址＼分期 | 第一期 | 第二期 | 第三期 |
|---|---|---|---|
| 老虎山遗址 | 早期 | 晚期 | |
| 园子沟遗址 | | 早期 | 晚期 |
| 西白玉遗址 | | ④层为代表的早期 | ②③层和F18为代表的晚期 |
| 大庙坡遗址 | | 86F1和86F2为代表的遗存 | 87F1为代表的遗存 |
| 面坡遗址 | | F6为代表的早期 | F10为代表的遗存 |
| 板城遗址 | | ③层遗存为代表的早期 | F7为代表的晚期 |

素面夹砂罐：第一期圆唇，折沿，口略大，弧腹，双桥状耳贴压器表（图2-1）；第二期圆唇，折沿，口部变小，圆腹，双桥状耳贴压器表（图2-4）；第三期期圆唇，折沿，口部略小，鼓腹瘦长，双桥状耳（图2-8）。

直壁缸：第一期平方唇，直口微敛，平底略凹，中腹贴横鸡冠耳，口沿外贴加三周指压附加堆纹，外壁先拍印宽篮纹，再贴交错成菱形的指压附加堆纹（图2-2）；第二期方唇，直口微侈，腹略弧，平底，口部附加泥条略偏下，器身纹饰与第一期相似（图2-5）；第三期方唇，腹微鼓，口部附加泥条偏下，器身纹饰与前期相似（图2-9）。

釜形斝：第一期未见完整器；第二期尖唇，侈口，上部为釜形，单拱形耳，足腹接茬处明显略凹，足尖略内收（图2-6）；第三期方唇，侈口，上部为罐形，单拱形耳，袋足与腹部近乎一体，足尖内收（图2-10）。

绳纹罐：第一期尖唇，唇外浅压花边，略折沿，圆肩，弧鼓腹，平底略凹（图2-3）；第二期圆唇，唇外绳压花边，折沿，鼓肩，下腹斜收，小平底（图2-7）；第三期小方唇，唇外绳压花边，折沿外卷，折肩，斜直腹，平底（图2-11）。

篮纹罐：第一期尖圆唇，直口微侈，中腹较鼓，下腹弧收，小平底（图3-1）；第二期方唇，直口，鼓肩，腹部斜收，小平底（图3-5）；第三期尖圆唇，直口，折肩，弧腹斜收，平底（图3-9）。

高领罐：第一期没有发现完整器，仅发现领部残片，圆唇，唇外有贴边，领部侈口较甚（图3-2）；第二期尖圆唇，唇外有贴边，领部侈口，鼓肩，深腹，下腹斜收，小平底（图3-6）；第三期圆唇，领部略侈口，肩部微折，浅腹内收，平底（图3-10）。

曲腹钵：第一期圆唇，口略敛，折腹，平底（图3-3）；第二期尖圆唇，敛口，折腹略浅，平底（图3-7）；第三期尖唇，敛口较甚，浅折腹，平底（图3-11）。

斜腹盆：第一期斜方唇，唇外贴边，斜直腹，平底略凹（图3-4）；第二期圆唇，唇外贴边，斜直腹略浅（图3-8）；第三期尖圆唇，唇外贴边，浅斜直腹，平底（图3-12）。

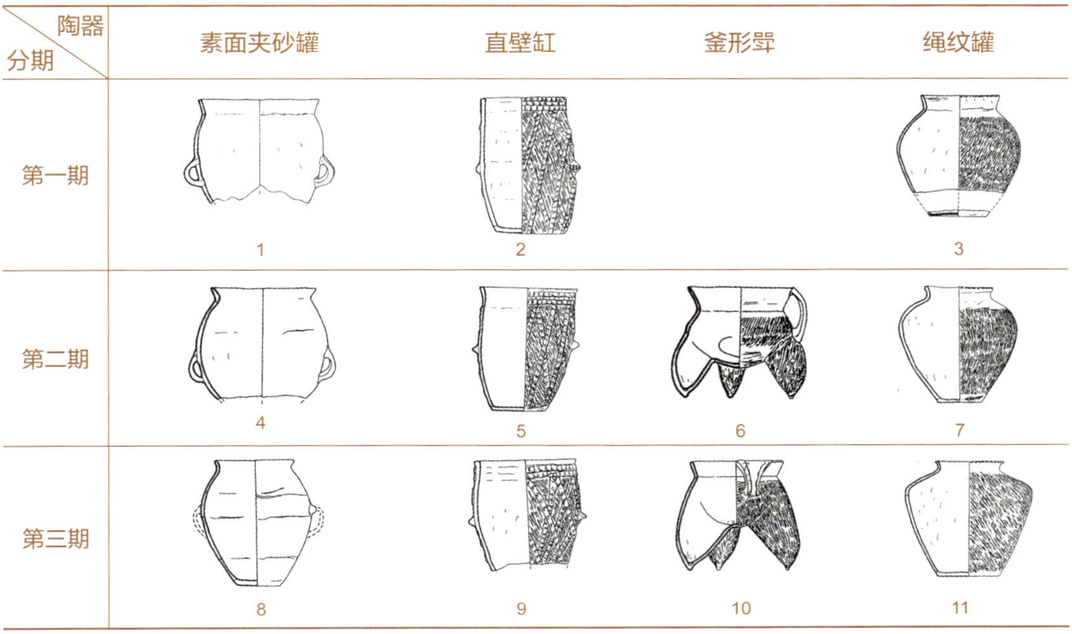


图2　老虎山文化主要陶器分期图（一）

1. 老虎山F6：3；2. 老虎山T103④：1；3. 老虎山T621④：14；4. 园子沟F3044：4；5. 老虎山F7：1；6. 园子沟F2023：5；7. 园子沟F3026：9；8. 西白玉F2：6；9. 西白玉T3③：3；10. 园子沟F2020：6；11. 老虎山F52：1

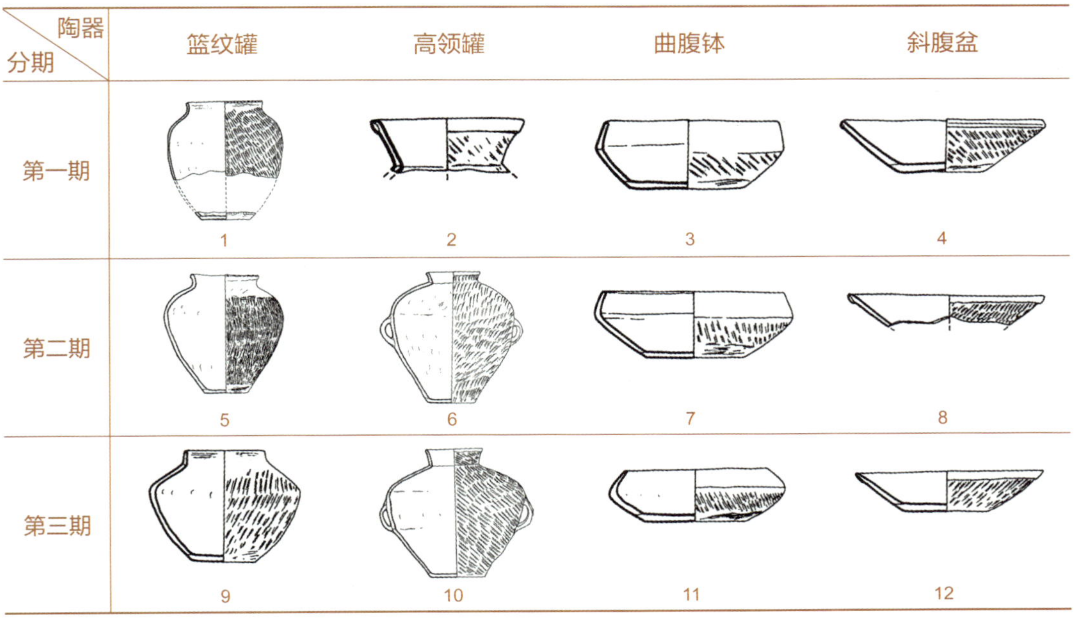


图3　老虎山文化主要陶器分期图（二）

1. 老虎山T531④：9；2. 老虎山T511④：13；3. 老虎山T510④：23；4. 老虎山T209④：1；5. 老虎山F17：3；6. 园子沟F3042：10；7. 园子沟F2023：6；8. 老虎山T102③：2；9. 园子沟F2016：3；10. 西白玉F19：10；11. 园子沟F3022：15；12. 园子沟F2007：5

由上述分期讨论可知，老虎山文化遗存多分布在岱海周边的山坡之上，且较为集中，遗址两侧往往有自然形成的深沟作为屏障，部分遗址的聚落有作为防御设施的石墙环绕，聚落内房址前的院落多共用同一活动面，这表明聚落内部之间的联系更加紧密，或可以证明此时已经出现独立的家族或家庭。迄今为止发现的最早的窑洞式建筑是甘肃的宁县阳坬遗址，属仰韶时代晚期阶段①，到龙山时代，此类房址在北方地区逐渐流行。环境考古学的研究显示，仰韶时代晚期之后，内蒙古中南部地区的气候逐渐向干冷方向发展②。老虎山文化聚落内的房址以窑洞式为主，这种窑洞式的建筑可以提高房屋的御寒能力以适应当时环境的变化。此外，老虎山文化遗址中还发现了数量较多的窑址，表明此时手工业已经出现并发展到一定阶段，专门的制陶业已经产生。

老虎山文化的生活用具以陶器为主，以夹砂陶为主，主要陶器组合为素面夹砂罐、直壁缸、釜形斝、绳纹罐、高领罐、篮纹罐、曲腹钵和斜腹盆，生产工具以斧、刀、凿、铲、锛、镞、磨盘、磨棒等为主。结合主要生活用具和生产工具来看，此时应该以农业生产为主，而石镞和矛形器的存在则表明此时可能仍然存在一定的狩猎活动。遗址中还发现有用猪肩胛骨烧灼的卜骨，这应当是人们原始宗教观念的一种体现。

## 2. 年代

老虎山文化发掘的遗址中目前公布的共有6个$^{14}$C测年数据，其中园子沟有5件木炭标本，经北京大学年代测定实验室以$^{14}$C常规测年方法测定，F3042、F3043和F3045的三个$^{14}$C年代（半衰期为5730）经校正后均在公元前2900年之前，已经超出龙山时代的范围，可以不予考虑。另外属于园子沟早期的F3041和晚期的Y3005测年数据经校正后，年代分别落在公元前2886～前2561和公元前2943～前2480之间③。如此，则园子沟遗址早期的年代约在距今4500～4400年；老虎山遗址晚期Y3采集的木炭标本经$^{14}$C测定的年代为3870±70年，经1986年高精度树轮校正表校正，为公元前2301～前2044年，即距今4300年左右④。根据老虎山文化三期遗存早晚关系，参考已有的$^{14}$C测年校正数据，我们认为老虎山文化第一期的年代应早于距今4500年，或可早到距今4600年左右；第二期的年代在距今4500～4400之间；第三期的年代应不晚于距今4300年。

① 庆阳地区博物馆：《甘肃省宁县阳坬遗址试掘简报》，《考古》1983年第10期。

② 许清海、肖举乐、中村俊夫等：《全新世以来岱海盆地植被演替和气候变化的孢粉学证据》，《冰川冻土》2004年第1期。

③ 内蒙古文物考古研究所：《园子沟遗址》，《岱海考古（一）——老虎山文化遗址发掘报告集》，科学出版社，2000年，第500页；刘蓓蓓：《老虎山文化研究——以陶器为视角的文化分期与性质探讨》，吉林大学硕士学位论文，2016年，第36页。

④ 中国社会科学院考古研究所：《中国考古学中碳十四年代数据集（1965—1991）》，文物出版社，1992年，第59页。

## 三、老虎山文化与周边文化的关系

从考古学文化命名的角度来看，一个特定的考古学文化，一般都是由在同一地域，同一时期，并具有共同特征和文化内涵的若干遗存共同构成的，三个条件缺一不可。

以老虎山和园子沟遗址为代表的一类遗存，集中分布于岱海周边地区，同属龙山时代早中期阶段，且具有鲜明的自身特征和统一的文化内涵，将其命名为老虎山文化的理由是充足的。

我们再来讨论陕北、晋中和冀西北地区考古学遗存与老虎山文化的关系问题。从分布地域上看，老虎山文化的遗址均位于岱海周边，与陕晋冀地区地理位置相差较远；从文化内涵上看，陕北、晋中和冀西北地区诸多遗存的典型陶器组合中已经出现了带肥袋足的鋬手鬲，少见老虎山文化最具特征的单把釜形斝，更少见老虎山文化最为典型的素面夹砂罐和数量较多、带有交错泥条的直壁缸，也不见老虎山文化带有交错泥条的红陶釜形斝；从时间范围来看，依据类型学的演变规律我们发现，陕晋冀遗存出土的鋬手鬲足腹一体、连裆的特征明显晚于老虎山文化晚期F2020内出土的两个单把釜形斝。因此，陕北、晋中和冀西北地区和老虎山文化分布地域相距较远，文化内涵有别，发展阶段相异，应属于不同区域的考古学文化，两者之间不应混淆。

与老虎山文化同属龙山时代，分布在大青山南麓和南流黄河两岸的考古学文化，我们称其为永兴店文化。综合老虎山文化和永兴店文化的具体情况来看，在分布地域上，两者尽管同属于内蒙古中南部这一广大地区，但分属不同的地理单元，且并无相互重合之处；从文化内涵分析，永兴店文化已明确是由内蒙古中南部的阿善文化发展而来，房址多为半地穴式，不见老虎山文化最有特点的石城建筑和窑洞式房址，也无陶窑，典型器物中三足器较多，并以胖袋足鋬手鬲为特征[①]，而老虎山文化以平底罐类器物为主，单把斝式鬲和带有交错泥条的直壁缸为特色；在时间上，老虎山文化晚期的$^{14}$C年代在距今4300年左右，而这一年代数据与永兴店文化早期偏晚阶段的$^{14}$C年代数据相同，永兴店文化年代的下限在距今4000年左右[②]，两者的发展不在同一时段上。通过对比，我们可以看出两者之间在分布地域，存在时间和文化内涵上有着明显的差异，应属不同的考古学文化谱系。

但考古学文化的形成和发展并不是孤立的，它总会与周边的文化产生一定的交流与联系，在保持鲜明的自身特征和独特的文化内涵的同时，都会与同时期周边地区的考古学文化产生吸收、借鉴与融合。因此，在彼此相邻的内蒙古中南部与陕晋冀北部地区，存在于龙山时代的老虎山文化、永兴店文化和杏花村、游邀一类遗存，考古学文化面貌上存在一

① 魏坚：《试论永兴店文化》，《文物》2000年第9期。
② 魏坚：《试论永兴店文化》，《文物》2000年第9期。

定程度上的相似性是可以理解的，但不同地域和不同年代有着不同的考古学文化也是显而易见的。实际上，相对于老虎山文化而言，分布于南流黄河两岸的永兴店文化与陕晋冀北部地区不仅地域接壤，而且各大水系为考古学文化的交流提供了便利与可能，两者同以数量较多的胖袋足鋬手鬲为典型器物的特色，值得引起我们的关注。因此可以说，永兴店文化的遗存与陕北、晋中和冀西北地区的考古学文化遗存之间似乎有着更为密切的关系。

## 四、老虎山文化的源流

任何一个考古学文化的形成和发展，都有对其先行文化的继承和变革，也是后继新的考古学文化产生的基础和源头。因此，研究老虎山文化，除了理清其自身的内涵和特征，还应探索其渊源，厘清其发展流向。

岱海沿岸的考古学文化目前发现的早于老虎山文化的遗存，主要有属于仰韶早中期的石虎山类型和属于仰韶晚期的庙子沟文化的庙子沟类型[①]。就考古学文化的面貌来看，只有庙子沟类型与老虎山文化可能存在着一定的联系。就陶器而言，老虎山文化和庙子沟类型均以夹砂陶为主，并且两者之间许多陶器器形较为接近。庙子沟类型的素面夹砂罐（图4-1）与老虎山文化的素面夹砂罐（图4-8）均折沿、饰桥状双耳，整体器形十分相似；庙子沟类型侈沿夹砂罐（图4-2）口沿外折的形态与老虎山文化同类器（图4-9）的造型类似；两者共有的敛（直）口瓮（图4-4、图4-11）和高领罐（图4-3、图4-10）的造型也较为相近。但从年代关系上，这个区域的庙子沟类型的年代下限在距今5000年左右，与老虎山文化之间还存在着较大的缺环。

在内蒙古中南部地区，与老虎山文化内涵和年代最为接近的遗存，还有准格尔旗官地遗址的第四期遗存。从发掘的遗迹现象来看，官地遗址第四期流行白灰面的房子，房内有圆形灶，柱洞很少，整体与老虎山文化房址较为相似，此外，官地遗址第四期也发现了内蒙古中南部最早的窑址，应该也与老虎山文化的陶窑有一定的联系。官地遗址第四期遗存与老虎山文化都以灰陶和褐陶为大宗，流行平底器，两者的侈沿夹砂罐（图4-5、图4-9）、高领罐（图4-6、图4-10）和敛（直）口瓮（图4-7、图4-11）等器物的造型较为接近。

官地遗址第三期遗存已经明确属于阿善文化寨子塔类型第二期[②]，官地遗址第四期与第三期文化遗存之间，尽管文化序列上尚有一定的缺环，但也存在着一定的继承关系。官地遗址第四期出土的卷沿夹砂罐、侈口罐和敛口瓮等器物的造型、纹饰等特征与阿善

① 魏坚、冯宝：《试论石虎山类型》，《边疆考古研究》（第24辑），科学出版社，2018年；魏坚：《试论庙子沟文化》，《青果集——吉林大学考古专业成立二十周年考古论文集》，知识出版社，1993年，第85～100页。

② 魏坚：《试论阿善文化》，《青果集——吉林大学考古文博系建系十周年纪念文集》，知识出版社，1998年，第27～34页。

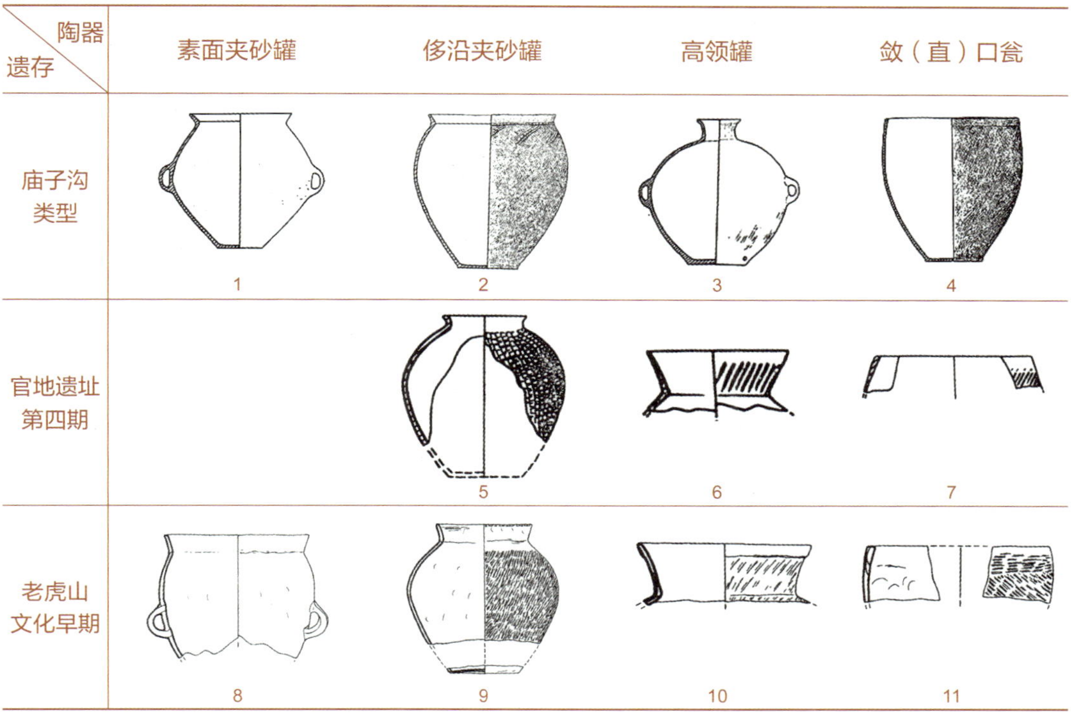


图4　庙子沟类型、官地遗址第四期与老虎山文化早期陶器对比图

1. 庙子沟QMF15：11；2. 庙子沟QMH92：3；3. 庙子沟QMH78：4；4. 庙子沟QMM28：6；5. 官地H7：1；6. 官地H47：3；7. 官地H60：8；8. 老虎山F6：3；9. 老虎山T621④：14；10. 园子沟F3042：14；11. 老虎山T505④：19；

文化寨子塔类型第三期同类器较为接近，因此，可将官地遗址第四期归于阿善文化寨子塔类型第三期遗存。但在官地遗址第四期遗存中并未发现斝，故其年代应该略早于老虎山文化[①]。

我们可以推断，分布于南流黄河两岸的阿善文化寨子塔类型晚期阶段的居住址，周围普遍出现石筑围墙，房址内开始流行白灰面，陶器以篮纹为主，尖底瓶逐渐被平底瓶取代，并新出现了豆等这些新的文化因素，这或许对老虎山文化的产生和发展带来了一定程度的影响。

由于目前考古发掘材料的局限，庙子沟文化与老虎山文化年代之间的缺环还没有材料可以填补，我们暂时还无法弄清早于老虎山文化的考古学文化类型的面貌，但从庙子沟文化到阿善文化发展脉络的观察中，可以为我们提供一定的线索。由于老虎山文化延续的时间并不长，我们也欠缺岱海地区龙山晚期阶段相关遗存的发现和研究，在岱海地区或周边

① 内蒙古文物考古研究所：《准格尔旗官地遗址》，《内蒙古文物考古文集》（第二辑），中国大百科全书出版社，1997年，第85～119页。

还未找到与其有直接承袭关系的考古学文化，因而也暂时无法厘清老虎山文化的流向。在此，我们只能寄希望于今后的考古新发现和新材料了。

## 五、结语

通过对主要分布在内蒙古中南部岱海周边地区，属于龙山早中期阶段的老虎山文化一类遗存的初步分析研究，我们可以得出如下结论：

1、老虎山文化是在环岱海地区龙山早中期阶段发展起来的一支新的考古学文化，其与该地区庙子沟文化的庙子沟类型有着一定的渊源关系，在其形成与发展过程中，间接地受到了阿善文化寨子塔类型晚期遗存的影响。

2、老虎山文化的聚落多位于海拔较高、两侧临沟的山坡之上，筑有防御性石围墙和山顶部的瞭望设施，表明当时聚落间的战争与资源争夺更加剧烈与频繁，聚落形态已经发展到一个较高的阶段。前后间窑洞式房址除了适应当时的干冷环境外，也标志着房屋建筑技术的提高。

3、老虎山文化的经济形态以锄耕农业为主，兼营采集和狩猎，遗址内外的陶窑则证明手工业生产的相对集中和专业化生产的出现。

4、老虎山文化中发现的陶质乐器、鸟首人面形象的陶塑以及装饰用的精美石环等，表明当时的居民已经对精神生活有了更高的需求，卜骨的发现也从侧面反映了原始宗教信仰的存在。

5、老虎山文化可以分为联系紧密、顺序发展的三期，第一期年代在距今4600年左右，第二期年代约在距今4500～4400年之间，第三期年代约在距今4300年前。

6、老虎山文化主要分布在岱海周边地区，与内蒙古中南部的永兴店文化为两个不同谱系的考古学文化，与陕北、晋中和冀西北地区的考古学文化遗存之间也存在较大的差异。

［本文与冯宝合著，原载《边疆考古研究》（第26辑），科学出版社，2019年］

# ON LAOHUSHAN CULTURE

Wei jian    Feng Bao

**Abstract:** Laohushan culture is a new archaeological culture which developed in the early and middle stages of Longshan, around the Daihai region. Its origins are found in the Miaozigou type of Miaozigou culture, and it was also indirectly affected by the late stage of the Zhaizita type of Ashan culture. Laohushan culture can be divided into three phases. The first phase starts about 4600 years ago, the second phase dates to about 4500-4400 years ago, and the third phase begins about 4300 years ago. The Laohushan and Yongxingdian cultures are two distinct archaeological cultures. Moreover, there are also great differences between the Laohushan culture and archaeological findings from Northern Shaanxi, Jinzhong and Northern Hebei province.

**Keywords:** Laohushan Culture; Daihai region; Miaozigou Culture; Ashan Culture; Yongxingdian Culture

# 准格尔旗铁孟沟出土陶器及相关问题

摘　要：铁孟沟位于内蒙古准格尔旗的鄂尔多斯高原东缘，1984年秋在铁孟沟村西侧山坡墓葬出土一批陶器。本文通过对这批陶器的考古类型学研究，认为其与该区域龙山阶段的大庙圪旦一类遗存相近，应与仰韶晚期的阿善类型有着一脉相承的渊源关系。广泛分布于南流黄河两岸的铁孟沟和大庙圪旦等一类遗存，虽与晋、陕北部地区同类文化有着较深的渊源关系，但在其自身发展过程中，同时也受到了蛮汗山地区具有浓厚地方性色彩的老虎山遗存的强烈影响。这两类遗存，应是内蒙古中南部地区在仰韶晚期之后，依照各自不同的发展轨迹，逐步形成的两种区域性文化类型。

关键词：铁孟沟　鄂尔多斯　陶器　南流黄河　龙山时期　区域类型

1984年秋，准格尔旗黑岱沟乡铁孟沟村民在翻地时，发现了一批陶器，并妥为收藏。笔者得知情况后，当即前往调查，共征集到各类陶器19件，以及部分陶器残片。

铁孟沟村位于鄂尔多斯高原的东缘，北距黑岱沟乡4千米，其东约6千米即是奔流南下的黄河，这一带丘梁起伏，坡高沟深，地形十分复杂。铁孟沟是一条较宽深的自然冲沟，沟内有泉水往东北入黑岱沟，又东向汇入黄河。出土陶器的地点即在沟以北的民居西侧山坡之上（图1）。海拔高度约1150米。

## 一、遗迹与遗物

经村民介绍及实地清理的两处遗迹观测，这批陶器均系墓葬所出。清理的两座残墓（编号84TCM1、M2）皆为土坑竖穴式。其中M1长约1.90、宽约0.80米，南北向，墓坑已遭破坏（图2），征集到出于此墓的陶器3件。据现场情况判断，陶器均置于墓坑底部北侧，一般以夹砂罐、高领罐和单耳罐三件为一组合随葬，每墓相距约3～5米左右。由于

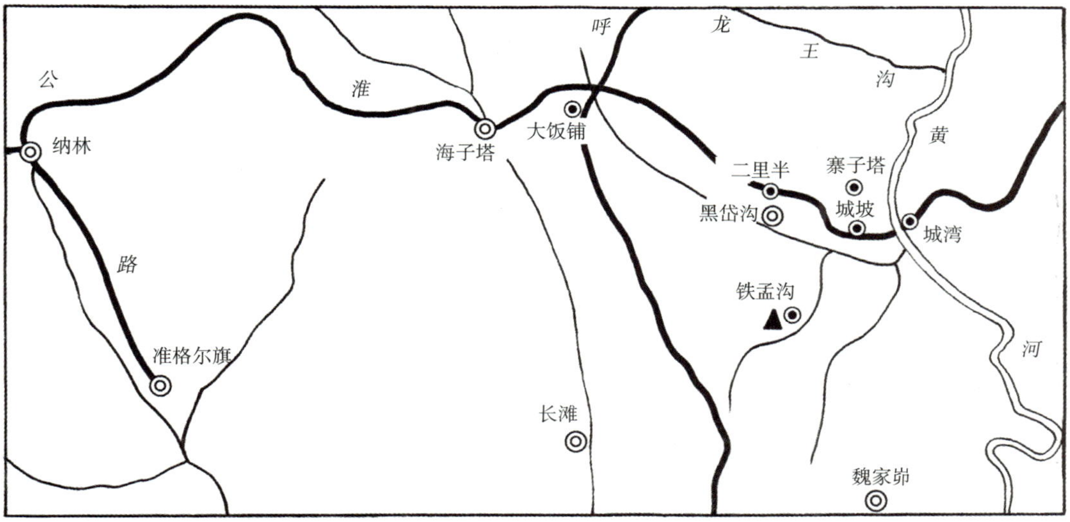


图1　铁孟沟墓地位置示意图

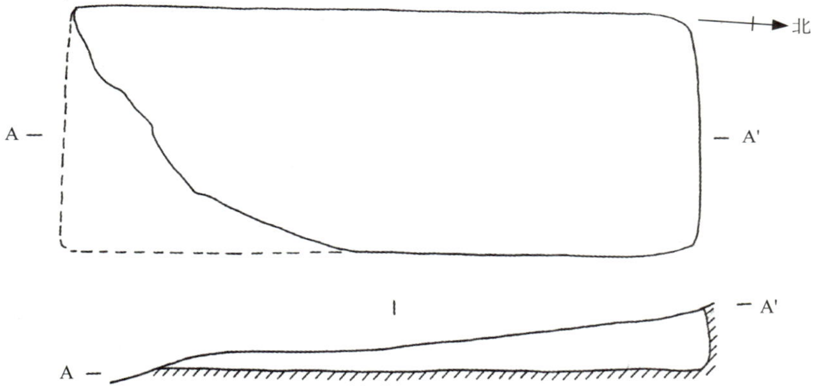


图2
铁孟沟M1平、剖面图

墓地所在山坡常年水土流失，北高南低，坡势较陡，致使墓坑仅余墓底北半部，故尸骨不存，只残留置于墓坑北侧的随葬陶器。历年来，村民在此地耕作时，便累有陶器出土，且高领罐之口部多被犁铧破损。现将征集的陶器报告如下。

19件陶器中，绝大部分为灰陶，只个别夹砂罐的领口及单耳罐的磨光部分略呈灰褐色。陶器火候较高，质地坚硬，均为手制，但形制较为规整。其中，有夹砂罐5件，高领泥质罐7件，单耳泥质罐7件。

夹砂罐　除领口部及近底处素面外，均通体施规整细密绳纹。可分为三式。

Ⅰ式：1件。小直口微侈，鼓腹，平底内凹，陶胎较为厚重，沿外侧素面，唇上有斜向刻划纹一周，口径8.8、腹径15.6、高15.2厘米（图3-1）。

Ⅱ式：2件。侈口，腹微鼓，腹径略大于口径。TCM1∶1，平底，中腹有小鸡冠耳一

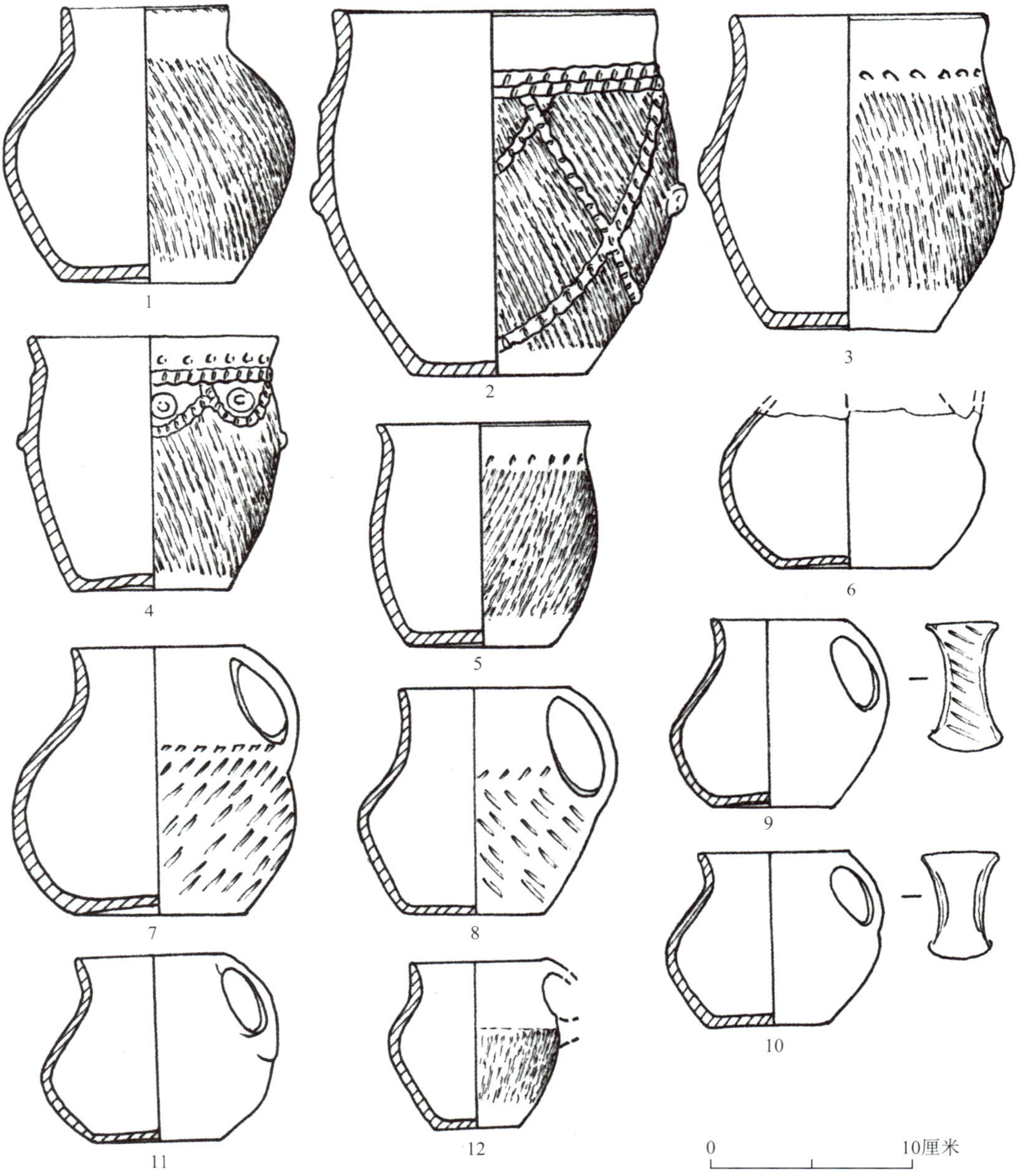


图3 夹砂罐、单耳罐

1.Ⅰ式（TC:8）；2、3.Ⅱ式（TCM1:1、TC:4）；4、5.Ⅲ式（TC:7、TC:9）；
6、9～11.Ⅲ式（TC:12、TC:6、TCM1:3、TC:3）；7、8.Ⅱ式（TC:14、TCM2:1）；12.Ⅰ式（TC:15）

对，沿下施两周附加堆纹、腹部施交叉菱形附加堆纹，口径17.2、腹径19.6、高20厘米（图3-2）；TC：4，平底微内凹，中腹有对称小泥饼一对，沿下有三角戳印纹一周，口径14、腹径16、高17.6厘米（图3-3）。

Ⅲ式：2件。侈口，沿微折，口、腹径略同，平底内凹。TC：9，沿外侧有圆圈戳印纹一周，口径11.4、腹径12.2、高13厘米（图3-5）；TC：7，中腹有小鸡冠耳一对，沿下有圆圈戳印纹及附加堆纹一周，其下又施波形泥条堆纹一周，波纹间填以6个小泥饼，泥饼上施圆圈戳印纹，口径13.2、腹径14、高14.4厘米（图3-4）。

高领罐　均侈口，高领，鼓肩，平底内凹，施篮纹。分为三式。

Ⅰ式：4件。矮领，肩部圆鼓。三角戳印纹及篮纹由肩部或肩上方施起。TCM2：2，唇外侧加厚，矮领上施交叉菱形划纹，腹施横篮纹，口径15.2、肩径22.4、高22厘米（图4-1）；余3件领或上腹已残，均施斜篮纹（图4-3～图4-5）。

Ⅱ式：1件。高领，口部已残，鼓肩微折，戳印纹及横篮纹施于肩部下方，下腹有小泥饼一对，肩径20、残高20厘米（图4-2）。

Ⅲ式：2件。高领敞口，折肩，戳印纹及斜篮纹施于折肩下方，下腹有小泥饼一对。TC：5，厚圆唇，口径14.5、肩径17.2、高18.8厘米（图4-7）；TC：13，敞口较甚，口径16、肩径20、高22.4厘米（图4-6）。

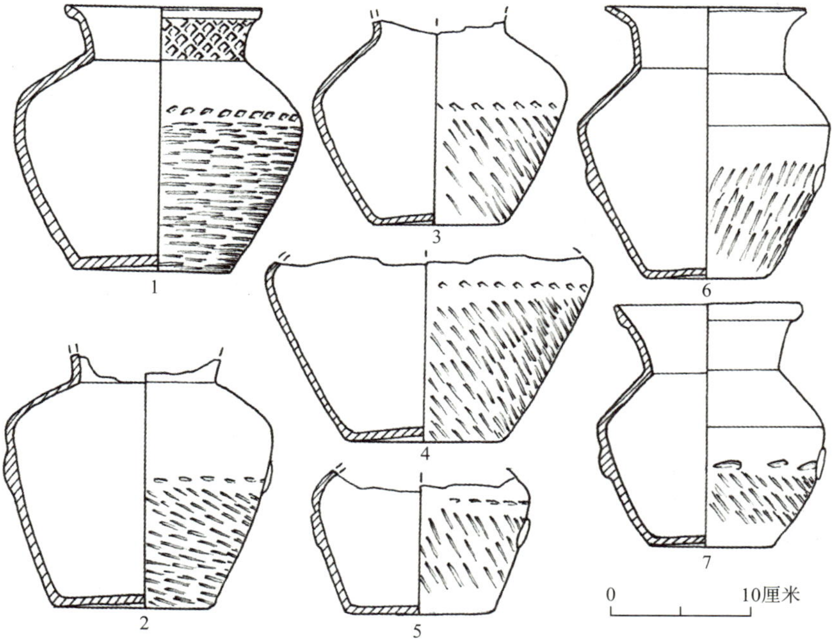


图4　高领罐

1、3～5. Ⅰ式（TCM2:11、TC：11、TC：16、TC：10）；2. Ⅱ式（TCM1：2）；6、7. Ⅲ式（TC:13、TC：5）

单耳罐 均小口，鼓腹，口腹间有扁条形单耳。分三式。

Ⅰ式：1件。直口，鼓腹，小平底，宽条形单耳，已残，上有竖直沟槽三道，上腹素面，下腹施竖绳纹，口径6.8、腹径9.2、高9.6厘米（图3-12）。

Ⅱ式：2件。小直口微侈，圆腹，上腹施戳印纹一周，中腹以下施斜篮纹。TC：14，平底微凹，口径8.4、腹径14.8、高15.2厘米（图3-7）；TCM2：1，平底，口径8.5、腹径13.2、高12.8厘米（图3-8）。

Ⅲ式：4件。均侈口，束颈，溜肩，腹最大径移至下腹，通体磨光。TC：6，平底，器耳有斜向平行刻划纹，口径7.2、腹径11.2、高10.8厘米（图3-9）；TC：3，底微凹，口径8、腹径12.4、高10.8厘米（图3-11）；TCM1：3，底微凹，口径7.8、腹径11.2、高9.6厘米（图3-10）；TC：12，上部已残，底内凹（图3-6）。

## 二、有关考古发现与比较

铁孟沟一类遗存，在内蒙古中南部主要分布于南流黄河两岸的准格尔、清水河一线。目前发掘和调查的遗址主要有：准格尔的寨子塔、二里半[①]、大庙圪旦[②]、大口[③]、房塔沟和白家塔[④]，清水河的白泥窑子[⑤]、田家石畔、大沙湾、下塔[⑥]和后城嘴等。此外，在山西忻州游邀[⑦]、太谷白燕[⑧]、汾阳杏花村[⑨]及河北蔚县筛子绫罗和三关[⑩]等遗址，也有同类遗存发现。

铁孟沟墓地出土的陶器，器类组合较为单一，与周边同类遗存可资比较的材料较少。但若仔细分析，还是有迹可循的。墓地出土的Ⅰ式高领罐，同大口及大庙圪旦H1龙山时期遗存高领罐（图5-15、图5-17）的领部特征，造型极为一致；Ⅲ式高领罐则与山西白燕第一地点H219：15完全相同[⑪]。在与大庙圪旦高领罐共存的陶器中，有宽裆胖袋足鋬手鬲、深腹盆、单把斝、斜腹盆和浅盘豆（图5-11～图5-14、图5-16）等。这一组陶器均出自灰坑，与二里半等遗存在文化面貌上是颇为一致的。由此可见，铁孟沟遗存与以宽裆胖袋足

① 文物编辑委员会编：《文物考古工作三十年》，文物出版社，1979年，第70页。
② 内蒙古文物考古研究所、伊克昭盟文物工作站：《内蒙古准格尔煤田黑岱沟矿区文物普查述要》，《考古》1990年第1期。
③ 吉发习、马耀圻：《内蒙古准格尔旗大口遗址的调查与试掘》，《考古》1979年第4期。
④ 崔璇：《内蒙古中南部石佛塔等遗址调查》，《内蒙古文物考古》创刊号，1981年。
⑤ 崔璿：《内蒙古清水河白泥窑子L点发掘简报》，《考古》1988年第2期。
⑥ 崔璇、斯琴：《内蒙古中南部新石器时代至青铜时代文化初探》，《中国考古学会第四次年会论文集（1983）》，文物出版社，1985年，第173～184页。
⑦ 忻州考古队：《山西忻州市游邀遗址发掘简报》，《考古》1989年第4期。
⑧ 晋中考古队：《山西太谷白燕遗址发掘简报》，《文物》1989年第3期
⑨ 晋中考古队：《山西汾阳孝义两县考古调查和杏花村遗址的发掘》，《文物》1989年第4期。
⑩ 张家口考古队：《一九七九年蔚县新石器时代考古的主要收获》，《考古》1981年第2期。
⑪ 晋中考古队：《山西太谷白燕遗址发掘简报》，《文物》1989年第3期，第8页，图八-1。

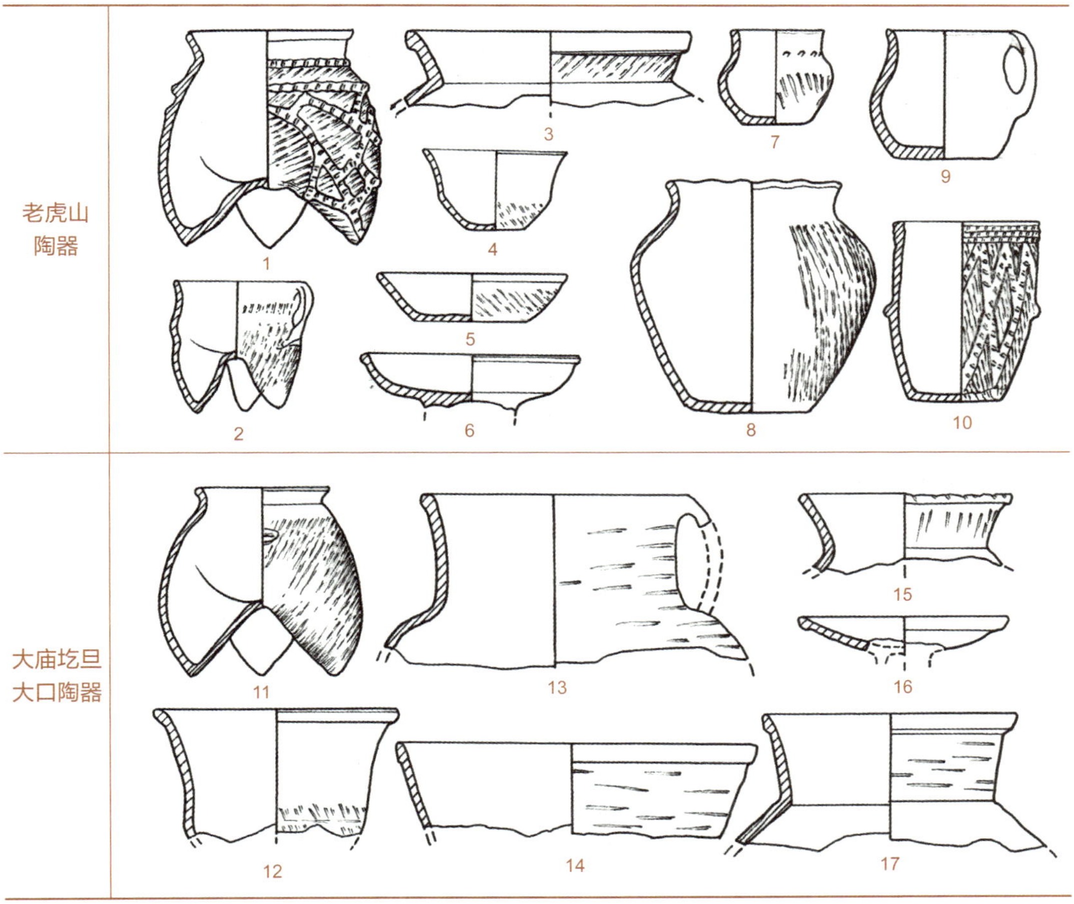


图5　陶器

1. 斝式鬲（F27：1）；2. 单把斝（T103③：5）；3. 高领罐（T504④：1）；4. 曲腹盆（F2：3）；5. 斜腹盆（T306②：1）；6. 豆（T210③：2）；7. 圆腹罐（F27：6）；8. 单耳罐（Y3：2）；9. 花边罐（F26：4）；10. 直壁缸（F7：1）；11. 宽裆鬲（H1：1）；12. 深腹盆（H1：6）；13. 单把鬲（H1:3）；14. 斜腹盆（H1:7）；15. 高领罐（DKT1、2⑤：10）；16. 豆（H1:8）；17. 高领罐（H1:5）

鋬手鬲为代表的龙山阶段遗存，应属同一类考古学文化遗存。

这一类文化遗存，同我们已知的位于蛮汗山南麓岱海周围以老虎山遗址[①]为代表的遗存，在陶器形制上，有着较多的一致性。如大庙圪旦H1的宽裆鬲与老虎山釜形斝式鬲（图5-1），均为矮领，厚缘唇，胖袋足，有对称鸡冠形鋬手一对；大庙圪旦H1的单把斝、高领罐、深腹盆、斜腹盆和浅盘豆，同老虎山出土的同类器（图5-2～图5-6）均较相似，只大庙圪旦单把斝颈部较高，盆腹壁略直，豆盘更浅。此外，铁孟沟墓地的Ⅰ式鼓

① 田广金：《凉城县老虎山遗址1982—1983年发掘简报》，《内蒙古文物考古》总4期，1986年。

腹夹砂罐和Ⅱ式大口夹砂罐，同老虎山遗址花边口沿罐和直壁缸（图5-8、图5-10），在基本形态上也是比较接近的。铁孟沟墓地的单耳罐从整体看，口部均小于老虎山同类器，其中，Ⅱ式单耳罐同老虎山的圆腹小罐（图5-7）相比，后者仅少单耳而已，而Ⅲ式单耳则与老虎山者（图5-9）基本相同。铁孟沟和大庙圪旦一类遗存，虽然与老虎山遗存在器形上有着较多的一致性因素，但是，两者在文化面貌上的差别还是主要的。铁孟沟和大庙圪旦一类遗存陶器以泥质和夹砂灰陶为主，夹砂褐陶较少，纹饰以绳纹为主，篮纹次之，流行器物上部或颈部磨光的作风，大部分器物胎较薄，个别三足器足部为模制。而老虎山两期遗存，均以夹砂红褐陶和泥质灰褐陶为主，陶器烧制火候较低，陶胎多厚重，纹饰以篮纹占多数，在制作手法上也显得较为粗糙。以主要器类来看，铁孟沟和大庙圪旦一类遗存，是以大量的宽裆胖袋足錾式鬲为主要炊器，并辅以薄胎的绳纹夹砂灰陶罐；老虎山遗存则是以素面双耳夹砂红陶罐为主要炊器，还有少量釜形斝，这在铁孟沟和大庙圪旦一类遗存中则未曾发现。

上述两类遗存的异同似乎表明，对其差异并不能简单地归结为是由于年代上的早晚不同造成的，并由此得出老虎山的圜底斝到大庙圪旦宽裆鬲“是一脉相承发展起来”的结论[①]。这里除了大庙圪旦H1的基本组合，与老虎山第二期遗存的比较，大致可以说明其应属于相同的发展阶段外，在山西汾阳杏花村的H118，也见有类于大庙圪旦H1的宽裆鬲与类于老虎山二期遗存单把斝式鬲共存的例证[②]。由此可知，从内蒙古中南部到晋中地区，在某些文化特征上表现出的一致性，正好说明了当生产水平发展到一定时期，处于同一发展阶段上的邻境考古学文化遗存[③]，也可因生产力水平的相当和相互间的影响和渗透，而各具对方的某些文化因素。上述两类遗存在主导因素上的差异，溯源追根，则很可能是源于文化传统的不同，亦即其应分属不同的考古学文化谱系。众所周知，内蒙古中南部具有浓厚地方风格的考古学文化类型，是在仰韶晚期阶段形成的。铁孟沟和大庙圪旦一类遗存，与南流黄河沿岸地区海生不浪类型和阿善类型的后继者，以阿善三期为代表的遗存，有着一脉相承的发展关系是不容置疑的。同时在其发展过程中，也不同程度地受到了来自南方泾渭河流域同时代文化及东边的老虎山遗存因素的影响。老虎山一类遗存目前在岱海地区还找不到其直接前身，但其与晋北地区目前发现的同时代遗存，有着一定程度的亲缘关系则是肯定的。若从其主要器类红陶双耳罐的形制来探索，其与这一地区仰韶晚期以小口双耳红褐陶罐为主要特征的庙子沟类型，或许有着某种继承关系。这是我们今后需要认真探讨的问题。

① 田广金：《内蒙古中南部新石器时代文化特征和年代》，《内蒙古文物考古》总4期，1986年。
② 晋中考古队：《山西汾阳孝义两县考古调查和杏花村遗址的发掘》，《文物》1989年第4期，图七-10、图一一。
③ 内蒙古社会科学院蒙古史研究所、包头市文物管理所：《内蒙古包头阿善遗址发掘简报》，《考古》1984年第2期。

## 三、结语

铁孟沟出土的陶器，器形较小，形制单一，墓葬组合固定，大致应为同一时期的墓葬随葬品。这批陶器虽均为手制，但绝大多数陶器胎壁较薄，且形制规整，制作水平较高，风格一致。其中，夹砂罐多施绳纹，高领罐施篮纹，单耳罐则以素面磨光为主。器表流行泥饼贴塑和三角、圆圈戳印的装饰作风。

这批材料以至这一类遗存，从器物演变规律看，仍有进一步分期的可能性，相信随着今后考古工作的深入进展，这一问题会逐步得以解决。

广泛分布于南流黄河两岸的铁孟沟和大庙圪旦等一类遗存，虽与晋、陕北部地区同类文化有着较深的渊源关系，但在其自身发展过程中，同时也受到了蛮汗山地区具有浓厚地方性色彩的老虎山遗存的强烈影响。这两类遗存，应是内蒙古中南部地区在仰韶晚期之后，依照各自不同的发展轨迹，逐步形成的两种区域性文化类型。老虎山遗址第一期遗存，应是目前内蒙古中南部龙山阶段时代较早的遗存之一，年代大约相当于庙底沟二期文化阶段。铁孟沟和大庙圪旦一类遗存，略晚于老虎山一期遗存，而与老虎山二期遗存，以及山西杏花村H118为代表的遗存[1]年代相当，属于龙山早期偏晚阶段。

（原载《内蒙古中南部原始文化研究文集》，海洋出版社，1991年）

① 晋中考古队：《山西汾阳孝义两县考古调查和杏花村遗址的发掘》，《文物》1989年第4期。

# THE TIEMENGGOU SITE IN JUNGAR BANNER

Wei Jian

**Abstract:** The Tiemenggou site is located on the eastern edge of the Ordos Plateau in Jungar Banner, Inner Mongolia. A batch of pottery was unearthed in the hillside tombs on the west side of Tiemenggou village in the autumn of 1984. Based on the study of the archaeological typology of this batch of pottery, this paper holds that it is similar to the remains of Damiaogedan of the Longshan stage in this area, and that it is related to the Ashan type of the late Yangshao period. Tiemenggou and Damiaogedan, which are widely distributed along the southward-flowing section of the Yellow River, have a deep relationship with similar cultures in Northern Shanxi and Sha'anxi provinces, but were also strongly influenced by the remains of Laohushan culture in the Manhan Mountain area. Tiemenggou and Damiaogedan are two regional cultural types that gradually formed in Central and Southern Inner Mongolia, following their own track of development after the Late Yangshao period.

**Keywords:** Tiemenggou Site; Ordos; Pottery; Southward-flowing Section of the Yellow River; Longshan Period; Sub-Regional Systems

# 试论永兴店文化

摘　要：内蒙古中南部龙山阶段遗存从20世纪六七十年代开始陆续有所发现，随着田野调查和考古发掘的推进，分布在南流黄河两岸准格尔旗、伊金霍洛旗和清水河县一带以永兴店、白草塔、二里半、大口和白泥窑子等遗址为代表的此类遗存，分布范围和文化面貌日渐清晰，体现出自身明显的共性因素。通过对典型遗迹和出土主要陶器组合的分析，我们在整体年代分期的基础上，将该类遗存划分为连续发展的三期五段，其年代跨度为距今4300～4000年左右，相当于龙山阶段的全过程。因此，我们将此类考古学文化遗存命名为“永兴店文化”。永兴店文化是在继承本地的阿善文化的基础上，吸收周边邻近地区文化因素发展起来的一支具有显著地域特征的考古学文化，从文化谱系上看，该文化与同处内蒙古中南部岱海地区的老虎山文化有着不同的渊源和发展。

关键词：内蒙古中南部　南流黄河两岸　龙山阶段　永兴店文化

## 一、前言

对内蒙古中南部龙山阶段文化遗存的考古调查与研究，始于20世纪六七十年代。当时一般归入“龙山文化”①，或称“龙山晚期类型”②，亦有名之为“房塔沟类型”③。1973年发掘准格尔旗大口遗址后，依其第5、6层所含遗存的面貌，称之为“大口一期文化”④。20世纪80年代以来，由于凉城老虎山遗址的发掘，又有人将此阶段含鋬手鬲的遗

---

① 洲傑：《内蒙古中南部考古调查》，《考古》1962年第2期；内蒙古历史研究所：《内蒙古中南部黄河沿岸新石器时代遗址调查》，《考古》1965年第10期。

② 吉发习：《准格尔旗东部新石器时代文化遗址调查》，《鄂尔多斯文物考古文集》，伊克昭盟文物工作站，1981年，第41～43页。

③ 崔璇：《内蒙古中南部石佛塔等遗址调查》，《内蒙古文物考古》创刊号，1981年。

④ 吉发习、马耀圻：《内蒙古准格尔旗大口遗址的调查与试掘》，《考古》1979年第4期。

存包括在“老虎山文化”中[①]。也有人将此类遗存与山西忻州游邀、太谷白燕、汾阳杏花村，河北蔚县筛子绫罗、三关遗存等均归入同一类考古学文化[②]。

20世纪90年代以来，正式发掘的遗址有准格尔旗永兴店[③]、白草塔[④]、寨子上[⑤]等。其中，永兴店遗址内涵单纯且遗存丰富，最具有代表性。含有永兴店一类遗存的遗址还有白泥窑子[⑥]、大庙圪旦[⑦]、铁孟沟[⑧]、朱开沟[⑨]、二里半[⑩]、寨子塔[⑪]、白家塔[⑫]、田家石畔、大沙湾[⑬]、庄窝坪[⑭]、串刀、西麻青[⑮]、马路塔[⑯]等，分布的中心区域在黄河两岸的准格尔旗、伊金霍洛旗和清水河县一带（图1）。

关于此类遗存，近年来在发掘报告和有关论文中已多有论及，并提出了“永兴店文化”的命名[⑰]，但并无专文论述。本文拟就目前的发现与研究成果，对以永兴店为代表的此类遗存的文化面貌进行归纳、分析，并找出它与本地区及邻区相关考古学文化的异同，以探讨其发生、发展及渊源。

---

① 田广金：《内蒙古中南部龙山时代文化遗存研究》，《内蒙古中南部原始文化研究文集》，海洋出版社，1991年，第140～160页。

② 杨杰：《晋陕冀北部及内蒙古中南部龙山时代考古学文化初探》，《内蒙古中南部原始文化研究文集》，海洋出版社，1991年，第165～185页。

③ 内蒙古文物考古研究所：《准格尔旗永兴店遗址》，《内蒙古文物考古文集》（第一辑），中国大百科全书出版社，1994年，第235～245页。

④ 内蒙古文物考古研究所：《准格尔旗白草塔遗址》.《内蒙古文物考古文集》（第一辑），中国大百科全书出版社，1994年，第183～204页。

⑤ 内蒙古文物考古研究所：《准格尔旗寨子上遗址发掘简报》，《内蒙古文物考古文集》（第一辑），中国大百科全书出版社，1994年，第174～182页。

⑥ 崔璿：《内蒙古清水河白泥窑子L点发掘简报》，《考古》1988年第2期。

⑦ 内蒙古文物考古研究所、伊克昭盟文物工作站：《内蒙古准格尔煤田黑岱沟矿区文物普查述要》，《考古》1991年第1期。

⑧ 魏坚：《准格尔旗铁孟沟出土陶器及相关问题》，《内蒙古中南部原始文化研究文集》，海洋出版社，1991年，第133～139页。

⑨ 田广金：《内蒙古伊金霍洛旗朱开沟遗址Ⅶ区考古纪略》，《考古》1988年第6期。

⑩ 内蒙古文物考古研究所：《准格尔旗二里半遗址第一次发掘简报》，《内蒙古文物考古文集》（第一辑），中国大百科全书出版社，1994年，第246～260页。

⑪ 内蒙古文物考古研究所：《准格尔旗寨子塔遗址》，《内蒙古文物考古文集》（第二辑），中国大百科全书出版社，1997年，第280～326页。

⑫ 崔璇：《内蒙古中南部石佛塔等遗址调查》，《内蒙古文物考古》创刊号，1981年。

⑬ 崔璇、斯琴：《内蒙古中南部新石器至青铜时代文化初探》，《中国考古学会第四次年会论文集（1983）》，文物出版社，1985年，第173～184页。

⑭ 乌兰察布博物馆、清水河县文物管理所：《清水河县庄窝坪遗址发掘简报》，《内蒙古文物考古文集》（第二辑），中国大百科全书出版社，1997年，第165～178页。

⑮ 崔树华：《内蒙古中南部三处古遗址调查》，《考古》1992年第7期。

⑯ 胡晓农：《清水河县大沙湾马路塔遗址调查简报》，《乌兰察布文物》1989年第3期。

⑰ 魏坚、崔璇：《内蒙古中南部原始文化的发现与研究》，《内蒙古文物考古文集》（第一辑），中国大百科全书出版社，1994年，第125～143页。

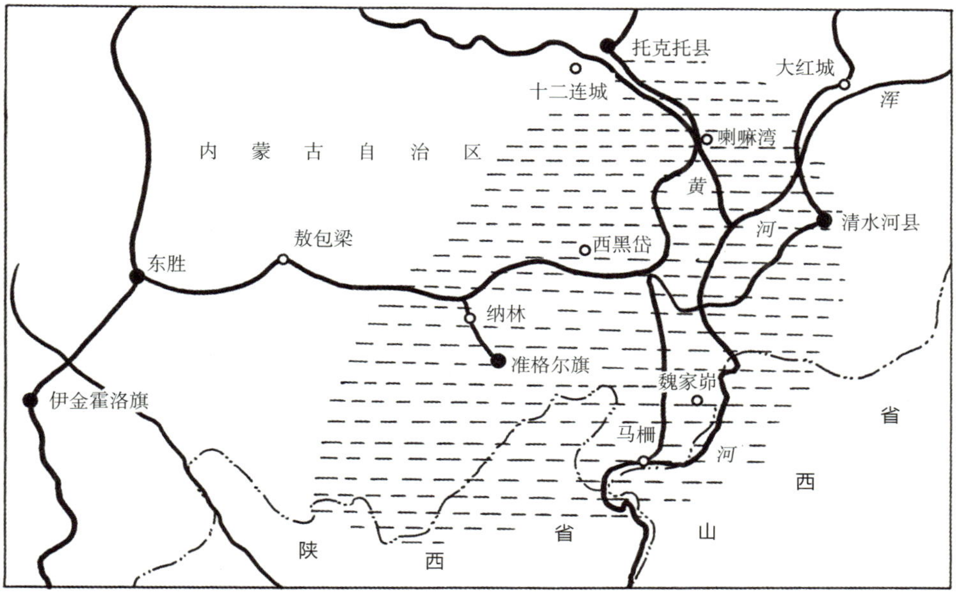


图1　永兴店文化遗存分布示意图

## 二、文化面貌与分期

### （一）文化面貌

永兴店一类遗存的房子，在永兴店、白草塔、二里半遗址为半地穴式，平面有圆形、前后套间形、圆角方形等，居住面有红胶泥硬面和白灰面两种。其中，圆形房址不见柱洞和门道，有可能是深袋状居住址；前后套间房址的后室，两侧壁常呈弧形内倾，可能是前堂（半地穴）后室（窑洞）式房址；圆形和圆角方形房址的地面还平铺石板灶。而在白泥窑子遗址，房址平面多呈方形或梯形，房内贴四壁设有柱洞，近门处有方形坑灶，均在前墙正中设凸出的门道。在朱开沟等遗址发现的房子，有的是用石片建造的，一般是用石片竖斜砌一层，再平铺几层，如此交互叠砌。

灰坑绝大多数为分布在房址周围的圆形袋状窖穴和方形直壁窖穴，均制作规整，少量为不规则的自然坑。此外，在二里半遗址边缘的沟沿地带发现了成组的陶窑，窑床呈“非”字形。墓葬发现较少，但在二里半墓葬发现了与陶器共存的铜环，这是内蒙古中南部目前发现的年代最早的铜器。

生产工具有大型石器、细石器、骨器和陶制品。大型石器多为磨制，其次为琢制，打制的较少。器种有厚体宽刃斧，长方形或半月形的单孔刀，宽体单孔铲，以及锛、凿、杵、球、纺轮、砍砸器、磨石、磨盘、磨棒等。细石器有刮削器、钻刻器、镞、石核、石片等。陶制品有铲、刀、纺轮等。另外，在清水河串刀遗址和准格尔旗寨子上遗址，都发现了集中生产石环的情况，且形式多样，制作精美，表明手工业生产的相对集中和专业化生产的出现。

永兴店遗存的日用陶器以泥质灰陶和夹砂灰陶为主，并有少量泥质黑陶、泥质红褐陶和极少量的砂质灰陶。主体纹饰为绳纹和篮纹，并有压印纹、划纹、附加堆纹、戳印纹、镂孔等配合施用。亦见少量彩陶，均为红彩。篮纹多施于制作盛器的泥质陶，绳纹则多施于制作炊具与瓮类的夹砂陶，磨光多见于豆、斝、器座、器盖及一些器物的沿部，划纹、压印纹则多施于磨光器物和一些器物的磨光部位。器种有斝、鬲、甗、盉、瓮、罐、盆、钵、豆、尊、壶、杯、器盖、器座等。典型器物为鋬手鬲、带腰隔的甗、单把斝、敛口广肩瓮、大口弧腹瓮、高领折肩壶（罐）、大口尊、高足镂孔浅盘豆、花边口夹砂罐、凸棱口沿斜腹盆等。

（二）分期与年代

在二里半和寨子塔遗址，永兴店一类遗存均叠压在阿善文化层之上，又被夏阶段遗存所叠压；在白泥窑子L点和K点，永兴店一类遗存均叠压在阿善文化早期地层之上；在大口遗址，它被相当于夏阶段的大口二期文化层叠压。因此，永兴店一类遗存应晚于阿善文化，而早于夏阶段遗存。

属永兴店一类遗存的二里半遗址，在第一次发掘中的第5层和开口于第5层下的H32、开口于第4层下的F10、F13、H65、Y1等，在层位上均早于第4层和开口于第3层下并打破第4层的F16、H2、M1等单位。从出土的陶器上比较，以第5层和F25、H16、H17为代表的遗迹单位，出土Ⅰ式鬲、Ⅰ式甗腰、AⅠ式斝足、盉、AⅠ和BⅠ式鼓腹罐、AⅠ和BⅠ式敛口瓮、Ⅰ式高领罐、BⅠ式敞腹盆、Ⅰ式单耳罐、Ⅰ式大口尊等。以第4层和H21、H56、M1为代表的遗迹单位，出土Ⅱ式鬲、Ⅱ式甗腰、AⅡ式斝足、B型斝、AⅡ和AⅢ式鼓腹罐、BⅡ和BⅢ式鼓腹罐、AⅡ和BⅡ式敛口瓮、Ⅱ式高领罐、A型敞腹盆、BⅡ式敞腹盆、Ⅱ式单耳罐、Ⅰ式和Ⅱ式高柄豆、Ⅱ式大口尊等。故此，二里半的永兴店一类遗存可被分为早晚两期。

永兴店遗址地层堆积简单，遗迹间叠压、打破关系较少，但根据层位关系和出土遗物，仍可被分为第一阶段及少量的第二阶段遗存。其中，第一阶段遗存以H14、G2为代表，在年代上可能略晚于二里半早期；第二阶段遗存则与二里半晚期、大庙圪旦、铁孟沟遗存年代相当。

白草塔遗址的同类遗存亦可分为以F9、F15为代表的早期阶段遗存和以F8、F16为代表的晚期阶段遗存。晚期阶段遗存较为丰富，但在年代上明显晚于永兴店、二里半晚期阶段遗存；而其早期阶段遗存，则大致与上述遗存年代相当。

此外，在朱开沟遗址出土的高领鋬手鬲的造型，也明显晚于白草塔晚期。

如上所述，我们可将本地区的永兴店一类遗存划分为早、中、晚三期（表1）。其中，早期分为以二里半早期为代表的早期早段，和以永兴店第一阶段遗存为代表的早期晚段；中期以永兴店第二阶段、二里半晚期、白草塔早期、大庙圪旦H1为代表；晚期分为以白草塔晚期为代表的晚期早段，和以朱开沟鋬手鬲（W2002：1）为代表的晚期晚段。这类遗存的发展规律，在其最典型的矮领双鋬鬲的变化上可见一斑（图2）。

表1　永兴店文化主要遗存分期

| 分期 \ 遗存 | | 二里半 | 永兴店 | 大庙圪旦 | 白草塔 | 朱开沟 |
|---|---|---|---|---|---|---|
| 早期 | 早段 | 早期 | | | | |
| | 晚段 | | 第一阶段 | | | |
| 中期 | | 晚期 | 第二阶段 | H1遗存 | 早期 | |
| 晚期 | 早段 | | | | 晚期 | |
| | 晚段 | | | | | W2002遗存 |

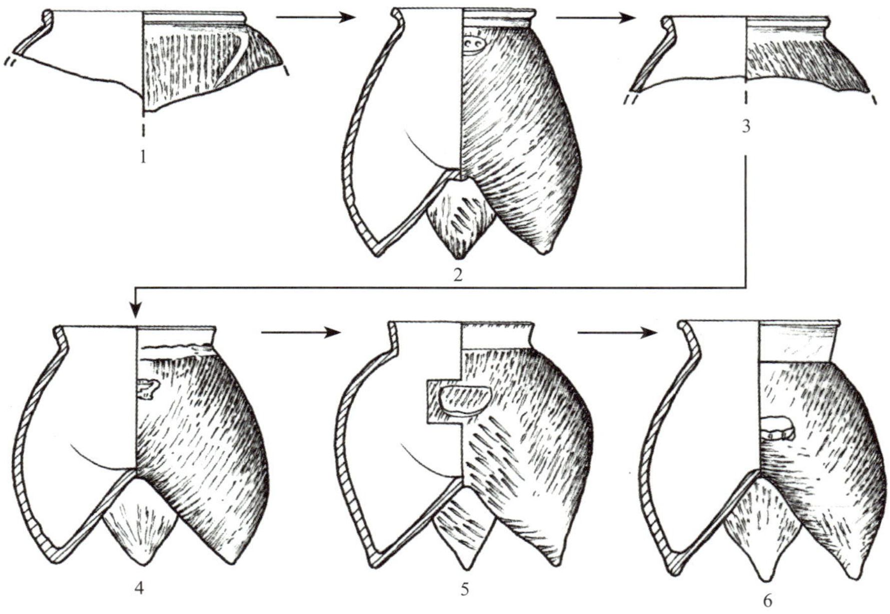


图2　永兴店文化矮领双鋬鬲演化示意图

1. 二里半早期（T205⑤：1）；2. 永兴店第二阶段（H14：2）；3. 二里半晚期（T57④：1）；4. 大庙圪旦（H1：1）；5. 白草塔晚期（F8：21）；6. 朱开沟（W2002：1）

在二里半遗址的该类遗存中，早期偏晚的一个$^{14}$C数据为距今4300年（经树轮校正）①。据此推测，永兴店一类遗存的年代应在公元前2500～前2000年之间，正当典型龙山文化的发展阶段。

## 三、文化渊源及其与周邻地区的关系

任何一个特定的考古学文化，都是由在同一地域同一时期具有共同特征的一群遗址、遗物构成的。它的形成和发展，既有对其先行文化的继承与变革，又有对同时期周围其他文化的吸收与融合。这就决定了特定的考古学文化，在具备鲜明的主体文化面貌特征的同时，也会带有周邻地区考古文化的某些因素。

永兴店一类遗存是由内蒙古中南部的阿善文化发展而来，这从分布地域的大致吻合，特别是遗迹、遗物特征的承继性上，均可得到印证。

首先，阿善文化的圆角长方形或方形半地穴式房址、凸出的门道和用两块石板平铺的地面灶，均开创了永兴店一类遗存同类房址的先河；而永兴店一类遗存的圆形袋状和方形直壁窖穴，在阿善文化中更是常见。

其次，阿善文化和永兴店一类遗存均是以泥质灰陶和夹砂灰陶为主。所不同的是，阿善文化含有少量的夹砂褐陶和泥质褐陶，而永兴店一类遗存除留有极少量泥质红褐陶外，还新出现少量的泥质黑陶。从陶器的演变轨迹来看，永兴店遗址出土的小口篮纹罐（H9：1）和大口尊（G2：2），明显是由阿善文化小沙湾遗址的钝尖尖底瓶（F4：1）和折腹盆（F20②：1）发展而来。此外，永兴店遗址的斜腹盆（G2：3）和细柄豆（H32：1），均可在小沙湾遗址的斜腹盆（F7②：1）和粗柄豆（F3：2）上找到其祖型。

考古学文化的发展不是孤立、封闭的，而是在与周围同时期其他考古学文化的交往中实现的。

永兴店一类遗存与分布于山西晋中、忻定和河北张家口地区的以矮领胖袋足双鋬鬲为代表的遗存，在文化面貌上有着较多的一致性。例如，永兴店遗址出土的鋬手鬲（H14：1）侈口宽裆，与杏花村同类器（H118：3）②颇为相似；永兴店遗址的溜肩双鋬鬲（H14：2）与游邀同类器（H348：1）③也很接近。从广义上讲，二者应属同一考古学文化范畴，但彼此表现出的地域上的差别仍是主要的。

① 内蒙古文物考古研究所：《内蒙古准格尔旗二里半遗址第二次发掘报告》，《考古学集刊》（11），中国大百科全书出版社，1997年，第84～129页。
② 晋中考古队：《山西汾阳、孝义两县考古调查和杏花村遗址的发掘》，《文物》1989年第4期。
③ 忻州考古队：《山西忻州市游邀遗址发掘简报》，《考古》1989年第4期。

永兴店一类遗存与内蒙古中南部岱海地区的老虎山文化[1]差别较大，这种差别不能简单地归结为年代早晚的差异，而应当从分布地域、接受外来影响和发展谱系的不同来考虑。例如，老虎山文化以釜形斝、釜形斝式鬲和素面红陶中口双耳罐为主要炊具，而永兴店一类遗存的炊器，则是以双鋬鬲、矮足甗和绳纹夹砂罐作为组合。就目前的研究来看，老虎山文化与岱海地区普遍存在的庙子沟文化[2]之间虽然尚有一定的缺环，但二者有着明显的渊源关系。所以，从文化谱系上看，永兴店文化与老虎山文化有着不同的渊源和发展。

综上所言，永兴店一类遗存虽与陕、晋、冀北部的同类遗存有着较深的文化联系，但它是在内蒙古中南部仰韶晚期的基础上，经阿善文化逐步发展演变来的。所以，应将这类与岱海地区老虎山文化存在明显差异、有着自身发展规律的遗存，命名为永兴店文化。

## 四、结语

通过对以永兴店遗址为代表的内蒙古中南部龙山阶段遗存的分析，我们可初步获得如下认识：

第一，永兴店文化具有显著的地域性特征，它是在阿善文化的基础上发展起来的。

第二，永兴店文化在其发展过程中，受到了来自晋、陕和冀北地区同时期考古学文化的强烈影响，故而在文化面貌上，表现出与周邻地区的诸多一致性。

第三，依据各遗址的地层关系及陶器分期，永兴店文化可被分为连续发展的三期五段，其产生与消亡的年代约当龙山阶段全过程。

第四，永兴店文化可能直接发展成本地区的以绳纹高领鋬手鬲为代表的夏阶段遗存。

（原载《文物》2000年第9期）

---

① 田广金：《凉城县老虎山遗址1982—1983年发掘简报》，《内蒙古文物考古》总4期，1986年。

② 魏坚：《试论庙子沟文化》，《青果集——吉林大学考古专业成立二十周年考古论文集》，知识出版社，1993年，第85～100页。

# ON YONGXINGDIAN CULTURE

Wei Jian

**Abstract:** Longshan period findings in Central and Southern Inner Mongolia were gradually discovered since the 1960s and 1970s. With the progress of field investigation and archaeological excavations, their distribution, cultural features and commonalities became increasingly clear in the sites of Yongxingdian, Baicaota, Erliban, Dakou and Bainiyaozi, which are distributed in Jungar Banner, Ejin horo Banner and Qingshuihe County on both sides of the southward-flowing section of the Yellow River. Based on the analysis of typical unearthed items and main pottery assemblages, chronological stages were distinguished between 4300 and 4000 years ago, covering to the whole length of the Longshan period. These remains were grouped under the label "Yongxingdian culture", which remarkable regional characteristics partly inherited from the local Ashan culture. Yongxingdian culture has different origins and a distinct development from Laohushan Culture in the Lake Dai area, in Central and Southern Inner Mongolia.

**Keywords:** Central and Southern Inner Mongolia; Southward-flowing Section of the Yellow River; Longshan Period; Yongxingdian Culture

# 内蒙古中南部地区龙山时代至夏时期的陶鬲

摘　要：内蒙古中南部龙山至夏商时期遗存，从20世纪六七十年代开始就陆续有所发现，随着田野考古工作的推进，以老虎山文化、永兴店文化为代表的龙山阶段文化遗存和以大口二期文化代表的夏早期阶段文化遗存的面貌也逐步清晰。三种考古学文化都以陶鬲为最具代表性的典型器物。通过陶鬲谱系的研究，我们认为：内蒙古中南部龙山至夏早期阶段考古学文化的发展是自成体系，独立发展的，由此形成了老虎山、永兴店和大口二期三个既有空间联系，又有一定继承关系的考古学文化。老虎山文化的红陶斝式鬲是在该文化单把斝的基础上演变形成的，其早期约当庙底沟二期文化阶段。永兴店文化双鋬胖袋足鬲有着完整的发展演变序列，年代上应晚于老虎山早期文化，其显著的地域性特征，表明其是在阿善文化的基础上发展起来的，同时受到了来自晋中和张家口地区考古学文化的强烈影响。大口二期文化的高领实足根袋足鬲是由永兴店文化斜高领瘦腹鬲直接发展而来。

关键词：内蒙古中南部　龙山时期　夏早期　陶鬲谱系

本文所论述之内蒙古中南部地区考古学文化遗存的年代范围，主要是指龙山阶段的“老虎山文化”、“永兴店文化”和夏早期阶段的“大口二期文化”等三类含有陶鬲的遗存，其分布范围也主要集中在南流黄河以东的岱海周边地区和鄂尔多斯高原的河套地区。

对内蒙古中南部龙山阶段文化遗存的考古调查与研究，始于20世纪六七十年代。当时的研究一般将此类遗存归入广义的“龙山文化”①，有的或称“龙山晚期类型”②，亦有名

① 洲傑：《内蒙古中南部考古调查》，《考古》1962年第2期；内蒙古历史研究所：《内蒙古中南部黄河沿岸新石器时代遗址调查》，《考古》1965年第10期。

② 吉发习：《准格尔旗东部新石器时代文化遗址调查》，《鄂尔多斯文物考古文集》，伊克昭盟文物工作站，1981年，第33～44页。

之为“房塔沟类型”[①]。1973年发掘准格尔旗大口遗址后，依其早、晚阶段所含遗存的面貌，又有称之为“大口第一期文化”和“大口第二期文化”[②]。20世纪80年代以来，由于凉城县老虎山、园子沟等遗址的发掘，又有学者将龙山阶段遗存包括在“老虎山文化”中[③]，也有研究者将此类遗存与山西忻州游邀、太谷白燕、汾阳杏花村、河北蔚县筛子绫罗、三关遗存等均归入同一类考古学文化[④]。

不同的地理位置和接受周边不同谱系的考古学文化的影响，使这一地区龙山阶段至夏代早期阶段的考古学文化类型表现出不同的文化面貌。以下就“老虎山文化”、“永兴店文化”和夏早期阶段的“大口二期文化”三类含有陶鬲的遗存，在归纳其考古学文化面貌的基础上，讨论各类文化遗存的分期与年代，并就其陶鬲各自产生、发展的源流关系分别作一探讨。

## 一、老虎山文化

1982年发掘的凉城县岱海以北的老虎山遗址的第一、二期遗存，被视为“早期龙山文化另一新的类型”[⑤]。1986年以来，又调查发现了凉城县岱海周边的狐子山、大坡、板城、园子沟等含老虎山文化遗存的几处遗址，并在园子沟发现窑洞式房子[⑥]。以后见于报道的还有西白玉、面坡、合同窑、圪臭沟等遗址[⑦]。自老虎山一类遗存发现以来，学者所使用“老虎山文化”的名称内涵不尽相同：其一是包括了老虎山等岱海之滨诸遗址的同类遗存和包头地区阿善文化晚期遗存[⑧]；其二是包括了老虎山等同类遗存，以及白泥窑子、大口、大庙圪旦、铁孟沟、朱开沟等龙山时代诸遗存[⑨]；其三则仅限于岱海之滨的老虎山等遗址的同类遗存[⑩]。本文所指老虎山文化，即指后一类见于岱海周边地区的文化遗存。

---

① 崔璇：《内蒙古中南部石佛塔等遗址调查》，《内蒙古文物考古》创刊号，1981年。

② 吉发习、马耀圻：《内蒙古准格尔旗大口遗址的调查与试掘》，《考古》1979年第4期。

③ 田广金：《内蒙古中南部龙山时代文化遗存研究》，《内蒙古中南部原始文化研究文集》，海洋出版社，1991年，第140～160页。

④ 杨杰：《晋陕冀北部及内蒙古中南部龙山时代考古学文化初探》，《内蒙古中南部原始文化研究文集》，海洋出版社，1991年，第165～185页。

⑤ 田广金：《凉城县老虎山遗址1982—1983年发掘简报》，《内蒙古文物考古》总4期，1986年。

⑥ 乌盟文物站凉城文物普查队：《内蒙古凉城县岱海周围古遗址调查》，《考古》1989年第2期。

⑦ 田广金：《内蒙古中南部龙山时代文化遗存研究》，《内蒙古中南部原始文化研究文集》，海洋出版社，1991年，第140～160页。

⑧ 田广金：《近十年来我区重大考古发现及科研成果》，《内蒙古文化》1990年第4期；田广金：《内蒙古长城地带石城聚落址及相关诸问题》，《纪念城子崖遗址发掘60周年国际学术讨论会文集》，齐鲁书社，1993年，第119～135页；田广金：《内蒙古石器时代——青铜时代考古发现和研究》，《内蒙古文物考古》总6、7期，1992年。

⑨ 田广金：《内蒙古中南部龙山时代文化遗存研究》，《内蒙古中南部原始文化研究文集》，海洋出版社，1991年，第140～160页。

⑩ 崔璇：《阿善文化述论》，《中国考古学会第八次年会论文集（1991）》，文物出版社，1996年，第35～49页。

## （一）文化面貌

老虎山文化的居住址均分布在岱海西、北山前坡地上。老虎山、西白玉、板城、大庙坡等遗址，周围均有石城环绕；老虎山和西白玉高处较平坦的部位，都有“石墙突出一块”；板城北部的山梁上，有一排五个等距离的“石头方堆”；园子沟南的山梁上，有23个河卵石堆排成一排。老虎山的石墙之外发现有成片窑址，居住址内仅见个别窑址；而园子沟的窑址则全在居住址内，或建在房子附近，与房子相连。居住址内的台地上，往往每隔一段距离便有二、三座房子建在一起，或有两座房子共用一个活动面的现象。窖穴建在活动面上。房子有窑洞式和半地穴式两类，平面为方形或“凸”字形。居住面与墙壁普遍使用白灰面。

老虎山文化的生产工具有石器和骨器。石器分磨制、打制、琢制，以及压制的细石器，器形有斧、刀、锛、镞、矛形器、刮削器等。骨器有锥、针、凿。装饰品有石环和牙饰，并见陶塑艺术品。

老虎山文化的日用陶器分夹砂与泥质两类，有的还夹蚌壳或云母粉。以褐陶为主，灰陶居次，并见少量黑陶。篮纹占半数以上，并有绳纹、附加堆纹，极少方格纹，素面陶亦占很大比例。器形有单把釜形斝、斝式鬲和盆形甗、筒形罐、圆肩夹砂罐、素面双耳夹砂红陶罐、双鋬敛口瓮、矮领小口篮纹罐、篮纹大口尊、折腹钵、斜腹盆、单双耳罐、浅盘镂孔座豆等。其中，该类遗存出土的单把釜形尖底斝和斝式鬲最具典型特征（图1-1、图1-2、图1-5）。

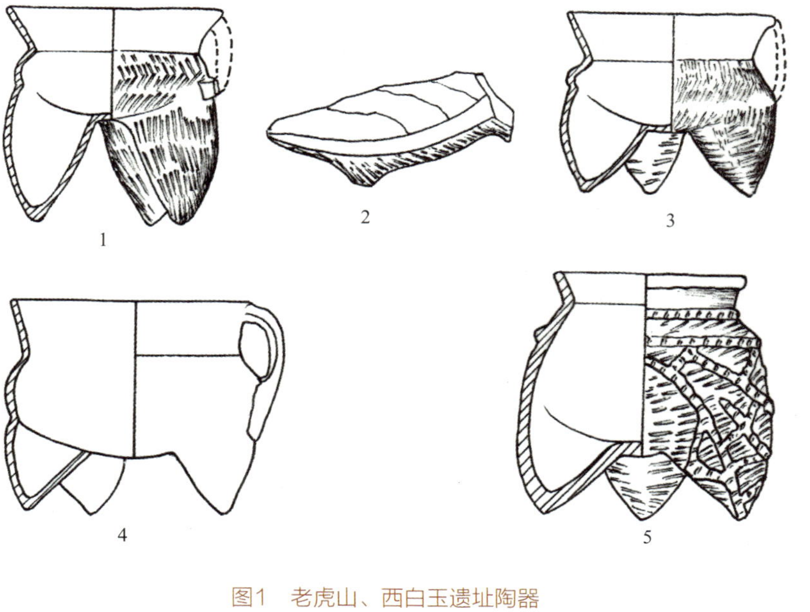

图1　老虎山、西白玉遗址陶器

1、3、4. 釜形斝；2. 尖底斝底部；5. 斝式鬲

（1、2、5. 老虎山出土；3、4. 西白玉出土）

（二）分期与年代

在《凉城县老虎山遗址1982—1983年发掘简报》发表的T401和T403的西壁剖面中，①层为表土层，②层为坡积扰土层，③～⑤层为文化层。因⑤层只在个别探方中出现，堆积很薄且出土陶片很少，故合并入④层[①]。

综合老虎山遗址的发掘资料和各单位的早晚关系，将该遗址以④层和F6为代表的遗存称之为老虎山④层组，将以③层和F27为代表的遗存称之为老虎山③层组。

西白玉遗址位于老虎山遗址西偏南五千米处，遗址四周与老虎山遗址一样也被石筑围墙环绕，1986年进行了试掘。地层堆积可分4层，①层为表土层，②～④层为文化层。根据老虎山遗址陶器的排比，将西白玉遗址以④层为代表的遗存称之为西白玉④组，将以③层和F11为代表的遗存称之为西白玉③组（图1-3、图1-4）。

板城遗址位于老虎山遗址之东五千米的板城村北坝底河西侧山坡上。在遗址的北、西有石墙包围，距遗址正北一千米的高山平梁上发现有祭坛遗址。该遗址破坏严重，1986年在文化层保存较好的坡下进行了试掘，有3层堆积，①层为表土层，②、③层为文化层。以清理出土的陶器进行排比，可将其分为以F7和F9为代表的一组（图2-3、图2-5）。

园子沟遗址位于岱海北岸三千米园子沟村北的山坡台地上，背山面水，自南向北可分为三个台地。1986年于砖窑取土断崖处发现了有白灰面的窑洞式房址，1986～1988年进行了清理发掘。园子沟遗址的地层堆积可分3层，①层为表土层，②、③层为文化层。根据与老虎山遗址陶器的对比，将园子沟遗址分为以F3042、F2023为代表的一组和以F3041、H2002为代表的一组（图2-1、图2-2、图2-4）。

根据老虎山、西白玉、板城和园子沟的地层关系，以及各遗址中各组遗存代表性陶器的特征和组合关系，综合岱海遗址群各组的对应和发展关系，可以将该区域的几组遗存分为大致对应的早、晚两期。

第一期：有老虎山④组、西白玉④组和园子沟F3042、F2023组。

第二期：有老虎山③组、西白玉③组、板城F7、F9组和园子沟F3041、H2002组。

关于老虎山文化的年代，老虎山遗址有两个$^{14}C$数据：相当于老虎山一期窑址出土的木炭标本测定年代为距今4210 ± 80年；相当于老虎山二期Y3出土的木炭标本测定年代为距今3870 ± 70年[②]。上述数据经树轮校正后的年代分别公元前2873～前2502年和公元前2301～前2044年[③]。如此看来，老虎山文化一期的年代应与庙底沟二期文化的年代接近，老虎山文化二期的年代则应相当于典型龙山文化的年代。

---

① 田广金：《凉城县老虎山遗址1982—1983年发掘简报》，《内蒙古文物考古》总4期，1986年。

② 中国社会科学院考古研究所：《中国考古学中碳十四年代数据集（1965—1991）》，文物出版社，1992年，第59页。

③ 中国社会科学院考古研究所：《中国考古学中碳十四年代数据集（1965—1991）》，文物出版社，1992年，第59页。

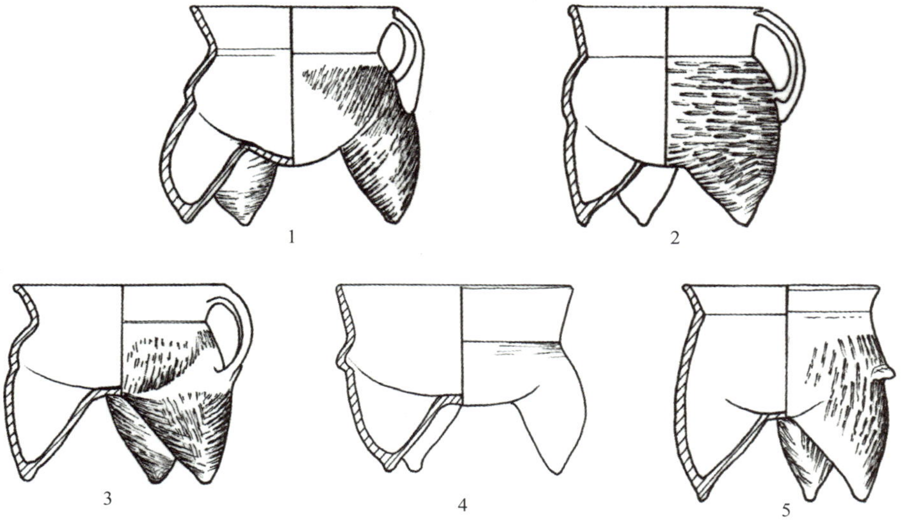


图2　板城、园子沟遗址陶器

1～4. 釜形斝；5. 斝式鬲（1、2、4. 园子沟出土；3、5. 板城出土）

## 二、永兴店文化

20世纪90年代以来，正式发掘的遗址有准格尔旗永兴店①、白草塔②、寨子上③等。其中，永兴店遗址内涵单纯且遗存丰富，最具有代表性。含有永兴店一类遗存的遗址还有白泥窑子④、大庙圪旦⑤、铁孟沟⑥、朱开沟⑦、二里半⑧、寨子塔⑨、白家塔⑩、田家石畔、大

① 内蒙古文物考古研究所：《准格尔旗永兴店遗址》，《内蒙古文物考古文集》（第一辑），中国大百科全书出版社，1994年，第235～245页。

② 内蒙古文物考古研究所：《准格尔旗白草塔遗址》，《内蒙古文物考古文集》（第一辑），中国大百科全书出版社，1994年，第183～204页。

③ 内蒙古文物考古研究所：《准格尔旗寨子上遗址发掘简报》，《内蒙古文物考古文集》（第一辑），中国大百科全书出版社，1994年，第174～182页

④ 崔璿：《内蒙古清水河白泥窑子L点发掘简报》，《考古》1988年第2期。

⑤ 内蒙古文物考古研究所、伊克昭盟文物工作站：《内蒙古准格尔煤田黑岱沟矿区文物普查述要》，《考古》1990年第1期。

⑥ 魏坚：《准格尔旗铁孟沟出土陶器及相关问题》，《内蒙古中南部原始文化研究文集》，海洋出版社，1991年，第133～139页。

⑦ 田广金：《内蒙古伊金霍洛旗朱开沟遗址Ⅶ区考古纪略》，《考古》1988年第6期。

⑧ 内蒙古文物考古研究所：《准格尔旗二里半遗址第一次发掘简报》，《内蒙古文物考古文集》（第一辑），中国大百科全书出版社，1994年，第246～260页。

⑨ 内蒙古文物考古研究所：《准格尔旗寨子塔遗址》，《内蒙古文物考古文集》（第二辑），中国大百科全书出版社，1997年，第280～326页。

⑩ 崔璇：《内蒙古中南部石佛塔等遗址调查》，《内蒙古文物考古》创刊号，1981年。

沙湾[①]、庄窝坪[②]、串刀、西麻青[③]、马路塔[④]等，分布的中心区域在南流黄河两岸的准格尔旗、伊金霍洛旗和清水河县一带。关于此类遗存，在20世纪末的发掘报告和相关论文中已多有论及，随后提出了“永兴店文化”的命名[⑤]，并有专文论述[⑥]。

（一）文化面貌

永兴店一类遗存的居住地，多选择在黄河两岸与黄河连接的黄土冲沟的向阳台地上。这类遗存的房子，在永兴店、白草塔、二里半遗址为半地穴式，平面有圆形、前后套间形、圆角方形等，居住面有红胶泥硬面和白灰面两种。其中，圆形房址不见柱洞和门道，有可能是深袋状居住址；前后套间房址的后室，两侧壁常呈弧形内倾，可能是前堂（半地穴）后室（窑洞）式房址；圆形和圆角方形房址的地面还平铺石板灶。而在白泥窑子遗址，房址平面多呈方形或梯形，房内贴四壁设有柱洞，近门处有方形坑灶，均在前墙正中设凸出的门道。在朱开沟等遗址发现的房子，有的是用石片建造的，一般是用石片竖斜砌一层，再平铺几层，如此交互叠砌。

灰坑绝大多数为分布在房址周围的圆形袋状窖穴和方形直壁窖穴，均制作规整，少量为不规则的自然坑。此外，在二里半遗址边缘的沟沿地带发现了成组的陶窑，窑床呈“非”字形。墓葬发现较少，但在二里半墓葬发现了与陶器共存的铜环，这是内蒙古中南部目前发现的年代最早的铜器。

生产工具有大型石器、细石器、骨器和陶制品。大型石器多为磨制，其次为琢制，打制的较少。器种有厚体宽刃斧，长方形或半月形的单孔刀，宽体单孔铲，以及锛、凿、杵、球、纺轮、砍砸器、磨石、磨盘、磨棒等。细石器有刮削器、钻刻器、镞、石核、石片等。陶制品有铲、刀、纺轮等。另外，在清水河串刀遗址和准格尔旗寨子上遗址，都发现了集中生产石环的情况，且形式多样，制作精美，表明手工业生产的相对集中和专业化生产的出现。

永兴店一类遗存的日用陶器以泥质灰陶和夹砂灰陶为主，并有少量泥质黑陶、泥质红褐陶和极少量的砂质灰陶。主体纹饰为绳纹和篮纹，并有压印纹、划纹、附加堆纹、戳印纹、镂孔等配合施用。亦见少量彩陶，均为红彩。篮纹多施于制作盛器的泥质陶，绳纹则

---

① 崔璇、斯琴：《内蒙古中南部新石器时代至青铜时代文化初探》，《中国考古学会第四次年会论文集（1983）》，文物出版社，1985年，第173～184页。

② 乌兰察布博物馆、清水河县文物管理所：《清水河县庄窝坪遗址发掘简报》，《内蒙古文物考古文集》（第二辑），中国大百科全书出版社，1997年，第165～178页。

③ 崔树华：《内蒙古中南部三处古遗址调查》，《考古》1992年第7期。

④ 胡晓农：《清水河县大沙湾马路塔遗址调查简报》，《乌兰察布文物》1989年第3期。

⑤ 魏坚、崔璇：《内蒙古中南部原始文化的发现与研究》，《内蒙古文物考古文集》（第一辑），中国大百科全书出版社，1994年，第125～143页。

⑥ 魏坚：《试论永兴店文化》，《文物》2000年第9期。

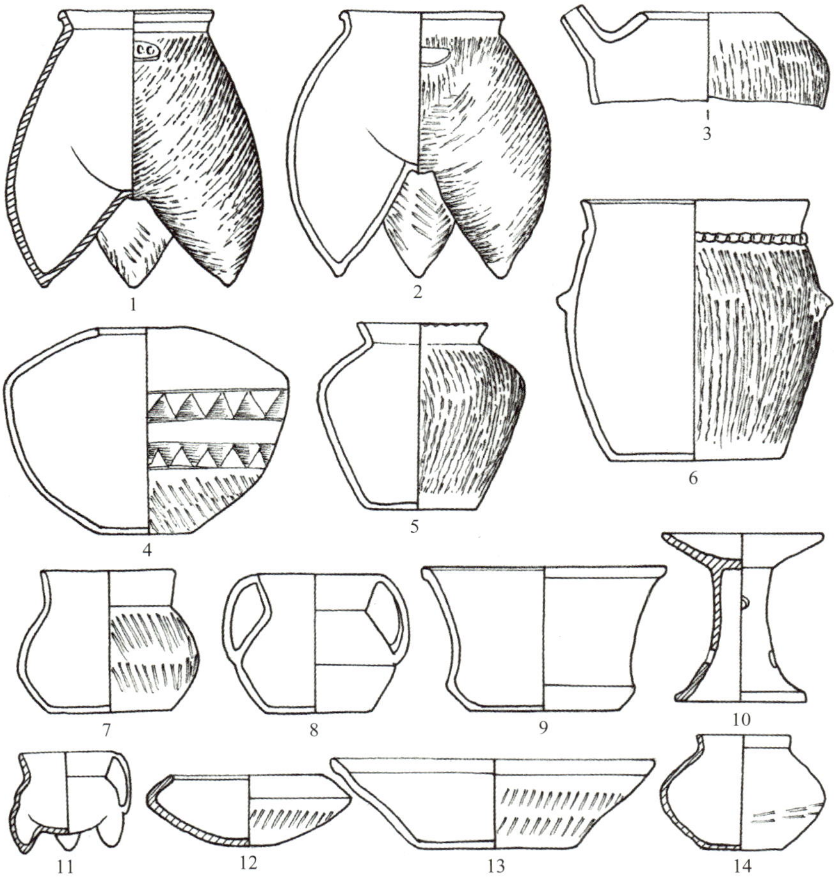


图3　永兴店遗址陶器

1、2. 錾手鬲；
3. 盉；
4. 敛口瓮；
5. 鼓腹罐；
6. 侈沿罐；
7.小杯；
8. 双耳罐；
9. 大口尊；
10. 浅盘豆；
11. 单把斝；
12. 敛口钵；
13. 敞腹盆；
14. 垂腹盆

多施于制作炊具与瓮类的夹砂陶，磨光多见于豆、斝、器座、器盖及一些器物的沿部，划纹、压印纹则多施于磨光器物和一些器物的磨光部位。器种有鬲、斝、甗、盉、瓮、罐、盆、钵、豆、尊、壶、杯、器盖、器座等。其中，最具代表性的典型器物为双鋬手袋足鬲、单把斝和带腰隔的甗（图3）。

（二）分期与年代

在二里半（图4-1、图4-2、图4-4～图4-6）、大庙圪旦（图4-3）和寨子塔遗址，永兴店一类遗存均叠压在阿善文化层之上，又被夏阶段遗存所叠压；在白泥窑子L点和K点，永兴店一类遗存均叠压在阿善文化早期地层之上；在大口遗址，它被相当于夏阶段的大口二期文化层叠压。因此，永兴店一类遗存应晚于阿善文化，而早于夏阶段遗存。

属永兴店一类遗存的二里半遗址，在第一次发掘中的第5层和开口于第5层下的H32、开口于第4层下的F10、F13、H65、Y1等，在层位上均早于第4层和开口于第3层下并打破第4层

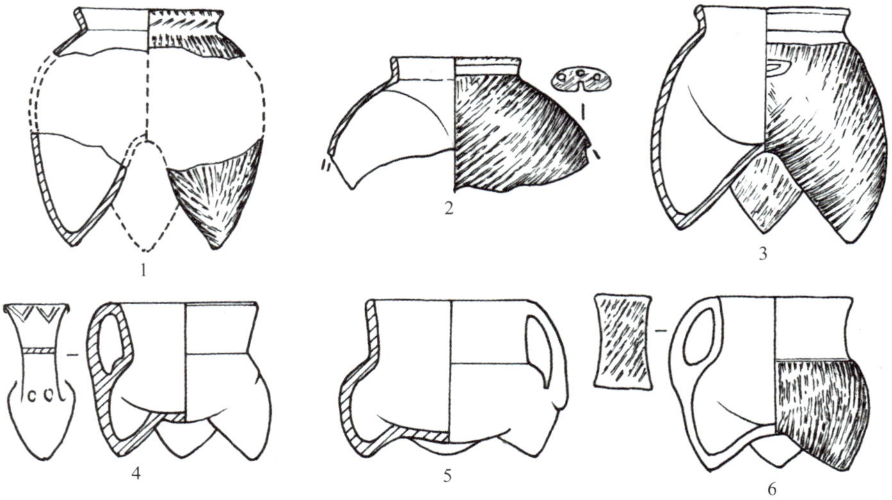

图4　二里半、大庙圪旦遗址陶器
1～3. 鋬手鬲；4～6. 单把斝（1、2、4～6. 二里半出土；3. 大庙圪旦出土）

的F16、H2、M1等单位。从出土的陶器上比较，以第5层和F25、H16、H17为代表的遗迹单位，出土Ⅰ式鬲、Ⅰ式甗腰、AⅠ式斝足、盉、AⅠ和BⅠ式鼓腹罐、AⅠ和BⅠ式敛口瓮、Ⅰ式高领罐、BⅠ式敞腹盆、Ⅰ式单耳罐、Ⅰ式大口尊等。以第4层和H21、H56、M1为代表的遗迹单位，出土Ⅱ式鬲、Ⅱ式甗腰、AⅡ式斝足、B型斝、AⅡ和AⅢ式鼓腹罐、BⅡ和BⅢ式鼓腹罐、AⅡ和BⅡ式敛口瓮、Ⅱ式高领罐、A型敞腹盆、BⅡ式敞腹盆、Ⅱ式单耳罐、Ⅰ式和Ⅱ式高柄豆、Ⅱ式大口尊等。故此，二里半的永兴店一类遗存可被分为早晚两期。

永兴店遗址地层堆积简单，遗迹间叠压、打破关系较少，但根据层位关系和出土遗物，仍可被分为第一阶段及少量的第二阶段遗存。其中，第一阶段遗存以H14、G2为代表，在年代上可能略晚于二里半早期；第二阶段遗存则与二里半晚期、大庙圪旦、铁孟沟遗存年代相当。

白草塔遗址的同类遗存亦可分为以F9、F15为代表的早期阶段遗存和以F8、F16为代表的晚期阶段遗存（图5）。晚期阶段遗存较为丰富，但在年代上明显晚于永兴店、二里半晚期阶段遗存，而其早期阶段遗存，则大致与上述遗存年代相当。此外，在朱开沟遗址出土的高领鋬手鬲的造型，也明显晚于白草塔晚期。

如上所述，我们可将本地区的永兴店一类遗存划分为早、中、晚三期（表1）。

其中，早期分为以二里半早期为代表的早期早段，和以永兴店第一阶段遗存为代表的早期晚段；中期以永兴店第二阶段、二里半晚期、白草塔早期、大庙圪旦H1为代表；

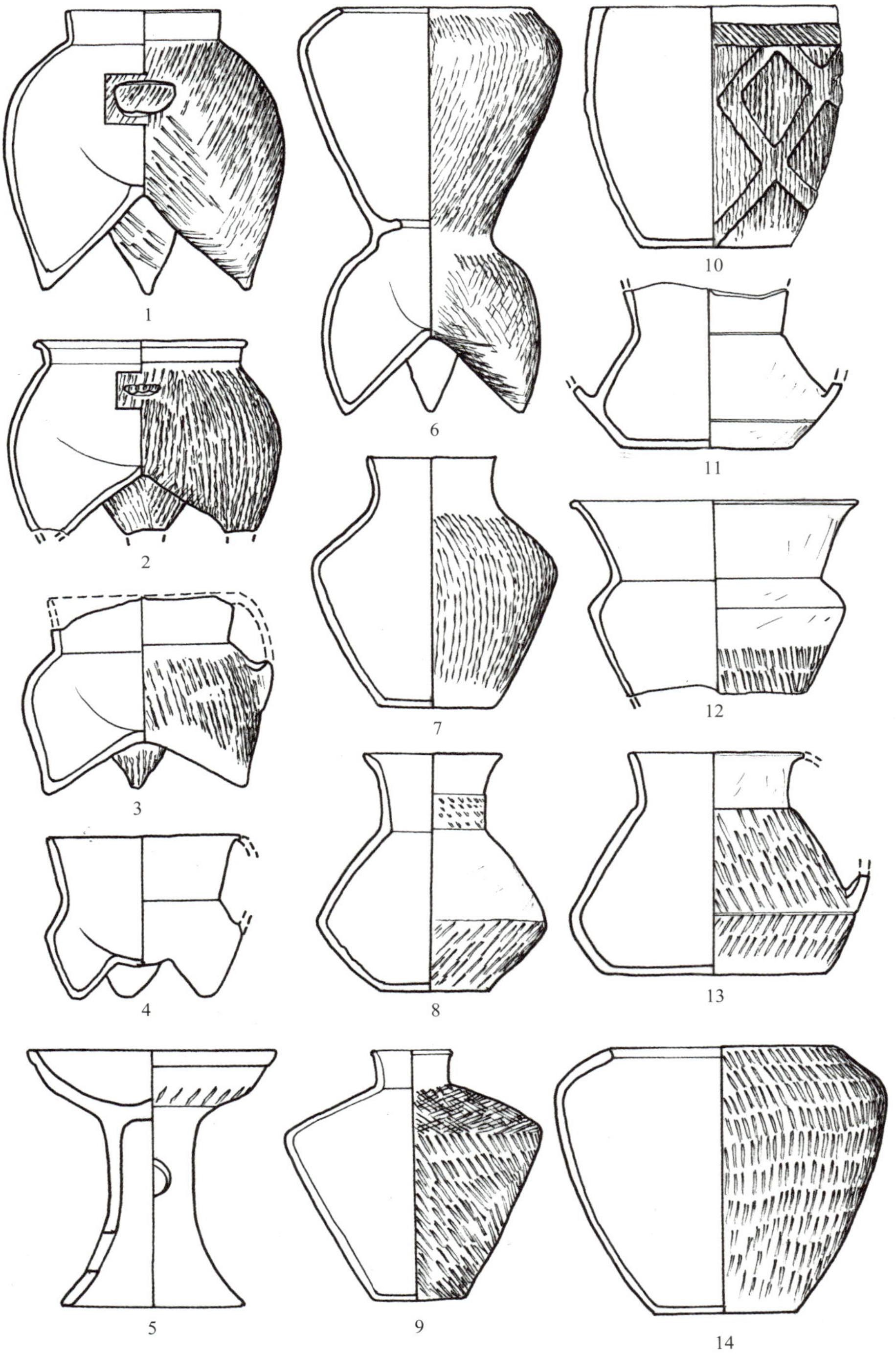


图5　白草塔遗址陶器

1、2. 鋬手鬲；3. 单把鬲；4. 单把斝；5. 浅盘豆；6. 折口甗；7. 鼓腹罐；8. 垂腹壶；9. 小口篮纹罐；10. 平口罐；11. 双耳罐 ；12. 大口尊；13. 单耳罐；14. 敛口瓮

表1 永兴店文化主要遗存分期

| 分期＼遗存 | | 二里半 | 永兴店 | 大庙圪旦 | 白草塔 | 朱开沟 |
|---|---|---|---|---|---|---|
| 早期 | 早段 | 早期 | | | | |
| | 晚段 | | 第一阶段 | | | |
| 中期 | | 晚期 | 第二阶段 | H1遗存 | 早期 | |
| 晚期 | 早段 | | | | 晚期 | |
| | 晚段 | | | | | W2002遗存 |

晚期分为以白草塔晚期为代表的晚期早段，和以朱开沟鋬手鬲（W2002：1）为代表的晚期晚段。

在二里半遗址的该类遗存中，早期偏晚的一个经树轮校正的$^{14}$C数据为距今4300年①。据此推测，永兴店一类遗存的年代应在公元前2500～前2000年之间，正当典型龙山文化的发展阶段。

## 三、大口二期文化

大口遗址是1962年调查发现的，1973年开始发掘②。通过对大口遗址的发掘，识别出该遗址包含着两类不同性质的考古学文化遗存，遂分别称为“大口第一期文化”与“大口第二期文化”。此后，“大口第一期文化”被归入永兴店文化。而“大口第二期文化”遗存在被定名为“大口二期文化”的前后，还曾被归入“光社文化”③，或归入“前套龙山文化”④，或包括在“朱开沟文化”之中⑤，或包括在“李家崖文化”之中⑥。大口二期文化的分布范围，包括内蒙古鄂尔多斯东南部及沿南流黄河两岸的陕北、晋北和晋中吕梁山区，地域并不广阔。

### （一）文化面貌

大口二期文化的居住址均选择在河沟附近高地。房子或建于高出地面的台基之上，或为半地穴式，居住面及墙壁多系白灰面建筑，房内有一个圆形灶，地面有柱洞，门设在

① 魏坚：《准格尔旗寨子塔、二里半考古的主要收获》，《内蒙古中南部原始文化研究文集》，海洋出版社，1991年，第162页。

② 吉发习、马耀圻：《内蒙古准格尔旗大口遗址的调查与试掘》，《考古》1979年第4期。

③ 邹衡：《夏商周考古学论文集》，文物出版社，1980年，第272页。

④ 高天麟：《黄河前套及其以南部分地区的龙山文化遗存试析》，《史前研究》1986年第Z2期。

⑤ 内蒙古文物考古研究所：《内蒙古朱开沟遗址》，《考古学报》1988年第3期。

⑥ 吕智荣：《试论李家崖文化的几个问题》，《考古与文物》1989年第4期。

前墙正中，有凸出的门道。居住址内发现较多瓮棺葬，用三足瓮、折肩罐、大口尊、深腹罐、甗、鬲等实用器作为葬具埋葬儿童。

大口二期文化的石器有大型石器和细石器。大型石器有磨制、打制、琢制，以磨制为主。器类有斧、铲、锛、刀、凿、镰、盘状器、臼形器、磨石等。斧体厚重，截面呈圆角矩形，也见打制的亚腰形斧。铲为窄首宽刃，多通体磨光。刀为长条形，有的两侧带缺口，均磨制且穿孔。镰为弧背直刃。细石器的器类有刮削器、尖刻器、镞、矛形器、石刃等。骨器有铲、凿、刀、锥、镞、笄、匕、针等。镞的截面有圆形、三棱形、四棱形。陶质工具的陶垫系横向穿孔。铜器仅有见于朱开沟的铜针。

大口二期文化的陶器器皿以泥质灰陶最多，夹砂灰陶次之，还有泥质褐陶、夹砂褐陶和少量泥质黑陶。器表约三分之一为素面磨光；主体纹饰是竖直或斜向的篮纹与大多较粗的绳纹，两者共约占三分之一，也有少量方格纹；伴随主体纹饰的有条状附加堆纹、划纹、锥刺纹等。器物一般形体较大，器壁厚重，烧制火候高，质地坚硬。大型器物上普遍附贴鋬手。常见器类有鬲、甗、斝、尊、罐、盆、碗、盘、豆、盉、甑、杯等。鬲、甗类发达，夹砂罐衰退，少见甑，不见鼎与鬶；盛行折口、折肩器，流行在袋足器足尖填塞泥块以增高足根的做法。典型器物的特征是：鋬手鬲高侈领，有实足根；瓮形斝折口或直口，圜底，鸟头状足或有实足根；三足瓮或袋足中空，或有实心足根；折口甗均有腰隔，腰以上有鋬手一对；大口尊呈喇叭口；深腹罐平底或圜底圈足；折肩罐折领斜侈（图6）。

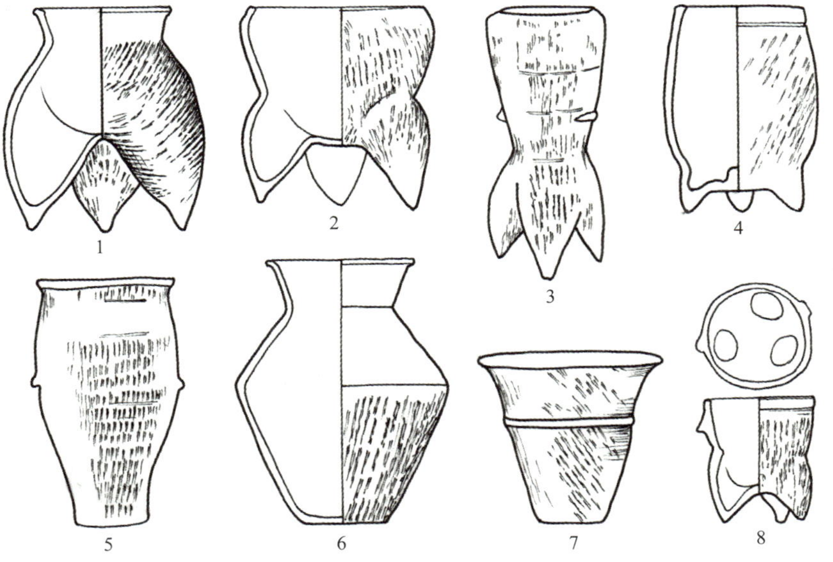


图6　大口二期文化陶器

1. 鬲；2. 斝；3. 甗；4. 三足瓮；5. 深腹罐；6. 高领罐；7. 敞口罐；8. 斝
（1、2、4、6. 朱开沟出土，3、5、7. 大口出土，8. 石峁出土）

### （二）分期与年代

大口二期文化的遗址点及其层位，在大口遗址为第3、4层；在朱开沟遗址属居住址第三段以前的遗存；在陕西神木石峁遗址为以M2为代表的遗存；在山西汾阳峪道河遗址为W2和W3为代表的遗存[①]。因该类遗存目前发现的遗址堆积较薄，出土陶器，特别是可资分期研究的陶鬲数量太少，故暂不做分期。

大口二期文化的年代，在大口遗址，其晚于属永兴店文化的大口一期遗存；在朱开沟遗址，主要是朱开沟一、二段，早于早商时期遗存；在石峁遗址，晚于石峁龙山文化一类遗存。据此，大口二期文化的年代，当在夏的纪年之内。标志着这一文化所处年代的典型器物是领部增高并有了实足根的鋬手鬲和三足瓮的出现，同时出现的还有圜底圈足深腹罐、折口甗等。

## 四、三类遗存的陶鬲谱系源流

任何一个特定的考古学文化，都是由在同一地域同一时期具有共同特征的一群遗址、遗物构成的。它的形成和发展，既有对其先行文化的继承与变革，又有对同时期周围其他文化的吸收与融合。这就决定了特定的考古学文化，在具备鲜明的主体文化面貌特征的同时，也会带有周邻地区考古文化的某些因素。

上述三类分布地域不同、出现和消亡年代有别、文化面貌存在一定差异的考古学文化，应存在着不同的谱系源流和千丝万缕的联系。

### （一）老虎山文化陶鬲的源流

老虎山文化以单把釜形斝、斝式鬲、斜腹盆形甗和双耳红陶罐等陶器群为主要器物组合，故与完全不见三足器的大青山前台地的阿善文化，以及南流黄河两岸以胖袋足鋬手鬲为特征的永兴店文化，应分属不同的考古学文化。同时，庙底沟二期文化中流行的鼎、釜、灶，在晋南和河北北部均可见到，但这里却不见；反之，老虎山文化一、二期遗存中发达的附加堆纹和袋足器，又是其他地区少见的。因此，从老虎山文化一、二期遗存的基本面貌，也可以看出其与关中、晋南和河北北部同期文化存在着较大的区别。

所以，老虎山文化的三足器，很可能是在本地釜形器的基础上独立起源的。从对老虎

① 吉发习、马耀圻：《内蒙古准格尔旗大口遗址的调查与试掘》，《考古》1979年第4期；魏坚：《准格尔旗寨子塔、二里半考古的主要收获》，《内蒙古中南部原始文化研究文集》，海洋出版社，1991年，第161～164页；西安半坡博物馆：《陕西神木石峁遗址调查试掘简报》，《史前研究》1983年第2期；山西省考古研究所：《山西汾阳县峪道河遗址调查》，《考古》1983年第11期。

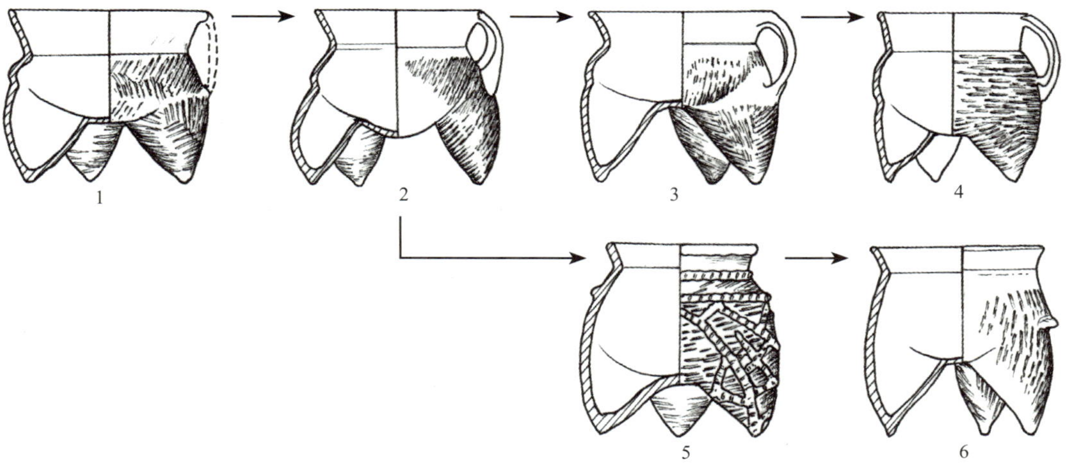


图7　老虎山文化斝、斝式鬲演化示意图

1. 西白玉早期（T40④：1）；2. 园子沟早期（F2023：5）；3. 板城晚期（F7：11）；4. 园子沟晚期（H2002：5）；5. 老虎山晚期（F27：1）；6. 板城晚期（F9：2）
（→ 指示器物的演变）

山文化红陶双耳罐与庙子沟文化中庙子沟类型的红陶双耳罐的研究来看，老虎山文化与岱海地区普遍存在的庙子沟文化①之间虽然尚有一定的缺环，但二者有着明显的渊源关系。其流向很可能是融入了其后兴起的南流黄河两岸的永兴店文化之中。

老虎山文化最具特征的是单把斝和斝式鬲。从地层学和器物发展演变的规律可知，这类遗存早期产生的三足器是分裆的泥质单把斝，其后产生了腹部变深的夹砂单把斝。到晚期阶段，单把斝的演变朝两个方向发展：一种演变成了单把深腹斝式鬲；一种则演变成为深腹胖袋足分裆的斝式鬲，再发展为连裆袋足鋬手鬲。因此，老虎山文化存在着尖底斝 → 圜底斝 → 斝式鬲的发展谱系（图7），而且其在老虎山一类遗存中是在较短时间内完成的。这为探讨鬲的起源，提供了极其珍贵的标本。

### （二）永兴店文化陶鬲的源流

永兴店文化是由内蒙古中南部的阿善文化②发展而来，这从分布地域的大致吻合，特别是遗迹、遗物特征的承继性上，均可得到印证。

首先，阿善文化的圆角长方形或方形半地穴式房址、凸出的门道和用两块石板平铺的

① 魏坚：《试论庙子沟文化》，《青果集——吉林大学考古专业成立二十周年考古论文集》，知识出版社，1993年，第85～100页。
② 魏坚：《试论阿善文化》，《青果集——吉林大学考古系建系十周年纪念文集》，知识出版社，1998年，第27～34页。

地面灶，均开创了永兴店一类遗存同类房址的先河；而永兴店一类遗存的圆形袋状和方形直壁窖穴，在阿善文化中更是常见。

其次，阿善文化和永兴店一类遗存均是以泥质灰陶和夹砂灰陶为主。所不同的是，阿善文化含有少量的夹砂褐陶和泥质褐陶，而永兴店一类遗存除留有极少量泥质红褐陶外，还新出现少量的泥质黑陶。

再次，从陶器的演变轨迹来看，永兴店遗址出土的小口篮纹罐（H9：1）和大口尊（G2：2），明显是由阿善文化小沙湾遗址的钝尖尖底瓶（F4：1）和折腹盆（F20②：1）发展而来。此外，永兴店遗址的斜腹盆（G2：3）和细柄豆（H32：1），均可在小沙湾遗址的斜腹盆（F7②：1）和粗柄豆（F3：2）上找到其祖型[①]。

永兴店一类遗存最具典型意义的双鋬胖袋足鬲，与分布于山西晋中、忻定和河北张家口地区的以矮领胖袋足双鋬鬲为代表的遗存，在文化面貌上有着较多的一致性。例如，永兴店遗址出土的鋬手鬲（H14：1）侈口宽裆，与杏花村同类器（H118：3）[②]颇为相似；永兴店遗址的溜肩双鋬鬲（H14：2）与游邀同类器（H348：1）[③]也很接近。从广义上讲，内蒙古中南部和晋中、忻定地区表现出的考古学文化的诸多一致性，表明两者应属同一考古学文化范畴，但两者之间在文化面貌上仍然表现出较大的地域差异。

考古学文化的发展不是孤立、封闭的，而是在与周围同时期其他考古学文化的交往中实现的。

同样，永兴店文化与岱海地区的老虎山文化的差别也不能简单地归结为年代早晚的差异，而应当从分布地域、接受外来影响和发展谱系的不同来考虑。例如，老虎山文化以釜形斝、釜形斝式鬲和素面红陶中口双耳罐为主要炊具，而永兴店文化则是以双鋬鬲、矮足甗和绳纹夹砂罐作为组合。所以，从文化谱系上看，永兴店文化与老虎山文化有着不同的渊源关系。

永兴店文化最典型的矮领双鋬鬲的早晚发展变化的规律是：

矮直领胖袋足、分裆→矮斜领垂袋足、分裆→斜直领溜肩、连裆→斜直领鼓肩、有足尖→斜高领瘦腹、实足根（图8）。

综上，永兴店一类遗存虽与陕、晋、冀北部的同类遗存有着较深的文化联系，但它应是在内蒙古中南部仰韶晚期阿善文化的基础上，逐步发展演变而来的，其应当是本地区随后发展起来夏商阶段遗存的直接主源。

---

① 内蒙古文物考古研究所：《准格尔旗小沙湾遗址及石棺墓地》，《内蒙古文物考古文集》（第一辑），中国大百科全书出版社，1994年，第225～234页。

② 晋中考古队：《山西汾阳、孝义两县考古调查和杏花村遗址的发掘》，《文物》1984年第4期。

③ 忻州考古队：《山西忻州市游邀遗址发掘简报》，《考古》1989年第4期。

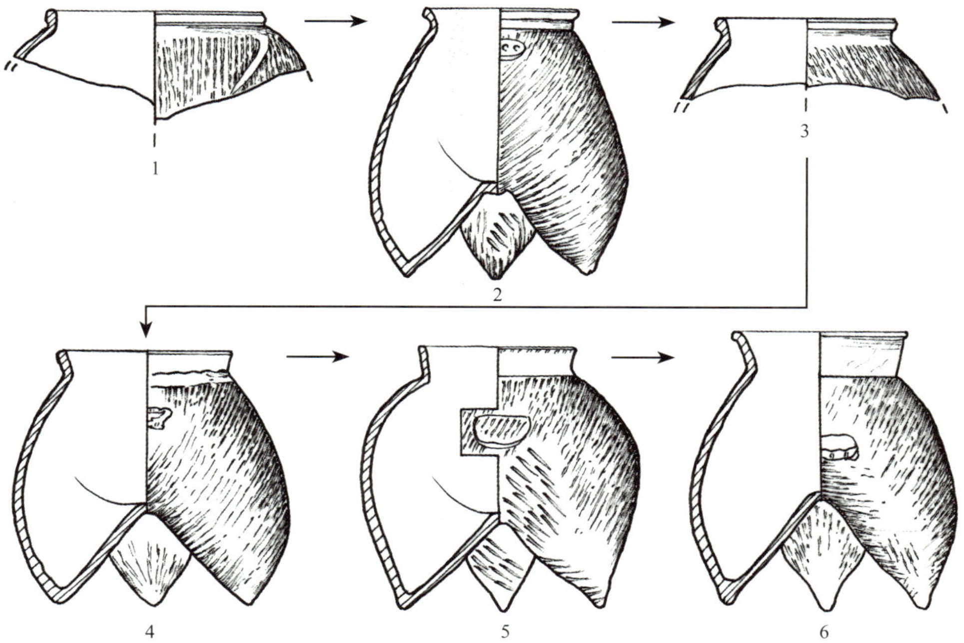


图8 永兴店文化矮领双鋬鬲演化示意图

1. 二里半早期（T205⑤：1）；2. 永兴店第二阶段（H14：2）；3. 二里半晚期（T57④：1）；
4. 大庙圪旦（H1：1）；5. 白草塔晚期（F8：21）；6. 朱开沟（W2002：1）
（→指示器物的演变）

（三）大口二期文化陶鬲的源流

大口二期文化应当是在“大口第一期文化”和朱开沟文化第一阶段遗存①的基础上发展起来的。而“大口第一期文化”和朱开沟文化第一阶段遗存即属于永兴店文化晚期遗存，所以大口二期文化就是在本区域永兴店文化的基础上发展起来的。

大口二期文化与同时期汾河流域的文化关系密切，两地互有影响，其最典型的遗存发现在朱开沟遗址，属朱开沟文化第二阶段遗存。该类遗存以小口、高领、瘦腹、带有实足根的袋足鬲（图6-1）为主要器形。目前因材料较少而难以分期。

大口二期文化的去向，当发展为朱开沟、张家塔、陈家梁、张家梁等遗址所见商、周

① 内蒙古自治区文物考古研究所、鄂尔多斯博物馆：《朱开沟——青铜时代早期遗址发掘报告》，文物出版社，2000年，第282、286页。

时期以“花边鬲”和三足瓮为特征的遗存[①]。同类遗存还见于陕西绥德薛家渠[②]、清涧李家崖[③]和山西柳林高红[④]诸遗址。

## 五、结语

通过对内蒙古中南部龙山至夏阶段诸考古学文化遗存源流的分析，我们初步厘清了该地区老虎山文化、永兴店文化和大口二期文化陶鬲谱系的基本轮廓。主要有如下几点认识：

第一，内蒙古中南部地区龙山至夏早期阶段考古学文化的发展是自成体系、独立发展的，由此形成了老虎山、永兴店和大口二期三个既有空间联系，又有继承关系的考古学文化。

第二，老虎山文化的红陶斝式鬲是在该文化单把斝的基础上演变形成的，其早期约当庙底沟二期文化阶段。老虎山文化比阿善文化要滞后一个发展阶段，但并非阿善文化的后继者，其与庙子沟文化的庙子沟类型有着明显的渊源关系，但二者之间仍存在缺环。

第三，永兴店文化双鋬胖袋足鬲有着完整的发展演变序列，年代上应晚于老虎山早期文化。永兴店文化显著的地域性特征，表明其是在阿善文化的基础上发展起来的，同时也受到了来自山西晋中、忻定和河北张家口地区考古学文化的强烈影响。

第四，大口二期文化的高领实足根袋足鬲是由永兴店文化斜高领瘦腹鬲直接发展而来。大口二期文化其后当发展为朱开沟等一类遗址所见以“花边鬲”和三足瓮为基本特征的商、周时期遗存。

第五，从内蒙古中南部地区龙山至夏早期阶段考古学文化的相对年代看，老虎山文化是在阿善文化的晚期阶段产生并发展起来的；永兴店文化是在老虎山文化晚期阶段，在阿善文化的基础上演变而来，其后又演变为大口二期文化。从文化谱系上看，老虎山文化与永兴店文化有着不同的渊源关系。

（原载《中国陶鬲谱系研究》，故宫出版社，2014年）

---

① 崔璿：《河套地区东周以前含袋足器诸器群及相关问题》，《中国考古学会第七次年会论文集（1989）》，文物出版社，1992年，第280～293页。

② 北京大学考古系商周考古实习组、陕西省考古研究所商周研究室：《陕西绥德薛家渠遗址的试掘》，《文物》1988年第6期。

③ 张映文、吕智荣：《陕西清涧县李家崖古城发掘简报》，《考古与文物》1988年第1期。

④ 晋中考古队：《山西娄烦、离石、柳林三县考古调查》，《文物》1989年第4期。

# THE "LI" POTTERY VESSEL FROM THE LONGSHAN PERIOD TO THE XIA DYNASTY IN CENTRAL AND SOUTHERN INNER MONGOLIA

Wei Jian

**Abstract:** Findings dated between the Longshan period and the Xia and Shang dynasties in Central and Southern Inner Mongolia have been gradually discovered since the 1960s and 1970s. The progress of field archaeology allowed the identification of Longshan period remains represented by the Laohushan and Yongxingdian cultures and remains dating to the early Xia Dynasty represented by Dakou Ⅱ culture. The "Li" type of pottery vessel is the most representative artifact, found in all three archaeological cultures. Through the study of the "Li" vessel, the development of archaeological cultures from the Longshan period to the early stage of the Xia dynasty in Central and Southern Inner Mongolia appears to have developed in a self-contained and independent way. The resulting three archaeological cultures of Laohushan, Yongxingdian and Dakou Ⅱ, are not only related in space, but they also influenced each other to a certain extent. The red pottery "Li" vessel of the "Jia" type from Laohushan culture derives from the earlier single-handled "Jia", and Laohushan culture's early stage is approximately equivalent to the second phase of Miaodigou culture. The "Li" vessel with double lugs and fat hollow legs from Yongxingdian culture has a complete sequence of development and evolution, which should be dated later than the early stage of Laohushan culture. Its remarkable regional characteristics, inherited from Ashan culture, were also strongly influenced by the archaeological cultures from Jinzhong and Zhangjiakou. The "Li" vessel with high neck, solid feet, and double lugs from Dakou Ⅱ culture directly developed from the oblique high neck and thin body vessel typical of Yongxingdian culture.

**Keywords:** Central and Southern Inner Mongolia; Longshan Period; Early Stage of Xia Dynasty; Li Pottery Vessel

# 试论朱开沟文化*

摘　要：朱开沟文化是内蒙古中南部及其周边地区，在永兴店文化晚期遗存的基础之上发展起来的一支新的考古学文化，在其发展过程中，还受到来自陕晋龙山阶段晚期遗存的影响。朱开沟遗址的遗存中既有遗址，也有墓葬，内涵丰富，年代跨度大，并出土了极具特色的陶器群和青铜器等，但从遗址发掘之初直到今天，学界对朱开沟文化的认识仍莫衷一是。主要分歧集中在朱开沟遗址作为朱开沟文化的典型遗址，其遗存的内涵是否全部属于同一种考古学文化。本文在综合前人研究成果的基础上重新对朱开沟遗址和朱开沟文化的内涵做进一步分析，认为其可以分为联系紧密、顺序发展的五期，绝对年代应在距今4100～3300年之间。朱开沟文化早期继承本地区龙山时代房址抹白灰地面的特征，晚期出现双室或者三室的房址，具有以袋足鬲、蛇纹鬲、三足瓮、盆形甗和高领罐为主要组合并具自身演变序列的陶器。朱开沟文化的墓葬情况表明此时已经出现了财产私有和贫富分化，虽还未形成明显、严格的社会等级，但也暗示着男性特权的出现和女性作为“牺牲品”随葬的可能。朱开沟文化的经济形态是以农业为主，饲养家畜，并兼有狩猎的生业模式。朱开沟文化从开始有装饰品和小型青铜制品，到出现青铜兵器以及鼎、爵等青铜礼器，尽管尚未发现冶炼铸造的遗址，但却表明社会发展已经进入了新阶段，同时也反映了社会思想与制度层面的变革。

关键词：内蒙古中南部　朱开沟遗址　朱开沟文化

## 一、前言

20世纪70年代末至80年代初，内蒙古文物考古研究所田广金连续四次主持了鄂尔多斯市伊金霍洛旗朱开沟遗址的发掘，并在80年代后期提出了朱开沟文化的命名[①]。朱开沟遗

* 本文得到国家社科基金重点项目“中国北方游牧与农耕民族交融的考古学研究”（项目批准号：14AKG002）资助。

① 内蒙古文物考古研究所：《内蒙古朱开沟遗址》，《考古学报》1988年第3期。

址的发掘，为探讨内蒙古中南部龙山至夏商阶段的考古学文化面貌提供了充足的资料，极大地推动了内蒙古中南部原始文化的研究进程。

朱开沟遗址既有遗址，也有墓葬，内涵丰富，年代跨度大，出土陶器群和青铜器等极具特色，但从遗址发掘之初直到今天，学术界对朱开沟文化的认识仍未能达成共识。主要分歧集中在朱开沟遗址作为朱开沟文化的典型遗址，其遗存内涵是否全部属于同一考古学文化。对此，目前有两种主要观点。一是同一文化论。20世纪80年代，发掘主持者田广金认为，朱开沟遗址包含着连续发展的五个阶段遗存，这类遗存具有独特的文化特征和一定的分布地域，可以称其为朱开沟文化①。王连葵在研究河套和岱海地区夏商遗存之时，也将朱开沟遗址全部遗存归于朱开沟文化②。随后，无论在朱开沟遗址正式发掘报告里还是后期研究中，田广金仍然坚持朱开沟遗址的遗存尽管存在差异、但总体上一脉相承、有共同的文化性质、属于同一文化范畴的观点，韩建业也持相同的看法③。杨泽蒙则从类型学研究和体质人类学研究角度，论证了朱开沟遗存为同一主体人群创造的同一文化，尽管来自周边地区的影响有时比较强烈，但都没有对朱开沟人群的主体成分造成大的影响④。此外，乌恩岳斯图则在赞同朱开沟文化内涵统一的基础之上，从考古学文化年代范畴入手，认为朱开沟文化为青铜时代文化，属于龙山阶段的第一段遗存应被排除，朱开沟遗址从第二段开始至第五段属于朱开沟文化⑤。二是不同文化论。1984年召开的内蒙古西部原始文化座谈会上，张忠培、严文明对朱开沟遗址一至五段为同一文化提出了异议，认为无法将朱开沟遗址所有遗存视为文化面貌、特征和性质相同的遗存，应加以区分。特别是张忠培将居住址与墓葬内的遗存各分为三堆，并分别探讨了其年代与源流⑥。在1989年内蒙古中南部原始文化研究会上，对将朱开沟遗址一到五段遗存都归于朱开沟文化的意见，李伯谦认为还有不少问题值得商榷⑦。进入20世纪90年代后，崔璇认为朱开沟遗址的陶器似乎不属一个陶器群，并将其分为甲、乙、丙、丁四组陶器群，其中以棱纹鬲（蛇纹鬲）、三足瓮、侈沿盆、盆形腹甗、带钮罐、鼓腹罐等器物为主的丙组陶器群所代表的遗存才属于朱

① 内蒙古文物考古研究所：《内蒙古朱开沟遗址》，《考古学报》1988年第3期。

② 王连葵：《河套和岱海地区夏商时期文化初探》，《内蒙古中南部原始文化研究文集》，海洋出版社，1991年，第186～215页。

③ 内蒙古自治区文物考古研究所、鄂尔多斯博物馆：《朱开沟——青铜时代早期遗址发掘报告》，文物出版社，2000年，第285～286页；田广金、韩建业：《朱开沟文化研究》，《考古学研究》（五），科学出版社，2003年，第227～259页；韩建业：《内蒙古朱开沟遗址有关问题的分析》，《考古》2005年第3期。

④ 杨泽蒙：《朱开沟文化因素分析及与周邻地区考古学文化的关系》，《岱海考古（二）——中日岱海地区考察研究报告集》，科学出版社，2001年，第411～453页；杨泽蒙：《解读朱开沟文化》，《鄂尔多斯学研究》2008年第3期。

⑤ 乌恩岳斯图：《论朱开沟文化》，《考古学集刊》（16），科学出版社，2006年，第346～379页。

⑥ 张忠培：《内蒙古西部地区原始文化座谈会发言辑录》，《内蒙古文物考古》总4期，1986年；张忠培：《朱开沟遗存及其相关的问题》，《中国北方考古文集》，文物出版社，1990年，第209～213页。

⑦ 李伯谦：《丰硕成果　新的课题》，《内蒙古中南部原始文化研究文集》，海洋出版社，1991年，第17～20页。

开沟文化[①]。随后，魏坚、崔璇撰文认为，朱开沟遗址丙组遗存由夏代中期到早商阶段的遗存才可以代表朱开沟文化[②]，这一观点在一段时间内被大家普遍接受。21世纪以来，吕智荣、马明志等人先后发表文章支持上述观点[③]。同时也出现了许多新的观点，王乐文将朱开沟遗址遗存区分为两种不同性质的考古学文化，并认为“二者不仅文化面貌不同，而且在起源、分布和存续时间等方面皆不相同”[④]。赵菊梅基本赞同王乐文对朱开沟遗址的分类，认为它们不属于同一种文化，其年代也存在差别[⑤]。段天璟则认为朱开沟遗址内的文化遗存为多元谱系[⑥]。

从对朱开沟遗址内涵的诸多争议，特别是“不同文化论”中的多方见解可以明显看出，20世纪末在朱开沟遗址发掘报告出版之前，对于朱开沟遗存内涵分类的认识差异较大；发掘报告出版之后，针对朱开沟遗址内涵的分类，基本统一在了属于两类遗存的认识上。出现这种情况，除了早期对具体遗存情况不甚明晰的缘故之外，主要还是研究者对朱开沟遗址的整体内涵了解不够、把握不同所致。因此，我们首先应从朱开沟遗址本身进行分析，把握具体遗迹的器物组合，厘清遗址整体文化面貌和年代分期，进而明确朱开沟文化的内涵和分布范围，解决朱开沟文化的分期问题。

## 二、朱开沟遗址试析

朱开沟遗址位于鄂尔多斯高原东缘的伊金霍洛旗纳林塔乡朱开沟村，在沟壑纵横的山梁上分为六个发掘区，1977～1984年经过四次发掘，发掘面积2700平方米，加上清理的灰坑和墓葬等，揭露面积约4000平方米，发掘房址83座、灰坑（或窖穴）207个、墓葬329座、瓮棺葬19座（图1）。出土可复原陶器510件、石器270余件、骨器420余件、铜器50余件，另外还采集了大量陶器标本和可供鉴定种属的动物骨骼等。我们将从《朱开沟遗址——青铜时代早期遗址发掘报告》（以下简称《朱开沟》）的资料入手，对朱开沟遗址出土的遗存进行辨析。

① 崔璿：《朱开沟遗址陶器试析》，《考古》1991年第4期。

② 魏坚、崔璇：《内蒙古中南部原始文化的发现与研究》，《内蒙古文物考古文集》（第一辑），中国大百科全书出版社，1994年，第125～143页。

③ 吕智荣：《朱开沟文化相关问题研究》，《华夏考古》2002年第1期；马明智：《朱开沟文化的流布及相关问题研究》，《西部考古》（第四辑），科学出版社，2009年。

④ 王乐文：《朱开沟遗址出土遗存分析》，《北方文物》2004年第3期；王乐文：《论朱开沟遗址出土的两类遗存》，《边疆考古研究》（第3辑），科学出版社，2004年。

⑤ 赵菊梅：《陕晋高原夏商时期考古学文化格局研究》，吉林大学硕士学位论文，2004年，第5页。

⑥ 段天璟：《朱开沟遗址分期的相关问题》，《边疆考古研究》（第10辑），科学出版社，2011年。

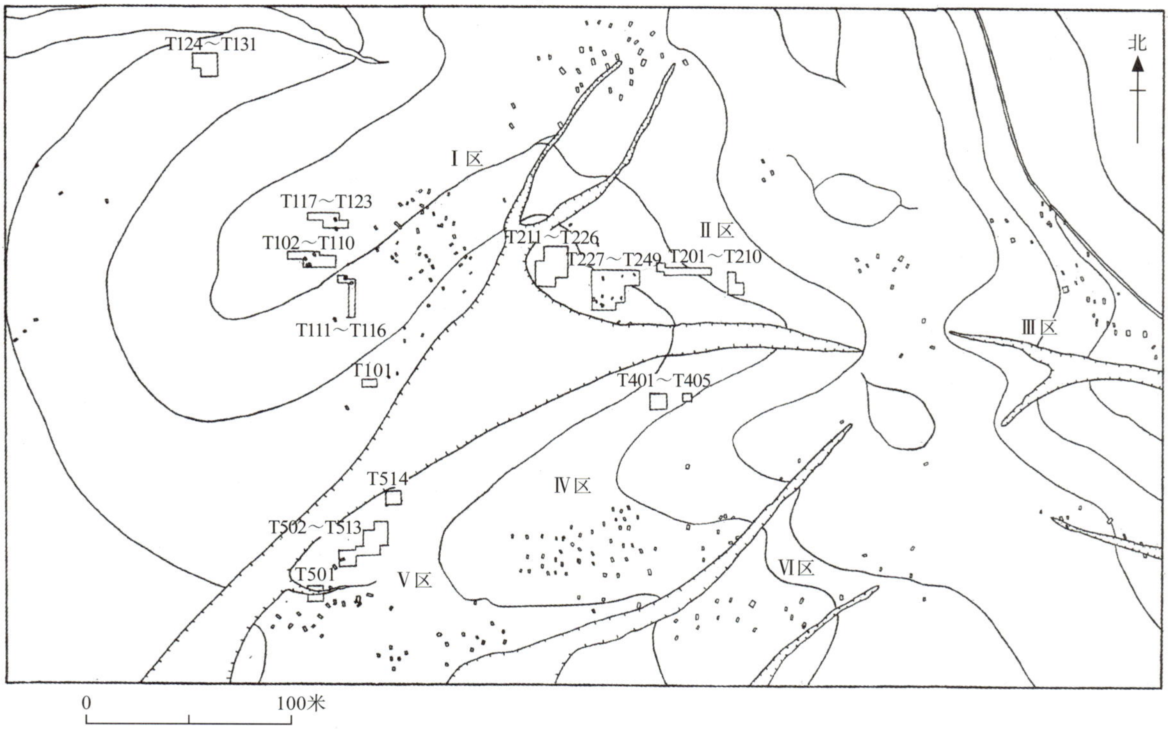


图1　朱开沟遗址布方与墓葬分布示意图

（采自《朱开沟——青铜时代早期遗址发掘报告》）

## （一）文化内涵

根据《朱开沟》对出土遗物的描述，发现居址和墓葬所列举的出土陶器的确存在差异，应是朱开沟遗存文化内涵引起争议的主要原因。居址内的陶器以夹砂灰陶和泥质灰陶为主，主要陶器有双鋬鬲、花边鬲、大袋足鬲、蛇纹鬲、高领鬲、甗、三足瓮、单耳罐、盉、盆、豆，还有少量单把鬲、斝、单耳罐、高领罐、带钮罐、碗、钵和杯等。墓葬内出土的陶器多以泥质灰陶为主，主要陶器有单把鬲、花边鬲、蛇纹鬲、盉、单耳罐、双耳罐、高领罐、豆、壶、盆，还有少量的甗、罐、簋和三足杯等。同时，墓葬和居址中以极具特征的蛇纹鬲和带钮罐为代表的少数器物及其稳定的组合关系，与遗址内多数器物及形成的其他组合关系存在较为明显的差异，这或许是造成诸多学者认为朱开沟遗存可能分属不同考古学文化的原因所在。

对于居址与墓葬内出土器物存在差异的问题，编者在《朱开沟》中对居住址陶器进行介绍时，一开始就指出“居住遗址中出土的陶器标本，绝大多数都为局部残片，特征显示程度较弱。因此，部分器类中（单耳罐、双耳罐、单把鬲），同一式别的器物，若墓葬中

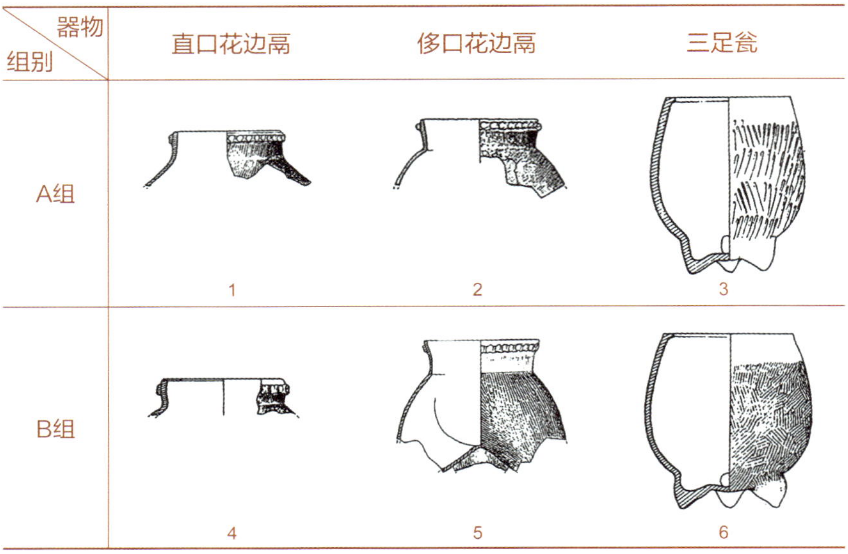


图2　A、B两组共有陶器对比图

1. T229④ : 4；2. T247③ : 4；3. H2058 : 1；4. H4006 : 6；5. H1058 : 9；6. W1001 : 1
（采自《朱开沟——青铜时代早期遗址发掘报告》）

出土有完整者，对居住址中出土的特征不十分明显的标本，则不作过多拣选。故凡此节中未作介绍的器物，并不意味着居住遗址中绝对不见”[①]。通过对《朱开沟》所选标本的比对发现，居住址中可辨器形的单把鬲、蛇纹鬲、盉、单耳罐、带钮罐和豆等，与墓葬出土同类器在陶质、陶色、制作手法和器形方面都基本相似，并无太大差别。可以认为，居住址和墓葬出土陶器存在的质地与形态上的一些差异，应是作为日常生活实用器与墓葬随葬品之间的功用不同所致。

对于将以蛇纹鬲和带钮罐为代表的器物组合区别于其他器物组合的情况，根据王乐文和赵菊梅等学者的器物分组，暂且将其分为以双鋬鬲为代表的A组组合和以蛇纹鬲为代表的B组组合。尽管A、B组遗存的器物多数不在同一遗迹单位内共出，但在两组遗存组合中有少量共存关系的花边鬲（图2-1、图2-2、图2-4、图2-5）和三足瓮（图2-3、图2-6），在陶质、陶色、器形和纹饰方面都表现出相似性。

据赵菊梅分析，在居住址内分别出土A组和B组器物的遗迹之间存在相互的叠压打破关系。如在朱开沟遗址Ⅰ区发现，开口于第1层下的H1062和H1076、开口于第2层下的H1055、开口于第3层下的H1057、H1064、H1066和开口于第4层下的H1018、H1058，从

① 内蒙古自治区文物考古研究所、鄂尔多斯博物馆：《朱开沟——青铜时代早期遗址发掘报告》，文物出版社，2000年，第83～84页。

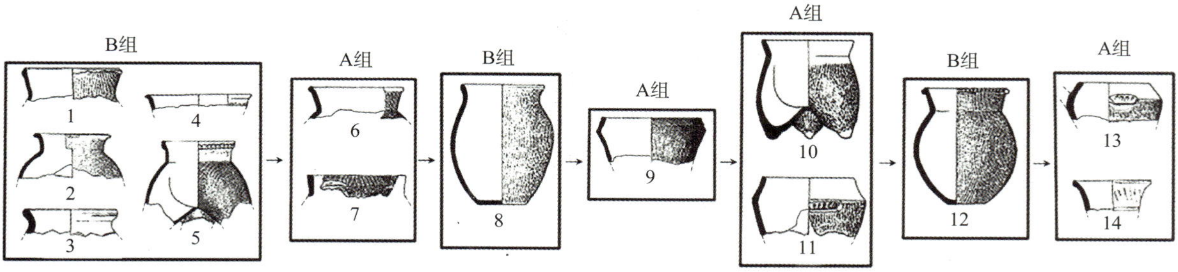


图3　A、B两组遗迹单位及陶器年代早晚顺序图

1. H1058：3；2. H1058：5；3. H1058：6；4. H1058：7；5. H1058：9；6. F1018：1；7. F1018：2；8. H1064：3；9. H1057：9；10. H1066：1；11. H1066：10；12. H1055：6；13. H1076：8；14. H1062：4

（修改自赵菊梅《陕晋高原夏商时期考古学文化格局研究》）

地层学的角度看，彼此之间存在着明显的早晚关系。再从上述遗迹出土的陶器组合看，属于A组的有F1018：1、F1018：2（图3-6、图3-7），H1057：9（图3-9），H1066：1、H1066：10（图3-10、图3-11），H1076：8（图3-13）和H1062：4（图3-14）；属于B组的有H1058：3、H1058：5、H1058：6、H1058：7、H1058：9（图3-1～图3-5），H1064：3（图3-8），H1055：6（图3-12），不同陶器组合的A组和B组之间互有早晚关系。按照上述遗迹出土器物的年代早晚顺序排列，便可得到A、B组互为早晚的排列结果（图3）。从图中所示层位关系和陶器组合来看，A、B组陶器组合之间的相互叠压打破，是在同一时间过程中先后完成的，不存在A组整体早于B组或B组整体早于A组的情况，两者应该是彼此共生的。

因此，我们结合A、B组陶器组合内器形相同、纹饰相近的共有器物，以及彼此之间的叠压打破关系，可以认定，A、B组的不同陶器组合应属同一考古学文化，彼此的差异可能只是体现了不同文化因素的影响。

综上所述，朱开沟遗址出土遗存尽管内涵丰富、年代跨度大，陶器群看似包含不同特征的器物组合，但其所体现的应是同一考古学文化内部由于器物用途及不同文化因素影响造成的差异。细究之下，不同的陶器组合之间还是存在着密切的连带关系，恰好也是朱开沟遗址最具自身特色的文化内涵之一。由此推断，朱开沟遗址所出遗存应属于同一考古学文化是毋庸置疑的。

### （二）分期

根据《朱开沟》提供的年代分期，朱开沟遗址可从龙山晚期延续至早商阶段。因此，在确定朱开沟遗址文化内涵属于同一种考古学文化的基础上，对遗址的居址和墓葬进行系统的分期，就成为厘清朱开沟遗址发展脉络的关键所在。

1. 居址的分期

《朱开沟》根据遗址Ⅰ、Ⅱ、Ⅳ、Ⅴ四个发掘区内各地层堆积的年代对应关系，将居址地层的年代统一概括为五期（表1）。

表1 朱开沟遗址各区地层年代分期对应表

| 分区＼分期 | 第一期 | 第二期 | 第三期 | 第四期 | 第五期 |
| --- | --- | --- | --- | --- | --- |
| Ⅰ | 第5层 | | 第4层 | 第3层 | 第2层 |
| Ⅱ | 第5层 | 第4层 | 第3层 | | 第2层 |
| Ⅳ | | | 第4层 | 第3层 | 第2层 |
| Ⅴ | | | | 第3层 | 第2层 |

通过对朱开沟四个发掘区地层出土资料的进一步分析，我们基本认同《朱开沟》对遗址地层年代的统一和分期，也基本赞成《朱开沟》中依据地层和各遗迹单位的开口层位及出土遗物所进行的分期，只是在个别遗迹的分期归属上与《朱开沟》稍有不同。因此，我们根据《朱开沟》对居址各地点的地层划分，再据校正后的居址遗迹单位开口层位及出土遗物特征，重新将四个发掘区的遗存划分为五期：

第一期，包括Ⅰ、Ⅱ区第5层和Ⅱ区第4层下遗存；

第二期，包括Ⅰ区第4层下、Ⅱ区第4层及第3层下遗存和Ⅳ区第4层下遗存；

第三期，包括Ⅰ区第4层及第3层下遗存、Ⅱ区第3层、Ⅳ区第4层及第3层下遗存和Ⅴ区第3层下遗存；

第四期，包括Ⅰ、Ⅳ、Ⅴ区第3层及各区第2层下遗存；

第五期，包括各区第2层及第1层下遗存。

2. 墓葬的分期

通过对朱开沟墓葬的梳理发现，具有直接叠压打破关系的墓葬往往少有随葬品，所以，我们必须通过间接的早晚关系和随葬陶器的类型学比对，找出各阶段陶器的组合和演变规律，进而对墓葬进行分期研究。据此，通过梳理墓葬地层关系和随葬品，我们认为《朱开沟》中对个别墓葬的分期稍有偏差。

根据《朱开沟》表述的墓葬开口层位关系，可以得到以下墓葬的年代分期：M2001“露口于T201⑤”，说明其至少开口于第4层下，应属第一期；M1018“露口T103④”，说明其至少开口于第3层下，应属第三期；M1023“露口T112②下”，应属第四期；M2006“露口于T223②”、M1019“露口T103②”，说明其最晚开口于第1层下，应属第五期。

在以上地层关系所确定的墓葬年代关系中，M1018属于第三期，则M1018出土的L型Ⅲ式方格纹单把鬲（M1018：1）属第三期。同此，M1045、M3024和M4012由于也出土了同类型的L型Ⅲ式方格纹单把鬲（M1045：3、M3024：2和M4012：3），故应同属第三期遗存。

又据《朱开沟》中对朱开沟遗址和墓葬出土陶器类型学的分析结果，基本可以确定，在居址中的H1014与墓葬M1010、M2013和M3018同出L型Ⅳ式方格纹单把鬲（H1014：3、M1010：1、M2013：2和M3018：4），已知H1014属于居址第四期，则M1010、M2013和M3018也应属于第四期。

朱开沟居址和墓葬出土的三足器中，除方格纹单把鬲之外，还出有少量的绳纹单把鬲。在上述属于第四期的M3018中，与方格纹单把鬲（M3018：4）同出一件绳纹单把鬲（M3018：3），且两者器物形态相同，表明属于同一阶段的单把鬲，无论纹饰是方格纹还是绳纹，其器物形态变化都是同步的。

《朱开沟》中又有“M2001露口于T201④层下，打破⑤层”的描述，则该墓葬出土的M2001：2绳纹单把鬲属于第一期无疑。由M2001：2第一期绳纹单把鬲和M3018：3第四期绳纹单把鬲的演变趋势来看，是由长领微侈，袋足瘦长，足尖外张，略有实足根，逐渐向高领微直，袋足略鼓，足尖内收，实足根变高发展，基本上是由瘦长向矮胖变化。依照这个变化规律，对《朱开沟》中没有明确层位关系的墓葬，我们也可以根据绳纹单把鬲的演变排出其年代发展顺序。如M1006出土了两件绳纹单把鬲，M1006：2（图4-2）器形略瘦长，器物形态与第一期的M2001：2（图4-1）较为接近；同出的M1006：1（图4-3）则袋足微胖，器物形态表现出较晚的特征。绳纹单把鬲M3008：1（图4-4），高领，微侈口，袋足微胖，实足根略内收，器形介于M1006：1（图4-3）与M3018：3（图4-5）之间。

由此可以确定：《朱开沟》中的绳纹单把鬲的M2001：2属于第一期；同出的M1006：2和M1006：1属于第二期，其中M1006：2表现出较早的特征，M1006：1则体现了偏晚的因素；M3008：1属于第三期；M3018：3属于第四期。

在上述关于墓葬出土陶鬲的讨论中可知，无论是方格纹鬲还是绳纹鬲，其器物形态的早晚变化都是同步的。如此，《朱开沟》中以M1060：3（图4-7）为代表的L型Ⅱ式方格纹单把鬲，其器物形态应早于第三期遗存，可直接归为第二期遗存。以M1036：1（图4-6）为代表的L型Ⅰ式方格纹单把鬲，器物应早于以M1060：3为代表的遗存，年代应较早，但其与M1006：2绳纹单把鬲的整体特征较接近，故仍可将其划归第二期遗存。与绳纹单把鬲M3018：3同出于一个单位的方格纹单把鬲M3018：4（图4-9），无论从共存关系还是器物形态看，都可直接划归为第四期遗存。以M4012：1（图4-8）为代表的方格纹单把鬲器物形态从整体看介于第二期和第四期的同类遗存，故而可以划归为第三期遗存。

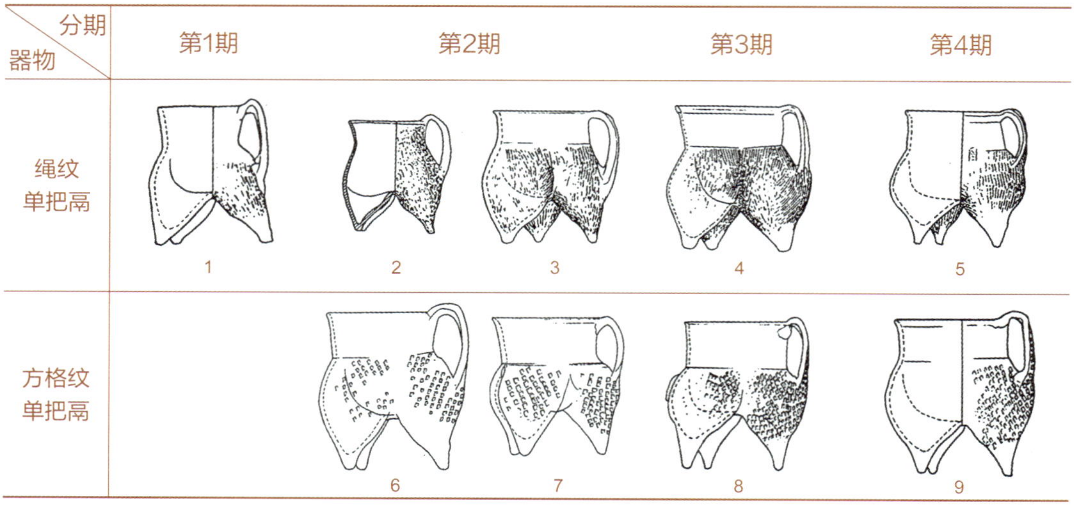


图4　朱开沟单把鬲的演变关系示意图

1. M2001：2；2. M1006：2；3. M1006：1；4. M3008：1；5. M3018：3；
6. M1036：1；7. M1060：3；8. M4012：1；9. M3018：4

表2　朱开沟遗址单把鬲墓葬分期表

| 分期 | 墓　葬 |
| --- | --- |
| 1 | M2001 |
| 2 | M1006　M1013　M1017　M1035　M1036　M1041　M1060 |
| 3 | M1018　M1033　M1045　M1051　M3008　M3019　M3024　M3038　M3043<br>M4012　M4014　M4037 |
| 4 | M1010　M2013　M3018　M6016　M6018 |

表3　朱开沟遗址各区墓葬分期表

| 分期 | 各区墓葬 |
| --- | --- |
| 1 | M1002　M2001　M2020　M2026 |
| 2 | M1001　M1004　M1006　M1013　M1015　M1016　M1017　M1032　M1034<br>M1035　M1036　M1041　M1042　M1050　M1056　M1060　M1063　M1067<br>M1095　M3027　M3042 |
| 3 | M1005　M1007　M1018　M1021　M1022　M1023　M1024　M1031　M1033<br>M1037　M1044　M1045　M1048　M1051　M1059　M1082　M1097　M2009<br>M2011　M2020　M3002　M3008　M3009　M3017　M3019　M3020　M3023<br>M3024　M3026　M3027　M3033　M3036　M3038　M3039　M3040　M3043<br>M4006　M4010　M4012　M4014　M4037　M4042　M4049 |
| 4 | M1010　M1064　M1070　M2012　M2013　M3010　M3018　M3025　M3034<br>M4006　M4021　M4037　M4043　M4051　M4060　M5015　M5020　M5023<br>M6001　M6007　M6008　M6009　M6011　M6016　M6018　M6020　M6021<br>M6025 |

根据以上分析，依据两种单把鬲的年代演变规律，将出土两种单把鬲的墓葬分为四期（表2）。

在以上出土单把鬲的四期墓葬中，与各墓葬单把鬲共存的随葬品还包括单耳罐、双耳罐、盉、豆、高领罐、盆和其他罐类等，根据其共存的年代关系，我们进一步将墓葬的分期扩展至出有随葬品的前四期墓葬（表3）。

在上述讨论中，因在已知的第五期遗存中，未见有两种单把鬲及与其共存的陶器，故而在以上分期讨论中，未曾涉及第五期墓葬。但在《朱开沟》中，因M2006“露口于T223②”、M1019“露口T103②”，说明其最晚开口于第1层下，应属第五期遗存。这两座墓葬中均出土带钮罐，其中M2006出土两件（M2006：1、M2006：2）。带钮罐M2006：1，高领，侈口，口外侧设四个对称器钮，球形腹，小平底，通体饰细绳纹。与此器形相同的带钮罐在M2012中也有发现（M2012：7），并伴出一件内上铸有虎头图案的直内戈，说明朱开沟第五期遗存已经具有了成熟的青铜器制品。

3. 居址与墓葬的分期

朱开沟居址和墓葬内的遗物尽管差异较大，但仍然可以通过两者之间共存的器物来探讨其相互对应的关系。居址第一期的高柄浅盘豆（H2047：2）的形态，与墓葬第一期的M2001：3形态极为接近；居址第一期的敛口鋬手盉（T229⑤：2）裆部带圆凸的特征，与墓葬第一期的同类器极为相似。因此，居址第一期与墓葬第一期应属同时。居址第二期的单耳罐（T246：9）与墓葬第二期的同类器，均为领部抹光，器身饰细密绳纹；居址第二期的高领罐（W2013：1）折肩部较低的形态，与墓葬第二期出土的高领罐相近。因此，居址第二期与墓葬第二期应为同时。居址第三期的高领罐（H2034：1）与墓葬第三期同类器基本相同，因此，年代也应相当。居址第四期的深腹盆（H1013：2）与墓葬第四期的同类器形一致，故而居址第四期与墓葬第四期应当同时。居址第五期带钮罐（H2023：3）形态同墓葬第五期同类器基本相同。综上，可据朱开沟遗址居址的五期遗存与墓葬的五期遗存之间的相互对应关系，将朱开沟遗址分为顺序发展的五期。

第一期，房址数量较少，平面形状多呈圆角方形或圆形，居住面大多铺有白灰面或者用红胶泥铺垫，室内多有柱洞且流行居中的圆形地面灶；墓葬数量也较少，均为单人葬，少有葬具，随葬品多为陶器，少见殉牲。随葬陶器中单把鬲较为瘦高，足尖外张，体现出较早的特征。

第二期，房址平面为圆形、圆角方形和椭圆形，居住面部分有白灰面，流行圆形地面灶；墓葬数量比第一期有所增多，但仍以单人葬为主，少有葬具。随葬品以陶器为主，出现以猪为主的殉牲，卜骨只灼不钻。

第三期，房址以方形和长方形居多，多为垫土面，少见白灰面，室内地面灶多居于室内一侧；墓葬开始出现合葬墓，葬具和殉牲增加。随葬陶器中，单把鬲和高领罐与前期相比产生较大的变化，单把鬲袋足圆鼓，实足根内收，此期的卜骨开始人工修整。

第四期，房址完全不见铺白灰面者，陶器中单把鬲的袋足与前期相比更加圆鼓，流行袋足上装饰铆钉形泥饼。居址新出现了铜针、铜凿等小件青铜器物，墓葬内多出铜臂钏、铜耳环等，此期内出土的卜骨不仅经过人工修整，还有灼有钻，与第三期遗存的整体面貌差别较为明显。

第五期，房址多残。生产工具除石刀、石斧外，其他石器无论是数量还是种类也都有所减少，新发现有铸造铜器的石范和陶印模，骨器中骨镞数量有所增加，铜器中开始新出现铜戈、铜刀等新的兵器或工具。墓葬中随葬陶器数量和种类变少，单把鬲少见，由此可见，此期铜器逐渐在人们的生活中占据了主要的地位，标志着社会生活开始发生根本性的变革。

## 三、朱开沟文化试析

一个特定的考古学文化，一般都是由在同一地域，同一时期，并具有共同特征和内涵的一群遗存共同构成。经过对朱开沟遗址的分析，我们基本把握了朱开沟遗址的文化内涵和分期情况，而朱开沟作为典型遗址，为我们进一步探究朱开沟文化提供了有力的依据。

对朱开沟文化的发现和研究，可以追溯到20世纪40年代[①]，但真正的考古调查始于20世纪50年代中期以后，调查中多次发现类似本文化遗存的灰陶鬲足[②]，万家寨水利工程的规划更是为大规模的考古调查提供了契机，在内蒙古中南部的准格尔旗、伊金霍洛旗、托克托县、和林格尔县和清水河县等地调查也都发现过此类文化的遗物[③]。此外，在呼和浩特市郊区美岱水库古城内下层文化[④]、乌兰察布盟清水河县的白泥窑子[⑤]、元峁圪旦和沙峁圪旦[⑥]等地均发现有类似的器物。

20世纪70年代以来，随着正式的田野调查和考古工作的逐步开展，配合准格尔煤田基本建设等项目的考古调查和发掘工作的大规模进行，针对此类文化遗存的考古发掘工作也

---

① 〔日〕秋山进午著，木易译：《山西省太原西郊王门沟出土的卵形三足瓮》，《北方文物》1988年第4期。

② 李逸友：《清水河县和郡王旗等地发现的新石器时代文化遗址》，《文物参考资料》1957年第4期。

③ 中国社会科学院考古研究所内蒙古工作队：《内蒙古中南部古文化遗址调查简报》，《考古学集刊》（12），中国大百科全书出版社，1999年，第20～40页。

④ 内蒙古自治区文物工作队：《1957年以来内蒙古自治区古代文化遗址及墓葬的发掘情况简报》，《文物》1961年第9期。

⑤ 汪宇平：《内蒙古清水河县白泥窑子村的新石器时代遗址》，《文物》1961年第9期；内蒙古历史研究所：《内蒙古清水河县白泥窑子遗址复查》，《考古》1966年第3期。

⑥ 内蒙古历史研究所：《内蒙古中南部黄河沿岸新石器时代遗址调查》，《考古》1965年第10期。

逐渐增多，先后发掘了大口[1]、朱开沟[2]、白泥窑子[3]、二里半[4]、寨子塔[5]、三道沟[6]、杨厂沟[7]、白敖包[8]、庄窝坪[9]、南壕[10]、后城嘴[11]、官地[12]、小庙[13]、高家坪[14]、海生不浪[15]、西岔[16]、寨子塔北坡[17]等遗址。除发掘之外，田野调查时还在碓臼沟遗址发现过此类文化遗物[18]，在包头市昆都仑区曾发现过三足瓮[19]，在清水河县王桂窑乡九辅岩村的调查中也发现有与朱开沟、庄窝坪和白泥窑子等遗址形制相同的陶鬲[20]。据此可知，此类文化遗存的分布范围，北起阴山以南，南至窟野河水系，西到鄂尔多斯高原东部，东达洋河流域。

---

① 吉发习、马耀圻：《内蒙古准格尔旗大口遗址的调查与试掘》，《考古》1979年第4期。

② 内蒙古文物考古研究所：《内蒙古朱开沟遗址》，《考古学报》1998年第3期。

③ 崔璿、斯琴：《内蒙古清水河白泥窑子C、J点发掘简报》，《考古》1988年第2期；崔璿：《内蒙古清水河白泥窑子L点发掘简报》，《考古》1988年第2期；内蒙古社会科学院历史研究所考古研究室：《清水河县白泥窑子遗址K点发掘报告》，《内蒙古文物考古文集》（第二辑），中国大百科全书出版社，1997年，第179～190页；内蒙古社会科学院离石研究所考古研究室：《清水河县白泥窑子D点发掘报告》，《内蒙古文物考古文集》（第二辑），中国大百科全书出版社，1997年，第211～237页；内蒙古社会科学院历史研究所考古研究室：《清水河县白泥窑子遗址A点发掘报告》，《内蒙古文物考古文集》（第二辑），中国大百科全书出版社，1997年，第191～210页。

④ 内蒙古文物考古研究所：《内蒙古准格尔旗二里半遗址第二次发掘报告》，《考古学集刊》（11），中国大百科全书出版社，1997年，第84～129页。

⑤ 内蒙古文物考古研究所：《准格尔旗寨子塔遗址》，《内蒙古文物考古文集》（第二辑），中国大百科全书出版社，1997年，第280～326页。

⑥ 内蒙古文物考古研究所、北京大学考古学系：《内蒙古凉城县三道沟遗址的试掘》，《北方文物》2004年第4期。

⑦ 内蒙古文物考古研究所、北京大学考古学系：《凉城县杨厂沟遗址清理简报》，《内蒙古文物考古》总5期，1991年。

⑧ 内蒙古文物考古研究所、伊金霍洛旗文物管理所、鄂尔多斯博物馆：《伊金霍洛旗白敖包墓地发掘简报》，《内蒙古文物考古文集》（第二辑），中国大百科全书出版社，1997年，第327～337页。

⑨ 乌兰察布博物馆、清水河县文物管理所：《清水河县庄窝坪遗址发掘简报》，《内蒙古文物考古文集》（第二辑），中国大百科全书出版社，1997年，第165～178页。

⑩ 内蒙古文物考古研究所：《准格尔旗南壕遗址》，《内蒙古文物考古文集》（第一辑），中国大百科全书出版社，1994年，第205～224页。

⑪ 内蒙古文物考古研究所、清水河县文物管理所：《清水河县后城嘴遗址》，《内蒙古文物考古文集》（第二辑），中国大百科全书出版社，1997年，第151～164页。

⑫ 内蒙古文物考古研究所：《准格尔旗官地遗址》，《内蒙古文物考古文集》（第二辑），中国大百科全书出版社，1997年，第85～119页。

⑬ 内蒙古文物考古研究所：《准格尔旗小庙遗址发掘简报》，《内蒙古文物考古文集》（第一辑），中国大百科全书出版社，1994年，第272～277页。

⑭ 伊克昭盟文物工作站：《准格尔旗高家坪遗址》，《内蒙古文物考古文集》（第一辑），中国大百科全书出版社，1994年，第261～271页。

⑮ 北京大学考古系、内蒙古自治区文物考古研究所、呼和浩特市文物事业管理处：《内蒙古托克托县海生不浪遗址发掘报告》，《考古学研究》（三），科学出版社，1997年，第196～239页。

⑯ 内蒙古文物考古研究所、清水河县文物管理所：《清水河县西岔遗址发掘简报》，《万家寨水利枢纽工程考古报告集》，远方出版社，2001年，第60～78页。

⑰ 内蒙古文物考古研究所：《准格尔旗寨子塔北坡遗址清理简报》，《万家寨水利枢纽工程考古报告集》，远方出版社，2001年，第57～59页。

⑱ 曹建恩：《清水河县碓臼沟遗址调查简报》，《万家寨水利枢纽工程考古报告集》，远方出版社，2001年，第81～87页。

⑲ 海彬、董永军：《包头市出土夏代三足瓮》，《内蒙古文物考古》总22期，2000年。

⑳ 内蒙古文物考古研究所：《清水河县九辅岩遗址调查简报》，《内蒙古文物考古》总28期，2003年。

## （一）文化面貌

### 1. 遗迹

目前发现的朱开沟文化的遗迹主要是房址、灰坑、窑址和墓葬。

房址均为半地穴式，多为双室和单室，在南壕遗址还发现了三室房址。双室平面多呈“吕”字形，前后室之间有过道相连，单室房址早期多呈圆角方形或圆形，稍晚的房址平面多呈长方形、方形或者梯形，还有少数呈圆形。居住面多先铺有垫土，有的房址的居住面经过烧烤，较早的房址居住面抹有白灰，大多坚硬平整，多有柱洞。大部分房址有灶，少数除了主灶之外还有壁灶，主灶多为圆形地面灶，位于居住面中部，多为直接在居住面上烧烤而成，与地面相平、略凸或略凹于地面者皆有，有的房址有坑灶，直壁筒状，个别灶面铺有石板，小庙早期的房址除了主灶之外，还发现地面附一灶，周边有半圆形围坎，用黄褐色黏土堆砌而成。门道平面多为长方形，长斜坡状，门道内由于长期踩踏，地表形成了一定厚度的路土，和居住面连成一体，门向以东南向和西南向为主，有少数呈东北向和西北向。

灰坑平面多为圆形和椭圆形，也有方形、圆角方形和不规则形，坑壁有直筒状、袋状和斜壁，多为平底，也有部分呈锅底状。

窑址保存较差，从现有的遗迹现象来看，火门呈拱圆形，火膛凸出窑室外，窑室平面略呈椭圆形，窑室内设“非”字形火道，窑室顶部有火眼。

墓葬分为竖穴土坑墓、竖穴土坑偏洞室墓和瓮棺葬三种形制。竖穴土坑墓墓口绝大部分为长方形，少数呈方形、圆角方形、梯形等。多数墓葬墓圹规整清晰，墓壁较直，部分墓葬建有生土或熟土二层台，有的墓葬在墓穴的一侧建有壁龛，个别设头龛或脚龛，用以放置随葬品，多为单人葬，也有部分双人合葬和多人合葬。竖穴偏洞室墓墓口多为圆角长方形，少数为圆角梯形，洞室位于土坑一侧，洞室顶部呈半圆形，洞室底部多低于竖穴底部，洞室内大多数略呈斜坡状，外侧较高，内侧较低。瓮棺葬墓穴平面多为圆形、椭圆形或圆角长方形，多葬婴儿或儿童。竖穴土坑墓的葬具多为用木板做成的长方形棺木，多数木棺有残存痕迹，瓮棺葬的葬具多用较大型的陶器套接，以三足瓮和盆形甗的上半部多见，此外还有大袋足鬲、敛口甗、罐、蛇纹鬲、盆和斝等。葬式有仰身直肢、仰身屈肢、侧身直肢、侧身屈肢和俯身直肢等。随葬品包括陶器、生产工具和装饰品，少数随葬青铜器和殉牲。

### 2. 遗物

包括生产工具和生活用品及装饰品等。

生产工具主要包括石器、骨角蚌器和铜器。石器主要为磨制，极个别打制，器形规整，制作精细，少数制作较为粗糙，工具的使用痕迹明显，主要器类有斧、铲、凿、锛、镰、锥、杵、刀、臼、刃、磨石、磨盘、磨棒、研磨器、刮削器、球、纺轮等。骨角蚌器较少，种类主要有锄、铲、刀、凿、匕首、织针、锥、镞、针等，多以动物骨骼或角作原料，经过截断、琢磨、钻孔、挖槽等工艺制成。铜器主要为工具或兵器，数量不多，种类也较少，多为小型器物，主要是戈、刀、锥、针、镞等，也有鼎和爵的残片，均为青铜制品，多数为直接铸造而成，少数为铸造出雏形之后，又经冷热加工处理，器形规整，工艺娴熟。

生活用具主要为陶器。陶质有夹砂陶、泥质陶和砂质陶，以前二者为大宗。居住址多以夹砂陶为主，多掺杂细砂，质地疏松。墓葬中以泥质陶为主，泥质陶较为纯净，质地坚硬。陶色主要有灰、褐、红褐和灰褐色，其中以灰陶所占比重最大。纹饰以绳纹为主，还有一定数量的弦纹、篮纹、方格纹、镂孔、划纹、篦纹、压印纹、圆圈纹、附加堆纹和类似蛇形的附加堆纹等。夹砂陶多饰绳纹，泥质陶多饰篮纹，附加堆纹多饰于器物口部、颈部及腰部，其中蛇形附加堆纹特征明显，风格独特。陶器普遍为泥条盘筑法制作，也有一定数量的轮制陶器，三足器的足多为模制，部分小型器皿为直接捏制而成，有少量陶塑，大型器物为分段套接，许多陶器用两种或两种以上的方法制成，以大型实用的器物为主，形体浑大规整。主要陶器组合为双鋬鬲、花边鬲、单把鬲、蛇纹鬲、甗、三足瓮、单耳罐、双耳罐、带钮罐、盉、高领罐、壶形罐、豆和盆等。

装饰品有骨簪、蚌饰和牙饰等，还有少量的石环、玉石及铜耳环等。此外，还有用于占卜的卜骨和大量的动物骨骼遗骸。

### （二）分期

朱开沟遗址发现和发掘40多年来，经正式发掘并发表资料的同类遗址已近20处，原始资料已较为丰富，但少有学者将这些属于朱开沟文化的遗存进行整体的分期研究。目前属于朱开沟文化的遗存中，以朱开沟遗址的年代跨度最大，文化内涵最为丰富。因此，我们将以朱开沟遗址顺序发展的五期作为朱开沟文化分期的标准和依据，对经正式发掘并包含朱开沟文化遗存的大口、白泥窑子、二里半、寨子塔、三道沟、杨厂沟、白敖包、庄窝坪、南壕、官地、小庙、高家坪、海生不浪、西岔和寨子塔北坡等15处遗址和墓葬进行遗存文化面貌和分期的讨论。

#### 1. 遗址年代

白敖包遗址　位于伊金霍洛旗布尔台格乡苏勃勒德霍洛村东2千米处，两次发掘房址3座，灰坑48个，墓葬69座，目前仅发表了简要墓葬资料。从出土陶器的情况分析这批墓葬属于朱开沟文化遗存。发掘简报认为该墓地存在四个阶段的遗存，其中双耳罐

（M23：1）与朱开沟第一期M2020：3器形相当，其造型与客省庄遗址H174：1也相近[①]，应属龙山晚期阶段；双耳罐（M15：2）在朱开沟第二期有同类器；碗（M14：8）、单耳罐（M46：3）与朱开沟遗址第三期同类器相近；盉（M28：1）、单耳罐（M59：2）也与朱开沟遗址第四期同类器相近。因此，白敖包以M23、M15、M14和M28为代表的遗存分别与朱开沟遗址第一至四期年代对应。

大口遗址　位于准格尔旗马栅乡西南7千米的大口村，以第3、4层为代表的大口二期文化属于朱开沟文化遗存。房址为半地穴式，平面呈圆角方形，房屋地面及残存的墙壁上都均匀地涂抹一层白灰面，居住面坚硬平整，房内均发现地面灶和柱洞。同时清理半圆形直壁窖穴一个、成人墓葬3座和瓮棺葬7座。出土陶器有袋足瓮、甗、鬲、折肩罐、深腹罐、大口尊、盆、碗、盉等。从房址平面呈圆角方形，居住面抹白灰，且室内为居中的圆形地面灶等特征来看，特征接近朱开沟遗址第一期的房址。陶器中最具特色的三足瓮（DKF1：1），口沿内折，深腹中鼓，足呈垂乳状的特征与朱开沟遗址第一期W2003：2和W2006：2相近。因此，大口二期遗存应与朱开沟遗址第一期年代相当或略晚。

寨子塔遗址　位于准格尔旗哈岱高勒乡东北8千米的南流黄河西岸的寨子塔村南，第四阶段属于朱开沟文化遗存，但遗迹多遭破坏。房址为半地穴式，平面近长方形，居住面为黄褐色土压成，坚硬平整，地面灶与居住面齐平。灰坑多为圆角长方形直壁坑。原报告据出土的典型陶器和组合关系，将此阶段遗存分为以H115组、QH9组和H109组为代表的顺序发展的三期。其中，H115组的高裆胖袋足绳纹高领鬲、花边鬲和深腹盆等器物都可以在朱开沟遗址第三期遗存中找到相似的同类器；QH9组的胖袋足高领鬲、花边鬲、盆形甗等均在朱开沟遗址第四期有同类器，H109组的浅裆鬲、三足瓮和深腹盆等均与朱开沟遗址第五期遗存同类器相似，因此，寨子塔遗址H115组、QH9组、H109组分别与朱开沟遗址第三期、第四期和第五期同时。

二里半遗址　位于准格尔旗哈岱高勒乡二里半村南，第二次发掘时，在Ⅱ区出土属于朱开沟文化遗存的房址一座（ⅡF3），灰坑2个（ⅡH1、ⅡH6），Ⅰ区发现灰坑一个（ⅠH24）。房址（ⅡF3）平面呈长方形，居住面为黄土铺垫，部分地方凹凸不平，居住面上分布多个地面灶和柱洞，长斜坡门道。灰坑（ⅡH1）为圆形袋状平底坑。出土器物以陶器为主，器形有鬲、瓮、盆、罐、杯等。原报告根据地层和打破关系将此阶段遗存分为以ⅡF3为代表的第一期和以ⅡH1为代表的第二期。第一期的蛇纹鬲（ⅡF3：1）、敞腹盆（ⅡF3：6、ⅡF3：7）与朱开沟遗址第三期同类器相似，故二里半遗址夏阶段第一期应与朱开沟遗址第三期同时；以ⅡH1为代表的第二期遗存中蛇纹鬲口沿处带钮的特征与朱开沟

① 内蒙古文物考古研究所、伊金霍洛旗文物管理所、鄂尔多斯博物馆：《伊金霍洛旗白敖包墓地发掘简报》，《内蒙古文物考古文集》第二辑，中国大百科全书出版社，1997年；中国科学院考古研究所：《沣西发掘报告：1955—1957年陕西长安县沣西乡考古发掘资料》，文物出版社，1963年，第63、65页。

遗址第四期同类器相似，因此二里半夏阶段遗存第二期与朱开沟遗址第四期同时。

高家坪遗址　位于准格尔旗哈岱高勒乡张家圪旦村点岱沟河南岸高家坪台地上，早晚两期均属于朱开沟文化遗存，共发现房址4座，灰坑24个。早期遗存房址均为半地穴式，有双室和单室两种，双室平面呈“吕”字形，单室平面呈方形或者长方形，红胶泥居住面，居住面上有圆形地面灶和柱洞；有的房址外发现陶窑；灰坑主要为圆形或椭圆形筒状坑；陶器主要以三足瓮、盆形甗、罐和盆为主。晚期遗存无房址，灰坑主要为圆筒状或口小底大的袋状坑，还在一处灰坑底部发现人骨。主要陶器组合为鬲、甗、三足瓮、盆和罐等。高家坪遗址早期盆形甗（90ZHGF4∶5）、三足瓮（90ZHGF4∶4）与朱开沟遗址第三期同类器相近；晚期的盆形甗（90ZHGH17∶10）的特征近似于朱开沟遗址第四期，因此，高家坪遗址早、晚两期分别与朱开沟遗址第三期和第四期对应。

三道沟遗址　位于凉城县厢黄地乡三道沟村北1.5千米处，为单一的朱开沟文化遗存，发现的遗迹、遗物数量都比较少，共发掘5个灰坑，另清理房址一座，墓葬一座。房址残破，为圆角方形或长方形半地穴式，居住面经烧烤，呈深褐色，质地坚硬，居住面上有圆形地面灶。墓葬为长方形竖穴土坑墓，仰身直肢，人骨保存不好。灰坑多为圆形直壁平底坑。遗物仅见陶器一类，数量少。遗址出土的蛇纹鬲（QF1∶1）和盆形甗（T102②∶2）的整体形态与纹饰与朱开沟遗址第三期同类器较为相似，因此，三道沟遗址此阶段遗存应与朱开沟遗址第三期相当。

杨厂沟遗址　位于凉城县城关北约7.5千米的杨厂沟村北，也为单一的朱开沟文化遗存，不见地层堆积，发现房址3座，灰坑2个。房址为半地穴式，因残破平面呈方形或略近梯形，居住面为黄色垫土硬面。遗物以陶器为主，制作粗糙。遗址中出土陶鬲、甗、盆和三足瓮等器物与朱开沟遗址第三期同类器物比较接近，故杨厂沟遗址应与朱开沟遗址第三期基本同时。

庄窝坪遗址　位于清水河县小庙乡庄窝坪村西，第四期遗存属于朱开沟文化遗存，因破坏较严重，仅发现5个灰坑。从出土陶器来看，主要有蛇纹鬲、鼓肩罐、盆、大口尊等。庄窝坪鼓肩罐（H7∶1）与朱开沟遗址第三期F2037∶1形制相近，其余的蛇纹鬲、盆等器物与朱开沟遗址第三期同类器类似或相同，故庄窝坪遗址第四期遗存应与朱开沟遗址第三期年代相同。

小庙遗址　位于准格尔旗哈岱高勒乡张家圪旦村东1.5千米的山坡上，早期遗存属于朱开沟文化遗存，发现房址一座，半地穴式，平面呈长方形，居住面为料礓石砸碎后与黄黏土混合铺垫而成，居住面有圆形地面灶和柱洞，墙角处有附灶，斜坡门道；灰坑多为圆形、长方形或不规则形的直壁平底坑或袋状坑。主要陶器组合为鬲、三足瓮、甗、罐和盆等，其中鬲（T8④∶1、T8③∶2）等形制与纹饰与朱开沟遗址第四期同类器相近，应属同期遗存。

白泥窑子遗址 位于清水河县喇嘛湾乡东北1.5千米的白泥窑子沟，发掘的诸多地点中，存在朱开沟文化遗存的地点为A、D两点。A点的房址为双间半地穴式，平面呈“吕”字形，居住面是在垫土之上用泥抹成硬面，有用火痕迹但未发现灶址和柱洞。陶器有蛇纹鬲、三足瓮和盆等，无复原器，其薄胎砂质陶蛇纹鬲上附加的泥条呈折棱状的特点与朱开沟遗址第四期同类器相同，所出盆与朱开沟遗址第四期的盆形甗同为侈沿、方唇、束颈，均饰绳纹的特点也较为相似，因此，白泥窑子遗址A点的此阶段遗存应与朱开沟遗址第四期同时；D点仅发现3个灰坑，从出土鬲的口沿处加饰椭圆状钮的特点来看，与朱开沟遗址第五期H4006：2的口部相似，而且从出土的小口瓮、三足瓮观察，年代应在早商时期偏晚阶段，因此，白泥窑子遗址D点遗存应与朱开沟遗址第五期年代相当。

南壕遗址 位于准格尔旗哈岱高勒乡南壕村南坡地上，夏阶段遗存属于朱开沟文化遗存，发现的房址可以分为三室、双室和单室三种，均为半地穴式，居住面用灰褐或黄褐色土铺垫而成，圆形地面灶多位于室内中央，流行壁灶，门道方向不一，房内堆积大量家畜骨骼。陶窑位于正对房址门道处，拱形火门，火膛呈穹庐状；圆形袋状坑最为常见。陶器以鬲、三足瓮、甗、罐以及盆类为主要组合。南壕遗址蛇纹鬲（ⅠH23：1）、盆形甗（ⅠF26：1）等器形和纹饰均与朱开沟遗址第四期同类器相似，而南壕遗址蛇纹鬲（ⅠH57：5）的形制与朱开沟遗址第五期同类器的器形纹饰接近，因此，南壕遗址夏阶段以ⅠH23、ⅠH57为代表的遗存应分别与朱开沟遗址第四、五期年代相当。

官地遗址 位于准格尔旗哈岱高勒乡阳湾自然村北台地，第五期遗存属于朱开沟文化遗存，发现房址3座，均为半地穴式，为双室和单室两类，双室平面呈“吕”字形，单室平面呈长方形，居住面为垫土，无白灰面，室内均有圆形地面灶，部分房子有柱洞。出土的蛇纹鬲（F3：2）可在朱开沟遗址第三期找到相似器物，因此，两者应属同一时期。

寨子塔北坡遗址 位于准格尔旗哈岱高勒乡东北8千米的南流黄河西岸的寨子塔遗址北侧坡地，发掘一处瓮棺葬和2个灰坑，瓮棺葬由甗和鬲组合成葬具；灰坑为椭圆形筒状坑和不规则形斜壁坑。出土器物较少，主要为鬲、甗和瓮。其中的鬲（H1：1）、盆形甗（W1：2）的下部和三足瓮（H1：2）的上部与朱开沟遗址第四期同类器相似，其应与朱开沟遗址第四期时代相近。

西岔遗址 清水河乡单台子乡村南台地上，第二期遗存属于朱开沟文化遗存，遗迹仅发现长方形竖穴土坑墓一座，墓顶部用石板覆盖，两侧端用五层石板叠砌，尸骨头向西南，仰身直肢，女性，随葬骨簪。西岔遗址第二期遗存遗物以陶器为主，主要组合为鬲、甗、盆、三足瓮、罐和钵等。出土的盆（T2326④：6）与朱开沟第四期盆形甗（W4001：1）形制相近，因此，西岔遗址第二期应与朱开沟遗址第四期同时。

海生不浪遗址 托克托县中滩乡村北的坡地上，属于朱开沟文化时期的房址3座，灰坑

20个和壕沟2条。房址均为半地穴式，平面呈“吕”字形，白碱土居住面，居住面上有地面灶和柱洞；灰坑大多残破不全，有方形、长方形和近圆形几种；两条壕沟基本平行，沟壁较直且有砸筑痕迹，应为人工修筑的排水沟。从出土的蛇纹鬲（F1：1）口沿饰4个圆钮的装饰特点及T0201①：1锥状实足根的特点来看，与朱开沟文化第五期蛇纹鬲形制相同，故海生不浪遗址朱开沟文化遗存应属朱开沟遗址第五期。

综上所述，依据对经过考古发掘的15处属于朱开沟文化遗存的遗址和墓葬文化面貌的分析和年代分期的讨论，我们在朱开沟遗址分期的基础上，可以将目前发现的属于朱开沟文化的遗存分为顺序发展的五期（表4）。

表4　朱开沟文化分期表

| 分期<br>遗址 | 第一期 | 第二期 | 第三期 | 第四期 | 第五期 |
|---|---|---|---|---|---|
| 朱开沟遗址 | 第一期 | 第二期 | 第三期 | 第四期 | 第五期 |
| 白敖包墓地 | 以M23为<br>代表的遗存 | 以M15为<br>代表的遗存 | 以M14为<br>代表的遗存 | 以M28为<br>代表的遗存 | |
| 大口二期遗存 | √ | | | | |
| 寨子塔遗址<br>第四阶段遗存 | | | H115组 | QH9组 | H109组 |
| 二里半遗址<br>夏阶段遗存 | | | 第一期 | 第二期 | |
| 高家坪遗址 | | | 早期 | 晚期 | |
| 三道沟遗址 | | | √ | | |
| 杨厂沟遗址 | | | √ | | |
| 庄窝坪遗址<br>第四期遗存 | | | √ | | |
| 小庙遗址早期 | | | √ | | |
| 白泥窑子遗址 | | | | A点遗存 | D点遗存 |
| 南壕遗址<br>夏阶段遗存 | | | | 以ⅠH23为代表<br>的遗存 | 以ⅠH57为代表<br>的遗存 |
| 官地遗址<br>第五期遗存 | | | | √ | |
| 寨子塔北坡遗址 | | | | √ | |
| 西岔遗址<br>第二期遗存 | | | | √ | |
| 海生不浪遗址<br>朱开沟文化遗存 | | | | | √ |

注：“√”表示对应遗址内存在相应分期的遗存。

2. 主要陶器的分期演变

朱开沟文化五期陶器从早到晚都有发展变化，其中最具特征的主要陶器袋足鬲、蛇纹鬲、三足瓮、盆形甗和高领罐的器形演变均有规律可循。

袋足鬲　第一期，侈口，宽折沿，束颈，溜肩，瘦长袋足，实足根，上腹装对称双鋬。领部磨光，颈以下饰粗绳纹（图5-1）。第二期，侈口，宽折沿，束颈，圆鼓腹，口沿外侧装对称双鋬。通体饰中绳纹（图5-3）。第三期，侈口，短卷沿，鼓腹，实足根较高。通体饰细密绳纹（图5-9）。第四期，侈口，卷沿，腹部下垂，实足根。通体饰绳纹（图5-14、图5-15）。第五期，侈口，长卷沿，垂腹，实足根较粗。通体饰交错粗绳纹（图5-20）。

蛇纹鬲　第一期，未见实物。第二期，仅发现口沿和颈腹部残片，侈口，卷沿。口沿部饰泥条蛇纹，颈部饰一周泥条附加堆纹，腹部饰细绳纹，袋足部饰折线形蛇纹（图5-4、图5-5）。第三期，侈口，折沿，袋足肥胖，唇外侧装长方形钮。唇面压印花边，颈部及袋足部饰波浪形泥条，通体饰绳纹（图5-10）。第四期，侈口，折沿内凹，袋足略下垂，实足根，唇外侧装长方形钮。口部外侧和足部饰泥条蛇纹，通体饰绳纹（图5-16）。第五期，微侈口，缓折沿，垂袋足，实足根略高，口部外侧装有两对对称椭圆形泥饼。口部外侧、颈部、裆部和袋足都饰泥条蛇纹，颈部以下饰绳纹（图5-21）。

三足瓮　第一期，敛口，方唇内凸，弧腹，足腹间有夹角。口部以下饰篮纹（图5-2）。第二期，敛口，平方唇，弧腹，足腹间夹角加大，三足略近，口部外侧饰一周弦纹和一周压印纹，其下通体饰篮纹（图5-6）。第三期，敛口，圆唇，鼓腹，足腹夹角较大，三足较近。通体饰篮纹（图5-11）。第四期，敛口，平唇，垂腹，足腹夹角变小，三足略远，实足根。通体饰绳纹（图5-17）。第五期，敛口，鼓腹下垂，足腹夹角近平，三足较远，实足根。口外部饰数周划纹，通体饰交错绳纹（图5-22）。

盆形甗　第一期，未见实物。第二期，微侈口，卷沿，弧腹微鼓，袋足瘦长，足根残。通体饰绳纹（图5-7）。第三期，侈口，微折沿，微鼓肩，袋足与足根略有夹角。通体饰细绳纹，甗腰饰附加堆纹（图5-12）。第四期，侈口，折沿，鼓肩，袋足与足根无夹角。通体饰细绳纹，甗腰饰附加堆纹（图5-18）。第五期，未见完整器，仅见甗腰以下袋足圆鼓，实足根。饰绳纹（图5-23）。

高领罐　第一期，未见实物。第二期，侈口，斜直领，折腹偏上。领部素面，折肩以下饰篮纹（图5-8）。第三期，侈口，斜领微弧，折肩。领部饰数周弦纹，折肩以下饰一周弦纹和楔形压印纹，下饰篮纹（图5-13）。第四期，喇叭口，直领外翻，折肩偏上。领部饰三周弦纹和压印纹，腹部饰一周弦纹，下饰竖篮纹（图5-19）。第五期，残片，领部外侈。饰竖篮纹，下饰一周附加堆纹（图5-24）。

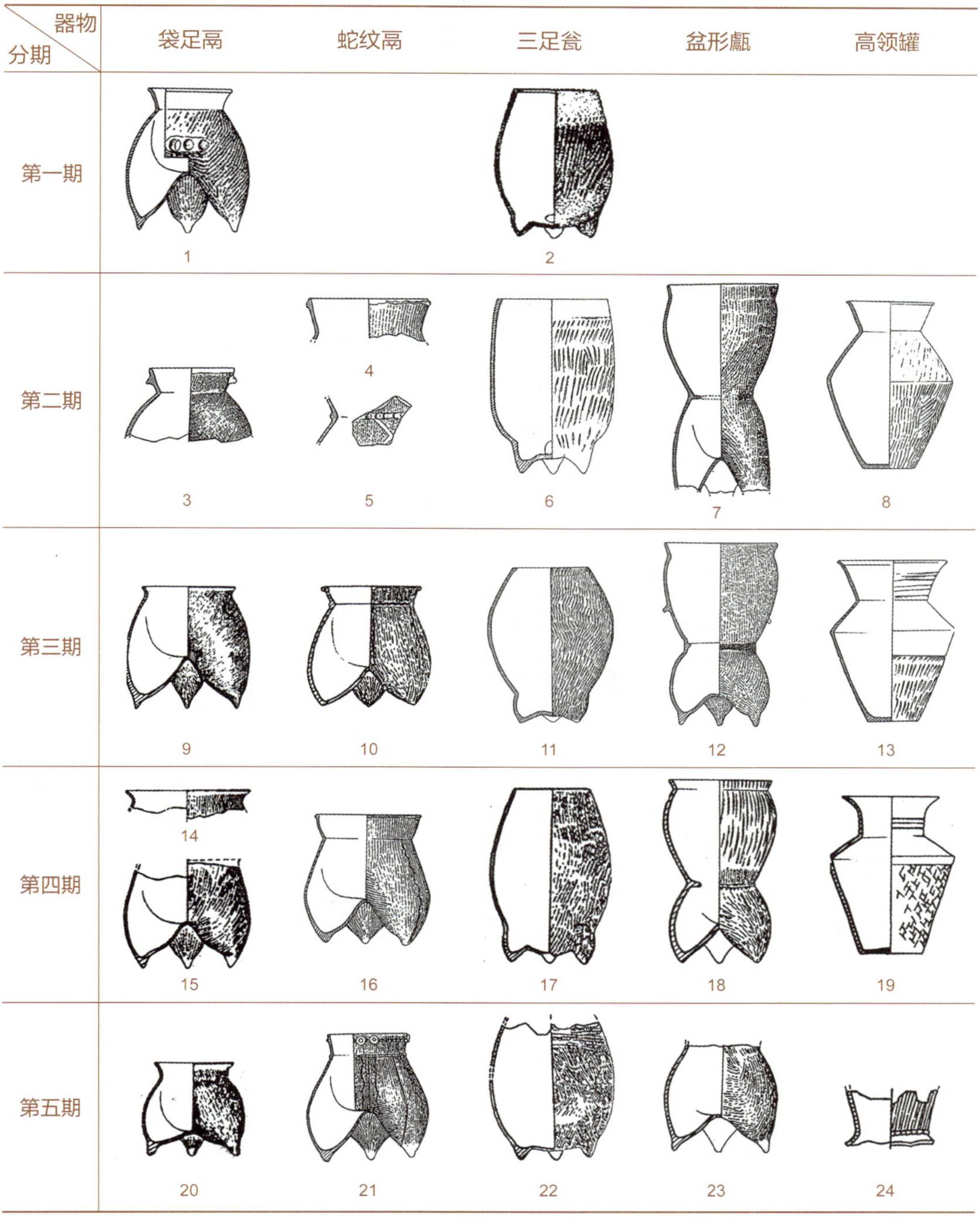


图5　朱开沟文化主要陶器分期演变图

1. 朱开沟W2002：1；2. 大口二期DKF1：1；3. 朱开沟T202④：1；4. 朱开沟H508：3；5. 朱开沟F2026：23；6. 朱开沟W2006：2；7. 朱开沟W2005：1；8. 朱开沟W2013：1；9 寨子塔W1：1；10. 寨子塔W2：1；11. 高家坪90ZHGF4：4；12. 高家坪90ZHGF4：1；13. 朱开沟M3043：1；14. 寨子塔T16①：2；15. 寨子塔H60：2；16. 朱开沟W2004；17. 寨子塔QH9：1；18. 南壕ⅠF26：1；19. 白敖包M51：1；20. 寨子塔H109：1；21. 朱开沟M1064：1；22. 寨子塔H108：7；23. 南壕ⅠF13：2；24. 白泥窑子D点T1②：143

3. 小结

通过以上分析可知，朱开沟文化的房址可分为三室、双室和单室三种形式，双室和单室常见，且平面呈“吕”字形的双室结构最具特征。第一期房址的居住面继承了本地区龙山时期房址的装饰风格，多抹白灰面，流行圆形地面灶，但从第二期开始白灰面逐渐消失，且多了附灶。陶窑的发现表明了制陶业已发展到专门化生产的水平，而窑址多与房址连接，则表明家庭手工业生产或许已经产生。

墓葬主要分竖穴土坑墓和瓮棺葬两种。土坑墓的排列集中有序，即使规模略大，随葬品较多的墓葬也往往不占据突出位置。整体来看，从第一期到第五期，墓葬开始由小变大，随葬品以及殉牲的数量逐渐增多，且同期的墓葬之间也存在较明显的差别，表明此时已经出现了贫富分化和社会财富的相对集中。土坑墓第一、二期以单人葬为主，从第三期开始合葬墓增多，且以异性合葬数量最多，这种成年男女合葬墓通常被解释为一夫一妻制的婚姻形态，反映了当时社会中可能出现了以一夫一妻制为主导的家庭组织，但也不排除男性具有特权，女性作为“牺牲品”随葬的可能。墓葬中多流行仰身直肢葬，但异性合葬墓中女性多面向男性呈屈肢的葬式，也从侧面证明性别特权的存在。墓葬内的随葬品从第三期开始出现铜器，到第五期随葬铜器明显增多，反映了社会性质逐渐变革的过程。瓮棺葬流行使用大型实用器组合套接作为葬具，专门埋葬儿童。

生活用具以陶器为主，大型三足器最具特征，平底器常见，居址和墓葬中的陶器出现较明显的区别，可能与随葬明器的理念开始出现有关。生产工具以石器为主，还有少量骨角器及少量铜器，器物种类齐全，形制多样，制作规整，其中以农业生产和农作物加工的工具数量最多，其次是制陶工具，再次是与狩猎相关的工具与武器，此外，还有少量的纺织和缝纫工具。在本文化遗存中还发现了大量的经鉴定为家养动物的骨骼。

（三）年代

目前见于发表的朱开沟文化的$^{14}$C测定数据，只有朱开沟遗址的6个，分别是T203⑤、T228④、H1055、H1058、H1071、H1073和H5018（H1071和H1073年代合测）[①]，所测年代见表5。

从$^{14}$C测定的年代数据来看，第一期T203⑤和第二期T228④的年代测定数据明显过早，超出了该文化的年代范围，应予以剔除。其余4个年代测定数据经树轮校正后，与朱开沟文化各期发展的年代顺序基本相当。H1058属于朱开沟文化第二期，因此，朱开沟文化第二期年代约为公元前1900年；朱开沟遗址H5018、H1055、H1071和H1073均属于第四期文

① 中国社会科学院考古研究所：《中国考古学中碳十四年代数据集（1965—1991）》，文物出版社，1992年，第59～60页。

表5　朱开沟遗址$^{14}$C测定数据

| 遗迹单位 | 文化分期 | $^{14}$C测定数据 | 树轮校正年代 | 结论 |
|---|---|---|---|---|
| T203⑤ | 第一期 | 4450±90 | BC3037～2788 | 剔除 |
| T228④ | 第二期 | 4815±80 | BC3616～3359 | 剔除 |
| H1058 | 第二期 | 3515±70 | BC1875～1673 | 保留 |
| H5018 | 第四期 | 3420±70 | BC1731～1521 | 保留 |
| H1055 | 第四期 | 3285±85 | BC1527～1408 | 保留 |
| H1071<br>H1073 | 第四期 | 3315±70 | BC1599～1427 | 保留 |

化，综合三组年代数据，均在公元前1700～1500年。据此，参考以上数据，我们大致可以推论，朱开沟文化第一期的年代约为公元前2100年；第二期的年代为公元前2000～前1900年阶段；第三期的年代为公元前1900～前1700年阶段；第四期的年代为公元前1700～前1500年阶段；第五期的年代为公元前1500～前1300年阶段。即朱开沟文化第一期的年代上限应相当于本区域永兴店文化晚期阶段①，而年代下限约在早商时期。

## 四、朱开沟文化与陕晋同期考古学文化的关系

在以往对朱开沟文化的研究中，多将陕晋地区同时期的考古学文化划归朱开沟文化的范畴②，其中所涉及的遗存包括：太原光社③、陶寺晚期④、汾阳峪道河⑤、太谷白燕四期和五期⑥、杏花村第五和第六段⑦、晋中Ⅵ期和Ⅶ期⑧、曲沃方城⑨和侯村遗址⑩等；晋北地区主要是忻州游邀早、晚两期⑪；陕北地区主要包括神木寨峁⑫、新华⑬和石峁后阳湾遗

① 魏坚：《试论永兴店文化》，《文物》2000年第9期。
② 田广金、韩建业：《朱开沟文化研究》，《考古学研究》（五），科学出版社，2003年，第227～259页；王乐文：《论朱开沟遗址出土的两类遗存》，《边疆考古研究》（第3辑），科学出版社，2004年。
③ 解希恭：《光社遗址调查试掘简报》，《文物》1962年第Z1期。
④ 中国社会科学院考古研究所山西工作队、临汾地区文化局：《山西襄汾县陶寺遗址发掘简报》，《考古》1980年第1期。
⑤ 山西省考古研究所：《山西汾阳县峪道河遗址调查》，《考古》1983年第11期。
⑥ 晋中考古队：《山西太谷白燕遗址第一地点发掘简报》，《文物》1989年第3期。
⑦ 晋中考古队：《山西汾阳孝义两县考古调查和杏花村遗址的发掘》，《文物》1989年第4期。
⑧ 国家文物局、山西省考古研究所、吉林大学考古学系：《晋中考古》，文物出版社，1999年。
⑨ 中国社会科学院考古研究所山西工作队、山西省临汾行署文化局：《山西曲沃县方城遗址发掘简报》，《考古》1988年第4期。
⑩ 山西省考古研究所、洪洞县博物馆：《山西洪洞县耿壁、侯村新石器时代遗址的调查》，《考古》1986年第5期。
⑪ 忻州考古队：《山西忻州市游邀遗址发掘简报》，《考古》1989年第4期。
⑫ 陕西省考古研究所：《陕西神木县寨峁遗址发掘简报》，《考古与文物》2002年第3期。
⑬ 陕西省考古研究所：《陕西神木新华遗址1999年发掘简报》，《考古与文物》2002年第1期。

址[1]等。但综合考察内蒙古中南部和陕晋高原的考古学文化之后我们发现，尽管这一地区都是以袋足三足器为特色，陶器组合中也基本包括鬲、三足瓮、甗、高领罐、盆和大口尊等，但各遗址陶器的器形和特征与朱开沟文化相比，还是存在着较明显的差异。

首先，在陕晋地区，房址和墓葬发现较少，白燕第四期的房址为穹庐顶窑洞式的房址，这是流行于龙山阶段的房址形制，因此从房址结构来说，年代应该早于朱开沟文化。其他遗址中也很少见到朱开沟遗址第二期之后常见的“吕”字形双间或三间的房址。其次，贯穿朱开沟文化始终，最为典型、最具特征的砂质薄胎的蛇纹鬲一类陶器、单孔石刀，晚期阶段造型各异的铜器等，在陕晋地区的遗存中几乎不见；陕晋各遗址中普遍出现的斝、甑、鼎和带圈足的陶罐等，在朱开沟文化中也难寻踪迹，特别是陶寺、方城和侯村等遗址中还发现极具自身特色的磨光黑陶扁壶，不仅不见于朱开沟文化，在其他遗址中也几乎不见。再次，晋中晋北地区的此阶段遗存中流行的陶鬲体形较为瘦长，少见朱开沟文化中的垂乳状大袋足，也较为流行圆锥状的高实足根，在太原光社遗址中，发现的器足除数量最多的圆形尖足外，还有三棱尖足、靴形方足、齐头圆足、扁回形足等，这也与朱开沟文化的器足大相径庭。此外，在陕北几处遗址中，三足瓮多为直口，斜腹，足腹间一般都有明显的折棱，与朱开沟文化中敛口、鼓腹的蛋形三足瓮在整体造型上的差别较为明显。

因此，朱开沟文化与陕晋地区的考古学文化尽管在面貌上有一定的相似之处，但归根结底，两者之间的差异大于共性，应分属于不同的考古学文化，不应混为一谈。而陕晋地区内部之间也存在地区性的差别，应当引起重视。

## 五、朱开沟文化的源流

朱开沟文化第一期流行平面呈圆角方形或圆形的房址，居住面多为白灰面或红胶泥铺垫，这在内蒙古中南部龙山时期永兴店文化多有发现[2]。两类文化的石质生产工具中均有造型极为相近的厚体宽刃的石斧、长方形或半月形的单孔石刀；陶器均流行灰陶，以绳纹和篮纹为主，部分器物口沿或者肩部以上抹光的做法也相同。永兴店流行的胖袋足双鋬鬲、带腰隔的甗、敛口广肩瓮、高领折肩壶（罐）、大口尊、高柄镂孔浅盘豆、花边口夹砂罐、凸棱口沿斜腹盆等，这些器物在朱开沟文化第一期仍然流行。我们可以从发展演变规律看出朱开沟文化第一期的双鋬鬲是由永兴店文化的双鋬鬲一脉相承发展而来：矮直领胖袋足、分裆 → 矮斜领垂袋足、分裆 → 斜直领溜肩、连裆 → 斜直领鼓肩、有足

① 陕西省考古研究院、榆林市文物考古勘探工作队、神木县文体局：《陕西神木县石峁遗址后阳湾、呼家洼地点试掘简报》，《考古》2015年第5期。

② 魏坚：《试论永兴店文化》，《文物》2000年第9期。

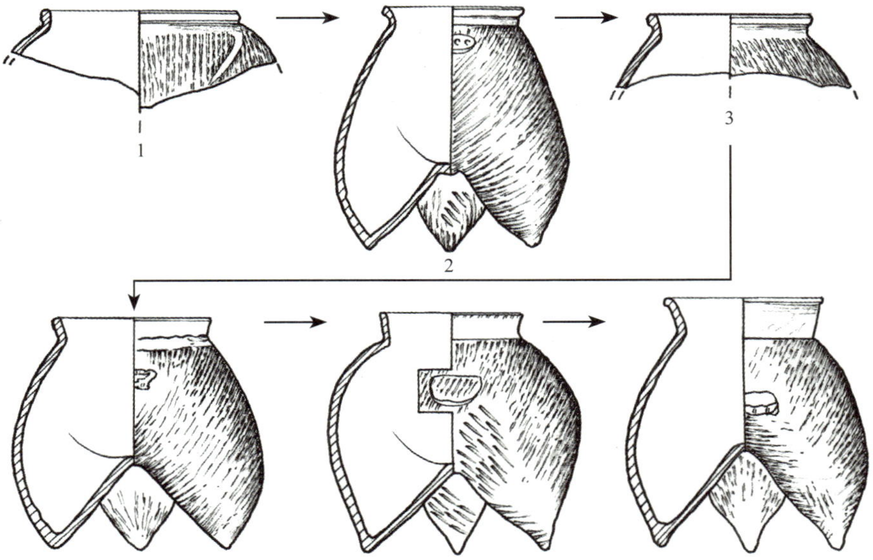


图6 永兴店文化矮领双鋬鬲演化示意图

1. 二里半早期（T205⑤：1）；2. 永兴店第二阶段（H14：2）；3. 二里半晚期（T57④：1）；4. 大庙圪旦（H1：1）；5. 白草塔晚期（F8：21）；6. 朱开沟（W2002：1）
（采自《试论永兴店文化》）

尖→斜高领瘦腹、实足根（图6）①。此外，在朱开沟文化寨子塔和大口遗址，能很明显地看出，本阶段文化遗存是在延续本地区属于永兴店文化晚期遗存的基础之上发展成熟起来的。“永兴店文化可被分为连续发展的三期五段，其产生与消亡的年代约当龙山阶段全过程”，在永兴店文化分期中，朱开沟以双鋬鬲（W2002：1）为代表的遗存（图6-6），属于永兴店文化的晚期晚段遗存，因此，“永兴店文化可能直接发展成本地区的以绳纹高领鋬手鬲为代表的夏阶段遗存”②依据此推断，我们认为朱开沟文化的主体来源于本地区的永兴店文化，朱开沟文化的第一期与永兴店文化晚期晚段遗存在年代上应存在一定的重合。

考古学文化的发展又不是独立的，在其发展过程中必然受到同时期周边文化的影响。朱开沟文化早期房址的建造方式与山西陶寺、陕西临潼康家等遗址龙山晚期房址的建造方法较为相似，此外，本文化第一期的侈口单把鬲与客省庄文化系统的单把鬲在器形和纹饰方面都比较接近，带方格纹的直口单把鬲在陶寺遗址中也可见大量同类器，可见，朱开沟文化在形成的过程中，还受到了沿着黄河谷地北上，来自陕晋地区龙山晚期遗存的影响。

① 魏坚：《试论永兴店文化》，《文物》2000年第9期。
② 魏坚：《试论永兴店文化》，《文物》2000年第9期。

此外，朱开沟文化第一期陶器群在永兴店文化晚期的基础上有所增加，新出现了蛇纹鬲、三足瓮等新的器形。带有蛇纹的陶器在以往的考古发掘中多次见到，东起燕山南北，西至河西走廊，北达外贝加尔地区都有它的踪迹[①]。田广金认为它出现的年代大约在龙山晚期前后，经过夏至早商，在内蒙古中南部地区达到鼎盛[②]，但除了内蒙古中南部，目前发现的最早的带有蛇纹装饰的陶器是甘肃省广河县齐家坪墓地出土一批完整的薄胎细绳纹罐和绘有蛇纹的彩陶双耳罐，距今约4000年，与朱开沟第一期的年代相当，因此，李水城在综合研究了中国北方地带的蛇纹器之后，认为在公元前2000年前后，饰有蛇形纹样的陶器在中国西北至鄂尔多斯一线渐次生成，并迅速在长城沿线蔓延开来[③]。但就目前的考古发掘资料而言，蛇纹鬲的起源仍然不甚明确。

朱开沟文化的流向，学界一般有以下几种看法：第一种认为朱开沟文化在内蒙古中南部可以延续至晚商以至两周[④]，第二种认为朱开沟文化发展成为李家崖文化[⑤]，第三种认为在本地延续发展成为西岔文化[⑥]，还有学者认为甘肃毛家坪、庆阳、内蒙古毛庆沟以及外贝加尔湖地区年代相当于春秋时期的“蛇纹鬲”也可能说明朱开沟文化的去向[⑦]。

魏坚和崔璇认为朱开沟文化可延续至晚商至两周时期，所依据是在准格尔旗沙峁圪旦、柳青塔、吕家坡、龙不湾等遗址调查中发现的晚商至西周时期的陶片中仍然可以见到棱纹（蛇纹）鬲和三足瓮，鬲和甗的足多呈圆柱状或扁平状实心足根，鬲附贴的棱纹仅见直棱纹和波状棱纹[⑧]。这些发现虽仅依据调查所得的陶器碎片，整体文化面貌不甚清晰，但仍值得引起我们的注意，希望在今后的考古工作中有较大遗址的发现，能为探索朱开沟文化的流布提供新的线索。

关于朱开沟文化的年代下限，从目前可对比的材料看应与李家崖文化的早期年代接近。从陶器来看，李家崖遗址出土较多的长颈或高领、器身较瘦长的袋足鬲（图7-5），大口折肩罐（图7-6）、折腹或斜领深腹盆（图7-7）和唇部外凸的三足瓮（图7-8）[⑨]，这与

① 李水城：《中国北方地带的蛇纹器研究》，《文物》1992年第1期。
② 田广金：《鄂尔多斯式青铜器的渊源》，《考古学报》1988年第2期。
③ 李水城：《中国北方地带的蛇纹器研究》，《文物》1992年第1期。
④ 魏坚、崔璇：《内蒙古中南部原始文化的发现与研究》，《内蒙古文物考古文集》（第一辑），中国大百科全书出版社，1994年，第125～143页。
⑤ 吕智荣：《朱开沟文化遗存与李家崖文化》，《考古与文物》1991年第6期；田广金：《中国北方系青铜器文化和类型的初步研究》，《考古学文化论集》（四），文物出版社，1997年，第266～307页。
⑥ 吕智荣：《朱开沟文化相关问题研究》，《华夏考古》2002年第1期。
⑦ 乌恩岳斯图：《论朱开沟文化》，《考古学集刊》（16），科学出版社，2006年，第346～379页。
⑧ 崔璿：《河套地区东周以前含袋足器诸器群及相关问题》，《中国考古学年会第七次年会论文集（1989）》，文物出版社，1992年，第280～293页；魏坚、崔璇：《内蒙古中南部原始文化的发现与研究》，《内蒙古文物考古文集》（第一辑），中国大百科全书出版社，1994年，第125～143页。
⑨ 张映文、吕智荣：《陕西清涧李家崖古城址发掘简报》，《考古与文物》1988年第1期；陕西省考古研究院：《李家崖》，文物出版社，2013年，第323～325页。

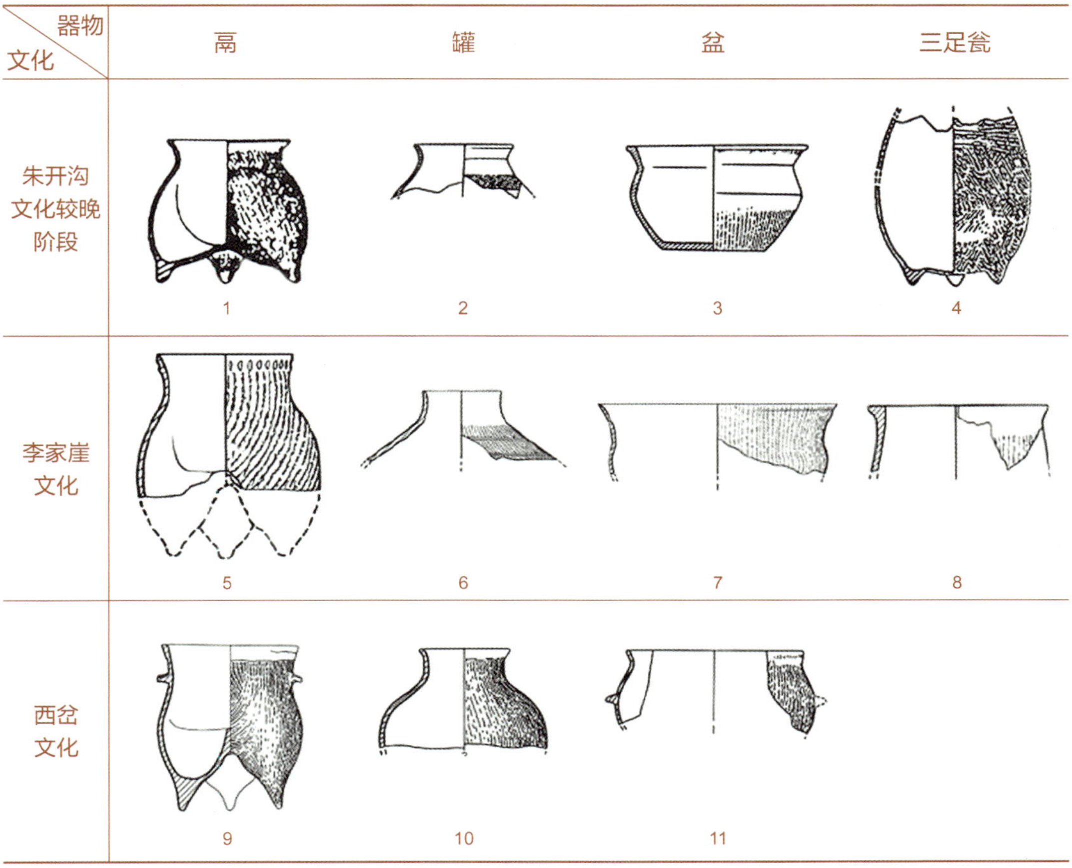


图7　朱开沟文化第五期与李家崖文化早期、西岔文化陶器对比图

1. 寨子塔H109：1；2. 朱开沟H5008：1；3. 朱开沟H5004：8；4. 寨子塔H108：7；
5. 李家崖A1T46⑥b：11；6. 李家崖A1T36⑥c：30；7. 李家崖A1T46⑥b：33；8. 李家崖A1T36⑥b：10；
9. 西岔H11：2；10. 西岔H43：5；11. 西岔H35：6

朱开沟文化中同类器物（图7-1～图7-4）的形制差异较大，可见两者之间的陶器应无直接的继承和演变关系。因此，我们推断，朱开沟文化和李家崖文化两者之间差异大于共性，两者并非同一考古学文化。

在西岔遗址，尽管第二、三阶段遗存分别为朱开沟文化和西岔文化，但遗址内属于朱开沟文化第四期的第二阶段遗存，与第三阶段的西岔文化遗存之间，年代上尚有缺环，且西岔文化的陶器以泥质褐陶为大宗，以绳纹为主，器类以高领鬲、侈沿鬲、高领壶、豆、鼎和盆为基本组合，不见三足瓮，甗也较少见，陶鬲多锥状实足根[①]，该文化中出土的高

① 内蒙古文物考古研究所、清水河县文物管理所：《清水河县西岔遗址发掘简报》，《万家寨水利枢纽工程考古报告集》，远方出版社，2001年，第60～78页。

领双鋬鬲（图7-9）、小口束颈罐（图7-10）和双鋬鼓腹盆（图7-11）极富自身特点，与朱开沟文化的典型陶器及组合存在明显区别，因此我们认为，西岔文化应该是继朱开沟文化之后在内蒙古中南部发展起来的一支新的考古学文化类型。关于二者的渊源关系因目前西岔文化的主要发掘资料尚未公布，可留待日后探讨。

尽管李家崖文化和西岔文化与朱开沟文化并无直接的承袭关系，但在李家崖文化中多发现口沿外侧、颈腹部饰细三角形附加堆纹，类似于朱开沟文化中"蛇纹"的残片，西岔遗址中陶鬲口外附加泥条或者领上饰波状附加泥条的装饰等等，与各地所发现的时代较晚的蛇纹鬲一样，都表明这些考古学文化在形成的过程中肯定吸收和融合了来自朱开沟文化的某些文化因素。因此，朱开沟文化尽管还暂时未找到直接的继承者，但其鲜明的文化特征和独特的文化内涵都对后来兴起的考古学文化确实产生了较为广泛而深远的影响。

## 六、结语

通过对主要分布在内蒙古中南部，属于龙山晚期至早商阶段的朱开沟文化的进一步分析研究，可以得出如下结论：

1、朱开沟文化是在永兴店文化晚期遗存的基础之上发展起来的一支新的考古学文化，在其发展过程中，还受到来自陕晋龙山阶段晚期遗存的影响。

2、朱开沟文化是分布于内蒙古中南部及其周边地区的一支重要考古学文化，其可以分为联系紧密、顺序发展的五期，绝对年代应在距今4100～3300年。

3、朱开沟文化早期继承本地区龙山时代房址抹白灰地面的特征，后期出现双室或者三室的房址，在一定程度上反映了建筑技术的稳定提高。

4、朱开沟文化的墓葬情况表明此时社会财富的相对集中，出现了财产私有和贫富分化，但还未形成明显、严格的社会等级，当时社会中可能已经出现以一夫一妻制为主导的家庭组织，但也暗示着男性特权的出现和女性作为"牺牲品"随葬的可能。

5、朱开沟文化的经济生活以农业为主，并饲养家畜，兼有狩猎，大量牛羊遗骸的发现，表明此时可能已经出现畜牧业，制陶业也得到进一步发展，反映了社会生产力的不断提高。

6、朱开沟文化第三期开始出现青铜制品，多为装饰品或小型工具，到第五期出现了青铜兵器以及鼎、爵等青铜礼器，尽管尚未发现冶炼铸造的遗址，但却表明社会发展已经进入了新阶段，同时也反映了社会思想与制度层面的变革。

（本文与冯宝合著，原载《考古学报》2020年第4期）

# ON ZHUKAITOU CULTURE

Wei Jian　Feng Bao

**Abstract:** Zhukaigou culture is a new archaeological culture derived from the late Yongxingdian culture in Central and Southern Inner Mongolia. In the process of its development, it was also affected by the late Longshan period of Shaanxi and Shanxi provinces. Archaeological sites belonging to Zhukaigou culture include burials and architectural remains, with a rich archaeological record and a wide chronological distribution. Finds include specific types of pottery and bronze ware. However, since early excavations until today, scholars have expressed divergent views on the classification of Zhukaigou's remains and its cultural affiliations. The main controversy lies on whether the Zhukaigou site itself can be considered as representative of Zhukaigou culture, and whether all finds at the Zhukaigou site can be attributed to the same culture. Based on the synthesis of previous research results, this paper further analyses the Zhukaigou site. Zhukaigou culture is here divided into five periods, which are closely related and developed sequentially between 4100 and 3300 years ago. While in its early stage, Zhukaigou culture continues the tradition of using white chalk on buildings' floors, typical of the earlier local Longshan culture, in the later period, two-chamber or three-chamber houses appear. The latter revealed bag-legged or snake-patterned "Li" vessels, tripod urns, basin-shaped pots and high-necked pots as main pottery types, each with their own evolution sequence. The burials in Zhukaigou reflect a social organization was characterized by private property, early stratification and patriarchy. The presence of buried female bodies accompanying the main burial suggest the possibility of sacrifice. Zhukaigou culture's economy was based mainly on agriculture, raising livestock and hunting. The development from early ornaments and small-sized bronze ware to later bronze weapons and tripods, despite no casting workshop was found to this day, shows the emergence of new social structures.

**Keywords**: Central and Southern Inner Mongolia; Zhukaigou Site; Zhukaigou Culture

# 青铜时代阴山岩画断代刍议

摘　要：关于岩画的年代学问题，一直是影响岩画考古学、民族学和美术学考察与研究深入进行的一个重要因素。由于有关岩画断代的研究颇受争议，因此在这一问题的研究上能否有所突破，已经成为了岩画研究是否更具有科学性的关键所在。青铜时代是人类从原始部落进入国家形态的重要阶段，也是中国北方农牧交融和畜牧业起源的重要阶段。见于阴山岩画中的动物形象，在内蒙古中南部发掘的青铜时代北方民族墓葬中，“鄂尔多斯式”青铜器多有发现，特别是出土的青铜器和金属饰件中广泛存在的动物形象，与阴山岩画的动物形象有着较大的一致性，表明阴山岩画中这一类题材的岩画，应当是由商周以来直至匈奴产生阶段的北方猎牧民创作的。随着这一时期岩画断代问题的逐步解决，我们有可能利用考古学和其他学科研究手段相结合的办法，逐步解决各个时期岩画的断代问题。

关键词：青铜时代　阴山岩画　动物形象　断代

地处阴山一线的内蒙古长城地带是中国古代北方草原文明与华夏文明交融碰撞的主要舞台。由于这一区域地域辽阔，古代民族众多，因此也就产生了形态各异、色彩纷呈的古代民族文化遗存。阴山岩画就是中国古代北方猎牧民创造的颇具特色的历史文化遗存之一。

长期以来，关于岩画的年代学问题，一直是影响岩画考古学、民族学和美术学考察与研究深入进行的一个重要因素。由于有关岩画断代的考古学研究颇受争议，因此在这一问题的研究上能否有所突破，从某种意义上讲，已经成为了岩画研究是否更具有科学性的关键所在。

近年来，由于田野考古学的长足发展，许多具有浓郁北方草原文化特征和较为确切年代特征的遗物的不断出土，为岩画的年代学研究提供了一些佐证。特别是对于进入历史时期以来的，由众多的古代北方民族创造的岩画的年代学研究，获取了重要的依据。

青铜时代是人类从原始部落进入国家形态的重要阶段。广泛地分布于中国北方草原地带的“鄂尔多斯式”青铜器，与同样广泛分布于欧亚草原地带的“卡拉苏克文化”“斯基泰文化”所表现出的“野兽风”风格，特别是出土的青铜器和金属饰牌中广泛存在的动物形象特征，与阴山岩画的动物形象有着较大的一致性，表明阴山岩画中这一类题材的岩画，应当是由商周以来直至匈奴产生阶段的北方猎牧民创作的。

中国北方地区有关岩画的文献记载，可以早到北魏时期，郦道元《水经注》载：“河水自临河县东迳阳山南，《汉书注》曰：阳山在河北，指此山也。东流迳石迹阜西，是阜破石之文，悉有鹿马之迹，故纳斯称焉。”[①]说明郦道元在考察黄河和临河县时，曾来到过河套的阴山脚下，他在黄河北岸一个名叫“石迹阜”的地方看到的“鹿马之迹”，就是刻画在山岩高阜之处的动物形岩画。

生活在阴山南北的古代先民们，在其日复一日的生存劳作中，将所见所想刻画在崖壁与落石之上，因而为我们留下了丰富多彩的历史画卷，使我们今天可以透过这些丰富的图像，去追溯那段对中华民族多元一体格局逐步形成曾经产生过重要影响的鲜为人知的历史。

## 一、阴山岩画与古代北方民族

阴山山脉，大部分海拔1500～2000米，是我国内流区与外流区的分水岭之一（图1）。

图1　阴山山脉

① （北魏）郦道元原注，陈桥驿注释：《水经注》，浙江古籍出版社，2001年，第38页。

图2　狼山西段

它既是历代北方各民族生息、繁衍的农牧交错地带，也是北方猎牧民与中原华夏民族戎马争战的广阔舞台。根据考古资料和文献记载，在战国以前，这里曾先后出现过被称为“荤粥”“鬼方”“猃狁”“戎”“狄”的以畜牧业生业经济为主的氏族部落。

阴山山脉是我国岩画分布最为密集的地区之一。目前，仅在经过考察的巴彦淖尔市狼山西段地区，在东西长达300多千米、南北宽约30～70千米的调查范围内，就发现岩画地点100余处，计各类岩画万幅以上（图2）。这些岩画分布在20多条山沟中的崖壁上，其中分布最为密集的地点是乌拉特中旗、磴口县和乌拉特后旗等三个旗县。在乌拉特中旗西南部的几公海勒斯太沟一带，约有岩画2000幅以上；磴口县的格尔敖包沟和默里赫图沟一带，保存的岩画在1000幅以上；而在乌拉特后旗宝尔汗山、巴嘎卯都和滴水沟等地也有大量岩画发现。

岩画内容丰富多彩，诸如各种动物、狩猎、放牧、转场、舞蹈、穹庐毡帐、日月星辰、巫师、人面像、征战、拜日、车辆等，既反映了大量的狩猎生产的生活情景，也昭示了畜牧业经济逐步发展的社会状态（图3～图6）。

《史记・五帝本纪》载黄帝“北逐荤粥”[①]，说明夏代荤粥与夏族为邻，并有密切的交往；殷商时的鬼方是商王朝的强敌，殷王武丁曾与之进行过三年的战争；西周时，猃狁经常对周朝进行骚扰，《诗经》就有“靡室靡家，猃狁之故。不遑启居，猃狁之故”[②]的叹息；公元前8世纪，周宣王多次出兵抵御猃狁的进攻，并在朔方建筑城堡，《诗经》曰

①（汉）司马迁撰：《史记・五帝本纪》，中华书局，1959年，第6页。
②（汉）毛亨传，（汉）郑玄笺，（唐）孔颖达疏，龚抗云等整理：《十三经注疏・毛诗正义》卷九　九之三《采薇》，北京大学出版社，1999年，第590页。

图3　狩猎图（乌拉特中旗呼仁敖包）

图4　动物图（乌拉特中旗达西拉嘎）

图5　动物图（乌拉特中旗呼仁敖包）

图6　狩猎图（磴口县托林沟）

"天子命我，城彼朔方；赫赫南仲，玁狁于襄"①；春秋战国之际，上述各族在北方大都以"戎"或"狄"的名称出现于史书；到战国时期，除了在今河北省境内建立"中山国"的鲜虞族以外，大部分都融合于华夏各族之中，其余的则北迁至大漠南北，与原来生活在那里的戎狄结合在一起。

## 二、阴山岩画的主要内容与考古发现

从新石器时代晚期进入到战国早期阶段，在长达近三千年的历史过程中，北方地区也经历了从温暖湿润期向寒冷干燥期的转变过程。许多过去适合于狩猎与农耕的地带，在继续保持狩猎经济的同时，畜牧业取得了长足的进展，随着青铜时代的到来，具有北方民族特色的青铜文化也适时登上了历史的舞台。北狄、匈奴、乌桓、鲜卑、柔然、高车、突

①（汉）毛亨传，（汉）郑玄笺，（唐）孔颖达疏，龚抗云等整理：《十三经注疏·毛诗正义》卷九　九之四《出车》，北京大学出版社，1999年，第600页。

厥、回鹘、吐蕃、党项、蒙古等民族交替在这里繁衍生息、勤奋劳作，创造了极具地域特色的猎牧业文明。

远古的先人给我们留下了大量的文化遗存和多彩的艺术杰作。阴山岩画，就是他们社会生活、心态活动、审美意识、活动业绩的生动写照，凝聚着远古先民充沛的生命意识和对生活的追求。

阴山岩画的多数画面内容应当是狩猎、畜牧时期的作品，反映的是以狩猎和畜牧经济为主要生业形态的社会人们的心态和审美观。狩猎经济是人类发展史上出现最早、延续时间最长的生业形态。由于阴山山脉特殊的自然环境和历史背景，这里的猎牧业经济发生早、延续时间长、发展水平高，这在我国北方山地草原文化中具有代表性。

阴山西段的狼山地区，即是历史文献所言之“阳山”所在，也是历代北方民族，特别是匈奴长久活动的区域。在狼山地区几条南北向的大沟里面的崖壁和山坡的落石上发现了大量的岩画，这些岩画以各种动物为主，有狐狸、狼、虎、豹、黑熊、家犬、野马、野驴、家马、岩羊、盘羊、北山羊、羚羊、藏羚羊、黄羊、绵羊、梅花鹿、马鹿、麋鹿、驼鹿、驯鹿、狍、白唇鹿、大角鹿、野牛、家牛、牦牛、羚牛、双峰驼、单峰驼、野猪、野兔、跳鼠、蛇、蜥蜴、龟、鸵鸟、鹰、海螺等（图7～图10）。从岩画动物的种类或数量看，以狩猎对象占绝对多数，同时还可以见到为数众多的猎人和狩猎场面，再现了当年终日驰骋于深山幽谷的猎人们的真实生产和生活场景，也表达了他们对获得猎物的美好追求（图11、图12）。

图7　动物图（乌拉特中旗呼仁敖包）

图8　三羊图（磴口县默勒赫图沟）

图9　盘羊图（乌拉特中旗巴音呼都格）

图10　鹿与羊（乌拉特中旗呼仁敖包）

图11　围猎图（磴口县默勒赫图沟）

图12　围猎图（乌拉特中旗几公海勒斯太）

阴山岩画中表现出的狩猎对象，在内蒙古中南部夏商至春秋战国阶段的考古学遗存中多有发现。夏商阶段的朱开沟遗址①早期阶段以狩猎的野生动物为主，而到了晚期阶段则出土大量的野生和家养的动物骨骼。在处于西周阶段的西岔遗址②和春秋战国阶段的桃红巴拉③、毛庆沟④、崞县窑子⑤和忻州窑子⑥等墓地，也出有用于随葬的马鹿、山羊、狍子、

① 内蒙古自治区文物考古研究所、鄂尔多斯博物馆：《朱开沟——青铜时代早期遗址发掘报告》，文物出版社，2000年。

② 内蒙古文物考古研究所、清水河县文物管理所：《清水河县西岔遗址发掘简报》，《万家寨水利枢纽工程考古报告集》，远方出版社，2001年，第60～78页。

③ 田广金：《桃红巴拉墓群》，《鄂尔多斯式青铜器》，文物出版社，第203～219页。

④ 内蒙古文物工作队：《毛庆沟墓地》，文物出版社，第227～315页。

⑤ 内蒙古文物考古研究所：《凉城崞县窑子墓地》，《考古学报》1989年第1期。

⑥ 内蒙古文物考古研究所：《内蒙古凉城县忻州窑子墓地发掘简报》，《考古》2009年第3期。

图13　虎咬羊青铜饰牌（鄂尔多斯出土　战国）

图14　群虎图局部（乌拉特后旗巴日沟）

图15　虎与格里芬青铜饰牌（鄂尔多斯出土　春秋）

图16　老虎图（乌拉特中旗地里哈日）

图17　大角鹿形饰牌（鄂尔多斯征集　春秋）

图18　大角鹿（乌拉特中旗地里哈日）

图19　大角鹿青铜饰件（鄂尔多斯出土　战国）

图20　大角鹿（磴口县格尔敖包沟）

图21　长角鹿青铜竿头饰（鄂尔多斯出土　战国）

图22　大角鹿局部（磴口县格尔敖包沟）

图23　盘羊青铜竿头饰（鄂尔多斯征集　战国）

图24　盘羊图（磴口县格尔敖包沟）

马、牛、羊、猪、狗等动物的骨骼。在被称作“鄂尔多斯式”青铜器的遗存中，可以见到表现丰富的虎、鹰、豹、鹿、羊、马、驼等浮雕和圆雕的动物形象，其造型与阴山岩画中表现的动物形象极为一致，均可找到对应的图形（图13～图24）。

## 三、阴山青铜时代动物岩画的断代

岩画是古代人们对自己生活、日常所见、期盼与愿望和精神崇拜的具体描述，见于阴山岩画中的动物形象和狩猎、放牧的场景，是当时生活在这个地域人群生活的真实写照。因此，在内蒙古中南部发掘的“鄂尔多斯式”青铜文化遗存中发现的动物骨骼和青铜器的各种动物造型与阴山岩画表现的动物造型，应当有着必然的联系。这些有着确切出土地点和明确年代特征的器物，是我们对这些青铜时代猎牧民创作的岩画进行年代学研究的重要依据。随着这一时期岩画断代问题的逐步解决，我们有可能利用考古学和其他学科研究手段相结合的办法，逐步解决各个时期岩画的断代问题。

有鉴于此，我们可以得到如下启示：

1、充分利用已有的考古学文化类型研究的成果及其年代学标尺，对北方不同区域内猎牧民创造的岩画，就其内容和形象运用考古类型学的手段进行模拟分析，初步建立起青铜时代至早期铁器时代各岩画区域的相对年代学框架。

2、利用文献史学、民族学和美术史学的研究成果，逐步厘清各不同历史阶段岩画制作者的主要民族成分、审美情趣和物质文化面貌。

3、在初步建立起青铜时代岩画的年代学框架基础上，应当充分利用和借鉴其他各不同学科的研究成果，发挥各学科，包括自然学科的优势，再逐步建立起史前和青铜时代之后各阶段岩画的年代学框架。

阴山、河套地区，因其特殊的地理位置和自然条件而成为农耕文化与猎牧文化交互发生和不断冲击碰撞的地区，也成为历史上中原王朝和北方民族政权之间的必争之地。古代先民们创造的色彩纷呈的历史文化遗存，集中反映了当时中原王朝与北方民族之间的往来征战和交互融合的历史事实。阴山南北大量存留着的丰富岩画，是古代猎牧民现实生活的真实记录。加强对于这批重要形象数据的深入研究，对于我们了解原始宗教信仰，解读原始艺术，深入民族学研究，进而探讨畜牧业的起源问题，都有着十分重要的意义。

2008年7月6日 于银川

［原载《河套文化论文集》（四），内蒙古人民出版社，2009年，
本次收录承蒙内蒙古河套文化博物院胡延春增加了图片及内容］

# THE POTENTIAL CHRONOLOGY OF BRONZE AGE ROCK ART IN THE YINSHAN MOUNTAINS

Wei Jian

**Abstract:** The dating of rock art has always been an important obstacle affecting in-depth rock art research from the point of view of archaeology, ethnology and art history. A breakthrough in the dating and chronology of rock art is key to whether its study can become more scientific. The Bronze Age period is not only an important stage for human beings, who developed from tribes to early states, but also for the emergence of stockbreeding in Northern China and its combination with agriculture. The images of animals depicted in the rock art of the Yinshan mountains are found in Bronze Age period tombs excavated in Central and Southern Inner Mongolia, especially on unearthed bronzes and metal ornaments. This consistent iconography should be attributed to the northern hunters, dating from the Shang and Zhou dynasties to the Xiongnu period. It becomes gradually possible for us to use a combination of archaeology and other disciplines to solve the problem of dating rock art from each period.

**Keywords:** Bronze Age; Yinshan Rock Art; Animal Image; Dating

# 岩画的区域类型与年代学的考古学探索
## ——以阴山、桌子山岩画为中心

摘　要：阴山和桌子山岩画是中国北方岩画的重要组成部分。在阴山岩画三个主要分布区域中，大青山北部低山丘陵区（Ⅰ区）数量众多的动物、放牧和人物岩画，明显地表现出畜牧业生业模式；色尔腾山区（Ⅱ区）动物岩画居多，放牧、人物岩画占有相当比重，具有和Ⅰ区岩画相似的特点和生业模式，该区域西段受到Ⅲ区东段的影响，狩猎岩画所占比例较大，因此该区域是一个过渡地带；狼山区（Ⅲ区）尽管动物岩画仍占较高比例，但狩猎岩画大量增加，在整个阴山岩画中达到最高值，体现出狼山区在畜牧和狩猎业仍为主要生业模式的前提下，狩猎业的突出地位。年代属于青铜时代至早期铁器阶段的桌子山岩画发现约千余幅，其中大约80%为人面像和人物岩画，余为动物和符号等岩画。其中动物岩画体现的仍是与阴山、贺兰山岩画一样的畜牧和狩猎业并存的生业模式。而桌子山岩画中大量存在的、以独具特征的“太阳神”人面像岩画为代表的一类遗存，当属分布于这一地区的属于新石器时代晚期以农业为主，兼营畜牧和狩猎业的原始人群所创作。我们应当充分利用已有的考古学文化类型研究的成果及其年代学标尺，对中国古代北方不同区域内农耕民族和猎牧民创造的岩画，运用考古类型学的手段进行对比分析，初步建立起青铜时代各岩画区域的相对年代学框架。在此基础上，应当充分利用和借鉴各不同学科的研究成果，发挥各学科的优势，逐步建立起早期岩画及青铜时代之后各阶段岩画的年代学框架。

关键词：阴山岩画　桌子山岩画　新石器时代　青铜时代　考古类型学

岩画作为古代人类文化遗存，在世界各地均有分布。而且，这些岩画因为所在地的自然环境、生业模式、文化传统和自身年代的不同而表现出较大的差异。本文意在运用考古类型学的方法，以阴山和桌子山岩画的分布区域与内容差异为例，就岩画的区域类型和年代学问题做一初步探讨（图1）。

图1　阴山、贺兰山、桌子山位置图

## 一、岩画的区域类型和生业模式

岩画表达的内容往往与岩画分布区域的自然环境和生存资源有着密切的关系。就中国岩画的分布而言，学界一般分为北方岩画、西南岩画和东南岩画三大区域。这三大区域划分的主要依据，一个是岩画所在的地理位置和环境，另外一个就是岩画制作的方法和内容。其中，北方岩画以动物为主，制作方法以敲凿和磨刻为主；西南岩画则是以人物形象为主，并多以颜料涂绘制成；东南岩画以凿刻为主，内容以同心圆、水波纹等符号为主，也有船、人面像等内容[①]。因此，当我们面对诸多形态各异、内容丰富的岩画时，首先应当根据其分布的规律，划定一定的区域；再将该区域中的岩画据其形态，区分为不同的类型；最后运用统计学的原理，计算出各类型岩画所占的比重。如此，我们就会了解各地区、各不同区域岩画内容所占的比重，从而推定其所从事的生业类型的比重，为进一步的考古学、民族学和历史学研究提供基础的数据。

### 1. 阴山岩画的区域类型与生业模式

王晓琨和张文静将阴山岩画的分布，自东向西分为大青山北部低山丘陵地带（Ⅰ区）、色尔腾山（Ⅱ区）和狼山（Ⅲ区）三个自然区域，每个区域中又细划为三个小区，

① 王晓琨、张文静：《阴山岩画研究》，中国社会科学出版社，2012年，第111页。

并将岩画内容分为动物岩画、放牧岩画、狩猎岩画、车辆岩画、足印岩画、人面像岩画、人物岩画、符号岩画等进行统计。

大青山北部低山丘陵地带（Ⅰ区）东部、中部、西部三小区统计的1184幅岩画中，动物岩画所占比例最高，达到54.5%，其次是人物岩画和放牧岩画。动物岩画中的动物种类多为羊、马、鹿、骆驼、鹰、狗、虎等草原动物，均是以获取动物性食物来源为主题。此外，车辆岩画、足印岩画在这一区域也大量出现。说明该区域是以畜牧业为主的生业模式，这个区域的狩猎业不占主要地位。

色尔腾山区（Ⅱ区）东、中、西三段统计的303幅岩画中，动物岩画仍占有最大比重，其中东段的比例达到近70%，其次为少量的放牧岩画、人物岩画、足印岩画和车辆岩画等。动物种类有羊、马、狗、鹿、骆驼、牛和猛兽等。该区域东段岩画仍反映了畜牧业为主的生业模式；中段岩画与Ⅰ区的分布与内容很相似；西段岩画的狩猎岩画比例较高，占到9.2%，不见车辆岩画，却和Ⅲ区岩画特点相近。总体看，Ⅱ区岩画具有从Ⅰ区向Ⅲ区过渡的特点。

狼山区（Ⅲ区）东、中、西三段统计的1355幅岩画中，东段的动物岩画比例最高，达到57.5%，有羊、马、鹿、骆驼、猛兽、牛、野猪、鹰等（图2），其中鹿和猛兽的数量增加，最突出的特点是狩猎岩画骤然增加，达到14.3%，其次是人物岩画和放牧岩画；中段动物岩画的人占绝对优势，但相比东段，狩猎、放牧和人物岩画比例下降，人面像和符号岩画则持续增加；西段的动物岩画比例有所下降，狩猎（图3）、放牧（图4、图5）、人物岩画的比例略有增加，增加幅度最大的是人面像岩画。可以说，狼山东段应为畜牧、狩猎兼营的生业模式，狩猎业占有突出的地位；中段和西段兼营畜牧和狩猎的生业模式（图6），仍然是人们获取食物的主要手段，但中、西段的狩猎业不若东段那样发达。

图2　磴口县哈隆格乃沟岩画

图3　磴口县哈隆格乃沟岩画

图4　磴口县哈隆格乃沟岩画

图5　磴口县格尔敖包沟岩画

图6　乌拉特后旗巴嘎卯都车辆与动物岩画

比较阴山岩画三个分布区域，大青山北部低山丘陵地带（Ⅰ区）数量众多的动物岩画、放牧岩画和人物岩画，明显地表现出畜牧业生业模式下的岩画类型；色尔腾山区（Ⅱ区）动物岩画居多，放牧、人物岩画占有相当比重，具有和Ⅰ区岩画相似的特点和生业模式，该区域西段受到Ⅲ区东段的影响，描绘场景的岩画和狩猎岩画所占比例较大，因此该区域是一个过渡地带；狼山区（Ⅲ区）尽管动物岩画仍占最高比例，但狩猎岩画在东段大量增加，在整个阴山岩画中达到最高值，且中、西段的狩猎岩画也较为突出，体现出狼山区（Ⅲ区）在畜牧和狩猎业仍为主要生业模式的前提下，狩猎业的突出地位①。

2. 桌子山岩画的类型与生业模式

桌子山，位于内蒙古自治区乌海市境内北流黄河的东岸，正处于黄河东折北端的狼山和黄河西岸的贺兰山之间，主峰海拔2149米。桌子山岩画群主要分布在由北向南的摩尔沟、苦

① 王晓琨、张文静：《阴山岩画研究》，中国社会科学出版社，2012年，第104页。

图7 桌子山摩尔沟岩画

图8 桌子山召烧沟岩画第3地点

菜沟、苏白音后沟、苏白音沟、召烧沟和雀儿沟六个较为集中的区域。目前发现的岩画总数约千余幅，其中80%为人面像和人物岩画（图7、图8），其余为动物和符号等岩画①。

最早对桌子山岩画进行调查、研究的盖山林先生，曾以附录的形式，将《乌海市桌子山附近的岩画》一文收录在《阴山岩画》一书中②。据盖山林和梁振华对桌子山岩画的研究认为，桌子山岩画与阴山岩画、贺兰山岩画同属北方岩画，在磨刻和表现手法上，体现出了共同的粗犷豪放风格，从表现的动物和人面像的内容来看，也存在共同之处。但桌子山人面像岩画神态各异的复杂面部表情，头顶部高大的装饰物和密集的辐射状线条等表现手法，都是阴山与贺兰山岩画中所不多见的。

在近几年进行的桌子山召烧沟岩画的调查中，我们不但发现了成队的牛形象岩画（图9），并且发现有戴高冠饰的人面像岩画打破牛形象岩画的例证（图10）。

因此，我们有理由相信，桌子山岩画中以动物岩画为主要特征的遗存，体现的仍是与阴山、贺兰山岩画一样的畜牧和狩猎业并存的生业模式。而桌子山岩画中大量存在的、以独具特征的“太阳神”人面像岩画为代表的一类遗存，当属不同生业模式的人群所创作。

20世纪90年代初，在乌海地区的考古调查中，曾在桌子山北麓偏东的区域，“发现了近2万平方米的新石器时代聚落遗址，地表遍布磨制石器和彩陶残片（图11），探沟显

① 梁振华：《桌子山岩画》，文物出版社，1998年，第5～44页。
② 盖山林：《乌海市桌子山附近的岩画》，《阴山岩画》附录一，文物出版社，1986年，第386～411页。

图9　桌子山召烧沟岩画　牛

图10　桌子山召烧沟人面像与动物图像的打破关系

图11　海勃湾遗址采集红顶钵等陶片

图12　桌子山海勃湾遗址地层剖面

示，文化层厚度近50厘米（图12）。另外，在黄河边的沙丘中也发现有细石器和彩陶残片”[①]。从笔者当时对这两处遗址采集的陶片和石器考证，该类遗址属内蒙古中南部仰韶阶段的白泥窑文化类型遗存，相当于庙底沟类型阶段，年代在距今6500～6000年左右。[②]

据此，我们可以做一个大胆的推测，桌子山地区磨痕宽深的以“太阳神”人面像岩画和少数动物岩画为代表的遗存，是由分布于这一地区的属于新石器时代晚期阶段的原始人群创作的。这些原始聚落的人群所从事的应当是以农业为主，兼营狩猎业和畜牧的生业模式。

## 二、岩画的年代学探索

新石器时代晚期至早期青铜时代，是人类从原始部落进入国家形态的重要阶段。地处

① 梁振华：《桌子山岩画》，文物出版社，1998年，第6页。

② 魏坚、崔璇：《内蒙古中南部原始文化的发现与研究》，《内蒙古文物考古文集》（第一辑），中国大百科全书出版社，1994年，第125～143页。

阴山、河套一线的内蒙古长城地带是中国古代北方草原文明与华夏文明交融碰撞的主要舞台，阴山和桌子山岩画就是中国古代北方民族创造的颇具特色的历史文化遗存之一。

长期以来，关于岩画的年代学问题，一直是制约岩画的考古学、民族学和艺术学深入研究的一个重要因素。由于有关岩画断代的考古学研究颇受争议，因此在岩画年代学研究上能否有所突破，从某种意义上讲，已经成为岩画研究是否更具有科学性的关键所在。

由于田野考古学的长足发展，许多具有确切年代和浓郁北方草原文化特征的遗物不断出土，为岩画的年代学研究提供了佐证。因此，我们可以根据在阴山和桌子山地区发现的以“太阳神”人面像和大量动物岩画为代表的不同类型遗存，及其反映的生业模式，并结合在该区域的考古发现，通过类型学和民族学的研究方法，初步探讨这些岩画的制作年代。

### 1. 岩画与古代北方民族

阴山山脉，大部分海拔1500～2000米，是中国北方内流区与外流区的分水岭之一，桌子山则是贺兰山北端为黄河所断的一列独立山体，在地理环境上与阴山应属于同一个地理单元。新石器时代逐渐北上的农耕文化，曾经抵达阴山南北地区。因此，这一区域既是中原华夏民族与北方猎牧民的经济交汇地带，又是历代迭兴的北方各民族戎马征战的广阔战场。根据考古资料和文献记载，这里发现了一定数量的属于新石器时代中晚期的农耕部落遗存，先后出现过被称为“荤粥”“鬼方”“猃狁”“戎”“狄”的氏族部落。

巴彦淖尔市的阴山一线，是我国岩画分布最为密集的地区之一。目前，仅在经过考察的狼山西段地区，在东西长300多千米，南北宽约30～70千米的调查范围内，就发现岩画地点100余处，计各类岩画万幅以上。这些岩画分布在20多条山沟中的石壁上。其中分布最为密集的地点是乌拉特中旗、磴口县和乌拉特后旗等三个旗县。在乌拉特中旗西南部的几公海勒斯太沟一带，约有岩画2000幅以上；磴口县的格尔敖包沟和默里赫图沟一带，保存的岩画在1000幅以上；而在乌拉特后旗宝尔汗山、巴嘎卯都和滴水沟等地也有大量发现。在乌海市桌子山以召烧沟为代表的六个较为集中的区域，发现的岩画总数约近万幅，其中最为突出的就是“太阳神”人面像岩画，余为少量动物等岩画。

《史记·五帝本纪》载：黄帝曾“北逐荤粥”[①]。进入夏代，荤粥与夏族为邻，并有着密切的交往。殷商时，鬼方是商王朝的北方劲敌，殷王武丁曾与之进行过三年的战争。西周时，猃狁经常对周朝的北边进行骚扰，《诗经》就有“靡室靡家，猃狁之故。不遑启处，猃狁之故”[②]的叹息。公元前8世纪，周宣王多次出兵抵御猃狁的进攻，并在朔方建筑

---

① 司马迁：《史记》卷一《五帝本纪第一》，中华书局，1959年，第6页。

②（汉）毛亨传，（汉）郑玄笺，（唐）孔颖达疏，龚抗云等整理：《十三经注疏·毛诗正义》卷九　九之三《采薇》，北京大学出版社，1999年，第590页。

城堡，《诗经》说："天子命我，城彼朔方；赫赫南仲，玁狁于襄。"[1]春秋战国之际，上述各族，在北方大都以"戎"或"狄"的名称出现于史书。到战国时期，除了在今河北省境内建立"中山国"的鲜虞族以外，其余大部分融合于华夏各族之中，其余的则迁至大漠南北，与原来居住在那里的戎狄合为一体。

### 2. 区域文化与考古发现

从新石器时代晚期到战国早期阶段，在长达近三千年的历史过程中，北方地区也经历了从温暖湿润期向寒冷干燥期的转变过程。在阴山以南的黄河大回折区域内，考古调查曾经发现了大量的属于新石器时代中晚期阶段的农耕遗址。这类文化遗存在新石器时代晚期阶段，逐渐形成了极具自身文化特征的地域性考古学文化。这支属于农耕文明的考古学文化在达到全盛时，曾经分布到了阴山南麓的山前台地和黄河两岸地区[2]。

进入夏商之际，由于气候逐渐变得干燥和寒冷，许多过去适合于农耕的地带，逐渐被兴起的畜牧业所取代，随着青铜时代的到来，北方民族也悄然登上了历史舞台。北狄、匈奴、乌桓、鲜卑、柔然、高车、突厥、回鹘、吐蕃、党项、蒙古等民族交替在这里繁衍生息、勤奋劳作，创造了光辉灿烂的猎牧业文明。

阴山岩画的多数画面和桌子山岩画的少量内容，反映的是畜牧狩猎社会的经济、心态和审美观。狩猎时代是人类发展史上出现最早、延续时间最长的历史阶段。由于阴山南北特殊的自然环境和历史背景，这里的猎牧文化发生早、延续时间长、发展水平高，这在中国北方山地草原文化中具有代表性。

见于阴山和桌子山岩画中的狩猎对象，在内蒙古中南部夏商至春秋战国阶段的考古中多有发现。在"鄂尔多斯式"青铜文化遗存中，经常可以见到浮雕和圆雕的虎、鹰、鹿、羊、马等形象，与阴山岩画中表现的动物形象极为一致（图13～图18）。在鄂尔多斯市夏商阶段的朱开沟遗址晚期阶段，出土了大量的野生和家养的动物骨骼[3]。在处于西周阶段的清水河西岔遗址和春秋战国阶段的桃红巴拉[4]、毛庆沟[5]、崞县窑子[6]、忻州窑子[7]和将军

---

① （汉）毛亨传，（汉）郑玄笺，（唐）孔颖达疏，龚抗云等整理：《十三经注疏·毛诗正义》卷九　九之三《采薇》，北京大学出版社，1999年，第600页。

② 魏坚：《试论庙子沟文化》，《青果集——吉林大学考古专业成立二十周年考古论文集》，知识出版社，1993年，第86页。

③ 内蒙古自治区文物考古研究所、鄂尔多斯博物馆：《朱开沟——青铜时代早期遗址发掘报告》，文物出版社，2000年，第123～124页。

④ 田广金：《桃红巴拉的匈奴墓》，《考古学报》1976年第1期。

⑤ 内蒙古文物工作队：《毛庆沟墓地》，《鄂尔多斯式青铜器》，文物出版社，1986年，第237～238页。

⑥ 内蒙古文物考古研究所：《凉城崞县窑子墓地》，《考古学报》1989年第1期。

⑦ 内蒙古文物考古研究所：《内蒙古凉城县忻州窑子墓地发掘简报》，《考古》2009年第3期。

图13 磴口县格尔敖包沟岩画

图14 青铜长角鹿形竿头饰 战国

图15 磴口县格尔敖包沟岩画

图16 磴口县格尔敖包沟岩画

图17 鄂尔多斯式青铜鹿 战国

图18 鄂尔多斯式青铜饰件 战国

沟[①]等墓地，也出有用于随葬的马鹿、山羊、狍子、马、牛、羊、猪、狗等动物的骨骼。青铜时代各阶段遗存出土的野生和家养的动物骨骼，大部分与阴山岩画中的动物种类可以相印证。

远古的先人给我们留下了大量的文化遗存和不朽的艺术杰作。阴山南麓山前台地和桌子山周边发现的原始聚落遗址和阴山、桌子山岩画，就是他们的社会生活、心态活动、审美意识的生动写照，凝聚着远古先民充沛的生命意识和其对生活的追求。

综上所述，在桌子山、阴山西端的狼山一带发现的“太阳神”人面像岩画及少量磨痕较深的动物岩画，很可能是生活在距今6500～6000年前的，以从事农业为主，兼营畜牧和狩猎业的先民们创作的带有深刻宗教崇拜意味的作品；在阴山、桌子山以动物岩画为主题的岩画，则应当是由商周以来直至匈奴产生阶段的，活动在北方草原地带以从事畜牧和狩猎为主要生业模式的北方猎牧民创作的描绘其日常生活，企盼富足生活的作品。

丰富多彩的岩画内容，既反映了早期以农业经济为主的生业模式，也昭示了进入青铜时代以来的畜牧、狩猎经济为主要生业模式的社会状态和生活情景。

远古先民以其生生不息的生命创造力，为我们留下了绘刻在岩壁上的丰富多彩的历史画卷，使我们今天可以透过这些丰富的图像，去追溯那段对中华民族多元一体格局逐步形成曾经产生过重要影响的鲜为人知的历史。

## 三、结语

岩画的区域类型分析和生业模式探讨，以及基于此类分析基础上的年代学的讨论，还只是一些粗浅的尝试。特别是将岩画与其周边发现的遗址放在同一时空范围内的讨论，还缺乏直接的证据。

见于阴山岩画中的动物形象，在内蒙古中南部“鄂尔多斯式”青铜文化遗存中的发现，以及对那些有着确切出土地点和明确年代特征，并有着动物形象器物的研究成果，是我们对这些青铜时代猎牧民创作的岩画进行年代学研究的重要依据。正因为如此，我们对于与该地区青铜时代考古学文化遗存动物形象相似的阴山岩画的断代研究才具有了初步的科学的意义，才能随着这一研究的不断深入，逐步解决这一时期岩画的断代问题。同时，在此基础上，我们也许可能利用考古学与其他学科研究手段相结合的办法，逐步解决各个时期岩画的断代问题。

为此，可有如下几点认识：

1、对于不以动物为主题的，特别是以人面像为主要题材的岩画进行内容解读和年代研

① 张全超、曹建恩、朱泓：《内蒙古和林格尔县将军沟墓地人骨研究》，《人类学学报》2006年第4期。

究时，要十分注意了解和参考其周围发现的原始时期聚落遗址的材料。

2、充分利用已有的考古学文化类型研究的成果及其年代学标尺，对中国古代北方不同区域内猎牧民创造的岩画，就其内容和形象运用考古类型学的手段进行对比分析，初步建立起青铜时代各岩画区域的相对年代学框架。

3、利用阴山地区青铜时代考古学文化研究的成果，结合文献学、民族学和美术史学的研究成果，逐步厘清各不同历史阶段岩画制作者的主要民族成分和物质文化面貌。

4、在初步建立起新石器时代晚期至青铜时代岩画的年代学框架基础上，各不同学科应当充分利用和借鉴其他学科的研究成果，发挥各学科，包括自然学科的优势，逐步建立起早期岩画及青铜时代之后各阶段岩画的年代学框架。

阴山、黄河大回折地区，因其特殊的地理位置和自然条件而成为农耕文化与猎牧文化交互发生和不断冲击碰撞的地区，也成为历史上中原王朝和北方民族政权之间的必争之地。该区域大量留存的岩画，是古代先民现实生活的真实记录。加强对于这批重要的形象资料的分类和年代学研究，对于我们了解原始宗教信仰，解读原始艺术，进而探讨农业和畜牧业的起源与发展，都有着十分重要的意义。

（原载《俄罗斯、蒙古和中国毗邻地区古代社会文化的演变及其影响：中亚与中国北部地区岩画联合科考与论坛》，АдмонПринт出版公司，2017年）

# AN ARCHAEOLOGICAL STUDY OF THE DISTRIBUTION AND DATING OF ROCK ART IN YINSHAN AND ZHUOZISHAN

Wei Jian

**Abstract:** The rock art of Yinshan and Zhuozishan are important representatives of rock art in Northern China. Three main distribution areas can be distinguished for the Yinshan rock art. A large number of grazing animals and human figures are found in the low mountain and hilly area north of the Daqing mountain (area Ⅰ), which suggests stockbreeding activities. Grazing animals and human figures also account for a considerable proportion in the Serteng mountain (area Ⅱ), but a large proportion of hunting scenes occur in the western part of this area, under the influence of area Ⅲ, which makes this area a transitional zone. Although animal rock paintings are still found in the Langshan area (area Ⅲ), hunting scenes increase greatly, more than anywhere else in the Yinshan mountains, which reflects the prominent position of hunting. Given that animal husbandry and hunting remain the main mode of production in the Langshan area, the rock art should date between the Bronze Age and the early Iron Age. More than a thousand occurrences of rock art have been found in Zhuozishan, of which about 80% are portraits and figures, and the rest are animals and symbols. Among these, depicted animals reflect stockbreeding and hunting activities, just like in the rock art of the Yinshan and Helanshan mountains. On the other hand, there are unique motifs in the rock art of Zhuozishan, such as the "Sun God" figure, which might refer to agricultural activity in the late Neolithic period. One should make full use of the existing achievements in the study of archaeological cultures and their chronology, in order to produce a comparative analysis of the rock art created by farming people and herdsmen in ancient Northern China by means of archaeological typology. A relative chronology of Bronze Age rock art has now been preliminarily established. On this basis, we should exploit the advantages of various disciplines to gradually establish the chronological framework of early rock art, and of its development after the Bronze Age.

**Keywords:** Yinshan Rock Art; Zhuozishan Rock Art; Neolithic Period; Bronze Age; Archaeological Typology

# 通天河流域岩画的初步分期与年代

摘　要：青海玉树通天河流域地处长江干流上游段，自古便是中西文化交流的重要通道。进入21世纪以来，在通天河两岸新发现多处岩画，经实地考察和初步研究可知，该地域发现的岩画属于中国北方岩画的一部分，在中国岩画系统中占有重要地位。通天河流域岩画除去经文与宗教图像外，主要以动物造型为主，延续时间较长，大体可划分为三期：第一期以赛康岩画为代表，图像中夸张的大角鹿和小型的羊的形象比较典型，带有浓厚的黑海沿岸斯基泰文化特征，年代约在距今2600年左右；第二期以毕色与木秀岩画为代表，图像中大角鹿数量仍保持最多，但牦牛的比例有了大幅度的增长，表明了地域性因素的发展，岩画的年代约在距今2300年左右；第三期以觉色岩画为代表，牦牛形象大量增加，新出现人物、马和放牧图，而大角鹿图像显著减少，显示出地域性因素的形成，岩画的年代约在距今2000年左右。考察所见通天河流域古代墓葬等考古学遗存，至少可划分为史前时期和汉唐阶段及之后两个大的阶段。史前青铜时代至汉代墓葬的年代与目前发现的动物岩画年代相当，吐蕃时期及更晚阶段墓葬应与晚期岩画中大量宗教图像和经文有关。通天河流域古代岩画和墓葬遗存的发现为揭示青藏高原古代人类的生活形态、宗教信仰等提供了宝贵的资料。

关键词：通天河　岩画　分期与年代

## 一、引言

青海玉树藏族自治州位于青海省西南部，属于青藏高原腹地，著名的长江、黄河、澜沧江三大河流均发源于此，素有“中国水塔”之称，三江源和可可西里两大国家级自然保护区覆盖自治州全境。这里草原广阔、山川绵延、江河纵横、风光绮丽。自治州首府所在地玉树市不仅是历史上唐蕃古道上的重镇，而且是青、川、康、藏交通的重要通衢枢要。

玉树州北与海西蒙古族藏族自治州相连，西北与新疆巴音郭楞蒙古族自治州接壤，东与果洛藏族自治州互通，东南与四川省甘孜藏族自治州毗邻，西南与西藏自治区昌都市、那曲地区交界，面积26.7万平方千米。

通天河流域地处长江干流的上游段，众多支流迂回曲折，穿行于高原崖壁之间，河面海拔3500～4000米，河谷和山间盆地地势低平，气候温和，适宜发展畜牧业和高原河谷农业。近年来的考古调查资料表明，在通天河南侧的支流邓额曲河谷发现了26处细石器地点，$^{14}$C测年数据为距今6500～6000年；发掘的石棺葬的年代也在距今2500～2000年之间，出土器物表明，这时已经有了以狩猎、畜牧和农耕互补的混合经济形式从事较为稳定的社会生活的人群①。

通天河流域的岩画最早发现于2007年8月，随后自2010年9月至2013年11月，玉树州博物馆尼玛江才和地方文化部门的相关人员做了多次调查工作。2013年12月至2016年4月，尼玛江才带领玉树州博物馆工作人员会同青海省文物考古研究所专业人员沿通天河流域进行了13次岩画调查工作，发现了21个岩画群，30余处岩画点，410余组岩画，约1700余个单体图像②。

2017年8月下旬和2018年7月下旬，玉树州文化局和博物馆邀请中国人民大学、中央民族大学、四川大学、中国藏学中心、中国社科院考古研究所和青海省文物考古研究所及部分国外岩画界学者对通天河流域的岩画又做了两次重点考察，连同另外几次专题调查，目前在通天河流域总共已经发现有30余个岩画群，约有2200余个单体图像。笔者带中国人民大学部分研究生参加了2017年8月的重点考察，本文即是在考察结束后举行的“玉树通天河流域文物科考暨岩画学术论坛”上，对通天河流域岩画研究的一个初步认识。

## 二、通天河流域岩画的类型与分期

青海玉树通天河流域地处长江干流上游段，岩画的分布跨越通天河流域的曲麻莱县、治多县、称多县和玉树市三县一市地域。调查发现，岩画主要凿刻在河流两岸露天山体的平整崖壁之上，在山坡上大块落石的岩面上也有发现。岩画的图像包括动物、自然物、人物、建筑、工具和符号等内容，以动物图像占到半数以上，其中又以牦牛和鹿占比例最高，其次有犬、豹、鹰、马和各种羊类等。此外，属于唐、元、明、清时期的各种佛造像和经文类的摩崖石刻也不在少数，且经常叠压打破早期的动物类岩画。本文参考玉树通天河流域已经发表的相关岩画研究成果，以2017年现场考察时记录的几个地点的动物岩画和

① 尼玛江才：《玉树岩画》，青海人民出版社，2016年，第11页。
② 尼玛江才：《玉树岩画》，青海人民出版社，2016年，第20页。

图1　2016年玉树通天河流域岩画与墓葬考察地点示意图

几处墓地的资料（图1）为主要讨论对象，根据通天河流域岩画典型动物图像的特征与发展演变规律，对通天河流域以动物类型题材为主的岩画进行分期并做年代的推断。

通天河流域岩画延续时间较长，每个地点动物岩画的主题内容和动物组合存在着一定的差异，据此，我们选取几处具有典型意义的动物岩画，依照各自图像类型和组合的不同，将其划分为三种类型，进而探讨其年代分期及渊源关系。

### （一）典型岩画分类

第一类　以赛康岩画为代表。赛康岩画位于称多县尕朵乡希曲河北岸东西向乡村公路北侧崖壁之上，山体东侧有一条向北的宽阔山沟，沟内有简易公路通向不远处的赛康寺。赛康寺是玉树地区规模较大的格鲁派寺院之一，沟口西侧的该处岩画因此得名。本地点岩画仅此一处。岩画凿刻在一处比人体略高的平整山岩上，画面高约2米，宽约1.5米，岩石表面呈黑褐色。岩画图像以线条凿刻法制作，全部为动物形象，内容包括鹿9、岩羊2、黄羊、牦牛、豹、犬和不明动物各1（图2）。整幅图案以大角鹿为主体，占据了画面的中下方，鹿均头朝向左侧，画面中心的大角鹿以S形线条来表现鹿的身体，鹿角高大而多叉，极为夸张（图3）；仅在画面上方有用较小的图形描绘了牦牛、犬与豹相向而对的形态，其中牦牛颌颈部凸起，双角内弯和豹子长尾弯曲等形象特征都十分明显；双角后弯的黄羊和岩

图2 赛康岩画崖壁全图

图3 赛康岩画S形鹿身和夸张的大角

羊的画面则位于右下方。

该类岩画以数量众多的S形大角鹿和少量的牦牛、岩羊和黄羊为主要特征，反映了浓厚的狩猎经济的特点。

第二类 以毕色与木秀岩画为代表。毕色岩画位于治多县立新乡东北——西南向的邓额曲河北岸乡村简易公路北侧山体东段的断崖面上。此地点岩画分布较为密集，发现有29幅，计125个单体图像。本文选取的典型岩画画面高约2米，宽约1.6米，岩石表面因苔藓类植物略显黄褐色。岩画图像多以线条凿刻法制作，少量磨刻。画面中心上端因被藏文“六字真言”打破，图案辨识稍显困难。除去顶部一佛塔形象外，全部为动物形象，内容包括鹿11、牦牛6、藏原羚、藏羚羊、豹和不明动物各1。大角鹿仍然占据画面的主体部位，画面中央鹿身的S形线条已经不甚明显，而代之以双轮廓线，其他鹿则为单线条轮廓，鹿角夸张程度变小；牦牛的数量显著增加，且以磨刻制法表现出凸起的领颈部、围成环状的双角和翘起的团尾，在画面上方占据主要位置；少量的藏原羚、藏羚羊、豹和不明动物等依然配置在画面边缘和空隙处（图4）。在这处岩画东侧岩壁下方新发现的一处岩画画面，下方原本被土掩埋，画面高、宽各约1米，岩石表面呈红褐色，也是以大角鹿为主，占据主要画面，牦牛及其他动

图4 毕色岩画崖壁之一

图5 毕色岩画崖壁之二

物处于画面的边缘区域，只是凿刻的鹿的身体轮廓线条更为平直（图5）。

木秀岩画位于称多县尕朵乡木秀村北的一条山沟内，岩画分布在木秀沟河床北岸的山体上，共包含4幅，计62个单体图像。本文选取的典型岩画距地面高约5米，画面高约1.6米，宽约2米，为左、右两块表面呈红褐色的岩体。画面图像主要为单线条凿刻，少量为整体磨刻，全部为动物形象，内容包括鹿25、牦牛23、犬4、黄牛、犏牛、马、岩羊和不明动物各1。这两幅连接在一起的岩画，动物数量较多，分布密集，其中鹿和牦牛占了绝对多数，且两者的数量相差无几，在画面中已经很难区别彼此的主次了。大角鹿身上的S形线条个别还有所体现，但大多数已不甚明显，而以单线条的轮廓线表现出鹿身，鹿角的夸张也较为简单化（图6）；牦牛图像不仅数量有所增加，而且在表现手法上也以较粗的凿刻轮廓线和整体磨刻来体现，而且突出了合成圆形的双角、凸起的领颈部和粗大的团尾（图7）；其他的野生动物的种类和数量变化不大，但新增加了黄牛和马的形象。

该类岩画以基本等量的大角鹿和牦牛，以及黄牛和马等家畜的出现为主要特点，反映在狩猎经济的前提下，畜牧业的稳步发展。

第三类 以觉色岩画为代表。觉色岩画位于玉树市仲达乡通天河南岸乡村公路边上山

图6　木秀岩画崖壁

图7　木秀岩画牦牛图

沟内西南侧的山体上，岩画距离沟口约1.2千米，岩画所在崖面距地面高约19米，岩体表面呈灰褐色（图8）。该处岩画较为集中地分布在因断裂而错落高耸的岩壁之上，岩画多用磨刻法制作，少量为单线条凿刻，共包含10幅，计64个单体图像。内容包括人物13、牦牛19、犬7、马3、鹿3，其余为骑者、驴、岩羊、山羊、豹、鱼及形象不明者等（图9）。该处岩画分布较为集中，内容庞杂，可辨别的动物图像中，牦牛形象占绝大多数，并存在一定数量的犬和马，犬的形象一般出现在牦牛群体的边缘侧，特别是人、骑者和放牧者形象的出现，表明了一定规模畜牧业的存在（图10）；大角鹿的形象明显减少，除了稍显夸大的鹿角之外，已经不见鹿身的S形造型；岩画图像中疑似青稞踩和鱼的形象的出现，或许反映了农业和渔猎业的存在，体现出经济生活的多样性。

该类岩画中牦牛的形象已经成为表达的主题，大角鹿已经退居次要地位，农业、狩猎和渔猎应该已经成为畜牧业的补充手段。

## （二）分期与年代

以赛康岩画为代表的第一类岩画中，以占有绝对多数的大角鹿和少量的牦牛、岩羊、

图8 觉色岩画所在山体崖壁

图9 觉色岩画崖壁

图10 觉色岩画牦牛与犬

黄羊、豹为基本组合。最具特征的是以S形线条来刻画鹿矫健的身体，并以极为夸张的手法表现出高大而多叉的鹿角。这时牦牛的形象极少，而大角鹿和岩羊、黄羊等食草类野生动物和豹的存在，反映了早期较为纯粹的狩猎经济的特点。第一类岩画主要以线条凿刻法制作，其中的S形大角鹿和小型的羊的形象带有浓厚的斯基泰文化动物纹风格，并与斯基泰文

图11　鄂尔多斯青铜器大角鹿　春秋

图12　阴山格尔敖包沟岩画大角鹿图像

化东渐后关系密切的鄂尔多斯式青铜器上鹿的造型也十分相似（图11）。第一类岩画夸张的大角鹿和各种羊的造型在内蒙古磴口县格尔敖包沟的阴山岩画中都可以见到（图12）。斯基泰文化是公元前8世纪兴起于黑海北岸的斯基泰人创造的文化，他们以从事畜牧业为主，青铜器和黄金制品中体现出强烈的“野兽风”特征，并随着其扩张而向东方传播。以赛康岩画为代表的第一类岩画，显然受到了早期斯基泰文化的影响而具有其文化特征，生业形态以狩猎经济为主，属于通天河岩画的第一期，判断其年代约在距今2600年左右。

以毕色与木秀岩画为代表的第二类岩画中，大角鹿仍然是主要题材，但是牦牛的数量有了大幅度的增加，甚至与大角鹿接近等量，再加虎、鹰、藏原羚、藏羚羊等野生动物和黄牛、马等家畜的出现，动物群开始具有了多样性特征。第二类岩画仍以线条凿刻法为主，但磨刻的技法有所增加，且多表现在牦牛的刻化上，手法写实，较为简约。岩画内容中大角鹿、岩羊、豹、虎、鹰的存在，说明仍然保持着浓郁的斯基泰动物纹特点，但大量牦牛图像的增加和藏原羚、藏羚羊的出现，表明了本区域岩画豹地域性因素的发展，应该反映了当时人群的生活中已经有了牦牛的饲养，还有马和黄牛的出现，以及狗在画面周缘的频繁出现，似乎反映了狩猎业和畜牧业发展的程度。第二类岩画中大角鹿、犬、羊和车辆等形象在鄂尔多斯式青铜器（图13）和内蒙古阴山岩画中磴口县格尔敖包沟（图14、图15）和乌拉特后旗巴嘎卯都岩画中（图16）都有发现。以毕色与木秀岩画为代表的第二类岩画，在这一阶段显然增加了地域性文化因素，生业形态在保持狩猎经济的前提下，畜牧业经济取得了稳步发展，属于通天河流域岩画的第二期，判断其年代约在距今2300年左右。其中以毕色岩画为代表的遗存可能年代稍早，属于第二期早段；以木秀岩画为代表的遗存可能年代稍晚，属于第二期晚段。

以觉色岩画为代表的第三类岩画中，比较显著的特点是大角鹿显著减少，代之以成群的牦牛大量出现，其他驴、岩羊、山羊、豹及形象不明的野生动物依然存在，马和犬相对数量的增加、人物、骑者、“放牧图”、青稞踩和鱼的图形的出现等，表明了牦牛的饲养和使用已经进入了本地区人们的日常生活。第三类岩画主要以磨刻制法为主，线条凿刻法成为辅助手法，且磨刻法多用在牦牛图像的制作上。以觉色岩画为代表的第三类岩画，这一阶段各地方地域性因素已经基本形成，通天河流域以牦牛饲养为主的畜牧业已经成为主要经济形式，农业、狩猎和渔猎经济的存在，体现了经济生活的多样性，属于通天河流域岩画的第三期，判断其年代约在距今2000年左右。

图13 鄂尔多斯式青铜器大角鹿 战国中期

图14 阴山格尔敖包沟岩画大角鹿

图15 阴山格尔敖包沟岩画岩羊

图16 内蒙古乌拉特后旗巴嘎卯都岩画车辆与岩羊

图17　扎念墓群当尕墓地之圆形石堆墓

图18　当尕墓地小型石框墓

## 三、结语

在玉树通天河流域岩画调查过程中，我们同时也对岩画所在地域的考古学文化遗存进行了相应的考古调查。调查中发现的四处墓地①，基本都位于靠近通天河支流岩画点附近的台地缓坡之上，这些古代遗存的发现和研究，可能对通天河流域岩画的年代判定有所裨益。

扎念墓地位于治多县科曲河北岸公路北侧的山坡上，分布范围较广，目前调查自东向西共有五处墓地，本次重点调查的当尕墓地共发现墓葬150余座，墓葬密集地分布在台地缓坡上，墓葬地表形制主要有圆形石堆墓和长方形石框墓两种（图17）。其中圆形石堆墓面积较大，一般分布于较高接近坡顶处；石框墓面积较小，一般分布于较低的山腰处（图18）。据既往发掘资料，这两类墓葬应为吐蕃时期不同等级的墓葬。

章齐达墓地位于治多县叶青村邓额曲河西岸的西坡上，发现有150余座墓葬，据墓葬地表可分为两种形制，一种为石框墓，平面呈梯形；另一种为石堆墓，平面呈圆形，墓前有

① 青海省文物考古研究所调查、清理资料，尚未发表。承蔡林海先生在本次调查时告知。

图19 卓龙达墓地方形石框墓

长条形或圆形祭祀坑。

卓龙达墓地与章齐达墓地隔河相望，位于邓额曲河东岸的山坡上，共发现石框墓200余座，墓葬沿山坡等高线成排分布，墓葬地表以石块砌成石框，多为梯形石框，少量为方形石框（图19）。

位于邓额曲河西岸的文保监控房附近墓地，2013年，青海省文物考古研究所在这里清理了2座石框墓，确定其年代属于吐蕃时期。根据墓葬分布和形制可以判定，邓额曲河两岸的章齐达墓地和卓龙达墓地也当同属于吐蕃时期墓葬，形制和大小的不同，可能存在等级差异。同时，在邓额曲河周边区域还发现了3处细石器时代遗址以及多处岩画地点。

除此而外，2012年，青海省文物考古研究所和四川大学考古系等单位合作，在治多县加吉博洛镇的聂洽曲河北岸台地上的普卡贡玛墓地发掘了清理了9座石棺墓，从出土随葬品判断，这批墓葬的年代跨度为春秋中晚期至汉代[①]。

由此可知，通天河流域大约在距今6000～5000年阶段就有了早期人类的活动。青铜时代晚期至早期铁器时代墓葬的发现，可能与目前该区域普遍存在的以动物图像为主，反

① 青海省文物考古研究所、四川大学考古学系、成都文物考古研究所：《青海省治多县普卡贡玛石棺墓发掘简报》，《藏学学刊》（第16辑），中国藏学出版社，2017年。

映狩猎与畜牧生业形态的人群有关。此外，属于吐蕃时期及较晚阶段墓葬和建筑遗存的发现，可能对于我们认识唐代以来宗教性岩画图像、文字的产生和发展提供有价值的资料。

根据我们对青海玉树通天河流域岩画的调查和初步研究，结合考古调查和发掘资料的梳理，我们可以得出如下认识。

1、玉树通天河流域发现的以动物为主题的岩画，应属于中国北方岩画的一部分，在中国岩画分区系统中占有重要地位，特别是对中西文化交流的研究具有重要意义。

2、通天河流域岩画延续时间较长，初步可以分为三期：第一期带有浓厚的斯基泰文化特征，距今约2600年左右；第二期地域性文化因素增加，距今约在2300年前后，并可以分为早晚两段；第三期地域性文化因素形成，距今约在2000年左右。

3、通天河流域岩画内容反映了生业形态的转化过程：第一期以狩猎经济为主，存在少量的家畜饲养；第二期狩猎和畜牧业经济基本相当；第三期畜牧业经济占有主导地位，狩猎、农业和渔猎成为畜牧业的必要补充。

4、岩画是由人创造的，必然与当时人群的生活状态有关。通天河流域史前时期和汉唐阶段考古学文化遗存所展示的资料，同该区域岩画内容所反映的人群活动在年代上有着较大的契合度，表明在年代学上，岩画研究同考古学文化遗存的研究相结合是一条必由之路。

［原载《萨彦—阿尔泰科学评论》（考古学版）2018年第1期，
本次收录增加了部分图片和内容］

# A PRELIMINARY PERIODIZATION AND CHRONOLOGY OF ROCK ART IN THE TONGTIAN RIVER BASIN

Wei Jian

**Abstract:** The Tongtian River basin is located in the upper reaches of the Yangtze River in Yushu, Qinghai province. It has been an important channel for cultural exchanges between China and the West since ancient times. Since the beginning of the 21st century, a large amount of rock art has been newly discovered on both sides of the Tongtian River. Through survey and preliminary research, it was made clear that the rock art from this area belongs to Northern Chinese rock art, and occupies an important position in the system of Chinese rock art. Except for scriptures and religious images, the rock art found in the Tongtian River basin shows mainly animal shapes. Animal type rock art covers a long period that can be divided into three phases. The first phase is represented by the rock art of Saikang, with images of megaloceros and small sheep, with strong Sketai cultural characteristics found along the Black Sea coast about 2600 years ago. The second stage is represented by the rock art of Bise and Muxiu, with a majority of bighorn deers and an increasing proportion of yaks, suggesting an age of about 2300 years ago. In the third stage, represented by the rock art of Juese, yaks are present in great numbers, but new figures, horses and grazing scenes appear, with a significant decrease of megaloceros, which suggests an age of about 2000 years ago. Archaeological findings such as the ancient tombs of the Tongtian River basin can be divided into at least two major stages: the prehistoric period, the Han and Tang dynasties and the following periods. The dating of the tombs from the Bronze Age to the Han Dynasty corresponds to the dating the animal rock art, while tombs from the Tubo period and later stages can be related to religious images and scriptures found in great numbers in later rock art. The rock art and tombs of the Tongtian River basin provides valuable data to study ancient life patterns and religious beliefs in the Qinghai-Tibet Plateau.

**Keywords:** Tongtian River; Rock Art; Periodization and Chronology

# 女性主义对西方考古学的建构
## ——女性主义与性别考古

摘　要：性别考古的产生和发展与女权运动及女性主义理论的整体发展密不可分。第二次女性主义浪潮深刻地影响了考古学，激发了性别考古研究的产生。第三次女性主义浪潮促进了性别考古研究领域的拓展和认知论的改变。相比其他学科，考古学吸收女性主义理论的过程缓慢，考古学的理论、研究方法和考古实践三个方面影响了考古学应用女性主义理论的进程。在西方，性别考古的研究在蓬勃发展，已经成为考古学者们不可忽略的研究问题之一。中国的考古学尤其是史前考古学亟须进行女性主义理论方面的反思，从而从性别考古的视角推动对史前社会的深入研究。

关键词：女性主义　性别考古　社会性别

性别考古（Gender Archaeology）是通过考古遗存来阐释古代社会两性的社会功能及其差异并对其进行建构的研究领域，它关注古代不同社会里男性与女性的活动、权力地位的相对变化以及背后的象征意义，继而研究社会发展中性别关系如何与其他社会因素，如阶层、年龄、族属、家族、宗教等方面相互影响①。性别考古于20世纪80年代初在美国兴起②，最初处于学科的研究边缘，经三十余年的发展，目前已经成为西方考古学重要的研究领域之一，并深刻地改变了考古学者的认知思维和阐释模式。

性别考古在20世纪女性主义思潮的强烈影响下才逐渐发展起来，此前考古学研究中并没有一个领域像性别考古一样受社会思潮影响如此之深，它积极地改变了考古学的认知模式，因此本文在考察时代背景及科学发展的基础上，着重讨论女性主义思潮对性别考古研究的启示，以促进我们反思中国考古学的研究。

---

① Darvill, Timothy. *The Concise Oxford Dictionary of Archaeology*. Oxford: Oxford University Press, 2002, p. 237.

② 其实，最早是斯堪的纳维亚半岛的考古学者们于1979年开始组织专题研讨会，进行寻找古代女性的研究，但是该次会议影响力微弱，而且论文集直到1987年才出版，考古学界通常将发表于1984年的《考古学和性别研究》（*Archaeology and the Study of Gender*）一文视为性别考古研究的开山之作。

## 一、性别偏见与社会性别——性别考古何以产生

性别考古的产生与女权运动及女性主义理论的整体发展密不可分[①]，第二次女性主义运动浪潮深刻地影响了考古学，激发了性别考古研究的产生。20世纪80年代，女性主义考古学家对考古学的知识建构提出了两方面的批评：一是对过去社会的解释中存在的男性主义偏见；二是在当代考古实践中的性别偏见，导致得出有性别偏见的认知。这种批评并非只是考古学的反思，诸多学科如历史学、人类学、灵长类动物学、心理学以及自然科学等学科的女性主义学者，于20世纪70年代开始讨论学术研究中的不平等和男性偏见，涉及研究目标、研究问题、研究方法和理论等诸多环节，继而分析这种有偏见性的研究如何建构了现代的学科成果。

这种集体性的反思其实得益于当时轰轰烈烈的社会思潮。20世纪60年代开始，第二次女性主义浪潮盛行，它与二战后美国的民权运动和反战运动、法国1968年的学生运动及新左派思潮等相伴而生。该浪潮将思维拷问的触角延伸至“权利”背后的“权力”之上[②]，着力探讨男女不平等的深层根源[③]，分析父权制作为一种文化建构的观念和社会机制，如何造成和维护着性别不平等。

具体到当代考古的实践中，显然男性的优势远远高于女性，在考古学的发展历程中，最有价值的工作，如研究和关键的发掘工作岗位几乎都是男性的身影，女性考古工作者寥寥无几，而且往往是从事没有太高价值的辅助性工作。这种性别比例的不平衡是否会影响考古学科知识的构建？如果对男性和女性赋予同等的工作机会，考古研究是否会更客观[④]？男性和女性考古学家研究的问题往往视角不同，人类学家在田野调查中，从选择联络人、设计研究问题、分析数据都会参考性别的因素[⑤]，而男性人类学家在对某个土著部落进行研究时，常常会选择部落里的男性作为调查、收集数据的主要对象，这样获得的民族学材料和成果并不具备客观性，无法全面反映所调查的社会，最终形成带有性别偏见的学科知识。因此，女权考古学家积极揭示、纠正考古学文献、学术思想和整个学术界以男性为中心的偏见[⑥]。对民族学、人类学的反思，也促使考古学家们展开新的民族学调查，或者重新评估以前的民族学成果，同时在应用时采取更为审慎的态度。

---

① ［英］马修・约翰逊著，魏峻译：《考古学理论导论》，岳麓书社，2005年，第122页。

② 潘萍：《西方女权主义发展浪潮的逻辑梳理》，《湖南社会科学》2016年第4期。

③ 易彬彬：《当代西方女性主义视野下的社会性别概念研究》，湘潭大学硕士学位论文，2007年，第12页。

④ Gero, Joan. “Gender Divisions of Labor in The Construction of Archaeological Knowledge”. In Dale Walde and Noreen D. Willows (eds.). *The Archaeology of Gender*. Calgary: University of Calgary Archaeological Association, 1991, p. 98.

⑤ Strasser, Sabine, Kronsteiner, Ruth. “Women In the Field: Reflections On A Never Ending Journey”. In Teresa del Valle (ed.). *Gendered Anthropology*. London: Routledge, 1993, p. 166.

⑥ 李宁利：《史前考古遗存的性别代码——欧美性别考古的研究及启示》，《考古与文物》2010年第4期。

如果考古实践中存在着一定的性别偏见，那么它构建出的考古学科知识无疑也具有片面性。20世纪80年代之前，考古学在研究古代社会女性的生产活动、社会地位和社会贡献等议题时，进行的推测有时并无扎实的依据，并且严重低估了女性的贡献，从而形成了被普遍接受的认知：人类早期进化史上，男性因为从事狩猎活动，为家庭提供肉食而成为家庭的供养者，在维持族群的生计方面更重要；在原始社会里，那些推动社会发展、进步的重要技术发明都是由男性创造的，而女性对人类的意义便是作为妻子和母亲，被限制于家庭活动中[1]。就如在20世纪的社会中，男性从事的活动通常属于“公共领域”或“文明”的，而女性只是在家庭领域内和生殖活动上有所贡献，被视为是“自然的”，女性在社会中处于从属地位[2]。这些解释体系是对自然秩序的扭曲理解[3]，并试图证明压迫性的社会关系在人类演化早期阶段就开始了。

这种倾向的解释占据了以往考古学研究的主流地位。20世纪80年代以来，女性主义人类学家和考古学家开始质疑以往的解释，并努力采用更为科学的研究——应用“社会性别”的分析框架，去讨论人类进化史上女性的生产活动与社会贡献。1984年《考古学和性别研究》（*Archaeology and the Study of Gender*）一文发表，批评了考古学科中的男性中心偏见，首次将“社会性别”引入考古学。而“社会性别”的分析范畴是第二次女性主义浪潮的重要贡献，不仅对传统学科中以男性为主的单性别理论产生了巨大的冲击，而且在一定程度上促进了各个学科去修正和完善自己的理论体系。“性（sex）”，即生理性别，指男性或女性等，是由生物学所决定的，并能通过骨骼鉴定得以确认，而“性别（gender）”是社会建构形成的，即社会性别，指两性在社会、政治、经济和意识形态领域中的角色和作用，它包含一种系列价值意识，不仅是个人的一种属性，还是制度和符号系统的一种属性[4]。将“社会性别”引入研究中，激发了考古学者重新审视、重视女性在人类历史中的角色与社会地位，拒绝简单地以生物性别来定义两性在社会和家庭中的角色。考古学者重新讨论古代社会具体历史情境中的性别分工、性别角色等问题，尝试探讨女性的能动性及女性在技术创新中的贡献[5]，尤其是寻找人类进化早期阶段史前社会中女性的贡献。女性参与政治的议题亦被关注，早期曾被广泛忽略的女性在仪式与宗教中所扮演的角色也进入了研

① Washburn, Sherwood L. “The Evolution of Hunting”. In Richard B. Lee and Irven DeVore(eds.). *Man the Hunter*. Chicago: Aldine, 1968, p. 303.

② Ortner, Sherry B. “Is Female to Male as Nature Is to Culture? ”. *Feminist Studies*, 1972, 1(2).

③ 徐志宏：《女性主义与科学哲学》，复旦大学出版社，2015年，第28页。

④ 徐志宏：《女性主义与科学哲学》，复旦大学出版社，2015年，第13页。

⑤ Margaret Conkey and Joan Gero (eds). *Engendering Archaeology*: *Women and Prehistory*. Oxford: Blackwell, 1991; Rita P. Wright (ed.). *Gender and Archaeology*. Philadelphia PA: University of Pennsylvania Press, 1996; Cheryl Claassen and Rosmary A. Joyce (eds). *Women in Prehistory*: *North America and Mesoamerica*, Philadelphia: University of Pennsylvania Press. 1997; Susan Kent. (ed.). Gender in African Prehistory. Walnut Creek CA: AltaMira Press, 1998.

究者们的视野[①]。这些讨论都与第二次女性主义运动对平等问题的关注相合。

女性主义理论不仅推动各学科对研究和实践的反思，女性主义科学哲学还激发了研究者们在更高层次上——认知论层面的思考，质疑科学的中立性和客观性。一直以来，科学占据着言论的权威地位，所有人都相信科学具有中立性，但后结构主义思潮的出现及对实证主义的质疑促使人们开始反思科学的中立地位问题，女性主义理论的兴起更是推波助澜地加深了对科学中立性的怀疑：科学研究真的具有“科学性”吗？受到政府基金资助的研究项目如何确保科学性？女性在科学研究中如何被边缘化或者说女性学者的研究为何经常被视而不见[②]？

随之而来的问题是，科学研究里为什么会出现以上这些本身就有错误的预设？女性主义经验主义（feminist empiricism）认为这不仅在于实践中不够客观，而且在根源上涉及认知论的客观性问题[③]。考古学文化资料中为何女性角色被低估？根本原因可能并非考古数据的限制，而是因为考古学家们在研究中应用的研究范式不够客观，因而有必要修正考古研究中这种带有偏见的研究机制。第二次女性主义运动带动了考古学界的反思，批评了在向公众传播考古研究成果中的性别偏见，开始重视女性考古工作者的工作与研究，重新定位学科发展史中女性考古学家的贡献，挑战男权主义占统治地位的研究机制。

## 二、权力与认同——性别考古的蓬勃发展

“社会性别”的分析范畴被引入考古学后，考古学研究开辟了一个质疑与创新的新领域。20世纪90年代，第三次女性主义浪潮席卷学术界，考古学积极吸收这次浪潮中各理论流派的成果，促进了性别考古研究领域的拓展和认知论的改变。性别考古研究受到研究者们更高的关注和青睐，到2000年已经有超过500篇研究文章发表，而且逐渐在考古界的主流期刊上占有一席之地[④]。

除了数量上的衡量外，性别考古在研究目标、研究方法、研究议题等方面也都有了长足的发展。在肇始阶段研究者们致力于寻找古代社会中女性的身影，进入20世纪90年代后则着重思考在社会权力演进的过程中，男性与女性的权力博弈以及性别认同形成的过程。从史前平等社会演化到复杂社会的过程中，一方面，随着政治权力的逐渐集中，男、女性的社会地位以及社会权力如何变化？在不同经济形态的社会中（狩猎采集社会、游牧社会、农业社会），不同的性别分工是否引发了社会角色和社会地位的改变？性别观念在社会权力中如何

---

① 王天玉：《西方人类学的社会性别与权力研究述评》，《安徽工业大学学报》（社会科学版）2014年第1期。

② Sandra Harding. *Whose Science? Whose Knowledge? Thinking from Women's Lives*. Milton Keynes: Open University Press, 1991, p. 19.

③ Wylie, Alison. “Good Science, Bad science, or Science As Usual? Feminist Critiques of Science”. In Lori D. Hager (ed.). *Women in Human Evolution*. New York: Routledge, 1997, pp. 29–56.

④ Gilchrist, Roberta. *Gender and Archaeology: Contesting the Past*. London: Routledge, 1999, p. 6.

博弈并维持着社会的稳定？另一方面，性别认同在古代社会是如何构建的？在不同的文化背景下，随着时间、空间的转变和生命历程的进阶，我们能否认识到一个人具有丰富的性别身份和认同？性别考古的视角能够证明，实际上早在14000年前，在法国南比利牛斯山各个遗址的人们就运用不同的石器制作、修理技术，来表达性别认同，同时进行社会地位的博弈[1]。

性别考古研究议题的多样性和深刻性都离不开第三次女性主义浪潮的启发。第三次女性主义浪潮开始于20世纪90年代，女性主义理论本身也在发展，极具多元化，这次浪潮催生了后现代女权主义、心理分析女权主义、第三世界女权主义和生态女权主义四大理论分支，各个流派的理论观点有所差异，但是具有基本的共性，有别于第二次女性主义浪潮理想浪漫的“权力平等观”，第三次女性主义浪潮主张的是“差异平等观”——即在承认性别差异的基础上，关注如何以正当的方式理解性别差异，尊重、保护两性的差异[2]。如何理解社会性别、性别角色的差异以及一个社会建构性别认同的策略？后结构主义和后现代主义女性主义的代表人物——朱迪思·巴特勒（Judith Butler）提出，社会性别仍然存在着内在的局限，因为社会性别仍然嫁接在生物学性别之上，而“女人”是一个不确定的概念，不只是“性别”（gender），乃至“性”（sex）都是被文化构建的。

因而第三次浪潮激烈反对第二次浪潮中的本质主义和结构主义，转向寻求理解性别“差异”，不仅仅是男性与女性之间的差异，还将社会性别与其他社会因素联系起来探讨性别权力和性别认同的形成过程[3]。这也是女性主义立场论的应有之义，继女性主义对科学的客观性进行批判后，女性主义立场论（standpoint theory）逐渐认识到科学研究中保持多样化立场以及交叉法的重要性，“女性”这一身份也与不同的社会因素，如性、性取向、年龄、种族、族群、阶层等交织在一起，形成不同的身份认同，不能再简单地视为一体[4]。因此，20世纪90年代开始，性别考古研究还重新考虑性、性别、性取向的关系，大量文章聚焦于探寻性和性别在不同社会和一个人在不同的生命阶段中被构建的差异[5]。这种研究取向拓展了学者们对考古学材料的理解，尝试构建一个更为全面、客观的古代社会面貌。

社会性别或性倾向是否由生理或文化来定义，已经不再是问题的重中之重。更重要的是，怎样阐释生理、认知差异，它们在不同社会、文化中有什么变化？每个文化对性别的定义如何影响个人的思想和身体以及社会的权力结构？研究人类早期两性权力变化的历程

---

① Dobres, Marcia-Anne. “Archaeologies of Technology”. *Cambridge Journal of Economics*, 2010, 34(1); Dobres, Marcia-Anne. *Gender in the Making: Late Magdalenian Social Relations of Production in the French Midi-Pyrenees*. Berkeley: University of California, 1995, p. 340.

② 潘萍：《西方女权主义发展浪潮的逻辑梳理》，《湖南社会科学》2016年第4期。

③ Meskell, Lynn M. *Archaeologies of Social Life: Age, Sex, Class, et cetrain Ancient Egypt*. Oxford: Blackwell, 1999.

④ Rubio, Sandra Lozano. “Gender Thinking in the Making: Feminist Epistemology and Gender Archaeology”. *Norwegian Archaeological Review*, 2011, 44(1).

⑤ Meskell, Lynn M. “The Irresistible Body and the Seduction of Archaeology”. In Dominic Montserrat (ed.). *Changing Bodies, Changing Meanings: Studies on the Human Body in Antiquity*. London: Routledge, 1998, pp. 139–161.

也是考古学能够贡献出部分学科研究成果之所在。

20世纪90年代以来，西方的性别考古研究成果丰硕，讨论古代社会生产分工、权力关系和社会结构的代表性著作有Sarah Milledge Nelson主编的*Gender in Archaeology*：*Analyzing power and Prestige*（1997年），Tracy Sweeley主编的*Manifesting Power*：*Gender and the Interpretation of Power in Archaeology*（1999年），Kelley Hays-Gilpin和David S.Whitley主编的*Reader in gender archaeology*（1998年）。这些论文集里的作者大部分为北美地区的考古学者和人类学家，他们的学术思想受过程考古学理论的影响较大。而欧洲学者受后过程考古学影响颇深，因此学者们比较关注性别意识、性别认同的构建等议题，代表性成果有Roberta Gilchrist的专著*Gender and Archaeology*：*Contesting the Past*（1999年），Marie Louise Stig Sørensen的专著*Gender Archaeology*（2000年），Jenny Moore和Eleanor Scott主编的*Invisible People and Processes*：*Writing Gender and Childhood into European Archaeology*（1997年）。需要强调的是，这种趋向并非完全绝对的，尤其是在近年来，随着考古学实践的发展，这两种取向的研究有所融合，代表作有Sarah Milledge Nelson主编的*Handbook of Gender in Archaeology*（2006年），Diane Bolger主编的 *A Companion to Gender Prehistory*（2013年）。

## 三、考古学的反思——与其他社会科学的对比

相比人类学、社会学等，考古学的反思迟滞了将近二十年，女性主义对考古学的建构影响才初显出来，我们需要从考古学的理论、研究方法和考古实践三个方面来思考考古学学科变化缓慢的根源。

首先，考古实践是最直接的原因，因为从考古的研究材料中寻找过去女性活动的难度，远远高于人类学、社会学等。人类学、社会学可以对当代社会进行调查，评估女性的贡献与价值，而考古材料则无法直接、全面地反映古代女性的活动与贡献。比如考古遗存中女性使用的有机物工具多难以保存，女性参与的社会生产活动也多无踪迹可循。因此，其他社会科学可以直接质疑、挑战“男权中心”的理论，而考古材料则较难以研究女性和性别[1]，这也是早期性别考古研究更多地借鉴民族学成果的原因之一。

另外，相比人类学职业实践而言，20世纪七八十年代的女性考古学家，尤其是有地位的女性考古学家较少，群体力量薄弱，性别考古研究的文章难以被重视。即使到现在，从事性别考古研究的大部分仍然是女性考古学家。无论是在研究实践中还是学科的认知论层

① Wylie, Alison. “Gender Theory and the Archaeological Record: Why is There No Archaeology of Gender? ”. In Margaret Conkey and Joan Gero (eds.). *Engendering Archaeology*: *Women and Prehistory*. Oxford: Blackwell, 1991, pp. 31–54.

面，去质疑、挑战一直占统治地位的男性中心意识，探索更科学的性别考古研究方法，并形成有效的声音还道阻且长[①]。

其次，在研究方法上，因为体质人类学的发展，考古研究中时常涉及对出土的人骨进行性别鉴定，长期以来这种对生理性别研究的认同与依赖，导致考古界对社会性别理论接受缓慢[②]，而社会性别的分析框架正是女性主义研究的核心概念。

最后，从理论发展来看，20世纪60年代，女性主义浪潮轰轰烈烈，影响诸多学科，但西方考古界正兴盛着过程考古学的研究范式，而过程考古学的研究理论削弱了考古学者主动对性别考古议题的关注度。过程考古学寻求文化发展的普遍规律，重视较为宏大的议题，轻视那些在微观层面中影响社会发展的因素，并且忽视人的能动性[③]。过程考古学的早期开创者路易斯·宾福德（Lewis Binford）甚至认为考古中研究性别这种议题不太可靠[④]。在当时考古学界研究理论的影响下，早期有关性别考古的研究文章很少能够发表在考古学主流刊物上。

随着女性主义浪潮在社会运动和学术实践中的深化，加之后现代主义与后过程考古学的质疑与批评，在继批判男性中心偏见、寻找过去的女性之后，性别考古才开始真正建立、形成研究方法和理论，在考古学研究中的认同度也逐渐增强，并开始影响考古学研究和知识的构建。

## 四、启示与思考

进入20世纪90年代后，西方考古学从强调科学技术逐渐转向重视人文取向[⑤]，性别考古研究者们同时也汲取着众多其他社会科学理论，如实践论（practice theory）、惯习（habitus）、生命史（life history）等理论，性别考古在研究阐释方面逐渐取得新进展，在考古学研究中的认同度也在日益增强，开始影响考古学研究课题的设计和对原始社会研究成果的构建。

目前，性别考古研究的学者们对女性主义的态度有所分化。有些学者排斥过度运用女性主义理论，认为一个非女性主义的性别考古更科学、更少偏见[⑥]。而女性主义科学的哲

① Wylie, Alison. “Good Science, Bad science, or Science As Usual? Feminist Critiques of Science”. In Lori D. Hager (ed.). *Women in Human Evolution*. New York: Routledge, 1997, pp. 29–56.

② Gilchrist, Roberta. *Gender and Material Culture: the Archaeology of Religious Women*. London: Routledge, 1994, pp. 3–4.

③ 虽然目前过程考古学受到其他理论的质疑与挑战，但它将考古学从文化历史考古学阶段的桎梏中向前推进，发展出来了严苛的方法论，强调文化系统与文化变化的研究，去理解文化演化规律，曾经并继续深刻影响着考古学实践。参见科林·伦福儒：《考古学：关键概念》，中国人民大学出版社，2012年，第217页。

④ Wylie, Alison. “Gender Theory and the Archaeological Record: Why is There No Archaeology of Gender? ”. In Margaret Conkey and Joan Gero (eds.). *Engendering Archaeology: Women and Prehistory*. Oxford: Blackwell, 1991, pp. 31–54.

⑤ 陈胜前：《理解后过程考古学：考古学的人文转向》，《东南文化》2013年第5期。

⑥ Moore, Jenny. “The Visibility of the Invisible”. In Jenny Moore and Eleanor Scott (eds.). *Invisible People and Processes: Writing Gender and Children into European Archaeology*. London: Leicester University Press, 1997, pp. 251–257.

学家艾莉森·怀利（Alison Wylie）认为，得益于其严苛的方法论，女性主义才能够提高考古的客观性[①]。女性主义反对统治话语权，因而发展出了具有包容性的认知论和方法论，的确促进了性别考古的发展，并能够促使性别考古始终保持思辨的态度，从而反思、深化本身的理论与研究，尤其中国的史前考古学研究更为需要这种反思。

西方的性别考古研究成果已经非常丰富，这种后现代意义上的性别考古研究在中国目前尚处于探索的阶段。“性别考古学”一词在中国最早出现于2004年[②]，同年，陈淳、孔德贞合作的《玉璜与性别考古学》一文发表，这是首篇由中国学者撰写的性别考古文章，但当时并没有引起学界较大的回应。《性别研究与中国考古学》[③]于2006年出版，当属中国性别考古研究的奠基之作，本书研究内容“涵盖了新石器时代至汉代两性问题的各个方面，包括男女的社会角色、社会地位、劳动分工、财富来源、权力关系等，涉及从黄河中游的中原地区，至西北甘青地区、长城地带以及西南等不同地区的考古学文化”[④]。这本论文集真正引起了中国考古学界从后现代的性别视角重新审视我们以往习以为常、理所当然的分析和解释。论文集中的作者大部分为中国人，但所有作者当时都正在美国进行学习和研究训练，不过自此之后国内较多的学者和学生开始尝试以这种思辨的性别视角审视考古遗存。

要注意的是，中国的考古学研究并不缺乏对性别问题的关注，其实自20世纪20年代中国考古学诞生起，关于性别的考古研究就一直随着考古材料的新发现而不断更新、探索着[⑤]。安阳殷墟遗址发现了大量甲骨刻辞，因此至新中国成立前，学者们主要是运用出土的文字材料来讨论婚姻制度和母权问题，研究时代集中在商代。从中华人民共和国成立至20世纪80年代，学界开始多方面利用考古材料讨论古代女性的社会地位、社会角色、婚姻制度、家庭结构、劳动分工、服饰穿着、人口性别比构成等问题。这一时期的特色是，在马克思主义理论的影响下，考古学家们对史前社会的发展形态（母系社会、父系社会）进行了热烈的讨论。20世纪90年代，传统的性别研究逐渐冷却，这是因为在当时一些重大研究项目的指导下（如夏商周断代工程、中华文明探源工程），中国考古学开始探索一些具有重大理论意义的课题，涉及人类起源、农业起源、文明起源与早期国家发展等，因而性别研究相比上一阶段成为了主流外的研究，而且研究主题也与前两个阶段的研究主题相似，并无多大变化。

2010年之后，我们欣喜地看到国内不少考古学者开始关注性别研究的问题，然而与西方相比，无论是研究文章的数量[⑥]（不超过50篇）还是探讨的议题方面都还有待提升。目前的史前性别考古研究仍然多以性别分工、性别角色、社会地位为讨论重点，对男性、女性的权

---

① Wylie, Alison. “Doing Archaeology as a Feminist”. *Journal of Archaeological Methodand Theory*, 2007, 14(3).

② 〔英〕马修·约翰逊著，王苏琦译：《考古学与性别》，《江汉考古》2004年第1期。

③ 〔美〕林嘉琳、孙岩主编：《性别研究与中国考古学》，科学出版社，2006年。

④ 章梅芳：《中国性别考古学的开篇之作——评〈性别研究与中国考古学〉》，《中国科技史杂志》2008年第1期。

⑤ 曹芳芳：《性别考古学研究综述——以中国考古学为中心》，《南方文物》2013年第2期。

⑥ 仪明洁、樊鑫：《甘青地区史前遗存的性别考古研究》，科学出版社，2018年，第34页。

力以及性别认同的变化尚未进行深入的考察。在研究方法上，目前多以墓葬材料为主要切入点，同时还缺乏对科技手段的综合应用。现在有研究者尝试综合运用房址、墓葬以及雕像等艺术品的材料进行论证，不过，关注点多是讨论史前房屋内的功能分区，从而推论当时社会的性别分工和空间变化[①]，而性别空间如何反映社会地位和两性的博弈，史前社会如何塑造性别认同，消减、平衡社会矛盾等议题都还需在今后深入研究。与历史时期的考古学以及历史学相比，史前考古缺少文献资料的支撑，因此在研究上具有一定的难度。但史前时期是一个社会迈向国家阶段的关键阶段，而社会性别是由文化构建形成的，研究这个漫长时期的性别权力、性别象征、性别认同对于我们了解不同社会发展阶段的政治结构至关重要[②]。

（本文与孙丹合著，原载《中国人民大学学报》2019年第4期）

## FEMINIST INFLUENCE ON ARCHAEOLOGY IN THE WEST: FEMINISM AND GENDER ARCHAEOLYGY

Wei Jian　Sun Dan

**Abstract:** Gender archaeology is closely related to the feminist movement and feminist theory. The second feminist wave profoundly influenced archaeology and stimulated the emergence of gender archaeology. The third feminist wave has expanded gender archaeology and influenced cognitive theory. Compared with other disciplines, the process of absorbing feminist theory in archaeology was slow, because it had to reach three domains: archaeological theory, research methods and archaeological practice. In the West, gender archaeology is flourishing, and it has become an important issue for archaeologists. Chinese archaeology, especially for the prehistoric period, urgently needs to absorb feminist theory, to promote research on prehistoric societies.

**Keywords:** Feminism; Gender Archaeology; Gender

---

① 乔玉：《兴隆洼文化房屋内遗存所反映的性别问题》，《北方文物》2014年第4期；仪明洁、樊鑫：《甘青地区史前遗存的性别考古研究》，科学出版社，2018年，第128～136页。

② 陈淳：《美国性别考古的研究及启示》，《东南文化》2010年第6期。

# 中国北方畜牧业起源新探
## ——以朱开沟遗址为中心

摘要：中国北方地区在距今4500～3000年间，环境气候出现了一个明显的干冷化发展过程，随着该地区环境的日趋寒冷，从定居农业中分离出来的放养型畜牧业逐渐发展起来。本文以位于鄂尔多斯高原东部的朱开沟遗址为中心，在梳理学界关于该遗址五个阶段遗存所反映的农牧业生产方式此消彼长现象研究成果的基础上，通过对该遗址所处地区自然环境、聚落功能分区、考古出土的各类生产工具和家畜及野生动物骨骼等方面资料的分析，阐明了朱开沟遗址畜牧业经济逐步发展的态势，论证了中国北方畜牧业起源与环境变迁的对应关系，指出正是环境的变迁，推动了人们为适应环境而由农业经济为主转向畜牧业经济为主的变化过程。

关键词：中国北方　环境变迁　朱开沟遗址　畜牧业起源

鄂尔多斯高原西北倚靠广袤浩瀚的蒙古高原，东南接壤沟壑纵横的黄土高原，地处我国中温带和暖温带的交界地区，又被400毫米等降水量线所穿过，特殊的地理位置和自然环境孕育了一批独具特色的史前文化，而牧业文明与农业文明之间的碰撞交融也成为当地文化演变发展过程中一条不容忽视的线索。

距今4000～3000年间，鄂尔多斯高原经历了一个环境日趋干冷的变化过程，正是在这一过程中，以往当地居于主导地位的农业文明趋于衰退，牧业文明逐渐萌发壮大，中国北方畜牧业的起源亦可追溯至此。

1977～1984年调查发掘的朱开沟遗址位于鄂尔多斯高原东部，年代在龙山晚期至商代早期之间，遗址中包括数量众多的房址、灰坑、墓葬等遗迹单位，出土了丰富的陶器、石器、骨器等遗物，并发现了迄今为止年代最早的鄂尔多斯式青铜器[①]。

① 内蒙古文物考古研究所：《内蒙古朱开沟遗址》，《考古学报》1988年第3期；内蒙古自治区文物考古研究所、鄂尔多斯博物馆：《朱开沟——青铜时代早期遗址发掘报告》，文物出版社，2000年，第2～3页。

朱开沟遗址的位置、年代以及遗址中所表现出的农业文明的衰退和牧业文明的萌发等因素，决定了它在探讨中国北方畜牧业起源问题上具有重要的意义。而系统大规模的发掘以及报告的编撰出版，也为我们研究这一问题提供了资料上的基础。

包括发掘者田广金先生在内的多名学者，都曾在研究中涉及过朱开沟遗址所反映出的农牧业文明交替的现象，但是针对这一问题，目前并没有一个系统的研究。因此本文试图从环境因素、生产工具、聚落的功能分区以及兽骨资料等方面着眼，对遗址所反映出的畜牧业经济的发展态势以及北方的畜牧业起源等问题，进行一次专门的讨论。

## 一、研究回顾

早在1988年，田广金、郭素新在《鄂尔多斯式青铜器的渊源》一文中就提出："在鄂尔多斯地区，从朱开沟第三阶段开始，畜牧经济已经比较发展，至第五阶段时，游牧经济可能已经产生，至少处于半农半牧状态。……并发展成李家崖文化。"①

在《北方文化与草原文明》一文中，田广金、郭素新对这一观点进行了补充修正，提出："朱开沟文化在第四段以后，开始向半农半牧的经济形态发展，然后由西向东展开了一场畜牧业革命……。朱开沟文化从早期至晚期的生态环境，是由森林草原逐渐向草原环境演变，故在朱开沟文化晚期（公元前1500年前后），出现了象征畜牧业文化的标识物……朱开沟文化原有的适应农业发展的传统器物逐渐被淘汰……由于干冷气候的持续发展，就连鄂尔多斯也普遍不适宜农耕……半农半牧的文化中心开始南移。"②

2000年出版的《朱开沟——青铜时代早期遗址的发掘报告》中，又对上述观点进行了深化，提出："从朱开沟文化第三段以后，随着鄂尔多斯地区自然气候急剧向冷、干方向的发展，人们越来越无法抵御恶劣环境所造成的不利因素。以农业为主导的经济形态，已无法保障人类生存和社会的需求，而畜牧业经济愈来愈表现出了在新的自然环境下顽强的生命力和极大的优越性……朱开沟文化从第四段开始，农业经济衰退、畜牧业经济有了很大发展，由以农业为主的经济形态转变为半农半牧经济形态……朱开沟文化第五段的社会经济中，农业虽然仍占有相当的比重，但其地位已受到畜牧业经济的强烈冲击，畜牧经济正逐渐从农业经济中分离出来，半农半牧的基本格局已初步形成。"③

黄蕴平在对遗址出土的兽骨资料进行鉴定研究后，提出："朱开沟先民主要从事原始的

---

① 田广金、郭素新：《鄂尔多斯青铜器的渊源》，《考古学报》1988年第3期。

② 田广金、郭素新：《北方文化与草原文明》，《内蒙古文物考古文集》（第二辑），中国大百科全书出版社，1997年，第7页。

③ 内蒙古自治区文物考古研究所、鄂尔多斯博物馆：《朱开沟——青铜时代早期遗址发掘报告》，文物出版社，2000年，第288、291页。

农业生产。但当时的畜牧业已相当发达。家畜种类有猪、羊、牛和狗……其中猪和羊所占的比例大致相当……其次是牛……狩猎仍是当时的一项重要的生产活动……狩猎的主要对象是马鹿和麅……朱开沟遗址的时代从龙山晚期到早商时期，各段出土的动物种类没有明显的变化……测定结果表明各段动物百分比差异不显著，即各段动物百分比组成相似。”①

在韩建业《中国北方地区新石器时代考古学文化研究》一书中，对这一问题也有所涉及，提出：“距今3800年左右，气候又稍趋暖湿，这时候进入二里头文化、朱开沟文化等所代表的社会发展的新阶段。此后气候虽有波动，但大趋势却是越来越干燥。中全新世的气候暖湿期一去不返。朱开沟晚期以后，在北方地区等地半农半牧—畜牧业逐渐从农业中分离出来，北方地区开始成为游牧民族和农业民族争夺之地。”②

上述几位学者从不同的角度对朱开沟遗址所反映出的畜牧业起源问题进行了讨论，总体上均认为遗址后段表现出了农业向畜牧业的转变，但对于转变的具体时间及过程的认识存在一定的差异，下面就在此基础之上，对该问题进行探讨分析。

## 二、自然环境

### （一）区位特点

朱开沟遗址位于内蒙古自治区鄂尔多斯市（旧称伊克昭盟）伊金霍洛旗纳林塔乡朱开沟村，地处鄂尔多斯高原东部的黄土丘陵区，地理坐标为北纬39°36′，东经110°19′，海拔高度为1300～1400米（图1）。

图1 朱开沟遗址位置示意图

① 黄蕴平：《朱开沟遗址兽骨的鉴定与研究》，《朱开沟——青铜时代早期遗址发掘报告》附录二，文物出版社，2000年，第419～421页。

② 韩建业：《中国北方地区新石器时代文化研究》，文物出版社，2003年，第266页。

图2　朱开沟遗址卫星影像图

遗址所处区域在环境气候方面具有一定的优势，主要体现在两个方面：

其一，年平均气温在6.0～7.0℃，年平均降水量在400～450毫米，每年的无霜期为130～165天，日照时间2900～3200小时，光热资源丰富，属于鄂尔多斯高原气候条件较为优越的地区；

其二，地貌系统为切沟—冲沟—河谷亚系统与梁—峁—台地亚系统交织在一起而组成的流水地貌系统，其中的冲沟—河谷亚系统适宜农业的发展，因而遗址所处的缓坡台地可以作为较为优良的耕地使用。

但是与此同时，该区域环境气候方面也存在几点劣势，主要表现在两个方面：

首先，气候上四季分明，冬季寒冷、持续时间长，春季干旱、多大风天气，夏季温热、降水集中，秋季短暂、降温幅度大；

其次，夏季降水集中，水土流失和泥沙侵蚀状况也十分严重，东胜区、准格尔旗和伊金霍洛旗是洪涝发生频率较高的地区，而朱开沟遗址范围内分布的数条冲沟也反映了这一地区水土流失和泥沙侵蚀的剧烈程度，从卫星图上可以清楚地看到遗址中的数条冲沟（图2）。

综合来看，该地区环境可以满足农业生产的基本需求，但是环境上的劣势和气候方面的不稳定性又极大地制约了农业经济的发展，这也使得该地区更适宜于发展对环境适应性更强的畜牧业经济。正是这种独特的环境气候条件，造就了该地区牧业与农业间的碰撞交融。

## （二）环境变迁

距今4500～3000年间，该区域的环境气候出现了一个明显的干冷化发展过程，史培军等人对此进行过深入的研究分析①，研究结果表明：

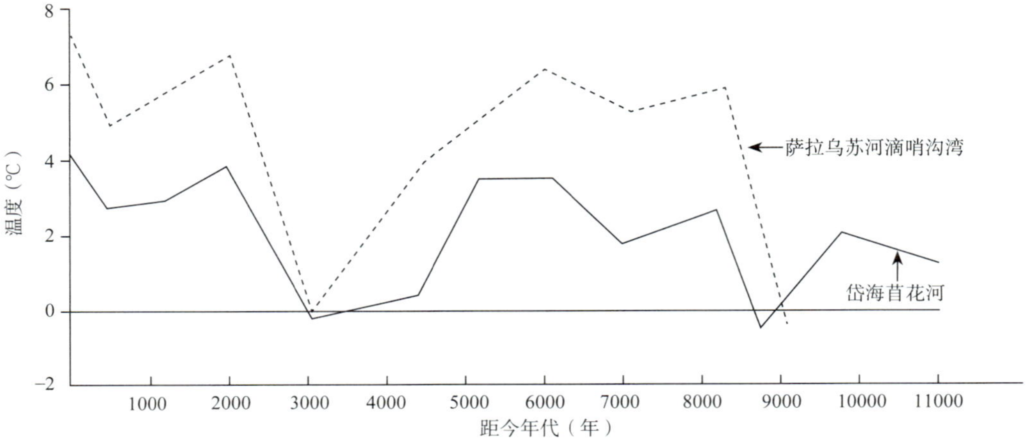


图3　鄂尔多斯地区10000年冷暖变化过程

（采自史培军《地理环境演变研究的理论与实践——鄂尔多斯地区晚第四纪以来地理环境演变研究》，图7-11）

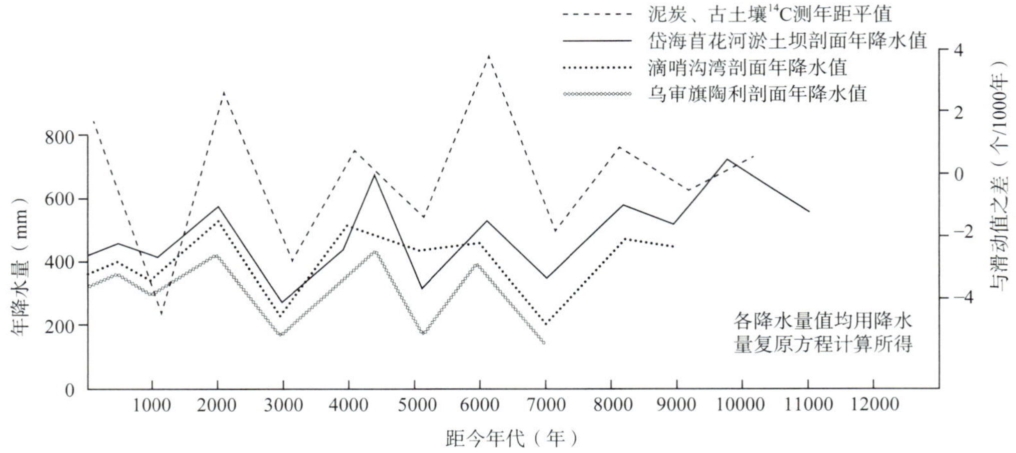


图4　鄂尔多斯地区10000年干湿变化过程

（采自史培军《地理环境演变研究的理论与实践——鄂尔多斯地区晚第四纪以来地理环境演变研究》，图7-15）

① 史培军：《地理环境演变研究的理论与实践——鄂尔多斯地区晚第四纪以来地理环境演变研究》，科学出版社，1991年，第118～121页。

距今4500～4000年间，该区域气温缓慢下降，降水量较为丰富，气候总体上较为湿润；距今4000～3000年间，该区域气温持续缓慢下降，降水量开始下降，气候呈现干冷化趋势。但是，孢粉分析结果表明，这一时期鄂尔多斯地区环境总体上仍较如今更为湿润，植被以蒿属为主，逐渐向典型草原环境发展（图3、图4）。

干冷化的环境变迁过程对遗址的形成和发展造成了直接的影响：

朱开沟遗址形成初期，当地气候温和，降水充足，土壤为腐殖质层较厚的黑垆土，植被类型多样，适宜于农业的发展；而到了朱开沟遗址的后期，整个准格尔黄土丘陵地区的黑垆土在侵蚀作用下，大范围的退化为肥力很低的黄绵土，栗钙土也逐渐形成，与黄绵土镶嵌分布，这种新的土壤并不适于农业的大规模发展，同时，气候在这一时期也更为干冷，接近于底谷，自然环境已不利于农业经济的开展，这也使得畜牧业经济的发展具备了基本的环境条件。

农业经济或是畜牧业经济的开展都直接依赖于当地的自然环境，从上述分析可以看出，朱开沟遗址自然环境的转变是导致遗址晚期农业经济衰退、畜牧业经济逐渐壮大的最直接原因。

## 三、遗址中的畜牧业因素

### （一）生产工具

朱开沟遗址出土生产工具共计532件，根据其功用可分为农业和日常生产活动的工具、狩猎的工具及兵器、制作陶器和铜器的工具及加工工具、纺织和缝纫的工具、用途不详的工具等五类，对各类生产工具数量统计如下。

1、农业和日常生产活动的工具：石斧（楔）、石锛、石凿、石刀、石镰、石杵、砍砸器、角锄、骨铲、骨刀、骨凿、铜凿等，共计205件。

2、狩猎的工具及兵器：石矛形器、石镞、石球、刮削器、指甲状刮削器、石刃、陶球、骨匕首、骨镞、铜戈、铜刀、铜镞等，共计74件。

3、制作陶器和铜器的工具及加工工具：陶垫、陶拍、陶印模、石范、石钻、磨石、砺石、石磨具、研磨器、骨划齿等，共计43件。

4、纺织和缝纫的工具：石纺轮、陶纺轮、骨锥、骨针、骨针管、骨织针、铜针等，共计160件。

5、用途不详的工具：骨匕、陶饼、陶有孔器、陶尖状有孔器等，共计50件。

其中，农业类生产数量最多，占到了总量的39%，狩猎、兵器类工具仅占到了总数的14%，这是对朱开沟遗址生产工具的一个横向的比较。

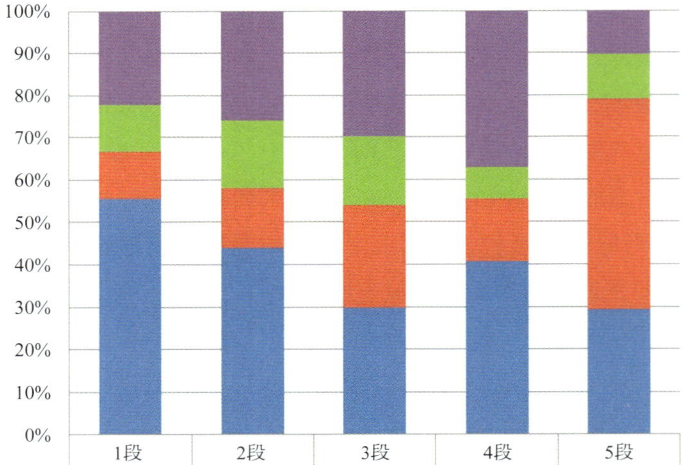


| | 1段 | 2段 | 3段 | 4段 | 5段 |
|---|---|---|---|---|---|
| 纺织 | 2 | 13 | 11 | 10 | 5 |
| 制陶、手工 | 1 | 8 | 6 | 2 | 5 |
| 狩猎、兵器 | 1 | 7 | 9 | 4 | 24 |
| 农业生产 | 5 | 22 | 11 | 11 | 14 |

图5　朱开沟遗址生产工具演变统计图

同时，为了更清晰地看出遗址各段生产工具数量比重的变化，对其进行一个纵向的比较，对遗址1～5段各类生产工具分别进行统计（图5）：

总体来看，遗址出土生产工具以农用为多，占到了总量的39%，反映出朱开沟遗址总体上生产活动以农业为主。

但是分段来看，从第3段开始，狩猎、兵器类工具呈增加的趋势，而第5段狩猎、兵器类工具比重迅速增加，占到了该段出土生产工具总量的50%。这种变化与上文分析的自然环境变迁恰好吻合，也印证了随着自然环境的恶化，农业生产遇到了困难，而畜牧、狩猎等经济成分逐渐发展扩大，在遗址经济生活中所占的比重随之迅速增长。

不同类别生产工具数量比重的变化直观地反映出了遗址中畜牧业经济和农业经济的兴衰变化。

## （二）聚落功能分区

朱开沟遗址所分的7个发掘区中，Ⅰ区的地理位置主要位于遗址西北侧山梁顶部的台地上和北坡上，与其他位于山谷中的各区位置上存在差异，处在遗址较边缘的位置。

自遗址第1段至5段有明确出土地点的狩猎类工具共31件，其中16件均出土于Ⅰ区，9件出土于其中T124～T131发掘区内，数量远远超过了发掘面积更大、遗存更为丰富的Ⅱ区。

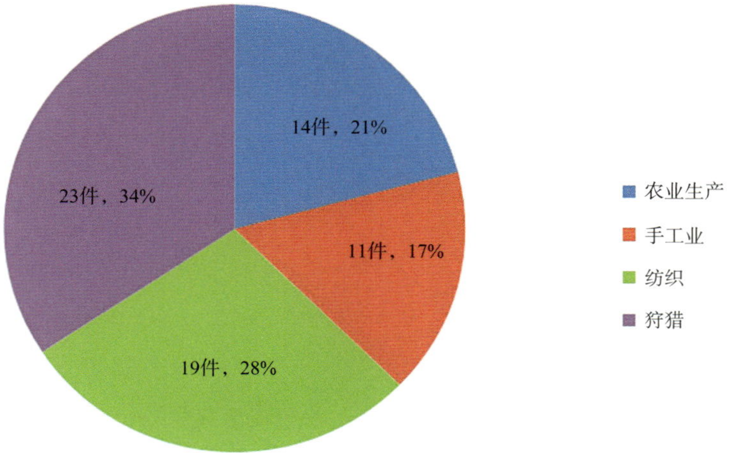


图6 朱开沟遗址Ⅰ区居址内生产工具比例图

对朱开沟遗址Ⅰ区出土的67件生产工具进行统计，狩猎类工具有23件，在各类工具中所占比例最高，为34%，排第二位的为纺织类工具，共19件，而纺织与狩猎之间也有着密切的关系，此外，农业生产类的14件工具中，有6件为同样可以作为狩猎类工具使用的石刀，由此可以看出Ⅰ区与其他各区在生产方式上存在着较显著的差别（图6）。

张光直先生在研究聚落形态时曾提出："一个农业村落常常有一批卫星式的居址或营地环绕着，那是一些从事（季节性的或终年的）捕鱼、狩猎和采集活动的地方。"①而遗址Ⅰ区出土遗物的情况与这一理论恰好吻合，故推测Ⅰ区可能为整个朱开沟遗址中以畜牧、狩猎为主要生产方式的区域。

进而可以看出，在朱开沟遗址中，畜牧业经济首先主要集中在农业生产区的边缘，作为农业经济的补充存在，后期随着自然环境的变化逐渐扩展，并最终占据了主要的地位。

### （三）兽骨资料

朱开沟遗址的兽骨资料主要发现于Ⅰ、Ⅱ、Ⅵ区的地层、灰坑和房址中，种类以家畜为主，野生动物较少，主要包括头骨、上下颌骨、脊椎骨、肋骨和肢骨等，共计1002件。根据北京大学黄蕴平教授的鉴定研究②，统计整理如表1。

从统计结果中可以看出，所发现的兽骨资料，以家畜居多，野生动物骨骼数量较少，反映出遗址的畜牧业经济比重远大于狩猎经济。

---

①〔美〕张光直著，胡鸿保、周燕译，陈星灿校：《考古学中的聚落形态》，《华夏考古》2002年第1期。

② 黄蕴平：《朱开沟遗址兽骨的鉴定与研究》，《朱开沟——青铜时代早期遗址发掘报告》附录二，文物出版社，2000年，第401～402页。

表1 朱开沟遗址出土兽骨最小个数统计表

| 分段 | 家畜 | | | | | 野生动物 | | | | | | | | 总计 |
|---|---|---|---|---|---|---|---|---|---|---|---|---|---|---|
| | 猪 | 牛 | 羊 | 狗 | 合计 | 马鹿 | 狍 | 青羊 | 獾 | 豹 | 骆驼 | 熊 | 合计 | |
| 1段 | 8 | 4 | 5 | 1 | 18 | | | | | | | | 0 | 18 |
| 2段 | 19 | 10 | 27 | 1 | 57 | 5 | 2 | 1 | 1 | 1 | | | 10 | 67 |
| 3段 | 19 | 4 | 15 | 3 | 41 | 1 | 2 | | | | | | 3 | 44 |
| 4段 | 4 | 5 | 8 | 2 | 19 | 2 | 1 | | | | 1 | 1 | 5 | 24 |
| 5段 | 2 | 1 | 1 | | 4 | | | | | | | | 0 | 4 |

通过比较各类动物最小个体数发现，在遗址各时段中，2段的牛、羊和野生动物数量均为最多，这与当时自然环境较为优越有直接的关系。这也反映出畜牧业、狩猎采集等经济成分从遗址伊始就作为农业经济的补充而存在，直到晚期农业经济随着自然环境恶化迅速萎缩，畜牧业经济逐渐发展壮大，并出现了从农业经济中分离出来，向专业化发展的态势。

至于遗址晚段发现的兽骨资料较少，一则是由发掘面积所限，二则如黄蕴平教授推测，“可能是由于动物变化没有文化遗物敏感的缘故”①。

（四）其他方面

朱开沟遗址从农业向畜牧业的转变，除了上述三个方面的表现，代表畜牧经济的砂质陶罐、蛇纹鬲和青铜护牌、戈、短剑、刀以及绿松石、蚌珠、项饰等遗物的出土，也反映了畜牧业经济在遗址晚期的发展。

特别是在墓葬中随葬随身佩带的兵器、工具及装饰品的埋葬习俗，与后来春秋战国时期代表典型游牧经济的鄂尔多斯式青铜器墓葬的葬俗相同。

## 四、结语

结合前文对自然环境、生产工具及聚落布局的分析，并根据兽骨材料的相关情况，可以对朱开沟遗址所反映出的畜牧业经济发展过程进行推测归纳：

遗址1、2段，整个区域气候条件较为优越，以农业生产为主的居民在此定居，聚落规模日益扩大，畜牧业、狩猎采集等经济活动作为农业的补充，也随之日趋频繁。

① 黄蕴平：《朱开沟遗址兽骨的鉴定与研究》，《朱开沟——青铜时代早期遗址发掘报告》附录二，文物出版社，2000年，第421页。

遗址第3段，聚落规模发展至顶点，但是气候上的干冷化和水土流失等问题限制了农业的进一步发展，畜牧业、狩猎采集等经济成分在聚落经济中所占比重有所增加。

由于环境条件的日益恶劣，已不再适宜农业生产活动，遗址第4、5段聚落规模开始萎缩，从事农业生产的人群越来越多地选择了南迁，各种经济活动均趋于衰退。在这一过程中，原先以畜牧、狩猎为主要生计的人群活动范围日趋扩大，并有部分从事农业生产的居民转而从事畜牧、狩猎等经济活动，畜牧业逐渐成为这一区域的主要经济模式。

朱开沟文化的分布范围，南到鄂尔多斯以南的陕北、汾阳一带，北可以到达中蒙边境。在地处中蒙边境的内蒙古东乌珠穆沁旗阿拉腾合力的金斯太旧石器时代洞穴遗址的上层堆积中，也发现了以蛇纹鬲和铜泡、铜镞为代表的早商阶段的遗存，同样反映了这个阶段中国北方草原地区农业经济向畜牧业经济转化开始的过程。而到晚商阶段，商王朝的势力逐渐南撤，北方草原地带畜牧业逐渐兴起，以畜牧、狩猎经济为主要生业的北方民族，也在这一过程中逐步登上了历史的舞台。

（本文与任冠合著，原载《早期丝绸之路暨早期秦文化国际学术研讨会论文集》，文物出版社，2014年）

# STOCKBREEDING IN NORTHERN CHINA: A CASE STUDY OF THE ZHUKAIGOU SITE

Wei Jian Ren Guan

**Abstract:** Between 4500 and 3000 years ago, there has been an obvious process climate change in Northern China. The increasing dryness and coldness of the environment in this area led to the distinction between nomadic stockbreeding separated and settled agriculture. This paper takes the Zhukaigou site located in the eastern Ordos Plateau as a case study, to analyze the rise and fall of agriculture and stockbreeding as modes of production reflected by the remains found in the five stages of the site. This paper, through the analysis of the natural environment, the functional zoning of the settlement, all kinds of unearthed production tools, livestock and wild animal bones, retraces the gradual development of animal husbandry in Zhukaigou. A relationship is demonstrated between the origin of stockbreeding and environmental changes in Northern China. In order to adapt to the environment, people transitioned from an agricultural economy to a stockbreeding economy.

**Keywords:** Northern China; Environmental Changes; Zhukaigou Site; Origin of Stockbreeding

# 中国北方农牧交融与畜牧业起源发展进程的思考*

摘 要：农业和畜牧业均为人类社会重要的生业形态，20世纪以来，针对中国北方地区生业形态的研究已有较多成果。本文选取内蒙古中部、辽西和新疆北部地区作为研究对象，在归纳考古发掘材料的基础上，利用动、植物考古、环境考古和体质人类学研究的最新成果，结合$^{14}C$测年和DNA检测数据，以更为广阔的蒙古高原和欧亚草原的视野，探讨了中国北方农牧交融和畜牧业起源中，从早期以采集和狩猎为主的大型聚落，到采集和狩猎存在下的农业聚落的繁荣，再到农耕的衰退和畜牧业经济的最后形成所体现的生态环境变迁、文化适应和古代族群的迁徙等因素交互作用下的发展进程。

关键词：中国北方　农牧交融　畜牧业起源　发展进程

## 一、前言

中国北方，泛指长城地带及其以北的狭长地区，自东向西包括辽西地区、内蒙古中部、河西走廊、新疆北部等地，也有学者从文化地理的角度称该地区为“农牧交错带”①。这个区域南临农耕发达的黄河流域，北倚牧场广袤的欧亚草原，是中原腹地与欧亚草原之间的过渡地带，也是农业与畜牧业交互作用的广阔地区。这里自然生态独特，生业经济多样，人文环境复杂，丰富的考古资料也都证实了农业和畜牧业在这里的起源和发展，从事农耕与畜牧的人群也曾在此不断产生碰撞、交流与融合，因此，在研究农牧交融与畜牧业起源问题方面，这个区域的考古资料有着不可忽视的作用。

---

* 本文是国家社科基金重点项目“中国北方游牧与农耕民族交融的考古学研究”（项目批准号：14AKG002）阶段性成果。

① 林沄：《中国北方长城地带游牧文化带的形成过程》，《燕京学报》（新十四期），北京大学出版社，2003年；杨建华：《春秋战国时期中国北方文化带的形成》，文物出版社，2004年。

农业和畜牧业均为人类社会重要的生业形态，20世纪以来，针对中国北方地区生业形态的研究已有较多成果，许多学者更开始尝试从欧亚草原的大背景下进行对比研究，并多有论述发表[①]。学界从日益丰富的考古资料中认识到，这个区域的人群自进入新石器时代以来，便以采集、农耕和狩猎互补的生业作为生存手段，最新的考古资料更是发现了距今8000年前后的带有农业因素的定居遗存，例如内蒙古化德裕民[②]、四麻沟[③]遗址和河北康保兴隆[④]、尚义四台[⑤]遗址的发掘和初步研究，使我们有理由相信，从距今8000年前开始，坝上地区就有了并非来自中原的、基本定居的、以从事采集、种植和狩猎生业经济的人群存在。考古资料的研究表明，从新石器时代晚期开始，中国北方进入了以农业为主，兼有狩猎和采集的生业形态，直到距今4000年前后，本地区开始出现带有畜牧业因素的遗存，并逐渐形成农牧混合经济，距今3000年左右，畜牧业逐渐在生业中占据主导地位。

中国北方地区生业形态的研究，应当置于整个欧亚草原的大背景之下进行。杨建华指出："欧亚草原西起多瑙河，东至中国北方和西伯利亚的外贝加尔地区，它以乌拉尔山为界分为东、西两部分，再加上南部的中亚地区，共分三个地区。"[⑥]她认为，科林·伦福儒（Collin Renfrew）教授将欧亚草原经济类型的发展划分为四大阶段：全新世狩猎采集经济阶段——农耕畜牧经济传播阶段——畜牧农耕混合经济阶段——游牧经济阶段，"对照欧亚草原经济类型的发展阶段，可以清晰地看到中国北方地区与中原农业文化区之间的差别，而且发现中国长城地带在先秦时期也走过了与欧亚草原大体相似的道路"，此说很有见地。郑君雷也认为："当前中国学者已经开始将中国游牧业起源的问题放在欧亚草原的大背景下来进行研究，并且注意借鉴西方学者在游牧业起源研究上的成果和理论方法。"[⑦]通过近几年对内蒙古中南部先秦时期生业形态的进一步研究，我们也将本地区生

---

① 林沄：《中国北方长城地带游牧文化带的形成过程》，《燕京学报》（新十四期），北京大学出版社，2003年；乔晓勤：《关于北方游牧文化起源的探讨》，《内蒙古文物考古》总6、7期，1992年；王明珂：《鄂尔多斯及其邻近地区专化游牧业的起源》，《"中研院"历史语言研究所集刊》（第六十五本第二分），1994年；乌恩：《欧亚大陆草原早期游牧文化的几点思考》，《考古学报》2002年第4期；邵方：《中国北方游牧起源问题初探》，《中国人民大学学报》2004年第1期；杨建华：《欧亚草原经济类型的发展阶段及其与中国长城地带的比较——读〈欧亚草原东西方的古代交往〉》，《考古》2004年第11期；滕海键：《游牧经济的兴起和发展——以燕北西辽河流域为考察对象》，《东北史地》2011年第5期；冯宝：《内蒙古中南部先秦时期生业形态的考古学研究》，中国人民大学博士学位论文，2019年。

② 内蒙古自治区文物考古研究所：《2014年内蒙古自治区文物考古研究所考古发现综述》，《草原文物》2015年第1期；内蒙古自治区文物考古研究所：《2015年内蒙古自治区文物考古研究所考古发现综述》，《草原文物》2016年第1期。

③ 内蒙古文物考古研究所、故宫博物院考古研究所、乌兰察布市博物馆等：《内蒙古化德发现裕民文化村落遗址》，《中国文物报》2018年2月23日第008版。

④ 中国国家博物馆、河北省文物研究所、郭明建等：《河北康保兴隆遗址发现旧石器末期至新石器早中期遗存》，《中国文物报》2019年10月11日第008版。

⑤ 张家口市文物考古研究所：《河北尚义县四台新石器时代遗址发掘简报》，《考古》2018年第4期。

⑥ 杨建华：《欧亚草原经济类型的发展阶段及其与中国长城地带的比较——读〈欧亚草原东西方的古代交往〉》，《考古》2004年第11期。

⑦ 郑君雷：《西方学者关于游牧文化起源研究的简要评述》，《社会科学战线》2004年第3期。

业经济的发展过程划分为采猎并重——耕猎互补——种养结合——农牧兼营——牧猎为主的五个发展阶段[①]，试图从内蒙古中南部先秦时期的生业模式出发，探讨整个中国北方地区农牧交融与畜牧业起源的发展过程。

本文所要探讨的“农牧交融和畜牧业起源”阶段，也可以看作是“农牧兼营”和向“牧猎为主”过渡的生业模式阶段，也就是前人研究中经常提得到的农牧混合经济阶段，同样也正是畜牧业起源的阶段。本文希望通过对这一阶段考古学材料的分析，厘清中国北方地区农牧交融生业形态的具体表现形式，进而追溯畜牧业起源的动因和相对年代，揭示畜牧业发展的历史进程，并由此开启中国北方农牧交融与畜牧业起源研究理论体系的模式建构。

## 二、农牧交融考古遗存的发现

中国北方地区目前发现的能够体现“农牧交融”生业形态的考古学遗存，主要集中在内蒙古中部、辽西和新疆北部地区，在距今5000～3000年左右阶段，这几个地区的考古学文化所体现的农牧业交融与发展的特征，存在着较大的相似性和一定的差异。

### 1. 内蒙古中部地区

在内蒙古中部的新石器时代晚期，由北上的后冈一期文化、半坡文化和庙底沟文化发展起来的仰韶晚期庙子沟文化的大坝沟和庙子沟两处遗址中[②]，在以农耕遗存占主导地位的情况下，出土的马、野驴、牛、黄羊、马鹿、狍、狐、貉、熊及水生的野生动物分别占到76.7%和66.7%，而其余为能够判定家养的猪和狗[③]，说明当时是以农业为主，兼营狩猎和少量家畜饲养的生业形态。龙山阶段永兴店文化的遗址中也出土了一定数量的动物骨骼，其中可辨识的有部分作为卜骨的猪、牛、羊等动物的肩胛骨[④]，因未作具体动物种属鉴定，因此我们无法得知这些动物是否为驯化的家畜。但继承永兴店文化发展起来的朱开沟文化及其后续的西岔文化为我们提供了家畜驯养和畜牧业逐渐形成的直接证据。

地处内蒙古中南部黄河流域的朱开沟遗址是朱开沟文化中发掘最全面，遗存最丰富的遗址。田广金将朱开沟遗址分为连续发展的一至五期，整体年代跨度为距今4100～3300

---

① 冯宝：《内蒙古中南部先秦时期生业形态的考古学研究》，中国人民大学博士学位论文，2019年，第178页。

② 魏坚：《庙子沟与大坝沟——新石器时代遗址发掘报告》，中国大百科全书出版社，2003年。

③ 黄蕴平：《庙子沟与大坝沟遗址动物遗骸鉴定报告》，《庙子沟与大坝沟——新石器时代遗址发掘报告》附录五，中国大百科全书出版社，2003年，第603～607页。

④ 内蒙古文物考古研究所：《准格尔旗永兴店遗址》，《内蒙古文物考古文集》（第一辑），中国大百科全书出版社，1994年，第235～245页；内蒙古文物考古研究所：《内蒙古准格尔旗二里半遗址第二次发掘报告》，《考古学集刊》（11），中国社会科学出版社，1997年，第84～129页。

年，其中第一期属于龙山晚期，第二、三期属于夏阶段，第四、五期进入商代早期①。

从朱开沟遗址体现的以鬲、甗、三足瓮、高领罐和盆为主的稳定陶器组合，以及数量较多的生产工具反映的定居生活聚落来看，本遗址内的人群是以农业生产为主的。同时，从采集的大量可供鉴定种属的动物骨骼标本来看，居址中可以确定的猪、绵羊、牛和狗等家畜的比例居然达到88.53%，而野生动物马鹿、狍、青羊、双峰驼等仍占11.46%的比例。此外，墓葬中也出土了数量较多的猪、羊等家畜以及其他野生动物的骨骼。这些数据表明这一时期的定居人群是在农业的基础上，兼营畜牧业和狩猎活动的②。

我们通过对朱开沟遗址五期遗存出土的动物骨骼重新进行分期统计后发现，朱开沟遗址内，从第一期开始已经出现一定数量的猪、牛和羊，从第二期到第三期，猪和羊的数量都出现突增。若单从居址的分期来看动物骨骼统计的结果，则从第二期开始，牛和羊的数量不仅出现较大的增长，且两者的总数开始超过猪的数量。可见，尽管朱开沟遗址聚落中养猪的规模一直较大，但以养羊为主的畜牧业可能从第二期开始兴起并不断发展，成为生业经济中的重要组成部分。

朱开沟遗址中一至五期均是以鬲、甗、三足瓮、高领罐和盆为主要组合的陶器群，且其中的袋足鬲、蛇纹鬲、盆形甗、三足瓮和高领罐等陶器有着较为完整的发展序列，因此，朱开沟遗址五期的人群应属同一文化体系的人群，对于动物骨骼的分析，则应当反映了同一人群的生业形态在这一区域由农业为主，逐步向畜牧业转变的过程。

西岔文化目前共发现4处遗址，其中仅西岔遗址经过较大规模的考古发掘。遗址位于南流黄河东岸的台地上，可以分为四期文化遗存：第一期与白泥窑文化晚期接近，第二期相当于永兴店文化，第三期属于朱开沟文化，第四期为西岔文化③。据曹建恩所言，西岔文化的两个$^{14}$C测年数据，年代都落在公元前1100年左右④，结合出土遗迹与陶器组合反映的文化面貌，西岔文化应该是继朱开沟文化之后，新发展起来的一个新的考古学文化类型，其年代大致应在距今3200～3000年之间。

西岔遗址主要为西岔文化时期的遗存，出土的动物骨骼达到了7788块，代表了631个动物个体，经过对动物骨骼的专门鉴定，发现这些动物以哺乳动物为主，有少量的鸟类、鱼类和软体动物⑤。能确定为家畜的动物为猪、山羊、绵羊、黄牛、狗和马，占出土动物

① 内蒙古自治区文物考古研究所、鄂尔多斯博物馆：《朱开沟——青铜时代早期遗址发掘报告》，文物出版社，2000年，第282～286页。

② 冯宝：《内蒙古中南部先秦时期生业形态的考古学研究》，中国人民大学博士学位论文，2019年，第130～131页。

③ 内蒙古文物考古研究所、清水河县文物管理所：《清水河县西岔遗址发掘简报》，《万家寨水利枢纽工程考古报告集》，远方出版社，2001年，第60～78页；曹建恩、孙金松：《内蒙古清水河县西岔遗址发掘取得重要成果》，《中国文物报》2004年11月19日第001版。

④ 内蒙古文物考古研究所$^{14}$C测年数据，资料未公布。

⑤ 杨春：《内蒙古西岔遗址动物遗存研究》，吉林大学硕士学位论文，2007年，第4～5页。

遗存总量的90.88%，其中猪的数量最多，约占动物总量的41.82%，山羊和绵羊的总数为30.68%，黄牛占到8.25%。野生动物马鹿、梅花鹿、狍、獐、麝、兔、獾、熊、狐狸等的骨骼合计所占比例为9.12%。

西岔遗址的植物孢粉分析表明，从遗址早期地层到西岔文化的地层中，都检测到了栽培禾本科植物的花粉[①]，刘莉等还对西岔遗址出土的磨制石器进行过淀粉粒分析，发现了薯蓣、蛇瓜、薏仁、小米和小麦族的淀粉粒[②]。综合植物孢粉和淀粉粒实验的结果来看，进入西岔文化时期，人们仍然在从事谷物栽培，同时也对野生植物资源进行采集。西岔文化时期与朱开沟文化时期相比，饲养的家畜大幅增加了山羊，并出现了马，山羊和马带有更明显的畜牧业色彩，特别是马的出现，可能代表了流动性放牧的开始。所以，西岔文化时期生业形态应是以家畜饲养为主，谷物栽培和狩猎采集作为经济生活的补充手段仍然存在，这一时期虽然仍然以养猪为主，但畜牧业因素已经占有较大比重。

### 2. 辽西地区

在辽西地区新石器时代晚期红山文化遗址中出土了较多的动物骨骼。白音长汗遗址的红山文化遗存中，出土有马鹿、斑鹿、狍、猪、牛、狗、狗獾、野兔和贝类等动物骨骼[③]；牛河梁遗址出土了梅花鹿、狍、獐、野猪、狗、黑熊、狗獾、野兔、东北鼢鼠、雉和河蚌等动物骨骼[④]；东山嘴遗址出土动物骨骼以猪骨为主，还有部分鹿骨和蚌类[⑤]。在以上遗址的动物遗骸中，可以肯定狗是家养动物，从较早的兴隆洼文化和赵宝沟文化就有家猪骨骼出土的情况看，红山文化阶段应该有了家猪的饲养，但也应该存在有野猪的狩猎[⑥]。因此我们大致可以推定，红山文化时期在有一定程度的农业因素的前提下，狩猎和渔猎活动应仍占有较大比重。此后的小河沿文化虽然动物骨骼发现的较少，对其动物种类还不太清楚，但在南台地遗址发现有被埋葬的狗，在房址内还出土了陶塑家猪和狗头的形象[⑦]，这也为我们提供了存在家畜饲养的证据。

---

① 汤卓炜、曹建恩、张淑芹：《内蒙古清水河县西岔遗址孢粉分析与古环境研究》，《边疆考古研究》（第3辑），科学出版社，2004年。

② Li Liu, Neil A. Duncan, XingcanChen, HaoZhao, PingJi. Changing patterns of plant-based food production during the Neolithic and early Bronze Age in central-south Inner Mongolia, China: An interdisciplinary approach. *Quaternary International*. 2016, Vol. 419, PP. 36-53.

③ 汤卓炜、郭治中、索秀芬：《白音长汗遗址出土的动物遗存》，《白音长汗——新石器时代遗址发掘报告》附录一，科学出版社，2004年，第546～575页。

④ 黄蕴平：《牛河梁遗址出土动物骨骼鉴定报告》，《牛河梁——红山文化遗址发掘报告（1983－2003年度）》，文物出版社，2012年，第507～510页。

⑤ 郭大顺、张克举：《辽宁省喀左县东山嘴红山文化建筑群址发掘简报》，《文物》1984年第11期。

⑥ 索秀芬、李少兵：《辽西地区新石器时代动物遗存》，《草原文物》2013年第1期。

⑦ 辽宁省博物馆、昭乌达盟文物工作站、敖汉旗文化馆：《辽宁敖汉旗小河沿三种原始文化的发现》，《文物》1977年第12期。

地处辽西地区的夏家店下层文化，基本分布在内蒙古东南部的西拉木伦河流域。夏家店下层文化是以山城体系为主要文化特征的考古学文化，其与朱开沟文化的年代跨度大致相当，学界绝大多数的观点认为其处在夏至早商阶段①，即距今4000～3400年之间，也有学者认为其年代上限或许可以早到龙山晚期②。有关夏家店下层文化生业形态的研究，自20世纪末便取得了一定的成果，尽管表述略有不同，但基本认同夏家店下层文化时期是以粟作农业为主，兼有家畜饲养以及采集狩猎的生业形态③。

夏家店下层文化的遗址一般都堆积较厚，诸多遗址发现有农作物遗存。赤峰大山前④、东山咀⑤、三座店⑥、北票丰下⑦等遗址的窖穴中也出土过碳化的谷粒，从鉴定结果来看，绝大多数是属于粟一类的农作物。

在饲养的家畜中，绝大多数遗址内的动物骨骼没有经过确切的鉴定，仅有建平水泉遗址和大山前遗址经过较为详细的鉴定，但建平水泉遗址的动物骨骼并未按照文化性质进行分别统计⑧，而大山前遗址中，属于本文化阶段内的动物中，猪占47.65%，牛占24.44%，羊占15.50%，狗占10.94%，“其中除了个别的牛仍然有野生性状之外，绝大多数都具有家养动物的特征”⑨。可见这一时期，饲养的家畜中已经出现了相当数量的牛和羊，可以肯定这时的生业形态中已带有一定比重的畜牧业因素。但夏家店下层文化的墓葬中却很少发现牛、羊的遗骸。在大甸子发现的几百座墓葬中，随葬的绝大多数为猪骨，部分狗骨，不见牛和羊的骨骼，这一情况与内蒙古中南部地区朱开沟遗址第一、二期的墓葬殉牲情况相似，推测两者的生业形态应属于相同的发展阶段，此时畜牧业因素表现并不十分明显。

综上可知，夏家店下层文化时期更多的是以农业为主，畜牧业因素已经产生，也可能在日常生产、生活中占据了一定比例，但并未占据主导的地位，畜牧业仍然处于发展的初期。

---

① 郭治中、郭丽：《三座店石城遗址与夏家店下层文化若干问题之我见》，《草原文物》2014年第1期。

② 陈平：《夏家店下层文化研究综述》，《北京文物与考古》（第五辑），燕山出版社，2002年，第99～123页。

③ 李恭笃、高美璇：《夏家店下层文化若干问题研究》，《辽宁大学学报》1984年第5期；李宇峰：《西辽河流域原始农业考古概述》，《农业考古》1986年第1期；田广林：《西辽河流域原始农业的发生及其发展》，《昭乌达蒙族师专学报》（汉文哲学社会科学版）1991年第4期；王惠德：《夏家店下层文化的发现与研究》，《昭乌达蒙族师专学报》（汉文哲学社会科学版）2000年5期；刘国祥：《兴隆洼文化居室葬俗再认识》，《华夏考古》2003年第1期；王立新：《辽西区夏至战国时期文化格局与经济形态的演进》，《考古学报》2004年第3期；田广金、郭素新：《早期中国文明：北方文化与匈奴文明》，江苏教育出版社，2005年，第235页。

④ 王立新：《大山前遗址发掘资料所反映的夏家店下层文化的经济形态与环境背景》，《边疆考古研究》（第6辑），科学出版社，2007年。

⑤ 辽宁省博物馆、昭乌达盟文物工作站、赤峰县文化馆：《内蒙古赤峰县四分地东山咀遗址试掘简报》，《考古》1983年第5期。

⑥ 孙永刚：《试论夏家店下层文化生业方式——以植物考古学为中心》，《内蒙古社会科学》（汉文版）2013年第5期。

⑦ 辽宁省文物干部培训班：《辽宁北票县丰下遗址1972年春发掘简报》，《考古》1976年第3期。

⑧ 张镇洪：《建平水泉夏家店文化遗址兽骨研究》，《考古与文物》1989年第1期。

⑨ 王立新：《大山前遗址发掘资料所反映的夏家店下层文化的经济形态与环境背景》，《边疆考古研究》（第6辑），科学出版社，2007年。

魏营子文化是辽西地区继夏家店下层文化之后兴起的一个新的文化类型，虽然对该文化的认识尚有不同看法，但其分布范围大致同于夏家店下层文化，年代介于夏家店下层和夏家店上层文化之间却是学界基本共识。王立新等据赤峰喜鹊沟遗址的发掘，建议将该文化区分为大、小凌河流域的魏营子类型和赤峰地区的喜鹊沟类型[1]，目前看来很有必要。

根据目前发掘的材料可知，魏营子文化时期的农业比夏家店下层文化时期略显落后，以往见于报道反映生业形态的材料不多，特别是兽骨材料有限，仅见少量墓葬中有殉牲，但值得注意的是在本阶段发现了用羊骨进行随葬的现象[2]。近年喜鹊沟铜矿遗址的发现十分重要，该遗址出土的哺乳动物骨骼429块，可鉴定属种的标本有217块，包括了黄牛、绵羊、山羊、家马、家猪、家犬等家畜，以及马鹿、熊、鼢鼠和其他啮齿类野生动物，驯养动物在数量上占绝对优势。其中从肉食贡献率上看，黄牛达到78.5%，其他家畜占14.5%，野生动物合计占7%[3]。这一现象反映的应该是在农业经济渐趋衰退情况下，畜牧业经济逐步增长的态势。喜鹊沟$^{14}C$检测并经树轮校正后的数据为公元前1290～前910年[4]，属晚商时期，即距今3300～3000年左右。

夏家店上层文化分布的地域大致同于夏家店下层文化，遗址大多文化层堆积较薄，遗迹分布较为稀疏，但从目前的发掘资料来看，应当处于相对的定居状态，并具有农业因素，在克什克腾龙头山[5]、喀喇沁大山前[6]、建平水泉[7]等遗址属于夏家店上层文化的祭祀坑或窖穴内都发现了碳化的谷物，其中水泉遗址的谷物经鉴定有粟和稷。

从夏家店上层文化多个遗址中出土的动物骨骼来看，能确定为家畜的有猪、狗、羊、牛和马[8]，大山前遗址本阶段遗存能鉴定的兽骨中，猪占59.9%，狗、羊、牛分别占12.96%、12.96%和11.73%[9]。值得注意的是，小黑石沟的墓葬中出土了数量较多的马具，这表明日常生活中对马的使用较为普遍[10]，这一情况也从侧面证明了畜牧业在日常生活中

① 吉林大学边疆考古研究中心、内蒙古自治区文物考古研究所、吉林大学文学院考古学系：《内蒙古克什克腾旗喜鹊沟遗址发掘简报》，《考古》2014年第9期。

② 王立新：《辽西区夏至战国时期文化格局与经济形态的演进》，《考古学报》2004年第3期。

③ 王立新、付琳：《论克什克腾旗喜鹊沟铜矿遗址及相关问题》，《考古》2015年第4期。

④ 吉林大学边疆考古研究中心、内蒙古自治区文物考古研究所、吉林大学文学院考古学系：《内蒙古克什克腾旗喜鹊沟遗址发掘简报》，《考古》2014年第9期。

⑤ 内蒙古自治区文物考古研究所、克什克腾旗博物馆：《内蒙古克什克腾旗龙头山遗址第一、二次发掘简报》，《考古》1991年第8期。

⑥ 王立新：《辽西区夏至战国时期文化格局与经济形态的演进》，《考古学报》2004年第3期。

⑦ 何贤武：《试论夏家店下层文化的社会经济与社会性质》，《辽宁大学学报》1986年第2期。

⑧ 中国科学院考古研究所内蒙古工作队：《宁城南山根遗址发掘报告》，《考古学报》1975年第1期；内蒙古自治区文物考古研究所、吉林大学边疆考古研究中心：《赤峰上机房营子与西梁》，科学出版社，2012年，第249～250页。

⑨ 王立新：《辽西区夏至战国时期文化格局与经济形态的演进》，《考古学报》2004年第3期。

⑩ 内蒙古自治区文物考古研究所、宁城县辽中京博物馆：《小黑石沟——夏家店上层文化遗址发掘报告》，科学出版社，2009年，第458～461页。

已经占据了一定的地位，另外，马的出现也可能代表了一定的流动性。一般认为夏家店上层文化的年代在距今3000~2600年阶段。

综合夏家店上层文化堆积、遗址分布以及出土动植物遗存的情况，我们可以在一定程度上推测本阶段仍然保持了农业与畜牧业并存的生业形态，但此时的定居特点并不十分突出，畜牧业可能出现了一定的流动性。

从夏家店下层文化到魏营子文化再到夏家店上层文化，生业形态经历了农业经济为主、存在畜牧业因素——农业经济逐渐缩减、畜牧业因素增加——畜牧业经济主导、仍存在农业因素的连续发展过程。但从文化内涵上来看，“夏家店上层文化与夏家店下层文化没有继承关系是毫无疑问的，至于同魏营子文化的关系，因为分布的地域基本不重叠，而且有相当一段时间是共存的，因此两者也不会有承继关系”①。故此，辽西地区生业形态的转变应当是由不同的人群完成的。

### 3. 新疆北部地区

新疆史前考古学文化遗存的发现和确认是近年来最重要的学术成果，先后有阿勒泰地区哈巴河县阿依托汗一号墓地2座墓葬②、塔城地区额敏县霍吉尔特墓地1座墓葬③及和布克赛尔县松树沟墓地2座墓葬④、伊犁哈萨克自治州尼勒克县G218沿线墓群1座墓葬（ⅢM5）⑤以及吉仁台沟口遗址的2座窑址⑥等。从尼勒克ⅢM5随葬腹饰斜向压印纹的束颈鼓肩尖底罐的形制来看，这批墓葬带有明显的阿凡纳谢沃文化特点。据兰州大学人骨碳氮同位素分析结果显示，“ⅢM5古人类与新疆其他遗址古人类的饮食构成比较一致，均是摄入了大量的动物资源。另外，人骨的碳同位素值表明，ⅢM5人群主要是以食草动物的肉类为食，此外还可能摄入了一定的小麦、大麦等作物以及野生植被或粟、黍等植物”⑦。尼勒克ⅢM5人骨经树轮校正后的$^{14}$C数据为公元前2933~前2872年⑧，即距今4900年左右。吉仁台沟口遗址2座充满木炭的窑址是目前新疆北部地区发现的史前阶段最早的遗址之一，

① 乌恩岳斯图：《北方草原考古学文化研究——青铜时代至早期铁器时代》，科学出版社，2007年，第215~216页。
② 新疆文物考古研究所：《新疆哈巴河阿依托汗一号墓群考古发掘报告》，《新疆文物》2017年第2期。
③ 新疆文物考古研究所：资料待刊。
④ 新疆文物考古研究所：《和布克赛尔县219国道松树沟墓地考古发掘报告》，《新疆文物》2018年第1~2期。
⑤ 刘汉兴、特尔巴依尔、王晓丹等：《新疆伊犁州墩那高速尼勒克段考古收获及初步认识》，《西域研究》2018年第3期；新疆文物考古研究所、中国人民大学考古文博系、伊犁州文物局等：《新疆伊犁州墩那高速公路尼勒克段沿线考古发掘》，待刊。
⑥ 王永强、袁晓、阮秋荣：《新疆尼勒克县吉仁台沟口遗址遗址2015~2018年考古收获及初步认识》，《西域研究》2019年第1期。
⑦ 兰州大学资源环境学院西北及中亚环境考古中心安成邦团队检测并提供相关信息。
⑧ 新疆文物考古研究所、中国人民大学考古文博系、伊犁州文物局等：《新疆伊犁州墩那高速公路尼勒克段沿线考古发掘》，待刊。

$^{14}C$数据在距今4600～4400阶段[①]。从目前的考古发现来看，伊犁河流域应该是阿凡纳谢沃文化分布的最南端，表明在阿凡纳谢沃文化的人群进入准格尔盆地西北缘时，当时的人们可能在相对定居的条件下，已经进入了以畜牧业稍占优势的生业模式阶段。

多年来，新疆西部和北部地区已经发现了诸多距今4000～3000年之间的遗存，主要分布在喀什、伊犁、博尔塔拉和塔城地区，在乌鲁木齐、阜康和吉木萨尔等地也有零星发现，主要有塔什库尔干的下坂地墓地与尼勒克县的穷科克遗址等[②]。近年来规模较大的重要考古发掘，自西北向东南分别是：博尔塔拉蒙古自治州温泉县的阿敦乔鲁、呼斯塔、伊犁哈萨克自治州尼勒克县的吉仁台沟口和哈密市巴里坤县的东黑沟等大型的聚落和墓地，这些遗址和墓地的发掘与研究，为我们进一步了解农牧交融和畜牧业的起源提供了新的材料和证据。

阿敦乔鲁遗址位于温泉县西北41千米的博尔塔拉河上游北侧，地处阿拉套山前的缓坡地带，海拔2300米，遗址范围近7平方千米，现已确认有11组包括居址和墓葬在内的石构建筑[③]，已发掘的有一号居住址和9座墓葬[④]。一号居住址有3座相互连属的房址（F1～F3），面积较大，彼此连通，各自应具有不同功能。房址墙壁由内外两边单砌的自然石块，中间填充杂土筑成，其中最南端建筑规整的长方形房址F1为半地穴式建筑，面积达425平方米，内部又有单独的功能分区。贾伟明在分析房址结构以及与欧亚草原游牧民房址进行比较后，认为："与史前时期的定居农业聚落布局和建筑形式有很大的差别，显然，之所以都是使用这样的聚落布局和建筑结构，很可能是由畜牧业生活方式的性质决定的。"[⑤]丛德新等结合房址布局及民族学调查材料认为："F1房址的形制，与广义上的安德罗诺沃典型的房址有类似的特点，即：有着狭窄廊道式入口，大型长方形半地穴式建筑"，以F1为主体的一号居住址"很可能是牧民的一处冬季营地（具有季节性的永久建筑），因而不排除人、畜同住的可能性……房址内的绵羊粪便可以解释为用作燃料，也可能是房屋顶部的覆盖物，显示了浓郁的牧区建筑特点。"[⑥]最新的研究则是通过对遗址内堆积物的植硅体、羊粪化石以及植物孢粉的提取和分析，揭示出该遗址的农作物是以黍、麦为主，兼有粟的结构，以及羊群的放牧多在植物已结籽的秋冬季节，为探讨本遗址为秋后的冬牧场性质提

① 王永强、袁晓、阮秋荣：《新疆尼勒克县吉仁台沟口遗址2015～2018年考古收获及初步认识》，《西域研究》2019年第1期。

② 邵会秋：《新疆地区安德罗诺沃文化相关遗存探析》，《边疆考古研究》（第8辑），科学出版社，2009年。

③ 丛德新、贾笑冰、尚国军等：《新疆温泉阿敦乔鲁墓地发现家族墓葬"排墓"》，《中国文物报》2015年1月30日第008版。

④ 中国社会科学院考古研究所、博尔塔拉蒙古自治州博物馆、温泉县文物局：《新疆温泉县阿敦乔鲁遗址与墓地》，《考古》2013年第7期。

⑤ 贾伟明：《史前游牧生业的考古学观察——新疆西天山史前聚落分析》，《西域研究》2018年第3期。

⑥ 丛德新、贾伟明、〔澳〕艾莉森·贝茨等：《阿敦乔鲁：西天山地区青铜时代遗存新类型》，《西域研究》2017年第4期。

供了依据①。

阿敦乔鲁遗址共有13个$^{14}$C测年数据，除一个数据明显偏早外，基本都落在公元前1769～前1500年之间，即大致在距今3800～3500年阶段，遗址延续使用近300年左右。

呼斯塔遗址位于温泉县东北约40千米的博尔塔拉河北侧，同样地处阿拉套山前的冲积扇地带，海拔1400～1600米，分别由北侧的黑山头军事瞭望与防御建筑遗存、中间的山前冲积扇遗址核心区的石构建筑群和南侧的小呼斯塔山顶军事防御遗存及哈如鲁山顶墓地与居址组成，在遗址核心区的居址由长方形主体建筑和前室、侧室、院落及院墙组成，面积达五千平方米②。"遗址出土的磨盘、磨棒表面附着有禾本科大种子植物淀粉粒，经残留物检测分析，疑似粟黍类农业作物。遗址出土的动物骨骼基本为草食的家畜动物，以羊（包括绵羊、山羊）和黄牛占绝对多数、其中羊最多（目前看来绵羊比山羊多），其次为黄牛，再次为马骨，虽数量不多，但各个遗迹均有出土。还有极少的狗、鹿和一些尚待确认的野生动物骨骼。马骨的DNA检测分析表明，11个个体属于家马。"③体现了畜牧业的发展和流动性的增加。贾笑冰认为："当时的呼斯塔地区以畜牧业为主、农业为辅，存在少量的狩猎经济。"④

呼斯塔遗址哈如鲁墓地人骨测年数据落在公元前1682～前1431年之间，即距今大约3750～3450的年代范围，正处于欧亚草原广泛分布的安德罗诺沃文化时期。

吉仁台沟口遗址位于尼勒克县喀什河中游北岸三级台地上，海拔约1200米，由居住址和大型高台墓葬组成。发现的房址大小不一，最大的房址204平方米，最小的仅20多平方米，发现了大量的煤块和煤渣，以及陶范、石范和铜矿石等，使用煤炭作为燃料贯穿遗址始终。高台边长120米见方，周边以经过修整的石块砌筑，2019年的发掘证明这是同一文化的一处早期的大型墓葬⑤。"遗址内动物骨骼数量极多，鉴定分析表明以家养的羊、牛、马为主。稳定同位素食谱研究显示，羊、牛采取放养与饲喂相结合的方式，马主要是以放养的形式进行管理。残留物检测分析表明陶器内部有奶和脂肪的残留。"⑥沟口遗址多个$^{14}$C测年数据表明这处遗存的年代为距今3600～3000年阶段，属于青铜时代晚期，发掘者将其区分为顺序发展的三期，其间房址由大型逐渐向小型转变，最后过渡到只有灶址的小型

---

① 邵孔兰、张健平、丛德新等：《植物微体化石分析揭示阿敦乔鲁遗址古人生存策略》，《第四纪研究》2019年第1期。

② 中国社会科学院考古研究所、新疆文物考古研究所、博尔塔拉蒙古自治州文物局等：《新疆温泉呼斯塔遗址2017～2018年发掘收获》，《中国文物报》2019年3月9日第008版。

③ 贾笑冰：《新疆温泉县呼斯塔遗址发掘的主要收获》，《西域研究》2019年第1期。

④ 贾笑冰：《新疆温泉县呼斯塔遗址发掘的主要收获》，《西域研究》2019年第1期。

⑤ 袁晓、罗佳明、阮秋荣：《新疆尼勒克县吉仁台沟口遗址2019年发掘收获与初步认识》，《西域研究》2020年第1期。

⑥ 新疆文物考古研究所、伊犁哈萨克自治州文物局、尼勒克县文物局：《新疆尼勒克县吉仁台沟口遗址》，《考古》2017年第7期；王永强、袁晓、阮秋荣：《新疆尼勒克县吉仁台沟口遗址2015～2018年考古收获及初步认识》，《西域研究》2019年第1期。

居址，“这些迹象表明遗址的先民们已进入成熟的畜牧阶段”①。

东黑沟遗址位于巴里坤县石人子沟的东天山北麓，海拔1800～2100米，面积约8.75平方千米，发现了数量较多的石筑高台、石围居址、墓葬和大量的岩画。发掘者将该类遗存分为两个大的发展阶段，并认为其中的早期遗存与哈密市公元前1千纪左右的焉不拉克墓地等存在联系，“代表的应是一种在当地延续发展的土著文化”②。“石人子沟高台石构建筑遗址下层活动面和上层活动面年代不同，下层测年数据显示其绝对年代处于公元前1200～前900年之间”③，即距今3200～2900年阶段。在东黑沟高台建筑CT1H24灰坑中，出土了较多的羊骨和7个羊头骨④。从发现的大量动物骨骼的个体提供肉量分析，绵羊为44.6%，黄牛为37.9%，马为8.9%，双峰驼为3.4%，鹿科动物为2.7%，野猪等不超过1%，其中绵羊、黄牛和马给人类提供了91.5%的肉量，此外，在石磨具表面均发现有残留的大麦淀粉粒，表明其经济形态是以畜牧业为主，同时还有少量农业、采集和狩猎业的存在⑤。

从阿敦乔鲁、呼斯塔、吉仁台沟口和东黑沟等遗址中发现的大型石构建筑居址、分布有序的墓葬群、聚落周边的防御性建筑和石围墙，以及出土的生产工具和生活用具所体现的文化面貌等，均反映出当时的人群都较长时间的使用同一聚落。以羊、牛、马为主的家畜骨骼的大量出土及所占比重的不断增加，陶器和石器生产工具上植物淀粉粒和植硅体的提取鉴定，证明存在麦和黍粟一类农作物的栽培等，又表明在当时生活在这一区域人群的生业经济中，畜牧业已经占据了相当的比重，并且已经开始利用畜牧业副产品，农业和采集狩猎的比重较低。从阿敦乔鲁和呼斯塔两处遗址房址的形制与定居农业聚落房址的区别，以及可能存在冬夏营地的推论，吉仁台沟口房址由大变小再到只有灶址的变化过程，则都指向“先民们应该已进入成熟的畜牧阶段”⑥。

## 三、农牧交融与畜牧业起源动因的探讨

中国北方农牧交融生业形态的转化和畜牧业起源的问题，应当在充分了解这个区域

① 王永强、袁晓、阮秋荣：《新疆尼勒克县吉仁台沟口遗址2015～2018年考古收获及初步认识》，《西域研究》2019年第1期。

② 新疆文物考古研究所、西北大学文化遗产与考古学研究中心：《新疆巴里坤县东黑沟遗址2006～2007年发掘简报》，《考古》2009年第1期。

③ 习通源：《青铜时代至早期铁器时代东天山地区聚落遗址研究》，西北大学博士学位论文，2014年，第71页。

④ 新疆文物考古研究所、西北大学文化遗产与考古学研究中心：《新疆巴里坤县东黑沟遗址2006～2007年发掘简报》，《考古》2009年第1期。

⑤ 习通源：《青铜时代至早期铁器时代东天山地区聚落遗址研究》，西北大学博士学位论文，2014年，第191～193页。

⑥ 王永强、袁晓、阮秋荣：《新疆尼勒克县吉仁台沟口遗址2015～2018年考古收获及初步认识》，《西域研究》2019年第1期。

考古学文化各阶段遗存生业形态的前提下，以更为广阔的蒙古高原和欧亚草原的视野，去探讨文化适应、生态环境变迁和古代族群的迁徙等因素交互作用的复杂过程。在这一问题上，对于我们重点讨论的三个地区而言，其在具体问题方面表现的各有侧重。

1. 文化适应的作用

在内蒙古中部商都县的章毛勿素遗址，曾经发掘出土了属于庙底沟阶段的房址和以彩陶盆为代表的一组陶器及诸多琢制的细小石器①。在蒙古国东部的东方省和肯特省曾经发现过一系列的公元前4000～2000年的史前文化遗址，出土了石磨盘、石锄、石杵等农业工具，还出土了大量驯化的马、牛、羊骨骼，以及刮削器、动物雕像等与畜牧和狩猎相关的文化遗物②。本世纪初在阿拉善盟阿左旗调查发现的苏宏图遗址中，发现了石磨盘、磨棒和篦点纹的褐陶片，年代应在距今4000年左右，在遗址的一个缓坡上布满了打制精细的小石核、细石叶和石矛头等，应当是一个细小石器的加工场所③。

这些发现说明，在新石器时代晚期，内蒙古中部及其以北的蒙古高原南部地区应该是以农业经济为主的区域，但遗址中普遍存在的细石器遗存，则明确告诉我们，在这个海拔较高，丘陵起伏，人口密度相对较小的区域，野生动物的狩猎和家畜的饲养是经济生活不可或缺的重要补充。王明珂认为："当新石器时代晚期时，类似中原的仰韶、龙山文化沿着鄂尔多斯边缘的黄河两岸分布。因为干旱的气候特质，使得当地人群对动物的依赖较中原的仰韶、龙山农人为甚。"④此论说甚为有理。林沄先生为此专门指出："王明珂所言'内蒙古中南部新石器时代遗址中细石器占有一定比例，说明该地区居民比中原同期居民更依赖畜牧和狩猎。套北地区的细石器比例比其东其南地区更大，河套以西地区的细石器最发达，说明该地区农业在生业中的地位是由南往北、由东向西递减的'，这种观点是值得重视的。"⑤乔晓勤也认为："畜牧生计是人类对大草原、山区、沙漠或其他早期农业文化所不能适应地区的文化适应。"⑥

可见，一个特定区域的人群必须根据生存条件和环境，在原有文化属性的基础上进行适应性调整，才能逐渐形成赖以生存的新的生业模式。

---

① 内蒙古文物考古研究所、乌兰察布博物馆、商都县文物管理所：《商都县章毛勿素遗址》，《内蒙古文物考古文集》（第二辑），中国大百科全书出版社，1997年，第137～150页。

② 中国大百科全书总编辑委员会：《中国大百科全书·考古卷》，中国大百科全书出版社，1986年，第324页。

③ 内蒙古文物考古研究所调查材料，现藏阿拉善博物馆。

④ 王明珂：《鄂尔多斯及其邻近地区专化游牧业的起源》，《"中研院"历史语言研究所集刊》（第六十五本第二分），1994年，第417页。

⑤ 林沄：《中国北方长城地带游牧文化带的形成过程》，《燕京学报》（新十四期），北京大学出版社，2003年，第102页。

⑥ 乔晓勤：《关于北方游牧文化起源的探讨》，《内蒙古文物考古》总6、7期，1992年。

## 2. 生态环境变迁的作用

环境与气候的变化是导致农业向畜牧业转化的重要原因。在全新世大暖期开始到来之际，中国北方地区目前发现的最早的以采集、种植和狩猎为生业手段的居民是以内蒙古中部化德裕民、四麻沟遗址和河北北部康保兴隆、尚义四台遗址为代表的遗存，从出土的尖圜底、小平底筒形罐和骨柄石刃刀反映的文化面貌来看，其极有可能是在西伯利亚气候逐渐变冷时南下的人群，随后才是中原仰韶人群的北上和开拓，形成了脱胎于半坡文化和后冈一期文化的以旱作农业为主的白泥窑文化①和石虎山类型②，并在此基础上产生了适应温湿气候环境，以从事农业为主，兼营狩猎和少量家畜饲养的，具有鲜明地方文化特征的庙子沟文化③和阿善文化④。在距今5000年的一次大幅度降温之后，岱海周边地区发展起来的是仍以农业为主的老虎山文化⑤，其最显著的特点就是营建了前、后室结构的窑洞式居址，以适应变冷的气候环境。

在距今4200年前后阶段，气候逐渐恢复到较好的温暖条件⑥，内蒙古中南部逐步发展起来的属于龙山阶段的永兴店文化⑦，在以农业经济为主的基础上，猪、牛、羊等家畜饲养逐步发展起来。在此基础上，朱开沟文化开始兴起和繁荣，但随着环境的持续暖干，农业经济的发展受到较为严重的限制，于是朱开沟文化以养羊为主的畜牧业可能从第二期开始兴起并逐渐成为生业经济中的重要组成部分。统计数据表明，至朱开沟遗址第五期时，以畜牧业为主导的生业经济可能已经形成，特别是西岔文化马骨的发现，表明可能在距今3200年左右，畜牧业经济已经在这个地区基本形成。乔晓勤认为："在讨论游牧文化起源时，我们同时要考虑在某些地区由当地早期狩猎—采集群体直接转变到畜牧经济的可能性，也要注意在气候因素影响下，不同地区独立地由农牧混合型经济转为单一畜牧经济的情况。"⑧

可以说，朱开沟遗址反映的恰恰是同一人群为了适应这一区域气候环境的变迁，而由农业为主逐渐向畜牧业为主的生业形态转变的动态过程。

---

① 魏坚、冯宝：《试论白泥窑文化》，《考古学报》2019年第1期。

② 魏坚、冯宝：《试论石虎山类型》，《边疆考古研究》（第24辑），科学出版社，2018年；冯宝：《石虎山类型生业模式初探》，《农业考古》2018年第6期。

③ 魏坚：《试论庙子沟文化》，《青果集——吉林大学考古专业成立二十周年考古论文集》，知识出版社，1993年，第85～100页。

④ 魏坚：《试论阿善文化》，《青果集——吉林大学考古文博系建系十周年纪念文集》，知识出版社，1998年，第27～34页。

⑤ 魏坚、冯宝：《试论老虎山文化》，《边疆考古研究》（第26辑），科学出版社，2019年。

⑥ 汤卓炜、曹建恩、张淑芹：《内蒙古清水河县西岔遗址孢粉分析与古环境研究》，《边疆考古研究》（第3辑），科学出版社，2004年。

⑦ 魏坚：《试论永兴店文化》，《文物》2000年第9期。

⑧ 乔晓勤：《关于北方游牧文化起源的探讨》，《内蒙古文物考古》总6、7期，1992年。

辽西地区的新石器时代基本走过了与内蒙古中部地区大致相同的生态变化过程，其持续约三千年的温暖较湿润的环境，可能表现出了相对更为优越的生存环境。距今8000年左右的兴隆洼文化以大型的环壕聚落为其主要标志，生业形态仍是以采集和狩猎为主[①]。从距今7000～5000年左右的赵宝沟文化和红山文化阶段，由于大型石耜和石刀等一系列磨制精美的农业生产工具的普遍使用，反映了农业经济的发展，但动植物遗存的鉴定又表明狩猎和渔猎经济以及伴随的家畜饲养一直占有较大比重。在距今5000年以近的小河沿文化阶段，辽西地区的人群和生业进入了全面衰退。李水城认为，由于该阶段气候恶化引起了科尔沁沙地的复活和扩展，从而导致了农业经济的迅速衰退[②]。其实这一变化与整个北方地区的气候环境干冷化是同步的。

通过对河北怀来太师庄泥炭剖面采集的连续沉积标本、植物孢粉和氧同位素等进行综合分析，可知“在中全新世时期，燕山南北长城地带作为一个地理单元有着相同的气候演化过程”，在距今4200年之后，辽西地区的气候也逐渐由干冷向暖干转变，温暖的气候特征非常明显[③]，这为随后发展起来的夏家店下层文化的发展提供了一定的有利环境。夏家店下层文化时期是以农业为主，畜牧业因素占据一定比例，但仍然处于发展的初期。随着环境的持续暖干，草原植被不断发育，农业经济发展受到较为严重的限制，在距今3400年左右，夏家店下层文化消亡了，有学者认为是环境的不断恶化导致了本文化人群的南迁[④]。取而代之的魏营子文化的农业经济较夏家店下层文化萎缩，特别是其西北部的喜鹊沟类型在驯养动物的数量上占绝对优势，并且发现了家马的存在，这一现象反映的应该是畜牧业经济适应环境而逐步增长的状态。随后发展起来的夏家店上层文化，虽然在一定程度仍然保持了农业与畜牧业并存的生业形态，但此时的定居特点并不十分突出，出土的一定数量的马骨和马具，可能反映了畜牧业的扩大和流动放牧的出现。

值得注意的是，辽西地区距今4000～2600年以近的农业与畜牧业的交融，以及畜牧业的产生和发展，是在气候环境不断发生变化的过程中，由并不彼此关联的人群完成的。

### 3. 古代族群迁徙的作用

有关古代族群迁徙的资料，以新疆北部地区的考古发现最为典型。目前考古发现的此类遗存从年代上大致可以分为两个阶段。第一阶段（距今5000～4000年）：以伊犁哈萨克自治州尼勒克县G218沿线墓群ⅢM5、阿勒泰地区哈巴河县阿依托汗一号墓地2座墓葬、塔

① 汤卓炜、郭治中、索秀芬：《白音长汗遗址出土的动物遗存》，《白音长汗——新石器时代遗址发掘报告》附录一，科学出版社，2004年，第570～574页。

② 李水城：《西拉木伦河流域的古文化变迁及人地关系》，《边疆考古研究》（第1辑），科学出版社，2002年。

③ 靳桂云：《燕山南北长城地带中全新世气候环境的演化及影响》，《考古学报》2004年第4期。

④ 宋豫秦：《西辽河流域全新世沙质荒漠化过程的人地关系》，北京大学博士后研究工作报告，1995年。

城地区和布克赛尔县松树沟墓地2座墓葬和额敏县霍吉尔特墓地1座墓葬，以及吉仁台沟口遗址的2座窑址等为代表。第二阶段（距今4000～3000年）：以博尔塔拉蒙古自治州温泉县的阿敦乔鲁、呼斯塔、伊犁哈萨克自治州尼勒克县的吉仁台沟口和哈密市巴里坤县的东黑沟等大型的聚落和墓地为代表。

第一阶段遗存除吉仁台沟口遗址2座窑址的文化性质尚不能确定之外，其余都是墓葬遗存，从墓葬形制、埋葬习俗、出土随葬品到$^{14}$C测年，均可判断其应属阿凡纳谢沃文化遗存①。阿凡纳谢沃文化为南西伯利亚铜石并用时代文化，分布于叶尼塞河中游米努辛斯克盆地和阿尔泰地区。崔银秋等所做的DNA研究初步结果显示，“此次发现的ⅢM5人群与早期西西伯利亚人群（West-Siberia-N）遗传上很接近，同时与草原人群有一定的混血现象”②。张林虎的体质人类学鉴定认为：“以尼勒克G218组为代表的古代人群一方面与阿凡纳谢沃文化人群呈现出一定的相似性，另一方面又与年代接近的天山北路文化③人群表现出相似性。这或许反映出，新疆地区青铜时代早期古代人群呈现多样性分布。”④说明广布于南西伯利亚的早期阿凡纳谢沃人群，在北方干冷时期到来时，南下到达了阿尔泰山以南和伊犁河谷地带，在和当地人群相互融合的过程中，继续从事着以放牧绵羊、牛、马等家畜为主，并兼营狩猎和采集的早期畜牧业经济。

第二阶段遗存除了早先调查发现和清理的墓葬和遗址外，都是大型的聚落和墓地，据目前公布的发掘报告和初步研究，从聚落形态、居址形制、墓葬类型和丧葬习俗等来看，这个阶段的遗存带有明显的安德罗诺沃文化特征⑤。安德罗诺沃文化为西伯利亚及中亚地区的青铜时代文化，其分布范围东至叶尼塞河，西达乌拉尔山，北界西伯利亚森林南缘，南到中亚内陆草原的广大区域。据气候研究资料显示，在距今4000年以近的新疆北部地区，环境较为暖干，灌木和草本等旱生植被占据优势⑥，因此，在北方掌握着青铜铸造技术的安德罗诺沃人群便进入了这片水草丰美之地，从事着以畜牧业为主，以农业和狩猎作为补充的生业经济，逐渐营造起较为固定的大型聚落和军事防御体系，并由此可能发展起了冬夏轮歇放牧的较为发达的畜牧业经济。随着环境的持续暖干和马匹的使用，本地区的畜牧业流动的范围可能变得更为广阔。

林沄先生指出：“这一地区之所以成为较一致的文化带，除因生业上的一致性外，还

---

① Афанасьевский сборник：сборник научных статей/отв. ред. н.ф. степанова，а.В. Поляков.–барнаул：азбука，2010.4–15 с.

② 吉林大学边疆考古研究中心古DNA实验室崔银秋教授等检测并提供相关信息。

③ 张良仁、凌勇、陈建立等：《哈密地区史前考古》，《欧亚学刊》（新5辑），商务印书馆，2017年，第1～18页。

④ 新疆文物考古研究所、中国人民大学考古文博系、伊犁州文物局等：《新疆伊犁州墩那高速公路尼勒克段沿线考古发掘·附录：新疆伊犁州墩那高速公路尼勒克段早期青铜时代墓葬人骨鉴定与初步分析》，待刊。

⑤ 邵会秋、张文珊：《新疆安德罗诺沃文化研究综述》，《西域研究》2019年第2期。

⑥ 韩淑媞：《北疆巴里坤湖全新世环境变迁序列》，《地质科学》1992年第S1期；冯晓华、阎顺、倪健等：《新疆北部平原湖泊记录的晚全新世湖面波动及环境变化》，《科学通报》2006年第S1期。

有文化上彼此交融的一面，而文化交融有一部分是由人群的迁徙造成的。”①从目前的考古发现来看，新疆北部地区的伊犁河流域是阿凡纳谢沃文化人群迁徙分布的最南端，其后在最适合畜牧业经济发展的阶段，安德罗诺沃人群又迁徙到这一区域，并且活动范围有所扩大，并在这里形成了中国北方最早的畜牧业生业模式。

## 四、农牧交融与畜牧业起源发展进程的思考

通过逐渐增加的考古学资料，对鲜有文字记载的中国北方距今5000～3000年阶段人群生业模式进行梳理研究，探讨农牧交融和畜牧业的产生与发展的过程，应该是当代考古学界不可回避的问题。

本文根据目前资料掌握的程度，选取内蒙古中部、辽西和新疆北部地区作为研究对象，在初步归纳考古发掘材料的基础上，尽量利用动、植物考古、环境考古和体质人类学研究的最新成果，结合$^{14}C$测年和DNA检测数据综合考量后，我们对中国北方地区不同阶段，具有不同特征和不同发展轨迹，各具自生特点的生业模式得出如下初步认识：

1、中国北方农牧交融与畜牧业起源的发展与史前西伯利亚古代文化的南下，中原仰韶文化的北上及中亚古代文化的影响存在着十分密切的关系。

2、中国北方地区广袤的丘陵草原和较干旱的气候条件，使得当地的人群在从事采集和农耕的同时，比中原的人群更依赖于对动物的狩猎和饲养，因而长时段地保留着混合经济生业形态。

3、中国北方从早期以采集和狩猎为主的大型聚落，到采集和狩猎依然存在下的农业聚落的繁荣，再到农耕的衰退和畜牧业经济的最后形成，体现的是生态环境变迁、文化适应和古代族群的迁徙等因素交互作用的复杂过程。

4、在内蒙古中部和辽西地区全新世早期遗址中，作为主要生业形态普遍存在的狩猎和家畜饲养，以及其后较长时段内的农牧混合经济的存在和发展，是畜牧业经济形态最后形成的基础。

5、在新疆北部、内蒙古中部和辽西地区从距今5000年以近渐次形成的畜牧业经济形态，是气候变化、人群迁徙和文化交融的结果，从畜牧业形成的基本时间来看，新疆北部最早，内蒙古中部其次，辽西最晚。

综上所言，中国北方地区农牧交融和畜牧业起源的过程可以概括为：距今8000年以上的人群，如裕民、兴隆洼等遗址，是以采集狩猎为主，开始出现家畜饲养。距今

① 林沄：《中国北方长城地带游牧文化带的形成过程》，《燕京学报》（新十四期），北京大学出版社，2003年，第117页。

7000～5000年左右阶段人群，如白泥窑子、石虎山、庙子沟、赵宝沟、红山阶段遗存，则是以逐渐繁荣的农业和一直存在的狩猎和家畜饲养相伴随的混合经济阶段。距今5000～4000年阶段，在新疆北部的伊犁河流域，由于阿凡纳谢沃人群的迁入，可能最先开始了以畜牧业经济为主的生业模式；内蒙古中部的河套地区处在仰韶向龙山的过渡阶段，产生了阿善、老虎山和永兴店一类遗存，生业形态仍以农业为主，兼营狩猎和家畜饲养；辽西地区却处在农业遗存的衰退阶段。距今4000～3000年以近阶段，新疆北部阿敦乔鲁、呼斯塔、吉仁台沟口和东黑沟等青铜时代大型聚落和墓地，反映的可能是安德罗诺沃人群的进入及与当地人群的融合，畜牧业经济已经占据了主导地位，农业和狩猎经济成为必要的补充，马的驯化与饲养，说明已经存在了冬夏倒场放牧的可能；内蒙古中南部朱开沟遗址五期遗存应当是反映同一人群的生业形态在这一区域由农业为主，逐步向畜牧业转变的典型例证，到西岔文化阶段，畜牧业经济可能已经成为经济的主导；辽西在经历了夏家店下层文化以农耕为主的经济繁荣之后，在魏营子文化和夏家店上层文化阶段，家畜饲养的扩大和马的驯养及大量马具的出土，可能代表了在进入距今3000年以后，辽西地区也进入了以畜牧业为主的生业阶段。

（本文与冯宝合著，原载《西域研究》2020年第4期）

# THOUGHTS ON COMBINED AGRICULTURE AND STOCKBREEDING AND THE ORIGIN OF STOCKBREEDING IN NORTHERN CHINA

Wei Jian  Feng Bao

**Abstract:** Both agriculture and stockbreeding are important forms of life in human society. Since the twentieth century, research on subsistence modes in Northern China has yielded more results. This article, based on the summary of archaeological excavations in Central Inner Mongolia, Western Liaoning and Northern Xinjiang, uses the latest results of animal, plant, and environmental archaeology as well as research in physical anthropology, combined with carbon 14 dating and DNA detection data. With a broader view of the Mongolian Plateau and Eurasian grasslands, the paper discusses the combination of agriculture and stockbreeding and the origin of stockbreeding in Northern China, from early large settlements dominated by hunting and gathering to prosperous agricultural settlements combined with hunting and gathering. Environmental changes, cultural adaptation and the migration of ancient ethnic groups are reflected by the decline of farming and the development of a stockbreeding economy.

**Keywords:** Northern China; Combined Agriculture and Stockbreeding; Origin of the Stockbreeding; Development Process

# 后　记

秋高气爽，黄叶飘零，又到北京最好的季节。经过半年多的努力，我的《魏坚北方考古文选》三卷本中前两卷终于在这收获的季节要付梓了。

这些年来，常有同事和好友相问：何时出版自己的考古文集？看来人生到了一定的阶段，就要做这个阶段该做的事了，而我似乎总觉着时间还早，还有许多事情正在进行中。直到不断收到同行和朋友寄送的各种个人考古论文集时，才意识到我也该整理自己的考古文集了。

庚子年春节前，随着近年手头一批调查和发掘新资料的逐渐整理与发表，特别是二十年以前从事内蒙古中南部地区原始文化研究时，计划深入探讨的“白泥窑文化”和“朱开沟文化”等几篇文章，在弟子们的鼎力相助下完成并见刊后，我终于有勇气来完成自己的选集了。

春节前，我完成了前两卷55篇论文的最终选定，同时也基本划定了第三卷30篇左右书评、序言和后记等杂文的拣选。因为早期的文稿发表在二十世纪八九十年代，那时还没有使用电脑，所以本次整理，首先要把过去发表的文稿录成电子文本，为此，我找了几位已经毕业多年的博士商量，专门建立了一个“论文集出版工作群”，利用疫情造成的时机，组织了部分在读的研究生，在春节后到3月底前完成了纸本文稿的电子文本录入工作。随后，由已毕业参加工作的张晓玮、官士刚、冯宝、郝园林、李雨濛等几位博士组成了“论文集出版组”专门负责出版编辑事宜。张晓玮根据大家的意见制定了文稿的统一编辑则例；官士刚和冯宝负责“史前卷”、郝园林负责“历史卷”的文图校对、注释修订、部分图片的增补，以及补齐和翻译中英文摘要等繁复的工作；李雨濛就封面设计和出版社做了十分有益的沟通和最后的认定。由于出版的要求，由内蒙古自治区乌兰察布博物馆的郝晓菲副研究馆员帮助重新绘制了大部分墨线图，并承蒙内蒙古博物院的孔群先生提供了部分早年的珍贵彩色图片。最后请因疫情而远在比利时的外聘教师魏离雅校对了全部英文摘要。

根据出版编辑的建议，我为三卷本的选集分别确定了书名：史前卷为《长河沃野》，寓意对黄河大回折周边地区以农耕为主的新石器时代及早期青铜时代考古学文化的发掘与研究；历史卷为《大漠朔风》，寓意对阴山南北及蒙古高原古代北方民族不断兴起和南下融合历史进程的解读和认知；拾零卷为《穹谷寥星》，寓意在广义的大文化背景下对不同领域成果综合采撷的零散收获。

本选集的编辑出版，缘起于中国人民大学历史学院的大力支持和同仁们的劝勉，也得益于十六年来在创建中国人民大学考古学科过程中，教学相长、师生共勉所获成果的积累。

承蒙科学出版社闫向东先生厚意，对选集的出版给予支持。本选集编辑出版过程中，责任编辑张亚娜、周赒做了大量认真细致的编校修订工作，甚至纠正了一些文章原来发表时的错误，为选集增色。

在此，我谨对为本选集出版付出辛勤劳动的我的学生们、学界同仁和出版社的编辑一并表示诚挚的谢意！

读万卷书，行万里路。考古学教给我们的不仅仅是学问，还有情义！

魏坚

2020年11月5日

于世纪城时雨园